HISTOIRE DE L'ÉCOLE POLYTECHNIQUE
1873-1990

Robert Gagnon

Avec la collaboration spéciale de Armand J. Ross

HISTOIRE DE L'ÉCOLE POLYTECHNIQUE
1873-1990

La montée des ingénieurs francophones

Boréal

Conception graphique: Gianni Caccia

Photo de la couverture: «Promotion 1892» de Laprés et Lavergne

© Les Éditions du Boréal
Dépôt légal: 4ᵉ trimestre 1991
Bibliothèque nationale du Québec

Diffusion au Canada: Dimedia

Distribution en Europe: les Éditions du Seuil

Données de catalogage avant publication (Canada)

Gagnon, Robert, 1954-

Histoire de l'École Polytechnique, 1873-1990

Comprend des références bibliographiques et un index.

ISBN 2-89052-442-6

1. École Polytechnique (Montréal, Québec) – Histoire. 2. Ingénieurs
– Formation – Québec (Province) – Histoire. I. Ross, Armand J. II. Titre.

LE3.E53G33 1991   620'.0071'171428   C91-090803-6

Préface

L'histoire de l'École Polytechnique de Montréal, c'est d'abord celle de ses pionniers qui, au XIXᵉ siècle, se sont battus pour sa fondation et ont défendu son existence. C'est aussi l'histoire de ceux qui, dans la première moitié du XXᵉ siècle, ont favorisé l'essor de cette institution qui est devenue, aujourd'hui, la plus importante parmi les 32 facultés et écoles qui forment des ingénieurs au Canada. Le récit des faits plus récents montre que l'idéal, le dynamisme et la persévérance qui animaient nos prédécesseurs guident toujours celles et ceux qui, aujourd'hui, poussent Polytechnique vers de nouveaux sommets. Cette œuvre leur rend hommage; ils le méritent.

Le projet de rédiger cette histoire de l'École Polytechnique de Montréal est en gestation depuis 1973, l'année de son centenaire. À la fin des années 80, Robert Gagnon et Armand J. Ross ont accepté de relever ce défi. Ils ont produit un livre qui situe Polytechnique dans l'évolution sociale et économique du Québec. Leur ouvrage est dense, dynamique et vivant. Ils ont réussi à me faire aimer davantage mon alma mater. Je les en remercie sincèrement.

Roland Doré, ing., Ph.D.,
Principal et Président du conseil
Le 1ᵉʳ mai 1991

Avant-propos

Ce travail, au moins en ce qui concerne l'histoire de Polytechnique de 1873 à 1960, a pour origine une thèse de doctorat rédigée entre 1987 et 1989, qui portait sur l'émergence et le développement d'un groupe social: les ingénieurs québécois. En 1989, j'acceptais l'invitation du principal de l'École M. Roland Doré, d'écrire avec M. Armand J. Ross une histoire de l'École Polytechnique de Montréal. J'ai pu bénéficier tout au long de mes recherches du soutien et de l'encouragement de plusieurs personnes. J'aimerais remercier en premier lieu l'équipe du Service des archives de l'École Polytechnique, Lynne Trépanier, Odile Fortin, Louis-René Dessureault et plus particulièrement le responsable de ce service, Pierre Lavigne, qui est devenu un ami au fil des ans. J'aimerais également souligner le travail précieux fourni par deux aides de recherche, Richard Fradette et Marcello Leiva. Je tiens également à remercier Paul-André Linteau pour ses commentaires et suggestions toujours justes et Yves Gingras dont les années de collaboration ont sûrement laissé des marques sur ce travail.

Robert Gagnon

Depuis vingt ans, Polytechnique a connu un développement spectaculaire. Pour relater l'histoire récente de cette période, il aura fallu la collaboration de plusieurs membres du personnel de l'École. En effet, on s'est toujours prêté de bonne grâce aux interviews, et on a su mettre à ma disposition toute la documentation nécessaire, ce qui a grandement facilité mon travail. J'adresse donc mes sincères remerciements à tous ceux et celles qui de près ou de loin ont prêté leur concours avec empressement.

Armand J. Ross

Introduction

L'histoire des institutions d'enseignement supérieur au Canada, et particulièrement au Québec, est assez mal connue. Délaissée par les historiens professionnels, l'histoire des institutions de haut savoir a plutôt été écrite par d'anciens dirigeants ou administrateurs, aumôniers ou professeurs[1]. Pour commémorer un cinquantenaire ou un centenaire, ceux-ci ont produit une histoire de leur *alma mater* qui relève plus du domaine de l'hagiographie que de celui des recherches historiques[2]. Toutefois, l'intérêt qu'accordent de plus en plus d'historiens universitaires à l'histoire sociale incite maintenant certains d'entre eux à s'interroger sur l'émergence et le développement des institutions scolaires dans nos sociétés[3]. C'est ainsi que, depuis quelques années, des études socio-historiques ont porté sur les fonctions sociales du système d'enseignement[4], sur la culture et la vie étudiantes[5], sur l'accession des femmes à l'enseignement supérieur[6] ou encore sur l'émergence et l'institutionnalisation de la recherche dans les universités[7]. À la faveur de cet intérêt nouveau pour les recherches socio-historiques, l'histoire des institutions s'enrichissait récemment de monographies qui nous font découvrir une histoire des universités particulièrement intéressante[8].

Pour notre part, nous avons choisi d'aborder l'histoire de l'École Polytechnique de Montréal en privilégiant une approche socio-historique. Nous croyons d'ailleurs que l'histoire de cette institution d'enseignement est tellement liée au développement économique et social du Québec que cette perspective s'imposait d'elle-même. Ainsi, c'est dans la foulée des premiers bouleversements entraînés par l'industrialisation que Polytechnique est créée en 1873. Jusqu'à l'aube du XXᵉ siècle, le monopole du clergé sur l'enseignement secondaire et supérieur au Canada français, le contrôle des grandes industries montréalaises par des anglophones et l'absence d'une réglementation de la profession d'ingénieur vont peser lourd sur le développement de cette école montréalaise, laïque et francophone. Puis, dans la première moitié du XXᵉ siècle, l'urbanisation et le développement des administrations publiques provinciale et municipales, le processus de monopolisation du capital, le développement des richesses hydroélectriques et le regroupement des ingénieurs marquent le début d'une nouvelle phase de développement pour Polytechnique. Enfin, la nationalisation de l'électricité, la croissance économique de l'après-guerre, la Révolution tranquille et la volonté de l'État québécois de donner aux francophones une emprise sur l'économie accélèrent le développement de l'École Polytechnique.

Ce n'est toutefois pas une mince tâche que de rendre compte de l'enchevêtrement dynamique des nombreuses forces, à la fois internes et externes, qui ont transformé cette institution d'enseignement. C'est pourquoi nous avons cru nécessaire de privilégier une problématique précise qui ordonne les faits historiques en une intrigue permettant de suivre et de comprendre les principales transformations subies par Polytechnique. Dans l'histoire de l'École Polytechnique que nous proposons, l'accent sera mis principalement sur la contribution de cette institution à la formation d'un nouveau groupe social au Québec: les ingénieurs francophones. Cette approche n'exclut pas, bien au contraire, l'étude de la transformation du corps professoral, de l'évolution des programmes d'études, du développement de la recherche, de la vie étudiante et de l'administration de l'École, sujets qui constituent une partie importante du présent ouvrage.

La lecture des sources primaires, particulièrement celles qui sont conservées aux archives de l'École Polytechnique, nous a révélé que les diplômés ont acquis, dès la fin du XIXᵉ siècle, un esprit de corps qui est un exemple unique dans les institutions d'enseignement supérieur au Canada français. Ce sentiment d'appartenance qui relie les diplômés à leur *alma mater* est une donnée essentielle à la compréhension du développement particulier de l'École Polytechnique. Les conditions socio-économiques et institutionnelles dans lesquelles a été créée et s'est développée Polytechnique ont naturellement obligé ses dirigeants à nourrir des rapports étroits avec les diplômés. C'est ainsi que l'École et l'Association des anciens élèves (qui deviendra plus tard l'Association des diplômés) ont dû jouer un rôle de premier plan dans la conquête de plusieurs champs de compétence dans l'administration publique et dans la quête d'un statut social et légal de la profession d'ingénieur. Plus tard, l'École et l'Association s'attaqueront au problème de l'absence des diplômés dans l'industrie.

Bref, des conditions socio-économiques et institutionnelles défavorables à la création et au développement d'une école de génie francophone ont amené les individus concernés par ce type d'enseignement à conjuguer leurs efforts pour contrer et même modifier ces conditions. Vue sous cet angle, l'histoire de Polytechnique n'est pas seulement une contribution à l'histoire des maisons d'enseignement au Québec; elle constitue également un apport à l'histoire du Québec contemporain. Les historiens qui s'intéressent à la modernisation du Québec ou à la question de l'infériorité économique des Canadiens français seront certes interpellés par cette histoire de Polytechnique. Nous croyons également que les sociologues de l'éducation qui s'interrogent sur les fonctions sociales du système d'enseignement y trouveront une analyse et des données susceptibles de les intéresser. Il en va de même pour les historiens et sociologues des professions. Quant aux historiens des sciences, ils s'intéresseront sûrement à notre analyse du processus par lequel émerge puis s'institutionnalise la recherche scientifique dans une université. Cet ouvrage s'adresse évidemment à ceux et celles qui ont fait et font actuellement leurs études à Polytechnique, car après tout l'histoire de cette institution nous montre éminemment que ce sont ses diplômés qui ont été les principaux acteurs de son développement.

Produire une étude qui vise à satisfaire à la fois un auditoire restreint, constitué d'experts, et le grand public s'avère dans bien des cas un défi insurmontable. L'emploi de concepts en «isme» et l'importance que prend l'appareil des concepts au détriment de la description des faits éloignent le lecteur peu familiarisé avec le jargon des spécialistes. Par ailleurs, l'énumération des faits historiques non motivée par une intention de compréhension historique ou sociologique suscite peu d'intérêt chez les spécialistes des sciences humaines ou sociales. En privilégiant une sociologie de l'action qui met l'accent sur les pratiques, nous avons pu éviter la multiplication inutile des concepts parce que nous avons utilisé une théorie sociologique qui fait de la description ethnographique une explication sociologique[9]. La présente histoire de l'École Polytechnique qui est éminemment socio-historique risque fort de n'être perçue comme telle que par les sociologues ou historiens. Les autres y verront comment des individus ont transformé des programmes, changé une vision du monde, influencé les mentalités, construit une identité sociale, implanté la recherche et redéfini une institution.

* * *

Le passage de l'École Polytechnique de Montréal d'une position dominée et marginale à une position dominante dans le champ des institutions d'enseignement supérieur peut se diviser en quatre périodes qui correspondent aux quatre parties de cet ouvrage. Dans un premier temps, la construction des chemins de fer et l'industrialisation du Québec incitent plusieurs politiciens, journalistes et éducateurs à revendiquer, dès le début de la seconde moitié du XIXe siècle, des réformes dans le système d'enseignement afin de mieux l'adapter aux nouvelles réalités économiques (chapitre I). C'est à la suite de ces revendications qu'apparaît, au début des années 1870, un nouveau type de formation dans le système d'enseignement supérieur au Québec. Un programme de sciences appliquées est inauguré à l'Université McGill; l'École Polytechnique de Montréal est créée à l'ombre de l'Académie commerciale catholique de Montréal. L'École Polytechnique connaîtra des débuts difficiles. Jusqu'en 1904, les dirigeants et les premiers diplômés devront multiplier leurs efforts afin d'assurer la survie au Canada français de ce nouveau type de formation (chapitre II).

Dans un deuxième temps, l'inauguration de l'immeuble de la rue Saint-Denis marque le début d'une nouvelle ère pour Polytechnique. Les diplômés se regroupent et forment l'Association des anciens élèves qui joue un rôle de premier plan dans la construction d'une identité de l'ingénieur. Cette identité réussit à s'imposer socialement et légalement au cours des années 20 (chapitre III). Parallèlement, le développement des administrations publiques provinciale et montréalaise va permettre aux diplômés de l'École, dont l'organisation est particulièrement efficace, de s'emparer des postes de direction dans différents services et ministères reliés au développement des ressources naturelles, des travaux publics et de la santé publique. C'est au cours de cette période qu'Augustin Frigon, premier diplômé à occuper le poste de directeur de l'École, transforme le programme d'études pour donner à l'institution les allures d'une véritable école d'ingénieurs (chapitre IV). Le chapitre V nous fait revivre la vie étudiante et s'attarde plus précisément à l'esprit de corps qui s'inculque chez les étudiants dès leur entrée à Polytechnique.

Dans un troisième temps, la conjoncture particulière résultant de la Seconde Guerre mondiale, l'émergence de la recherche (chapitre VI), l'augmentation du nombre des étudiants et l'introduction d'un programme plus spécialisé ouvrent aux diplômés les portes des industries privées. Les produits de l'École, qui avaient surtout connu des succès dans l'administration publique, réussissent maintenant de belles percées dans les secteurs privés, notamment dans les bureaux d'ingénieurs-conseils (chapitre VII). À la fin des années 50, ces conditions nouvelles permettent à Polytechnique de quitter ses locaux de la rue Saint-Denis pour emménager dans un immeuble moderne sur le campus de l'Université de Montréal. Les dirigeants en profitent alors pour changer le programme d'études en privilégiant encore davantage la spécialisation des étudiants. À partir des années 60, la Révolution tranquille, la mise en chantier de grands travaux publics et la montée d'une bourgeoisie industrielle francophone ont des répercussions importantes sur l'École. Polytechnique peut désormais s'imposer comme l'une des plus grandes écoles d'ingénieurs au Canada (chapitre VIII).

La quatrième partie de cet ouvrage a été écrite par Armand J. Ross. De 1972 jusqu'au début des années 80, M. Ross fut le directeur des services administratifs de l'École Polytechnique. Témoin privilégié d'une période effervescente de l'histoire de l'École, il nous dresse un tableau détaillé des multiples développements qu'a connus l'École dans les années 70 et 80. Il relate des moments encore récents de l'histoire de l'École Polytechnique que n'ont pas encore oubliés tous ceux et celles qui ont participé à l'expansion rapide de la recherche (chapitre IX), à l'introduction de nouveaux programmes, au développement de l'administration, au rapprochement des milieux industriels (chapitre X) et aux premiers pas de l'École sur la scène internationale (chapitre XI). Armand Ross a su leur rendre un bel hommage en reconstituant fidèlement les derniers développements de l'institution.

Finalement, dans l'épilogue du présent livre, M. Ross nous fait part de ses réflexions sur la tragédie du 6 décembre 1989. Il trace ensuite les grandes lignes de l'avenir de l'École Polytechnique.

Notes

1. Les exemples ne manquent pas. Pour les institutions québécoises, on peut mentionner ROY, abbé Camille, *L'Université Laval et les Fêtes du Centenaire*, Québec, Comité exécutif des Fêtes jubilaires, 1903, MAURAULT, Mgr Olivier, *L'École Polytechnique de Montréal 1873-1923*, Montréal, RTC, 1924.

2. Ainsi Mgr Olivier Maurault a publié trois histoires de l'École Polytechnique en 1923, en 1948 et en 1958. Les deux premières publications accompagnaient les fêtes du cinquantenaire et du soixante-quinzième anniversaire de l'École. En 1958, c'est pour commémorer l'inauguration de l'immeuble sur la montagne que Maurault écrit l'histoire de l'École entre 1948 et 1958.

3. La publication récente d'un ouvrage collectif regroupant plusieurs textes sur l'histoire sociale de l'éducation supérieure témoigne de ce nouvel intérêt pour l'histoire de l'enseignement supérieur. Voir AXELROD, P. et REID, J.G., *Youth, University and Canadian Society*, Montréal, McGill-Queen's University Press, 1989.

4. Voir par exemple, DANDURAND, P. et TRÉPANIER, M., «Les rapports ethniques dans le champ universitaire» in *Recherches sociographiques*, vol. XXVII, n° 1, 1986, p. 41-77.

5. Ainsi, LEVITT, C., *Children of Privilege: Student Revolt in the Sixties*, Toronto, University of Toronto Press, 1984.

6. Voir GILLET, M., *We Walked Very Warily: A History of Women at McGill*, Montréal, Eden Press Women's Publication, 1981.

7. Voir entre autres GINGRAS, Y., «De l'enseignement à la recherche: l'émergence d'une nouvelle pratique de la physique dans les universités canadiennes», *Histoire Sociale*, vol. XIX, n° 37, mai 1986, p. 73-91.

8. Il faut signaler REID, J. G., *Mount Allison College. Vol. I, 1843-1914. Vol. 2, 1914-1963*, Toronto, University of Toronto Press, 1984.

9. Il s'agit en fait de la théorie sociologique de Pierre Bourdieu et principalement du concept d'habitus qui permet de relier les structures aux individus. Après avoir montré comment les structures sociales sont incorporées sous forme d'habitus, on peut passer à la description des pratiques de ces porteurs de structures pour expliquer l'émergence et la reproduction de pratiques nouvelles ou la construction d'une identité. Pour rendre compte de la formation d'un groupe social comme celui des ingénieurs francophones, nous avons utilisé le modèle d'analyse de l'un des collaborateurs de Bourdieu, Luc Boltanski. Voir BOURDIEU, P., *Le Sens pratique*, Paris, Éd. Minuit, 1980, et BOLTANSKI, L., *Les Cadres: la formation d'un groupe social*, Paris, Éd. Minuit, 1982.

DES DÉBUTS DIFFICILES

1
Développement économique et enseignement pratique

A u Canada, l'émergence d'un nouveau type de formation dans le système d'enseignement supérieur comme
l'est celui du génie civil est étroitement liée aux bouleversements entraînés par les débuts de l'industrialisation. À partir de la seconde moitié du XIXᵉ siècle, l'économie
québécoise entre dans une période de profonds changements.
Avec la canalisation du Saint-Laurent et l'avènement du chemin
de fer, Montréal devient le carrefour principal du réseau de communications canadien. Financiers, grands industriels et commerçants animent la vie économique d'une ville qui prend de plus
en plus l'allure d'une métropole. La mise en place des réseaux de
chemins de fer favorise également le développement industriel
d'autres centres urbains; bref, c'est l'entrée du Québec dans un
processus irréversible: celui de l'industrialisation.

Les débuts de l'industrialisation

On connaît mieux les effets et les causes de l'industrialisation
du Québec dans sa première phase, soit dans la seconde moitié du

XIXe siècle[1]. L'abolition du cadre colonial dans les années 1840 signifie la disparition des tarifs préférentiels, mais aussi une plus grande autonomie pour l'ancienne colonie britannique, dont pourront profiter les dirigeants du pays. Ces derniers, se tournant vers les États-Unis, optent pour l'insertion du Canada-Uni dans un marché nord-américain. Le chemin de fer est l'outil qui sert ce dessein. Le mot d'ordre du premier ministre MacNab devient «*Railways is my politics*». Montréal profite alors largement des transformations suscitées par cette nouvelle conjoncture économique que connaît le pays et, plus particulièrement, le Canada-Est. Les établissements financiers et les compagnies ferroviaires et maritimes, installés à Montréal, deviennent des infrastructures sur lesquelles s'appuie l'industrialisation de la ville[2].

Si Montréal devient le centre économique du Canada grâce à la modernisation des réseaux de transports, d'autres villes en tirent également profit. Après 1867, la ville de Québec se dote d'un réseau ferroviaire qui intègre certaines régions, notamment celle du lac Saint-Jean, à son économie[3]. Quand la ligne Montréal-Portland du Grand-Tronc qui passe par Sherbrooke, est inaugurée, cette dernière profite, elle aussi, des avantages du chemin de fer. Hull, Valleyfield, Trois-Rivières et Saint-Hyacinthe, grâce aux chemins de fer et à leurs ressources énergétiques, sont d'autres villes qui, à la fin du XIXe siècle, réunissent les conditions nécessaires à leur développement industriel.

Avec la mise en place d'un réseau ferroviaire, les produits manufacturés ont accès à un marché plus vaste. Tout d'abord le Québec, dont la population constitue 30 % du marché des consommateurs canadiens, a un marché intérieur sur lequel il peut appuyer son industrialisation. Le Québec peut compter également sur l'Ontario qui se révèle être, bien sûr, son partenaire commercial le plus important. À la fin du siècle, le développement de l'Ouest canadien ouvre un tout nouveau marché pour les industries québécoises.

Charles Baillargé et Thomas Keefer: deux ingénieurs canadiens du XIXe siècle

La mise en place des infrastructures qui accompagne l'industrialisation du Québec donne à quelques architectes, ingénieurs, arpenteurs et mécaniciens l'occasion de participer à la construction de grands travaux publics et privés. Ces hommes ne sont guère nombreux au milieu du siècle lorsque s'amorce le processus d'industrialisation au Canada. Les premiers travaux de construction de canaux et de chemins de fer sont alors supervisés par des ingénieurs venus d'Europe, principalement d'Angleterre. Toutefois, la multiplication des chantiers de construction de chemins de fer, de canaux, d'aqueducs et d'édifices publics permet à de jeunes Canadiens de s'initier à l'art de l'ingénieur. Certains d'entre eux seront reconnus comme d'excellents ingénieurs et décrocheront des contrats fort lucratifs, surtout à partir du dernier quart de siècle. Charles-Philippe-Ferdinand Baillargé, chez les francophones, et Thomas Coltrin Keefer, chez les anglophones, sont sans doute les plus connus. En retraçant leur itinéraire de carrière, nous pouvons tirer quelques renseignements sur la formation des ingénieurs à cette époque, tout comme sur les fonctions et les tâches qu'ils pouvaient accomplir.

Charles Baillargé est né à Québec en 1826[4]. Depuis l'arrivée en Nouvelle-France de l'architecte Jean Baillargé, en 1741, cette famille a donné au Québec plusieurs architectes, peintres et sculpteurs. Le père de Charles, qui exerce le métier de relieur, finira sa carrière comme ingénieur pour la ville de Québec. Très tôt le jeune Charles est attiré par la carrière d'ingénieur et d'architecte. Il abandonne ses études au Séminaire de Québec pour aller rejoindre le cousin de son père, Thomas Baillargé, architecte et sculpteur très connu de la ville de Québec. C'est dans l'atelier de ce dernier qu'il fait son apprentissage de l'architecture et de l'arpentage. La formation de Charles Baillargé n'est pas seulement pratique. Après avoir passé plusieurs heures dans l'atelier de la rue Saint-François, le jeune Charles consacre de longues soirées à lire les œuvres des architectes et ingénieurs les plus réputés.

Sa période d'apprentissage se termine en 1848. Il peut alors insérer des annonces dans les journaux de Québec en se présentant comme architecte et arpenteur. Il ajoute à ces titres celui d'ingénieur civil. Sa curiosité pour tout ce qui touche les problèmes de mécanique et ses lectures sur l'art de l'ingénieur ont sûrement été déterminantes dans son appropriation de ce titre particulier. Il affirme que, à l'âge de 17 ans, il construisait de ses propres mains une voiture à vapeur à deux engins avec laquelle il parcourait les routes de Québec et des environs[5]. Entre 1849 et 1856, Charles Baillargé réalise les plans et devis de plusieurs édifices publics. Il acquiert peu à peu une solide réputation en tant qu'architecte. C'est lui qui signe les plans de l'église Sainte-Marie de Beauce, l'un des édifices les plus admirés au Québec depuis plus d'un siècle. Il participe également à de nombreuses conférences publiques, notamment à l'Institut canadien de Québec et à la Société littéraire et historique de cette ville. Il est nommé membre du Bureau des arpenteurs en 1856. Deux ans plus tard, il obtient un poste de géomètre à la Commission du havre de Québec.

En 1861, Baillargé est élu vice-président de l'Association des architectes et ingénieurs civils du Canada, association qui ne survécut pas. En 1863, il décroche son plus important contrat: il touche 4000 $ par an pour collaborer à la construction des édifices parlementaires à Ottawa. En 1865, Baillargé devient l'ingénieur en chef de la ville de Québec. C'est à ce titre qu'il réalise un vieux rêve pour sa ville natale: il dessine les plans d'une magnifique terrasse qui surplombe le Saint-Laurent. La Terrasse Dufferin est inaugurée le 9 juin 1879. Entre-temps, Charles Baillargé rédige un traité de géométrie et de trigonométrie rectiligne et sphérique de 900 pages. C'est cependant son *Tableau stéréométrique* publié en anglais et en français qui lui vaut des éloges de la part des gouvernements de plusieurs pays. Après avoir reçu plusieurs médailles et diplômes honorifiques, Baillargé sera un membre fondateur de la section III de la Société royale du Canada, section regroupant les mathématiques, la physique et la chimie. Il est également un membre fondateur de la Société canadienne des ingénieurs civils (SCIC). Son engagement dans l'Association des architectes de la province de Québec, créée en 1890, est cependant beaucoup plus important. Charles Baillargé s'éteint en 1906 à l'âge de 79 ans.

Thomas Keefer naît dans la même décennie que Charles Baillargé, cinq ans avant ce dernier, en 1821[6]. Il est le fils de George Keefer, un riche propriétaire de moulin de Thorold dans le Haut-Canada. En 1823, George Keefer et quelques grands propriétaires de la région fondent la compagnie du canal Welland. Très tôt, Thomas Keefer décide d'embrasser la carrière d'ingénieur. Il va faire son apprentissage au canal Érié, là où bon nombre d'ingénieurs nords-américains ont appris leur métier. Entre 1842 et 1845, il travaille à l'agrandissement du canal Welland, puis l'année suivante, il est nommé ingénieur en chef des travaux de l'Outaouais, l'un des plus importants projets du département des Travaux publics de l'Union. En 1849, le colonel Coffin, président de Lachine Railway, lui demande d'écrire une brochure sur l'importance du chemin de fer pour un pays comme le Canada. Keefer écrit *Philosophy of Railroads*[7]. Le livre devient rapidement une référence indispensable pour tous ceux qui s'intéressent aux problèmes économiques des deux Canadas. En 1851, il est engagé pour arpenter et tracer les voies du chemin de fer reliant Kingston à Toronto, puis Kingston à Montréal. Après la Confédération, il se fait l'ardent promoteur d'un chemin de fer transcontinental. En 1856, il donne une série de conférences pour inaugurer le nouveau programme de génie civil de McGill. Pendant qu'il est à Montréal, Keefer est appelé à participer aux plans de construction du célèbre pont Victoria.

Tout comme Baillargé, Thomas Keefer reçoit plusieurs médailles et diplômes lors d'expositions universelles et de foires internationales. En tant qu'hydraulicien, il atteint les sommets de son art et s'impose comme l'un des grands ingénieurs en Amérique du Nord. En occupant le poste d'ingénieur en chef à la Commission du port de Montréal, puis au service de l'aqueduc de la Ville de Montréal, il est appelé à planifier la construction du système d'aqueduc de la ville, qui sera achevée en 1856. En 1887, lorsque est créée la SCIC, il en devient le premier président; il sera réélu à ce poste en 1897. En 1888, il est élu président de l'American Society of Civil Engineers, premier et jusqu'à tout récemment seul Canadien à avoir occupé ce poste prestigieux. Tout comme Baillargé, il est l'un des membres fondateurs de la Société royale du Canada. Il meurt en 1915, à l'âge de 94 ans.

Bien sûr, tous les ingénieurs canadiens de la deuxième moitié du XIXe siècle ne connaissent pas des carrières comme celles de Baillargé et Keefer. Néanmoins, en prenant comme exemple leur itinéraire de carrière, on peut émettre certaines hypothèses à propos des individus qui, au XIXe siècle, se présentaient comme ingénieurs civils. À une époque où aucune école de sciences appliquées n'existait encore, le milieu familial comptait pour beaucoup dans la naissance d'une vocation d'ingénieur civil. Le mode de formation étant celui de l'apprentissage sur le terrain ou à l'atelier, on comprend que certaines familles aient produit plusieurs ingénieurs. La famille Keefer, bien que le père ne se soit intéressé au génie civil que pour affaires, a produit un autre ingénieur réputé: Samuel Keefer, frère de Thomas, qui à l'âge de trente ans occupera le poste d'ingénieur en chef des Travaux publics des Provinces-Unies. Quant à Charles Baillargé, son oncle Flavien fut ingénieur, son frère Georges-Frédéric le sera également, et, plus tard, son fils, William-Duval, suivra les traces de son père. Par ailleurs, on observe que le milieu familial a aussi une influence sur le type de carrière que connaissent ces deux ingénieurs. George Keefer est avant tout un homme d'affaires, et c'est en cette qualité qu'il s'intéresse au génie civil. Son fils Thomas, bien qu'il soit appelé à occuper des postes dans la fonction publique, s'intéressera toujours au développement économique du Canada. Il se liera d'amitié avec de nombreux hommes d'affaires et s'engagera avec eux dans la promotion et la construction de chemins de fer. Pour sa part, Baillargé, issu d'une famille d'artistes et d'architectes, fera sa marque comme bâtisseur d'églises, éducateur et urbaniste. Il n'entretient à peu près pas de relations avec des hommes d'affaires, sauf peut-être pour dresser les plans d'une riche demeure bourgeoise.

Finalement, c'est principalement en raison de leurs écrits que ces ingénieurs reçoivent les honneurs des autorités gouvernementales et du grand public. C'est grâce à ses ouvrages sur les chemins de fer et sur les canaux que Thomas Keefer sort de l'anonymat, tandis que Baillargé reçoit des éloges du monde entier pour ses manuels scolaires. Au cours de sa carrière d'ingénieur, ni l'un ni l'autre ne sera à l'abri des tracasseries et des déceptions qui sont le lot de la plupart de ceux que l'on considère à cette époque avant tout comme d'habiles artisans. Dans les positions qu'il occupera dans la fonction publique, Keefer sera remercié plus d'une fois, à la suite de remaniements politiques. L'histoire de Charles Baillargé est tissée de beaucoup plus de déceptions que de succès. L'obtention de contrats importants de la part des gouvernements le place, dans bien des cas, à la merci de luttes de pouvoir entre les commissaires examinateurs. Bref, l'ingénieur est loin d'avoir obtenu la reconnaissance sociale accordée à d'autres groupes professionnels à cette époque. En fait, les ingénieurs n'apparaissent pas encore sur la scène sociale comme un groupe social homogène, doté d'une identité bien définie. L'histoire des ingénieurs au XIXᵉ siècle reste encore celle d'individus isolés. Ce n'est qu'à la fin de ce siècle que certains d'entre eux entameront un travail social de regroupement.

Au moment où sont créées les premières écoles d'ingénieurs au Canada, des groupes sociaux ont déjà réussi à s'imposer et surtout à imposer une façon de voir l'univers social qui est conforme à leurs intérêts. La complexité de la société québécoise de la seconde moitié du XIXᵉ siècle nous permet de mieux comprendre le développement particulier de l'enseignement du génie au Canada français.

La société québécoise

Les transformations qui s'opèrent dans le champ économique pendant la deuxième moitié du XIXᵉ siècle ne manquent pas d'affecter la structure des rapports de classes au sein de la société québécoise. Plusieurs historiens et sociologues se sont penchés sur la question des classes sociales au Québec et nous ont permis de mieux saisir la physionomie des groupes sociaux en présence à la fin du XIXe siècle.

La classe sociale qui semble poser le plus de problèmes aux spécialistes de l'histoire sociale du Québec est certes la bourgeoisie. D'entrée de jeu, il faut se départir de l'idée sommaire selon laquelle il y aurait deux bourgeoisies bien distinctes: d'une part, une grande bourgeoisie propriétaire du capital, contrôlant l'économie québécoise et essentiellement anglophone; d'autre part, une petite bourgeoisie canadienne-française, formée surtout des membres des professions libérales, de petits commerçants qui, bien qu'exerçant un contrôle politique et idéologique sur la société, détient, en fait, peu de pouvoir sur l'économie québécoise[8]. Cette vision trop simpliste des classes dominantes au Québec est de plus en plus contestée[9]. Une division de la bourgeoisie québécoise en trois catégories bien distinctes trace un portrait à notre avis plus réaliste des classes dirigeantes au Québec. On peut parler alors de la grande bourgeoisie, de la moyenne bourgeoisie et de la petite bourgeoisie.

On trouve la grande bourgeoisie à Montréal. Ses membres sont peu nombreux et appartiennent en majorité à la communauté anglo-canadienne, bien que de rares Canadiens français, tels L.-A. Sénécal et Louis-J. Forget, réussissent à pénétrer dans le château fort anglo-saxon. Cette classe sociale est la principale responsable des orientations de l'économie canadienne entre 1850 et 1914. Au tournant du siècle, elle joue le rôle de moteur dans le passage au capitalisme monopoliste. Finalement, cette grande bourgeoisie montréalaise entretient des rapports étroits avec les grands capitalistes britanniques et américains.

Le second groupe est la moyenne bourgeoisie. Ses membres sont les agents principaux du développement économique régional. Ces industriels, financiers ou entrepreneurs s'engagent dans des institutions financières d'envergure régionale, dans la petite et moyenne entreprise commerciale ou industrielle, dans la promotion urbaine et dans la construction des chemins de fer dits de colonisation qui sont en réalité des voies de communication régionales[10]. Ils forment un contingent d'individus plus nombreux que celui de la grande bourgeoisie montréalaise et on les retrouve dispersés dans les villes du Québec. Présents dans tous les secteurs de l'activité économique, ils le sont aussi dans les institutions politiques, tant fédérales que provinciales ou municipales. L'étude de cette catégorie sociale nous révèle un aspect négligé du rôle de nombreux Canadiens français dans l'économie québé-

coise. En effet, la composition ethnique de la moyenne bourgeoisie est beaucoup plus diversifiée que celle de la grande bourgeoisie. Bien que l'on y compte un grand nombre d'anglophones,
le nombre de Canadiens français que l'on peut associer à ce
groupe social est loin d'être négligeable[11].

Finalement, il existe un troisième groupe, le plus important en
ce qui a trait à ses effectifs, c'est celui de la petite bourgeoisie.
C'est localement que le pouvoir de ce groupe social s'exerce, c'est-
à-dire à la dimension du village, de la paroisse ou du quartier. Ce
groupe est composé des membres des professions libérales, de
petits commerçants et d'entrepreneurs. Très proche de cette
population rurale, ce groupe est semblable dans sa composition
ethnique à cette population: il est donc en majorité composé de
Canadiens français.

Il est important de préciser que cette nouvelle typologie des
classes dominantes au Québec repose essentiellement sur le
niveau de contrôle de ces trois groupes et non pas sur le revenu ou
la fortune[12]. On privilégie des critères socio-économiques, plutôt
que des critères ethniques[13] qui différencient maintenant les groupes sociaux. Par ailleurs le contrôle dont il est question ici est
avant tout d'ordre économique. Il y a ainsi une différence de degré
entre le contrôle qu'exerce sur l'économie la grande et la moyenne
bourgeoisie. Il s'agit maintenant d'étoffer quelque peu cette analyse pour mieux saisir certaines caractéristiques de ces groupes
sociaux, car en privilégiant comme seul critère de différenciation
le niveau de contrôle du capital économique, nous n'avons
qu'une perception partielle de la structure des classes sociales au
Canada français. Ainsi par exemple, la force des professions libérales, dont on affirme toujours l'«importance» au sein de la petite
bourgeoisie canadienne-française, tient moins au nombre de ses
membres (ils sont en fait beaucoup moins nombreux que les
petits commerçants et les entrepreneurs) ou encore au pouvoir
qu'ils exercent sur l'économie locale, qu'au *capital culturel* qu'ils
possèdent et qui les distingue à bien des égards du groupe des
petits commerçants ou encore de celui des industriels.

On sait maintenant qu'un aspect important du travail collectif
de délimitation et de désignation mis en œuvre par les porte-
parole des membres des professions libérales fut d'exiger des aspirants aux carrières d'avocats, de médecins ou de notaires qu'ils
aient suivi un cours classique dans un collège[14]. L'une des stratégies grâce auxquelles ce groupe réussit à imposer une représentation de ses membres qui les fait voir, entre autres, comme les
élites de la nation, consiste à utiliser le collège comme un

instrument privilégié de socialisation. Il s'agit, en fait, de produire une perception commune des professions libérales, dont les activités professionnelles sont souvent fort différentes. Le collège, en incorporant des propriétés secondaires à l'identité professionnelle des candidats aux carrières de médecins, d'avocats et de notaires, assure aux membres de ces professions le statut d'honorabilité nécessaire pour qu'ils occupent une position dominante dans la hiérarchie des groupes sociaux. Ils pourront désormais apparaître sur la scène politique comme un groupe homogène, non seulement défini par une occupation sur le marché du travail, mais surtout par des caractéristiques auxiliaires qui sont en fait celles de l'«honnête homme».

Nous croyons donc important de faire une distinction entre d'une part le groupe des petits commerçants, entrepreneurs et marchands, dont la position dans l'espace social est principalement délimitée par l'accumulation d'un capital économique, et d'autre part le groupe des membres des professions libérales, dont l'accès à une fraction de la classe dominante est dû, en grande partie, au capital culturel. Le premier groupe ne possède généralement pas les propriétés sociales de l'«honnête homme». Il entretient donc un rapport avec la culture qui lui est spécifique. La comptabilité, les arts mécaniques, les connaissances techniques sont des savoirs qui lui sont nécessaires et qui le définissent socialement. D'un autre côté, petits commerçants et entrepreneurs partagent une vision du monde et des comportements sociaux qui s'apparentent à ceux des ouvriers qualifiés et des artisans, dont la position sociale est également déterminée par l'accumulation d'un capital économique grâce à un savoir pratique. À l'opposé, les membres des professions libérales entretiennent avec la culture un rapport très différent. Produits d'une éducation classique à laquelle ils doivent une bonne partie de leur prestige social, ils ont en commun une culture générale, fondée sur les humanités, qui privilégie l'art de la parole au détriment des travaux manuels ou techniques. On voit ici toute l'importance que revêt la notion de capital culturel pour rendre compte de la structure spécifique des rapports de classe au Québec[15].

À la lumière de ce qui précède, on peut déjà entrevoir les fondements du pouvoir détenu par le clergé. En ayant la main haute sur les institutions qui génèrent pour une bonne part cette forme spécifique de capital, le clergé s'assure d'un pouvoir idéologique extrêmement efficace sur toute la société canadienne-française. Il ne faut pas non plus négliger les ressources financières que possède ce groupe social. Les sommes considérables accumulées depuis des décennies par l'imposition de dîmes sont investies dans certaines entreprises ou encore dans des propriétés foncières. Il n'est pas exagéré de définir le clergé comme un groupe social ayant des intérêts qui lui sont propres[16]. L'ultra-montanisme serait alors l'idéologie mise en place pour promouvoir les intérêts de ce groupe et pour accroître son hégémonie sur les autres groupes sociaux. Cette hypothèse nous permet de comprendre, entre autres, les différences non négligeables qui existent entre deux groupes dont on a souvent eu tendance à confondre les intérêts: le clergé et les membres des professions libérales.

Avec l'avènement du capitalisme industriel, le nombre des travailleurs salariés dans les industries augmente de façon significative. Anciens artisans, personnel domestique, immigrants d'Europe et migrants ruraux contribuent à gonfler les effectifs de cette classe sociale. Bien que leur nombre augmente à mesure que s'accentue le processus d'industrialisation, les ouvriers des villes ne forment pas le groupe social le plus nombreux à la fin du XIXe siècle. Le Québec est encore composé en majorité de ruraux. Agriculteurs, c'est-à-dire propriétaires d'une terre ou journaliers engagés par des cultivateurs prospères, mais aussi colons des nouvelles zones créées par la colonisation constituent la majorité de la force productive au Québec. La vie sociale de cette population gravite autour du village où les notables, membres des professions libérales, marchands et curés occupent des positions dominantes[17].

Le système scolaire au Québec

Pour cerner plus en détail les conditions sociales et économiques qui sont à l'origine de la fondation d'un enseignement des sciences appliquées au Canada français, il nous faut maintenant jeter un regard sur le système d'éducation du Québec entre 1840 et 1875. Cette période est en effet cruciale, puisque c'est au cours de ces années que sont mises en place les structures fondamentales du système scolaire que connaîtra le Québec jusqu'en 1963.

Entre 1845 et 1856, plusieurs lois sont votées qui organisent l'administration locale (commission scolaire) et l'administration centrale (département d'Éducation et Conseil de l'instruction publique) du système scolaire québécois. Ensuite, les lois de 1869 et 1875, en scindant le système scolaire en deux sur la base de l'appartenance religieuse, créent deux réseaux scolaires pratiquement indépendants. En ce qui concerne le réseau catholique, cette période est aussi marquée par des victoires importantes du clergé québécois lui assurant, en 1875, le contrôle du Conseil catholique de l'instruction publique[18]. Comme l'enseignement secondaire est dispensé par les collèges, contrôlés et dirigés par le clergé, et que la seule université francophone est la propriété du Séminaire de Québec, on peut dire que l'Église a une emprise quasi totale sur l'éducation au Canada français. En fait, les seuls secteurs qui lui échappent, en 1875, sont ceux de l'enseignement technique et des écoles normales, et même là son influence se fait grandement sentir. L'importance grandissante qu'acquiert l'Église dans la société québécoise tout au long du XIXe siècle est due en partie aux pouvoirs qu'elle détient dans le champ de l'éducation et, plus spécifiquement, sur l'enseignement secondaire dont l'unique filière demeure, comme on le sait, le collège classique.

Au début du XIXe siècle, la pénurie de prêtres engendrée par l'expansion démographique favorise la création de nouveaux séminaires ou collèges un peu partout au Québec. En 1875, prêtres, religieux et évêques auront ainsi fondé vingt-quatre collèges ou séminaires, érigeant du même coup un système d'enseignement secondaire qui ne connaîtra aucune concurrence sérieuse jusqu'au milieu du XXe siècle[19]. Instrument de reproduction sociale du clergé, le collège, dès la première moitié du XIXe siècle, contribue peu à peu à produire puis à reproduire d'autres groupes sociaux, ceux des professions libérales. Le collège recrute ses élèves principalement chez les fils d'agriculteurs dont plus de la moitié trouvent dans la prêtrise le moyen de s'élever socialement[20], tandis que certains se dirigent vers les seules carrières auxquelles cette institution les prédestine: les professions libérales.

Il s'agit tout simplement de rappeler quelques-unes des pratiques pédagogiques des collèges pour découvrir l'une des fonctions essentielles de ces institutions, soit la production de rapports sociaux. En effet, le collège est avant tout une structure d'incorporation de pratiques spécifiques qui génèrent un style de vie particulier. Le collège est donc beaucoup plus qu'une institution où l'on transmet des connaissances, c'est un lieu où l'on assimile un système de schèmes générateur de pratiques et un système de classement des pratiques qui font voir les agents pourvus de ces dispositions particulières comme des êtres partageant un même style de vie et une même vision du monde[21]. Ainsi, le collège apprend à l'étudiant à entretenir un rapport spécifique avec le corps. C'est encore au collège que l'étudiant acquiert une manière d'être distinctive, qui passe par la connaissance et la reconnaissance des règles de bienséance, d'hygiène et de civilité, nécessaires à un style de vie qui se présente aussi comme un art de vivre. Le collège est aussi un endroit où est entretenue la distance entre le parler populaire et le parler légitime.

Si la présentation de soi, acquise dans le collège, confère à l'étudiant les allures extérieures de l'honnête homme, il reste à lui procurer toutes les propriétés nécessaires au raffinement de cette image. On retrouve dans cette institution les conditions essentielles qui permettent d'éveiller les sensibilités aux œuvres d'art légitimes, en développant surtout les modes d'expression de la beauté comme ceux des beaux-arts, de la musique et des arts plastiques. Aux côtés des matières traditionnelles que sont le grec et le latin, la grammaire française et la littérature, la théologie et la philosophie, l'histoire et la géographie, les mathématiques et parfois les sciences physiques, s'enseigne donc un art de vivre légitime, distinct et opposé, à bien des égards, à la manière d'être populaire. L'élève reçoit une culture humaniste qui s'impose à lui comme un savoir opposé mais également supérieur aux savoirs spécialisés et pratiques. Certains hommes politiques ou journalistes, formés par les collèges, auront beau proclamer, dès le milieu du XIXe siècle, la nécessité d'un enseignement pratique pour la jeunesse canadienne-française, il n'en demeure pas moins que, pour eux, l'éducation supérieure reste toujours l'éducation classique comme en témoignent les stratégies de reproduction sociale des élites canadiennes-françaises, jusque dans les années 60.

Éducation et développement économique

Entre 1850 et 1875, l'enseignement professionnel et technique est beaucoup plus présent dans les discours qui soulignent sa nécessité que dans des institutions scolaires. Dans les années 1850, sous l'impulsion des surintendants de l'Instruction publique Jean-Baptiste Meilleur et Pierre-Joseph-Olivier Chauveau, l'enseignement agricole, fortement encouragé, fait de timides apparitions sous forme de cours pratiques dans quelques collèges, mais pas pour longtemps. L'initiative la plus importante demeure la fondation de l'école d'agriculture de Sainte-Anne-de-la-Pocatière par l'abbé François Pilote en 1859. Des collèges industriels font également leur apparition à cette époque. Dans le meilleur des cas, ces derniers ne dispensent en fait qu'un enseignement commercial. Or, en 1875, on n'en retrouve à peu près plus aucun; les uns ont abandonné ce type d'enseignement pour ne garder que l'éducation classique, les autres ont tout simplement disparu[22].

En ce qui a trait aux académies commerciales et aux écoles techniques, il faut signaler la réussite du Montreal Mechanics Institute qui, fondé en 1828 et réorganisé en 1841, offre des cours du soir aux ouvriers. Le fleuron de ce type d'établissements pour les francophones est certes celui de l'Académie commerciale catholique de Montréal. Finalement, on crée en 1857 le Conseil des arts et manufactures. Sous la direction du ministère de l'Agriculture, cet organisme est mis sur pied pour donner une formation professionnelle aux ouvriers, plus particulièrement aux ouvriers francophones[23].

À partir des années 1850, les débuts de l'industrialisation et la mise en place des premières lignes de chemins de fer favorisent, au Québec comme ailleurs, la montée du libéralisme économique. Cette idéologie de la classe bourgeoise met l'accent sur l'individu plutôt que sur la collectivité. Le progrès, perçu comme le résultat de la somme des réussites individuelles, s'impose alors comme nécessaire et bénéfique pour l'ensemble de la société; l'éducation en devient l'outil par excellence[24].

Au Canada français, le discours qui réclame une éducation plus pratique, mieux adaptée aux nouvelles réalités économiques que connaît le Québec (discours typique généré par le libéralisme économique), acquiert encore plus de force, compte tenu de l'infériorité économique des Canadiens français. Ainsi, le «retard» économique du Québec et l'exode des Canadiens français vers les villes américaines fournissent des arguments convaincants pour exiger des réformes scolaires importantes qui favoriseront l'éclosion de vocations industrielles et commerçantes et permettront aux agriculteurs et aux ouvriers non qualifiés de s'adapter aux nouvelles techniques agraires ou d'acquérir une spécialisation. Plus encore, le monopole de l'enseignement secondaire que détiennent les collèges classiques fournit des arguments à ceux qui réclament la création d'écoles techniques et de sciences appliquées. En effet, ces institutions d'enseignement classique sont alors perçues comme l'une des causes de l'infériorité économique des Canadiens français. Voyons plus en détail les grandes lignes de ce discours dont l'un des résultats sera la fondation de l'École Polytechnique de Montréal au cours des années 1870.

Dès 1850, une partie de l'élite laïque canadienne-française conteste le pouvoir croissant du clergé dans le monde de l'éducation. Beaucoup affirment, par exemple, qu'il faut faire quelque chose pour améliorer un système qu'ils jugent mal adapté aux nouvelles réalités économiques. Ce sont les libéraux (rouges) qui véhiculent avec le plus d'enthousiasme ces jugements, reflets indiscutables de l'influence grandissante du libéralisme économique, auprès d'une fraction de la classe dominante au Canada français. Dans le domaine de l'éducation, ils revendiquent avec force un pouvoir accru de l'État. Ils exigent des réformes scolaires qu'ils jugent essentielles au progrès de la société canadienne-française. Exigées à grand bruit par l'intelligentsia «rougiste», ces demandes de réformes n'émanent pas exclusivement de ce parti politique. D'autres membres de la classe politique revendiquent aussi un enseignement plus pratique adapté à la nouvelle conjoncture économique.

C'est sans nul doute Pierre-Joseph-Olivier Chauveau qui est le plus important promoteur d'un enseignement des sciences et des sciences appliquées à cette époque. Avocat de profession, Chauveau s'est cependant intéressé très tôt à tout ce qui touche la science et la technologie. C'est cependant à partir de 1855, année où il est nommé surintendant de l'Instruction publique, que Chauveau commence à jouer un rôle de promoteur des sciences appliquées au Canada français. Dans son premier rapport annuel à titre de surintendant de l'Instruction publique en 1855, il fait siens les mots de son prédécesseur, J.-B. Meilleur: «Aujourd'hui, il faut des modifications pour donner au système tout le développement dont il est susceptible, pour le mettre au niveau des progrès qui ont été faits, pour donner à l'enseignement ce haut caractère d'utilité et de perfection, vers lequel doit tendre tout système d'instruction nationale[25]». Il s'attaque ensuite au problème de la compétence des maîtres en fondant trois grandes écoles normales en 1857. Conscient de l'importance du rôle de l'État dans le secteur de l'éducation, Chauveau sait qu'un processus économique est en train de bouleverser le Canada-Uni; toujours en accord avec l'esprit du libéralisme économique, il propose des réformes qui favorisent l'enseignement agricole, industriel et commercial de telle sorte que «le Bas-Canada [puisse] bientôt devenir ce que la nature même a voulu qu'il fût, un pays aussi manufacturier qu'agricole[26]».

Ainsi, à partir des années 1850, prend forme un discours qui propose des réformes dont la nature est inspirée en grande partie par l'idéologie du libéralisme économique. Des facteurs politiques, économiques et sociaux, telles la Confédération, la création de la province de Québec, l'émigration massive des Canadiens français vers les États-Unis et l'accélération du processus d'industrialisation, créent d'ailleurs un climat propice à la remise en question du système d'enseignement. En 1867, à son retour d'un voyage en Europe, où il a été envoyé pour comparer les systèmes scolaires étrangers avec ceux du Canada et surtout du Québec, Chauveau est nommé premier ministre de la nouvelle province du Québec. Il prend en charge également un tout nouveau ministère, celui de l'Instruction publique. Il semble donc que les critiques qui, depuis plus de quinze ans, sont dirigées contre le système d'éducation, vont maintenant porter fruit et servir à réformer le système d'éducation franco-catholique.

Il faut dire que les reproches adressés aux collèges ne se sont pas résorbés. Ils se font même plus nombreux à mesure que le nombre de ces institutions grandit. Cibles privilégiées, les collèges sont presque toujours pris à partie par ceux qui réclament une éducation économiquement utile. Ainsi le ministre de l'Instruction publique et certains de ses collègues ne manquent pas de contester le monopole des collèges dans le secteur secondaire de l'enseignement. Il est clair pour Chauveau qu'il faut favoriser la création d'établissements privilégiant un enseignement pratique au niveau secondaire. Parlant des collèges classiques, il constate:

> La Province compte un assez grand nombre de ces institutions, trop peut-être pour le chiffre de notre population, et si l'on ne perd pas de vue le besoin vital d'une éducation surtout pratique dans un jeune pays comme le nôtre[27].

Son successeur, aux postes de ministre de l'Instruction publique et de premier ministre, Gédéon Ouimet, dévoile pour sa part les lacunes du système collégial en ce qui a trait à l'éducation pratique, dans le contexte des réalités économiques du Québec. Il se demande entre autres:

> s'il ne serait pas possible d'apporter à notre système d'études collégiales quelques modifications devenues urgentes, par suite de la nouvelle position qu'il nous est faite par la Confédération. [...] Il faut une instruction plus pratique: on ne saurait trop le répéter[28].

Si deux premiers ministres conservateurs pensent qu'il faut briser le monopole des collèges classiques sur l'enseignement secondaire, on doit s'attendre aux mêmes conclusions de la part des libéraux. Ainsi, H. G. Joly, député de Lotbinière, affirme en Chambre:

> qu'il est pénible de voir que, dans notre province, l'éducation pratique est entièrement sacrifiée à l'éducation classique. Nous avons un trop grand nombre de collèges où la jeunesse vient se bourrer de

grec et de latin, ce qui fait que toutes les professions libérales sont encombrées[29].

Le Pays, le journal le plus libéral de l'époque, consacre en 1868 une série d'articles à la question de l'éducation. Ces articles sont un appel vibrant en faveur d'un enseignement axé davantage sur les sciences appliquées. Voici le bilan que dresse *Le Pays* du système d'éducation du Québec:

> Le pays est inondé de collèges classiques, et non seulement le besoin ne se fait pas sentir d'en avoir d'autres, mais encore de convertir bon nombre de ceux qui existent en académies appropriées à notre position économique, à nos ressources, à notre avenir [...] Ce qu'il nous faut ce sont des ingénieurs, des géologues [...] Qu'il y ait des collèges, c'est très bien, mais qu'ils n'existent que pour faire équilibre et non comme monopole [...] Nous voulons qu'il y ait à côté d'elle [éducation classique] des écoles pour les sciences et les arts [...][30].

Il est important de signaler qu'au moment même où Chauveau reconnaît l'urgence de restructurer le système d'enseignement franco-catholique du Québec, en préconisant un enseignement plus pratique qui répondrait «mieux» aux besoins nouveaux du pays, William Dawson, principal de l'Université McGill, tient le même discours auprès de ses compatriotes angloprotestants. En 1868, dans un article du *Journal de l'Instruction publique*, il tire les mêmes conclusions que le premier ministre:

> Jusqu'à présent force nous a été de nous contenter de cours académiques, ou des écoles nécessaires pour la médecine, le droit et la théologie. Quant aux hautes carrières industrielles, nos jeunes gens s'en trouvent à peu près exclus [...] Nous fondons des établissements manufacturiers de tout genre sans posséder une seule école où la jeunesse des deux sexes puisse apprendre la mécanique, la chimie appliquée, ou le dessin [...] nous n'avons aucune école spéciale pour former un ingénieur civil ou un arpenteur compétent [...][31].

Tout comme Dawson, les promoteurs de l'enseignement des sciences appliquées chez les francophones ne manquent pas, eux aussi, de justifier leurs revendications en insistant sur la fonction essentielle d'une éducation pratique pour le développement économique du pays. Ainsi, la plupart de ceux qui prônent un enseignement pratique considèrent que l'infériorité matérielle des Canadiens français et le «retard» du Québec dans le développement économique résultent d'un système d'éducation inadéquat. Par conséquent, la transformation de ce système est perçue comme la panacée aux maux économiques de la province.

C'est dans cet esprit que Chauveau fait de la création de fermes modèles et de l'enseignement de la science agricole dans les écoles normales un objectif primordial pour le ministère de l'Instruction publique. Il dit d'ailleurs, en parlant des causes de l'émigration de ses compatriotes vers les États-Unis: «les deux principales sont toujours l'absence de manufactures qui fait que, dans nos longs hivers, les enfants de nos cultivateurs se trouvent sans occupation et le manque de connaissances agricoles qui empêche notre agriculture de se développer comme il serait désiré[32]». On sait que Chauveau se préoccupe, en plus de l'enseignement des sciences agricoles, de l'enseignement des sciences appliquées. C'est cependant à son successeur G. Ouimet que revient l'honneur d'inaugurer un cours de sciences appliquées qui allait devenir l'École Polytechnique de Montréal. En 1873, l'année de la création de ce nouveau programme, Ouimet justifie la nécessité de ce type d'enseignement, en déclarant:

> Jusqu'ici, on ne s'est pas assez occupé d'écoles pratiques où l'industriel, le mécanicien, l'ingénieur, etc. pussent faire l'application des connaissances scientifiques qui le rattachent à la carrière qu'ils ont embrassée [...] Ce sont pourtant ces professions qui offrent aujourd'hui le plus d'avenir, et où la jeunesse pourra toujours se frayer une route, à mesure que les diverses branches d'industrie se multiplieront et qu'il faudra des hommes compétents pour les exploiter[33].

Il va sans dire que, dans ce genre de discours, la science en question n'est pratiquement jamais vue comme une partie du capital culturel nécessaire à la formation de l'honnête homme. Au contraire, cette science que l'on veut introduire dans les écoles est avant tout une science pratique qui a comme objectif ultime de préparer une partie de la jeunesse canadienne-française à «tirer parti des avantages et des richesses de notre pays et d'avoir la part qui nous appartient dans les travaux, les grandes entreprises commerciales et industrielles[34]».

Par contre, si les promoteurs de ce discours ont une bonne idée du rapport que doit entretenir la science avec le développement économique, ils n'ont qu'une assez vague idée du statut à conférer à ce nouveau type d'enseignement que l'on désignait alors sous le vocable d'enseignement pratique. En effet, l'enseignement pratique ou technique que l'on réclamait bien haut était tour à tour destiné aux ouvriers pour former une main-d'œuvre plus spécialisée, aux industriels désireux de s'initier aux nouveaux développements technologiques ou encore aux finissants des collèges afin qu'ils puissent embrasser de nouvelles carrières comme celle du génie civil. Cette ambiguïté à propos du niveau d'études à donner à l'enseignement pratique, tout comme des fonctions sociales qu'il aura à remplir, auront d'ailleurs, comme nous le verrons plus loin, des conséquences sur le développement de Polytechnique tout au long du XIXe siècle.

D'autres porte-parole, à l'extérieur de l'arène politique, tels L.-O. David, U.-E. Archambault, Arthur Buies ou des éditorialistes de journaux comme *L'Opinion publique*, *Le National*, *Le Journal de l'Instruction publique*, *La Minerve*, etc., clament à l'unisson la nécessité de procurer à la jeunesse canadienne-française un enseignement pratique pour assurer le développement économique du Québec. Cet enseignement pratique s'oppose, comme on l'a vu, à l'enseignement «classique» par le type de formation qu'il préconise: au caractère humaniste du cours classique, il oppose une formation à caractère scientifique et technique.

Système d'enseignement et reproduction sociale

Tout au long du XIXe siècle, journalistes, politiciens, médecins et hommes de loi font état de l'encombrement des professions libérales. Au lieu de s'interroger sur le nombre des avocats, médecins et notaires, afin de déterminer si ces professions connaissent un «encombrement» au cours de ce siècle, nous croyons plutôt que l'encombrement de ces professions est en fait une construction sociale. Dans la première moitié du XIXe siècle, ce discours est relié au travail de désignation entrepris par les membres des professions libérales afin de se doter d'une identité sociale commune: celle de l'honnête homme[35]. Dans la seconde moitié du XIXe siècle, ce discours remplit une tout autre fonction sociale. Il faut le rapporter aux stratégies de reproduction sociale de groupes désormais formés. La multiplication des collèges et le monopole de l'éducation classique dans le système d'enseignement secondaire au Québec, en orientant les étudiants vers la prêtrise ou les professions libérales, menacent la valeur sociale et économique de ces titres professionnels. L'encombrement des professions libérales est alors invoqué pour restreindre l'accès aux collèges classiques, notamment en promouvant la mise en place d'une nouvelle filière dans l'enseignement secondaire: celle de l'éducation pratique.

C'est pourquoi il est important ici de signaler que la filière de l'enseignement pratique, réclamée par plusieurs, instaure *aussi* une hiérarchie scolaire qui contribue à renforcer la position sociale des professions libérales. Ainsi les plus ardents défenseurs de l'éducation pratique reconnaissent implicitement l'infériorité de ce type d'enseignement. Malgré toutes les déclarations d'intention voulant qu'on ne se «soit pas assez occupé d'écoles pratiques[36]», l'enseignement pratique est senti comme un enseignement dominé, conçu dans l'intention d'accueillir les enfants des classes dominées de la société.

P.-J.-O. Chauveau nous décrit précisément les fonctions sociales de l'éducation pratique qu'il entend promouvoir:

> Tout le monde aujourd'hui apprécie l'importance de ces établissements [académies commerciales et écoles techniques]. C'est là que l'enfant reçoit une éducation pratique, appropriée à toutes les classes de la société, principalement aux *classes ouvrières et mercantiles.* C'est là que se forment tous les *membres de cette classe moyenne* qui est en quelque sorte l'âme vive de la nation, qui en fait la prospérité lorsqu'elle se montre à la hauteur de sa mission[37].

Si les académies sont destinées à recevoir les enfants des classes moyennes de la société, on devine aisément sur quels établissements on compte pour accueillir ceux des classes supérieures. Tout de suite après avoir parlé des académies, Chauveau passe d'ailleurs à la description d'une autre catégorie d'institutions, celle des collèges. Ne contestant nullement la supériorité du type d'enseignement qui y est prodigué, Chauveau suggère seulement qu'on en limite le nombre. Il s'agit avant tout de limiter l'accès à l'éducation que l'on considère comme réellement supérieure, en ouvrant une filière expressément conçue à l'intention des classes modestes de la société. Le successeur de Chauveau, Gédéon Ouimet, en 1873, l'affirme sans ambages:

> C'est rendre un mauvais service à la société dans un jeune pays comme le nôtre, que de faciliter l'accès des maisons d'éducation supérieure. On délaisse ainsi un grand nombre de jeunes gens qui, après un cours d'études classiques, se trouvent impropres à toutes espèces de carrières, si leurs aptitudes ou les circonstances ne leur permettent pas d'étudier une profession libérale; et ceux qui ont passé par là savent seuls tous les mécomptes, toutes les tribulations qui attendent à son entrée dans la vie réelle le jeune homme ainsi déclassé[38].

Ainsi, il est clair que pour les ministres de l'Instruction publique, l'éducation pratique est perçue comme un moyen de restreindre l'accès à l'éducation supérieure. Pour les porte-parole des médecins, avocats ou notaires, c'est en invoquant directement l'encombrement des professions libérales qu'ils dénonceront les dangers d'une éducation trop prodiguée. En 1899, dans un discours intitulé «Les Dangers de l'instruction classique à outrance», un porte-parole important des notaires, le président de la Chambre des notaires, Léandre Bélanger, constate que l'instruction supérieure qu'offrent les collèges a généralement pour but de former des prêtres, des médecins, des avocats, des notaires. Selon lui, «comme il ne faut dans la société qu'un nombre restreint et limité d'hommes de profession, et comme d'autre part il y a un courant tendant à nous en préparer un nombre illimité[39]», l'encombrement des professions libérales est inévitable. C'est toutefois lorsqu'il déplore l'utilisation par les classes moyennes de l'enseignement supérieur que le président de la Chambre des notaires révèle l'une des fonctions importantes du discours sur l'encombrement des professions libérales. En effet, celui-ci affirme sans ambages que «les parents de la classe moyenne» qui envoient leurs enfants dans les collèges, «s'épuisent en sacrifices inutiles». Ces individus, selon lui, «se précipitent dans un champ étroit qu'ils encombrent[40]».

Quinze années auparavant, un éditorial, dans la revue médicale la plus importante au Québec, *L'Union médicale du Canada*, intitulée «Trop de médecins», fait état des causes de l'encombrement des professions libérales. L'éditorialiste écrit:

> La multiplication excessive de nos collèges classiques a mis l'éducation secondaire à la portée de tous et la conséquence en est qu'un grand nombre des élèves qui fréquentent ces collèges ne présentent guère les aptitudes nécessaires à une éducation supérieure. Fils de cultivateurs, ils rougiraient d'aller tenir le manche de la charrue après avoir pâli sur les livres. Aptes ou non, ils entendent bien devenir notaires, avocats ou médecins. Si les directeurs de nos collèges prenaient la chose en considération, et cherchaient à éloigner des études professionnelles les sujets qui n'ont pas les aptitudes nécessaires, ils nous rendraient un fier service. Que de jeunes gens auraient fait d'excellents agronomes ou de bons industriels qui ne sont aujourd'hui que des demi-médecins! Avec leur sens pratique avant tout, nos compatriotes d'origine anglaise calculent mieux que nous les chances de l'avenir. Aussi savent-ils diriger leurs enfants vers le génie civil et la haute industrie [...][41].

L'industrialisation qui gagne le Québec durant cette période conditionne, comme on l'a déjà dit, les élites canadiennes-françaises à promouvoir l'enseignement pratique. Il ne faut pas oublier pourtant que, pour les membres des professions libérales, il s'agit aussi de préserver leur position dans la structure sociale en veillant à ce que la valeur socio-économique de leurs titres scolaires et professionnels ne subisse pas une baisse due à l'augmentation de leurs effectifs. Si l'argument majeur pour tenter d'imposer une transformation du système d'enseignement est celui qui lie, dans un rapport de cause à effet, le système d'éducation et le développement économique, il reste que l'encombrement des professions libérales et le désencombrement qu'offrirait la mise en place d'une éducation pratique à côté d'une éducation classique sont presque toujours invoqués dans ce discours. Il n'est donc pas paradoxal de constater que les produits sociaux des collèges, des politiciens aux journalistes, dont la position sociale est due principalement au type de formation qu'ils ont reçue dans ces institutions, réclament avec tant de force que les collèges classiques cessent d'avoir le monopole de l'enseignement secondaire. Les membres des professions libérales intensifient d'ailleurs, tout au long du XIXe siècle, leur utilisation du collège dans leurs stratégies de reproduction sociale. Ils persistent également à exiger de ceux qui se dirigent vers leurs professions qu'ils passent par les collèges classiques[42]. Finalement, mentionnons à l'appui de notre analyse que, comme nous le verrons plus loin, malgré tous ces discours qui soulignent l'inutilité des collèges et la nécessité vitale pour le Québec d'écoles de sciences appliquées, bien peu de membres des classes dominantes au Canada français enverront leurs enfants à l'École Polytechnique de Montréal au XIXe siècle et dans la première moitié du XXe siècle.

Comme on le voit, le discours sur la nécessité de créer des établissements voués à l'enseignement des sciences appliquées et des techniques n'apparaît pas par hasard. Conjoncture économique, montée du libéralisme économique, luttes entre le clergé et les élites laïques dans le champ de l'éducation, position économique des Canadiens français, monopole de l'enseignement secondaire aux collèges classiques, sont autant de facteurs indissociables qui rendent compte de l'émergence et de la force d'un discours à l'origine de la fondation de l'École Polytechnique de Montréal.

La création d'un cours
scientifique et industriel

Les événements entourant la création, en 1873 à Montréal, d'une école de sciences appliquées aux arts et à l'industrie, sont révélateurs des luttes de pouvoir entre l'Église et l'État dans le domaine de l'éducation. Au moment où l'ultramontanisme connaît ses heures de gloire, tandis que le pouvoir politique vient de se doter d'un ministère de l'Instruction publique qui, espère-t-on, concrétisera les projets de modernisation du système d'enseignement, les confrontations entre ces deux pouvoirs sont inévitables. Vus d'un autre angle, ces événements nous informent également des forces et contraintes qu'exerce sur les pouvoirs décisionnels la division du système scolaire en deux systèmes d'enseignement confessionnel, séparant pour ainsi dire deux communautés ethniques.

On sait qu'au Québec les discours réclamant la création d'écoles où l'on pourra former des ingénieurs et des géologues ont leurs échos autant chez les Canadiens français que chez les Canadiens anglais. Ainsi, en 1852, l'Université McGill renouvelle sa charte tout comme son conseil d'administration, dans le but avoué de mieux adapter l'institution aux nouvelles réalités économiques. En 1855, toujours dans le même esprit de réorganisation, les membres du conseil d'administration nomment William Dawson principal de l'Université. Dawson, qui a participé à la réforme de l'Université du Nouveau-Brunswick l'année précédente, a déjà une réputation bien établie d'éducateur et de savant[43]. Dès son arrivée à McGill, il inaugure, à la faculté des arts, une série de cours intitulée «popular lectures in applied sciences». L'année suivante, ces «lectures» sont regroupées pour former un *curriculum* de deux ans menant à un diplôme de génie civil. En 1858, l'Université McGill décerne ainsi le premier diplôme d'ingénieur civil au Canada. En 1864, l'Université suspend son programme conduisant au génie civil[44]. L'enthousiasme suscité dans les années 1850 par la construction du Grand-Tronc avait grandement contribué à l'émergence de ce programme. Dans les années 1860, cet enthousiasme fait place à une certaine déception, et la croissance du réseau en est grandement affectée, ce qui jouera certainement un rôle important dans la fermeture temporaire du programme de génie civil à McGill.

À la fin des années 1860, Dawson revient d'un voyage d'études en Europe où, comme Chauveau, il a pris connaissance des nouveaux programmes universitaires et collégiaux instaurés dans la foulée de l'industrialisation. Convaincu que son université doit suivre ce qui lui semble être un courant irréversible, il persuade certains de ses riches compatriotes de desserrer les cordons de leur bourse afin de contribuer à relancer le programme de génie civil en y ajoutant un programme de génie minier. Dawson s'assure alors d'une somme de 1800 $ annuellement consentie par la bourgeoisie anglo-canadienne de Montréal. Il adresse alors, le 28 mai 1871, au ministre de l'Instruction publique, P.-J.-O. Chauveau, un mémoire dans lequel l'Université McGill fait part de ses intentions de créer une école de génie civil et de génie minier si le gouvernement lui vient en aide. Une subvention annuelle de 3000 $ est demandée pour le génie civil, et il est précisé que, avec une somme additionnelle de 2500 $, l'Université pourrait offrir des cours de chimie appliquée et de métallurgie[45].

Ce mémoire, produit par le comité de l'Université McGill mis sur pied pour étudier la question du cours de sciences appliquées, fut rédigé en décembre 1868. Chauveau, ami personnel de Dawson, fut certainement tenu au courant des intentions du principal de McGill avant que le mémoire lui soit adressé officiellement. On comprend dès lors que Chauveau, fervent promoteur des sciences appliquées depuis des années, tente par tout les moyens de doter l'université francophone de la province, c'est-à-dire l'Université Laval, d'une école de sciences appliquées, semblable à celle que le gouvernement s'apprête à subventionner à l'Université McGill. Si Dawson se sent pressé d'inaugurer l'enseignement du génie à McGill pour ne pas être devancé par l'Université de Toronto[46], Chauveau, quant à lui, ne peut guère laisser la minorité anglophone profiter seule des bénéfices que l'on attribue, à cette époque, à ce type de formation. D'ailleurs, en 1869, Chauveau avait instauré, en prévision justement d'une éventuelle création d'une école de sciences appliquées, un fonds destiné à soutenir une telle institution. Ainsi, en 1870, 2500 $ sont versés dans ce fonds spécial.

À la fin de l'année 1870, Chauveau entre en relation avec les autorités de l'Université Laval pour les convaincre de mettre sur pied, avec l'aide du gouvernement, une école de sciences appliquées[47]. Commencées sous le rectorat de Mgr Elzéard-Alexandre Taschereau, les négociations entre l'Université Laval et Chauveau se poursuivent sous le rectorat de son successeur, l'abbé Thomas Hamel. Ce qui ressort de cette affaire illustre clairement la position du clergé sur la question de l'enseignement des sciences, et plus particulièrement des sciences appliquées. L'Église n'est pas formellement contre la science, ni même contre les sciences appliquées: elle est surtout soucieuse de préserver la mainmise qu'elle exerce sur ses institutions d'enseignement.

La proposition de Chauveau aux autorités de Laval fait ainsi, dès le début, l'objet d'une attention toute spéciale. Le docteur Hubert Larue, professeur de chimie à la faculté de médecine, présente en février 1871 un mémoire sur un cours de sciences appliquées au conseil de l'Université. Ce mémoire est suivi d'un autre, écrit par le professeur de géologie de Laval, l'abbé Hamel. Ces deux mémoires fusionneront pour n'en former qu'un seul. Peu de jours après, Hamel est nommé recteur de l'Université Laval. Le projet de Chauveau semble alors devoir être avantagé par cette nomination. Pourtant les pourparlers entre l'Université et le gouvernement traînent en longueur pour finalement se clore avec le refus de l'Université, au début de l'année 1872, d'accepter la subvention de 3000 $ qu'offre le gouvernement afin de doter l'Université d'un enseignement des sciences appliquées. La raison fondamentale de ce refus est, selon Hamel lui-même, d'ordre politique. Les dirigeants de l'Université craignent que le gouvernement en profite pour exercer une mainmise sur une partie de l'enseignement universitaire.

On était venu bien près d'inaugurer une faculté des sciences appliquées à Laval. Le projet soumis par Larue et Hamel était très fouillé. Il s'agissait d'un cours de trois ans. Des exemptions d'examens d'entrée étaient prévues pour les élèves de troisième année des écoles normales, pour les élèves du Séminaire de Québec et de ses collèges affiliés ayant passé l'examen de rhétorique et pour les élèves inscrits à des cours de droit et de médecine; bref il s'agissait bien d'ouvrir de nouvelles carrières pour les finissants de l'enseignement secondaire désireux de poursuivre des études universitaires ailleurs que dans les facultés traditionnelles. Les cours avaient même commencé à se donner à l'automne 1871; ils furent abandonnés la session suivante. On sait maintenant l'importance que revêt l'enseignement du génie dans le développement de l'enseignement des sciences et de la recherche. L'apparition de départements de physique, de chimie et de mathématiques, dans les universités, est souvent liée à la création et au développement d'une faculté de sciences appliquées qui engendre une demande importante de cours de sciences[48]. D'un autre côté, l'Université Laval, propriété du Séminaire de Québec, fait partie intégrante du réseau des collèges classiques. En fait, ces institutions sont affiliées à l'Université qui décerne le diplôme de B.A. qui couronne les études collégiales. L'émergence d'un nouveau type d'enseignement, axé sur les sciences, aurait inévitablement entraîné une réforme dans le cursus des collèges. À la suite du refus de l'Université Laval d'abriter dans ses murs une école de génie, Chauveau et son successeur Gédéon Ouimet devront chercher ailleurs un gîte à leur «noble projet[49]». «Ailleurs» signifie également en marge de la seule filière de l'enseignement supérieur au Canada français, ce qui ne manquera pas de peser sur le développement de cette future école de sciences appliquées, mais aussi sur celui de l'enseignement des sciences dans tout le système scolaire franco-catholique.

Fatigué de la politique, Chauveau démissionne en 1872 comme ministre de l'Instruction publique, puis, au début de 1873, comme chef du gouvernement. Cette démission ne signifie pas pour autant la fin du projet visant à créer une école spéciale pour les sciences appliquées. Cette année-là, son successeur Gédéon Ouimet exprime, dans le rapport qu'il rédige à titre de ministre de l'Instruction publique, son désir de concrétiser le rêve de son prédécesseur. Entre-temps, Urgel-Eugène Archambault, principal de l'Académie commerciale catholique de Montréal, peut-être encouragé par son ami Ouimet, charge un professeur qu'il vient tout juste de recruter du collège industriel et commercial de Terrebonne, Charles Pfister, de rédiger le projet d'un cours scientifique et industriel. Ce projet est alors présenté aux commissaires des écoles catholiques de Montréal qui chargent MM. Peter S. Murphy et U.-E. Archambault de négocier avec le ministre de l'Instruction publique la création d'une école de sciences appliquées à l'Académie commerciale catholique de Montréal.

Le 20 novembre 1873, les deux parties en arrivent à une entente. Les commissaires s'engagent à fournir des locaux pour les cours de l'école dans l'enceinte de l'Académie commerciale catholique de Montréal. Ils ont également la charge d'engager les professeurs et de pourvoir aux besoins de la nouvelle école en chauffage, éclairage, ameublement, entretien, etc. Toutefois, l'engagement des professeurs devra être ratifié par le ministre de l'Instruction publique. La direction de l'école est assumée par le principal de l'Académie qui devra remettre au ministre un rapport annuel sur le fonctionnement et les finances de l'école. Enfin, les appareils, les instruments scientifiques, les collections minéralogiques et d'histoire naturelle deviennent la propriété du gouvernement, bien qu'ils restent en dépôt à l'Académie qui en a le contrôle exclusif. De son côté, le gouvernement québécois s'engage à payer annuellement 3000 $ aux commissaires des écoles catholiques de Montréal, dont au moins la sixième partie (500 $) doit être affectée annuellement à l'entretien et à la réparation des instruments de physique et du laboratoire de chimie, à l'achat de nouveaux instruments et ouvrages scientifiques, de collections minéralogiques, etc., et — ce qui reste — aux salaires des professeurs.

La création d'un cours scientifique et industriel à l'Académie commerciale catholique de Montréal inaugure l'enseignement des sciences appliquées au Canada français. En 1876, le gouvernement provincial, par trois arrêts en conseil, transformera légalement ce cours spécialisé en une institution prodiguant un enseignement universitaire, habilitée à décerner le titre d'ingénieur et dotée d'un nom prestigieux: l'École Polytechnique de Montréal. Cette nouvelle école va introduire sur le marché du travail une nouvelle catégorie d'ingénieurs. Diplômés et canadiens-français, ces nouveaux ingénieurs se distingueront à la fois des ingénieurs formés par l'apprentissage et des ingénieurs anglophones.

Notes

1.   HAMELIN, J. et ROBY, Y., *Histoire économique du Québec 1851-1896*, Montréal, Fides, 1971, 1979.

2.   Voir entre autres TULCHINSKY, G.J.J., *The River Barons: Montreal Businessmen and the Growth of Industry and Transportation, 1837-1853*, Toronto, 1976.

3.   HARE, J., LAFRANCE, M. et THIERY RUDDEL, D., *Histoire de la ville de Québec 1608-1871*, Ottawa, Boréal et Musée canadien des civilisations, 1987, p. 267-272.

4.   La plupart des renseignements sur l'itinéraire de carrière de Charles Baillargé ont été recueillis dans le livre de CAMERON, C., *Charles Baillargé: architect & engineer*, Montréal, McGill-Queen's University Press, 1989.

5.   *Lettre de Charles Baillargé au Comte de Premio Réal, consul général d'Espagne au Canada*, Archives de l'École Polytechnique de Montréal.

6.   La plupart des renseignements sur l'itinéraire de carrière de Thomas Keefer nous proviennent du livre de MURPHY, L., *Thomas Keefer.*, Don Mills, Fitzhenzy & Whiteside, 1977.

7.   KEEFER, T.C., *Philosophy of Railroads*, Montréal, T.C. Keefer, 1849.

8.   Voir BOURQUE, G. et LAURIN-FRENETTE, N., «Classes sociales et idéologies nationalistes au Québec (1760-1970), *in Socialisme québécois*, 20 (avril-mai-juin 1970), p 13-55.

9. Nous reprenons ici les thèses de LINTEAU, P.-A. émises dans «Quelques réflexions autour de la bourgeoisie québécoise, 1850-1914» in *RHAF*, vol. XXX, n° 1 (juin 1976), p. 56.

10. LINTEAU, P.-A., «Quelques réflexions...», *op. cit.*, p. 60.

11. Dans les grands centres urbains que sont Montréal et Québec, de récents ouvrages nous ont beaucoup appris sur ces industriels et financiers francophones. Voir RUDIN, R., *Banking en français*, Montréal, Boréal, 1988; ROY, F., *Progrès, harmonie, liberté*, Montréal, Boréal, 1988, p. 67-110; LINTEAU, P.-A., *Maisonneuve ou comment des promoteurs fabriquent une ville*, Montréal, Boréal Express, 1981; HARE, J., LAFRANCE, M., THIERY RUDDEL, D., *Histoire de la ville de Québec 1608-1871*, Montréal, Boréal et Musée canadien des civilisations, 1987. Dans *Biographies canadiennes-françaises*, Ottawa, 1920, FORTIER, J. A. a recensé plus de 100 négociants, industriels et financiers.

12. LINTEAU, P.-A., «Quelques réflexions...», *op. cit.*, p. 65.

13. LINTEAU, P.-A., «Quelques réflexions...», *op. cit.*, p. 65.

14. GAGNON, R. «Capital culturel et identité sociale: les fonctions sociales du discours sur l'encombrement des professions libérales au XIXe siècle» in *Sociologie et Sociétés*, vol. XXI, n° 2, octobre 1989, p. 129-145.

15. Pour une définition du capital culturel voir BOURDIEU, P., «Les trois états du capital culturel» in *Actes de la recherche en sciences sociales*, n° 30, 1979, p. 3-6.

16. EID, N., *Le Clergé et le Pouvoir politique au Québec*, Montréal, Hurtubise, 1978, p. 17.

17. DUROCHER, R., LINTEAU, P.-A. et ROBERT, J.-C., *Histoire du Québec contemporain*, vol. I, Montréal, Boréal Express, p. 175-183.

18. AUDET, L.-P., *Le Système scolaire du Québec*, Montréal, Beauchemin, 1969, p. 15-33.

19. GALARNEAU, C., *Les Collèges classiques au Canada français*, Montréal, Fides, p. 201-217.

20. *Idem*, p. 146.

21. En fait, ce qui prend forme chez les individus formés par les collèges, c'est ce que Pierre Bourdieu nomme l'habitus. Ce concept sociologique fait partie d'une théorie de la pratique développée par ce sociologue dans son livre *Le Sens pratique*, Paris, Minuit, 1980.

22. AUDET, L.-P., *Le système... op. cit.*, p. 24-25.

23. CHARLAND, J.-P., *Histoire de l'enseignement technique et professionnel*, Québec, IQRC, 1982, p. 53-60.

24. Voir ROY, F., *op. cit.*, et GAGNON, R., «Les Discours sur l'enseignement pratique au Canada français, 1850-1900», in FOURNIER, M., GINGRAS, Y. et KEEL, O., *Sciences et médecine au Québec*, Québec, IQRC, 1987, p. 19-39.

25. *Rapport du surintendant de l'Éducation du Bas-Canada pour l'année 1855*, Québec, Gouvernement du Québec, p. 4.

26. *Rapport du surintendant de l'Éducation du Bas-Canada pour l'année 1855*, Québec, Gouvernement du Québec, p. 12.

27. *Rapport du ministre de l'Instruction publique de la province de Québec pour l'année 1871-1872*, Québec, Gouvernement du Québec, p. viii.

28. *Rapport du ministre de l'Instruction publique de la province de Québec pour l'année 1872-1873 et une partie de 1874*, Québec, Gouvernement du Québec, p. viii-ix.

29. *Débats de l'Assemblée législative du Québec, (DALQ)*, H. -G. Joly, 16 janvier 1874.

30. *Le Pays*, 20 juin 1868.

31. *Journal de l'Instruction publique*, vol XV, n°s 1-2, 1871, p. 3.

32. Extrait du préambule du rapport du Comité permanent sur l'agriculture et la colonisation, cité dans *Le Pays*, 8 août 1868.

33. *Rapport du ministre de l'Instruction publique de la province de Québec pour l'année 1872 et une partie de 1873*, Québec, Gouvernement du Québec, p. ix.

34. *L'Opinion publique*, 5 février 1870.

35. GAGNON, R., «Capital culturel et identité sociale», *op. cit.*

36. *Rapport du ministre de l'Instruction publique de la province de Québec pour l'année 1872 et une partie de 1873*, Québec, Gouvernement du Québec, p. ix. D'autres exemples de bonnes intentions: «il faudrait une éducation plus pratique pour nous rendre capables de tirer parti des avantages et des richesses de notre pays», *L'Opinion publique*, 22 janvier 1870, ou encore, «il est absolument nécessaire de créer des écoles pratiques pour former des ingénieurs, des mécaniciens et des géomètres», *DALQ*, H.-G. Joly, 16 janvier 1874.

37. *Rapport du ministre de l'Instruction publique de la province de Québec pour l'année 1871-1872*, Québec, Gouvernement du Québec, p. viii. C'est nous qui soulignons.

38. *Rapport du ministre de l'Instruction publique de la province de Québec pour l'année 1872-1873*, Québec, Gouvernement du Québec, p. viii. On pourrait continuer la citation des discours qui reproduisent ces mêmes énoncés. À cette époque, c'est devenu presque un lieu commun que d'affirmer ces thèses sur l'éducation supérieure trop prodiguée. En 1871, le discours de Francois Langelier devant les électeurs du comté de Bagot en est un bel exemple: «L'éducation supérieure est une excellente chose, mais il ne faut pas qu'elle soit trop prodiguée. Car d'abord elle cessera d'être supérieure. Elle produira des demi-savants, des individus déclassés, qui viendront grossir le nombre, déjà trop grand, de ceux qui végètent dans les professions libérales au lieu de faire bénéficier de leur travail et de leurs talents l'agriculture, le commerce et l'industrie.» cité dans *Le Pays*, 9 juin 1871.

39. BÉLANGER, L., «Les Dangers de l'instruction classique à outrance», *in Revue du notariat*, vol. II, 1899-1900, p. 236.

40. BÉLANGER, L., «Les dangers...», *op. cit.*, p. 237-238.

41. «Trop de médecins», *in L'Union médicale du Canada*, vol. XIV, mars 1885, p. 142.

42. Plusieurs tentatives pour faire adopter des projets de lois concernant l'incorporation des professions légales et médicales ont lieu au cours des années 1830 et 1840. Certains projets de lois sont d'ailleurs adoptés en 1831 pour les médecins et en 1836 pour les avocats. Ces lois renferment toujours des clauses qui obligent pratiquement ceux qui se destinent à ces professions à passer par le collège. En 1847 et 1849 naissent les corporations de médecins, d'avocats et de notaires. Encore là, le souci de garantir l'honnêteté des candidats à ces professions par une éducation classique transparaît dans ces lois.

43. CHARTAND, L., DUCHESNE, R. et GINGRAS, Y., *Histoire des sciences au Québec*, Montréal, Boréal, 1988, p. 160-162.

44. «Engineering Education in Canada», *in The Engineering Journal*, septembre, 1962, p. 64.

45. MAHEUX, A., «P.-J.-O. Chauveau, promoteur des sciences», *in Mémoires et comptes rendus de la Société royale du Canada*, vol. 1, 1963, p. 102.

46. Dawson écrit dans une lettre qui accompagne le mémoire de l'Université McGill adressée au gouvernement du Québec: «Le Mémoire ci-inclus vous montrera que nous nous efforçons de ne pas être devancés par Toronto, en ce qui regarde l'École de sciences», *in* MAHEUX, A., «P.-J.-.O. Chauveau...», *op. cit.*, p. 102.

47. MAHEUX, A., *op. cit.*, p. 87-103. Cet article de Maheux relate en détail cet épisode où le gouvernement tente d'inaugurer un enseignement des sciences appliquées à Laval.

48. GINGRAS, Y., *Les Physiciens canadiens: généalogie d'un groupe social (1850-1950)*, thèse de doctorat, Université de Montréal, 1984, p. 33-40.

49. Ce sont les mots employés par les autorités de l'Université Laval pour qualifier le projet d'une école de sciences appliquées qui leur était proposé par Chauveau. Il semble que le qualificatif «noble» ait atténué quelque peu une première lettre annonçant leur refus que n'avait pas apprécié le ministre de l'Instruction publique. Voir: MAHEUX, A., «P.-J.-.O. Chauveau...», *op. cit.*, p. 93.

2
Une nouvelle génération d'ingénieurs

F ondée en novembre 1873, l'École scientifique et industrielle ouvre ses portes aux premiers étudiants en janvier 1874. À partir de cette date, jusqu'à l'inauguration en 1905 d'un nouvel immeuble construit essentiellement à l'intention de l'École Polytechnique de Montréal, on peut découper une première période dans le processus de formation d'un nouveau groupe social au sein de la société canadienne-française. Ces 30 premières années sont marquées par les efforts collectifs de quelques individus, associés à Polytechnique, afin de garantir la survie au Canada français d'un nouveau type de formation universitaire: le génie civil. Ne pouvant compter que sur l'aide de l'État et, dans une moindre mesure de la CECM qui lui assurent au total entre 6000 $ et 13 000 $ annuellement pour faire fonctionner son établissement, le principal de l'École est obligé de fournir des efforts constants afin de maintenir en vie l'établissement qu'il a fondé.

Tous les aspects de la vie de l'École (le nombre de professeurs, leur formation scolaire ou professionnelle, les cours inscrits au programme, le type même de programme, etc.) sont en grande partie redevables de la situation précaire dans laquelle se trouve enfermée l'école de génie francophone de Montréal. D'un autre côté, cette situation particulière qui force les dirigeants, professeurs et diplômés à mener une lutte de tous les instants afin d'assurer la survie d'un type de formation auquel ils doivent tout est propice à l'émergence d'un esprit de corps dévoué tout entier à l'*alma mater*.

La maison derrière l'Académie

En 1875, la CECM achète une maison adjacente à l'Académie pour abriter le cours scientifique et industriel qui deviendra officiellement l'année suivante l'École Polytechnique de Montréal. Cette demeure fait bien peu pour témoigner de l'existence d'une école de sciences appliquées au Canada français. Comme le rappelle un ancien étudiant du début du siècle: «Rien de l'extérieur ne pouvait faire deviner qu'elle abritait la principale école technique française de la province. Loin de la rue, complètement cachée aux regards des passants, la plupart des gens ignoraient même l'existence de cette maison, ou, dans tous les cas, ils auraient été bien en peine de la localiser[1].»

Grâce aux témoignages recueillis dans les années 30 et 40 auprès d'anciens étudiants de l'École[2], il nous est possible d'avoir une idée assez juste des lieux physiques où une première génération d'ingénieurs diplômés a été formée entre 1875 et 1904. Cette connaissance de l'environnement dans lequel a pris place l'enseignement du génie nous est essentielle pour rendre compte à la fois du statut précaire de ce type de formation au Canada français et des efforts qu'ont dû fournir les dirigeants et diplômés de l'École pour légitimer l'existence d'une institution bien peu visible.

Mis à part le sous-sol, l'ancienne résidence privée qui servait d'immeuble à l'École Polytechnique de Montréal avait cinq pièces. Au premier, on trouvait une pièce de dimension modeste, servant à la fois de salle de réception, de bibliothèque scientifique, de lieu de conservation des archives, de salle de délibérations et de bureau au directeur Balète, après que l'on eut créé ce poste en 1882. À l'arrière de cette salle, on communiquait, grâce à une porte, avec une autre pièce qui mesurait environ 18 pieds sur 16. Il s'agissait d'une salle de cours où, au début du XXe siècle, se donnaient les cours de mathématiques du directeur. À côté de cette pièce, on retrouvait la plus grande salle de cours: d'une superficie de 35 pieds sur 16, elle était réservée aux étudiants de première année. C'est là que le professeur André donnait ses cours de mathématiques et que le professeur Leluau, venu de France à la fin du siècle, enseignait la physique, la géométrie descriptive et l'exploitation des mines.

L'immeuble, situé à l'arrière de l'Académie commerciale, qui a abrité l'École Polytechnique de 1875 à 1904. (Bureau du président de la Corporation)

Le second étage était divisé en deux parties. La première abritait la salle de dessin qui mesurait 35 pieds sur 18. Joseph Haynes, l'un des premiers professeurs de l'École y donnait ses cours de dessin, d'architecture, de construction de routes et de chemins de fer, et de construction civile. L'autre partie était occupée par une grande table entourée de chaises. Cette salle contenait également la collection de minerais et les instruments scientifiques achetés à Paris en 1874 par M. Verreau, alors directeur de l'école normale Jacques-Cartier. Enfermés dans des armoires vitrées, ces instruments scientifiques étaient non seulement sous-utilisés en ce qui a trait à la recherche, mais également en ce qui concerne l'enseignement; ils servaient avant tout à orner une pièce où l'on accueillait les visiteurs, invités et dignitaires[3].

Le sous-sol était divisé en deux parties, l'une servant de salle de récréation, l'autre de chaufferie. C'est dans un ancien hangar ou une ancienne écurie en briques de quatre étages, à l'extérieur de cette ancienne demeure de médecin que se trouvaient les laboratoires indispensables à tout enseignement des sciences appliquées. La description du laboratoire de chimie, que nous a laissée un diplômé de la promotion de 1906, semble tirée tout droit d'une histoire d'Edgar Allan Poe.

> Il y avait un encombrement de bouteilles de toutes descriptions. La ferraille traînait partout. Les cuvettes étaient rongées par les acides. Il était défendu de balayer par crainte des terribles vapeurs qu'auraient pu dégager les gouttes de mercure répandues par mégarde sur le plancher. On ne pouvait rien toucher sans se noircir les mains. L'hiver, sous la poussée du vent, la neige entrait par les nombreuses crevasses qu'on avait négligé de remplir. C'était une grande pitié. Et cependant, dans ce lieu sombre, malodorant, pittoresque et fumeux, tel un vieil alchimiste des temps lointains au milieu de ses cornues, de ses alambics et de ses fioles, M. Pfister, notre professeur de chimie, passait la moitié de ses jours et semblait se délecter[4].

Une autre pièce, moins lugubre, était destinée aux cours d'électrotechnie et de mécanique, donnés alors par un professeur de médecine, le Dr Salluste Duval. Le dernier étage, enfin, était réservé aux élèves de quatrième qui y préparaient leurs travaux techniques.

La connaissance du cadre physique dans lequel s'est institué l'enseignement du génie au Canada français nous révèle bien sûr les débuts difficiles de ce type d'enseignement, mais elle nous permet aussi de soupçonner la faible valeur sociale qui lui était attribuée. Le premier jugement de valeur se pose toujours sur ce qui se donne à voir. Si, dans le cas d'une institution scolaire, l'em-

Urgel-Eugène Archambault, fondateur de Polytechnique et premier
principal de 1873 à 1904. (Archives de l'École Polytechnique)

placement de ses immeubles, son style architectural, la superficie
de son campus témoignent souvent de la position de l'institution
dans la hiérarchie des établissements d'enseignement, ils ren-
voient aussi à la société dans son ensemble une image sur laquelle
se fonde un jugement social de l'institution[5]. Dans ces conditions,
l'enseignement du génie et Polytechnique devront leur survie à la
dévotion du principal et fondateur de la première école de génie
de langue française au Québec: Urgel-Eugène Archambault.

Urgel-Eugène Archambault: la carrière d'un instituteur laïc

Urgel-Eugène Archambault est né à L'Assomption le 27 mai
1834. Après ses études primaires, Urgel-Eugène ne fréquente pas
de collège et, à l'âge de dix-sept ans, il choisit de devenir instituteur. Il commence sa carrière d'instituteur rural à Saint-Ambroise-

de-Kildare, puis à L'Assomption et à Châteauguay[6]. On commence à cette époque à s'interroger sur l'état de l'enseignement au Bas-Canada, et principalement sur les qualités et compétences des instituteurs et institutrices laïcs. En 1853, une enquête, présidée par le député de Saint-Hyacinthe, l'honorable Louis-Victor Sicotte, est décrétée par l'Assemblée législative. Deux ans plus tard, Pierre-Joseph-Olivier Chauveau devient surintendant de l'Instruction publique. Il entend bien appliquer plusieurs recommandations du rapport Sicotte. En 1856, des lois sont adoptées qui permettent de créer un journal de l'Instruction publique, de fonder des écoles normales et de mettre sur pied un conseil de l'Instruction publique[7]. Ces bases institutionnelles rendent désormais possibles de nouvelles trajectoires de carrière pour ceux qui embrassent la carrière d'instituteur.

En septembre 1857, Archambault s'inscrit d'ailleurs à l'école normale Jacques-Cartier, inaugurée en mars de la même année. L'année suivante, il obtient un diplôme pour école modèle. Cette initiative de s'inscrire à l'école normale lui permet, en 1859, de prendre la direction de la première école dirigée par des maîtres laïcs à Montréal, l'école Doran, fondée en 1854. Elle devient, sous sa direction, l'Académie commerciale catholique de Montréal. En 1863, Archambault s'inscrit de nouveau à l'école normale Jacques-Cartier afin de se perfectionner davantage. Il y suit des cours pendant un an pour l'obtention d'un diplôme d'enseignement académique, diplôme qui lui sera accordé en juillet 1864.

On a vu au chapitre précédent qu'au tournant des années 1860-1870, un certain nombre de journalistes et de politiciens réclament une réforme du système scolaire au Québec. C'est dans ce contexte que, en 1870, la Commission scolaire de Montréal autorise MM. Archambault et Charles Desnoyers à effectuer un voyage dans plusieurs grandes villes américaines pour s'informer des différents types d'enseignement dispensés par les écoles publiques. À son retour, Archambault est en mesure de donner aux écoles laïques de la Commission scolaire catholique de Montréal une impulsion nouvelle. Le 19 juin 1872, l'inauguration d'un nouvel immeuble pour l'Académie commerciale catholique de Montréal permet aux commissaires et aux représentants du gouvernement québécois d'exprimer toute l'importance qu'ils accordent aux écoles laïques et à l'enseignement pratique[8]. Érigée sur un promontoire, l'édifice d'architecture néo-gothique anglais sera désormais connu sous le nom d'Académie du Plateau. Cette institution offre un cours primaire et commercial réparti sur huit ans. L'année suivante, les commissaires créent le poste de surintendant local pour superviser la surveillance des maîtres, l'examen des classes et la direction des études. Archambault en devient le premier titulaire. Il n'abandonnera ce poste qu'en 1903, soit quelques mois avant sa mort.

Archambault s'impose ainsi comme une autorité en matière d'enseignement spécialisé à Montréal. C'est à ce titre qu'il peut convaincre le gouvernement québécois de créer un programme de sciences appliquées à l'Académie commerciale catholique de Montréal. Archambault jouera également un rôle de premier plan dans la promotion du statut de l'instituteur laïc, notamment en relançant, au début des années 1880, le *Journal de l'Instruction publique* et en prenant une part active dans la rédaction sur la loi des pensions de retraite des instituteurs laïcs. En 1892, Archambault abandonne la direction de l'Académie du Plateau pour occuper le poste de secrétaire-trésorier de la Commission scolaire de Montréal. Au début du XXe siècle, il s'occupe de doter l'École Polytechnique de Montréal d'un immeuble qui lui a toujours fait défaut. Il meurt le 20 mars 1904, soit quelques mois seulement avant l'inauguration de l'édifice.

Un corps professoral sans ingénieurs

L'émergence d'un nouveau type d'enseignement supérieur pose toujours le problème du recrutement de spécialistes appelés à occuper les postes de professeurs. Ce problème se résout généralement par l'embauche de professeurs formés à l'extérieur du pays. On importe ainsi un enseignement déjà structuré que reproduisent les individus issus d'institutions où ce type d'enseignement a déjà été inauguré[9]. Une autre solution consiste à recruter ses professeurs parmi ceux qui, sans avoir été formés dans une institution scolaire, ont acquis des connaissances leur permettant d'exercer une profession pour laquelle a été créé ce nouveau type d'enseignement[10].

Avec les ressources sur lesquelles peut compter le principal Archambault pour faire démarrer l'enseignement du génie à Montréal, l'embauche de professeurs diplômés d'écoles françaises de génie, comme l'École Polytechnique de Paris ou l'École centrale des arts et manufactures, est utopique. En fait, en 1874, Archambault ne dispose pas d'un budget lui permettant d'embaucher ne serait-ce qu'un seul professeur diplômé d'une école de génie française, américaine ou belge. Ainsi, l'état des recettes et des dépenses de l'École pour l'année 1874, nous révèle que le montant total des salaires des professeurs, qui constitue une large part du budget est de 1085 $[11]. En 1871, la faculté de génie de McGill engage son premier professeur diplômé de McGill et de Yale. Elle lui consent alors un salaire annuel équitable pour l'époque, soit 1200 $[12]. Quant aux ingénieurs ou architectes canadiens-français, ils sont peu nombreux et gagnent plus que ce qu'Archambault peut leur offrir. Il y a bien sûr l'éminent ingénieur et architecte Charles Baillargé qui occupe le poste d'ingénieur de la cité de Québec. Le principal de l'École n'a pas les moyens d'assurer à Baillargé le salaire et les honoraires qu'il reçoit de la Ville de Québec et des nombreux clients pour lesquels il travaille. Le fait que Baillargé demeure à Québec rend également difficile de l'embaucher comme chargé de cours. On connaît également d'autres ingénieurs comme Louis Lesage, surintendant au Service municipal des eaux de Montréal (il sera d'ailleurs l'un des examinateurs, en 1877, lors de la remise des travaux des cinq premiers diplômés de l'École) ou encore Lionel Vallée, ingénieur des chemins de fer pour le gouvernement du Québec. Les conditions de travail de ces hauts fonctionnaires font en sorte qu'il leur est bien difficile de laisser un emploi bien rémunéré et relativement stable pour se lancer dans une aventure pour le moins risquée: celle d'implanter un nouvel enseignement dont les chances de survie semblent bien minces tandis que les salaires sont bien peu alléchants[13].

D'entrée de jeu, l'École peut compter sur au moins un professeur: l'auteur du «Projet d'un cours scientifique et industriel à créer à l'Académie commerciale du Plateau» proposé au gouvernement en 1873. Il s'agit de Charles Pfister, alsacien d'origine. Ce dernier n'est ni ingénieur, ni architecte, pas plus qu'il n'est arpenteur. C'est peut-être un bel exemple de l'homme à tout faire et touche-à-tout que l'on rencontre en Amérique au début de l'industrialisation. Comme il le dit lui-même: «Il serait curieux de compter les professions que j'ai successivement embrassées en Amérique: professeur de français, étudiant en médecine, docteur ou exerçant la médecine, pharmacien, professeur de chimie, fabricant de savon, savonnier, portefaix, zingueur, ferblantier, lithographe, professeur de dessin et de sciences naturelles, dessinateur-artificier[14].»

En 1870, Pfister arrive au Canada. Ses antécédents comme professeur de français et comme ouvrier spécialisé lui permettent de dénicher un poste de professeur au collège industriel de Masson à Terrebonne. Il y enseigne la physique, la chimie, la géométrie et l'arpentage, mais son «dada favori, c'est l'enseignement

Charles Pfister, professeur de 1873 à 1908. (Archives de l'École Polytechnique)

industriel[15]». Tout d'abord engagé, en 1873, comme professeur de sciences et de mathématiques élémentaires à l'Académie commerciale catholique de Montréal, il devient, en 1874, le premier professeur de ce qui s'appelle «officieusement» l'École Polytechnique de Montréal. Il reçoit alors un salaire de 600 $ par année, auquel s'ajouteront 100 $ si l'on est satisfait de son travail après cette première année[16].

Pfister a beau être un homme à tout faire, il ne peut s'occuper à lui seul de tous les cours du programme de sciences appliquées. Il amène donc avec lui l'un de ses élèves du collège Masson, le jeune Joseph Haynes, âgé tout juste de vingt ans. En janvier 1874, Pfister enseigne la physique, la chimie, la géologie, la minéralogie, la cosmographie et le dessin, tandis que Haynes se voit attribuer les cours de mécanique, d'architecture et également de dessin. Ces deux professeurs se chargeront, pendant quelques années, de dispenser la plupart des cours de sciences pures et de sciences appliquées de cette école de génie montréalaise.

À ses débuts, le programme de sciences appliquées comporte aussi des cours complémentaires. Les matières comme l'anglais, la littérature, la législation industrielle et la philosophie sont prises en charge par le personnel de l'Académie[17]. L'embauche d'un troi-

Joseph Haynes, professeur de 1874 à 1927. (Archives de l'école Polytechnique)

sième professeur, Émile Balète, complète, en 1874, le premier noyau de professeurs sur lequel s'appuie l'enseignement du génie au Canada français.

Émile Balète a fait ses études au Collège militaire de Saint-Cyr. Déçu de la tournure que prend sa carrière militaire, il songe un temps à entrer chez les Jésuites. Après mûre réflexion, il opte plutôt pour l'exil. Il arrive au Canada en 1872[18]. Comme les professeurs de mathématiques laïcs et catholiques sont alors une denrée rare, Archambault le sollicite pour qu'il enseigne l'algèbre, la géométrie et la trigonométrie dans le cadre du cours scientifique et industriel. Il est engagé en septembre 1874. Balète enseignera également la géographie et l'économie sociale. La personnalité forte et autoritaire de ce militaire jumelée à ses antécédents scolaires, auront tôt fait de le propulser à la direction de l'École, lorsqu'est créé, en 1882, le poste de directeur des études.

En 1875, Frédéric André est engagé pour enseigner les mathématiques aux élèves du cours de préparation et à ceux de première année. On s'aperçoit très tôt des lacunes en mathématiques

Émile Balète, professeur de 1874 à 1908 et directeur de 1882 à 1908.
(Archives de l'École Polytechnique)

des élèves inscrits aux études de génie. Ce problème s'avère chronique puisque, encore dans les années 20, dirigeants et professeurs font état du manque de préparation des étudiants issus des collèges ou de l'enseignement primaire supérieur. Le professeur André est donc chargé d'initier les nouveaux étudiants aux mathématiques indispensables à l'apprentissage des sciences physiques.

Avec ses quatre professeurs de sciences pures et appliquées, Polytechnique ne souffre pas, à ses débuts, d'un manque de personnel enseignant. En 1881, soit 8 ans après sa fondation, l'École n'a inscrit dans ses registres que 33 étudiants. Un tiers ont abandonné leurs études en cours de route, 12 les poursuivent et 10 les ont terminées[19]. Ce n'est pas le nombre de professeurs mais leur compétence qui suscite des interrogations sur la valeur de la formation des premiers ingénieurs diplômés canadiens-français. Aucun de ces professeurs ne possède une expérience pratique de la profession d'ingénieur ou un diplôme universitaire attestant ses connaissances scientifiques. Il est à retenir ici qu'il s'agit d'un noyau de professeurs qui dispenseront les matières principales pendant plus de 30 ans. Pfister et Balète enseignent jusqu'en 1908. André donne ses cours jusqu'à l'âge de 79 ans, c'est-à-dire jusqu'en 1919. Le jeune Haynes aura la carrière la plus longue, puisqu'il enseigne jusqu'en 1927!

En 1876, le député de Terrebonne, Joseph-Adolphe Chapleau s'apprête à faire passer un projet de loi reconnaissant le niveau universitaire du programme de sciences appliquées inauguré à l'Académie commerciale du Plateau. Ce projet de loi va reconnaître également le diplôme d'ingénieur qui couronnera les trois années d'études de ce programme. De plus, le nom «officieux» d'École Polytechnique de Montréal sera officiellement reconnu par ce projet de loi. Un auteur anonyme, certainement lié à l'Université McGill, adresse une lettre ouverte au journal anglophone *The Gazette* dans laquelle il exprime son indignation devant cette mesure qu'entend prendre le gouvernement québécois. Il dénonce ensuite les lacunes sérieuses du corps professoral de cette «*so called "Polytechnic School of Montreal*[20]*"*». Cette charge contre Polytechnique doit évidemment beaucoup au fait que les dirigeants de McGill sont offusqués de voir reconnaître à un cours scientifique et industriel dispensé par une académie commerciale un niveau équivalent à celui du Department of Applied Science. Nous croyons qu'elle décrit également assez bien la situation de Polytechnique en ce qui a trait aux qualifications de ses professeurs, à sa position dans le système d'enseignement et aux ressources financières sur lesquelles elle peut compter pour assurer son développement. L'auteur commence sa lettre en ces termes:

> Not long ago the public was somewhat startled by the appearance of an announcement on the part of the Catholic Commercial Academy of Montreal, of a course of study in Practical and Applied Science, equal to that offered not only by the great engineering schools of the United States, but even by Technical Universities of the continent of Europe. That a great technical University should thus have started up among us, altogether dwarfing in the magnitude of its provisions to the comparatively modest announcement ot the Department of Applied Science in McGill University, seemed wonderful; but the wonder was intensified when it was ascertained that these results were to be effected by two or three men added to the staff of a commercial school, apparently with no academical or technical distinctions attached to their names, as compared with eight or nine professors, all university graduates, and several of them men of high scientific standing, employed in the university; and with an annual expanditure of only 3000 $, as against at least five times that sum expanded by the University in similar work[21].

L'arrivée en 1882 de Joseph Obalski, à titre de chargé de cours, à Polytechnique, nous informe bien des difficultés rencontrées par ses dirigeants pour s'assurer un personnel enseignant qualifié. Obalski a fait ses études à l'École des mines de Paris. En 1881, il arrive au Canada[22]. Il trouve aussitôt un emploi à la Commission des chemins de fer de Québec, créée l'année précédente[23]. L'année suivante, Archambault et le tout nouveau directeur des études, Émile Balète, ont alors la chance de recruter pour leur école un ingénieur diplômé d'une grande école française. Obalski est engagé pour enseigner la géologie, la minéralogie et l'exploitation minière. Comme il travaille également pour le gouvernement à Québec et que l'École n'a pas les moyens de lui offrir un salaire équivalent ou supérieur à celui qu'il gagne, elle se contente de le rémunérer en fonction des heures qu'il enseigne. On doit donc se contenter de l'engager comme chargé de cours. À la fin de 1884, Obalski annonce qu'il ne peut continuer à donner ses cours, si l'École ne lui rembourse pas le coût des déplacements entre Québec et Montréal qu'il doit effectuer chaque semaine[24]. Malheureusement, les finances de l'École ne peuvent satisfaire à ses demandes. Archambault n'abandonne pas pour autant l'idée d'embaucher ce professeur. Le principal entretient une correspondance avec Obalski jusqu'en 1887, et celui-ci enseigne lorsque les finances de l'École le permettent.

À partir de 1887, le poste d'ingénieur des mines à Québec devient permanent. Obalski se consacrera désormais, à plein temps, à l'organisation du département des Mines du Québec. Il y mènera une carrière brillante de haut fonctionnaire, accumulant les médailles gagnées à l'occasion d'expositions internationales. Il publie au tournant du siècle un *Traité de minéralogie pratique* [25]. Polytechnique doit alors se contenter de nommer Obalski professeur honoraire dans l'espoir qu'il revienne occasionnellement donner des cours lorsque les circonstances s'y prêteront, ce qui n'arrivera jamais.

Le remplaçant d'Obalski, Alexandre Bonnin, semble avoir étudié le métier d'ingénieur en France[26]. En 1888-1889, il donne des cours gratuitement, l'École traversant une crise financière. En 1890, Bonnin, croyant que les finances de l'École se portent mieux, exige le remboursement des cours qu'il avait accepté de donner gratuitement. Balète retire alors un cours de la charge de Bonnin pour régler le litige[27]. Après le départ de Bonnin, en 1899, le directeur Balète déniche un ancien élève de l'École centrale des arts et manufactures, Charles Leluau. Arrivé de France, où il était inspecteur de l'exploitation du chemin de fer du Nord, Leluau occupera successivement les chaires de physique, de mécanique, d'hydraulique, de résistance des matériaux, des ponts et chemins de fer[28]. L'engagement de ce professeur, à l'extrême fin du XIXe siècle, annonce un peu la fin d'une période pour Polytechnique: celle de l'engagement des professeurs «autodidactes». À partir du XXe siècle, on n'engagera pour occuper les chaires de sciences appliquées que des diplômés d'institutions d'enseignement scientifique supérieur ou d'écoles d'ingénieurs.

On ne saurait terminer ce survol du corps professoral sans parler du coloré professeur d'«électrotechnie», le Dr Salluste Duval. La carrière de Duval ressemble un peu à celle du Dr Larue à l'Université Laval. Diplômé de l'École de médecine et de chirurgie de Montréal, en 1875, il se joint aux professeurs de cette école de médecine qui, en rupture avec leur institution, fondent la faculté de médecine de l'Université Laval à Montréal en 1877. Il y enseigne alors la physiologie[29]. Comme le Dr Larue, le Dr Duval développe un très grand intérêt pour tout ce qui touche l'application des sciences à l'industrie. Ce passionné de mécanique est engagé par Balète en 1883. Il enseigne la chimie et la physique aux étudiants de l'année préparatoire et la mécanique générale aux étudiants du cours régulier de Polytechnique. On lui confie par la suite la mécanique appliquée. C'est l'époque des premières applications pratiques de l'électricité. Duval ne manque pas de s'intéresser à cette nouvelle source d'énergie, en amateur qu'il est des innovations technologiques de cette fin de siècle. Il propose au directeur Balète, en 1887, d'inaugurer un nouveau cours intitulé «électrotechnie». On connaît la situation financière de l'École et il est hors de question d'inaugurer quoi que ce soit, d'autant plus que cet enseignement nécessite l'installation d'un laboratoire. La passion de Duval pour l'électricité est telle qu'il offre de donner ce cours gratuitement. Il obtient aussi de la compagnie Royal Electric Co. de Montréal la permission de conduire les élèves dans ses ateliers afin de les familiariser avec l'équipement nécessaire à la production d'électricité. Ses connaissances en électricité, acquises grâce à sa curiosité insatiable d'amateur, lui permettent d'inventer un système de contrôle électrique pour le fonctionnement des grandes orgues qu'adoptent aussitôt les frères Casavant de Saint-Hyacinthe, contribuant ainsi à populariser ce système partout dans le monde.

En plus d'engager des autodidactes et des anciens élèves d'écoles techniques françaises, l'École recrute des professeurs chez ses diplômés. Deux des cinq diplômés de la première promotion de 1877 vont faire partie du corps professoral. Stanislas

Pariseau est engagé dès sa sortie de l'École. Il enseignera aux étudiants du cours préparatoire. Émile Vanier commence à donner, en 1879, des cours de levée des plans, d'arpentage et d'arithmétique théorique. Pour l'École Polytechnique, cette politique d'embauche de ses diplômés marque le début d'une tradition qui ne sera abandonnée par ses dirigeants que dans les années 70. Cette politique contribue d'ailleurs, dès les premières années, à tisser des liens étroits entre les diplômés et leur *alma mater*. D'une part, l'École fournit du travail à certains d'entre eux qui ne réussissent pas toujours à trouver un emploi. D'autre part, comme ils ne sont pas nombreux, l'École peut, en engageant deux ou trois diplômés restés sans emploi, proclamer que ceux-ci ont trouvé du travail, ce qui est crucial, à cette époque, pour la survie de l'établissement.

Cette politique d'embauche a également l'avantage de susciter un sentiment à la fois de gratitude et d'appartenance à l'École. Elle permet aussi de s'assurer, à peu de frais, de professeurs qui sont des ingénieurs. Émile Vanier, envoyé par Archambault à Los Angeles pour répondre à la demande d'un promoteur de la ville, le Canadien français Prudent Beaudry, acquiert alors une bonne expérience des travaux d'hydraulique nécessaires à la mise en place d'un aqueduc municipal. Dès son retour à Montréal en 1879, Archambault l'engage comme professeur. Le principal de l'École assure alors à ce diplômé un emploi salutaire; il procure aussi à son institution un professeur dont l'expérience dans les travaux municipaux enrichit le programme. À long terme, le placement de Vanier à Los Angeles et son engagement comme chargé de cours assurent à Polytechnique des dividendes encore plus intéressants. Le bureau d'ingénieurs-conseils fondé par Vanier, au début des années 1880, affiche la même croissance que l'urbanisation du Québec à cette époque. Vanier se fera un devoir, non seulement de continuer, malgré la prospérité et la renommée que connaît son entreprise, à donner ses cours à l'École Polytechnique, mais également d'engager une bonne partie des diplômés de son *alma mater*.

Le programme d'études
à la fin du XIXe siècle

Il était nécessaire de préciser les itinéraires de carrière du principal de l'École Polytechnique et des quelques professeurs amenés à introduire l'enseignement du génie au Canada français, avant de jeter un regard sur le programme d'études à la fin du XIXe siècle. En effet, si l'on se fie uniquement au prospectus de 1874 annonçant l'ouverture du cours scientifique et industriel pour se faire une juste idée du type de formation offert par l'École, on risque d'errer considérablement. Le programme, qui apparaît sur ce prospectus, nous décrit un cours de génie divisé en quatre branches qui sont autant de spécialités vers lesquelles peut se diriger l'étudiant. Ces branches sont le génie civil, les mines et la métallurgie, la mécanique et le travail des métaux, l'industrie et la production.

La description des différentes techniques et matières que l'on retrouve dans ce programme ne peut manquer d'étonner quand on connaît le nombre et les antécédents scolaires ou professionnels des professeurs de Polytechnique. Citons simplement à titre d'exemple la description des matières de la quatrième branche:

Botanique. Minéralogie. Agriculture: Analyse des sols et des terrains; Engrais, guanos, etc. Chimie inorganique et organique. Analyses qualitatives et quantitatives.

Industries préparatoires; Fabriques de produits chimiques. Poudre, Acides, Désinfectants. Matière médicale. Féculeries et amidonneries. Soudes et potasses. Huiles et savons. Éclairage: bougies; gaz, Usines à gaz; huiles minérales; lumière électrique. Combustibles: Charbons; bois; tourbes. Préservation des bois, des peaux; cuirs tannage; carroierie; mégisserie; chamoiserie; gélatine; colle forte. Matières tinctoriales végétales et minérales. — Caoutchouc; guttaprecha; vulcanisation.

Fabrication de la porcelaine, de la faïence, des poteries communes, des briques. — Verres et cristaux: glaces, vitres, bouteilles, gobeleterie. Chaux; ciments; mortiers.

Alimentation: Meuneries; farine; pain; pâtes alimentaires. Fabrication et raffinage des sucres de canne, de betterave, d'érable. Confiserie. — Chocolat. — Café; thé. — Beurres et fromages. Conservation des substances alimentaires: Salaisons des poissons, des viandes; procédé Appert; légumes, fruits et viandes en boîtes. Falsification des substances alimentaires: essais des réactifs et examen au microscope. Boissons: Vins, bière, cidres, eaux de vie et alcools, liqueurs. Distillerie, Vinaigre.

Vêtements: Filature de la soie, du lin, du chanvre, du jute, du coton, de la laine. Fabrication des tissus. Bonneterie. Blanchiment, Teinture. Impression et apprêts des tissus. Fabrication des draps. Confection des vêtements. Chapellerie. Cordonnerie. Ganterie.

Fabrication des épingles, aiguilles, boutons, brosses, bijoux, plaqué, etc.

Papiers et Cartons; plumes métalliques; crayons. Imprimerie; typographie; stéréotypie. Gravure et lithographie; chromolithographie. Reliure. Papiers peints. Ébénisterie. Dessin artistique. Photographie. Sculpture. Télégraphie.

Produits commerçables; leur provenance, etc.[30].

Seul Pfister possède une expérience dans certaines de ces techniques ou matières. Il a, en effet, perdu une partie de son argent dans une affaire de fabrique de savon, et le reste dans une entreprise où l'on produisait du vin[31]!

La vocation de Polytechnique, comme lieu de formation d'ingénieurs n'est pas tout à fait claire à cette époque. Ce n'est qu'au cours des années 1880 que les dirigeants commenceront à tenir un discours sur le rôle de l'ingénieur, sa fonction sociale, et sur la mission de l'École comme principale instance de production de ce groupe social en émergence. Il n'est d'ailleurs pas question de former des ingénieurs avec cette quatrième branche qui n'existera bien sûr que sur papier. Les autres branches ont pour but de former, entre autres, des mécaniciens, des conducteurs de locomotives, des employés dans les forges et autres usines, des architectes, des arpenteurs, des géologues et évidemment des ingénieurs.

Si ce prospectus, réédité jusqu'au début des années 1880, nous renseigne fort peu sur la formation reçue par les premiers étudiants destinés à devenir ingénieurs, il nous révèle, par contre, qu'à cette époque l'identité de l'ingénieur, telle qu'on la connaît au XXe siècle, reste à construire. Les fondateurs de l'École Polytechnique en avaient alors, tout comme le reste de la société d'ailleurs, une idée assez vague. Quelques années plus tard, diplômés et dirigeants auront déjà commencé le travail social de désignation et de délimitation, d'inclusion et d'exclusion qui transformera peu à peu la représentation de l'ingénieur au Canada français. Ils préciseront alors qu'il ne faut surtout pas confondre un ingénieur diplômé avec un conducteur de locomotive ou un simple dessinateur. Par ailleurs, avec les moyens mis à sa disposition, Archambault sait très bien que son École ne peut rivaliser avec les grandes institutions européennes ou américaines. À défaut d'**être** une institution d'envergure, l'École devra donc s'efforcer d'en **paraître** une. Le programme de 1874 n'est en fait que le premier exemple des stratégies de représentation utilisées par les porte-parole de l'École afin d'assurer à leur institution une légitimité que ne peuvent lui procurer ses professeurs, ses laboratoires ou ses attaches institutionnelles.

Si l'on veut prendre connaissance de la formation des premiers ingénieurs canadiens-français, il vaut mieux se tourner vers une autre source d'information, à savoir l'horaire des cours d'une année académique. Nous avons pu retrouver, dans les archives de l'École Polytechnique, un document écrit de la main du directeur des études, Émile Balète, qui nous informe des titres des cours, du nom des professeurs attitrés aux différents cours et de la durée de ces cours, pour l'année académique 1886-1887. Avant d'examiner cette grille horaire, il faut signaler tout de suite que sur papier le programme de 1874 offrait un choix de spécialités. L'École est même autorisée, en vertu de la loi votée en 1876, à décerner des diplômes d'ingénieur civil, d'ingénieur des mines, d'ingénieur mécanicien et d'ingénieur industriel. En réalité, seul le diplôme d'ingénieur civil est décerné au XIXe siècle et au début du XXe.

À la fin des années 1870, on se donne comme modèle l'École centrale des arts et manufactures (ECAM). En 1877, un ami d'Archambault en voyage à Paris, Napoléon Bourassa, communique pour la première fois des informations sur cette institution française au principal de l'École Polytechnique. Comme on ne peut importer l'enseignement de l'ECAM en engageant d'anciens élèves ou, mieux encore, en s'assurant les services de l'un de ses professeurs, Archambault se contente de glaner le plus d'informations possibles sur les cours qui s'y donnent. Bourassa envoie le prospectus de l'ECAM mais «regrette de ne pas pouvoir trouver cette feuille du cahier de notes que le directeur avait bien voulu me donner...[32]». En 1881, dans son rapport au surintendant de l'Instruction publique, Archambault affirme que «l'École Polytechnique de Montréal a pris pour modèle l'École Centrale et s'est efforcée de suivre son programme d'études. Mais dans un pays d'une aussi faible population, avec les ressources modiques dont elle dispose, elle ne peut l'imiter que de loin. Si elle est assez modeste pour en convenir, elle peut au moins afficher la prétention d'avoir poussé l'imitation aussi près que cela était possible[33].» En 1884, Archambault écrit au directeur de l'ECAM pour lui demander une série de croquis des cours qui s'y donnent. Le directeur accède à sa demande[34]. En 1887, à la faveur d'une visite à Polytechnique de deux ingénieurs de l'École nationale des ponts et chaussées, Archambault réussit à obtenir de cette école française réputée certains cours autographiés ainsi que divers autres documents pédagogiques[35]. C'est par ces moyens peu coûteux que l'École Polytechnique tente de se mettre au diapason de l'enseignement des sciences appliquées. En se modelant sur ces institutions françaises, Polytechnique suivra la voie d'une formation générale, à contre-courant des établissements nord-américains qui, eux, vont opter pour la spécialisation.

Comme l'ECAM, le programme de Polytechnique comporte trois années de cours. Ces trois années sont toutefois précédées d'une année de préparation suivie par la plupart des élèves. Il faut donc parler d'un programme qui s'échelonne sur quatre ans[36]. La grille horaire de 1886-1887[37] nous informe qu'en général les cours sont divisés en périodes d'une heure et demie. L'emploi du temps en ce qui concerne le noyau de professeurs à temps complet que forment Pfister, Haynes et Balète est très chargé. Ce dernier, ne l'oublions pas, cumule les postes de professeur et de directeur des études. Il faut dire que certains cours, ceux de dessin et de construction civile donnés par Haynes et Vanier, accueillent les élèves de première, deuxième et troisième années tous ensemble dans la même classe. Le nombre total des étudiants de l'année préparatoire et des trois années suivantes est alors inférieur à 30. Il n'y a donc, dans ces classes regroupant les étudiants des trois années de l'École, qu'une quinzaine d'élèves. Il n'en reste pas moins que les professeurs Pfister, Haynes et Balète enseignent le matin et l'après-midi tous les jours de la semaine, ce qui évidemment ne leur laisse pas grand temps pour la préparation des cours.

Par ailleurs, on sait que jusqu'en 1923, plusieurs des cours sont dictés par les professeurs. Cette pratique fait en sorte que les cours sont reproduits année après année, rendant ainsi bien difficile le renouvellement de l'enseignement. Au XIXe siècle, le cours de génie de trois ans à Polytechnique comprend premièrement un enseignement de base des sciences pures (plus de 30 % des heures des trois années, près de 50 % si l'on inclut l'année préparatoire), deuxièmement l'enseignement du dessin (26 % des heures des trois années) et finalement l'enseignement de sciences appliquées surtout axées sur la construction civile et probablement en relation étroite avec les cours de dessin puisque la plupart des cours gravitant autour de la construction civile (architecture, machines et construction civile) sont donnés par Haynes, professeur de dessin de l'École.

Les professeurs n'étant pas des spécialistes dans une science ou un domaine de la pratique de la profession d'ingénieur, le programme de Polytechnique s'est bâti en répondant aux besoins les plus pressants. Pfister et Balète se sont faits professeurs de sciences pures, matières importantes compte tenu de la formation générale privilégiée par Polytechnique. Il faut également suppléer aux carences des étudiants des collèges ou académies qui ne sont pas toujours bien préparés à suivre un enseignement supérieur scientifique[38]. Les premiers diplômés ont trouvé de l'emploi au gouvernement fédéral, principalement comme techniciens au ministère des Travaux publics et à la Commission géologique ou encore comme ingénieurs-conseils. La connaissance des devis et la levée des plans deviennent dès lors une compétence essentielle.

Comme Pfister, Balète et Haynes, sur lesquels repose la majeure partie de l'enseignement du génie, ne possèdent aucune formation universitaire en matières de sciences ou de sciences appliquées, il est probable que la qualité et le niveau des cours décernés à Polytechnique, à la fin du XIXe siècle, étaient peu élevés. Toutefois, cet établissement apparaît à quelques jeunes Canadiens français qui s'intéressent aux sciences, aux sciences appliquées ou encore à l'industrie comme un lieu où ces prédispositions seront renforcées; et c'est ce lieu qui permettra que se réalise l'émergence, au XXe siècle d'un groupe social amené à promouvoir dans la société québécoise les sciences, les carrières industrielles et la technologie. Par ailleurs, le fait que plusieurs diplômés soient devenus ingénieurs-conseils permet de croire que le niveau était suffisant pour permettre une pratique du génie civil. À une époque où quiconque se pensant ingénieux pouvait s'afficher comme ingénieur, la possession d'un diplôme d'ingénieur devenait un atout non négligeable.

Éducation classique
et enseignement du génie

En 1874, bien peu de gens au Québec savent qu'une école de sciences appliquées vient d'ouvrir ses portes à Montréal. Urgel Archambault rédige alors une lettre à l'intention des directeurs des collèges pour les informer de l'ouverture d'«un cours polytechnique complet» à l'Académie commerciale catholique de Montréal[39]. Archambault leur envoie le prospectus de l'Académie, où il est fait mention du cours scientifique et industriel, et justifie la nécessité de cette nouvelle école en la présentant comme «le seul moyen de désencombrer ces professions [avocats, médecins, notaires] et de retenir notre jeunesse instruite au milieu de nous en lui offrant de nouvelles carrières[40]». Il précise également que beaucoup d'hommes éminents et distingués, tout comme de grands industriels, ont réclamé la création d'une telle école. Il souligne que «les lignes de chemin de fer actuellement en construction, le creusement des canaux, l'établissement des routes demandent un personnel nombreux que l'étranger seul fournit[41]». Il signale aussi que ce type d'études est «une voie ouverte à ceux qui finissent leur cours des sciences dans les collèges classiques».

De plus, Archambault n'oublie pas de rassurer les directeurs des collèges qui ont scrupule à laisser partir leurs étudiants vers la grande ville: «On veillera strictement, dit-il, à ce que la conduite des étudiants soit exempte de tout reproche, et on portera une attention spéciale à ce que ceux d'entre eux qui n'ont pas de parents à la ville puissent se loger et prendre pension dans des familles d'une honorabilité reconnue. On exigera d'eux, poursuit-il, l'accomplissement des devoirs religieux — des instructions morales leur seront données régulièrement.[42]»

Malgré ces bonnes intentions, Archambault ne réussit pas à recruter beaucoup de candidats pour sa nouvelle école. En janvier 1874, sept étudiants s'inscrivent au nouveau programme. Quatre de ces derniers sont des finissants de l'Académie. En ce qui concerne les trois autres, nous savons seulement que William Haynes, le frère du professeur Joseph Haynes, est un ancien élève du collège Masson à Terrebonne. Si Polytechnique, à ses débuts, recrute ses élèves chez les finissants d'une école décernant à toutes fins utiles un cours primaire avancé, elle voit augmenter au fil des ans le nombre de ses élèves issus de l'enseignement secondaire, c'est-à-dire des collèges classiques. Comme nous ne connaissons malheureusement pas l'origine scolaire des élèves inscrits à l'École Polytechnique, nous devons nous contenter de l'origine scolaire des diplômés pour établir nos statistiques sur l'origine scolaire des étudiants.

En 1880, l'École Polytechnique de Montréal a formé dix ingénieurs. Cinq de ces derniers ont été recrutés à l'Académie commerciale catholique de Montréal. William Haynes, on le sait, a étudié au collège industriel de Terrebonne. Les quatre autres ont fréquenté un collège classique, dont trois le Collège de Montréal[43]. Neuf ans plus tard, les statistiques sur l'origine scolaire des diplômés, nous indique déjà les principaux lieux de recrutement des étudiants de Polytechnique. À la fin de la période qui nous concerne, c'est-à-dire en 1904, 114 ingénieurs ont été formés à Polytechnique. Le Tableau 2.1 nous révèle que plus de la moitié des diplômés de l'école ne sont pas passés par le collège classique. À partir des années 1890, l'enseignement des frères des Écoles chrétiennes au Mont-Saint-Louis favorise l'émergence de vocations pour les carrières scientifiques; neuf diplômés ont fait leurs études secondaires dans cet établissement.

TABLEAU 2.1

Origine scolaire des diplômés de Polytechnique pour la période 1877-1904

périodes	1877-1889		1890-1904		1877-1904	
	n	*%*	*n*	*%*	*n*	*%*
institutions d'enseignement						
collèges classiques	21	40,4	33	53,2	54	47,4
collège industriel	1	1,9	–	–	1	0,9
académies	15	28,8	4	6,4	19	16,7
écoles normales	3	5,8	4	6,4	7	6,1
Mont-Saint-Louis	–	–	9	14,6	9	7,9
High Schools	–	–	1	1,6	1	0,9
génie McGill	–	–	2	3,2	2	1,7
inconnues	12	23,1	9	14,6	21	18,4
TOTAL	52	100,0	62	100,0	114	100,0

Source: *Registre de l'École Polytechnique de Montréal, vol. I, 1873-1903*, AEPM.

Le Tableau 2.1 nous révèle déjà les difficultés que rencontrent les dirigeants de Polytechnique dans le recrutement des étudiants. Les collèges prédisposent, en effet, bien peu leurs étudiants à embrasser la carrière d'ingénieur civil. Il ne faudrait pas croire pourtant que les directeurs des collèges découragent leurs élèves de choisir le génie civil comme carrière possible. En 1876, la correspondance d'Archambault avec les directeurs des collèges nous montre bien que ces derniers ne sont pas hostiles à ce que certains de leurs élèves se dirigent, après leurs études classiques, vers l'École Polytechnique[44]. Il n'en demeure pas moins que les collèges classiques sont avant tout destinés à former des prêtres en inculquant aux élèves une culture générale où le rôle de la parole est primordial, tandis que celui des arts manuels est secondaire. La réponse de l'abbé Hamel, du Séminaire de Québec, à Archambault qui l'avait informé de l'ouverture d'une école de génie à Montréal est un bel exemple de la réaction des directeurs de collèges à ce nouveau type de formation qui s'implante au Québec. Hamel écrit: «Nous ne manquerons pas d'encourager dans cette voie-là ceux de nos jeunes gens qui ne se destinent pas à l'état ecclésiastique[45].»

À la difficulté de recruter des candidats dans ce qui se révèle être l'unique filière de l'enseignement secondaire s'ajoute le haut taux d'abandon d'élèves inscrits à l'École Polytechnique. En mars 1883, Archambault envoie un mémoire au surintendant de l'Instruction publique, Gédéon Ouimet, pour répondre aux accusations lancées par certains contribuables: Polytechnique coûterait trop cher à la ville et à la province, compte tenu du petit nombre d'ingénieurs qu'elle a formé jusqu'à maintenant. Chaque élève, selon ces critiques, coûterait plus de 4000 $ aux contribuables du Québec et de Montréal en particulier[46]. Archambault répond au surintendant qu'il ne faut pas répartir sur les élèves qui ont reçu le diplôme d'ingénieur le coût total de l'École depuis sa fondation, mais bien sur tous les élèves l'ayant fréquentée. On apprend ainsi que, entre 1874 et le 30 juin 1882, 152 élèves ont fréquenté le cours préparatoire et le programme courant. De ce nombre, 18 ont terminé leurs études et obtenu leur diplôme, et Archambault s'empresse d'ajouter que «douze sont en voie de le recevoir, ce qui dans deux ans portera à trente le nombre d'ingénieurs civils formés par l'EPM[47]». En juin 1885, 30 ingénieurs auront été formés sur les 152 étudiants inscrits entre 1874 et 1882, ce qui nous indique un taux d'abandons ou d'échecs de 80,3 %.

Plusieurs facteurs viennent expliquer ce taux anormalement élevé. L'étape du cours préparatoire d'une durée d'un an s'avère la plus difficile à passer pour obtenir le diplôme d'ingénieur. C'est là que beaucoup d'étudiants abandonnent. Certains font face pour la première fois à l'enseignement des sciences physiques et quittent ce type d'études, dont ils se faisaient une tout autre idée. D'autres n'ont pas les ressources financières nécessaires pour continuer, ou encore trouvent de l'emploi dans le commerce ou l'industrie surtout s'ils ont suivi un cours commercial à l'Académie du Plateau. On connaît plus précisément les motifs d'abandon des étudiants de première et deuxième années pendant les années 1870. Des 33 élèves inscrits en première année entre 1874 et 1880, 11 ont abandonné avant 1880. De ceux-ci, deux ont réussi à passer l'examen pour devenir arpenteurs de la province, deux ont préféré se diriger vers l'étude menant aux professions libérales, un est devenu architecte, deux autres ont quitté Polytechnique pour poursuivre leurs études de génie à l'extérieur du pays, enfin quatre ont trouvé un emploi dans le commerce et l'industrie[48].

Le recrutement d'étudiants possédant des dispositions pour les sciences appliquées, et dont les parents peuvent supporter les frais de quatre années d'études, se révèle beaucoup plus difficile que ne l'avaient soupçonné les principaux fondateurs et promoteurs de Polytechnique, c'est-à-dire Archambault et Gédéon

Ouimet. Plusieurs stratégies sont alors envisagées pour attirer de nouveaux étudiants ou pour retenir ceux qui y sont déjà. Archambault réussit à obtenir des bourses pour certains étudiants peu fortunés, mais ayant obtenu de bons résultats dans leurs études. Peter S. Murphy, commissaire à la CECM, offre une bourse annuelle de 50 $, l'équivalent des frais de scolarité de l'École. Prudent Beaudry crée une bourse annuelle de 150 $, somme qui équivaut aux frais de pension et de scolarité pour une année. De plus, le principal tente d'amener le gouvernement québécois à créer une bourse pour chaque circonscription électorale afin que les députés puissent patronner un jeune étudiant de leur comté. Cette tentative assez audacieuse d'Archambault échouera. Cependant les bourses de Murphy et de Beaudry permettront à certains étudiants peu fortunés de terminer leurs études sans frais de scolarité. L'École Polytechnique ne peut alors se permettre de perdre le peu d'étudiants qu'il lui reste après la première année d'études, c'est pourquoi il n'est pas rare de voir un étudiant être soulagé des frais de scolarité après qu'il a prouvé que ses parents ou tuteurs ne peuvent plus subvenir à ses besoins.

En fait, cette politique de la porte ouverte aux élèves peu fortunés ou n'ayant pas fréquenté de collège, bien qu'elles permettent d'augmenter sensiblement le nombre des étudiants, ne transforme aucunement Polytechnique en un lieu où affluent les jeunes Canadiens français désireux de poursuivre leurs études après leur cours primaire ou secondaire. Il faut souvent à l'étudiant du collège une très forte détermination pour résister à la vocation ecclésiastique qu'on tente de lui inculquer dans cette institution, ou encore à celle que lui imposent, bien souvent, ses parents désireux d'en faire un «honnête homme», c'est-à-dire un prêtre, un avocat, un médecin ou un notaire, car finalement, c'est bien pour cela qu'on l'envoie dans cette institution. En 1885, J.-B. Lafrenière de Saint-Cuthbert envoie une lettre à Archambault pour le supplier de décourager son neveu et protégé, Ernest Fusey, de s'aventurer dans le génie civil. Cette lettre vaut la peine d'être citée puisqu'elle est sans doute révélatrice des aspirations de carrière de ceux qui envisagent le système scolaire comme filière de promotion sociale pour leurs enfants. Cette lettre nous révèle également la perception que l'on avait de la profession d'ingénieur à la fin du XIXe siècle.

> [...] faites-lui connaître aussi les misères qu'a à endurer un ingénieur civil dans les travaux longs et pénibles et très souvent coucher à la belle étoile dans les bois et désert dans les passages très difficiles [...]

Enfin M. le principal, tout lui faire connaître les charges et obligations, troubles et misères dans cette vocation qui seront propres à le décourager à cette étude.[...] Je ne trouve pas cette vocation naturelle pour lui, vu que depuis ses premières années du collège qu'il me dit vouloir étudier le notariat et s'est décidé définitivement ce printemps au Collège après une retraite faite expressément pour choisir la vocation et encore là avec plus de fermeté que jamais il s'est décidé d'étudier le notariat. Je crois que c'est les conseils de certains condisciples pour lui faire étudier le génie civil que sa propre décision et aussi pour avoir plus de liberté en résidant à Montréal ou aller dans une ville. Dans l'espoir, M. le principal, que vous ferez tout en votre pouvoir pour le faire décider autrement, soit pour l'étude du notariat ou prendre la soutane[49].

On s'en doute, Archambault, ne découragera pas ce jeune homme à choisir le génie civil, mais l'y encouragera fortement. Fusey recevra son diplôme d'ingénieur en 1890 et connaîtra une brillante carrière à l'emploi de la Ville de Montréal.

En 1899, le nombre de nouveaux étudiants provenant des collèges classiques est si peu élevé que le directeur Émile Balète fait appel à l'archevêque de Montréal, Mgr Bruchési, afin qu'il encourage lui-même les directeurs des collèges de son diocèse à envoyer quelques élèves à l'École Polytechnique. La notice sur Polytechnique qu'envoie Émile Balète à l'archevêque et que ce dernier insère dans la lettre circulaire qu'il adresse aux directeurs des collèges de son diocèse nous dévoile combien il est difficile pour ses dirigeants d'attirer vers leur institution les diplômés des collèges. Balète précise entre autres que:

le nombre des élèves qui fréquentent les collèges classiques est considérable. Cependant, il s'écoule souvent plusieurs années sans qu'il en vienne un seul à l'École Polytechnique.

Tous les ans, se présente avec les mêmes incertitudes et la même acuité la question de savoir combien d'élèves nouveaux viendront à l'École et dans ce nombre combien d'unités probables pour le cycle entier d'études. Cette pénurie extrême dans les effectifs contraste singulièrement avec ceux d'une faculté de cette ville où les élèves se comptent par centaines[50].

Balète fait remarquer également que les collèges sont en mesure d'assurer à l'École un recrutement à peu près normal parce que, «à part une exception remarquable, ils sont les seuls dont les programmes comportent quelques matières d'ordre scientifique et qui aient, par suite, l'opportunité d'orienter des élèves vers l'École et de les y préparer[51]». Balète termine son plaidoyer en implorant les directeurs des collèges de la façon suivante:

Nous comptons sur les dévoués directeurs et professeurs des collèges. Nous les prions respectueusement de faire la place aussi large que possible à l'enseignement scientifique; puis de soutenir et encourager ceux de leurs élèves qui montrent du goût et de l'aptitude pour les sciences, de leur faire prévoir le succès dans les études du génie et de les porter à s'y engager sans retard.

Si la propagande en faveur de l'École Polytechnique, appuyée d'une légère préparation, pouvait s'introduire à demeure dans les mœurs du collège, il est permis de croire que quelques élèves pris parmi les laborieux et les énergiques se détacheraient chaque année pour entreprendre les études conduisant à la profession d'ingénieur civil[52].

Si la notice sur Polytechnique rédigée par Balète nous renseigne sur la pénurie d'étudiants que connaît cette institution, la lettre circulaire de l'archevêque de Montréal qui accompagne cette notice est tout aussi instructive de la position de la profession d'ingénieur dans la hiérarchie des professions. Bien que l'archevêque recommande l'École Polytechnique aux directeurs des collèges, il n'en demeure pas moins qu'il définit une hiérarchie des vocations qui laisse loin derrière celle du génie civil. Il écrit aux directeurs des collèges:

Il s'y trouve des renseignements et des indications dont vous pourriez peut-être tirer profit pour l'organisation de vos programmes d'études scientifiques; et puis, le cas échéant pour l'orientation à donner à ceux de vos élèves que vous ne croiriez pas destinés aux professions libérales[53].

Dans ces quelques lignes, on perçoit bien que la fonction sociale des collèges classiques consiste avant tout à reproduire les groupes sociaux que sont le clergé et les membres des professions libérales. Si un ou deux élèves échappent à ces trajectoires «normales» de carrière, on autorise les directeurs des collèges, un peu comme une faveur accordée, à les orienter vers le génie civil.

Entre 1877 et 1904, Polytechnique a décerné 114 diplômes d'ingénieur civil. Entre 1876 et 1902, les facultés de droit de l'Université Laval à Québec et à Montréal ont formé 514 bacheliers et 174 licenciés. Les facultés de médecine de ces institutions ont décerné, quant à elles, durant cette période 769 diplômes de bacheliers, 92 diplômes de licenciés et 859 diplômes de docteurs[54]. Bref, pour 1 ingénieur francophone le système d'enseignement supérieur francophone a formé 6 juristes et 15 médecins!

TABLEAU 2.2

**Origine géographique des diplômés de Polytechnique
pour la période 1877-1904**

lieux	n	%
agglomération de Montréal	71	62,3
agglomération de Québec	8	7,0
agglomération de Trois-Rivières	5	4,4
ailleurs en province	17	14,9
inconnus	13	11,4
TOTAL	114	100,0

Source: *Registre de l'École Polytechnique, vol. I, 1873-1903*, AEPM.

Les origines sociale et géographique des diplômés de Polytechnique

La politique d'ouverture qu'est obligée d'adopter l'École Poly-technique envers les étudiants provenant de filières qui ne débou-chent pas nécessairement sur l'enseignement supérieur univer-sitaire, tout comme l'ambiguïté du statut social d'une profession en émergence comme celle de l'ingénieur, font en sorte que, dès ses débuts, cette institution accueille des étudiants issus des classes sociales les plus diverses. Le seul cahier d'inscription qui nous informe de l'origine sociale des étudiants inscrits à Poly-technique cesse de donner cette information en 1885. Il faut donc se contenter des 122 étudiants inscrits dans ce registre pour connaître l'origine sociale des premiers jeunes Canadiens français qui, attirés par le génie civil, se sont inscrits à l'École Polytechni-que.

Tout d'abord signalons que cette école de sciences appliquées est, à ses débuts, une institution qui recrute ses étudiants essen-tiellement dans le milieu urbain et montréalais. À défaut de con-naître l'origine sociale des étudiants inscrits après 1885, on peut se fier à celle des diplômés, ce qui reste un bon indicateur de l'ensemble des étudiants inscrits, bien que cela puisse minimiser la présence d'étudiants d'origine sociale modeste qui pouvaient avoir plus de difficultés financières à poursuivre leurs études. Sur le plan géographique, le Tableau 2.2 nous révèle que, entre 1877 et 1904, les élèves sont recrutés en majorité dans l'agglomération montréalaise. Très peu d'étudiants proviennent de l'extérieur des grands centres urbains. La ville de Saint-Hyacinthe, qui connaît

Tableau 2.3

Origine sociale des étudiants et diplômés de Polytechnique pour la période 1873-1904

statut année	étudiants[1] 1873-1885		diplômés[2] 1877-1889		diplômés[2] 1877-1904	
profession du père	*n*	*%*	*n*	*%*	*n*	*%*
agriculteur	26	24,5	14	28,6	24	26,1
ouvrier	20	18,9	9	18,4	14	15,2
petits commerçant, marchand et entrepreneur	27	25,5	11	22,5	20	21,7
fonctionnaire et col blanc	10	9,4	6	12,2	10	10,9
profession libérale	14	13,2	6	12,2	16	17,4
enseignant	1	0,9	–	–	1	1,1
ingénieur, architecte, arpenteur, etc.	6	5,7	1	2,0	3	3,3
industriel	2	1,9	2	4,1	4	4,3
TOTAL	106	100,0	49	100,0	92	100,0

Sources: (1) *Registre d'admission de l'École Polytechnique, 1873-1906*, AEPM.
(2) *Registre de l'École Polytechnique, 1873-1903*, AEPM.

une industrialisation remarquable à la fin du XIXe siècle, fournit à elle seule cinq des «provinciaux».

Nos données sur l'origine sociale des diplômés de Polytechnique nous informent tout d'abord qu'à cette époque elle est une institution relativement ouverte à toutes les classes sociales. De plus, elle semble offrir à tous ses étudiants les mêmes chances de réussite. La diversité de l'origine sociale des étudiants de Polytechnique se lit dans les statistiques du Tableau 2.3. Si l'on compare l'origine sociale des étudiants inscrits avec celle des 52 diplômés depuis ses débuts jusqu'en 1889 (donc inscrits avant 1886), nous ne remarquons que quelques légères différences.

Ces chiffres se comparent à peu de choses près aux données sur l'origine sociale des élèves du Séminaire de Québec entre 1881 et 1891 que nous reproduisons dans le Tableau 2.4. La particularité de Polytechnique, en ce qui a trait à l'origine sociale de ses étudiants, réside peut-être dans le peu de succès qu'elle obtient auprès des groupes sociaux qui utilisent le plus le système d'en-

TABLEAU 2.4

**Origine sociale des élèves du Séminaire de Québec
pour la période 1881-1891**

	Séminaire de Québec 1881-1891
propriétaires, administrateurs, et professions libérales	45,6 %
employés de bureau et de magasin	5,4 %
gens de métier et ouvriers spécialisés	22,9 %
ouvriers non spécialisés	3,8 %
monde rural et de la forêt	22,3 %

Source: C. GALARNEAU, *Les Collèges classiques au Canada français*, Fides, 1978, p. 144.

seignement pour assurer leur reproduction, ceux des professions libérales. D'autant plus que l'École Polytechnique a été fondée, en quelque sorte, pour désencombrer ces professions dont on affirmait alors qu'elles ne faisaient plus vivre leurs membres. Seulement 14 étudiants inscrits avant 1886 ont des parents appartenant à ces groupes sociaux et 6 d'entre eux deviendront ingénieurs.

Ces statistiques sur l'origine sociale des étudiants n'expriment évidemment pas toute la vérité sur les conditions d'existence des premiers élèves de cette école de génie canadienne-française. La lecture de la correspondance entre le principal Archambault et les étudiants ou leurs parents nous révèle qu'un bon nombre connaissent des difficultés financières qui les obligent à retarder ou tout simplement à suspendre définitivement le paiement des frais de scolarité et d'entretien de leurs enfants ou protégés. Ces étudiants sont issus, bien sûr, des classes sociales les plus démunies, mais les fils d'avocats, de marchands ou de fonctionnaires n'y échappent pas non plus. Dans plusieurs cas, Archambault résout le problème de ces familles sans le sou par l'octroi de bourses d'études.

Les motivations d'un choix de carrière, comme celle d'ingénieur, par exemple, sont bien sûr insaisissables. On peut croire sans trop risquer de se tromper que le frère de Joseph Haynes, William, a subi l'influence de son frère aîné et l'a suivi à Polytechnique. Stanislas Pariseau, lui aussi diplômé de la première promotion et fils d'un constructeur de voiturettes de Saint-Martin, affirme dans une interview en 1946: «Je suis le premier élève inscrit à l'École. M. Louis Beaubien, député à Québec, avait dit: «Tu vas à l'École Polytechnique.[55]» Le jeune Pariseau sera d'ailleurs le premier à profiter de la bourse Prudent-Beaudry. Lorsque Wilfrid Laurier, jeune député à Ottawa, entend dire qu'il peut patronner un jeune homme de sa circonscription, il recommande alors à Archambault d'accepter gratuitement le jeune Denis Gauthier, fils de l'un de ses fidèles amis[56]. Arthur Amos, originaire de France, est orienté à l'École Polytechnique de Montréal par l'un de ses professeurs, sa mère le destinant plutôt à une carrière de notaire[57]. Dans les années 1880, le père d'Ernest Cormier s'inscrit à Polytechnique et y suit des cours pendant un an. Ce fils d'agriculteur, après avoir abandonné les études de génie, opte pour la carrière de médecin. On peut supposer que son séjour à l'École Polytechnique n'est pas étranger à la décision de ses fils Ernest et Napoléon de s'inscrire dans cette institution au début du XXe siècle.

Bien que les circonstances qui ont mené chacun des étudiants à choisir l'École Polytechnique et la carrière d'ingénieur soient plutôt singulières, les statistiques sur l'origine sociale de ces étudiants nous révèle l'importance de l'appartenance à un groupe dans le choix de cette carrière nouvelle.

Si les collèges classiques ne prédisposent pas leurs élèves à s'orienter vers Polytechnique, nous pouvons soupçonner que l'un des lieux où s'inculque un goût pour les sciences appliquées et où se façonne une vocation d'ingénieur est certes celui de la famille. Ainsi, chez les fils de petits commerçants ou entrepreneurs, on compte 14 fils de commerçants, bourgeois et hommes d'affaires, 5 fils d'entrepreneurs en construction mais un seul fils d'épicier. Quant aux fils d'ouvriers, à l'exception d'un seul, ce sont tous des fils d'ouvriers qualifiés, donc détenteurs d'une certaine connaissance technique, qui leur assure des salaires plus élevés et des conditions plus avantageuses que l'ouvrier non qualifié. Ils sont donc bien placés pour apprécier la rentabilité d'un capital scientifique et technique.

On trouve bien peu de fils d'ingénieurs ou d'architectes, principalement parce qu'il y en a peu, ensuite parce que la formation de l'ingénieur par le stage est encore une voie d'accès courante et donc plus facile pour les fils de ceux qui exercent ces professions et, aussi, parce que la réputation de Polytechnique reste encore à faire. C'est ce qui explique, à notre avis, que seulement deux fils d'ingénieurs ou d'architectes vont être diplômés de l'École pendant cette période. Il s'agit de Joseph Héroux, fils d'un architecte, et Royal Lesage, fils de Thomas Wilson Lesage, diplômé de la faculté de génie de l'Université McGill en 1885, lui-même fils de Louis Lesage, ingénieur surintendant de l'aqueduc de Montréal. En fait, cette première génération d'ingénieurs, formés à Polytechnique entre 1873 et 1904, ne contribuera à hausser la proportion de diplômés issus de ce nouveau groupe social qu'après 1904. À titre d'exemple, la première promotion de 1877 est formée de cinq diplômés. Sur les quatre survivants (William Haynes meurt en 1878), deux, Émile Vanier et Gustave Papineau, verront un de leurs enfants devenir ingénieur diplômé de Polytechnique, tandis qu'un troisième, Stanislas Pariseau, est le père de l'un des premiers chercheurs scientifiques au Canada français, le docteur Léo Pariseau, professeur de radiologie et membre fondateur de l'Association canadienne-française pour l'avancement des sciences (ACFAS) pendant les années 20[58].

Finalement, seulement quatre fils d'industriels sont diplômés de Polytechnique pendant cette période. Il s'agit tout d'abord de Georges Garneau (1884), fils de l'industriel et homme politique Pierre Garneau de Québec, et de Godfroy Viger, fils de Louis Labrèche-Viger, journaliste, avocat et marchand qui, après une carrière de politicien, a formé une compagnie minière et a fait fortune en brevetant un procédé de fabrication de l'acier par cémentation. Louis Labrèche-Viger meurt cependant en 1872, au moment où sa compagnie commençait sa première fonte. Ensuite, il y a Hormidas Gauthier (1890), fils d'un manufacturier de chaussures de Montréal et Henri Dessaules (1903), neveu du célèbre «rouge» Louis-Antoine Dessaules et fils de l'honorable Georges-Casimir Dessaules qui de 1850 à 1910, s'occupe activement du mouvement industriel et des affaires municipales à Saint-Hyacinthe. On peut mentionner également que Paul-Émile Mercier (1899), fils d'Honoré Mercier, premier ministre du Québec de 1887 à 1891, fait ses études à Polytechnique entre 1896 et 1899.

On peut affirmer ici que, contrairement à la faculté de génie de McGill ou à des institutions françaises comme l'École Polytechnique de Paris ou l'École centrale des arts et manufactures, Polytechnique ne sert à peu près pas d'instance de reproduction sociale pour les membres canadiens-français de la moyenne ou grande bourgeoisie[59]. En fait, la grande bourgeoisie est surtout anglophone. Comme on le verra plus loin, cette classe sociale se sert bien sûr de la faculté de génie de McGill pour initier ses héritiers aux nouvelles innovations technologiques. Certains industriels et financiers francophones imiteront leurs compatriotes anglophones et enverront leurs enfants fréquenter un lieu qui, plus qu'une institution de diffusion des connaissances scientifiques, constitue également un club sélect où l'on entre en contact avec les futures élites économiques du pays. Quant à Polytechnique, l'examen des postes occupés par ses diplômés, tout au long de cette période, nous confirme qu'elle n'entretient aucune relation avec la grande bourgeoisie industrielle et d'affaires.

Le développement économique et les besoins en ingénieurs

Au Québec, à la fin du XIXe siècle, les secteurs d'embauche pour les premiers ingénieurs formés à Polytechnique ou à la faculté de génie de McGill sont relativement limités. Le secteur de l'hydro-électricité émerge à peine, celui des pâtes et papiers commence tout juste à utiliser les nouvelles techniques de fabrication du papier qui, au siècle suivant, feront de ce secteur une grande industrie québécoise. Il en est ainsi de plusieurs autres secteurs qui connaissent une expansion à partir du début du XXe siècle.

La demande d'ingénieurs dans les années 1880-1900 émane principalement des secteurs liés à la construction des réseaux de transports et, plus largement, de la construction des infrastructures que suscite l'industrialisation. La production industrielle nécessite l'expertise de l'ingénieur dans une moindre mesure; seules les grandes compagnies ont recours à leurs services et elles ne sont pas encore nombreuses à l'époque. La construction des chemins de fer, commencée à la fin des années 1840, connaît différentes périodes d'accalmie et d'effervescence tout au long du XIXe siècle[60]. En 1880, le gouvernement de la province de Québec encourage, par une politique d'aide aux entreprises privées, la construction de réseaux de chemins de fer. C'est ainsi que surgit le réseau de chemin de fer reliant Québec au Lac-Saint-Jean. La Gaspésie est reliée à Québec par le Grand-Tronc-Intercolonial également au cours de ces années. Le Canadien Pacifique complète pendant cette période le réseau du Sud-Est du Québec qui relie Montréal, les Cantons de l'Est, le nord du Maine et le Nouveau-Brunswick[61].

Un secteur presque aussi important pour l'embauche d'ingénieurs est celui du transport maritime. À la fin du XIXe siècle, un effort systématique est fourni par le gouvernement fédéral pour agrandir les canaux déjà existants et pour en ouvrir de nouveaux. En 1879, le gouvernement du Canada crée un nouveau ministère, celui des Chemins de fer et Canaux. Sur le Saint-Laurent, le Richelieu et l'Outaouais plusieurs canaux sont alors aménagés ou agrandis[62]. Cette fois-ci ce travail est effectué en grande partie par des ingénieurs canadiens. Le port de Montréal est amené alors à jouer un rôle de premier plan dans l'économie canadienne. Une Commission du havre s'active à doter le port des installations nécessaires à son bon fonctionnement, et un vaste plan d'aménagement portuaire est réalisé à la fin du siècle.

En relation étroite avec la mise sur pied des réseaux ferroviaires et maritimes, tout ce qui se rattache à l'exploration du territoire apparaît comme un lieu propice à l'exercice de la profession d'ingénieur. La prospection minière, les techniques de sondage, les études de faisabilité entourant les grands projets du dominion sont autant de tâches qui demandent des connaissances qu'offrent les écoles de sciences appliquées. La Commission géologique du Canada devient d'ailleurs l'un des organismes gouvernementaux qui, à la fin du siècle, embauchent le plus d'ingénieurs diplômés canadiens. On découvre, entre 1870 et 1880, de l'amiante à Thetford Mines et de l'apatite (minerai de phosphate) dans la région de Buckingham. Il s'agit alors des débuts de l'industrie minière au Québec[63].

Après 1870, les villes du Québec qui se sont déjà ouvertes à l'industrialisation connaissent une croissance urbaine importante liée à l'essor industriel qui s'accélère à la fin du XIXe siècle. Montréal passe alors de 126 314 habitants en 1871 à 324 880 en 1901[64]. La construction de nouveaux établissements manufacturiers après 1881, dans les secteurs déjà existants, mais aussi nouveaux comme ceux du textile, du matériel roulant, du tabac, etc., requiert les services d'architectes et d'ingénieurs[65]. L'aménagement des infrastructures, commandé par une telle expansion démographique et industrielle, est alors pris en charge par les élus municipaux. On n'a qu'à penser ici à la construction de systèmes d'aqueduc, à l'ouverture de nouveaux chemins et routes carrossables. À partir de 1890, à Maisonneuve par exemple, on met en place le premier service de tramways installé et exploité par Montreal Street Railways. On commence à électrifier ces lignes de tramways, et rapidement le transport en commun s'implante à Montréal.

Comme il est question de l'électrification des tramways, signalons tout de suite que l'application, la vente et la distribution de cette source d'énergie posent aux grandes villes divers problèmes. Maisonneuve, entre autres, produit elle-même son électricité avant 1896; après cette date elle s'en remet à l'entreprise privée. C'est Royal Electric qui fournira l'électricité à la ville[66]. À partir du début du XXᵉ siècle, les grandes compagnies comme Montreal Light Heat and Power et Shawinigan Water and Power achètent la plupart des petites compagnies de distribution d'électricité et s'assurent le monopole de la distribution et de la production de l'électricité dans certaines régions[67]. Les négociations avec ces compagnies qui contrôlent ces nouveaux services publics obligent les villes comme Montréal, Québec, Trois-Rivières, Shawinigan à recourir aux services d'ingénieurs municipaux. Les industries de fabrication, bien qu'en rapide expansion, ne sont pas encore des lieux où l'on réclame les services d'une main-d'œuvre hautement qualifiée. Les industries manufacturières n'utilisent pas à cette époque un matériel de production très perfectionné nécessitant l'engagement d'un nombre important d'ingénieurs.

Ainsi, les deux dernières décennies du XIXᵉ siècle, témoins d'une activité industrielle importante, n'exigent donc pas obligatoirement les services d'un personnel hautement qualifié. Les ingénieurs frais émoulus de Polytechnique ou de la faculté de génie de McGill et qui s'intéressent à l'industrie devront bien souvent s'exiler du Québec pour trouver un emploi dans ce secteur. D'autres font fructifier leur connaissance des nouvelles technologies liées à l'électricité ou à la chimie industrielle en fondant leur propre compagnie de fabrication de produits industriels ou leur propre cabinet d'ingénieurs-conseils spécialisé dans la sous-traitance de services directement liés aux industries qui surgissent à cette époque. C'est dans ce contexte que Polytechnique doit s'occuper du placement de ses diplômés.

Deux grands secteurs d'emploi: l'administration publique et le génie-conseil

En 1877, un fervent partisan de l'enseignement pratique et plus particulièrement de Polytechnique, le député d'Hochelaga et homme d'affaires Louis Beaubien envoie une lettre à Urgel Archambault qui nous indique bien par où passe la survie de cette nouvelle institution scolaire. Beaubien écrit: «Maintenant que vous avez formé des élèves pour la profession du génie civil, il faut nécessairement leur trouver de l'emploi[68].» Le député d'Hochelaga, qui s'est occupé tout particulièrement des dossiers concernant les chemins de fer[69] propose au principal d'envoyer une lettre à Henri-Gédéon Malhiot, alors commissaire de la compagnie ferroviaire Québec-Montréal-Ottawa et Occidental (QMOO), pour qu'il engage un ou plusieurs diplômés. Beaubien va jusqu'à rédiger lui-même cette lettre qu'Archambault n'aurait qu'à signer. On retrouve déjà dans cette lettre les principaux arguments qui seront invoqués par le principal, tout au long du XIXe siècle, afin d'obtenir pour les diplômés des postes dans les différentes agences gouvernementales du Canada ou du Québec. Comme il s'agit ici d'une agence du gouvernement québécois, Polytechnique est présentée comme «la seule école de génie soutenue par le gouvernement», et ses diplômés comme «les premiers parmi leurs compatriotes à s'adonner à cette profession[70]».

L'expérience du gouvernement dans la construction de réseaux de chemins de fer n'est pas très heureuse. Au début des années 1880, le QMOO est cédé à l'entreprise privée. Le commissaire Malhiot n'embauchera aucun des sept diplômés sortis de l'École. Les démarches d'Archambault, entreprises dès le moment où son école produit ses premiers diplômés, s'intensifient au fil des ans. Avec le petit nombre d'ingénieurs qu'elle réussit à former au cours de ses premières années d'existence, Polytechnique ne peut se permettre de les voir sans emploi dans un pays où les promoteurs de l'enseignement des sciences appliquées ont tant clamé la nécessité vitale des ingénieurs. Le sort de l'École dépend donc dans une large mesure du sort de ses diplômés sur le marché du travail, d'autant plus que certains commencent à faire remarquer que l'École coûte extrêmement cher au gouvernement et à la CECM.

En juin 1882, Archambault écrit une lettre au premier ministre Joseph-Adolphe Chapleau pour l'informer de la situation des diplômés. À cette date, l'École a formé 18 ingénieurs dont 4 viennent tout juste d'obtenir leur diplôme. Le principal est alors heureux d'annoncer la bonne nouvelle au premier ministre:

> Nos élèves donnent parfaite satisfaction à tous ceux qui les emploient, j'en reçois les compliments les plus flatteurs des personnes les plus compétentes. Je puis vous citer en passant les noms de MM. Parent, DeVille et Baillargé qui m'ont exprimé à plusieurs reprises leur satisfaction.
>
> Le témoignage de ces messieurs est d'autant plus précieux que MM. Parent et DeVille ont plusieurs de nos élèves à leur emploi et que M. Baillargé les connaît pour les avoir admis à l'étude ou à la pratique de l'arpentage.

Je crois vous faire plaisir en vous annonçant que grâce à votre influence un Canadien français va enfin entrer au département géologique à Ottawa, et ce Canadien français est un des élèves de l'École Polytechnique qui va recevoir son diplôme à la fin du mois et partir immédiatement pour une exploration géologique.

Je vous cite ces faits en passant pour mémoire afin que vous puissiez les mettre sous les yeux de vos honorables collègues au gouvernement[71].

Sans professeurs réputés, ni beaucoup de diplômés, sans infrastructure physique — laboratoires, gymnase ou bibliothèques —, sans même un véritable immeuble, Polytechnique ne peut que miser sur la renommée de ses anciens étudiants pour asseoir sa propre réputation. C'est ainsi que, dès le début, se tissent des liens extrêmement étroits entre les dirigeants de l'École et ses diplômés. Si les premiers doivent la survie de leur institution aux anciens qui réussissent à faire leur marque dans le domaine du génie-conseil ou plus souvent dans les grands appareils d'État, les seconds doivent bien souvent leur ascension sociale au principal qui leur déniche un premier emploi souvent au prix d'efforts soutenus auprès de personnalités politiques ou d'ingénieurs réputés. Très vite se construit donc une relation étroite entre l'*alma mater* et ses diplômés. Une relation qui, au début du XXe siècle, se transformera en un véritable esprit de corps, caractéristique de cette institution scolaire canadienne-française.

Voyons maintenant plus en détail où se dirigent sur le marché du travail les premiers ingénieurs canadiens-français formés à Polytechnique. En 1880, Archambault peut se féliciter d'avoir placé tous ses diplômés[72]. La filière qui s'avère la plus encourageante est sans contredit celle du gouvernement fédéral, et plus particulièrement, le ministère des Travaux publics. Ainsi six des neuf diplômés vivants occupent, en 1880, un emploi à ce ministère. Il s'agit dans bien des cas de postes temporaires qui permettent cependant au principal d'affirmer que les diplômés occupent des postes lucratifs à Ottawa[73]. Pour ces derniers, un premier emploi est l'occasion de parfaire leur formation pour ensuite accéder à un poste permanent. C'est le cas de quatre d'entre eux. Ernest Marceau, Stanislas Pariseau, Gustave Papineau et Georges-Louis Desbarrats graviront plusieurs échelons de la hiérarchie administrative fédérale pour finalement accéder, au début du XXe siècle, à des postes de commande de la fonction publique fédérale[74]. On retrouve les trois autres diplômés dans des secteurs différents. À son retour de Los Angeles, Émile Vanier ouvre un

Promotion de 1885. (Arhives de l'École Polytechnique)

bureau d'ingénieurs-conseils spécialisé dans les travaux municipaux et obtient rapidement des contrats de plusieurs municipalités[75]. On trouve un diplômé au Manitoba qui fait de l'exploration, tandis qu'un autre est employé dans un bureau d'ingénieurs.

Ces débuts de carrières présagent déjà des filières qu'emprunteront la plupart des diplômés des 30 premières années de l'histoire de l'École, à savoir celles du gouvernement fédéral et du génie-conseil. En 1889, l'École a formé 52 ingénieurs. Le Tableau 2.5 nous indique que la majorité trouveront un emploi dans ces deux principaux secteurs. Seulement quatre diplômés vont dénicher un emploi dans l'industrie, dont trois dans le secteur des chemins de fer. Georges Garneau est le quatrième; il occupe le poste de gérant de l'entreprise familiale. Un diplômé est sans emploi, deux voyagent en Europe et un autre étudie la médecine[76]. Notons également que deux ingénieurs-conseils sont également chargés de cours à Polytechnique, et que les quatre ingénieurs municipaux sont employés par des municipalités de l'île de Montréal.

TABLEAU 2.5

Secteurs d'emploi des diplômés de Polytechnique en 1889 et en 1904

année	1889[1]		1904[2]	
	n	%	n	%
secteur *d'emploi*				
administration fédérale	15	31,3	38	35,9
administration provinciale	1	2,1	2	1,9
administration municipale	4	8,3	10	9,4
total administrations publiques	20	41,7	50	47,2
génie-conseil	20	41,7	27	25,5
construction	–	–	10	9,5
ressources naturelles	–	–	1	0,9
transports	3	6,2	7	6,6
industries et commerces	1	2,1	8	7,5
total secteurs privés	24	50,0	53	50,0
n'exercent pas la profession d'ingénieur	4	8,3	3	2,8
TOTAL	48	100,0	106	100,0

Sources: (1) EPM, *Rapport du surintendant de l'Instruction publique pour l'année 1888-1889*, 9 novembre 1889, AEPM.

(2) *Annuaire 1913*, Association des anciens élèves de l'École Polytechnique de Montréal, 1913.

La moitié des diplômés travaillent sur l'île de Montréal et le quart, à Ottawa. Deux diplômés seulement ont un emploi dans la ville de Québec et trois autres, en province. Sept ont quitté le pays pour trouver un emploi aux États-Unis, ce qui représente près de 15 % des diplômés. De ceux-ci, quatre sont ingénieurs-conseils dans des grandes villes américaines (deux à Chicago, un à Denver et un à Los Angeles), les trois autres sont employés par des compagnies de chemins de fer. L'exil est cependant spécifique à cette première génération d'ingénieurs formée à Polytechnique. Au XXe siècle, peu d'entre eux quitteront le Québec.

En 1904, le gouvernement fédéral accueille toujours le plus grand nombre de diplômés. On en compte 18 au ministère des Travaux publics, douze aux ministères des Chemins de fer et

Tableau 2.6

Occupation des diplômés selon leur origine sociale en 1904

secteur d'emploi	Fonct. publ.		génie-cons.		construct.		ind. privée		total	
profession du père	*n*	*%*	*n*	*%*	*n*	*%*	*n*	*%*	*n*	*%*
agriculteur	9	40,9	8	36,4	2	9,1	3	13,6	22	100
ouvrier	6	46,1	6	46,1	–	–	1	7,8	13	100
petit commerçant	9	47,4	4	21,0	3	15,8	2	10,5	*18	94,7
fonctionnaire et col blanc	5	55,5	2	22,2	1	11,1	–	–	*8	88,8
profession libérale	10	66,6	2	13,3	2	13,3	1	6,8	15	100
industriel	1	25,0	–	–	1	25,0	2	50,0	4	100
inconnu	9	45,0	5	25,0	2	10,0	3	15,0	*19	95,0
TOTAL	49		27		11		12		99	

* Un diplômé fils de commerçant a abandonné le génie civil pour devenir protonotaire. Un diplômé fils de col blanc est devenu avocat, tandis qu'un diplômé dont nous ignorons l'origine sociale a préféré la médecine à la profession d'ingénieur.

Sources: voir les Tableaux 2.3 et 2.5.

Canaux, de la Marine et des Ports nationaux, six à la Commission géologique du Canada et deux au ministère de l'Intérieur. Le gouvernement du Québec n'a pas encore à cette époque un personnel administratif considérable et il ne fournit de l'emploi qu'à deux diplômés. La Ville de Montréal a à son service huit ingénieurs formés à Polytechnique, tandis que les villes d'Outremont et de Fraserville en ont chacune un. Près de la moitié des diplômés travaillent dans la fonction publique.

Le quart des diplômés de Polytechnique se retrouve dans un bureau d'ingénieurs-conseils, tandis qu'on en compte 10 travaillant dans une compagnie de construction. Dans le secteur privé de l'exploitation des ressources naturelles, un seul diplômé, Rolland Préfontaine (1903), a trouvé un emploi chez Beauharnois, Light, Heat and Power à Montréal. On en compte par contre sept dans l'industrie privée des transports, tous dans le secteur des chemins de fer. Cinq diplômés occupent un poste dans l'industrie de fabrication ou le commerce, dont deux à l'extérieur du pays.

Comme on sait que ce nouveau groupe social en formation est issu de classes sociales fort diverses, il devient important de se demander si la classe d'origine influence le choix de carrière de ces premiers ingénieurs diplômés canadiens-français. Le Tableau 2.6 nous renseigne sur cette question. On ne peut évidemment pas s'aventurer à fonder de grandes hypothèses sur les fonctions sociales de l'École Polytechnique. Le nombre de diplômés est, à cette époque, trop peu élevé pour que ces statistiques sur leur origine sociale permettent d'affirmer que tel ou tel groupe social profite de cette institution pour améliorer sa position dans le champ des classes sociales. D'autant plus qu'il ne s'agit pas à proprement parler de choix de carrière, puisque bien souvent c'est Archambault lui-même qui déniche le premier emploi de ses diplômés, poste qui détermine souvent la trajectoire de leur carrière. On peut au moins supposer que l'origine sociale des premiers ingénieurs canadiens-français formés à Polytechnique a peu d'influence sur le type de carrière qu'ils mènent. Ce qui vaut pour l'origine sociale vaut également pour l'origine scolaire des diplômés. Nos statistiques nous laissent croire, en effet, que le fait d'avoir suivi ou non des études classiques a peu d'influence sur la carrière des diplômés de Polytechnique.

Ces données sur le domaine d'exercice des diplômés s'expliquent par la position de l'École dans le système d'enseignement au Québec, position elle-même déterminée par sa relation avec les classes dominantes, en particulier avec celle de la grande et moyenne bourgeoisie. Cette institution n'est aucunement perçue par les élites économiques comme un lieu pouvant assurer à leurs héritiers une position égale ou meilleure que celles qu'ils détiennent déjà dans la hiérarchie sociale. Cette perception est aussi celle d'une fraction de la petite bourgeoisie composée des professions libérales qui sont plus enclins à diriger leurs enfants vers les facultés de droit ou de médecine. Polytechnique a bien peu de chances dans ces conditions de développer des liens avec les milieux économiques. Archambault est à l'aise parmi les personnalités politiques mais n'entretient aucun rapport avec les magnats de la finance ou de l'industrie. Il dirige alors ses diplômés vers les principaux organismes gouvernementaux canadiens. Ses amitiés, principalement avec les hommes politiques québécois, ne lui permettent pas de créer une filière d'entrée sur le marché du travail dans la fonction publique québécoise encore peu développée, mais ses successeurs prendront la relève et, le moment venu — c'est-à-dire lorsque l'administration publique québécoise connaîtra une expansion importante —, cette filière d'embauche deviendra la plus importante. Ainsi par exemple, Édouard DeVille, arpenteur des terres du dominion et beau-fils du principal protec-

Réunion d'anciens diplômés, vers 1892. On reconnaît entre autres
J.T. Lemire (1892) (1er à gauche), Godfroi Labrèche-Viger (1885) (2e à gauche),
Stanislas Pariseau (1877) (assis à l'extrême gauche) et Émile Vanier (1877)
(à l'extrême droite). (Archives de l'École Polytechnique)

teur de Polytechnique, le surintendant de l'Instruction publique, Gédéon Ouimet, permet à de jeunes diplômés de trouver un emploi au gouvernement fédéral. En 1882, tracassé par le fait que le gouvernement du Québec ne donne de l'emploi à aucun des diplômés de Polytechnique, DeVille le signale à Archambault: «Jusqu'ici votre école a reçu surtout l'encouragement du gouvernement fédéral, je ne vois pas un seul de vos élèves employé par le gouvernement du Québec. Il me semble par conséquent qu'il ne serait pas déplacé de la part des ministres fédéraux de faire des remontrances à cet égard au gouvernement de Québec[77].» Les efforts d'Archambault dans ce domaine, bien qu'ils soient soutenus, restent vains. En 1889, il parvient finalement à placer un diplômé comme assistant ingénieur des ponts à Québec.

En 1888, dans son rapport au surintendant de l'Instruction publique, Archambault redouble d'efforts pour s'assurer l'appui des hommes politiques en vue du placement rapide des élèves[78]. Le principal énumère alors les trois façons différentes par lesquelles les élèves en sortant de l'École peuvent exercer leur profession: «En recevant régulièrement du gouvernement fédéral ou provincial des emplois dans les bureaux ministériels, soit sur les grands travaux publics. En étant admis à remplir un certain nombre de vacances dans les entreprises des grandes compagnies industrielles et autres. En ouvrant immédiatement pour leur compte un bureau d'ingénieur[79].» Archambault s'empresse d'ajouter: «De ces trois moyens, le second seul ne prête à aucune objection et ne présente pas un seul élément de critique. Il suffirait, et au-delà, à tous nos besoins, au moins quant à présent, et de plus offrirait à ces jeunes gens un champ varié d'études pour compléter leur instruction et les former à la pratique[80].» Le principal ne trouve cependant pas de solution au problème du placement des étudiants dans l'industrie puisqu'il ajoute: «Malheureusement, presque toutes ces compagnies sont anglaises et l'abord en est hérissé de difficultés[81].» Il s'en remet alors aux seules relations sur lesquelles il peut compter se contentant d'exprimer «le souhait que de puissantes influences nous en ouvrent quelques brèches [...] convaincu que lorsque nous serons entrés dans la place, nous y serons appréciés[82].» En fait, les seules fois où Archambault communique avec des directeurs d'entreprises, c'est lorsqu'il demande aux compagnies de chemins de fer des laissez-passer pour les étudiants afin qu'ils puissent utiliser ce moyen de transport[83].

Les diplômés, qu'ils soient fils d'agriculteurs, de petits commerçants, de médecins ou d'avocats, de fonctionnaires ou d'ouvriers de métier, n'héritent probablement pas de leur milieu familial le goût de faire carrière dans l'industrie. Ce qu'ils connaissent de l'industrie se rattache bien plus aux conditions de vie des ouvriers qu'aux activités des cadres ou propriétaires dans le champ des entreprises. Il faut bien souvent des circonstances exceptionnelles pour qu'ils s'orientent vers l'industrie. Ainsi sur les 13 diplômés exerçant leur profession dans une industrie privée autre que celle de la construction, 4 échouent dans ce secteur après avoir quitté le Canada, 2 autres vont abandonner rapidement cette orientation première. Finalement, trois des quatre fils d'industriels promus avant 1904 se sont dirigés vers l'industrie privée. On en trouve un à la tête de l'entreprise de son père, un autre travaille dans une compagnie de chemins de fer, le troisième est ingénieur en chef de la succursale à Montréal d'une importante compagnie de construction, Phœnix Bridge Co. Ces trois ingénieurs sont aussi les rares élèves à avoir acquis, dans leur milieu familial, un point de vue particulier de l'industrie: celui des dirigeants d'entreprises.

Aucun diplômé, au début du XXe siècle, n'est aux commandes d'une industrie ou compagnie importante au Québec ou au

Canada. Il ne faut bien souvent qu'une poignée d'individus à la tête de quelques entreprises, appelées à connaître une expansion et à devenir des employeurs importants de main-d'œuvre qualifiée, pour que soudainement les portes closes des industries s'ouvrent aux diplômés de l'*alma mater* de ces chefs d'entreprises. On peut se faire une idée de la force d'une filière de recrutement d'ingénieurs qui provient d'une entreprise dirigée par un ancien diplômé, en prenant pour exemple le bureau d'ingénieurs-conseils d'Émile Vanier. Son bureau d'ingénieurs-conseils devient rapidement l'un des plus importants au Québec dans ce domaine. En 1890, il est accusé par des anciens élèves de Polytechnique d'aller à l'encontre des intérêts de l'École[84]. Vanier écrit aussitôt une lettre à Archambault pour faire état des services rendus à son *alma mater:* «sur 51 élèves-ingénieurs de l'École, 21 ont trouvé de l'emploi à mon bureau, quelques-uns en permanence, d'autres temporairement, et en préparation pour ainsi dire, pour l'occupation d'emplois en dehors de chez moi et [...] notamment 8 des anciens élèves ont été à mon service en 1889[85].» On peut supposer, sans trop risquer de se tromper, que bien des carrières d'ingénieurs-conseils ou d'ingénieurs municipaux doivent leur origine à ce passage dans le bureau d'Émile Vanier.

Le fait que Polytechnique n'ait pas été en mesure de recruter des élèves issus des familles canadiennes-françaises se trouvant à la tête de grandes entreprises explique, en partie, la très faible proportion de ses diplômés à œuvrer au sein de l'industrie privée qui accueille de plus en plus d'ingénieurs au tournant du siècle. Le prestige accordé aux carrières de médecins, d'avocats ou de notaires dans la société canadienne-française, malgré tout ce qu'on dit alors sur l'encombrement de ces professions, fait en sorte qu'elles deviennent pratiquement une carrière obligée pour la réussite sociale, même pour les fils d'industriels ou de financiers[86].

L'exemple le plus éloquent du peu d'attrait qu'exerce l'École Polytechnique sur la bourgeoisie d'affaires au Canada français est peut-être celui des fils du député et industriel Louis Beaubien. Agriculteur prospère qui a su faire des investissements profitables dans les affaires, Louis Beaubien est celui-là même qui s'est occupé d'envoyer le jeune Pariseau à l'École Polytechnique, en 1873, et qui, quatre ans plus tard, s'est intéressé au sort des premiers diplômés de l'École. Il est donc parfaitement au courant de l'existence d'une école dont il s'est fait le promoteur. Beaubien a quatre fils qui sont des candidats parfaits pour Polytechnique. Ils sont tous nés après 1865. Ils font leurs études collégiales à Montréal à une époque où Polytechnique a déjà ouvert ses portes. Cependant aucun des quatre jeunes hommes n'y fera ses études. Joseph termine son cours classique et ne juge pas opportun d'aller plus loin dans ses études. Après son cours classique, Charles-Philippe fait son droit à l'Université Laval. Louis de Gaspé fait des études secondaires au Collège de Montréal et à l'Académie commerciale de Varennes. James de Gaspé, le plus jeune, obtient un diplôme d'ingénieur de la faculté de génie de l'Université McGill. Les quatre jeunes hommes connaîtront tous des carrières brillantes de chefs d'entreprises. Louis de Gaspé, par exemple, fonde Canada Product Co. et, en collaboration avec C.H. Branchaud, met sur pied une agence de change, la L.G. Beaubien et Cie, que l'on connaît aujourd'hui sous le nom de Lévesque & Beaubien[87]. Cet exemple montre bien que, pour un membre de la bourgeoisie industrielle canadienne-française, la reproduction sociale ne passe pas par Polytechnique.

Au Canada français, deux facteurs contribuent pour beaucoup à reléguer les études de génie au rang d'un enseignement pratique de niveau secondaire, et par le fait même à classer la profession d'ingénieur parmi les métiers d'ouvriers qualifiés: l'absence pour ainsi dire d'une grande bourgeoisie et la fonction sociale des collèges classiques, instruments privilégiés de production et de reproduction de la petite et moyenne bourgeoisie. De plus, au début du XXe siècle, seuls Émile Vanier et Ernest Marceau affichent une réussite sociale parmi les diplômés de l'École, ce qui ne contribue en rien à rehausser la valeur sociale de ce type de formation. Les Pariseau, Desbarrats, Bertrand, Surveyer, Garneau, Baulne et Lefebvre, tous diplômés avant 1905, ne connaîtront leur succès qu'après cette première période de formation des ingénieurs canadiens-français.

La reconnaissance
des études en génie civil

La situation précaire de Polytechnique, tout au long du XIXe siècle, amène donc le principal Archambault, le directeur Balète et le surintendant de l'Instruction publique, Gédéon Ouimet, à mener un combat de tous les instants pour maintenir cette institution en vie. En fait, les efforts d'Archambault visent principalement à préserver et à augmenter l'encouragement que lui apporte le gouvernement du Québec qui soutient presque à lui seul cette école.

Pour que l'École puisse continuer à prodiguer son enseignement, il faut résoudre au plus vite des problèmes qui la menacent dangereusement. Le plus grave est certes celui du recrutement des étudiants. D'autant plus que l'on s'aperçoit rapidement que le nombre des appelés dépasse largement celui des élus, c'est-à-dire des diplômés. Un autre problème important, relié dans une certaine mesure à celui du recrutement, est d'ordre financier. Jusqu'en 1887, Polytechnique peut compter sur l'aide du gouvernement provincial et, dans une moindre mesure, sur celle de la CECM pour fonctionner. Après cette date, le gouvernement québécois reste l'unique bailleur de fonds. Avec un nombre total d'étudiants ne dépassant pas annuellement la trentaine pour la majeure partie de cette période, ce n'est pas avec les frais de scolarité que l'École va chercher une source appréciable de ses revenus. Elle n'est la bénéficiaire d'aucun don important de quelques riches citoyens, du moins pas avant 1901[88]. De plus la réputation de Polytechnique souffre beaucoup de son affiliation à la CECM et à l'Académie du Plateau, ce qui contribue à semer un doute sur le niveau de son enseignement. Finalement, la profession d'ingénieur n'étant pas encore reconnue légalement, l'École décerne donc un diplôme qui, sur le marché du travail, a une valeur fortement liée à la réputation de l'établissement qui le décerne. Pour remédier à tous ces problèmes étroitement liés entre eux, Archambault se tourne vers le gouvernement du Québec où il a su se gagner l'amitié de personnalités politiques qui ne sont pas demeurées insensibles à ses doléances.

Les difficultés de Polytechnique à s'imposer comme une institution d'enseignement supérieur, au même titre que les facultés de droit ou de médecine au Canada français, ou encore de génie au Canada, vont donc amener peu à peu ses dirigeants à commencer un véritable travail social de représentation qui a pour but, non seulement d'améliorer la position de l'École dans la hiérarchie des établissements d'enseignement supérieur, mais aussi d'élever la position de la profession d'ingénieur dans l'échelle sociale.

Le travail de désignation et de représentation commencé par Archambault donne rapidement des résultats appréciables. L'École Polytechnique réussit à devenir officiellement une institution d'enseignement universitaire ayant le privilège de décerner un diplôme d'ingénieur. Cette reconnaissance légale n'assure pas pour autant à l'École une position dominante dans le champ universitaire au Québec et a fortiori au Canada. En fait, si l'École a gagné l'appui du gouvernement, elle n'a pas encore obtenu la

reconnaissance du milieu universitaire, surtout des établissements qui sont directement en concurrence avec elle. L'Université
McGill, par exemple, qui a aussi inauguré ce type d'enseignement,
ou les autorités religieuses qui dirigent l'Université Laval ne
reconnaissent pas si facilement cette nouvelle institution et sa
légitimité à prodiguer une formation en génie civil.

On sait que certaines personnes attachées à l'Université
McGill ont réagi violemment à l'annonce du projet de loi rendant
l'École Polytechnique apte à décerner un diplôme universitaire
d'ingénieur civil. L'auteur anonyme de l'article cinglant, paru
dans le quotidien anglophone *The Gazette*, émet l'opinion que
la reconnaissance par le gouvernement du diplôme d'ingénieur octroyé par Polytechnique n'est rien de moins qu'une
fumisterie.

> *To those acquainted with the working of scientific schools elsewhere,
> the miracle implied in the work thus announced seemed greater than
> any of those recorded in recent times; and while some laughed and
> others denounced the whole in what is vulgarly called a sham, others
> thought is was a laudable attempt to begin a school of science which,
> though too pretentious at first in comparison with its means, might
> possibly, by public grants or private benefactions, rise to meet the
> demands upon it. [...] now a bill is before the Legislature of Quebec
> which proposes to cap the edifice by giving the so-called «Polytechnic
> School of Montreal» powers exceeding those of any university on this
> continent, and to its graduates titles higher than those of our highest
> schools. Seriously, this is carrying the joke too far; and we hope the
> Legislature will pause before rendering the country ridiculous in a
> matter so important as a practical education in science and art*[89].

Cette sévère critique, adressée à l'École Polytechnique mais
surtout aux moyens choisis par le gouvernement pour légitimer
l'enseignement qui y est offert, va plus loin encore lorsque l'auteur met le gouvernement en garde contre les conséquences
dramatiques que son geste va entraîner: «*the result can scarcely be
any other than inundate the country with half-trained young men,
or, more properly, schools boys, bearing titles which only
experienced and thoroughly qualified professional men should
wear*[90].»

Derrière ces propos sarcastiques se dessine l'un des enjeux
majeurs de la lutte que doivent mener, dès les premières années,
les dirigeants de Polytechnique: elle doit réussir à apparaître
comme une véritable institution d'enseignement supérieur. Sans
les moyens financiers nécessaires à l'établissement d'une école de
sciences appliquées, il ne reste plus à son principal qu'à user de

son influence politique pour obtenir la reconnaissance d'un statut auquel l'École ne peut prétendre, compte tenu de son affiliation institutionnelle tout comme d'ailleurs des qualifications de ses professeurs. On comprend d'ailleurs que l'affiliation institutionnelle à l'Académie commerciale catholique de Montréal reste pour Polytechnique son pire handicap. Cette affiliation contribue pour beaucoup à alimenter l'ambiguïté à propos du niveau de l'enseignement de l'École et de la valeur du diplôme qu'elle décerne. Cette affiliation contribue également à marginaliser Polytechnique dans le système d'éducation au Québec. L'école de sciences appliquées francophone fait partie d'un réseau que l'on associe à l'enseignement primaire et laïc. Si les prétentions qu'elle affiche au sujet de son enseignement et de son diplôme lui aliènent les représentants de l'Université McGill, son caractère laïc ne l'aide pas à gagner les bonnes grâces du clergé.

En fait, les responsables ecclésiastiques de l'enseignement supérieur au Québec ne s'attaqueront ni à la valeur scientifique de son enseignement, ni même encore à sa valeur morale; ils vont tout simplement ignorer cette institution. En 1880, l'abbé Joseph-Clovis-Kemmer Laflamme, professeur de géologie et de physique de l'Université Laval, prépare pour la Commission sur les sciences, les lettres et les beaux-arts de la Société Saint-Jean-Baptiste un rapport sur l'état des sciences au Canada et sur les moyens de les faire progresser. Dans ce rapport, il n'est aucunement fait mention de Polytechnique, même lorsque ce prêtre-éducateur aborde la question de l'enseignement des sciences appliquées. Ainsi après avoir fait l'éloge des collèges classiques pour leur enseignement des sciences, le professeur de l'Université Laval avoue que «les jeunes gens instruits ne peuvent pas être tous avocats ou médecins. Bon nombre gagneraient plus facilement leur vie en étudiant ce que l'on désigne si vaguement sous le nom de génie civil[91].» Curieusement, Laflamme poursuit en affirmant: «nous n'avons pas d'écoles où les aptitudes de nos ingénieurs en herbe peuvent être cultivées[92]» et il faudrait donc créer une institution calquée sur l'École des mines de Paris. Si le gouvernement considère qu'il en coûterait trop cher pour former quelques ingénieurs, Laflamme suggère d'envoyer tout simplement les jeunes Québécois désireux de faire carrière dans le génie civil se spécialiser en Europe.

Ce rapport est suivi de celui de l'architecte et ingénieur Charles Baillargé qui, lui, écrit: «L'École Polytechnique de Montréal a fait des élèves dont la Province a droit de se féliciter et auxquels j'ai déjà plus d'une fois eu l'occasion de faire mon com-

pliment[93].» Le silence de Laflamme sur l'existence de Polytechnique s'explique par le fait que l'Université Laval appuie à
cette époque la création d'une école de sciences appliquées à
Québec dont la direction serait assurée par les frères des Écoles
chrétiennes. L'École Polytechnique qui s'était vu contester la
légitimité de son statut d'école d'ingénieurs doit donc faire face à
une autre menace, celle de perdre le monopole de la formation
des ingénieurs dans le système d'éducation franco-catholique.
Quand on connaît les difficultés à recruter des élèves, on comprend les efforts soutenus d'Archambault et de Balète pour empêcher la réalisation du projet d'une école polytechnique à Québec[94].

C'est dans ce contexte, à la fois extérieur et intérieur au champ
de l'éducation et à l'institution elle-même, que les dirigeants de
Polytechnique doivent imposer une image de leur institution qui
puisse améliorer sa position dans la hiérarchie des institutions
d'enseignement supérieur. En 1881, Archambault écrit un long
rapport au surintendant de l'Instruction publique, Gédéon Ouimet, pour l'informer de la situation de Polytechnique. Ce rapport
pose les jalons du discours de représentation de l'École.
Premièrement, Archambault fait état des insuccès qu'ont connus
les cours populaires, établis à Québec et à Montréal, pour l'instruction de la classe ouvrière. Pour lui, l'échec de ces cours
s'explique en grande partie par le manque d'instruction et de
préparation antérieure des ouvriers. Il fait remarquer alors que
Polytechnique est une institution qui privilégie une formation
générale, ce qui la distingue bien sûr, pour Archambault, de la
formation professionnelle offerte aux ouvriers par les cours du soir
que le gouvernement a récemment mis sur pied. Cette formation
générale est également nécessaire, compte tenu d'un système
d'enseignement primaire et secondaire qui ne destine aucunement les élèves à des études supérieures scientifiques.

Après avoir défini l'École en termes de niveau d'enseignement, Archambault en donne une définition plus sociale, voire
politique: «elle a droit à ce que tout Canadien la considère comme
une œuvre nationale[95]». Il s'ensuit donc que les Canadiens doivent
lui donner «l'appui moral et matériel qui assure non point son
existence, mais son développement[96]». Archambault cite en exemples deux établissements «nationaux» qui appartiennent à la
France pour montrer tous les bienfaits que peuvent apporter à la
nation des établissements d'enseignement hissés au rang d'institutions nationales[97].

Pour contrer la création d'une école concurrente à Québec et
pour dissiper les malentendus sur le caractère universitaire de

Polytechnique, Archambault donne une définition de cette institution qui nous montre bien que le statut de l'École tout comme celui de la profession d'ingénieur restent des enjeux pour lesquels il doit lutter constamment:

> Une école polytechnique — son nom l'indique du reste — est destinée à la haute éducation technique. [...] Les hautes écoles techniques constituent une spécialité comme la Médecine, le Droit, le Génie militaire et il est impossible de vouloir faire de tout le monde des ingénieurs, des médecins, des docteurs en droit ou des officiers d'état-major.

> Ceux qui pensent que l'École Polytechnique de Montréal ne forme que des ouvriers habiles sont donc dans l'erreur, et ne savent pas que c'est un établissement supérieur où l'on forme des ingénieurs dans la véritable acception du mot[98].

Ces mises au point du principal sur la nature de son école l'amènent, on le voit, à préciser le statut social d'un groupe en émergence: celui des ingénieurs.

Le génie civil comme profession libérale

Dès la fin du XIXᵉ siècle, un premier travail social de construction d'une identité s'élabore afin de produire une définition légitime de l'ingénieur au Canada français. Par leurs efforts pour imposer une définition de leur école qui la distingue des établissements prodiguant un enseignement professionnel ou technique destiné aux ouvriers et apprentis, les dirigeants de Polytechnique sont conduits inévitablement à différencier les ingénieurs des travailleurs manuels. C'est d'ailleurs en fournissant des éclaircissements sur les écoles polytechniques d'Europe et les écoles des arts et métiers qu'Archambault est amené à fournir une définition de l'ingénieur:

> Pour dissiper cette erreur, je dirai que les premières vont aussi loin que la science le permet et produisent les hommes éminents qui construisent les chemins de fer, percent les isthmes et les montagnes, font les tunnels sous-marins, etc. Les secondes sont des écoles élémentaires, elles sont destinées à former des chefs d'atelier et des ouvriers habiles pour les industries où l'on travaille le fer et le bois, elles fournissent des contremaîtres d'usine, des mécaniciens pour prendre charge des machines à vapeur, *engineers,* mot qu'on peut bien se permettre de traduire en mauvais français par *ingénieurs,* à la condition de ne pas s'abuser et de ne pas abuser les autres sur sa

véritable signification. Mais le mot *ingénieur* a une signification plus élevée et doit représenter ici ce qu'il représente en Europe, c'est-à-dire un homme qui, après de fortes études mathématiques et des études théoriques générales et complètes sur les sciences, c'est-à-dire la technologie, a déjà mis à profit ces nouvelles études dans des travaux pratiques faits à l'école[99].

La situation particulière de Polytechnique, dont l'existence et la reconnaissance légale du statut et du diplôme sont dues à des initiatives du gouvernement, incite ses dirigeants à revendiquer, pour la profession d'ingénieur, une législation semblable à celle qu'ont obtenue les professions libérales. En fait les privilèges accordés à l'École par le gouvernement du Québec se révèlent être bien peu de choses si la profession d'ingénieur n'a aucune reconnaissance légale. Archambault en est conscient lorsqu'il fait remarquer à Ouimet que:

ces diplômes n'ont à la vérité aucune valeur légale pour le moment, puisque la profession d'ingénieur n'est régularisée par aucune loi; mais il est à espérer que les tentatives qui sont faites aujourd'hui pour légaliser cette importante profession auront un heureux résultat et que les législatures de la Puissance et de la Province vont s'occuper au plus tôt de cette question vitale, chacune dans les limites de leurs attributions[100].

Ce rapport d'Archambault au surintendant de l'Instruction publique se termine par quelques recommandations qui assureraient à l'École un développement à la hauteur de ses aspirations. Il s'agit, entre autres, d'étatiser Polytechnique, d'«adopter une loi pour régulariser la profession d'ingénieur en cette province[101]» et de créer des «bourses destinées à venir en aide aux jeunes gens de la province qui feraient preuve de dispositions et de capacités spéciales[102].»

Ces recommandations du principal nous indiquent assez bien les difficultés que rencontre Polytechnique au XIXe siècle. Voilà une école qui ne réussit pas à attirer en grand nombre les enfants des classes sociales qui utilisent le plus le système d'enseignement supérieur; elle accueille bien souvent des élèves qui doivent abandonner pour des raisons économiques; ses diplômés, pratiquement exclus d'avance des milieux industriels avec lesquels ils n'ont aucune relation, doivent compter sur un diplôme qui n'a aucune valeur légale sur le marché du travail. Finalement, cette demande persistante d'étatiser Polytechnique laisse deviner le malaise que ressentent les dirigeants, professeurs et étudiants d'être confondus avec une académie commerciale de la CECM. En

1883, le professeur Pfister et un groupe d'étudiants signent une lettre ouverte dans les journaux montréalais pour répondre aux critiques de ceux qui dénoncent les sommes déboursées par la CECM pour l'École Polytechnique. Les signataires de la lettre en profitent pour souhaiter la réussite du projet qui placerait l'École sous l'égide du gouvernement, car «il est impossible, disent-ils, de ne pas constater que si l'école est peu connue, disons le mot, est ignorée du public, la cause en est surtout à ce qu'elle a été confondue avec l'académie et n'a été considérée que comme une annexe, une classe supérieure de celle-ci se décorant d'un nom pompeux[103]».

En 1887, Polytechnique passe sous la juridiction de l'Université Laval dans la foulée de l'organisation d'une faculté des arts à Montréal. Polytechnique est alors affiliée à cette nouvelle faculté. On saisit mieux l'importance que revêt cette affiliation pour les élèves et diplômés de Polytechnique quand on sait que plusieurs anciens diplômés demandent alors au principal Archambault que leur soit donné un nouveau diplôme émis cette fois-ci par l'Université Laval et attestant ainsi que leurs études sont bel et bien des études universitaires[104]. Si le problème concernant le niveau réel de l'enseignement des sciences appliquées dispensé par Polytechnique est résolu avec l'affiliation à la faculté des arts de l'Université Laval, celui de la valeur légale du diplôme d'ingénieur demeure entier, même si, cette année-là, une société d'ingénieurs reconnue par la loi voit le jour: la Société canadienne des ingénieurs civils (SCIC)[105]. Toutefois, comme on le verra au chapitre III, ce n'est qu'à partir du XXe siècle que les membres influents de cette société, composée massivement d'ingénieurs anglophones, élaboreront une stratégie de professionnalisation.

Si l'idée de promouvoir la réglementation de la profession est reléguée aux oubliettes par le conseil de la SCIC, Polytechnique, par le truchement de son principal, s'occupe activement de militer en faveur de l'adoption d'une loi qui régirait la profession d'ingénieur. C'est sûrement au sein des ingénieurs canadiens-français que la nécessité de contrôler l'accès à cette profession s'impose avec le plus d'acuité. Les professions de médecin, d'avocat et de notaire ont acquis un prestige social qui leur a assuré des positions supérieures au Québec. On ne s'étonnera pas que les revendications d'Archambault visent à procurer aux ingénieurs les mêmes privilèges. L'année de la création de la SCIC, Archambault, qui tente de persuader le gouvernement québécois de réglementer la profession d'ingénieur, écrit ceci:

N'y aurait-il pas lieu de régler et de légaliser la profession d'ingénieur comme celles des avocats, des notaires et des médecins? [...]Il est moralement certain que si nous avions un corps d'ingénieurs compétents et responsables, on ne verrait pas autant d'accidents de chemins de fer, de bateaux à vapeur, d'usines, etc. Chaque accident qui arriverait serait l'objet d'une étude sérieuse par le corps même des ingénieurs, qui tiendraient à l'honneur et à la protection de leur profession. Et ainsi, la vie des particuliers ne serait pas exposée entre les mains de gens qui se déclarent ingénieurs comme on s'improvise marchand ou courtier, et les grands travaux publics seraient surveillés par des hommes vraiment compétents, dont le nom seul donnerait confiance aux citoyens comme aux administrations.

C'est précisément la formation de tels hommes qui est l'objet de l'École polytechnique de Montréal[106].

Il ne s'agit pas seulement d'assurer aux diplômés de Polytechnique de meilleures chances d'obtenir un poste destiné à des ingénieurs, mais également de rehausser le prestige de l'École. Archambault le stipule clairement en 1888, quand il explique au surintendant de l'Instruction publique pourquoi les crédits alloués à son institution sont insuffisants. L'absence de réglementation de la profession d'ingénieur explique, selon lui, le peu d'intérêt accordé à son établissement. Il écrit:

Enfin, l'on sait que la profession d'ingénieur est livrée à qui veut la prendre. Il est de notoriété publique que nombre de personnes qui l'exercent ne sont pas allées dans un établissement spécial puiser leurs connaissances professionnelles; par suite, il peut sembler à quelques-uns qu'une école pour cet objet est une superfétation, et aux autres que le but qu'elle poursuit la relègue dans une catégorie inférieure

C'est sans doute pour ces raisons que l'École Polytechnique ne jouit pas de l'encouragement que partout ailleurs on accorde à ces instituts techniques qui sont toujours si largement dotés, souvent même avec magnificence[107].

On voit ici comment se confondent encore les intérêts de l'École et ceux de ses diplômés. C'est d'ailleurs à ce moment, en 1888, que pour la première fois l'idée de fonder une association d'anciens élèves est mentionnée officiellement[108]. La création d'une telle association ne verra le jour qu'une vingtaine d'années plus tard, au moment où le nombre de diplômés aura atteint un chiffre plus élevé et où la réussite d'un noyau d'anciens élèves garantira la respectabilité d'un regroupement appelé à jouer un rôle important pour l'ascension de ce groupe social.

La faculté de génie de McGill: l'autre institution d'enseignement du génie

L'École Polytechnique est sans contredit le principal lieu de formation des ingénieurs canadiens-français aux XIXe et XXe siècles. Cependant cette filière scolaire n'est pas la seule à contribuer à la formation de ce groupe social: la faculté de génie de l'Université McGill a formé de 1871 à 1911 une quarantaine d'ingénieurs canadiens-français. Par ailleurs, certains Canadiens français deviennent ingénieurs en faisant leurs classes dans un bureau d'ingénieur ou encore sur le terrain. Des ouvriers spécialisés, tels des plombiers, mécaniciens de locomotives ou de machines fixes n'hésitent pas non plus à se coiffer du titre d'ingénieur. Enfin quelques rares Canadiens français vont suivre un cours de génie à l'extérieur de la province, au Collège militaire de Kingston, aux États-Unis ou en Europe. Bien que des études comparatives aient déjà été menées sur les deux écoles de génie de Montréal, McGill et Polytechnique, elles ont rarement porté sur les conditions socio-économiques de leur développement qui sont, à notre avis, déterminantes pour rendre compte de l'histoire bien différente de ces deux institutions[109].

En 1871, William Dawson, principal de l'Université McGill, ressuscite le programme de sciences appliquées qui, entre 1858 et 1863, avait formé une quinzaine d'ingénieurs. Cette seconde tentative d'inaugurer un enseignement des sciences appliquées à McGill bénéficie dès le début de l'appui important et constant de la grande bourgeoisie anglophone de Montréal dont les membres, alors plus nombreux, se tournent de plus en plus vers l'industrie. Ainsi, par exemple, J.R.H. Molson, Peter Redpath et G.H. Frothingham garantissent chacun 400 $ annuellement pendant cinq ans pour le salaire annuel d'un professeur. Dawson engage immédiatement un ancien étudiant de McGill, Bernard James Harrington, qui est allé parfaire ses études à l'Université Yale où il a obtenu un diplôme de Ph.D.[110]. Ce diplôme, déjà décerné dans quelques universités allemandes, commence tout juste à être décerné en Amérique. On engage la même année un diplômé de l'Université de Cambridge et membre de la Société géologique de Londres, G.F. Armstrong. Rapidement, d'autres produits de l'Université de Cambridge sont engagés et, en 1878, le Department of Practical and Applied Science devient Faculty of Applied Science. L'année suivante, un don de 30 000 $ de Miss Barbara Scott permet de maintenir la chaire de génie civil. C'est le coup d'envoi d'une tradition de mécénat qui marquera l'Université et tout particulièrement la faculté de génie tout au cours de son histoire. En 1882, Redpath a déjà donné plus de 100 000 $ pour construire un musée et une bibliothèque. Thomas Workman offre, en 1889, plus de 200 000 $ à la faculté de génie qui peut alors ériger un immeuble de 60 000 $ expressément destiné au génie mécanique[111].

Les quelques centaines de milliers de dollars que donnent généreusement des membres de la grande bourgeoisie montréalaise ne sont pourtant qu'un avant-goût de ce qu'ils feront pour garnir les coffres de l'Université. En 1891, William Macdonald apparaît sur la liste des généreux bienfaiteurs; il en deviendra vite le plus important. Les dons de ce magnat de l'industrie du tabac à l'Université McGill totalisent plus de dix millions de dollars et permettent entre autres à la faculté de génie et à la faculté des sciences de se doter des installations scientifiques les plus modernes et les plus onéreuses de l'époque. Le campus de l'Université McGill est transformé radicalement lorsque l'on construit le Macdonald Physics Building, le Chemistry and Mining Building, le Macdonald Engineering Building grâce aux dons de Macdonald, qui verse également une somme pour équiper ces immeubles et les entretenir. En tout ces trois immeubles lui auront coûté 1 008 379 $. Le salaire des professeurs occupant les chaires de physique, de génie électrique, de génie minier, d'architecture, de chimie sont également payés par les intérêts produits par un don de 400 000 $ de Macdonald. Les frais d'entretien de la plupart des départements de la Faculté de génie ont été prévus par ce dernier et l'Université n'a rien à débourser[112].

Il va sans dire que la renommée de l'Université McGill grandit à mesure que s'érigent sur son campus les somptueux édifices d'architecture victorienne. Des professeurs-chercheurs sont engagés pour effectuer des recherches scientifiques afin que ne soit pas sous-utilisé tout le potentiel de ces nouvelles installations. Le coût de plus en plus élevé du matériel scientifique utilisé dans les sciences expérimentales, comme la physique et la chimie, commence alors à freiner certains scientifiques; McGill n'a pas de difficultés à attirer des chercheurs. Ernest Rutherford est certes l'exemple le plus connu, mais d'autres chercheurs y effectuent également des travaux scientifiques qui attireront l'attention de leurs collègues à travers le monde[113].

La faculté de génie de McGill ne sert pas uniquement à immortaliser les noms des familles de la grande bourgeoisie anglo-canadienne de Montréal; elle s'avère aussi un lieu de reproduction sociale pour les membres de ce groupe. Témoins et acteurs principaux du changement qui s'opère dans la structure du système capitaliste, soit le passage du capitalisme de concurrence au capitalisme de monopole, les membres de la grande bourgeoisie canadienne trouvent dans la faculté de génie l'instance par excellence pour doter leurs héritiers des compétences scientifico-techniques de plus en plus nécessaires à l'occupation légitime des postes de direction des grandes compagnies nationales[114]. Les Molson, Redpath, Angus, Burland, Dawes, Ross y envoient leurs enfants, ce qui contribue, avec les millions qu'ils donnent généreusement à l'Université, à asseoir la réputation de la faculté de génie de McGill qui attire rapidement des étudiants venus de tous les coins du monde. Il est extrêmement difficile, sinon impossible, de retrouver tous les héritiers de la grande bourgeoisie canadienne qui, à la fin du XIXᵉ siècle et au début du XXᵉ siècle, vont passer par cette faculté de l'Université. Nous en avons, quant à nous, répertorié une vingtaine en consultant le Who's Who canadien. Signalons ici quelques exemples éloquents de reproduction sociale de la grande bourgeoisie par l'intermédiaire de la faculté de génie de l'Université McGill. Richard Blackworth Angus qui, avec George Stephen et Donald Smith, a mis sur pied la compagnie à l'origine de la construction du CP, est président de la Banque de Montréal de 1910 à 1914 et directeur de multiples compagnies de chemins de fer et du Trust Royal. L'un de ses trois fils, William Forest, fait des études à la faculté de génie de McGill et obtient son diplôme en 1895; il deviendra, par la suite, vice-président et directeur général de Canadian Steel Foundries, directeur de Canadian Car and Foundries, de Pratt Letchworth Co. of Canada, de la Montreal Ammunition Co., de Dominion Bridge Co. Ltd. et de la Dominion Copper Products Co. Ltd. Un héritier de la famille Molson, Herbert Molson, fils de John Thomas, est diplômé de la faculté de génie en 1914. C'est lui qui prend la relève de son père à la tête de l'entreprise familiale. Plusieurs autres héritiers de la bourgeoisie canadienne vont ainsi se rencontrer dans les couloirs des immeubles que leurs parents ont souvent contribué à ériger. Des relations amicales, forgées à la faveur d'un lieu de formation commun, se révèlent être un véritable capital de relations sociales aussi rentable, sinon plus, que le diplôme de la Faculté de génie pour ceux qui veulent accéder aux postes de direction des grandes compagnies canadiennes.

Très rapidement cette faculté de génie de Montréal acquiert une réputation qui franchit non seulement les limites de la province de Québec, mais également celles du Canada. La faculté de génie de McGill peut dès lors compter sur un marché beaucoup plus grand que Polytechnique, institution francophone très peu connue en dehors de Montréal, pour recruter ses étudiants. En 1909, la faculté a déjà décerné 926 diplômes. Un mémoire de la Faculté de génie de McGill, publié en 1913[115], nous révèle que seulement 45 % de ses diplômés sont originaires de la province de Québec, tandis que 40 % viennent du reste du Canada et 15 % de l'étranger, surtout de la Grande-Bretagne avec 6 % et des États-Unis. Ainsi, si l'on compare le nombre de diplômés de Polytechnique avec ceux de la faculté de génie de McGill, il est important de tenir compte que l'une de ces institutions est restreinte à un marché essentiellement provincial, tandis que l'autre s'inscrit dans un marché beaucoup plus large. À cette date, la faculté de McGill a formé deux fois plus d'ingénieurs originaires du Québec que Polytechnique. Les lieux où les diplômés de cette faculté exercent leur profession nous confirment d'ailleurs que le marché dans lequel cette institution évolue a une dimension internationale. En 1909, seulement 33,5 % des diplômés vivants occupent un emploi au Québec; 23,5 % des diplômés travaillent à l'extérieur du pays à cette date. Les États-Unis attirent 16,3 % des diplômés, tandis que les pays du Commonwealth britannique en accueillent 4,4 %.

Voyons maintenant quels secteurs du marché du travail occupent les diplômés de la faculté de génie de McGill. En 1911, la faculté a décerné plus de 1150 diplômes d'ingénieurs. Nous connaissons l'employeur de 669 de ces diplômés à cette date[116]. Le Tableau 2.7 nous montre que ce sont les industries de fabrication, le commerce et les finances qui reçoivent le plus de diplômés de la faculté de génie de McGill. L'administration publique n'emploie qu'un peu plus de 12 % des produits de la faculté de génie. À la même époque, soit en 1913, l'École Polytechnique présente un profil différent. Deux diplômés sur cinq se trouvent dans le secteur public pour Polytechnique, comparativement à un diplômé sur huit pour McGill. Par ailleurs, les industries d'exploitation des matières premières, celles des transports, de la fabrication et les finances n'emploient qu'un peu plus de 12 % des diplômés de l'institution francophone, tandis que l'on trouve dans ces secteurs plus de deux tiers des diplômés de McGill.

On pourrait croire que la formation offerte à la faculté de génie de McGill, qui comprend déjà à cette époque, contrairement à Polytechnique, un choix de spécialités, et qui peut compter sur un personnel enseignant qualifié et sur des laboratoires bien équipés, explique le fait que ses diplômés réussissent à trouver des emplois dans les industries. En fait, la question de la relation entre

TABLEAU 2.7

L'occupation des diplômés de McGill, des diplômés canadiens-français de McGill et des diplômés de Polytechnique

diplômés	McGill-1911[1]		C-F McGill-1911[1]		EPM-1913[2]	
secteur d'emploi	n	%	n	%	n	%
administration fédérale	60	9,0	11	37,9	57	22,5
administration provinciale*	9	1,3	1	3,5	13	5,2
administration municipale	11	1,6	2	6,9	36	14,2
hors du Canada	4	0,6	–	–	–	–
total administrations publiques	84	12,5	14	48,3	106	41,9
enseignement	54	8,1	–	–	**11	4,3
génie-conseil	48	7,2	1	3,4	71	28,1
construction	33	4,9	2	6,9	25	9,9
richesses naturelles	110	16,4	7	24,2	6	2,4
transports	92	13,7	2	6,9	14	5,5
industries et commerces	248	37,2	3	10,3	20	7,9
Total secteurs privés	531	79,4	15	51,7	136	53,8
TOTAL	669	100,0	29	100,0	253	100,0

* Sur les neuf diplômés de McGill à l'emploi d'un gouvernement provincial, seulement deux sont employés par le gouvernement québécois.

** En plus de ces enseignants à temps plein, six autres diplômés, occupant un emploi dans un autre secteur, donnent des cours à Polytechnique.

Sources: (1) *Graduates' Bulletin and List of Graduates in the Faculty of Applied Science*, n° 7, juin 1912, Université McGill (2) *Annuaire 1913, op. cit.*

la qualité de formation et le secteur d'emploi des diplômés est plus complexe. Ainsi, lorsque l'on examine les postes occupés par les Canadiens français sortis de la faculté de génie McGill, on s'aperçoit clairement que l'origine ethnique et sociale pèse de façon importante, sinon déterminante, sur les trajectoires de carrière des ingénieurs. Au XIXᵉ siècle et au début du XXᵉ siècle, la carrière d'ingénieur n'attire pas les jeunes Canadiens français. Ils sont peu nombreux à sortir de l'École Polytechnique, encore moins de la faculté de génie de McGill. Nous en avons pourtant dénombré 37 sur les quelque 1150 diplômés qu'a produits la faculté entre 1873 et 1911[117]. Nous connaissons l'emploi de 29 d'entre eux. Bien qu'ayant reçu une formation fort différente de leurs compatriotes formés à Polytechnique, les diplômés canadiens-français de McGill se dirigent encore plus volontiers vers l'administration publique que leurs compatriotes formés à l'École Polytechnique.

On remarque toutefois une différence significative en ce qui concerne les itinéraires de carrière dans le secteur privé. Les ingénieurs de Polytechnique qui font carrière dans ce secteur ont plus de chances de se retrouver dans le génie-conseil ou la construction, alors que leurs compatriotes de McGill privilégient les industries d'exploitation des ressources naturelles. Cette situation s'explique entre autres par le fait que la faculté de génie forme des ingénieurs spécialisés en génie électrique et en génie minier[118]. Ainsi, sur les sept Canadiens français travaillant dans des industries hydro-électriques ou minières, trois ont un diplôme en génie électrique et travaillent dans l'industrie hydro-électrique, deux autres possèdent un diplôme en génie minier et travaillent dans l'industrie minière. La forte proportion de diplômés de Polytechnique ayant opté pour le génie-conseil ou le secteur de la construction est liée au type de formation privilégié par Polytechnique qui n'offre aucune autre spécialité que le génie civil, mais aussi au fait que d'anciens diplômés, notamment Émile Vanier, connaissent un certain succès dans ces domaines.

Il est fort probable aussi que l'origine sociale des diplômés canadiens-français de la faculté de génie de McGill qui occupent un poste dans les secteurs industriels et financiers ait été déterminante dans leur choix de carrière. Bien que l'on ne possède pas de statistiques sur l'origine sociale de tous les Canadiens français formés à McGill, il semble que cette institution ait réussi à attirer certains fils d'industriels ou de financiers francophones, plus disposés par le fait même à faire carrière dans un milieu plus «familier». On sait déjà que James de Gaspé Beaubien, fils de l'homme politique et industriel Louis Beaubien, fait ses études à la faculté de génie de McGill. Marcel Beullac, diplômé de Polytechnique et fils d'un négociant français, obtient aussi un diplôme de l'école de génie anglophone de Montréal. Joseph-Albert Descarries, fils de Joseph-Alexandre, avocat et hommes d'affaires, président de Equitable Fire Insurance, maire de Lachine et membre de l'une des plus anciennes familles de notables québécois, est un diplômé de McGill[119]. Mentionnons également Alfred-Hector Dion, fils d'Adolphe-Alfred, ingénieur, directeur de nombreuses compagnies de distribution d'électricité à Ottawa et président de Moose Jaw Electric Railway Co.[120] On retrouve aussi J.B. Beaudry-Leman, fils du docteur Joseph Leman et Thomas Wilson Lesage, fils de Louis Lesage, ingénieur-surintendant de l'aqueduc de la Ville de Montréal. Tous, à l'exception de Lesage qui suit les traces de son père et travaille au service de l'aqueduc de la Ville de Montréal, vont faire carrière dans l'industrie ou les affaires.

Ainsi donc, c'est bien moins la qualité de l'enseignement des deux écoles de génie montréalaises que l'origine sociale de leurs diplômés qui détermine dans une large mesure les relations qu'elles entretiennent avec les milieux industriels et par là, le choix des carrières des diplômés en génie.

Il est difficile, sinon impossible, de répertorier tous les ingénieurs canadiens-français non diplômés ou formés dans une école de génie à l'extérieur du Québec. On peut supposer toutefois que le nombre d'ingénieurs canadiens-français formés dans une école de génie autre que Polytechnique ou la faculté de génie de McGill est faible, puisque Montréal abrite, avec ces deux institutions, une école francophone et une faculté de génie de réputation internationale. Par ailleurs, les quelques ingénieurs non diplômés canadiens-français que nous avons trouvés ont comme particularité d'être pour la plupart des fils d'ingénieurs non diplômés ou d'arpenteurs. Ils ont acquis leur connaissances en travaillant avec leur père.

Ces ingénieurs canadiens-français non diplômés, ou formés dans une école de génie à l'extérieur du Québec, connaissent des carrières semblables à celles des diplômés de Polytechnique. Avec ou sans diplôme, les ingénieurs francophones au Québec exercent surtout leur profession à l'intérieur d'institutions publiques. L'industrie privée semble leur être fermée et leur rôle dans ce secteur vital de l'économie est, somme toute, assez restreint. Si l'École Polytechnique ne semble pas décerner un diplôme qui ouvre de nouvelles portes à ceux qui ont choisi les études en génie comme moyen d'accéder à la carrière d'ingénieur, elle procurera bientôt à des individus jusque-là isolés et peu nombreux les conditions essentielles à leur regroupement.

L'affiliation universitaire et l'incorporation de l'École Polytechnique

On a vu l'importance que revêt le statut universitaire de l'enseignement du génie pour Archambault. À la fin du siècle, les statuts légal et social de la profession d'ingénieur apparaissent comme des enjeux importants pour une catégorie d'ingénieurs qui commencent à se regrouper ou à se rassembler à l'intérieur d'organismes et d'institutions reliés au génie civil. Le niveau universitaire de l'enseignement du génie s'impose alors de plus en plus comme un moyen de rehausser la valeur sociale de cette profession.

À Toronto, par exemple, bien que l'enseignement du génie débute en 1859, ce n'est pas avant les années 1880 que ce type d'enseignement va s'implanter définitivement dans un cadre universitaire[121]. C'est tout d'abord en créant, en 1872, une école de technologie, rebaptisée l'année suivante School of Practical Science, que le gouvernement ontarien enclenche véritablement ce processus. Cette école d'enseignement pratique donne même, jusqu'en 1878, des cours du soir gratuits aux ouvriers de Toronto. Plus tard, cette école est annexée à l'University College de l'Université de Toronto. L'enseignement des sciences fondamentales dispensé par le personnel enseignant de l'Université rehausse alors le niveau du programme de cet établissement. En 1889, l'École est officiellement affiliée à l'Université qui décerne six ans plus tard les premiers diplômes de bachelier en sciences appliquées[122].

Le statut universitaire de l'École Polytechnique lui a été conféré par une loi et non par une affiliation universitaire. En 1887, pendant une période de trêve entre les opposants et les tenants d'une université à Montréal et à la faveur de la mise sur pied d'une faculté des arts à la succursale de l'Université Laval à Montréal, l'Université Laval propose aux commissaires des écoles de Montréal et au surintendant de l'Instruction publique d'affilier l'École Polytechnique à la faculté des arts[123]. Archambault, les commissaires et Gédéon Ouimet accueillent avec enthousiasme cette proposition. Le premier y voit une occasion unique de rehausser le prestige de son école qui désormais pourra apparaître comme une véritable institution universitaire. De plus ses diplômes seront décernés par une université et non par un organisme gouvernemental. Les seconds sont heureux de se départir d'une institution devenue financièrement difficile à soutenir puisqu'elle accumule régulièrement des déficits annuels. Quant à Ouimet et les représentants du gouvernement, ils voient enfin se réaliser ce qu'ils avaient tout d'abord voulu créer en 1871: un enseignement des sciences appliquées à l'Université Laval.

De leur côté, les autorités du Séminaire de Montréal et ceux du Séminaire de Québec s'entendent pour laisser à Montréal le monopole de l'enseignement des sciences appliquées. Avec Polytechnique, la faculté des arts peut espérer être autre chose qu'un simple appendice universitaire puisqu'on y enseignera à la fois les lettres et les sciences. Quant aux dirigeants de Laval, ils peuvent désormais affirmer tout haut que leur université peut servir le Canada français, non seulement en formant une élite intellectuelle, mais également une élite «industrielle».

Les détails de l'entente entre les commissaires des écoles catholiques, le surintendant de l'Instruction publique et les représentants de l'Université Laval sont somme toute à l'avantage de l'École Polytechnique[124]. Le principal Archambault garde son titre et devient même professeur titulaire à l'Université. Polytechnique garde ses locaux pour au moins cinq ans. Tous les avantages des professeurs sont conservés, bref l'École ne perd rien de ce qu'elle possède, soit en biens soit en autorité avant son affiliation à l'Université Laval. Le conseil universitaire doit entériner la nomination des professeurs, et l'Université Laval reçoit du gouvernement l'allocation annuelle qu'elle s'engage à remettre à l'École Polytechnique. Tout va pour le mieux pour toutes les parties concernées par cette nouvelle affiliation institutionnelle de Polytechnique.

Toutefois cette période heureuse pour Polytechnique ne dure pas longtemps. En fait, cette affiliation à l'Université Laval place Polytechnique dans une position précaire avant même la fin de cette décennie. En 1889, la trêve entre Laval et Montréal se termine abruptement par la promulgation de la célèbre constitution apostolique, connue sous le nom de *Jamdudum*[125]. Cette constitution apostolique donne une autonomie presque complète à la succursale de l'Université Laval à Montréal. On permet au siège montréalais d'avoir ses propres facultés dont les conseils peuvent nommer les professeurs, de faire subir des examens, de posséder des biens et de les administrer, et aux évêques de la province ecclésiastique de Montréal de désigner eux-mêmes le vice-recteur que l'Université Laval devrait nommer. C'est pratiquement l'un des seuls privilèges qui restent à l'Université québécoise avec celui du monopole de la collation des diplômes. En fait, la succursale de l'Université Laval à Montréal obtient son autonomie financière.

L'École Polytechnique est alors prise entre deux feux. Affiliée à l'Université Laval qui gère ses finances, elle est cependant logée à la faculté des arts de sa succursale à Montréal. La réaction des autorités du Séminaire de Québec par rapport aux obligations qu'ils ont contractées deux ans plus tôt est sans équivoque: «l'Université Laval ne veut plus avoir rien à faire avec l'École Polytechnique puisqu'elle n'a plus sa raison d'être à Montréal[126].» Le gouvernement intervient pour obliger Laval à recevoir la subvention qu'il destine à Polytechnique. Contrainte de maintenir des relations avec cette institution montréalaise, on comprend que l'Université Laval ne soit pas d'humeur à combler les quelque 1200 $ de déficit de l'École cette année-là.

La situation de Polytechnique à l'aube des années 1890 est alors des plus précaires. Le principal Archambault suggère dans son rapport au surintendant de l'Instruction publique une solution à cette impasse qui menace la survie de l'école. Pourquoi ne pas créer une administration indépendante qui assurerait à l'École son autonomie financière[127]? Avec les commissaires des Écoles catholiques de Montréal, Archambault organise une opération de sauvetage dès la fin de l'année 1889. L'idée de doter l'École d'une corporation est lancée; il s'agit maintenant de piloter dans les meilleures conditions possibles un projet de loi à cet effet. À la fin de l'année 1891, après l'échec d'une première tentative en 1890, tout est fin prêt pour enclencher le processus législatif menant à l'incorporation de l'École. En 1892, le processus avorte tout juste avant que soit votée la loi. Une erreur d'ordre technique est à l'origine de cet échec. La loi constituant en corporation l'École Polytechnique contient une approbation des fonds publics. Cette approbation n'a pas été recommandée par le gouverneur. Le conseil législatif informe donc l'Assemblée législative qu'il doit retirer le projet de loi. On doit recommencer tout le processus. C'est le 2 janvier 1894 que la «loi constituant en corporation l'École Polytechnique» est finalement sanctionnée[128].

À la suite de cette loi, la Corporation de l'École Polytechnique devient le principal acteur du développement d'une école qui, jusque-là, avait été chapeautée par des institutions qui s'en étaient plus moins désintéressées. Sur le plan des finances, la Corporation a le droit d'acquérir, de posséder par don, legs ou achat des biens mobiliers et immobiliers, d'emprunter, d'ester en justice, d'émettre des obligations, etc. Sur le plan institutionnel, la Corporation peut émettre des règlements qui touchent à peu près tous les aspects pédagogiques. La Corporation assure à ceux qui en sont les membres la gestion totale de Polytechnique. Bien que tout règlement émis par la Corporation doive recevoir l'approbation de l'archevêque de Montréal et du conseil de l'Université Laval à laquelle Polytechnique reste affiliée, c'est la Corporation qui a le mandat de concevoir tout règlement.

La question de la composition des membres de la Corporation s'avère plus importante que ne l'avaient supposé les instigateurs du projet de loi. Dans la loi de 1894, la Corporation doit être formée par le principal, **tous les professeurs**, trois diplômés de l'École demeurant à Montréal et élus par les diplômés résidant au Québec. Le comité catholique du Conseil de l'Instruction publique peut se faire représenter par deux de ses membres et le président du bureau des commissaires des écoles catholiques de Montréal devient membre de la Corporation. La fonction de président de la Corporation est assurée par le principal de l'École, les trois ingénieurs diplômés sont élus pour un mandat de trois ans et les autres membres sont assurés de leur siège aussi longtemps qu'ils possèdent le titre leur permettant d'être membre de la Corporation. D'autres sièges peuvent être occupés par des bienfaiteurs de l'École jusqu'à concurrence de quatre.

Avec les dispositions de cette loi, ce sont les professeurs qui forment le groupe le plus puissant au sein de la Corporation. D'autant plus que leur nombre peut augmenter en fonction du développement de l'École. Ils détiennent en quelque sorte un pouvoir réel sur Polytechnique, pouvoir qui ne peut que s'accroître au fil des ans. Archambault s'est aperçu rapidement, mais trop tard, des conséquences de cette disposition de la loi. Au cours de l'année 1894, les membres de la Corporation ne se réunissent pas. Archambault, en bon stratège, entame des démarches pour faire amender la loi afin de rétablir l'équilibre du pouvoir au sein des membres de la Corporation.

Le 12 janvier 1895, la loi sur l'incorporation de l'École Polytechnique est sanctionnée. Les modifications apportées font en sorte que les professeurs sont désormais exclus de la Corporation. Les ingénieurs diplômés sont maintenant représentés par deux membres plutôt que trois et doivent être nommés par les autres membres de la Corporation. Le directeur de l'École est maintenant invité à occuper un siège. S'ajoutent à ces membres deux représentants du comité catholique du Conseil de l'Instruction publique et le président du bureau des commissaires des écoles catholiques de Montréal. La Corporation peut toujours inviter jusqu'à quatre bienfaiteurs à occuper un siège.

La première réunion de la Corporation a lieu le 11 mars 1895. Y sont présents Urgel Archambault, principal et président de la Corporation, Émile Balète, directeur et élu secrétaire d'assemblée. Le comité catholique du conseil de l'Instruction publique nomme l'honorable juge et futur gouverneur général, Louis Jetté, et Horace Archambeault, membre et futur président du Conseil législatif, pour les représenter. Le chanoine Paul Bruchési, président du bureau des commissaires, et le chanoine Racicot, vice-recteur de l'Université Laval à Montréal, complètent cette assemblée. Selon la loi, l'Université Laval peut se faire représenter, mais son délégué n'a qu'une voix consultative. On nomme alors deux représentants des diplômés. Les élus sont Ernest Marceau, surintendant des Chemins de fer et Canaux de la province de Québec pour le gouvernement canadien, et André Loignon, ingénieur-conseil.

Au tournant des années 1880-1890, l'École Polytechnique a donc confirmé son statut universitaire grâce à son affiliation à l'Université Laval. Maintenant, grâce à son incorporation, Polytechnique a gagné son autonomie financière. Il lui reste maintenant à quitter ce par quoi elle reste encore une institution très peu visible et à peu près inconnue du grand public, c'est-à-dire sa situation derrière l'Académie du Plateau. Au cours des dix premières années d'existence de la Corporation, ses membres s'emploieront à régler la question de ce déménagement de l'École. Les membres hésiteront quelques années entre le déménagement dans les locaux de l'Université Laval à Montréal et la construction d'un nouvel immeuble. La première solution est moins coûteuse, mais dissout en quelque sorte l'esprit de corps et l'indépendance qui se sont créés chez les étudiants, diplômés et dirigeants. L'idée d'ériger un immeuble expressément conçu pour l'enseignement des sciences appliquées s'impose naturellement comme la solution par excellence pour rehausser le statut de l'École en maintenant tout ce qui la caractérise. Par contre, bien que Polytechnique soit en mesure de s'occuper de ses finances, celles-ci ne se sont pas améliorées pour autant. On comprend que les membres de la Corporation rejettent année après année l'idée de déménager dans les locaux que la faculté des arts leur propose.

En 1901, un événement inattendu donne raison à cette politique d'attente qu'avaient adoptée les membres de la Corporation. Le gouvernement québécois vote enfin une augmentation substantielle de la subvention qu'il accorde à l'École. Celle-ci passe de 10 000 $ à 13 000 $. Et comme les bonnes nouvelles n'arrivent jamais seules, l'École pourra peut-être profiter d'un legs de l'honorable Joseph-Octave Villeneuve, mort le 27 juin 1901, dont le testament spécifie qu'une somme de 25 000 $ sera payée annuellement par tranches de 5000 $ pour l'enseignement polytechnique du génie civil et l'achat du matériel à cette fin[129]. Ce legs n'est donc pas fait à l'École Polytechnique ou à sa Corporation mais à l'enseignement du génie; c'est donc l'Université Laval qui en sera le récipiendaire. L'Université accepte cependant de faire profiter l'École de ce legs qui, sans un testament mal rédigé, aurait dû lui revenir légalement. L'Université Laval pose toutefois des conditions. La plus importante est que la Corporation devra admettre un administrateur et un gouverneur de l'Université Laval à Montréal. Désormais l'Université sera bien représentée au sein de la Corporation puisque ses deux représentants auront droit de vote.

La construction de l'immeuble débute en 1902. Le 28 janvier 1905 est inauguré officiellement l'édifice qui abritera l'École Polytechnique de Montréal pendant plus de 50 ans. À cette date, Archambault est mort depuis moins d'un an. Sa disparition et le déménagement de l'École dans un immeuble moderne marquent le début d'une nouvelle période, à la fois pour Polytechnique et ceux qu'elle a formés, c'est-à-dire des ingénieurs désormais en meilleure position pour imposer une représentation d'eux-mêmes qui améliore leur condition d'existence.

Notes

1.   BÉIQUE, P.-A., «Physionomie de la première École Polytechnique», *in Revue Trimestrielle Canadienne (RTC)*, vol. XXII, 1936, p. 13. Un incident relaté par Stanislas Pariseau qui y étudia entre 1873 et 1877 nous révèle à la fois le peu de visibilité de l'École et les conditions difficiles dans lesquelles a débuté l'enseignement des sciences appliquées. «Le laboratoire d'électricité était installé dans la soute à charbon de l'École; il y avait à peu près 60 éléments de Bunsen. Puis, pour produire une lampe à arc, on avait emprunté du chemin de fer Grand-Tronc un réflecteur parabolique. Le soir nous étions montés sur le haut de l'École avec ce réflecteur parabolique qui éclairait tous les clochers de la ville. Permission avait été accordée, avec difficulté, de monsieur Archambault d'acheter ce qui était nécessaire pour charger les Bunsen. Tous les journaux en parlaient. C'est probablement la première fois qu'on entendait parler de l'existence de l'École Polytechnique.» *Interview dactylographiée de Stanislas Pariseau*, 18 novembre 1946, archives de l'EPM(AEPM).

2.   Entre autres l'article de BÉIQUE, P.-A., «Physionomie...», *op. cit.*, et les interviews de Arthur AMOS et de Stanislas PARISEAU, réalisées en 1946 et que les archives de l'École Polytechnique conservent sous forme dactylographiée. AEPM.

3.   En fait, à cette époque, l'utilisation d'instruments scientifiques avait essentiellement des fins pédagogiques. À l'Université Laval, le même phénomène se produit. Voir à ce sujet GINGRAS, Y., «La Réception des rayons X au Québec: radiographie des pratiques scientifiques» *in* FOURNIER, M., GINGRAS, Y, et KEEL, O., *Sciences et médecine au Québec*, Québec, IQRC, 1987, p. 76. D'ailleurs un ancien élève, en parlant des instruments de physique, affirme: «Il va sans dire que tous ces instruments — sans oublier la bonne vieille lanterne magique — n'étaient pas en parfaite conservation, et qu'ils servaient assez rarement aux démonstrations. On gardait avec soin et

avec orgueil un modèle de laboratoire, représentant une machine à vapeur construite en bois et qui était censée fonctionner. Nous n'avons jamais réussi à la faire bouger.» BÉIQUE, P.-A., «Physionomie...» *op. cit.*, p. 16.

4.   BÉIQUE, P.-A. «Physionomie...», *op. cit.*, p.17.

5.   On n'a qu'à penser ici à la construction sur la montagne de l'Université de Montréal, dont le site et le style architectural devaient témoigner du caractère supérieur de l'institution tout comme de sa modernité. Voir à ce sujet FOURNIER, M., «Édouard Montpetit et l'université moderne — ou l'échec d'une génération», *in L'Entrée dans la modernité*, Montréal, Éd. Saint-Martin, 1986, p. 43-73.

6.   La plupart des renseignements sur la carrière d'Urgel-Eugène Archambault nous proviennent du ARCHAMBAULT, DR. J., *Notes biographiques sur Urgel-Eugène Archambault*, Montréal, 1962, 2 vol., (ouvrages dactylographiés). Cet ouvrage est conservé aux archives de la CECM.

7.   LABARRÈRE-PAULÉ, A, «L'Instituteur laïque canadien-français au XIXᵉ siècle» in LAJEUNESSE, M., *L'Éducation au Québec aux XIXᵉ et XXᵉ siècles*, Trois-Rivières, Boréal, 1971, p. 65-66.

8.   Dans le journal *L'Opinion publique*, on souligne que «MM. les commissaires ont voulu montrer le cas qu'ils faisaient de ce genre d'éducation [commerciale] en lui dédiant cette maison magnifique et en choisissant pour la diriger un homme de talent et de caractère, l'un de nos concitoyens les plus estimables, M. Archambault», *L'Opinion publique*, 20 juin 1872.

9.   C'est ce qui s'est passé pour l'enseignement des sciences et des sciences appliquées à McGill. Voir GINGRAS, Y., *Les Physiciens canadiens: généalogie d'un groupe social (1850-1950)*, Ph. D., Université de Montréal, 1984, p. 33-77.

10.   En Ontario, l'Université de Toronto inaugure un premier programme de génie civil, en 1857. Ces premières années sont difficiles pour le recrutement d'étudiants et de professeurs spécialisés en génie civil. Thomas C. Keefer et Allan McDougall enseigneront quelque temps puis abandonneront l'enseignement pour se consacrer à leur profession. À partir des années 1870, l'Université de Toronto, mieux soutenue par le gouvernement provincial, peut engager des professeurs spécialisés dans les sciences appliquées. Voir YOUNG, C.R., *Early Engineering Education at Toronto 1851-1919*, Toronto, University of Toronto Press, 1958, p. 56-88.

11.   EPM, *Rapport à l'honorable M. de Boucherville, ministre de l'Instruction publique de la Province de Québec*, septembre 1875, AEPM.

12.   FROST, S. B., *McGill University: For the Advancement of Learning. Vol I, 1801-1895*, Montréal, McGill-Queen's University Press, 1980, p. 274.

13.   Un ingénieur débute au gouvernement du Québec avec un salaire de 1800 $. Un régime de pension intéressant est créé en 1876 qui améliore encore les conditions de travail des fonctionnaires. La sécurité d'emploi n'est pas assurée mais la plupart des hauts fonctionnaires ont de longues carrières. GOW, J. I., *Histoire de l'administration publique québécoise 1867-1970*, Montréal, P.U.M., 1986, p. 70-73.

14.   PFISTER, C., «Journal intime de Charles Pfister», *in RTC*, vol. XVII, décembre 1931, p. 358.

15. PFISTER, C., «Journal...», *op. cit.*, p. 366.

16. *Lettre de U.-E. ARCHAMBAULT à C. PFISTER*, 13 mai 1873, AEPM.

17. *Prospectus de l'Académie commerciale catholique de Montréal 1875-76*, AEPM.

18. MAURAULT, O., *L'École Polytechnique de Montréal 1873-1948*, Montréal, RTC, 1948, p. 16.

19. EPM, *Rapport à l'honorable surintendant de l'Instruction publique*, 27 avril 1881, AEPM.

20. *The Gazette*, 21 décembre 1876.

21. *Ibid.*

22. *Notes biographiques sur Joseph Obalski*, AEPM.

23. MAURAULT, O., *L'École...*, *op. cit.*, p. 20.

24. *Lettre de O. OBALSKI à U.-E. ARCHAMBAULT*, 6 décembre 1884, AEPM.

25. *Notes bibliographiques sur Joseph Obalski*, AEPM.

26. En 1946, un ancien étudiant affirme, dans une interview, que Bonnin était ingénieur sorti de l'École centrale de Paris, ce qui semble douteux. Dans les années 1890, il rédige un rapport d'expert pour vérifier la faisabilité d'un projet de pont à Québec. L'HÉBREUX, M., *Une merveille du monde: le Pont de Québec*, Québec, La Liberté, 1986, p. 22.

27. *Lettre de É. BALÈTE à U.-E. ARCHAMBAULT*, mars 1890, AEPM.

28. *Dossier de Charles Leluau*, AEPM.

29. *Manuscrit d'une histoire de l'EPM*. AEPM.

30. *Programme du cours scientifique et industriel à l'Académie commerciale catholique de Montréal*, 1874, AEPM.

31. MAURAULT, O., *L'École...*, *op. cit.*, p.12.

32. *Lettre de N. BOURASSA à U.-E. ARCHAMBAULT*, 20 novembre 1877, AEPM.

33. EPM, *Rapport à l'honorable surintendant de l'Instruction publique*, 27 avril 1881, AEPM.

34. *Lettre du directeur de l'ECAM à U.-E. ARCHAMBAULT*, 22 avril 1884, AEPM.

35. EPM, *Rapport à l'honorable surintendant de l'Instruction publique*, 19 octobre 1888, AEPM.

36. D'ailleurs, dans les années 1890, cette année préparatoire deviendra partie intégrante du programme de Polytechnique qui comportera alors quatre années.

37. Il s'agit de l'emploi du temps des professeurs rédigé à la main par Émile Balète. AEPM.

38. On sait par exemple que dans la plupart des collèges classiques, l'enseignement des sciences physiques se donnent dans les deux dernières années du programme complet. Comme beaucoup d'élèves, à cette époque, qui ne se destinent pas à la prêtrise quittent le collège avant les deux dernières années de philosophie, plusieurs étudiants n'ont jamais suivi de cours de sciences.

39. *Académie commerciale catholique de Montréal*, janvier 1874. AEPM.

40. *Ibid.*

41. *Ibid.*

42. *Ibid.*

43. Avec le collège Sainte-Marie, ces deux collèges sont de loin ceux qui fourniront le plus d'étudiants qui termineront leurs études à Polytechnique, pendant la période 1873-1904.

44. Ainsi l'abbé Gaudet du Collège de l'Assomption écrit: «Il y a une fièvre parmi nos élèves d'aller à votre École, telle que je crois que nous ne ferons plus ni prêtres, ni avocats, etc., mais bien des ingénieurs civils, des arpenteurs, des architectes, etc. Je suis loin d'arrêter un mouvement raisonnable et raisonné vers le *génie*, je le favoriserais au contraire, mais je voudrais que tous ceux qui partiront d'ici, eussent assez de *génie* pour réussir chez vous.» *Lettre de l'abbé GAUDET à U.-E. ARCHAMBAULT*, 24 avril 1876, AEPM. L'abbé Tétreau du Séminaire de Saint-Hyacinthe a des raisons plus précises d'être favorable à Polytechnique; il écrit: «Je suis moi-même désireux de vous adresser des jeunes gens bien doués que je verrais avec peine étudier la médecine dans l'état déplorable où se trouvent les facultés de Montréal [...] il me faudra avoir l'assurance qu'ils seront, par votre sollicitude, à l'abri des dangers de la grande ville.» *Lettre de l'abbé F. TÉTREAU à U.-E. ARCHAMBAULT*, 15 avril 1874. AEPM.

45. *Lettre de l'abbé HAMEL à U.-E. ARCHAMBAULT*, 21 juin 1876, AEPM.

46. Ces critiques sont publiées dans les journaux de l'époque. Voir *The Post*, 12 février 1883. *The Montreal Herald;* 10 février 1883, *La Patrie*,12 février 1883.

47. *Lettre de U.-E. ARCHAMBAULT au surintendant de l'Instruction publique G. OUIMET*, 20 mars 1883, AEPM.

48. EPM, *Rapport à l'honorable surintendant de l'Instruction publique*, 27 avril 1881, AÉPM.

49. *Lettre de J.-B. LAFRENIÈRE à U.-E. ARCHAMBAULT*, 14 juillet 1885. AEPM.

50. *Lettre circulaire de Mgr l'Archevêque de Montréal aux supérieurs des collèges de son diocèse*, 10 février 1899, AEPM. La faculté dont fait mention Balète est évidemment celle du génie à McGill.

51. *Ibid.* L'exception remarquable est sûrement le Mont-Saint-Louis des frères des Écoles chrétiennes.

52. *Ibid.*

53. *Ibid.*

54. ROY, C., *L'Université Laval et les Fêtes du Centenaire*, Québec, Comité exécutif d'organisation des Fêtes jubilaires, 1903, p. 103-105.

55. *Interview de S. PARISEAU* réalisée en 1946 et dactylographiée, AEPM.

56. *Lettre de WILFRID LAURIER à U.-E. ARCHAMBAULT*, 4 septembre 1876, AEPM.

57. *Interview d'ARTHUR AMOS* réalisée en 1946 et dactylographiée, AEPM.

58. Pour obtenir plus de détails sur la carrière de Léo Pariseau, voir: CHARTRAND, L., DUCHESNE, R. et GINGRAS, Y., *Histoire des sciences au Québec*, Montréal, Boréal, 1988, p. 249-253.

59. Pour connaître les fonctions sociales de l'École Polytechnique de Paris et de l'École centrale des arts et manufactures au XIXe siècle, voir: SHINN, T., *L'École Polytechnique, 1794-1914: savoir scientifique et pouvoir social*. Paris, Presses de la fondation nationale des sciences politiques, 1980, et WEISS, J. H., *The Making of Technological Man*, Cambridge, M.I.T. Press, 1982.

60. ANDRÉAE, C., «Les Chemins de fer», *in* BALL, N. R., *Bâtir un pays: Histoire des travaux publics au Canada*, Montréal, Boréal, 1988, p 104-108.

61. LINTEAU, P.-A., DUROCHER, R. et ROBERT, J.-C., *Histoire du Québec contemporain*, vol. I, Montréal, Boréal, 1979, p. 95-102.

62. PASSFIELD, R., «Les Voies d'eau», *in* BALL, N. R., *Bâtir...*, *op. cit.*, p. 141-142.

63. LINTEAU, P.-A., DUROCHER, R. et ROBERT, J.-C., *Histoire du Québec...*, *op. cit.*, p. 364-365.

64. *Ibid*, p. 153.

65. HAMELIN, J. et ROBY, Y., *Histoire économique du Québec, 1851-1896*, Montréal, Fides, 1971, p. 261-289.

66. LINTEAU, P.-A., *Maisonneuve ou comment des promoteurs fabriquent une ville*. Montréal, Boréal, 1981, p. 74-82.

67. LINTEAU, P.-A. , DUROCHER, R. et ROBERT, J.-C., *Histoire...*, *op. cit.*, p. 356-360.

68. *Lettre de LOUIS BEAUBIEN à U.-E. ARCHAMBAULT*, 10 septembre 1877, AEPM.

69. HAMELIN, M., *Les Premières Années du parlementarisme québécois (1867-1875)*, Québec, Presses de l'Université Laval, 1974, p. 106-111.

70. *Lettre de L. BEAUBIEN, op. cit.*

71. *Lettre de U.-E ARCHAMBAULT à J. A. CHAPLEAU*, 14 juin 1882, AEPM.

72. EPM, *Rapport à l'honorable surintendant de l'Instruction publique*, 27 avril 1881, AEPM.

73. *Ibid.*

74. Marceau occupera le poste d'ingénieur surintendant des canaux de la province de Québec. Pariseau lui succédera à ce poste. Papineau sera «Supervising Engineer» au ministère des Travaux publics et Desbarrats deviendra sous-ministre du Service naval.

75. Il est l'ingénieur en chef pour la construction des aqueducs des villes de Beauharnois, Valleyfield, Lachine. Il est l'auteur d'un système de distribution de l'eau pour les villes de Côteau Saint-Louis et Saint-Louis de Mile-End. Il prépare les plans d'égouts de la ville de Longueuil et effectue les travaux pour l'installation des égouts des villes de Côteau Saint-Louis et Saint-Henri. Il supervise les travaux pour l'installation du pouvoir moteur hydraulique de plusieurs aqueducs municipaux et de compagnies d'électricité. Il est ingénieur en chef du chemin de fer Montréal et Occidental, lors du tracé préli-

minaire de la localisation des 70 premiers milles au nord de Montréal. Vanier prépare aussi les plans pour des systèmes de tramways à Montréal. Il deviendra par la suite ingénieur de la ville de Maisonneuve. Il est également l'ingénieur de nombreux ponts au Québec. *Dossier Émile Vanier*, AEPM.

76. EPM, *Rapport au surintendant de l'Instruction publique pour l'année 1888-1889*, 9 novembre 1889, AEPM.

77. *Lettre d'É. DEVILLE à U.-E. ARCHAMBAULT*, 4 avril 1882. AEPM.

78. EPM, *Rapport au surintendant de l'Instruction publique pour l'année 1887-1888*, 19 octobre 1888, AEPM.

79. *Ibid.*

80. *Ibid.*

81. *Ibid.* La difficulté pour les diplômés de Polytechnique de percer les milieux industriels, compte tenu du fait que la majorité des grandes entreprises sont aux mains des Canadiens anglais, est aussi mentionnée par d'autres personnalités qui s'intéressent au sort de l'École. Ainsi, par exemple, le ministre des Travaux publics du Québec observe en 1893: «The situation of our students at the École polytechnique is due to our social and economic state, nothing else. The big industries, and the large railway, water and lighting companies are, in general, in the hands of our compatriots who prefer to hire, and one cannot blame them, their nationals instead of others as competent and honorable as these others may be.» Cité par RYAN, W. F., *The clergy and Economic Growth in Québec*, Québec, Presses de l'Université Laval, 1966, p. 233-234.

82. *Ibid.*

83. Archambault entre en contact avec, entre autres, la compagnie de chemins de fer du Grand-Tronc et la Montréal-Ottawa et Occidental en 1881. Voir la correspondance d'Urgel Archambault, AEPM.

84. On accuse Vanier d'avoir travaillé contre le projet du député Lafontaine pour permettre aux diplômés de Polytechnique d'être reconnus comme arpenteurs sans examens. *Lettre d'un groupe d'anciens élèves et d'étudiants de l'École Polytechnique (au nombre de quinze) aux messieurs du conseil de l'École*, 14 mars 1890, AEPM.

85. *Lettre de ÉMILE VANIER à U.-E. ARCHAMBAULT*, 17 mars 1890, AEPM.

86. CALDWELL, G., «Les Industriels francophones: Victoriaville au début du siècle», *in Recherches sociographiques*, vol. XXIV, n° 1, 1983, p. 28-30.

87. *Who's Who and Why in Canada*, Toronto, International Press Ltd., 1917-1918.

88. À cette date l'Université Laval reçoit de la succession Villeneuve pour l'enseignement des sciences appliquées un don de 25 000 $ qui permettra à Polytechnique de réaliser un vieux rêve: celui d'ériger enfin son immeuble. Joseph-Octave Villeneuve fut député à Québec de 1886 à 1892. Il fut également vice-président de la Banque Nationale et administrateur de Dominion Cotton Company. Il fut membre également de la Commission du havre en 1888. MAURAULT, O., *L'École..., op. cit.*, p. 29.

89. *The Gazette*, 21 décembre 1876.

90. *Ibid.*

91. CHOUINARD, H.-J.-J.-B., *Fête nationale des Canadiens français de 1880*, Québec, A. Côté et Cie, p. 425.

92. *Ibid.*

93. *Ibid.*, p. 433.

94. Archambault invoquera plusieurs raisons pour justifier le fait que le Québec francophone doive se contenter d'une seule école de génie. Il cite en exemples plusieurs pays d'Europe qui, bien que plus populeux que la province de Québec, n'ont qu'une ou exceptionnellement deux institutions supérieures de sciences appliquées. Il cite également l'exemple de l'École Polytechnique d'Ottawa, fondée en 1873 par les Oblats et destinée à donner l'instruction scientifique aux catholiques de langue anglaise, qui a dû fermer ses portes en 1880. Finalement l'argument invoqué par Archambault est celui du très petit nombre de jeunes gens qui, au Canada français, se destinent à la carrière d'ingénieur. EPM, *Rapport au surintendant de l'Instruction publique*, 27 avril 1881, AEPM.

95. *Ibid.*

96. *Ibid.*

97. Il s'agit bien sûr de l'École Polytechnique de Paris et de l'École centrale des arts et manufactures.

98. EPM, *Rapport au surintendant de l'Instruction publique. 27 avril 1881.* AEPM.

99. EPM, *Rapport au surintendant de l'Instruction publique. 27 avril 1881,* AEPM.

100. *Ibid.*

101. *Ibid.*

102. *Ibid.*

103. *L'Étendard*, 7 février 1883.

104. L'affiliation avec l'Université Laval incite également les professeurs de Polytechnique à réclamer un diplôme de cette université. La réponse du recteur J.-C.-K. Laflamme au directeur Balète, qui lui a soumis ces demandes de diplômes, est révélatrice de la situation précaire de l'Ecole et du statut ambigu du diplôme qu'elle décernait du temps de son affiliation avec la CECM; elle révèle également les rapports plutôt froids qui lient Polytechnique avec l'Université Laval. Laflamme écrit: «J'ai soumis à mes confrères du conseil universitaire la demande de votre École de conférer à vos anciens élèves et à vos professeurs des diplômes spéciaux moyennant certaines conditions qu'ils auraient à remplir. Avant de donner une réponse officielle, je crois à propos de vous communiquer quelques objections qu'on m'a faites à ce sujet. Le nombre de vos élèves réguliers va toujours en diminuant et l'on craint de paraître, aux yeux du public, donner des diplômes aux anciens élèves de l'École pour masquer le petit nombre d'élèves actuels. J'avoue qu'à mon point de vue, l'Université ne peut pas agir ainsi, à moins qu'il y ait des espérances fondées qu'une telle mesure assurerait le recrutement de vos

classes, et je ne prévois aucun résultat dans ce sens.» *Lettre de J.-C.-K. LAFLAMME à U-E. ARCHAMBAULT*, 14 mars 1898, AEPM.

105. CIMON, H., «Historique de l'organisation professionnelle des ingénieurs au Canada», *in RTC*, vol. XXXVIII, printemps 1952, p. 5.

106. EPM, «Rapport au surintendant de l'Instruction publique pour l'année 1886-1887», *in Rapport du Surintendant de l'Instruction publique*, Québec, Gouvernement du Québec, 1887, p. 158.

107. EPM, «Rapport au surintendant de l'Instruction publique pour l'année 1887-1888», *in Rapport du surintendant de l'Instruction publique*, Québec, Gouvernement du Québec, 1888, p. 136.

108. Archambault rappelle «aux anciens élèves diplômés qu'il est de leur intérêt de se tenir constamment en relation avec l'École Polytechnique, qui sera toujours pour eux un lieu de réunion et de protection». Il poursuit en indiquant qu'aussitôt «que l'École sera installée dans un local plus convenable, nous donnerons à ces bonnes relations, la forme d'une société régulière, semblable aux associations fondées par les anciens élèves des écoles spéciales en Europe». EPM, *Rapport au surintendant de l'Instruction publique pour l'année 1888-1889, op. cit.*

109. Nous pensons entre autres à RABKIN, Y., EISEMON, T.O., «Spécificités nationales de la science et de la technologie:une étude de deux universités montréalaises», *in Recherches sociographiques*, vol. XX, n° 1, 1979, p. 87-102 et RABKIN, Y., LEVY-LLOYD, A., «Technology and Two Cultures: One Hundred Years of Engineering Education in Montreal», *in Minerva*, XXVII, printemps 1984. Les auteurs de ces deux articles font une analyse comparative de ces deux institutions d'enseignement en tentant d'expliquer leur développement uniquement par l'attitude culturelle des deux principales communautés ethniques du Québec. Pour une critique de cette problématique, voir GINGRAS, Y., GAGNON, R., «Engineering Education and Research in Montreal: Social Constrains and Opportunities», *in Minerva*, XXVI, printemps 1988, p. 53-65.

110. FROST, S. B., *op. cit.*, p. 274.

111. *Ibid.*

112. *Graduate's Bulletin and List of Graduates in the Faculty of Applied Science*, n° 6, novembre 1911, p. 5-6.

113. GINGRAS, Y., *Les Physiciens canadiens, op. cit.*

114. Pour une étude sur les dispositions et prédispositions que forgent et renforcent les grandes écoles et qui permettent aux élèves de ces institutions de s'assurer un capital social, voir BOURDIEU, P., «Agrégation et ségrégation: Le champ des grandes écoles et le champ du pouvoir», *in Actes de la recherche en sciences sociales*, n° 69, septembre 1987, p. 2-50.

115. «Mémoire de l'Université McGill», *in Rapport des commissaires de la Commission royale sur l'enseignement industriel et technique*, Ottawa, Imprimeur du Roi, 1913, p. 2010.

116. Nous avons obtenu ces renseignements grâce au *Graduate's Bulletin and List of Graduates in the Faculty of Applied Science*, n° 7, juin 1912, Université McGill.

117. Nous avons pris comme indice d'appartenance au groupe des Canadiens français le fait d'avoir un patronyme français.

118. En 1876, l'Université McGill offre déjà quatre spécialités: génie civil, génie mécanique, génie minier, génie chimique. La division du génie électrique apparaît en 1891. «Engineering Education in Canada», *in The Engineering Journal*, septembre 1962, p. 64.

119. *Who's Who and Why in Canada*, 1917-1918, *op. cit.*, p. 1193.

120. *Ibid.*, p. 774.

121. En 1857, l'Université de Toronto, par l'entremise d'University College, annonce le début d'un programme conduisant au diplôme de génie civil. Ce n'est toutefois pas avant 1859 que les premiers étudiants s'y inscrivent. Ce programme est maintenu pendant 26 ans et n'aura décerné que 7 diplômes. Voir YOUNG, C. R., *op. cit.*, p. 16-20.

122. *Ibid*, p. 22-55.

123. *Procès-verbal de l'assemblée des commissaires*, 7 janvier 1887, archives de la CECM.

124. *Statuts de la province de Québec*, 50 Vict., chap. 21, 1887. Cette loi fut sanctionnée le 18 mai 1887.

125. Au sujet de la querelle universitaire entre Québec et Montréal, voir LAVALLÉE, A., *Québec contre Montréal: la querelle universitaire 1876-1891*, Montréal, Les Presses de l'Université de Montréal, 1974.

126. C'est ce que relate dans une lettre, Gédéon Ouimet. Lettre de G. OUIMET à U.-E. ARCHAMBAULT, 23 décembre 1889, citée par MAURAULT, O., *L'École Polytechnique de Montréal*, Montréal, RTC, 1924, p. 12.

127. ARCHAMBAULT, J., *Notes biographiques sur U.-E. Archambault*, travail dactylographié, vol. I, p. 127, archives de la CECM.

128. *Statuts de la province de Québec*, 57 Vict., chap. 23, 1894, p. 97.

129. «Extrait du testament de Joseph-Octave Villeneuve rédigé le 16 octobre 1900», D35/1253, archives de l'Université de Montréal.

LA FORCE
DE L'ESPRIT
DE CORPS

3

La construction d'une identité

Pour Polytechnique et ses diplômés, la période qui s'étend de 1905 au début des années 20 sera marquée par de nombreux bouleversements. L'inauguration d'un nouvel immeuble et l'augmentation des subsides du gouvernement galvanisent les nouveaux dirigeants tout comme les anciens diplômés. De nouveaux programmes sont inaugurés, des laboratoires sont construits, le corps professoral est renouvelé et Polytechnique n'est plus isolée dans le champ des institutions d'enseignement au Canada français. Toutefois, ce qui marque le plus cette période, c'est de toute évidence le regroupement des diplômés de Polytechnique au sein d'organismes de représentation des ingénieurs. Un travail collectif est alors entrepris afin d'imposer une définition de l'ingénieur et, plus particulièrement, de l'ingénieur canadien-français, travail collectif qui aura des répercussions déterminantes sur le développement de l'École et sur le statut social de l'ingénieur au Canada français.

Une institution qui sort de l'ombre

Au mois de janvier 1905, l'École Polytechnique inaugure son nouvel immeuble de la rue Saint-Denis. C'est aussi le début d'une nouvelle période pour l'enseignement du génie au Canada français. Les libéraux, qui ont pris le pouvoir en 1897, soutiennent alors l'École avec plus d'ardeur que ne l'avaient fait les conser-

L'école Polytechnique installée rue Saint-Denis de 1905 à 1958.
(Bureau du président de l'École Polytechnique)

vateurs. C'est surtout à partir de 1905, lorsque Lomer Gouin
devient premier ministre de la province, que les dirigeants de
Polytechnique vont pouvoir bénéficier des largesses du gouvernement pour réaliser des transformations importantes qui en
feront bientôt une véritable institution d'enseignement supérieur.
Sous le règne de Gouin, Polytechnique voit les contributions que
lui accorde le gouvernement passer de 13 000 $, en 1905 à 55 000 $
en 1920[1]. L'impulsion est donnée, et le remplacement de Gouin
par Alexandre Taschereau ne signifie en rien la fin des bonnes
relations entre Polytechnique et le gouvernement du Québec.
Deux ans plus tard, la contribution du gouvernement atteindra
80 000 $. Plus important encore, le pouvoir d'emprunt sur lequel
peut compter la Corporation est régulièrement augmenté par le
gouvernement. Dès 1906, la Corporation fait ériger sur les terrains
qu'elle possède derrière l'immeuble de l'École de nouvelles
annexes où sont logés des laboratoires.

On sait que l'un des problèmes majeurs auxquels ont eu à
faire face les dirigeants de l'École, tout au long de ses 30 premières
années d'existence, fut celui du recrutement des élèves. Après

Hall d'entrée de l'immeuble de l'École alors situé rue Saint-Denis.
(Archives de l'École Polytechnique)

1905, plusieurs facteurs contribuent à augmenter leur nombre et, par le fait même, celui des diplômés. Avant 1905, l'École a décerné un peu moins de quatre diplômes en moyenne par année; entre 1905 et 1922, elle en décernera quatre fois plus. Le nombre d'étudiants qui fréquentent l'École annuellement gravite autour de 145 au cours de cette dernière période. Le fait que Polytechnique attire plus de candidats vers les études de génie lui permet bien sûr de réclamer du gouvernement des subsides plus importants, mais également de profiter d'une source de revenus dont elle était jusque-là à peu près privée: celle des frais de scolarité. En 1890, par exemple, la contribution des élèves est de 962,25 $ ce qui représente 10,3 % du total de ses revenus[2]. En 1920, les frais de scolarité apportent 19 420 $ dans les coffres de l'École, c'est-à-dire 22 % de ses revenus[3].

La construction d'un immeuble moderne, qui témoigne de l'importance que l'on donne désormais à l'enseignement des sciences appliquées, n'est certes pas étrangère à l'augmentation de la clientèle étudiante. La mise en place de l'enseignement professionnel supérieur à Montréal et à Québec, avec la création de deux écoles techniques (1907), d'une école d'arpentage (1907) et d'une école forestière (1910), sans compter l'inauguration de l'enseignement supérieur commercial, avec la création à Montréal des

Hautes Études Commerciales (1910), profite également à Polytechnique.

Tout d'abord l'apparition de ces nouvelles institutions d'enseignement augmente le nombre d'individus qui, associés à l'enseignement des sciences appliquées et des sciences administratives, se font porteurs du discours révélant l'importance, pour le Canada français, de mobiliser les compétences afin de conquérir l'industrie et le monde des affaires. En ce qui concerne Polytechnique, les écoles techniques nouvelles constituent une filière d'embauche pour ses diplômés qui en seront les professeurs et les directeurs. Dans une moindre mesure, les écoles techniques instaurent également une nouvelle filière de recrutement de candidats aux études de génie. En 1907, Polytechnique reconnaît l'enseignement de l'école d'arpentage de l'Université Laval en permettant aux élèves qui y ont étudié de passer un examen d'entrée à la deuxième année du cours de génie civil[4]. Ainsi ces nouvelles institutions tissent des liens avec Polytechnique qui n'apparaît plus seule et isolée dans le système d'enseignement francophone. Bien sûr, la création de nouvelles filières dans l'enseignement professionnel supérieur suscite chez les dirigeants de l'École des craintes au sujet de la concurrence dans un domaine où les candidats se font rares. Pourtant il est certain que Polytechnique gagne à voir s'ériger à ses côtés des institutions qui promeuvent des types de formation auxquels elle est, elle-même, identifiée.

En 1906, les directeurs des collèges classiques réussissent à obtenir de Polytechnique que les détenteurs du diplôme de baccalauréat ès arts, c'est-à-dire les finissants des collèges, soient admis sans examen en première année. L'institution par excellence pour le recrutement des élèves reste toutefois pour Polytechnique le Mont-Saint-Louis, maison d'enseignement dirigée par les frères des Écoles chrétiennes. Cette institution est la seule à offrir un cours d'enseignement secondaire scientifique ou commercial complet. Ses étudiants, désireux de poursuivre leurs études au niveau universitaire, se voient refuser l'entrée des facultés universitaires traditionnelles; ils n'auront d'autres choix que de s'inscrire à l'École Polytechnique ou plus tard aux HEC. Finalement, les académies commerciales et certaines écoles privées de préparation, telles celles de l'ancien professeur Bonnin ou du futur directeur de l'École, Alfred Fyen, contribuent à former quelques étudiants pour les études de génie.

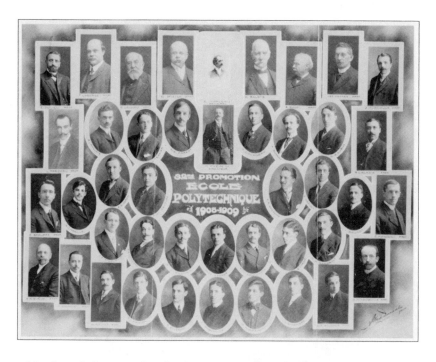

Mosaïque de la promotion de 1908-1909. (Archives de l'École Polytechnique)

Nouveaux dirigeants
et nouveaux professeurs

À partir de 1905, l'enseignement du génie à l'École Poly-technique subit des transformations importantes. L'arrivée d'Ernest Marceau, un an auparavant, suivie quatre ans plus tard du départ d'Émile Balète, remplacé par celui que les autorités de l'Université Laval avaient choisi pour diriger l'École d'arpentage, le belge Alfred Fyen, marquent la fin d'une époque.

Comme Balète, Fyen est un ancien militaire. Il fait ses études à l'école militaire de Belgique. En 1903, il arrive au Québec et s'intéresse tout de suite à l'enseignement des sciences appliquées, en fondant, à Québec, une école de préparation pour ceux qui désirent s'inscrire à Polytechnique. En 1907, les gens du Séminaire le nomment directeur de l'École d'arpentage, mais l'année sui-vante, à la mort de Balète, la Corporation de l'École Poly-technique, appuyée par le premier ministre Gouin, lui fait une offre alléchante pour qu'il quitte Québec. Il accepte alors d'occu-per le poste de directeur des études de l'École[5].

Alfred Fyen, directeur de 1908 à 1923. (Archives de l'École Polytechnique)

L'ancien militaire Émile Balète ne pouvait compter pour améliorer le sort de l'École que sur l'autorité qu'il détenait et la discipline qu'il imposait. Son successeur possède les mêmes qualités avec, en plus, un budget beaucoup plus important et un noyau de professeurs dont les dispositions pour l'enseignement du génie tranchent avec celles qui caractérisaient le personnel enseignant engagé au XIXᵉ siècle. En effet, dès 1907, de nouveaux professeurs font leur apparition. Le nouveau principal, Ernest Marceau, et Honoré Gervais, membre de la Corporation, ont recruté en France deux professeurs pour les chaires de géologie et d'architecture[6]. Ils ramènent ainsi Émile Dulieux, ancien élève de l'École Polytechnique de Paris, et Max Doumic, diplômé de l'École des Beaux-Arts de Paris. Fyen, lui-même, recrute dès son arrivée des professeurs européens. Il engage Jean Flahault, diplômé de l'Université de Lille en physique et en chimie, et Aimé Quéva,

Camp d'arpentage en 1911. De gauche à droite: Gustave Papineau,
L. Verge, Robert Blais et le professeur Paul-Émile Mercier.
(Archives de l'École Polytechnique)

pharmacien-chimiste. Pendant la Grande Guerre, la Corporation engage deux autres professeurs d'origine française, Louis Bourgoin et Paul LeCointe, tous deux anciens élèves de l'École nationale des ponts et chaussées. Ces deux professeurs ont été recrutés pour prendre en charge les cours d'un nouveau programme qu'on tente alors d'instituer: celui de la chimie industrielle.

Des anciens élèves de l'École qui ont fait leur marque dans la pratique privée du génie-conseil assurent l'enseignement des cours plus pratiques. François-Charles Laberge (1892)[7], Albert Baulne (1901) et Eugène Desaulniers (1909) appartiennent à cette catégorie de professeurs. De plus, la Corporation inaugure une politique de perfectionnement pour ses diplômés qui, ayant obtenu de bons résultats, veulent se joindre au corps professoral. Les deux premiers à profiter de cette politique sont Augustin Frigon (1909) et Adhémar Mailhiot (1910). Avant le déclenchement des hostilités, ils vont se spécialiser respectivement au MIT et à l'École supérieure des mines de Paris. Le premier reçoit un diplôme d'études «post graduates» en électricité, tandis que l'autre décroche le même genre de diplôme en minéralogie. En 1914, le déclenchement des hostilités en Europe empêchera ces deux jeunes professeurs de s'embarquer pour la France afin d'y suivre un programme de doctorat. Ce ne sera que partie remise pour Frigon qui réalisera ce rêve en 1920. Un peu plus tard, l'un de leurs confrères, Conrad Manseau (1907), décroche une licence en astronomie à la Sorbonne en 1914. Ces anciens élèves seront suivis par Théodore Lafrenière (1909) et Aimé Cousineau (1909) qui vont se spécialiser en génie sanitaire au MIT.

Ces nouveaux professeurs qui ont fréquenté de grandes universités américaines ou françaises peuvent alors reproduire une partie de l'enseignement qu'ils y ont reçu grâce au soutien des membres de la Corporation qui, dès 1906, songent à agrandir un immeuble à peine inauguré. En 1907, une aile est ajoutée à l'édifice où sont logés les laboratoires. Un laboratoire d'électricité y est aménagé. L'École demande à Léo Pariseau et à un professeur de l'Université McGill, Louis Herdt, d'installer et d'équiper ce laboratoire. L'amateur Salluste Duval sera quelque peu dépassé par ce nouvel aménagement[8]. C'est pour cette raison que la Corporation invite un jeune diplômé de l'École, Augustin Frigon, à poursuivre ses études aux États-Unis. C'est lui qui assurera la plupart des cours de laboratoires.

L'enseignement de la géologie, de la minéralogie, de l'exploitation des mines et de la métallurgie sont pris en charge par le français Émile Dulieux. Ce dernier devra partir de zéro afin de mettre sur pied un laboratoire, un atelier d'appareils miniers et une collection de minéralogie. En effet, à son arrivée en 1907, on lui présente «un bâtiment à peine achevé» où «de grandes salles vides[9]» devaient constituer son domaine. Dulieux se débrouille cependant fort bien. Il va chercher lui-même plusieurs échantillons minéralogiques directement sur le terrain au Québec et en Ontario. Il établit des contacts avec l'industrie minière anglo-canadienne qui, selon ses dires, ne se font pas sans difficultés. Il reçoit cependant une aide précieuse de l'Université McGill dont les laboratoires, ateliers et collections lui sont immédiatement ouverts. Le contraste entre les aménagements de la faculté de génie et Polytechnique frappe de plein fouet ce professeur français qui vient tout juste de débarquer à Montréal. À la fin des années 40, il se rappellera cette visite à McGill qu'il effectuait en 1907 en ces termes: «Combien je me sentis démuni en face de ces bâtiments remplis de tout ce qui me manquait et dont une faible partie m'aurait suffi à bien démarrer[10].» En 1912, on agrandit encore l'immeuble en ajoutant un étage à la nouvelle aile.

L'engagement de jeunes professeurs dotés de dispositions différentes de celles de leurs aînés n'est pas sans susciter des tensions au sein du corps professoral. Le fait que la Corporation, financièrement plus à l'aise, soit en mesure de jouer la carte de la compétence de l'enseignement, grâce à des professeurs formés dans des institutions reconnues, crée une tension chez les professeurs autodidactes qui, peu à peu, perdent l'autorité et le prestige que leur conféraient leur ancienneté et leur statut de pionniers. Balète et Pfister ne vivront pas cette situation puisqu'ils n'enseignent plus à partir de 1908. C'est Joseph Haynes qui, peut-être, ressentira le plus cruellement la transition par laquelle passe l'École dans la deuxième décennie du XXe siècle. En 1919, la Corporation met sur pied une commission d'études des programmes. Les dirigeants, de concert avec l'Association des anciens élèves de l'École, décident alors de donner un solide coup de barre afin de rehausser le prestige de l'enseignement[11]. Le doyen des professeurs, Joseph Haynes, n'est pas invité à faire partie de cette commission. Frustré, il écrit au premier ministre Lomer Gouin pour lui faire part de cette injustice. La lettre qu'Aurélien Boyer, nouveau principal de Polytechnique (il remplace Ernest Marceau décédé cette année-là), envoie au premier ministre pour justifier l'absence de Haynes à cette commission est révélatrice des nouvelles orientations pédagogiques de Polytechnique. Boyer écrit:

> nous avons décidé en principe de nommer plutôt des professeurs qui avaient étudié récemment dans des universités étrangères, soit aux É-U ou en Europe, c'est-à-dire des professeurs qui seraient au fait des programmes d'études adoptés dans les dix dernières années...[12]

Une école en pleine effervescence

L'érection de nouveaux bâtiments et les transformations subies par le corps professoral ne sont pas les seuls bouleversements que connaît l'École. Les membres de la Corporation prennent au cours de cette période plusieurs initiatives qui transformeront les programmes et la vocation même de Polytechnique. Certaines de ces initiatives auront des effets durables; d'autres n'auront été que des expériences peu concluantes et rapidement abandonnées.

Tout d'abord, il faut signaler que, tout à la fin du siècle dernier, le cours préparatoire suivi par la plupart des élèves était devenu la première année du programme. Ce programme est donc composé de quatre années d'études au début du siècle, ce qui n'empêche pas certains élèves d'avoir recours à des cours privés dans une école de préparation aux études scientifiques à Montréal ou à Québec. D'ailleurs, en 1909, l'École Polytechnique devra rétablir ce cours préparatoire puisque la majorité de ses étudiants de première année connaissent des échecs scolaires qui trahissent leur manque de préparation aux études scientifiques. Ainsi, alors qu'au XIXᵉ siècle le programme de Polytechnique était pratiquement échelonné sur quatre ans, il devient, à partir des années 1910, un programme qui, pour la majorité des étudiants, s'effectue en cinq ans.

À la fin de la première décennie du XXᵉ siècle, les nouveaux dirigeants, conscients du développement industriel du pays, et particulièrement de sa métropole Montréal, lorgnent vers la formation d'ingénieurs spécialisés. À l'époque de la construction des grands réseaux ferroviaires transcontinentaux, et surtout de l'apparition à Montréal d'un secteur industriel comme celui de la fabrication de matériel roulant, il devient urgent d'inaugurer une série de cours menant à un diplôme d'ingénieur des chemins de fer. Avec l'aide du gouvernement fédéral qui consent à verser une allocation annuelle de 2500 $, il ne reste plus qu'à convaincre les grandes compagnies canadiennes à contribuer, elles aussi, à la mise sur pied de ce nouveau programme. La compagnie du Grand-Tronc promet une subvention annuelle de 2500 $ à condition que le Canadien Pacifique en fasse autant. Polytechnique essuie un refus et obtient la même réponse du Great Northern Railway. L'incapacité dans laquelle se trouve Polytechnique de forger des liens avec les grandes entreprises canadiennes-anglaises ne l'empêchera pas de mettre sur pied ce nouveau programme. Le gouvernement Laurier accepte, en effet, de doubler son allocation et les cours de la section des chemins de fer débutent en 1911. Il est à noter que ces cours viennent s'ajouter au programme de base qui reste le génie civil. Les premiers diplômes d'ingénieurs des chemins de fer peuvent donc être décernés dès l'année scolaire 1911-1912.

Très rapidement, l'École remet en question la survie de ce programme. L'enthousiasme des étudiants à s'inscrire à cette section est sûrement refroidi par le fait qu'ils doivent assumer les frais de scolarité d'une année supplémentaire. De plus, les premiers ingénieurs de chemins de fer formés par l'École ne réussissent pas à travailler dans cette branche de l'industrie. En 1914, ce programme disparaît. Il en va de même pour la section d'arts industriels, appelée École d'arts décoratifs et industriels. Cette

Laboratoire de chimie, vers 1910. (Archives de l'École Polytechnique)

section, rattachée à la section d'architecture dont nous parlerons plus loin, avait été conçue comme une école de dessinateurs. Cette école commence à donner des cours en 1912 et disparaîtra avant la fin de la guerre, en 1917. Au cours de ses cinq années d'existence, il n'y eut, en fait, jamais plus de six étudiants pour y suivre le programme menant au diplôme de maître artisan.

Plus heureuse, l'initiative d'inaugurer un cours de génie sanitaire permettra à certains étudiants de faire carrière dans le domaine de la santé publique. Encore là, ceux qui désirent se spécialiser dans un domaine fortement lié au développement des administrations publiques provinciales et montréalaises, devront, après avoir suivi leur cours complet en génie civil, poursuivre leurs études pendant une année supplémentaire. C'est un ancien de Polytechnique, Théodore Lafrenière, détenteur d'une maîtrise en génie sanitaire obtenue au MIT, qui prend en charge ce cours. Lafrenière possède également une expérience pratique dans ce domaine puisqu'il est alors membre du Conseil d'hygiène de la province.

L'inauguration de nouveaux cours ne connaît pas de répit pendant cette période. Il ne s'agit pas seulement de nouvelles

Salle de dessin, vers 1910. (Archives de l'École Polytechnique)

spécialités ou de nouvelles écoles comme les exemples précédents, mais aussi de l'apparition de nouvelles matières qui témoignent du désir des dirigeants d'améliorer ou de rehausser la position de l'École dans le champ des institutions d'enseignement supérieur au Québec. C'est ainsi qu'un cours de législation industrielle apparaît dans le programme en 1912. Édouard Montpetit, professeur à la faculté de droit et aux HEC en sera le professeur titulaire.

En 1910, la Corporation convainc le gouvernement de loger le laboratoire provincial d'analyse de minerais à Polytechnique. L'École profite alors d'une allocation de 2000 $. Dulieux nomme Calixte Bousquet, ancien essayeur de la Monnaie de Paris, chimiste en chef de ce laboratoire. Des cours plus pratiques peuvent alors être donnés qui permettent à Polytechnique de mieux se faire connaître auprès de quelques entreprises privées. En 1914, Dulieux doit quitter l'École pour rejoindre l'armée française; après la guerre, il préférera l'entreprise privée au professorat. La Corporation mise sur le jeune Adhémar Mailhiot pour combler le départ de Dulieux. Cet ancien de l'École deviendra, en 1919, chimiste en chef du laboratoire provincial d'analyse des minerais, au grand désespoir de Calixte Bousquet, qui préférera démissionner. L'importance de la chimie industrielle se révèle pendant la Guerre. C'est à ce moment que la Corporation et l'Association des anciens élèves croient bon de mettre sur pied un comité afin d'améliorer les programmes. On décide d'améliorer l'enseignement de la chimie et, plus spécifiquement, de la chimie industrielle. Deux professeurs sont engagés pour prendre en charge le cours de chimie industrielle et le laboratoire de chimie. Ce sont Louis Bourgoin et Paul LeCointe installés à Montréal depuis quelques années. Bien qu'ils aient suivi quelques cours à l'École des ponts et chaussées, ils ont appris la chimie appliquée en pratiquant leur métier. Bourgoin est chimiste au département d'hygiène de la Ville de Montréal; LeCointe est ingénieur, spécialiste en technologie industrielle.

Polytechnique: une école d'ingénieurs et d'architectes

La création d'une École d'architecture à Polytechnique est certes la plus remarquée des initiatives prises par les nouveaux dirigeants au cours de cette période. L'instigateur principal de cette école, dont le statut officiel est celui d'une section d'architecture, est Honoré Gervais. Ce dernier est membre de la Corporation, en qualité de délégué du Bureau des examinateurs de l'Université Laval. Dès son arrivée, en 1903, Gervais montre de l'intérêt pour les cours d'architecture. Le professeur Haynes, on le sait, donnait un cours d'architecture. Son cours de construction civile est en fait un cours d'architecture. Pour Gervais, il faut donner plus d'ampleur à cet enseignement. Dans l'euphorie de la construction du nouvel immeuble, Gervais convainc les membres de la Corporation d'engager deux professeurs d'architecture. On tente alors d'obtenir les services d'un Français diplômé de l'École des Beaux-Arts, M. Ébrard, et d'un jeune Montréalais qui poursuit ses études à Paris, Jean-Omer Marchand. Le premier décline l'offre et, en attendant que revienne le deuxième, on engage un peintre français, émigré à Montréal depuis plusieurs années, Edmond Dyonnet. Au début de 1907, la Corporation décide d'établir un cours spécial d'architecture qui devra être couronné par un diplôme d'architecte. Comme on ne peut compter que sur deux professeurs, il est convenu d'aller chercher en France un professeur qui pourra prendre en main cette nouvelle section. M. de Folville, supérieur de Saint-Sulpice à Paris, qui avait vécu à Montréal et joué un rôle important dans la création de la faculté des arts de l'Université Laval à Montréal, sert d'éclaireur aux membres de la Corporation[13]. Il déniche Max Doumic, diplômé de l'École des Beaux-Arts. Ernest Marceau et Honoré Gervais vont le rencontrer à Paris. Ils le convainquent de venir s'installer à Montréal pour diriger la section d'architecture.

À son arrivée à Montréal, Doumic met sur pied le programme de la section d'architecture. Il se brouille cependant avec le directeur des études, Alfred Fyen. Soutenu par les membres de la Corporation, ce dernier a gain de cause et Doumic quitte le Canada en 1909. Il est remplacé par un autre diplômé de l'École des Beaux-Arts, Jules Poivert. Entre-temps, Aristide Beaugrand-Champagne est engagé pour enseigner le dessin et l'histoire de l'architecture. Albert Larue vient se joindre au corps professoral de la section d'architecture en 1918.

Dès la création de la section d'architecture, la question de la nature du diplôme octroyé et des privilèges accordés à ses détenteurs s'impose naturellement. L'Association des architectes de la province de Québec, créée en 1890, bénéficie depuis ce temps d'une loi la reconnaissant comme association corporative. Seuls ses membres sont autorisés à exercer la profession d'architecte. Après un stage auprès d'un membre de l'Association, le candidat à la profession d'architecte passe des examens devant un jury pour obtenir le permis d'exercer. Entre 1908 et 1912, les pourparlers entre l'Association des architectes et la Corporation de l'École n'aboutissent à aucun accord. La Corporation se tourne alors du côté du gouvernement québécois. Les relations que les dirigeants de Polytechnique ont toujours su entretenir leur sont cette fois encore d'une grande utilité puisqu'ils réussissent à faire amender la charte de la Corporation.

Les amendements de la charte de la Corporation concernent les articles sur les différents diplômes décernés par l'Université Laval pour l'enseignement offert par Polytechnique et les privilèges que confèrent ces diplômes. Quatre nouveaux diplômes pourront être décernés par l'Université Laval: ceux d'ingénieur électricien et d'ingénieur des chemins de fer, celui de maître ès arts décoratifs (diplôme d'artisan) et celui d'architecte. Celui qui obtient ce dernier diplôme devient «de droit membre de l'Association des architectes et [a] droit de pratiquer comme tel[14]». Une année de stage est exigée auprès d'un membre de l'Association mais elle doit se faire au cours des quatre années du cours d'architecture de l'École. Un examen final doit être passé par l'étudiant devant un jury composé de deux professeurs et de deux membres de l'Association des architectes. Pour les détenteurs d'un diplôme d'architecte, aucun autre examen n'est exigé par la loi pour pratiquer cette profession.

Cette section d'architecture restera toujours un appendice de l'École Polytechnique qui reste avant tout une école d'ingénieurs. Ainsi, la majeure partie de l'espace du campus est réservée à l'enseignement du génie. Les professeurs de la section d'architecture comptent pour moins du huitième du corps professoral. Aucun professeur ou diplômé de la section d'architecture ne fait partie de la Corporation. Entre 1907 et 1922, on n'y compte qu'une vingtaine d'étudiants par année, comparativement aux 130 inscrits aux cours de génie. En 1923, à la faveur de la création de l'École des Beaux-Arts par le gouvernement Taschereau, le personnel enseignant de la section d'architecture est appelé à constituer le noyau de professeurs sur lequel doit reposer la formation des élèves de cette nouvelle institution. La Corporation ne fera pas entrave à cette demande du gouvernement. À une exception près, les professeurs vont accepter toutes les conditions de ce transfert. Pendant ces 15 années où l'École Polytechnique n'a pas été uniquement une école d'ingénieurs, 60 architectes y ont été formés.

Comme on le voit, entre 1905 à 1922, l'École est en pleine mutation. De 1905 jusqu'en 1913, c'est l'euphorie engendrée par le déménagement dans ses nouveaux locaux, l'arrivée de nouveaux professeurs et dirigeants et la construction de laboratoires. Au cours de la guerre, ce sont des moments plus pénibles que connaissent les membres de la Corporation et surtout les professeurs. La Corporation accepte tout d'abord de continuer à verser les salaires des professeurs français partis pour le front. Cette politique est abandonnée à mesure que la guerre s'éternise. De plus, les professeurs qui restent doivent mettre les bouchées doubles. En 1915, l'École fait face à une crise financière sérieuse. Les étudiants sont beaucoup moins nombreux. On en comptait 194 pendant l'année scolaire 1908-1909; ils ne sont plus que 146 au cours de l'année 1915-1916. Le nombre d'élèves est à son minimum en 1918-1919, année où l'on en compte 115. La guerre et la conscription ont fait mal à Polytechnique. Les professeurs doivent même accepter une diminution de salaire de 12,5 % pour que l'École puisse continuer à fonctionner.

Malgré ces hauts et ces bas dans la vie de l'École, cette période est cruciale pour Polytechnique et ses diplômés. C'est au cours de ces années que s'effectue le travail de désignation qui préside à la naissance d'un nouveau groupe social: celui des ingénieurs. C'est en effet au cours des années 1910 que des ingénieurs francophones, pour la plupart diplômés de Polytechnique, ont pu construire une identité sociale qui, en les désignant les ont différenciés et fait exister socialement.

Les lieux de regroupement des ingénieurs francophones

Au tournant du siècle, l'importance qu'acquièrent les sciences appliquées dans l'industrie, le développement des administrations publiques provinciales et l'urbanisation favorisent le regroupement des ingénieurs civils au Canada. La création des premières institutions d'enseignement des sciences appliquées assure alors la production d'un groupe dont le nombre des membres croît plus rapidement que celui de la population canadienne. Ces institutions permettent également d'uniformiser les dispositions sociales et les capacités techniques d'une bonne partie des membres de ce groupe.

En 1887, la Société canadienne des ingénieurs civils (SCIC) obtient une charte fédérale. Plusieurs ingénieurs canadiens profitent alors de cette institution officiellement reconnue pour commencer un travail de regroupement et de désignation des ingénieurs canadiens. Au Canada français, ce sont la Corporation de l'École Polytechnique, la section de Québec de SCIC et l'Association des anciens élèves de l'École (AAEEPM) qui sont les lieux de regroupement privilégiés des ingénieurs francophones.

En 1909, des anciens de Polytechnique se réunissent et forment une association. L'année suivante une charte leur est accordée: l'AAEEPM voit le jour. Les objectifs de cette association sont alors d'établir des relations amicales entre les membres et de promouvoir les intérêts de l'École. Il s'agit également d'ouvrir et d'assurer des fonctions et des emplois aux membres de l'Association et de venir en aide aux membres en difficultés[15]. Étroitement liée à la Corporation, l'AAEEPM est entièrement vouée à la défense des intérêts de ses membres, c'est-à-dire à l'ascension d'un groupe d'ingénieurs canadiens-français. Ernest Marceau, l'un de ses anciens présidents, résume dans un court texte le but de cette association:

> [Elle] vise le développement de l'enseignement technique, par conséquent le progrès de notre profession en ce qui regarde parti-

culièrement les ingénieurs canadiens-français. Pour atteindre notre but, nous avons cru, comme plusieurs autres groupes canadiens-français, que l'heure était venue de constituer pour notre profession un organisme qui pût, en toute occasion, appuyer les revendications légitimes de ses membres et les protéger contre les entreprises de certains éléments hostiles; une organisation qui pût leur fournir des moyens, des facilités d'études qui leur permettront de se rendre les égaux, que dis-je, les supérieurs des ingénieurs anglo-canadiens; car vivant au milieu d'une majorité rien moins que bienveillante, d'une majorité qui a l'argent et qui est persuadée que rien ne peut sortir de bon du petit peuple abandonné jadis par la France sur les bords du Saint-Laurent, il est nécessaire que nous arrivions, et le plus tôt possible, à cette supériorité[16].

Avec ses comités de recrutement, d'offres d'emploi, de tarif d'honoraires, de légifération, cette association entreprend systématiquement un travail de regroupement, puis de désignation et de définition de l'ingénieur canadien-français qui transforme rapidement la représentation qu'ont d'eux-mêmes les membres et par voie de conséquence, qu'ont d'eux les autres groupes sociaux. De plus, cette association peut étendre ses activités à l'échelle du Québec, à mesure que sont mises sur pied des sections régionales. Dès 1915, la section de Québec est créée qui jouera un rôle de premier plan, à la fois dans la conquête des postes de commande dans les services, ministères ou commissions de gestion des ressources naturelles ou des travaux publics, et dans la reconnaissance du statut légal de la profession.

À la tête de cette association se succèdent les diplômés qui affichent les réussites sociales les plus éclatantes. Ces derniers, en majorité fils de petits commerçants ou d'entrepreneurs, doivent dans la plupart des cas leur ascension sociale à leur *alma mater*. Émile Vanier en est le premier président. Marceau lui succède. Ensuite défilent à la présidence les Gustave Papineau, James Laurin, Ernest Bélanger, Aurélien Boyer, Arthur Amos, François-Charles Laberge, Arthur Dubuc, Arthur Surveyer, et les autres. Ces porte-parole passent du fauteuil de vice-président à celui de président et finissent bien souvent par siéger au conseil de la Corporation. Ils sont les loyaux serviteurs d'une institution et d'une profession sans lesquelles ils n'auraient probablement pas connu une certaine notoriété. Dans bien des cas, un ou plusieurs de leurs enfants choisiront la carrière menée par leur père, pionnier d'une vocation familiale pour la carrière d'ingénieur. Les Vanier, Papineau, Laberge, Laurin, Lesage, Béïque, Frigon, Mailhiot et Boyer en sont les exemples les plus notoires.

Les diplômés qui prennent en main cette association peuvent alors compter sur une revue trimestrielle pour véhiculer une définition de l'ingénieur qui peu à peu s'impose chez la plupart des diplômés de l'École. C'est tout d'abord le *Bulletin de l'École Polytechnique de Montréal* qui voit le jour en 1913, au moment où l'AAEEPM commence véritablement à s'organiser. Ce bulletin a une vie brève puisqu'il s'éteint l'année suivante. Il renaîtra avec le même format et pratiquement les mêmes objectifs sous le nom de *Revue trimestrielle canadienne* (*RTC*). Ses principaux fondateurs et animateurs sont alors Augustin Frigon et Édouard Montpetit; grâce à ce dernier, la revue s'ouvre à un public plus large que celui, restreint, des ingénieurs francophones. Des articles sur l'art de l'ingénieur, les sciences physiques et naturelles, mais aussi sur l'économie et les sciences sociales, sont publiés dans cette revue qui sera l'un des organes d'information importants du mouvement scientifique à saveur nationaliste qui prend forme au début des années 20[17].

Les porte-parole du groupe

Ces principaux lieux de regroupement et d'échanges fournissent aux porte-parole des ingénieurs des tribunes pour parler légitimement du rôle, des compétences et du statut de l'ingénieur. Certains de ces lieux institutionnels sont exclusivement canadiens-français comme la Corporation, l'AAEEPM ou la *RTC*, d'autres sont québécois et regroupent des ingénieurs francophones et anglophones. C'est le cas de la Section de Québec et de la Section de Montréal, filiales de la SCIC. Les ingénieurs canadiens-français sont présents dans tous ces lieux et y jouent un rôle non négligeable. En fait, la position des ingénieurs canadiens-français dans la société québécoise fait en sorte que leurs représentants doivent redoubler d'efforts pour parvenir à sauvegarder ou améliorer leur statut social. Dans une province où la grande industrie et la haute finance sont de plus en plus dominées par les anglophones, et où l'élite canadienne-française accède à une fraction de la classe dominante principalement grâce à l'éducation supérieure, c'est-à-dire, le collège classique et l'Université Laval à Québec et à Montréal, un travail est nécessaire pour imposer une définition de l'ingénieur qui assure aux détenteurs de ce titre une position égale à celle des médecins, avocats ou notaires au Canada français. Ces porte-parole s'appliquent alors à mettre en forme une définition de l'ingénieur qui emprunte des éléments aux discours de représentation des porte-parole des ingénieurs canadiens ou américains, mais qui renferme d'autres éléments liés à la situation particulière des ingénieurs francophones au Québec.

On retrouve les porte-parole des ingénieurs canadiens-français aux postes de conseillers, de secrétaires et de présidents des diverses institutions de regroupement des ingénieurs canadiens et québécois. En raison des différents buts et objectifs de ces organismes qu'intéressent l'enseignement du génie ou la profession d'ingénieur, le génie civil ou les diplômés de Polytechnique, une division du travail social menant à la constitution du groupe s'effectue naturellement. La coordination de ce travail de regroupement est toutefois assurée par la présence de certains porte-parole dans plusieurs organismes. Par ailleurs, ces porte-parole possèdent les dispositions ou compétences qui donnent de la crédibilité à leur discours. Pour parler avec autorité et en toute légitimité des compétences requises pour embrasser la profession d'ingénieur, du rôle essentiel de l'ingénieur dans l'industrie et l'administration publique, des fonctions sociales qu'il remplit, ceux-ci doivent afficher les caractéristiques de l'«honnête homme»: culture générale, maîtrise du beau langage, etc. Ils doivent aussi posséder des diplômes couronnant des études supérieures en sciences appliquées et décernés par une université prestigieuse, ou encore témoigner d'une réussite sociale et économique exceptionnelle. Du fait que ces dispositions sont essentielles pour occuper une fonction de représentation du groupe, ce sont surtout, sinon uniquement, des diplômés de Polytechnique que l'on trouvera comme porte-parole des ingénieurs francophones. En ce sens, la contribution de l'École Polytechnique à la formation d'un nouveau groupe social au Canada français est tout à fait particulière.

Les principaux porte-parole des ingénieurs canadiens-français qui, à la fin du XIXe siècle, prennent la relève d'Urgel Archambault sont tout d'abord Ernest Marceau et Émile Vanier. Ernest Marceau possède tous les antécédents sociaux pour apparaître comme un représentant légitime aux yeux des membres du groupe et du public en général. Fils d'un marchand prospère de Montréal, il fait ses études classiques au Collège de Montréal avant d'entrer à Polytechnique en 1874. Il fait partie de la première promotion de l'École en 1877. Marceau trouve alors un emploi au gouvernement fédéral comme assistant-ingénieur au ministère des Chemins de fer et Canaux. Son ascension est assez rapide dans ce ministère puisqu'il succède, en 1893, à E.-H.

Ernest Marceau, principal de 1904 à 1919. (Archives de l'École Polytechnique)

Parent comme surintendant des Canaux de la province de Québec[18]. Ernest Marceau est un ingénieur cultivé, poète à ses heures. Il compose même un *Hymne au Canada*. En fait, Marceau est le type même de «l'honnête homme», produit des collèges classiques. Humaniste et lettré, il professe un culte à la langue française dont il louange la beauté dans un article de la *Revue Canadienne*, intitulé «La Langue que nous parlons». On ne s'étonnera pas que ce surintendant des Canaux de la province de Québec ait consacré une partie de ses loisirs à la rédaction d'une «Histoire de nos canaux et de notre navigation fluviale» qu'il n'a malheureusement pas eu le temps de terminer[19].

C'est comme représentant des diplômés de l'École Polytechnique qu'il commence sa carrière de porte-parole, lorsque se
réunissent pour la première fois, en 1895, les membres de la
Corporation. Il s'initie alors aux tâches et aux règles du jeu de la
représentation. En plus de son rôle à la Corporation, Marceau, qui
est membre de la SCIC depuis sa création, est nommé conseiller et
peut participer aux discussions du conseil de cette société canadienne d'ingénieurs. En 1902, il est nommé vice-président de la
SCIC et en 1905, il occupe le fauteuil de président. L'année
précédente, à la mort d'Archambault, il était nommé principal de
l'École Polytechnique. Dans les années 1910, il occupera la présidence de l'AAEEPM.

Tout comme Marceau, Émile Vanier fait partie de la première
promotion de l'École en 1877. Il est lui aussi le fils d'un commerçant. Contrairement à Marceau toutefois, il n'a pas fréquenté
un collège classique. N'ayant pas fait à proprement parler d'études secondaires, puisqu'il fait son cours primaire à l'Académie
commerciale catholique de Montréal, Vanier n'a certes pas les
dispositions culturelles de son collègue et ne connaîtra d'ailleurs
pas le même itinéraire de carrière. Membre associé de la SCIC en
1887, il devient membre et conseiller en 1889. Deux ans plus tard,
il redevient membre associé[20]. Probablement mal à l'aise dans des
fonctions officielles de représentation, Vanier qui est l'exemple
parfait de l'ingénieur prospère qui doit tout à son *alma mater* et à
la profession vers laquelle elle l'a destiné, est dévoué tout entier à
l'École Polytechnique et à ses diplômés. Entre 1880 et 1920, il
procure un emploi à bon nombre d'entre eux et s'occupe de
défendre leurs intérêts quand la loi sur les arpenteurs est amendée
à Québec. Il offre gratuitement ses services d'architecte à la
Corporation pour la construction de son immeuble. En 1905, il
dépanne *in extremis* la Corporation en faisant un don de 1500 $[21].
Quatre ans plus tard, il aide l'AAEEPM à s'organiser en aplanissant
beaucoup de difficultés d'ordre financier[22]. Au début des années
20, il fait un don de 25 000 $ à la Corporation pour développer la
chimie industrielle à l'École[23]. Il n'est donc pas surprenant de le
voir occuper le poste de président de l'AAEEPM dès sa création en
1910.

À ces deux porte-parole, issus de la première promotion de
1877, vont se joindre de nouveaux porte-parole plus jeunes et
dont la carrière de représentants des ingénieurs canadiens-
français ne débute qu'après 1910. C'est le cas en particulier
d'Albert-Roch Décary et d'Arthur Surveyer qui occuperont des
postes dans plusieurs organismes de représentation des ingé-

nieurs. Après avoir été directeur, à l'AAEEPM des comités du Tarif d'Honoraires et de Législation, en 1915-1916, Arthur Surveyer occupe simultanément l'année suivante un siège au conseil de la Corporation, de la section de Montréal de la SCIC et du Conseil national de recherche du Canada (CNRC)[24]. Lors de la création de la Corporation des ingénieurs professionnels du Québec (CPIQ), en 1920, il siège au conseil de cet important organisme de contrôle de la profession. En 1924, il reçoit du réputé Rensselaer Polytechnic Institute un doctorat honorifique et est nommé la même année président de l'Engineering Institute of Canada (EIC). Albert-Roch Décary commence sa carrière de porte-parole en 1909, au moment de la création de la Section de Québec, en étant élu membre du comité de direction. En 1913, il est élu président de cette section québécoise du SCIC. En 1920, il devient le premier président de la CIPQ; il occupera ce poste jusqu'en 1938. En 1927, il cumule la présidence de la CIPQ et de l'EIC. La Corporation reconnaîtra alors le travail d'Albert Décary dans les différents lieux de représentation des ingénieurs, en lui faisant décerner un doctorat honorifique par l'Université de Montréal[25].

Décary et Surveyer, tout comme Marceau, remplissent les conditions nécessaires pour représenter légitimement les ingénieurs canadiens-français. Décary est fils de médecin et membre d'une famille qui a fourni des notables au Québec depuis l'arrivée de leur ancêtre à Montréal en 1642[26]. Il a fait ses études classiques chez les Jésuites au collège Sainte-Marie, puis s'est inscrit à Polytechnique en 1897. Dans l'administration publique fédérale où il a commencé sa carrière d'ingénieur, il gravira rapidement les échelons: d'assistant-ingénieur de district pour le département des Travaux publics du Dominion, en 1899, il sera nommé surintendant des Travaux publics de la province de Québec à Ottawa en 1913. L'habitus de classe, renforcé par le travail de socialisation fourni par le collège, produit le même itinéraire de carrière chez son frère Ernest Décary qui s'orientera, lui, vers une carrière plus traditionnelle, celle de notaire. Ce dernier occupera, entre autres, la présidence de la Commission administrative de la Ville de Montréal.

Arthur Surveyer a été formé également par les Jésuites au collège Sainte-Marie. Il est le fils d'un négociant quincaillier, bien connu dans les milieux d'affaires francophones de Montréal, qui encourage ses fils à poursuivre des études poussées à l'extérieur du pays[27]. Après avoir reçu son diplôme de Polytechnique, en 1902, il suivra des cours à l'École spéciale d'industries et des

Promotion de 1902. Au premier rang à droite, on reconnaît Arthur Surveyer.
(Archives de l'École Polytechnique)

mines du Hainault en Belgique. Ingénieur au département des Travaux publics d'Ottawa de 1904 à 1911, il acquiert de l'expérience dans l'exploration des canaux maritimes et l'élaboration de projets d'installations hydro-électriques. En 1911, il fonde une compagnie avec le jeune Augustin Frigon. À cette époque, il est membre de la Commission pour régler les différends entre les compagnies de navigation et les compagnies qui utilisent le fleuve Saint-Laurent pour la production d'énergie électrique. Il peut alors profiter de l'expérience acquise dans ce secteur pour obtenir des contrats importants de la ville de Chicago qui projette alors la construction d'un canal sanitaire[28]. Son bureau prend rapidement de l'expansion; il s'associe alors avec deux autres ingénieurs francophones, Émile Nenniger et Georges Chênevert. Ce sont les débuts du bureau d'ingénieurs-conseils que l'on connaîtra plus tard sous le nom de SNC. La famille Surveyer produit également un autre représentant officiel d'une profession, Édouard-Fabre Surveyer, qui mènera parallèlement une carrière de juriste et de porte-parole des avocats[29].

Les parcours sociaux d'Augustin Frigon et d'Adhémar Mailhiot, deux représentants importants des ingénieurs francophones au Québec, sont à bien des égards différents de ceux que nous venons de décrire précédemment. Bien que Frigon et Mailhiot n'aient qu'une dizaine d'années de différence avec leurs collègues Décary et Surveyer, on peut supposer qu'ils représentent une nouvelle génération d'ingénieurs formés à Polytechnique. Entrés en 1905 et 1906 à l'École, ils n'ont connu ni l'ancien immeuble situé à côté de l'Académie du Plateau, ni le règne du principal et fondateur Urgel-Eugène Archambault. Formés dans le nouvel immeuble moderne de la rue Saint-Denis, ils sont témoins du vent de renouveau qui souffle sur l'École après l'inauguration des nouveaux locaux (1905), et l'arrivée d'un nouveau principal (1904) et d'un nouveau directeur (1908).

Frigon est l'un des tout premiers secrétaires de l'AAEEPM et il est l'un des principaux fondateurs de la RTC. En 1920, il reçoit des bourses de Polytechnique et du CNRC et part étudier trois ans en France d'où il revient avec un diplôme d'ingénieur électricien de l'École supérieure d'électricité et un doctorat ès sciences de l'Université de Paris. Il est alors l'un des premiers docteurs ès sciences canadiens-français. À son retour, sa carrière démarre en trombe: il est nommé directeur de Polytechnique (1923-1935) et il devient membre du CNRC (1923-1939). L'année suivante, il devient le directeur général de l'enseignement technique au Québec et est nommé président de la Commission des services électriques de Montréal (1924-1935). Il est également membre de la CECM (1929-1935) et du comité catholique de l'Instruction publique. En 1928, le gouvernement fédéral le nomme à la Commission royale de la radiodiffusion. Seul ingénieur parmi les membres de cette commission, il est en grande partie responsable des études techniques qui aboutissent à un rapport favorable à la création d'un réseau d'État de diffusion. En 1935, il est président de la Commission d'électricité de Québec, poste qu'il abandonne l'année suivante quand il est nommé directeur général adjoint de la Société Radio-Canada. En 1944, il en devient le directeur général. N'abandonnant pas pour autant son *alma mater*, il devient, après avoir quitté le directorat, le principal de l'École en 1935.

Les origines scolaire et sociale du jeune Frigon à son entrée à Polytechnique ne le prédisposaient toutefois ni à une carrière aussi éclatante, ni même à devenir une figure de proue des ingénieurs canadiens-français. D'origine modeste, son père est un employé de la Ville de Montréal, Frigon n'a pas fait d'études classiques; élève à l'Académie commerciale catholique de Montréal, il s'inscrit à l'École Polytechnique qui est alors l'unique filière d'enseignement universitaire ouverte à ceux qui n'ont pas fait de cours classique. Sans capital culturel hérité, sans une éducation classique qui s'avère, à cette époque, une condition souvent essentielle pour accéder à une position dominante dans le champ des classes sociales au Québec, Frigon parvient tout de même à occuper plusieurs postes de direction au sein d'organismes gouvernementaux et d'institutions liées à l'enseignement, grâce au **capital scolaire** qu'il réussit à accumuler dans des institutions prestigieuses.

Frigon est le Canadien français le plus spécialisé en sciences et en sciences appliquées. Il est alors légitimement en droit d'occuper le poste de directeur des études de Polytechnique (le premier Canadien français à occuper ce poste, mais surtout le premier ingénieur hautement spécialisé), puis de représenter l'élément canadien-français au CNRC, ou d'assumer la direction de l'enseignement technique. Aucun autre Canadien français ne peut faire valoir autant de compétences essentiellement techniques et scientifiques. Au moment où les fondements institutionnels de la recherche sont créés au Canada et qu'un mouvement scientifique prend forme au Canada français, il possède les atouts pour être au centre de la mobilisation des compétences déclenchée par les gouvernements. Ce parcours assez particulier de Frigon en fait un porte-parole et un représentant des ingénieurs francophones quelque peu différent des Marceau, Surveyer ou Décary.

Frigon va surtout s'employer à restructurer l'enseignement du génie à Polytechnique à partir des années 20, tâche qui est censée conduire l'École au faîte de ce qui se donne comme enseignement des sciences appliquées dans les grandes universités européennes ou américaines. Il va également siéger à des commissions ou conseils en tant qu'expert en génie électrique. Ce n'est qu'à partir de la fin des années 20 qu'il commence à parler de l'ingénieur canadien-français. Le discours d'Augustin Frigon sur l'ingénieur tranche d'ailleurs avec celui de la plupart des porte-parole issus des collèges classiques. Son nationalisme ne s'apparente pas à celui de Marceau, par exemple, et il ne parle pas des vertus de la race française ou du rôle de moralisateur de l'ingénieur. Il préconise plutôt que le salut économique des Canadiens français passe par l'établissement de liens avec les grandes entreprises anglo-saxonnes[30]. Le souvenir qu'en retient de lui l'un de ses collaborateurs nous révèle bien comment était perçu ce «personnage», élevé dans un quartier populaire de Montréal et qui n'a pas fréquenté un collège: «Il était un homme modeste qui ne cherchait pas les honneurs. Il n'était pas un homme extrêmement coloré[31].»

À partir de 1915, Adhémar Mailhiot commence à jouer un rôle actif à l'AAEEPM. De 1916 à 1928, il en est le secrétaire dévoué et en devient vice-président en 1930, puis président l'année suivante. Il joue un rôle similaire à la CIPQ où il est registraire de 1921 jusqu'à sa mort en 1938. En 1935, il remplace Augustin Frigon à la direction de l'École Polytechnique. Par les positions qu'il occupe à l'AAEEPM, à la CIPQ, à Polytechnique et à la Corporation, Mailhiot est en mesure de relier entre eux les divers porte-parole et organismes représentant les ingénieurs francophones et, par le fait même, d'assurer la coordination du travail, à la fois de formation, de regroupement et de désignation, qui s'intensifie au cours des années 20. Un peu comme Arthur Surveyer qui allie les dispositions culturelles acquises au collège et les capacités techniques d'un ingénieur spécialisé, Adhémar Mailhiot est le dépositaire des propriétés sociales qui caractérisent les porte-parole des ingénieurs et par lesquelles on définit de plus en plus l'ingénieur canadien-français. En 1938, Olivier Maurault trace un portrait de lui qui nous dévoile bien les qualités que l'on reconnaissait à ce porte-parole des ingénieurs.

> Adhémar Mailhiot avait retenu de sa formation classique une discipline d'esprit, une vision des choses, une qualité de style dont il n'a jamais cessé de lui être reconnaissant. Jointes à sa science et à ses connaissances techniques, ces qualités le mettaient au premier rang. Pour en juger, il suffit de lire ses rapports en qualité de secrétaire de l'Association des anciens, ses discours de président de la même association, et ceux qu'il prononça comme directeur de l'École. On y retrouve le savant et l'homme[32].

À ces principaux porte-parole des ingénieurs canadiens-français, s'ajoutent ceux qui ont souvent comme principale fonction de laisser parler leur réussite sociale. Ils ne mènent pas une carrière de porte-parole; ils le deviennent après une carrière professionnelle exceptionnelle. Ils n'ont bien souvent qu'à se donner en exemples pour étayer un discours qui affirme que ce qu'ils sont et font est représentatif de la profession d'ingénieur, du rôle social de l'ingénieur et de son identité. Premiers ingénieurs canadiens-français à réussir dans l'industrie privée, ils sont également tous diplômés de Polytechnique; les Ernest Loignon, Ernest Bélanger, Marius Dufresne, François-Charles Laberge et Aurélien Boyer sont appelés à témoigner à la Corporation, à l'AAEEPM ou à Polytechnique de ce que peuvent et doivent faire les ingénieurs francophones. Des hauts fonctionnaires, tels Georges Desbarrats, Arthur Amos, Olivier-Odilon Lefebvre, Alphonse-Olivier Dufresne, Alexandre Fraser, Arthur-Benjamin Normandin et Théodore-Joseph Lafrenière, vont également être appelés à servir la cause des ingénieurs canadiens-français, à l'intérieur des institutions habilitées à les représenter.

Ces ingénieurs, porte-parole, représentants et défenseurs d'un groupe au Canada français qui croît en nombre et en force à partir des années 1910 entreprennent le regroupement, puis l'élaboration d'une identité propre à l'ingénieur canadien-français. La conjoncture historique particulière dans laquelle ce groupe se constitue explique dans une large mesure la forme et les résultats du travail social effectué par ces porte-parole.

L'ingénieur canadien-français: l'honnête homme et le savant

En 1920, les ingénieurs du Québec obtiennent une corporation qui, en plus de les représenter, leur permet de contrôler l'accès au titre d'ingénieur et à la pratique de la profession. Cette reconnaissance de la profession qui impose une définition légale de l'ingénieur n'est ni le commencement, ni l'achèvement du travail social menant à la formation du groupe. La définition légitime de l'ingénieur apparaît, dès la création de l'École Polytechnique, comme un enjeu important pour la survie de ce type de formation au Canada français. À partir des années 1910, le regroupement des ingénieurs favorise l'élaboration d'un discours structuré qui définit l'ingénieur, les fonctions sociales qu'il remplit, l'éducation qu'il doit recevoir et le rôle qu'il doit jouer dans l'économie, définition qui permet alors à des individus hétérogènes sous bien des aspects de se reconnaître comme faisant partie d'un groupe particulier: les ingénieurs.

On connaît la situation précaire dans laquelle est cantonnée l'École Polytechnique à ses débuts. Pendant plus de 25 ans, son principal s'efforce d'améliorer la position de l'École dans le système d'enseignement. Pour ce faire, Archambault avait essayé, sans grands résultats, d'élever le statut social de l'ingénieur. En 1905, un an après sa mort, la Corporation inaugure un immeuble qui révèle au public l'existence d'une institution qui, tout d'un coup, sort de l'ombre. La conjoncture économique est d'ailleurs favorable au développement des écoles de sciences appliquées et aux ingénieurs en particulier. Pour le Québec, ce sont des richesses naturelles peu exploitées dans la première phase de son industrialisation qui prennent désormais une importance considérable. Il s'agit, bien sûr, de son immense bassin hydraulique et de ses forêts. Pour l'industrie hydro-électrique et celle des pâtes et papiers commence à cette époque une expansion qui sera phénoménale. Le développement continu du secteur des chemins de fer et l'avènement de l'automobile nécessitent la mise en place d'infrastructures nouvelles. L'administration publique québécoise connaît alors une nouvelle phase de développement qui profite tout particulièrement aux ingénieurs francophones[33]. Par contre, les Canadiens français, à la faveur du processus de monopolisation du capital qui s'instaure au tournant du siècle, sont plus que jamais éloignés des lieux de pouvoirs économiques. L'élite canadienne-française reste toujours associée à «l'honnête homme», détenteur d'un capital culturel, produit et diffusé par les collèges. C'est dans cette conjoncture économique et sociale que s'élabore l'identité des ingénieurs canadiens-français.

En 1915, Ernest Marceau fait connaître son opinion sur la formation de l'ingénieur dans une toute nouvelle revue fondée par les anciens diplômés de l'École, la *RTC*. Il a fait des voyages d'études pour connaître les différents types d'enseignement des sciences appliquées, notamment en France et aux États-Unis, à titre de principal de l'École ou encore de membre de comités sur la question de l'éducation à la SCIC. D'entrée de jeu, Marceau nous informe des débats qui alimentent les revues internationales consacrées à la science de l'ingénieur et à la formation de l'ingénieur, et ce pour nous signaler que tous «reconnaissent la nécessité de la culture littéraire pour l'ingénieur». Ensuite, il présente son opinion sur le sujet, non sans nous avertir qu'il faut tout d'abord connaître «l'étendue du champ où doit s'exercer l'activité de l'ingénieur», pour ensuite voir «comment celui-ci doit être outillé pour cultiver ce champ de manière à le faire fructifier[34]», c'est-à-dire quelle formation le prépare le mieux à exercer sa profession. Marceau examine alors les multiples tâches et fonctions que peut remplir l'ingénieur et qui ont toutes rapport avec «la demande de mise en œuvre de la matière et l'utilisation des forces naturelles[35]». Il ajoute alors «et ce n'est là encore que l'un des aspects et *le moins noble*, sous lequel on peut envisager notre profession[36]». En effet, selon lui il y a un rôle que l'ingénieur doit remplir qui est d'un ordre plus élevé. «De par sa fonction, de par ses relations avec les divers membres de la société, il doit être un moralisateur[37].»

Ainsi, le véritable ingénieur, pour être à la hauteur des devoirs que lui impose sa fonction sociale, doit être un homme supérieur. Et pour former un homme supérieur, il faut cultiver ses facultés, nous dit Marceau. Plusieurs méthodes peuvent être envisagées pour assurer cette culture. Pour Marceau, cependant, la formation offerte par les collèges classiques est de loin la meilleure méthode pour former un homme supérieur. Selon lui d'ailleurs:

> de plus en plus, on revient partout, pour l'ingénieur comme pour tout le monde, à la conception de l'honnête homme, c'est-à-dire de l'homme qui peut s'élever au dessus de sa besogne de tous les jours, de l'homme ayant des idées générales, capable d'envisager la société dans son ensemble et de diriger son travail dans le sens du bien commun[38].

La définition de l'ingénieur, proposée par Marceau, s'inspire de la définition légitime de l'homme supérieur imposée par l'élite canadienne-française et par le système d'enseignement qui la reproduit et dont Marceau est lui-même le produit. Le principal de Polytechnique doit d'ailleurs faire preuve de prouesses rhétoriques remarquables pour démontrer comment la culture classique est essentielle pour entreprendre des études de génie à Polytechnique. Que, par exemple, la langue française est une «science de nécessité primordiale» pour les ingénieurs canadiens-français. Que l'on ne peut apprendre cette «science» convenablement sans avoir appris le latin, sans avoir fait des humanités. Ensuite, Polytechnique peut alors continuer et terminer le travail de formation entrepris par les collèges classiques. Marceau énumère d'ailleurs une série de dispositions que le futur ingénieur doit acquérir tout au long de sa formation, dispositions qui n'ont d'autres fonctions que de poursuivre le travail de socialisation commencé dans les collèges. Les professeurs ont ainsi le devoir de cultiver chez les élèves les qualités artistiques car «l'ingénieur doit être un artiste [...] un homme de goût, qui ne se satisfait pas de faire solide, mais qui cherche à faire beau[39]».

Vingt ans plus tard, Adhémar Mailhiot, alors directeur de Polytechnique, reprend à peu près les mêmes arguments dans un exposé sur le génie civil. Bien que Mailhiot affirme qu'«il ne faudrait pas dire qu'il n'y a pas possibilité d'être un bon ingénieur en dehors des études classiques», il ajoute aussitôt qu'elles «constituent un puissant moyen de préparation aux études du génie[40]». Car selon lui:

> le véritable objet de l'enseignement secondaire a toujours été de provoquer et de développer le sens du désintéressement intellectuel, d'enseigner à discerner le vrai du faux, et l'utile d'avec le superflu, d'assouplir les intelligences et de créer l'atmosphère favorable au développement de la culture. L'ingénieur, qui est à la tête d'une administration qui dirige de grands travaux, qui commande à des milliers d'hommes parfois, doit, sans doute, pouvoir s'imposer par sa valeur professionnelle, mais aussi par la puissance de son intelligence et l'ampleur de sa culture[41].

Comme les études classiques forment des individus appelés à constituer l'élite au Canada français et que l'on s'efforce de définir l'ingénieur comme en faisant partie, on comprend pourquoi il est nécessaire à celui qui désire embrasser la carrière d'ingénieur d'avoir fait des études classiques. Amené justement à définir les qualités et aptitudes nécessaires à l'ingénieur pour remplir les fonctions auxquelles il est destiné, le directeur de Polytechnique reproduit la définition de l'ingénieur qu'imposent depuis plus de 20 ans les différents porte-parole des ingénieurs canadiens-français.

> L'ingénieur étant destiné à devenir un chef, les qualités qui lui sont nécessaires pour réussir dans la vie sont les suivantes: qualités de caractère, de volonté, de ténacité, d'énergie, indispensables pour l'action et pour mener à bonne fin une entreprise; qualités d'intelligence, de jugement, de bon sens, indispensables pour bien orienter son action et son entreprise; qualités psychologiques nécessaires pour appliquer au mieux l'activité des collaborateurs et des subalternes; qualités morales, constituées par l'idée de devoir, d'obligation, d'honnêteté, de probité[...][42].

En somme, l'ingénieur est un homme supérieur qui s'élève au-dessus des ouvriers, détenteurs d'un savoir essentiellement technique. Il est celui qui peut le mieux les diriger grâce à l'éducation libérale qu'il a reçue du collège et au savoir scientifique que lui procure Polytechnique. Ce capital scolaire lui permet d'être ainsi doublement supérieur aux ouvriers puisqu'il les domine à la fois sur les plans technique (ou scientifique) et culturel. Comme le souligne Adhémar Mailhiot,

> la formation de l'ingénieur à l'Université n'a pas tant pour but de lui faire acquérir des connaissances techniques que de lui donner l'entraînement qui lui permettra de comprendre et de juger les conditions qui entourent un problème [...] L'aptitude pour ces sciences, que j'appellerai «fondamentales», a l'avantage de prédisposer l'étudiant à la précision du détail, à la rigueur du raisonnement, à la facilité de déduction, et au besoin de solution nette[43].

Ce souci constant d'affirmer que l'ingénieur possède un savoir scientifique, c'est-à-dire qu'il est formé par les sciences fondamentales, n'est sans doute pas étranger au fait que, compte tenu de la hiérarchisation des savoirs qui fait percevoir les sciences pures comme supérieures aux savoirs techniques, l'ingénieur, dépositaire d'un savoir scientifique, peut dès lors se distinguer du technicien ou de l'ouvrier spécialisé. Arthur Surveyer, par exemple, définit l'ingénieur comme «un homme qui, familiarisé avec les vérités scientifiques connues et plein de respect pour les lois de la nature, est capable de projeter, de faire exécuter et d'exploiter d'une façon économique des ouvrages qui tendent à augmenter le confort et le bien-être du genre humain[44]». Si l'ingénieur est quelquefois défini comme technicien, «il faut entendre le technicien d'ordre supérieur[45]». Comme le souligne Arthur Surveyer on ne parle pas ici «de tous ces ouvriers de métier (*skill laborers*) à qui nos lois, souvent mal traduites de l'anglais, accordent à tort le titre d'ingénieur, tels le mécanicien en charge d'une locomotive ou d'une machine fixe qui en anglais est un *engineer* ou un *stationary engineer*, ou encore le simple plombier qui se dissimule sous le titre pompeux d'ingénieur sanitaire, ou sous l'appellation plus élégante d'ingénieur de calorifères[46]». Surveyer connaît bien la question de la protection du titre de l'ingénieur puisque à cette époque, il est directeur du comité de législation à l'AAEEPM.

Arthur Surveyer n'est pas le seul à s'insurger contre l'usurpation du titre d'ingénieur par des individus sans éducation, sans bagage d'études universitaires, sans compétences scientifiques et qui risquent de semer la confusion entre l'ingénieur et le mécanicien. En 1917, un article intitulé «Abus du titre d'ingénieur», écrit par Amédée Buteau (1909) de la section de Québec de l'AAEEPM, est un autre exemple du travail de désignation réalisé par les porte-parole des ingénieurs canadiens-français. Cet article se veut un plaidoyer pour une révision de lois concernant certains corps de métier. On réprimande entre autres le gouvernement qui, dans une loi sanctionnée en 1914, emploie, pour désigner ceux qui sont «proposés à une installation de force motrice», les termes «ingénieurs stationnaires». On affirme sans détour que

> rien dans notre pays n'est plus éloigné de la formation de l'ingénieur tout court que celle des mécaniciens de machines fixes. Pour ces derniers les connaissances élémentaires acquises à l'école primaire: savoir lire, écrire, calculer, constituent l'instruction préalable suffisante; un certain apprentissage complète cette instruction. [...] Il ne suffit pas d'être ingénieux pour se déclarer ingénieur, comme on le pense communément. Non, si l'on est ingénieux, merci à la Providence; mais il faut autre chose que l'ingéniosité naturelle pour se classer dans la profession d'ingénieur. Si les facultés des sciences de nos universités, outillées à grands frais, donnaient tout simplement une formation que le premier venu peut déclarer posséder de son cru, il ne resterait qu'à les abolir[47].

Le travail de désignation ne sert pas uniquement à préciser l'identité de l'ingénieur, il sert également à nommer d'autres groupes. On propose de désigner l'«ingénieur stationnaire» par le terme de «mécanicien de machine fixe», avec cette précision:

> Ce titre n'empêcherait même pas le mécanicien de machine fixe de rêver qu'«il est l'âme de l'industrie», à condition que cette âme soit assez large pour comprendre d'autres éléments que nous croyons plus importants: la science des savants, ses applications par l'ingénieur à l'industrie et le capital[48].

Les auteurs terminent leur exposé par une énumération des différentes attributions de l'ingénieur en chef des travaux publics pour démontrer que ce dernier accomplit des fonctions nécessitant des qualifications qui n'ont rien à voir avec celles que remplit le mécanicien.

L'ingénieur, tel qu'inventé par ceux qui parlent en son nom, est un «honnête homme» et un savant, c'est-à-dire un homme cultivé, moralisateur, dépositaire d'une culture générale et scientifique. Cette formation scientifique de ce nouvel «honnête homme», son côté «savant», permet de développer l'identité spécifique de l'ingénieur canadien-français qui, tout en étant rattaché aux professions libérales, se distingue du médecin, de l'avocat ou du notaire. Au tournant du siècle, la science et les savants deviennent les symboles du progrès, tant économique que social. Le rôle important que jouent les scientifiques pendant la Grande Guerre élève encore plus le statut social accordé à la science et aux scientifiques[49]. Surtout, il place l'ingénieur au même rang que les membres des professions libérales en le désignant comme un produit de l'université. L'ingénieur peut dès lors apparaître comme une nouvelle élite qui permettra aux Canadiens français d'avoir la part qui leur revient dans l'industrie et la finance.

Surveyer se fait un devoir de préciser le rôle important que doit jouer l'ingénieur canadien-français dans les milieux industriels. Conscient que cette conquête de l'industrie est difficile à réaliser puisque «les grandes entreprises et les grandes industries sont dans les mains des Canadiens anglais ou des Américains[50]», il encourage cependant les jeunes ingénieurs à «devenir des promoteurs et des lanceurs d'affaires», car pour lui «c'est pour tout Canadien français un devoir national que celui de s'enrichir et de devenir puissant[51]». Si les grandes entreprises et compagnies sont anglaises et refusent d'ouvrir leurs portes aux ingénieurs francophones, il suffit de «s'orienter vers la petite et la moyenne industrie que nous pourrons appuyer de nos capitaux et confier aux techniciens de notre race[52]». Les thèses avancées par Errol Bouchette dans son livre *L'Indépendance économique du Canada français* sont mises à contribution pour affirmer que la question nationale pour les Canadiens français est une question d'économie industrielle. L'exemple de la Suisse est alors cité. Ce petit pays qui, «sans charbon (comme le Québec), sans matières premières, a réussi, grâce à ses ressources hydrauliques et à l'éducation industrielle d'une élite, à conquérir une place dans l'industrie et à imposer, même à l'étranger, ses exportations[53]».

Les premières décennies du XXe siècle voient plusieurs ingénieurs canadiens-français, diplômés de Polytechnique pour la plupart, accéder à des postes de direction dans divers organismes gouvernementaux mis sur pied pour surveiller, légiférer ou contrôler l'exploitation des ressources naturelles, ou encore dans les départements reliés aux travaux publics. Cependant, la réussite des ingénieurs francophones demeure mince dans les milieux des finances ou dans celui de l'industrie. Quand les Marceau, Frigon, Mailhiot et Surveyer définissent l'ingénieur canadien-français comme celui qui peut «contribuer à conquérir pour les Français du Canada la place à laquelle ils doivent et peuvent légitimement aspirer[54]», ils sont obligés de le considérer davantage comme un missionnaire que comme un industriel, c'est-à-dire comme quelqu'un qui, ayant un potentiel lui permettant de réaliser un rêve, est investi d'une mission précise: s'emparer de l'industrie. L'ingénieur canadien-français est avant tout un homme d'avenir. Il est défini comme celui qui «**peut** être aussi un administrateur ou un gérant; il **peut** servir comme conseiller dans les grandes industries financières du pays[55]». En fait, toutes ces carrières auxquelles sont promis les ingénieurs canadiens-français, toutes ces perspectives d'avenir, toutes ces promesses de succès contribuent non seulement à construire une identité sociale, mais également à galvaniser la fierté des membres du groupe. Si l'AAEEPM réussit à regrouper la plupart des diplômés, puis à mobiliser l'énergie de plusieurs d'entre eux afin de promouvoir les intérêts de l'École, tout comme ceux de ses membres, c'est en partie grâce à un discours qui leur inculque l'idée qu'ils font partie de l'élite canadienne-française et qu'ils ont donc une mission à accomplir. «Nous jouerons un grand rôle, dit F.-C. Laberge président de l'AAEEPM en 1920, surtout si nous ne nous laissons pas décourager par les moindres remarques qui seront faites à notre sujet. Défendons-nous et soyons fermes[56]!»

Peu à peu prend forme un discours qui informe les membres d'un groupe de leur identité sociale. En parcourant les pages consacrées à la vie de l'Association dans la *RTC*, à laquelle ils sont abonnés d'office en devenant membre de l'AAEEPM, ils apprennent que ce qu'ils ont en commun est beaucoup plus qu'un diplôme obtenu à l'École Polytechnique; ils font partie d'une nouvelle élite, «appelée à marcher de l'avant et à prendre part à la direction du pays[57]», à «assurer l'avenir industriel [...] et la direction des travaux publics de la province la plus importante du Dominion[58]». Un véritable travail pédagogique est fourni pour convaincre chacun des membres du groupe et les autres groupes sociaux que l'ingénieur appartient à la grande famille des professions libérales[59]. L'identité du groupe construite par ses représentants ne suffit pas à imposer une définition légitime de l'ingénieur. Il faut aussi que la reconnaissance juridique accompagne ce travail de définition pour que le groupe parvienne à se faire représenter sur la scène politique, là où se jouent dans un registre particulier comportant ses règles propres les luttes qui opposeront à l'avenir «les ingénieurs» et les autres groupes constitués sur le même mode. Encore là, les anciens de Polytechnique joueront un rôle capital dans l'élaboration d'une loi qui leur assure un statut légal tout comme le contrôle de l'exercice de leur profession.

Les ingénieurs francophones et la SCIC

On compte à l'origine 370 membres fondateurs de la SCIC. Ces ingénieurs forment un groupe hétérogène d'individus dont les intérêts ne sont pas nécessairement les mêmes. Des ingénieurs réputés et prospères, tels John Kennedy et Thomas C. Keefer, sont les représentants d'une génération d'ingénieurs qui, à la tête de grands bureaux d'ingénieurs-conseils ou de compagnies importantes, veulent faire de cette société une institution de prestige, comme celle de l'Institution of Civil Engineers en Angleterre[60]. Dès le début, leurs porte-parole occupent, à l'intérieur de la SCIC, les postes de pouvoir dont le plus important est celui de secrétaire de la société. Sous leur règne, ils freineront, avec plus ou moins de succès, les projets de ceux qui désirent doter la société de pouvoirs législatifs sur la profession au moyen d'une loi fédérale ou de lois provinciales. Employés des grandes compagnies de chemins de fer ou du gouvernement fédéral, beaucoup d'ingénieurs s'inquiètent, par exemple, de la reconnaissance légale obtenue par les arpenteurs. Allan McDougall, qui est l'instigateur de la consultation menant à la création de la SCIC, en 1886, est certes le promoteur le plus enthousiaste d'une loi régissant la profession de l'ingénieur. Avec des ingénieurs comme C. E. W. Dodwell et George H. Webster, il est le porte-parole d'un groupe d'ingénieurs souvent jeunes, soucieux de faire de la SCIC un moyen efficace pour protéger le titre et l'exercice de leur profession. Ces porte-parole, au XIXe siècle, ne réussiront pas à faire capituler une génération d'ingénieurs riches et plus indépendants que l'on surnomme la «Clique de Montréal[61]».

Peu d'ingénieurs canadiens-français font partie de la SCIC au XIXe siècle. L'École Polytechnique, en 1887, n'a formé que 41 ingénieurs civils. À la fin de 1887, la SCIC a plus de 400 membres. Pourtant, seulement 15 membres et 14 membres associés sont des Canadiens français[62]. On y retrouve bien sûr les ingénieurs qui sont à la tête des départements de chemins de fer ou des Travaux publics du Québec, du Dominion ou des villes de Montréal et Québec. Seulement cinq diplômés de Polytechnique font partie de la SCIC. Cette année-là, aucun des 29 Canadiens français n'est nommé au conseil de la SCIC. Au cours des dix premières années d'existence de cette société, leur rôle est pour tout dire très effacé et leur nombre augmente à peine.

On peut affirmer que la majeure partie des ingénieurs canadiens-français, quel que soit leur statut à l'intérieur de la SCIC, partagent les intérêts de ceux qui réclament un contrôle de la profession d'ingénieur. En effet, la plupart de ces ingénieurs francophones sont employés par le gouvernement fédéral ou par une municipalité et ont tout à gagner d'une loi qui protège un titre qui, à cette époque, ne l'est nullement. Peu influents, ils ne contribuent donc que timidement aux débats qui s'instaurent parmi les membres influents. En 1897, Ernest Marceau est élu membre du conseil. Ce n'est qu'à partir de ce moment que les ingénieurs canadiens-français commencent à participer plus activement aux débats autour de la question de l'accès à la profession. Marceau contribue, au début du XXe siècle, à préciser l'identité de l'ingénieur au sein de cette société canadienne.

On sait déjà que l'idée de légiférer la profession d'ingénieur au Québec n'est pas nouvelle. Urgel Archambault, dès 1876, demande au gouvernement québécois de légiférer sur cette matière. En tant qu'éducateur, Archambault a bien peu de chances de piloter un projet de loi consistant à réglementer une profession dont il n'est ni un représentant, ni un membre. Il n'en demeure pas moins que les efforts soutenus du principal de l'École sensibilisent les membres du gouvernement et les étudiants de Polytechnique aux questions relatives à la protection légale du titre et de la pratique de l'ingénieur. En 1889, par exemple, Émile Vanier défend les intérêts de son *alma mater* lorsqu'un amendement à la loi régissant la profession d'arpenteur est présenté par l'Association des arpenteurs du Québec.

Le fait que les arpenteurs bénéficient maintenant d'actes de loi tant fédéral que provinciaux leur permettant d'exercer un contrôle sur l'exercice de leur profession commence d'ailleurs à inquiéter de plus en plus d'ingénieurs civils au sein de la SCIC. On commence à s'interroger sur la mission expressément éducative de la société. En 1894, un comité sur le statut professionnel est mis sur pied pour étudier cette question. Au début de 1895, le rapport du comité au conseil soulève alors un débat houleux parmi les membres[63]. Après de longues discussions sur la stratégie à employer pour mener à bien la présentation d'un projet de loi sur les ingénieurs civils, les membres du conseil s'entendent pour sonder l'opinion de leurs membres sur l'idée de réglementer la profession d'ingénieur[64].

Les membres de la SCIC se prononcent en majorité pour la poursuite des démarches menant au contrôle de l'accès à la profession. En 1896, un projet de loi devant être proposé aux législatures provinciales est soumis au conseil de la SCIC. Le projet soulève à nouveau des questions quant à la pertinence d'une telle demande. Il est finalement convenu qu'un comité de trois membres soit formé dans chaque province «*to see if the Government of said province would pass the said proposed bill for Civil Engineers, and to report to a central committee of five members*[65]». Sans Allan McDougall, parti à l'étranger, les promoteurs d'un statut légal pour les ingénieurs civils ne disposent pas d'un leader pouvant mener à bien une campagne pancanadienne auprès des gouvernements provinciaux. Chaque comité provincial est donc laissé à lui-même, sans véritable support de la SCIC ou du comité central sur le statut professionnel. Le Manitoba, en 1896, et le Québec, en 1898, seront les seules provinces à sanctionner une loi concernant les ingénieurs civils.

Une première loi
pour les ingénieurs québécois

Il n'est pas interdit de penser que les efforts antérieurs d'Archambault pour que le gouvernement adopte une loi réglementant cette profession, et le fait que l'École Polytechnique existe et survit parce que le gouvernement croit que ce type de formation est essentiel à l'avenir économique du Canada français, aient contribué à faire accepter le projet de loi assez rapidement au Québec. C'est un député francophone, M. Grandbois, qui parraine le projet de loi proposé par le comité québécois de la SCIC. Grâce à cette loi, le titre d'ingénieur civil est protégé. Nul, dans la province de Québec, ne peut s'attribuer le titre d'ingénieur civil, à moins d'être membre de la SCIC ou de le devenir en vertu des dispositions de la loi[66]. Une amende n'excédant pas 25 $ pour la première offense et ne dépassant pas 100 $ pour les offenses subséquentes est prévue pour ceux qui enfreindraient la loi.

Il faut bien comprendre que la situation qui prévaut alors au sein de la SCIC rendra pratiquement inopérante cette loi. Comme les provinces n'ont pas toutes une loi régissant la profession, et que des membres influents de la SCIC s'opposent toujours farouchement à ce que cette institution devienne un appareil de contrôle du titre d'ingénieur et de l'exercice de cette profession, il revient donc à un bureau d'examinateurs du Québec de se charger à la fois de faire passer les examens aux aspirants et de poursuivre les contrevenants à la loi. Le bureau d'examinateurs se réunit une fois en 1900 et une seconde fois en 1901, pour ensuite sombrer dans l'oubli[67].

Cette loi n'est pourtant pas sans avoir des répercussions immédiates chez les ingénieurs résidant au Québec. À partir de 1898, le nombre d'ingénieurs canadiens-français membres ou membres associés de la SCIC augmente de façon significative. De 1889 à 1897, seulement 12 nouveaux membres associés francophones du Québec sont élus. En 1898 et 1899, on en compte 23.

De plus, Ernest Marceau, qui est élu membre du conseil en 1897, peut alors jouer un rôle plus actif et plus visible au sein de la SCIC. Il fait partie du bureau d'examinateurs, et cette position, bien que temporaire, l'autorise désormais à parler de la formation de l'ingénieur.

Dès le début, ceux qui s'intéressent au génie civil s'interrogent sur l'efficacité et les conséquences de cet acte de loi. En 1899, par exemple, la Corporation adresse une lettre au procureur général pour savoir «si les élèves de l'École sont entravés dans l'exercice de leur profession par la loi de la SCIC[68]». Archambault fait part d'une «opinion personnelle, mais non officielle comme émanant du Procureur général, est que cette loi ne met pas d'entraves à cet exercice[69]». Les membres du conseil de la SCIC sont tous aussi ignorants des pouvoirs que confère cette loi aux représentants des ingénieurs civils. En 1903, le conseiller P. W. St.-George demande au président de lui donner une interprétation de ce que l'on nomme alors le «Quebec Act», afin dit-il «*to know whether we had or had not a protective association*». Le président lui répond alors «*that it always been my opinion to prevent persons practicing civil engineers in the Province who were not properly qualified by education and training and I am, moreover under the opinion that this was the feeling of nearly all the members of the Society [70]*». On peut présumer que bien peu est fait pour appliquer une loi dont on ne sait pas trop ce qu'elle promulgue. En 1908, les ingénieurs de la région de Québec ont maintenant une section pour les représenter à la SCIC, la «Section de Québec». Ce lieu de regroupement et de représentation va servir d'ailleurs à promouvoir le point de vue des ingénieurs francophones qui réclament que la SCIC fasse quelque chose pour rendre la loi opérante[71].

Le rôle de l'AAEEPM dans la création d'une corporation professionnelle

Si la création de la SCIC permet de commencer un travail de regroupement des ingénieurs canadiens, ce n'est donc pas avant 1908 que les ingénieurs francophones du Québec peuvent véritablement participer collectivement aux débats qui opposent la vieille garde de la «Clique de Montréal» et les «corporatistes». Cette année-là, Paul-Émile Parent (1891) et E. A. Hoare sont chargés de former une section de la SCIC pour la région de Québec. Bien que moins nombreux que les ingénieurs anglophones, les ingénieurs francophones de la ville de Québec, diplômés de

Polytechnique pour la plupart, vont rapidement diriger cette filiale. Une nouvelle génération d'ingénieurs francophones aura désormais la possibilité d'agir comme porte-parole. Ils pourront désormais défendre les intérêts d'un groupe d'ingénieurs dont les conditions de travail ne sont pas nécessairement les mêmes que celles des ingénieurs anglophones.

Dès 1909, le premier rapport, émis par la «Section de Québec», dévoile l'orientation que désire poursuivre cette filiale dont la majorité des membres du conseil de direction sont francophones. Ce rapport court et direct informe comme suit les membres du conseil de la SCIC.

> It is to be regretted that no opportunity occurred for the discussion of professional papers [...] This branch has shown its usefulness in corporate and legislative affairs especially in connection of the Land Surveyors Act which passed at the last session of the Provincial Legislature, which if passed in its original form, would have encroached upon the rights of civil engineers practising in the P.Q. By the united efforts of the Quebec Branch of the Canadian Society of Civil Engineers (CSCE), satisfactory arrangements were secured before the Act was passed and finally sanctionned[72].

Comme on le voit cette filiale ne privilégie pas du tout la mission éducative stipulée dans la charte de la SCIC[73], elle s'affirme plutôt en tant qu'organisme prêt à défendre les droits et les intérêts de ses membres. En 1913, le président de la Section de Québec, Albert-R. Décary, fait voter une résolution au conseil exécutif dont six des sept membres sont des francophones[74]. Cette résolution envoyée à la SCIC stipule «*that the parent Society be requested to take the necessary means to have such laws enacted in all the provinces where this has not already been done[75]*». La filiale québécoise est de loin celle qui exige avec le plus de fermeté que la profession d'ingénieur soit, non seulement une profession fermée, réglementée par des lois provinciales, mais surtout que soient mis sur pied des organismes provinciaux habilités à s'occuper du respect de ces lois[76]. En 1916, la SCIC confie à un comité, le Society Affair, placé sous la direction du professeur Haultain, le mandat de préciser l'orientation de cette institution maintenant vieille de 30 ans. L'année suivante, la SCIC devient l'Engineering Institute of Canada (EIC). Un changement d'orientation de ce lieu de regroupement et de représentation des ingénieurs canadiens va bientôt accompagner ce changement de nom. Les ingénieurs francophones ne seront pas étrangers aux nouvelles idées qui s'imposent chez les membres de l'EIC.

De leur côté, l'AAEEPM et la Corporation se préoccupent, dès le début des années 1910, de surveiller étroitement toute législation susceptible de porter ombrage aux diplômés de Polytechnique. De plus, l'AAEEPM s'engage activement dans une campagne pour amender la loi de 1898 concernant les ingénieurs civils. Les efforts des principaux porte-parole de ces deux organismes auront des répercussions importantes sur l'avenir de la profession d'ingénieur au Québec.

Dès la création de Polytechnique, ses dirigeants, et plus tard ses diplômés, ont toujours eu recours au gouvernement québécois pour améliorer leur sort. Avec la création de la Corporation en 1894, les dirigeants et diplômés se dotent d'un outil important pour rehausser le statut de l'École et de la profession d'ingénieur au Canada français. Jusqu'en 1905, la Corporation s'est surtout occupée de doter l'École d'un immeuble. À partir de cette date, la Corporation est mieux en mesure de se vouer à la défense de ses diplômés. En 1908, la Corporation fait échouer les amendements aux lois concernant l'Institut architectural du Canada et les arpenteurs du Québec. Dès 1914, la Corporation se sert de ce droit que lui confère la loi pour contrer une résolution du Bureau de direction des arpenteurs du Québec selon laquelle, à partir de 1915, les aspirants à la pratique seront examinés sur toutes les matières exigées par la loi et énumérées au programme des examens. Le privilège des diplômés de Polytechnique qui étaient exemptés d'une bonne partie des matières de cet examen devient alors caduc[77]. En 1922, après que la Corporation des ingénieurs professionnels du Québec (CIPQ) a établi que les diplômés de Polytechnique seront admis comme membres de la CIPQ sans examen, on demande aux membres de la Corporation de l'École «*to desist themselves from the right by which all graduates from that school are entitled to practice civil engineering in the province without being compelled to be members of the CIPQ*[78]». Comme ce droit a été accordé pour protéger les diplômés de Polytechnique, en lieu et place d'une corporation des ingénieurs, contre toute association qui pourrait entraver la pratique de leur profession, et que la CIPQ reconnaît l'enseignement de l'École Polytechnique en admettant sans examen ses diplômés, la Corporation et l'AAEEPM acceptent, au début de 1922, d'abroger ce privilège que l'École détenait en vertu de sa charte.

Avec ses comités de Législation et de Tarifs d'honoraires, l'AAEEPM prend une part active dans la défense de ses membres, c'est-à-dire d'une catégorie d'ingénieurs qui, grâce à deux lois (l'Acte de Québec et la charte de la Corporation), ont des droits garantis par la législature québécoise. Ainsi dès 1915, les membres de l'Association pensent à faire amender la loi concernant les ingénieurs civils pour y faire inclure une clause de tarifs d'honoraires. Surveyer consulte son éminent frère juriste Édouard-Fabre Surveyer qui déconseille une telle initiative puisque c'est selon la charte de la Corporation que les anciens ont le droit de professer et non selon la loi des ingénieurs civils[79].

L'année suivante, le conseil de l'AAEEPM vote une résolution afin d'entamer des démarches pour faire amender l'Acte de Québec et la charte de la SCIC. Au mois de janvier 1917, on avise la SCIC que l'Association a nommé un comité de législation qu'elle a chargé de préparer des amendements à la loi qui régit actuellement la pratique du génie civil dans la province de Québec. Il suggère alors à la SCIC de former un comité analogue travaillant conjointement avec le comité de l'Association[80]. Plusieurs études sont entreprises au cours de l'année et, en 1917, le processus d'amendement de la loi va bon train.

En fait, deux problèmes majeurs étaient reliés à cette loi concernant les ingénieurs civils, votée en 1898. Le premier réside dans le fait que, le conseil de la SCIC étant composé d'ingénieurs résidant partout au Canada, ceux-ci n'ont aucun intérêt à faire appliquer cette loi strictement québécoise. Le deuxième est que cette loi protège le titre d'ingénieur civil mais pas l'exercice de la profession. On avait pratiquement résolu le premier problème lorsque la Section de Québec et l'AAEEPM s'étaient donné comme mandat de faire appliquer la loi. Le deuxième problème ne pouvait être résolu que par un amendement à la loi[81].

Dans une lettre adressée au directeur adjoint du département des Travaux publics du Québec I.-E. Vallée (1910), Surveyer révèle ce que l'AAEEPM désire obtenir par l'amendement de l'Acte de Québec.

> 1. Amender la loi de façon à mieux définir le terme «ingénieur civil» et à empêcher effectivement aussi bien la pratique illégale de la profession que l'emploi illégal du titre «ingénieur civil».

> 2. Changer le nom de la Société [SCIC] et l'appeler «Société des ingénieurs civils de la province de Québec, ou du Québec».

> 3. Enlever le contrôle de cette loi d'entre les mains du conseil du SCIC puisque la grande majorité des membres de ce conseil sont domiciliés en dehors de la province de Québec.

C'est ni plus ni moins que la création d'une véritable corporation professionnelle que stipule ce projet de loi piloté par le conseil de l'AAEEPM. Le 9 février 1918, la loi concernant les ingénieurs civils (l'Acte de Québec) est amendée. Les souhaits de l'AAEEPM ne sont pas tous exaucés par cet acte de loi. Toutefois, le plus important est acquis: l'exercice de la profession est désormais protégé, et seul le porteur d'un diplôme ou d'un certificat d'ingénieur civil obtenu en vertu des lois de la province de Québec peut exercer la profession d'ingénieur civil et, bien sûr, a le droit de s'afficher comme ingénieur civil. Ainsi définis, seuls les membres de la SCIC et les diplômés de Polytechnique et de la faculté de génie de McGill peuvent s'approprier le titre d'ingénieur civil et pratiquer cette profession. Une pénalité est prévue à l'endroit de ceux qui contreviendraient à la loi. Il s'agit d'une amende importante puisqu'elle est d'au moins 100 $ et d'au plus de 200 $ pour la première offense et d'au moins 200 $ et d'au plus 500 $ pour les offenses subséquentes.

Les démarches de l'AAEEPM auprès de la Législature québécoise ont permis aux ingénieurs québécois d'être les premiers ingénieurs au Canada à profiter d'une loi leur assurant le contrôle sur le titre et l'exercice de leur profession. Les porte-parole de l'AAEEPM se font un devoir de faire connaître cette victoire qu'ils viennent de remporter. Juste un peu avant que ne passe le projet de loi, les membres de la section de Québec de l'AAEEPM réunis au Parlement de Québec informent la presse qu'un projet de loi est actuellement «devant le Conseil législatif et qui porte que désormais le génie civil sera une profession libérale[82]». Comme il n'existe pas de corporation provinciale proprement dite, c'est l'AAEEPM qui jouera «officieusement» ce rôle. En 1919, par exemple, l'Association adresse des lettres aux gouvernements fédéral et provincial tout comme aux principales municipalités du Québec, les informant de la nouvelle loi et les priant de bien vouloir la respecter dans leur politique d'emploi de personnel qualifié.

Le travail d'Arthur Surveyer ne se limite pas à l'adoption de ce projet de loi. À une assemblée annuelle de l'EIC, en février 1919, un comité est formé pour rédiger une loi type (Model Act) qui pourrait être présentée aux diverses législatures provinciales. Arthur Surveyer en est le secrétaire. Un projet de loi type est alors soumis et approuvé par le conseil de l'EIC. Il est ensuite envoyé à tous les membres qui ont à se prononcer sur sa pertinence. Plus de 70 % se disent en faveur[83]. Dès 1920, des actes de loi sont sanctionnés dans six provinces du Canada à la suite de la présentation de ce projet de loi par les différentes filiales de l'EIC. Il s'agit de la Nouvelle-Écosse, du Nouveau-Brunswick, du Québec, du Manitoba, de l'Alberta et de la Colombie-Britannique. L'Ontario sanctionne une loi en 1922, et la Saskatchewan en 1930. Toutes ces lois confient la surveillance de l'exercice de la profession d'ingénieurs à des corporations provinciales et indépendantes de l'EIC. En fait, au Québec, ce sont les sections de Montréal et de Québec de l'EIC qui, dès le mois d'octobre 1919, se réunissent pour mettre sur pied un comité exécutif appelé à devenir la Corporation des ingénieurs professionnels du Québec. Ce comité est composé d'Albert Décary (1899), d'Amédée Buteau (1909), Alex Fraser (1909), Arthur-Benjamin Normandin (1907), Francis, K. B. Thornton, Arthur Amos (1896), Arthur Surveyer (1902) et Frederick Brown. Décary est élu président. On décide de former une division provinciale de l'EIC pour négocier la création d'une corporation des ingénieurs professionnels autorisée à détenir des pouvoirs législatifs sur la profession d'ingénieur[84].

En 1920, la loi de 1898 est de nouveau amendée. Dans le texte de loi, on ne parle plus de la SCIC mais de la Corporation des ingénieurs professionnels du Québec. La CIPQ a comme principale fonction de faire appliquer la loi tant pour l'admission de membres ayant les qualifications requises que dans les cas de pratique illégale. Chaque année les comités des examinateurs et de législation font un rapport sur l'examen des candidats non diplômés (les diplômés de la faculté de génie de McGill et de Polytechnique n'ont pas à passer d'examen et sont admis sur simple demande). En 1923, par exemple, le comité des examinateurs rapporte qu'il a procédé à l'examen de 18 candidats non diplômés, parmi lesquels 14 ont réussi à satisfaire aux conditions des examinateurs[85].

Le titre d'ingénieur fait l'objet d'une attention toute spéciale. On avertit, puis on poursuit les entrepreneurs en construction qui se présentent avec un titre «d'ingénieur en chauffage[86]». La Ville de Montréal, dont plusieurs fonctionnaires se coiffent du titre d'ingénieur, est sévèrement avertie. Dès 1921, la CIPQ intervient pour freiner le projet de loi sur les ingénieurs forestiers. On invite alors Arthur Dubuc, président de l'AAEEPM, à coopérer avec le comité mis sur pied pour s'opposer au projet de loi, et dont tous les membres sont d'anciens diplômés de Polytechnique[87]. En 1926, l'Association des chimistes professionnels du Québec tente de faire passer un projet de loi qui les incorporerait. L'AAEEPM et la CIPQ se mobilisent encore pour qu'aucun des privilèges détenus par les ingénieurs ne soit abrogé par un acte de loi régissant la profession de chimiste[88].

Comme on le voit, l'AAEEPM na pas abandonné pour autant son rôle de chien de garde des droits de ses membres, c'est-à-dire des ingénieurs diplômés canadiens-français. En 1933, jugeant que «la charte de la CIPQ ne semble pas pourvoir à une protection suffisante et adéquate, même devant les cours de justice», le conseil de l'Association met sur pied un comité qui a pour mandat d'«étudier la charte et les règlements de la CIPQ et de suggérer à la Corporation les amendements qui sembleront urgents[89]». Au cours des années 30 et 40, l'AAEEPM intervient régulièrement pour signaler à la CIPQ des projets de loi qui menacent les droits et privilèges de ses membres et par extension des ingénieurs québécois[90]. Avec la CIPQ, dont une bonne partie des conseillers sont des anciens de Polytechnique, l'AAEEPM continue ainsi le travail de désignation, d'exclusion et d'inclusion dont les ingénieurs sont aujourd'hui le produit.

Un groupe qui a réussi

Dès la fin des années 1910, le titre d'ingénieur et l'exercice de la profession sont désormais protégés et définis par une loi. De plus, à partir des années 20, un organisme est créé dont le mandat principal est de faire appliquer cette loi. Les diplômés de Polytechnique, de par leur situation particulière, se sont engagés au sein de plusieurs lieux de regroupement comme l'AAEEPM, la SCIC, puis l'EIC et finalement la CIPQ afin de terminer le processus menant au contrôle de l'exercice de leur profession[91]. Il n'est donc pas surprenant que, lorsque se créent des lieux de regroupement et de représentation des ingénieurs québécois, les ingénieurs francophones y jouent un rôle de premier plan, bien qu'ils soient moins nombreux que leurs collègues anglophones au Québec.

On voit ici comment l'esprit de corps qui, dès la fin du XIXᵉ siècle, prend forme chez les diplômés de l'École se renforce à mesure que l'*alma mater* s'engage dans la défense de leurs intérêts. Ce sont maintenant les membres de la Corporation de l'École, et surtout ceux de l'AAEEPM qui continuent le travail de représentation amorcé par le fondateur et principal de Polytechnique. La définition de l'ingénieur, cette identité construite par un groupe d'ingénieurs formés dans la même institution et unis par des propriétés d'habitus, joue un rôle d'«attracteur». Cette image de l'ingénieur attire des individus dotés de propriétés objectives différentes qui, démunis jusque-là d'instances spéciales de représentation, sont dorénavant amenés à se reconnaître dans la représentation officielle de l'«ingénieur». Il attire aussi des finissants des collèges ou d'académies commerciales soudainement attentifs à la nouvelle forme que prend un groupe anciennement associé aux ouvriers spécialisés. Cette identité nouvellement construite nécessite alors un travail d'encadrement, de formation académique et de conquête des postes dans l'administration publique et dans l'industrie afin de garantir la bonne forme du groupe. Ce sera d'ailleurs un autre volet important du travail collectif qu'entreprennent l'AAEEPM et l'École Polytechnique afin d'assurer aux membres et à ses diplômés une meilleure position dans la hiérarchie des groupes sociaux.

Notes

1.   *Rapport du surintendant de l'Instruction publique pour l'année 1913*, Québec, Gouvernement du Québec, 1913, p. 451, et MASSUE, H., *Contribution de Polytechnique au génie canadien*, Montréal, RTC, 1949, p. 102.

2.   *Rapport du surintendant de l'Instruction publique pour l'année 1889-1890*, Québec, Gouvernement du Québec, 1890, p. 149.

3.   *Rapport du surintendant de l'Instruction publique pour l'année 1919-1920*, Québec, Gouvernement du Québec, 1920, p. 257.

4.   *Journal du Séminaire*, 4 novembre 1907, vol. VIII, p. 71.

5.   *Journal du Séminaire*, 26 octobre 1907, vol. VIII, p. 70.

6.   Honoré Gervais est un avocat dont le dévouement à Polytechnique est à signaler. Conseiller juridique de l'École, il apparaît au sein de la Corporation de l'École Polytechnique de Montréal (CEPM), en qualité de délégué du bureau des administrateurs de l'Université Laval. Il y siégera jusqu'en 1915, année de sa mort. Il contribue pour beaucoup, grâce à des démarches incessantes, à l'augmentation des subsides et notamment à la fondation de l'École d'architecture de l'École Polytechnique. MAURAULT, O., *L'École Polytechnique de Montréal*, Montréal, RTC, 1948, p. 32.

7.   L'année indiquée entre parenthèses est celle de l'obtention du diplôme d'ingénieur à Polytechnique.

8.   En fait, Salluste Duval subira les reproches de la Corporation lors de l'aménagement du nouveau laboratoire d'électricité. Ces vues quant à l'achat de nouveaux équipements et l'élaboration d'un nouveau programme pour le département d'électricité ne correspondent pas du tout à celles de Herdt. *P.V. de la CEPM*, 3 juillet 1906, AEPM.

9.   DULIEUX, É., «Regards en arrière (1907-1914)», *in RTC*, vol. XXXV, hiver 1949-1950, p. 354,

10.   *Ibid*, p. 354.

11.   Cette commission d'étude n'est peut-être pas étrangère à l'évaluation du niveau de l'enseignement de Polytechnique faite par A. B. MacCallum, président du Conseil national de recherche du Canada. Ce dernier, dans une

lettre qu'il adresse au premier ministre Lomer Gouin, écrit: «The course of training given in the Ecole Polytechnique does not qualify adequately students in Chemistry, Physics, Chemical Engineering, Mining Engineering, Metallurgy, as the corresponding courses in McGill and Toronto do. The curriculum, as it appears on paper, is not appreciably inadequate, but the instruction given, the laboratories accommodation, and the equipement in apparatus, are not such as to meet the full requirements of the curriculum. The staff, as a whole, could not I am certain, do more than they do, and yet the result is that the students are not fully trained as compared with those of McGill and Toronto. The explanation is that the Ecole Polytechnique is attempting to do work with ressources that are utterly inadequate.» *Lettre de A. B. MACCALLUM au Premier Ministre L. GOUIN*, 10 février 1919, *in* «Eagleson C» fichier, archives du CNR. Nous tenons à remercier Donald Philipson de nous avoir communiqué cette pièce d'archives.

12. *Lettre d'Aurélien Boyer, principal de Polytechnique, à Lomer Gouin*, 13 décembre 1919, AEPM.

13. En fait, on demande à Folville de recruter un professeur d'architecture et un professeur de géologie et d'exploitation des mines. Folville remplit bien cette mission puisqu'il trouve Max Doumic et Émile Dulieux dont nous avons déjà parlé.

14. *Statuts du Québec 1912*, 3 Geo. V. Chap. 27.

15. «Association des anciens élèves de l'École Polytechnique de Montréal», *in Bulletin de l'École Polytechnique*, vol. I, février 1913, p. 4-5.

16. MARCEAU, E., «Allocution du président de l'AAEEPM», *in RTC*, vol. III, février 1918, p. 432.

17. Voir à ce sujet DUCHESNE, R. *La Science et le pouvoir au Québec*, 1920-1965, Québec, Éditeur officiel, 1978.

18. *La Presse*, 24 mai 1919.

19. MONTPETIT, É., «Ernest Marceau», *in RTC*, vol. IV, août 1919, p. 119-124.

20. Les *Transactions of the CSCE*, publiées chaque année, fournissent la liste des membres de cette société ainsi que la composition du conseil et les membres des divers comité mis sur pied par le conseil.

21. *Procès-verbal de la Corporation de l'École Polytechnique de Montréal (P.V.CEPM)*, 20 septembre 1905, archives de l'École Polytechnique de Montréal (AEPM).

22. «Vie de l'École et de l'Association», *in RTC*, vol. XXI, mars 1935, p. 102.

23. *Ibid.*

24. TRUDELLE, H., «Arthur Surveyer fut un ingénieur cultivé et un entrepreneur exceptionnel», *in Plan*, numéro spécial, vol. XXIV, n° 3, avril 1987, p. 33.

25. En fait, Albert Décary n'est pas un diplômé de Polytechnique. Il y suit des cours pendant deux ans de 1897 à 1899. Son dossier et son bulletin indiquent qu'il quitte l'École sans recevoir de diplôme. *L'Annuaire des anciens diplômés* de 1913 et la liste de tous les diplômés de l'École jusqu'en 1923 que l'on retrouve dans *L'Histoire de l'École Polytechnique de Montréal* écrite en 1923

par MAURAULT, O. ne mentionnent pas Décary comme diplômé. C'est en 1930, dans l'*Annuaire des diplômés de l'École Polytechnique*, publié par l'AAEEPM, qu'apparaît pour la première fois le nom d'Albert Décary avec l'année de promotion 1899. Il semble que l'on ait récrit l'histoire pour faire de cet ancien *élève* prestigieux un ancien *diplômé*.

26. *Who's Who and Why in Canada*, Toronto, International Press, 1921, p. 779.

27. Arthur Surveyer, tout comme Albert Décary, est issu d'une famille «noble». Sa famille est apparentée à celle des Fabre qui comptait parmi ses membres un maire de Montréal, un archevêque et un ambassadeur du Canada à Paris. Une de ses tantes épousa sir Georges-Étienne Cartier, tandis que son frère, l'honorable Édouard-Fabre Surveyer fut un éminent juge de la cour supérieure. Son père, quincaillier prospère, a occupé des fonctions de représentation; il était vice-président de la chambre de commerce de Montréal en 1906. Enfin, sa mère était une poétesse. TRUDELLE, H., «Arthur..», *op. cit.*, p. 32.

28. *Biographies canadiennes-françaises*, Ottawa, Fortier, J.A. [éd.], 1920, p. 119.

29. Edouard-Fabre Surveyer deviendra juge à la cour supérieure en 1919. Avant cette nomination, il a occupé la présidence du Jeune Barreau (1903) puis il devient conseiller au Barreau (1905). Il publie des ouvrages de droit, dont *La Magistrature et le barreau de Montréal* (1907). Il est également l'un des fondateurs du Canadian Club. *Biographies canadiennes-françaises*, Ottawa, Fortier, J.A. [éd.], 1920, p. 26.

30. DEVLIN, E., «Augustin Frigon, un pionnier de l'entrée des ingénieurs francophones au sein des grandes entreprises», *in Plan*, numéro spécial, avril 1987, p. 36-37.

31. *Ibid*, p. 36.

32. MAURAULT, O., «Adhémar Mailhiot», *in RTC*, vol. XXIV, mars 1938, p. 114.

33. GOW, J. I., *Histoire de l'administration publique québécoise 1867-1970*, Montréal, PUM, 1986, p. 79.

34. MARCEAU, E., «La Formation de l'ingénieur», *in RTC*, vol. I, février 1916, p. 289.

35. *Ibid.*, p. 291.

36. *Ibid.* C'est nous qui soulignons.

37. *Ibid.* L'idée que l'ingénieur est un moralisateur n'est sûrement pas nouvelle. Marceau qui est un lecteur des revues internationales publiées par diverses associations d'ingénieurs s'est sûrement inspiré des écrits de Frederick Haynes Newell, porte-parole important du courant conservateur chez les ingénieurs américains. Voir LAYTON, E. T., *The Revolt of the Engineers*, Baltimore, J. Hopkins University Press, 1986, p. 117-127.

38. MARCEAU, E., «La formation de l'ingénieur» *in RTC*, vol. I, février 1916, p. 292.

39. *Ibid.*, p. 296.

40. MAILHIOT, A. , «Le Génie civil», *in L'Œuvre des tracts*, tract n° 167, 1936, p. 5.

41. *Ibid.*, p. 5-6.

42. *Ibid.*

43. *Ibid.*, p. 6-7. Augustin Frigon dit à peu près la même chose lorsqu'il parle des qualités que doit posséder l'ingénieur. Pour Frigon, l'ingénieur doit posséder une connaissance des sciences fondamentales, un esprit discipliné par les mathématiques, du caractère, un bon jugement, l'amour du travail et une formation intellectuelle générale «telle qu'il puisse s'exprimer dans un langage clair et précis, de façon à pouvoir communiquer son opinion et ses déductions d'une façon compréhensible et même attrayante à ses chefs et collaborateurs». FRIGON, A., «L'Ingénieur civil», *in RTC*, vol. XIV, décembre 1928, p. 341-355.

44. SURVEYER, A., «L'Ingénieur et le Développement du Canada», *in RTC*, vol. II, février 1917, p. 403.

45. *Ibid.*, p. 404.

46. *Ibid.*

47. «Abus du titre d'ingénieur», *in RTC*, vol. III, 1917-1918, p. 101 et 103.

48. *Ibid.*, p. 103. Comme cet article a paru également dans le quotidien de Québec, *Le Soleil*, les porte-parole de l'Union des ingénieurs et des chauffeurs stationnaires du Québec ne resteront pas muets devant ces propos d'un représentant d'un autre groupe qui se permet de les redéfinir. En 1916, dans le journal de Québec *Le Soleil*, une longue réponse est adressée à Buteau. La lettre se termine par cette phrase: «Ce qui est certain, c'est que les ingénieurs stationnaires tiennent à leur titre et qu'ils le défendront contre tout venant, fût-ce contre celui qui se fiche de l'Union canadienne des ingénieurs et des chauffeurs stationnaires qui n'a qu'une ambition: vivre et laisser vivre.» *Le Soleil*, novembre 1916.

49. Voir à ce sujet SALOMON, J.-J., *Science et politique*, Paris, Seuil, 1970.

50. SURVEYER, A., «L'Ingénieur...», *op. cit.*, p. 423-424. Surveyer n'est pas le seul à souligner la difficulté pour les ingénieurs francophones de trouver de l'emploi dans l'industrie privée, en majeure partie aux mains des anglophones. On a vu qu'au XIXe siècle Archambault disait la même chose. Ernest Marceau, à la même époque, affirme: «Nous avons en effet, dans notre pays, une situation particulière. L'industrie, les chemins de fer, la richesse en général, presque tout ce qui requiert, pour se développer, le secours de l'art de l'ingénieur, est entre les mains des Anglo-Saxons, et il est naturel que ceux qui détiennent tout cela s'adressent de préférence aux ingénieurs de leur race.» MARCEAU, E., «Allocution du président sortant de charge de l'AAEEPM», *in RTC*, vol. I, mai 1915, p. 2. La différence avec Surveyer, c'est qu'étant lui-même dans le secteur privé il propose, pour sortir de ce cercle vicieux, que les francophones créent leurs propres entreprises pour que se forme ce qu'il appelle la moyenne entreprise. La solution de Marceau était plutôt celle de la compétence.

51. *Ibid.*, p. 424.

52. *Ibid.*

53. *Ibid.*, p. 425.

54. MARCEAU, E., «Allocution du président de l'AAEEPM», *in RTC,* vol. III, février 1918, p. 435.

55. LABERGE, F. C., «Allocution du Président de l'AAEEPM», *in RTC,* vol. VII, mars 1921, p. 515. C'est nous qui soulignons.

56. *Ibid.*, p. 518.

57. *RTC,* vol. VI, mars 1920, p. 115.

58. Interview d'Augustin Frigon dans *La Presse,* 3 mai 1927.

59. En 1921, par exemple, un rapport de la section de Québec de l'AAEEPM dit ceci: «C'est avec plaisir que nous avons vu s'organiser la souscription en faveur de l'Université de Montréal. Mais l'erreur que le comité de souscription a commise dans sa lettre circulaire, en plaçant le génie civil en dehors du giron des professions libérales pour l'accoler aux voies nouvelles diminua l'enthousiasme de nos membres. Notre section s'est fait un devoir de protester auprès du président du comité de souscription de cette faute, d'autant plus malheureusement qu'elle eut plus de publicité.» «Rapport de la section de Québec, AAEEPM», *RTC,* vol. VII, mars 1921, p. 524.

60. MILLARD, J. RODNEY, *The Development of the Engineering Profession in Canada 1870-1920,* Ph. D. Thesis, U. de Toronto, 1984, p. 62.

61. *Ibid.*

62. La SCIC publie chaque année ses *Transactions,* qui dressent une liste des membres de cette société. Encore ici, l'appartenance au groupe des Canadiens français nous est révélée par le patronyme.

63. «Report of the Committee on Professional Status», *in Transactions of the CSCE,* vol. IX, 1895, p. 42.

64. *Ibid.*, p. 49.

65. *Transactions of the CSCE,* vol. X, 1896, p. 14.

66. *Statuts du Québec, Vict. 61 chap. 32.*

67. C'est du moins ce que l'on peut supposer puisque ses rapports ne sont plus lus au conseil de la SCIC.

68. *Procès-verbal de la CEPM,* 1er février 1899, AEPM.

69. *Ibid.*

70. *Transactions of the CSCE,* vol. XVII, 1903, p. 76.

71. Rodney Millard mentionnera ainsi que «By 1910, amid growing demands from angry Quebec members to enforce the Quebec Act against aliens practising illegally in the province, the council began systematically to notify offenders and employers of violations. It also explores the possibility of a test case and retained lawyers to scrutinize private bills admitting unqualified engineers to practice.» MILLARD, J.R. *The Master Spirit of the Age,* Toronto. Toronto University Press, 1988, p. 78. Ce que Millard ne dit pas dans son livre c'est que ce groupe d'ingénieurs québécois était en fait largement composé d'ingénieurs francophones.

72. *Transactions of the CSCE,* vol. XXIII, 1909, p. 78.

73. Voici ce que la charte de la SCIC stipule à propos de cette société: «having for its objects and purposes to facilitate the acquirement and interchange of professional knowledge among its members, and more particularly to promote the acquisition of that species of knowledge wich has special reference to the profession of civil engineering», cité par CIMON, H., «Historique de l'organisation professionnelle des ingénieurs au Canada», *in RTC*, vol. XXXVIII, printemps 1952, p. 5.

74. Il s'agit du président A.-R. Décary (1899), du secrétaire-trésorier A. Amos (1896), de W. Baillargé, de P.-É. Parent (1891), de J.-F.Guay et de H. Ortiz (1907). L'anglophone est S.S. Oliver. Ainsi quatre des six ingénieurs francophones sont des anciens élèves de Polytechnique.

75. *Transactions of the CSCE*, vol. XXVII, 1913.

76. MILLARD, J. RODNEY, *The Master...*, *op. cit.*, p. 78.

77. Voir *Procès-verbal de la CEPM*, 9 décembre 1914.

78. *Minutes of Meeting of Council of the CPEQ*, 26 novembre 1921.

79. *Procès-verbal de l'AAEEPM*, 8 janvier 1915.

80. *Ibid*, 27 janvier 1917.

81. Ces deux problèmes sont bien mis en lumière par Arthur Surveyer dans une lettre à I.-E. Vallée, directeur adjoint au département des Travaux publics du Québec. Surveyer écrit: «Il n'y a rien dans la loi qui permette d'empêcher un individu de faire des travaux d'ingénieur et de se faire payer pour ces travaux, pourvu qu'il ne prenne pas le titre d'ingénieur civil. Comme question de fait la loi n'est jamais appliquée d'abord parce qu'elle n'est pas assez sévère, et parce que le conseil de la CSCE se compose d'ingénieurs de tout le pays qui n'ont aucun intérêt à faire appliquer la loi dans la province de Québec.» *Lettre de A. SURVEYER à I.-E VALLÉE*, 2 octobre 1917, ADEPM.

82. Coupures de journaux, Association des diplômés de l'École Polytechnique de Montréal (ADEPM).

83. CIMON, H., *op. cit.*, p. 8.

84. *Première séance des représentants du comité exécutif de la section Montréal et Québec de l'Engineering Institute of Canada*, 11 octobre 1919. Archives de l'Ordre des Ingénieurs du Québec.

85. *Minutes of Meeting of Council of the CPEQ*, 24 février 1923.

86. *Minutes of Meeting of Council of the CPEQ*, 2 février 1924.

87. *Minutes of Meeting of Council of the CPEQ*, 14 janvier 1921.

88. *Minutes of Meeting of Council of the CPEQ*, 16 janvier 1926. Pour l'engagement de l'AAEEPM voir *RTC*, vol. XII, mars 1926, p. 116.

89. *Procès-verbal du conseil de l'AAEEPM*, 28 janvier 1933, ADEPM.

90. C'est ainsi que l'Association fait des pressions pour régler le cas des «Cost Accountants and Industrial Engineers» dont la charte relève d'Ottawa. À la fin des années 30, elle s'opposera au projet de loi des architectes présenté devant la Législature. À la même époque, l'Association suit de près les démarches de la Section des maîtres plombiers qui demandent au gouvernement québécois

d'instituer une Corporation d'ingénieurs spécialistes en plomberie et en chauffage.

91. Comme on l'a vu, l'AAEEPM a joué un rôle important dans la création de la CIPQ. En 1931, Adhémar Mailhiot rappellera aux membres de l'AAEEPM que «l'AAEEPM a joué le premier rôle dans la formation de la CIPQ. Les plus anciens se rappellent que c'est l'Association qui, en 1917, a obtenu de la Législature l'insertion d'une clause pénale à l'ancienne loi qui était administrée par la CSCE. Ils se rappellent également les démarches et les pressions que les anciens firent auprès de nos législateurs pour obtenir une loi opérante». «Allocution du président», *in RTC*, vol. XVIII, mars 1932, p. 115.

4

La conquête de l'administration publique

On sait que à partir de 1905, l'enseignement du génie à l'École Polytechnique subit des transformations importantes. Après une période mouvementée, marquée par une série d'initiatives plus ou moins heureuses, la nomination d'Augustin Frigon au poste de directeur, en 1923, permet à l'École Polytechnique de gagner une réputation de véritable école d'ingénieurs. D'un autre côté, entre 1905 et 1937, des transformations économiques importantes vont obliger le gouvernement québécois à créer de nouveaux organismes pour réglementer l'exploitation des ressources naturelles. L'urbanisation oblige également la province et les municipalités à prendre une part active au développement d'un réseau routier au Québec. L'intervention de l'État dans de nouveaux domaines de compétences n'a pas seulement un effet sur la taille de l'administration québécoise, elle impose également la spécialisation de certains corps de fonctionnaires. Les ingénieurs francophones envahiront massivement ce nouveau lieu d'exercice de leur profession.

Le développement de l'administration publique au Québec

Avec les premières décennies du XXᵉ siècle, l'État québécois se dote de nouvelles structures qui lui permettent de jouer un rôle plus actif dans différents secteurs de l'économie. Entre 1905 et 1936, plusieurs ministères sont créés. Celui des Affaires municipales, de l'Industrie et du Commerce, celui de la Voirie, les ministères des Mines, de la Chasse et de la Pêche. Plusieurs ministères subissent également des remaniements importants; en particulier ceux des Terres et Forêts, des Mines et de la Colonisation. Par ailleurs, des organismes paragouvernementaux sont créés, tels la Commission des eaux courantes du Québec (CECQ), la Commission des liqueurs (qui sont en fait les deux seuls organismes de gestion industrielle, commerciale ou financière), ou encore la Commission des services publics, la Commission des accidents de travail, etc., qui sont des régies de surveillance ou de contrôle[1].

Le ministère de la Voirie deviendra rapidement la plus importante filière d'embauche pour les ingénieurs canadiens-français entre les deux guerres. Créé en 1912 et jumelé avec le ministère de l'Agriculture, le département de la Voirie devient autonome dès 1914. Grâce à la Loi des bons chemins, adoptée en 1912, la mise en place d'une véritable politique de construction et d'amélioration des routes est amorcée dans la province[2]. À partir de 1922, le ministère de la Voirie a l'entière responsabilité de l'entretien et du maintien des grandes routes, tandis que les municipalités gardent les mêmes responsabilités pour les autres routes avec la possibilité de subventions couvrant jusqu'à la moitié des frais[3]. Le ministère des Travaux publics du Québec, créé en 1867, va également jouer un rôle actif dans la construction des infrastructures commandées par l'arrivée de l'automobile sur les routes du Québec. Une loi, votée en 1912, permet au gouvernement de racheter les ponts et routes à péage. Dès 1921, le gouvernement a racheté 25 ponts et 185 milles de routes à péage. Avec la création du ministère de la Voirie, le programme de construction de ponts en béton, lancé en 1908, prend un nouvel essor. Entre 1908 et 1931, 1184 ponts sont construits au Québec, au coût de 13 millions de dollars. En 1932, le service d'entretien des ponts est créé pour conseiller les municipalités[4]. Ce service nécessite alors l'embauche d'un bon nombre d'ingénieurs.

Avec l'importance que prennent les ressources hydrauliques au Québec, le gouvernement québécois est amené à jouer un rôle non pas primordial, mais du moins complémentaire dans ce secteur de l'économie. Bien qu'il laisse à l'entreprise privée la mise en valeur des ressources hydrauliques, il pose les conditions dans lesquelles ce développement doit être fait, tout en assumant les frais et les risques des projets d'infrastructures les plus oné-reux. C'est par l'entremise de la Commission des eaux courantes, créée en 1910, que le gouvernement s'occupe de ce secteur. Cette commission, composée de trois membres «experts en hydrogra-phie et en exploitation forestières» et d'un secrétaire, est chargée, entre autres, de rechercher les règles pratiques et équitables qui doivent régir l'écoulement, la dérivation, l'aménagement, la distri-bution, l'emmagasinement et, en général, la conservation et l'administration des eaux courantes dans la province de Québec. Dans la pratique, la Commission réalise des études préliminaires et recommande la construction de barrages. C'est ainsi que le gouvernement construit des barrages sur la rivière Saint-Maurice (barrage Gouin) et sur la rivière Saint-François (barrage Allard). L'État loue ensuite ces barrages à l'entreprise privée. La Commis-sion, de par son mandat d'études, développe également d'autres activités, notamment dans les domaines de la météorologie, de l'hydrométrie et de la topographie. La Commission entretient aussi des rapports étroits avec un autre service gouvernemental, le Service hydraulique qui relève du département des Terres et Forêts[5].

Le Service des mines se développe également pendant cette période, mais c'est surtout pendant les années 30 qu'il devient une filière d'embauche pour les ingénieurs canadiens-français. Le Service forestier, créé en 1909, a un impact sur le système d'édu-cation puisque est fondée l'année suivante l'École de foresterie de l'Université Laval. C'est bien sûr dans cette «pépinière» d'ingé-nieurs forestiers que sera recrutée la majeure partie du personnel de ce service[6].

La Commission des services publics, tout d'abord appelée Commission d'utilité publique, est créée en 1909. Son rôle con-siste à approuver les tarifs de services publics et tout projet de fusionnement entre ces services. Elle joue également un rôle d'arbitre entre les municipalités et les services publics sur des sujets comme l'utilisation de la voirie ou des cours d'eau. On engage des avocats pour régler les différents litiges, mais ceux qui composent le personnel permanent sont des ingénieurs, au nom-bre de quatre[7]. Dans le secteur de la santé, le Conseil d'hygiène, mis sur pied en 1887, ne se développe qu'à partir du XXe siècle. Le Conseil met d'ailleurs sur pied un service de génie sanitaire, en

1910, où l'on retrouvera des ingénieurs de Polytechnique. En 1922 est créé le Service provincial d'hygiène. Dix ans plus tard, son budget a quintuplé et son personnel, formé principalement de médecins et d'ingénieurs, a doublé[8].

On sait que la période de l'entre-deux-guerres est celle qui voit la population québécoise devenir plus urbaine que rurale. Plusieurs villes du Québec vont sentir l'obligation d'engager un gérant municipal pour assurer des tâches requérant de plus en plus de compétences techniques. Dans bien des cas, il s'agira d'un ingénieur. La gérance municipale au Québec débute timidement après la Première Guerre et, en 1945, on compte environ une vingtaine de villes ayant adopté ce mode d'administration. Le gérant municipal se définit comme un administrateur professionnel qui, engagé à plein temps, s'attache à compiler des statistiques, à examiner l'expérience des autres villes, à étudier les progrès récents pour préparer des projets proportionnés aux moyens de la municipalité et à ses besoins. On retrouve un gérant municipal dans les villes où le maire et les échevins ne peuvent consacrer qu'une partie de leur temps à leur fonction officielle[9].

L'administration municipale de la Ville de Montréal se distingue bien entendu des autres cités par son ampleur. Montréal est maintenant devenue une grande ville de type nord-américain. La métropole du Canada doit maintenant faire face à des problèmes posés par sa dimension. Au début du siècle, il suffisait d'un personnel qualifié somme toute restreint pour superviser les services publics municipaux, tels l'aqueduc, les systèmes d'égouts, etc. À partir des années 1910, de nouveaux services et départements sont mis sur pied pour répondre au développement rapide de la ville et pour mieux le planifier. Aux départements des services techniques, des Eaux et Assainissement et de la Voie publique viennent s'ajouter un laboratoire d'essais de matériaux, un département conçu pour l'entretien d'édifices et un service de zonage. Des commissions ou conseils sont créés et fonctionnent comme des organismes de collaboration; il s'agit de l'Office d'initiative économique, le Conseil économique métropolitain, la Commission métropolitaine de Montréal, la Commission des services électriques. Dans les années 40, la Ville de Montréal se dote d'un plan directeur pour l'aménagement et le développement de son espace urbain. Tous les services d'ordre technique sont regroupés autour de deux grands services: celui de l'urbanisme et celui des travaux publics[10]. Tous ces services techniques mis sur pied, pour la plupart au XXe siècle, vont nécessiter le recrutement d'un personnel qualifié important. Les ingénieurs canadiens-français s'y trouveront bien sûr en grand nombre et en seront même les principaux artisans et directeurs.

L'institutionnalisation de l'enseignement supérieur scientifique

C'est au début des années 20 que s'effectue l'institutionnalisation de l'enseignement supérieur scientifique au Québec. L'autonomie définitive de l'Université Laval à Montréal est acquise en 1919; cette institution devient l'Université de Montréal. Le gouvernement accorde alors aux trois universités du Québec une subvention de un million de dollars. L'amélioration de l'enseignement des sciences est une priorité pour les dirigeants de l'Université de Montréal, dont la charte prévoit la création d'une faculté des sciences. L'année suivante, cette faculté est créée. Devant les efforts de modernisation de l'enseignement déployés par l'Université de Montréal, les dirigeants de Laval ne restent pas indifférents. Ces derniers fondent l'École supérieure de chimie. Cette institutionnalisation de l'enseignement des sciences au Canada français rend possible la production de scientifiques professionnels et la formation d'une partie du personnel enseignant du niveau secondaire. L'engagement des professeurs pour prendre en charge l'enseignement des sciences dans ces institutions va augmenter sensiblement le nombre d'individus socialement identifiés au travail scientifique. Ceux-ci vont d'ailleurs se regrouper au sein de sociétés savantes, dont la plus importante est l'ACFAS.

En somme, le début des années 20 signale le départ d'un véritable mouvement scientifique encouragé d'ailleurs par le pouvoir politique, notamment par le secrétaire provincial de la province, Athanase David. Ce dernier accorde une subvention annuelle de 10 000 $ à chaque collège classique principalement afin d'améliorer l'enseignement des sciences. C'est lui qui est chargé de l'application d'une nouvelle loi adoptée, en 1920, par le gouvernement provincial pour aider les élèves déjà diplômés à suivre des cours additionnels. La plupart des boursiers iront étudier en France. On connaîtra d'ailleurs cette loi sous le nom de la loi «des bourses d'Europe[11]».

L'École Polytechnique doit composer avec ces nouvelles institutions qui affectent sa position dans le champ universitaire québécois. Tout d'abord, le rescrit papal *Quum Illmi*, qui fait de la succursale de Montréal une université indépendante, signifie également pour Polytechnique qu'elle n'a plus rien à voir avec l'Université Laval. Polytechnique sera désormais affiliée à l'Université de Montréal. Dès 1918, l'École avait entrepris des pourparlers avec les dirigeants de l'Université Laval à Montréal pour négocier les conditions d'une affiliation à une université montréalaise, indépendante. L'affiliation à l'Université de Montréal sera d'ailleurs de même nature que celle qui la liait à l'Université Laval à Montréal. Toutefois, bien que fonctionnant comme école affiliée, les dirigeants des deux institutions devront attendre plusieurs années avant de signer le projet d'affiliation[12]. C'est qu'il existe des différends entre Polytechnique et l'Université de Montréal. La création rapide d'une faculté des sciences à l'Université de Montréal a choqué les dirigeants de Polytechnique. Ceux-ci se souviennent qu'en 1918, ils avaient reçu l'assurance des autorités de l'Université Laval à Montréal que la future faculté des sciences serait créée dans le cadre institutionnel de Polytechnique. La création de la faculté des sciences à l'Université de Montréal est alors perçue par les dirigeants de Polytechnique comme une trahison. Les relations avec l'Université de Montréal seront plus tendues après cet incident.

L'état de ces relations est loin de s'améliorer lorsque la Faculté des sciences commence à émettre des certificats de chimie appliquée. Le nouveau directeur, Augustin Frigon, entreprend des démarches pour que cette faculté abolisse ce diplôme. L'Université de Montréal refuse. Des négociations entre cette dernière et Frigon vont aboutir à la reconnaissance de Polytechnique comme la seule institution à pouvoir enseigner les sciences appliquées. Les élèves du certificat de chimie appliquée de la Faculté des sciences recevront donc leur enseignement des professeurs de Polytechnique dans les laboratoires de l'École. Polytechnique obtient en échange l'autorisation d'utiliser les laboratoires de physique de l'Université de Montréal pour ses élèves[13]. Dans d'autres circonstances, les dirigeants de Polytechnique partagent les vues de leurs homologues de l'Université de Montréal, notamment lorsqu'il est question, à la fin des années 20, d'aménager sur le mont Royal un regroupement des institutions universitaires[14].

L'intervention du gouvernement provincial dans l'enseignement supérieur affecte de plusieurs façons l'École Polytechnique. La création des bourses d'Europe va permettre à quelques-uns de ses diplômés d'aller se spécialiser à l'étranger pour ensuite revenir enseigner à l'École. Plus directement, les vues d'Athanase David sur la restructuration de l'enseignement supérieur, très fortement influencées par le modèle français, l'amènent à discuter avec Frigon de deux projets qui lui tiennent à cœur et qui touchent

Polytechnique. Le premier est la création d'une école des Beaux-Arts dont la section d'architecture de Polytechnique devrait faire partie. Le deuxième consiste à fusionner l'École technique de Montréal et l'École Polytechnique[15]. La Corporation et le directeur de l'école s'insurgent contre ce dernier projet. Cette histoire a cependant un dénouement heureux. À défaut de pouvoir rassembler l'enseignement technique et l'enseignement des sciences appliquées sous un même toit, David nomme Frigon au poste de directeur général de l'enseignement technique de la province.

Il n'y a pas grand-chose à dire des rapports entre l'École supérieure de chimie de Laval et l'École Polytechnique. L'Université Laval n'entretient plus de liens institutionnels avec Polytechnique, et l'enseignement supérieur de la chimie à Québec ne présente pas de véritable menace pour les intérêts de l'École. De 1925 à 1940, cette école de chimie ne décerne que 65 diplômes, soit une moyenne annuelle de 4 diplômes. Toutefois en 1937, Laval entre en compétition avec Polytechnique lorsque l'idée de créer une école des mines commence à faire son chemin dans les officines du pouvoir à l'Assemblée nationale.

Pendant la crise économique des années 30, l'industrie minière continue à progresser de façon étonnante. Onésime Gagnon, ministre des Mines du nouveau gouvernement Duplessis, veut encourager les jeunes Québécois à se spécialiser en génie minier, en géologie ou en minéralogie. Son ministère offre 30 bourses destinées aux étudiants de Polytechnique, de la faculté de génie de McGill et de l'École supérieure de chimie. Adrien Pouliot, professeur de mathématiques à l'École supérieure de chimie et diplômé de Polytechnique, propose alors au ministre de créer une école des mines[16]. Le frère Marie-Victorin, figure de proue du mouvement scientifique de l'époque, suggère la création d'un Institut de géologie. Bref, l'idée d'institutionnaliser l'enseignement supérieur du génie minier fait son chemin. Le gouvernement ne tarde pas à débloquer les fonds nécessaires, soit une allocation annuelle de 100 000 $.

La lutte est engagée entre Polytechnique et Laval pour abriter l'enseignement du génie minier et récolter l'alléchante subvention qui y est accolée. De prime abord, Polytechnique a des avantages certains sur sa rivale. Elle est de loin l'institution d'enseignement scientifique francophone la plus importante. Depuis plus de 60 ans, elle a formé au-delà de 700 ingénieurs. Beaucoup de ceux-là occupent des postes de direction dans différents ministères, entre autres, Alphonse-Olivier Dufresne, directeur du Service des mines, et François Leduc, ministre de la Voirie. Avec la Corporation et l'AAEEPM, les dirigeants de Polytechnique peuvent compter sur une organisation particulièrement efficace pour faire valoir leur point de vue auprès des autorités gouvernementales. De plus, son directeur est à l'époque Adhémar Mailhiot, lui-même spécialiste en géologie et en minéralogie. Ce serait lui faire un affront personnel que d'installer le génie minier ailleurs qu'à Polytechnique.

De son côté, les autorités de Laval ne ménagent pas leurs efforts pour convaincre les élus de créer une École des mines dans leur institution. Tout d'abord, ils aménagent un nouveau cadre institutionnel pour l'accueillir. Une faculté des sciences est en effet créée qui n'est en fait que l'École supérieure de chimie rebaptisée. Par son site dans la vieille capitale, l'Université Laval fait valoir que les rapports entre la future École des mines et le ministère des Mines en seraient d'autant facilités. Le directeur du département de géologie, l'abbé Joseph-Willie Laverdière, est l'un des rares Canadiens français à posséder un doctorat en géologie qu'il a obtenu en 1931 à l'Université de Lille. Finalement, la nouvelle faculté des sciences de l'Université Laval peut compter sur un homme d'action, en la personne de son professeur de mathématiques Adrien Pouliot, qui saura convaincre Duplessis et surtout son ministre des Mines dont il est un ami personnel.

L'année 1937 est riche en rebondissements de cette affaire. Tantôt Mailhiot croit fermement que le gouvernement est sur le point d'annoncer la création d'une École des mines à Polytechnique, tantôt l'épiscopat de Québec change les rapports de force. La décision du gouvernement est prise en janvier 1938. Le 13 janvier, les journaux informent le public de la décision du gouvernement: l'École des mines sera établie à Québec sous la direction de l'Université Laval. Le premier ministre justifie cette décision par le fait qu'il doit favoriser la ville de Québec pour satisfaire bon nombre de citoyens qui l'accusent de favoriser toujours la métropole dans la distribution des fonds publics.

La lutte entre Polytechnique et Laval pour l'obtention de l'École des mines a des relents des anciennes querelles entre Québec et Montréal. Cette fois-ci, elle met aux prises deux anciens diplômés de Polytechnique: Adhémar Mailhiot et Adrien Pouliot. Le premier, comme on le sait, n'a jamais cessé d'être lié à son *alma mater*. Le deuxième n'a, quant à lui, pas perdu le sentiment d'appartenance forgé dans les murs de l'immeuble de la rue Saint-Denis. Pouliot est toujours un membre actif de la section de Québec de l'AAEEPM. Il reste cependant intimement lié à l'École supérieure de chimie et plus tard à la faculté des sciences qui représente en quelque sorte son institution d'adoption. Pour Adrien Pouliot, la création de l'École des mines de l'Université Laval est une victoire qui constitue une première étape dans la mise sur pied de la faculté des sciences de l'Université. Avec la création de l'École des mines à Laval, Polytechnique perd son monopole sur l'enseignement du génie au Canada français. Mailhiot vit donc difficilement cette défaite. Déjà affecté par la maladie, le directeur de Polytechnique meurt trois mois plus tard dans son bureau, terrassé par une crise cardiaque.

Tout comme l'émergence de l'enseignement du génie avait été accompagnée d'une remise en cause du système d'enseignement secondaire, l'institutionnalisation de l'enseignement supérieur scientifique actualise encore cette question. Le développement de ces nouvelles institutions dépend, dans une large mesure, d'un enseignement secondaire qui, non seulement fait plus de place à l'enseignement des sciences, mais aussi inculque un goût pour les matières scientifiques et ouvre une possibilité de carrière dans les sciences ou les sciences appliquées. Ce débat sur l'enseignement des sciences vise à modifier le programme des collèges. Plusieurs diplômés et professeurs de Polytechnique participent activement aux polémiques et débats qui entourent cette question. Le polémiste le plus actif est sans contredit Adrien Pouliot. À son retour d'Europe en 1929, Pouliot écrit une série d'articles qui alimentent un débat qui, jusque-là, manquait d'ardeur. Augustin Frigon et le professeur Jean Flahault contribuent également à préciser les réformes nécessaires au système d'enseignement secondaire pour qu'ils contribuent à mieux préparer les élèves aux études scientifiques[17].

Si à la fin du XIXᵉ siècle, l'identité des ingénieurs, encore mal définie, et la position de l'École Polytechnique, perçue comme une école d'enseignement pratique, avaient disqualifié cette institution comme filière de formation professionnelle possible aux finissants des collèges, ce n'est plus le cas à partir des années 20. De plus en plus d'élèves provenant des collèges s'aventurent vers un type de formation qui tend maintenant à ressembler à ceux des facultés traditionnelles de droit et de médecine. On croit cependant qu'une amélioration de l'enseignement des sciences dans les collèges pourrait augmenter le taux de réussite des élèves de Polytechnique ou des autres institutions d'enseignement scientifique. Ainsi entre 1930 et 1940, seulement 33 % des élèves inscrits à Polytechnique terminent leurs études avec un diplôme, contrairement à 80 % pour McGill. Bien que les étudiants provenant des collèges classiques affichent le meilleur taux de réussite avec ceux du Mont-Saint-Louis, soit respectivement de 38 % et de 37 %, il ne s'agit certainement pas d'un taux de réussite appréciable. Il ne faut pas s'étonner si plusieurs porte-parole de l'École tentent désespérément de convaincre les autorités ecclésiastiques d'instaurer une réforme des programmes dans les collèges. Laissées aux bons soins des directeurs de collèges, les réformes en profondeur tardent à venir.

On sait que Polytechnique a dû se tourner vers d'autres filières du système d'enseignement pour recruter des candidats aux études de génie. À partir des années 20, la mise en place graduelle d'un enseignement secondaire public s'élabore en s'appuyant sur le développement des nouvelles institutions universitaires qui émergent à cette époque. Les communautés de frères comme celle des clercs de Saint-Viateur et celle des frères des Écoles chrétiennes commencent à créer un cours primaire supérieur d'une durée de neuf ans. Puis viennent s'ajouter une dixième et une onzième année [18]. Ces communautés religieuses se servent de la faculté des sciences de l'Université de Montréal pour former plusieurs de leurs frères. En investissant dans l'enseignement des sciences, ces communautés religieuses donnent une légitimité à cette filière qui s'immisce peu à peu dans l'enseignement secondaire[19]. Polytechnique peut donc compter sur une nouvelle filière de recrutement dont l'importance grandit sans cesse.

Toutes ces transformations dans le champ universitaire et, plus largement, dans le système d'enseignement profitent à Polytechnique. Le nombre de ses étudiants et diplômés ne cesse d'augmenter entre 1920 et 1940. La crise économique n'affecte d'ailleurs en rien le développement de l'École. Au cours de cette période, plusieurs changements marquent la vie à l'École des professeurs et étudiants; ils sont dus en grande partie au nouveau directeur de l'École élu par la Corporation en 1923. Il s'agit bien sûr d'Augustin Frigon.

Les réformes du programme d'études sous Frigon

Si pendant les années 1910, la guerre vient freiner l'élan de Polytechnique vers la modernisation de son enseignement, la nomination d'Augustin Frigon au poste de directeur des études, en 1923, sonne définitivement le glas de l'époque où l'enseignement du génie était bien souvent assimilé à un enseignement technique ou pratique. La nomination de Frigon, au moment où

Augustin Frigon en 1923. (Archives de l'École Polytechnique)

s'établissent les bases institutionnelles de l'enseignement des sciences au Canada français, va rapidement propulser le directeur de Polytechnique à la tête de nombreux organismes, mis sur pied pour promouvoir les sciences et les techniques non seulement au Québec, mais également au Canada. Les postes officiels occupés par Frigon font de lui un ambassadeur incomparable pour l'École. Le prestige qu'il accumule rejaillit sur l'École et lui permet d'exercer une autorité qui ne souffre aucune contestation. Il peut alors imposer sa vision d'une institution d'enseignement supérieur et réaliser un véritable coup de force qui transforme profondément l'institution.

Au mois de juillet 1923, le directeur Fyen s'attend à ce que les membres de la Corporation renouvellent son mandat pour une troisième fois. Toutefois, au cours des délibérations sur la question de l'engagement du directeur des études, Émile Vanier expose à l'assemblée que l'École aurait dû avoir depuis longtemps un ingénieur qui serait un ancien élève de l'École et propose, secondé par Arthur Surveyer, que «M. Augustin Frigon, diplômé et professeur de l'École Polytechnique, ancien élève du Massachusetts Institute of Technology, diplômé de l'École supérieure d'électricité de Paris, et docteur ès sciences de l'Université de Paris, soit nommé directeur des études et secrétaire-trésorier de la Corporation de l'École Polytechnique[20]». L'assemblée adopte à l'unanimité la proposition des deux anciens de Polytechnique. Les journaux annoncent la nomination de Frigon en insistant sur le fait que, pour la première fois de son histoire, l'École Polytechnique a comme directeur des études un Canadien français. Plus important encore, contrairement à Balète et à Fyen, Frigon a fréquenté des institutions de haut savoir et y a décroché des diplômes d'études supérieures. C'est ce qui explique dans une large mesure les transformations que le nouveau directeur fera subir au programme d'études.

Pendant ses études supérieures, Frigon a pu se rendre compte rapidement de l'importance de l'enseignement des sciences fondamentales et des travaux de laboratoire. Bien qu'il réitère la politique de ses prédécesseurs qui privilégiaient la formation générale de l'ingénieur, il insiste cependant fortement sur la qualité de cet enseignement[21]. Les sciences fondamentales sont en perpétuelle évolution, et il importe d'avoir des professeurs qui soient capables de suivre les derniers développements qui touchent l'état des connaissances en physique, en chimie ou en mathématiques. En premier lieu, Frigon supprime les cours dictés et exige des professeurs qu'ils soumettent un manuel de base d'où est tiré l'enseignement dont ils sont chargés. Frigon cerne rapidement des lacunes chez certains professeurs qui n'ont pas les qualifications nécessaires pour répondre à ses exigences. C'est la première fois qu'un directeur est en mesure de juger de la compétence scientifique ou technique des membres du corps professoral.

Certains professeurs voient ainsi leur tâche d'enseignement diminuer quand Frigon juge qu'ils n'ont pas les compétences requises pour enseigner les sciences fondamentales. C'est le cas par exemple d'Adolphe Dollo qui, sous la direction de Fyen, avait été nommé professeur de physique, de thermodynamique et de machines thermiques. Tout juste avant la nomination de Frigon, la Corporation l'avait même nommé professeur titulaire. Deux ans plus tard, Frigon constate qu'il «n'est pas qualifié, non seulement pour le cours de physique, mais pas plus pour le cours de thermodynamique et de machines thermiques[22]». Pour remplacer Dollo, dans l'enseignement de la physique et des travaux de laboratoires, Frigon recrute en France André Wendling, licencié ès sciences physiques et ingénieur diplômé de l'École spéciale de mécanique et d'électricité.

Étudiants au laboratoire de chimie en 1923. (Archives de l'École Polytechnique)

Frigon chambarde l'horaire de façon à établir de meilleures relations entre les différents cours. La bibliothèque, qui était jusque-là sous-utilisée, est l'objet d'une attention toute particulière de la part du directeur. Cet outil de travail, selon lui, doit être utilisé constamment par le personnel enseignant et les étudiants. Lorenzo Brunetto (1918) est chargé de la réorganisation de la bibliothèque. En 1925, le directeur des études ajoute une année supplémentaire au programme qui compte désormais cinq années d'études. Il augmente et améliore les travaux d'application, de fin d'études. Frigon s'intéresse particulièrement à la conquête de l'industrie par les diplômés. Il organise en conséquence des visites d'industries pour les élèves de quatrième et de cinquième année et inclut dans l'horaire un cours de finance.

Frigon s'occupe aussi de faire subir au corps professoral des transformations importantes. Il met de l'ordre dans la classification des enseignants en clarifiant les règles de nomination des professeurs. Les titres de «professeur titulaire», «professeur agrégé», et «chargé de cours» sont mieux définis. Ses études à l'étranger lui ont permis de reconnaître l'importance d'une politique de perfectionnement des professeurs ou des diplômés, axée principalement sur des bourses de perfectionnement. L'ancien boursier du CNRC et maintenant membre de cet organisme encourage plusieurs diplômés à demander des bourses auprès de cet organisme tout comme du gouvernement provincial (bourses d'Europe). Dès 1924, trois jeunes diplômés reçoivent une bourse du CNRC. Avec Frigon, une relation s'établit entre le MIT et l'École Polytechnique qui y envoie maintenant régulièrement ses diplômés les plus prometteurs afin d'en faire des spécialistes. Arthur Villeneuve et Pierre-Paul Vinet y décrochent un diplôme de maîtrise en 1929, tandis que Raymond Boucher et Henri Gaudefroy font de même en 1934. Ces derniers connaîtront tous de brillantes carrières de professeurs à Polytechnique, le dernier deviendra même directeur des études. Roméo Valois ira se perfectionner dans la gestion des firmes d'ingénierie au début des années 30, pour ensuite fonder, avec Jean-Paul Lalonde, la société d'ingénieurs-conseils Lalonde et Valois que tous connaissent maintenant sous le nom de Lavalin. Ce sont là quelques-uns des diplômés qui emprunteront la filière du MIT. Armand Circé profitera d'une «bourse d'Europe» et d'une bourse du CNRC pour aller étudier en Angleterre et en France. À son retour, en 1926, il devient professeur à Polytechnique. C'est lui qui prend en charge les cours de résistance des matériaux après le départ de Leluau. En 1927, Frigon dote l'École d'un premier noyau de professeurs «permanents[23]». Les cinq professeurs choisis par Frigon pour recevoir ce titre sont, à l'exception d'Arthur Pelletier, des professeurs qui sont allés se spécialiser dans une institution étrangère[24].

Frigon ne joue pas seulement un rôle important dans le développement du programme d'études. En tant que secrétaire et administrateur de la Corporation, il contribue à améliorer les finances de l'École et à consolider le pouvoir des dirigeants et diplômés au sein de la Corporation. Le rétablissement de la situation financière, dans les années 20, n'est pas du tout étranger au fait que l'École a à sa tête un homme détenant des pouvoirs au sein d'autres organismes publics. On sait qu'en 1924, Frigon est nommé directeur général de l'Enseignement technique, ce qui lui permet d'être régulièrement en contact avec les autorités gouvernementales à Québec, lesquelles augmentent peu à peu le montant de la subvention annuelle de l'École Polytechnique et lui votent des sommes supplémentaires pour la réalisation de projets spéciaux. De plus, le directeur de l'Enseignement technique peut aller chercher une nouvelle source de financement pour l'École: celle du fonds fédéral de l'Enseignement technique[25].

Avec le principal Aurélien Boyer, Frigon rédige un projet de loi que la Corporation soumet au premier ministre Taschereau et à son secrétaire provincial, Athanase David, afin d'amender la loi sur la Corporation de l'École. Au mois d'avril 1925, l'Assemblée législative adopte le projet de loi qui change entre autres la composition des membres de la Corporation. Le président du Bureau des commissaires qui représentait la CECM n'en fera désormais plus partie. Le Comité catholique du Conseil de l'instruction publique qui pouvait choisir deux représentants pour siéger n'en a plus qu'un seul. De plus, ce dernier sera choisi dorénavant par les membres de la Corporation. L'Université de Montréal qui, elle aussi, avait droit à deux représentants en perd un. Le secrétaire de la province occupe maintenant un siège et le nombre des anciens diplômés passe de deux à cinq. Quatre sièges, comme auparavant, peuvent être occupés par des bienfaiteurs élus par les membres. Comme le principal et le directeur sont des anciens de Polytechnique, 8 des 11 membres de la Corporation sont des diplômés de l'École (Vanier occupe un siège réservé aux bienfaiteurs). Précédemment, la Corporation était composée de 10 membres dont seulement 5 étaient des anciens.

Frigon s'attaque également à un autre problème auquel a toujours fait face Polytechnique, celui du recrutement des étudiants. Dès sa nomination au poste de directeur des études, il fait accorder la gratuité scolaire à quatre étudiants par année, à condition qu'ils servent de préparateurs dans les différents départements. À titre de membre de la Commission pédagogique des écoles catholiques de Montréal, il contribue à établir officiellement l'enseignement primaire supérieur jusqu'à la onzième année[26] qui, entre les années 30 et 50, s'avère pour Polytechnique un vaste terrain de recrutement d'étudiants. Entre 1923 et 1928, la formation de l'ingénieur à l'École Polytechnique se métamorphose donc radicalement. Bref, comme le souligne Frigon, cette période est marquée par «un effort très considérable pour améliorer les cours et pour leur donner franchement l'allure caractéristique d'une école d'ingénieurs[27].»

À partir des années 1910, c'est-à-dire au moment où le gouvernement québécois investit des sommes plus substantielles pour le développement de l'École, et que parallèlement l'administration publique québécoise commence à accueillir des ingénieurs diplômés en plus grand nombre, l'enseignement de certaines matières émerge, fruit de la relation plus étroite entre l'École et l'appareil d'État. Dès 1910, on a vu que le laboratoire provincial du département des Mines est transféré à Polytechnique. Dans les années 20, les laboratoires d'électrolyse, des huiles et des revêtements des routes, sont mis sur pied et permettent aux étudiants de se familiariser avec des techniques qu'ils ont bien des chances de devoir utiliser dans leur profession, compte

Armand Circé au laboratoire d'hydraulique peu de temps après
son inauguration en 1932. (Archives de l'École Polytechnique)

tenu que bon nombre d'entre eux se retrouveront dans l'administration publique à l'intérieur de départements comme ceux de la Voirie, des Travaux publics à Québec, ou de la Voie publique et des Services techniques de la Ville de Montréal. Plusieurs ingénieurs qui font carrière dans l'administration publique québécoise ou montréalaise sont invités à transmettre leur expérience aux étudiants en faisant des conférences ou mieux encore en enseignant. Antonio Lalonde (1912), qui a mené une carrière d'ingénieur municipal à la Ville d'Outremont et qui travaille alors pour la compagnie de pavage Robertson et Janin, donne un cours sur la voirie municipale. Arthur Duperron (1911) transmet son expérience, acquise à la Commission des eaux courantes du Québec, aux étudiants de Polytechnique dans un cours de travaux publics et de barrages. Des ingénieurs spécialistes, tels Roméo Valois (1930), André Hone (1929) et Lucien Roy (1925), enseigneront à l'École.

Au début de 1928, Armand Circé est autorisé par la Corporation a effectuer une visite des laboratoires d'hydraulique de l'Université du Wisconsin. Frigon, qui a convaincu ses collègues de la Corporation de la nécessité d'un tel laboratoire, a confié cette mission à son professeur de résistance des matériaux. Circé voit grand, et le projet qu'il soumet est d'une telle envergure que l'on songe à vendre le terrain et l'immeuble afin de construire un nouvel édifice ailleurs. Mgr Piette, le représentant de l'Université de Montréal qui siège à la Corporation, en profite pour inviter les autres membres à privilégier l'emplacement du mont Royal où commenceront bientôt les travaux d'excavation du futur immeuble de l'Université de Montréal[28]. Au mois de juin, une partie de l'immeuble principal de l'École, la toiture et le dernier étage, est la proie des flammes. La Corporation en profite alors pour informer le gouvernement de son projet de déménagement. La réponse des autorités provinciales est ferme. C'est non.

Au mois de juin 1930, le congrès annuel de la Society for the Advancement of Engineering Education (SAEE) se tient pour la première fois à Montréal. L'Université McGill et Polytechnique en sont les hôtes. L'École Polytechnique, en prenant une part active à l'élaboration de ce congrès, s'assure la reconnaissance d'une association importante, vouée à l'amélioration de l'enseignement du génie sur le continent nord-américain. Cette réunion permet non seulement aux professeurs de côtoyer des collègues américains réputés, mais également d'établir des liens entre les autorités de l'École et les têtes dirigeantes de la SAEE, ce qui a pour effet, entre autres, de faire connaître Polytechnique dans plusieurs institutions d'enseignement des sciences appliquées en Amérique du Nord[29].

Dans ce contexte, le projet de construction de nouveaux laboratoires n'est pas abandonné par le directeur des études et son professeur de résistance des matériaux. Au cours de l'année 1930, des pourparlers avec le gouvernement aboutissent à une série de mesures qui permettront à la Corporation d'entreprendre les travaux de construction d'une annexe de deux étages. Au premier étage on trouvera les laboratoires d'hydraulique, de résistance des matériaux, et d'essais des ciments. Au deuxième étage, les étudiants auront à leur disposition un grand gymnase. Au lieu d'accorder une subvention spéciale à la Corporation, le gouvernement a préféré augmenter sa subvention annuelle qui passe de 100 000 $ à 125 000 $. Son pouvoir d'emprunt garanti par le gouvernement est également augmenté. Il ne faut pas oublier que l'on est en pleine crise économique et l'École s'estime heureuse de pouvoir continuer son expansion sans trop de contraintes. Le 10 mai 1932, en présence du premier ministre Taschereau, du secrétaire provincial, et de plusieurs personnalités du monde politique, religieux et universitaire, les nouveaux laboratoires sont inaugurés. Le coût de ces nouvelles installations s'élève à 145 000 $.

À partir des années 20, la légitimité de l'École Polytechnique comme institution d'enseignement des sciences appliquées est bien établie. Cette reconnaissance de l'École coïncide avec la conquête de l'administration publique québécoise et montréalaise par ses diplômés.

Nouvelle génération de diplômés
et nouvelles filières d'embauche

On sait qu'au XIXe siècle et au début du XXe siècle, l'administration publique fédérale est le principal employeur des diplômés de Polytechnique. En 1913, trois grands secteurs de la fonction publique fédérale ont à leur emploi plus du cinquième des diplômés de l'École. Il s'agit du secteur des travaux publics, avec le ministère des Travaux Publics, celui des transports, avec le ministère des Chemins de fer et des Canaux, le département de la Marine et les Ports nationaux, et le secteur lié à l'exploration du territoire, avec le département d'Hydrographie, et la Commission géologique du Canada. Aucune autre filière d'embauche, soit dans l'industrie privée ou dans des départements de l'administration publique provinciale ou municipale, n'a engagé plus d'ingénieurs canadiens-français que ces réseaux de l'administration publique fédérale. D'anciens diplômés ont réussi à s'élever dans la hiérarchie de la fonction publique fédérale et occupent des postes de commande aux niveaux régional et quelquefois même national. Aux Travaux publics, ce sont Eugène Lafleur (1881), Albert Roch Décary et Arthur Saint-Laurent (1885) qui ont entrouvert les portes de ce département pour que des ingénieurs formés par leur *alma mater* puissent y trouver un emploi. Au ministère des Chemins de fer et des Canaux, Ernest Marceau occupe le poste de surintendant pour le Québec. Il est en mesure de recommander les meilleurs éléments de l'École, tandis que Georges Desbarrats (1879), sous-ministre du Service naval, est bien placé pour défendre la cause des ingénieurs canadiens-français à Ottawa.

Toutefois, à partir des années 1910, l'administration publique fédérale cesse d'être le principal employeur des diplômés de Polytechnique. La Commission géologique du Canada et le ministère des Chemins de fer et des Canaux n'attirent plus d'ingénieurs canadiens-français. Le ministère des Travaux publics, quant à lui, n'en engage maintenant qu'au compte-gouttes. On peut expliquer partiellement cette situation en invoquant le fait que le ministère des Chemins de fer et des Canaux n'a plus l'importance qu'il avait à la fin du XIXe siècle. Ce n'est pourtant pas le cas de la Commission géologique, ni du ministère des Travaux publics. En fait, d'autres facteurs viennent expliquer, à notre avis, la désaffection de ces filières d'embauche à partir des années 1910. Premièrement, à mesure que se développe l'administration fédérale et que le nombre d'ingénieurs à son emploi augmente, ce lieu d'exercice de la profession devient de plus en plus anglophone. En effet, le développement de l'Ouest canadien augmente la proportion des anglophones dans la fonction publique canadienne. Ainsi, entre 1913 et 1937, le nombre de diplômés à l'emploi du gouvernement fédéral est à peu près le même, tandis que leur proportion ne cesse de décroître. De plus, le pouvoir dans l'administration publique fédérale reste, sauf pour de rares exceptions, dans les mains des hauts fonctionnaires anglophones, et cette situation va même en s'accentuant à partir du XXe siècle[30]. Finalement, c'est l'époque où les administrations publiques québécoise et municipale, en particulier la Ville de Montréal, commencent à se développer. Ces nouveaux secteurs d'emploi pour les ingénieurs ont l'avantage d'être dirigés en majorité par des Canadiens français et également d'être en pleine expansion. À la Ville de Montréal et au gouvernement du Québec, de nombreux services, commissions ou ministères sont mis sur pied, à partir des années 1910. En grande partie le résultat des transformations économiques et de l'urbanisation du Québec, l'expansion de l'administration publique au Québec commande le recrutement d'un personnel qualifié. Les ingénieurs canadiens-français sont dès lors au premier rang lorsque sonne la mobilisation des compétences. En fait, les ingénieurs canadiens-français jouent un rôle important dans cette mobilisation, en étant bien souvent les principaux promoteurs de la modernisation de la fonction publique. De plus, la conquête des postes de commande de tous les services techniques de l'État québécois et de la Ville de Montréal par les ingénieurs canadiens-français est soutenue par une organisation de premier ordre, l'AAEEPM.

Pour analyser l'émergence des nouvelles filières d'embauche, issues du développement des administrations publiques à Montréal et à Québec, nous nous pencherons plus particulièrement sur les emplois occupés par les diplômés de 1905 à 1937. Pour suivre le développement de ces nouvelles filières, nous découperons cette période en trois parties, celle de 1905-1923, celle de 1924-1930 et celle de 1931-1937. Nous allons également mettre en lumière le travail permanent de l'AAEEPM qui se charge de placer les diplômés de l'École, et surtout, qui s'assure que les postes de direction des différents organismes liés aux travaux publics, à l'exploitation des ressources naturelles et même à la santé, sont octroyés aux diplômés de Polytechnique. Ce que nous allons décrire ici, c'est en fait un autre aspect de la formation du groupe que sont les ingénieurs francophones du Québec: au travail symbolique de définition et de désignation se greffe celui qui permet d'assurer à chaque membre du groupe une occupation à la hauteur des aspirations de ses porte-parole. Ce sont là des conditions essentielles à la montée des ingénieurs dans la hiérarchie des groupes sociaux au Canada français.

L'École Polytechnique a décerné, entre 1905 et 1923, 311 diplômes d'ingénieurs. Nous connaissons l'emploi, en 1923, de 275 de ces diplômés. Le Tableau 4.1 nous permet de comparer le profil d'emploi de ces derniers avec celui des diplômés de la période 1877-1904. On constate que l'administration publique reste encore le principal employeur des diplômés. Ailleurs, on remarque des changements qui sont directement liés aux nouvelles réalités économiques que connaît le Québec. L'augmentation du pourcentage de diplômés à l'emploi des secteurs des mines et de l'hydro-électricité reste toutefois fort en dessous de l'augmentation que subit la production de l'hydro-électricité et des ingénieurs qui travaillent dans ce secteur de l'économie. L'industrie et le commerce sont en nette progression puisque, comparativement à 1904, le pourcentage des diplômés a doublé. Toutefois, on ne peut pas affirmer que ces derniers ont réussi à s'introduire dans les milieux industriels qui, pour les ingénieurs canadiens en général, sont les principaux secteurs où ils exercent leur profession[31]. L'augmentation du pourcentage des diplômés dans l'industrie s'explique principalement par l'expansion du secteur des pâtes et papiers, secteur qui n'employait aucun diplômé avant 1904 et qui accueillera 13 nouveaux diplômés de la période 1905-1923, soit un pourcentage de 4,8 %[32]. Le secteur privé des transports et des communications est moins populaire chez les nouveaux ingénieurs de la période 1905-1923. Les secteurs importants de la construction et du génie-conseil, pour les ingénieurs civils, perdent de l'importance.

La création des écoles techniques et les nouvelles politiques de l'École dans le recrutement de ses professeurs favorisent l'apparition d'un nouveau secteur d'embauche chez les ingénieurs diplômés canadiens-français; celui de l'enseignement. Ce secteur d'activité était, pour la première génération d'ingénieurs, l'occasion de s'assurer une source de revenu supplémentaire en dispensant des cours à Polytechnique, tout en menant une carrière d'ingénieur-conseil. Ce n'est plus le cas après 1907, puisque de nouvelles institutions scolaires rendent désormais possibles de nouvelles trajectoires de carrières pour l'ingénieur diplômé: celles d'enseignants et de directeurs d'écoles techniques.

TABLEAU 4.1

**Secteurs d'embauche des diplômés de Polytechnique promus pendant
les périodes 1877-1904, 1905-1923, 1924-1930 et 1931-1937**

périodes	1877-1904		1905-1923		1924-1930		1931-1937	
année de l'emploi	1904[1]		1923[2]		1930[3]		1937[4]	
secteur	*n*	*%*	*n*	*%*	*n*	*%*	*n*	*%*
gouv. fédéral	38	35,9	29	10,5	6	5,7	9	5,6
gouv. provincial	2	1,9	57	20,8	27	25,7	62	38,8
administration municipale	10	9,4	46	16,7	20	19,1	12	7,5
total adm. publ.	50	47,2	132	48,0	53	50,5	83	51,9
enseignement	–	–	24	8,7	4	3,8	4	2,5
génie-conseil	27	25,5	38	13,8	9	8,6	6	3,8
construction	10	9,5	29	10,6	14	13,3	18	11,2
mines et hydro-électricité	1	0,9	8	2,9	8	7,6	19	11,9
Transports et communications	7	6,6	6	2,2	6	5,7	1	0,6
industries et commerces	8	7,5	38	13,8	10	9,5	20	12,5
total sect. privés	53	50,0	117	43,3	47	44,7	64	39,1
études	–	–	–	–	1	1,0	9	5,6
n'exercent pas la profession d'ingénieur	3	2,8	–	–	–	–	–	–
TOTAL	106	100,0	275	100,0	105	100,0	160	100,0

Sources: (1) EPM, Rapport de l'EPM au *surintendant de l'Instruction publique pour l'année 1888-1889*, 1889, archives de l'EPM, et Annuaire 1913, AAEEPM, 1913.

(2) O. MAURAULT, *L'École Polytechnique de Montréal 1873-1923*, RTC, 1924.

(3) *Liste des diplômés de l'EPM*, Association des anciens élèves de l'EPM, 1930.

(4) *Liste des diplômés de l'EPM*, Association des anciens élèves de l'EPM, 1937.

Ces statistiques qui nous révèlent les similitudes et les différences entre l'occupation de deux générations d'ingénieurs, issus du principal foyer de formation des ingénieurs canadiens-français, ne nous disent pas tout sur les transformations qui touchent les perspectives de carrières de ce groupe social en émergence. Si l'administration publique reste toujours le lieu privilégié où se dirigent les ingénieurs canadiens-français aussi bien avant qu'après 1905, ce n'est toutefois pas dans les mêmes institutions que l'on trouvera la nouvelle génération d'ingénieurs formée dans l'immeuble de la rue Saint-Denis. Le Tableau 4.2 nous fait voir qu'avant 1905 les principales filières de l'administration publique sont celles du gouvernement fédéral. Après 1905, ces filières de l'administration publique fédérale vont peu à peu disparaître à mesure que l'influence des Canadiens français dans les différents départements ou ministères diminue. Seul le ministère des Travaux publics du Canada demeure une filière d'embauche et, encore là, beaucoup moins importante qu'elle ne l'était au XIXᵉ siècle.

Les administrations publiques municipale et surtout provinciale, en pleine croissance, deviennent alors les principaux pôles d'attraction d'une nouvelle génération d'ingénieurs canadiens-français. Des trois paliers de gouvernement, c'est maintenant le provincial qui devient le principal employeur des diplômés, suivi de l'administration municipale. Ce revirement, pour le moins spectaculaire, ne s'est pas fait sans **histoire**. On sait que, à partir des années 1910, le regroupement des ingénieurs canadiens-français s'effectue. Des organismes, tels l'AAEEPM et la Corporation, coordonnent un travail menant à la formation du groupe qui n'est pas sans avoir d'effets sur l'ouverture de nouvelles carrières pour les ingénieurs francophones du Québec.

Dès les années 1910, un comité de placement est mis sur pied à l'AAEEPM. Ce comité devient de plus en plus efficace à mesure qu'augmente le nombre des membres et que certains d'entre eux accèdent à des positions de commande au sein des départements de la fonction publique provinciale ou montréalaise. Ce comité monte un fichier qui lui indique l'emploi de chacun des membres. Chaque année l'AAEEPM leur rappelle de signaler tout changement de situation afin de s'assurer que le poste laissé vacant par un ancien soit occupé par un autre diplômé. Les membres les plus influents, c'est-à-dire les plus susceptibles d'ouvrir les portes d'une filière de recrutement d'ingénieurs, sont invités à faire partie de la direction de l'Association. La seule section régionale de l'AAEEPM, à cette époque, la section de Québec[33], est particulière-

TABLEAU 4.2

Les filières d'embauche des diplômés de Polytechnique en 1904

Filières	n	%
ministère des travaux Publics du Canada	16	15,1
ministère des Chemins de fer et Canaux du Canada	12	11,3
Commission géologique Canada	6	5,7
administration municipale (autre que la Ville de Montréal)	3	2,8
Ville de Montréal	7	6,6
TOTAL	44	41,5

Source: *Annuaire 1913*, Association des anciens élèves de l'EPM, 1913, archives de l'EPM.

ment choyée puisqu'elle est dirigée par les ingénieurs en chef des départements reliés aux travaux publics et à l'exploitation des richesses naturelles de l'administration publique québécoise. En 1916, c'est Arthur Amos (1896), ingénieur en chef du Service hydraulique qui est élu président de cette section, son secrétaire est Alphonse-Olivier Dufresne (1911) surintendant adjoint des Mines de la Province de Québec. L'année suivante Ivan-E. Vallée, directeur adjoint du ministère des Travaux publics du Québec, lui succède. En 1918, c'est au tour d'Arthur-Benjamin Normandin, sous-chef au Service hydraulique, d'occuper la présidence de la section. Ensuite Alex Fraser prend la relève; celui-ci jouera un rôle de premier plan dans l'élaboration du programme d'amélioration des routes rurales par le ministère de la Voirie, dont il est chef adjoint à cette époque. Avec Olivier-Odilon Lefebvre, qui joue un rôle de premier plan dans la mise sur pied de la Commission des eaux courantes, on a énuméré, ici, les ingénieurs responsables des principales filières de recrutement d'ingénieurs de l'administration publique québécoise qui émergent pendant ces années (voir Tableau 4.3).

TABLEAU 4.3

**L'évolution des filières d'embauche des diplômés
de Polytechnique promus entre 1905 et 1937**

Période de promotion	1905-1923		1924-1930		1931-1937	
Filières	n	%	n	%	n	%
travaux publics Canada	10	3,6	2	1,9	4	2,5
travaux publics Québec	9	3,3	10	9,5	4	2,5
Serv. provinc. hygiène	3	1,1	5	4,8	3	1,9
minist. Colonis. Québec	2	0,7	–	–	4	2,5
Commission eaux courantes.	14	5,1	3	2,9	3	1,9
minist. Mines Québec	2	0,7	1	1,0	3	1,9
minist. Voirie Québec	20	7,3	5	4,8	43	27,0
administr. municip. (sans MTL)	14	5,1	3	2,9	3	1,9
Ville de Mtl (ing. munic.)	10	3,6	8	7,6	3	1,9
Commission tramways(VMTL)	8	2,9	1	1,0	–	–
labo, essais des matér. (VMTL)	1	0,4	5	4,8	1	0,6
eaux et assainissement (VMTL)	1	0,4	2	1,9	1	0,6
service travaux publics (VMTL)	4	1,4	1	1,0	–	–
Polytechnique	6	2,1	2	1,9	1	0,6
écoles techniques	13	4,7	–	–	1	0,6
TOTAL	117	42,4	48	46,0	74	46,4

Sources: voir Tableau 4.1.

L'AAEEPM ne compte pas uniquement sur la solidarité de ses membres pour assurer aux nouveaux ingénieurs diplômés un salaire et des conditions de travail intéressants. Elle peut compter également sur la bienveillance de hauts fonctionnaires et de ministres influents. Dès 1914, l'Association des anciens entretient une correspondance avec le ministre de la Voirie du Québec, l'ingénieur en chef des Travaux publics du Québec et le maire de Montréal. Le sujet abordé est celui des postes vacants ou susceptibles de le devenir dans les départements qu'ils dirigent. On les prie de bien vouloir penser à l'Association comme moyen de communication entre eux et les ingénieurs qu'ils désirent recruter[34]. Chaque fois qu'un poste de haut fonctionnaire est vacant et que ce poste exige une qualification reliée à la profession d'ingénieur, l'AAEEPM intervient pour demander que l'on nomme un ancien de Polytechnique. C'est le cas par exemple, en 1920, lorsque le poste d'ingénieur en chef des Ponts et Chemins de fer du Québec est vacant. Des lettres sont envoyées au premier ministre Taschereau et au ministre des Travaux publics. L'année suivante, l'AAEEPM exerce des pressions pour qu'un ancien soit nommé au poste de directeur de l'Enseignement technique[35]. Ce poste restera vacant jusqu'en 1924 quand les efforts de l'Association seront récompensés par la nomination du directeur de l'École.

Par ailleurs, l'AAEEPM ne rate pas une occasion de promouvoir l'adoption de lois qui peuvent assurer aux ingénieurs l'exclusivité de certaines tâches ou travaux. En 1920, par exemple, le conseil de l'AAEEPM, après des démarches auprès de la Législature du Québec, réussit à faire introduire dans la Loi publique d'hygiène un article qui protège de façon efficace les ingénieurs civils diplômés. Voici ce qui est stipulé dans cet article:

> Aucune municipalité ne peut procéder ou laisser procéder, et aucune corporation, société ou personne ne peut procéder à l'exécution de travaux de drainage public ou privé ou à l'installation de dispositifs pour le traitement du sewage avant d'en avoir soumis les plans et devis, préparés par un ingénieur diplômé, au Conseil supérieur d'hygiène et d'avoir obtenu son approbation[36].

Voilà un argument de plus en faveur de l'engagement d'un ingénieur par les municipalités du Québec. Ce n'est donc pas par hasard que l'administration municipale devient un réseau de recrutement d'ingénieurs au tournant des années 1910 et 1920. Tout comme comme ce fut le cas dans l'administration provinciale, le développement des services municipaux de la Ville de Montréal est avantageux pour les ingénieurs diplômés francophones qui s'emparent des postes de commande des différents départements de services techniques. Élie Blanchard (1902) est le surintendant de la Voirie à l'Hôtel de Ville. Ernest Fusey (1890) est surintendant du département des Égouts. Silfroy-Joseph Fortin (1889) est président de la Commission technique de l'Hôtel de Ville, tandis que H.-A. Terrault (1899) est l'ingénieur en chef de la Ville de Montréal. Ce groupe d'ingénieurs engagés au début du siècle sera le premier à être consulté lorsqu'il s'agira de mettre en place les différents services publics que nécessite l'expansion de la Ville de Montréal. Ces services créés ou dirigés par ces diplômés recruteront bon nombre d'ingénieurs. Ils seront en grande majorité francophones et diplômés de Polytechnique. On ne s'étonnera pas que les Blanchard, Fortin et Terrault soient des membres actifs de l'AAEEPM. Ils occupent les postes de vice-président puis de président de l'Association au cours des années 20 et 30[37].

Il est permis de croire que les anciens de l'École ont joué un rôle déterminant dans l'engagement de plusieurs nouveaux diplômés après 1905. L'analyse des postes occupés par les diplômés des périodes 1924-1930 et 1931-1937 nous permet d'ailleurs de nous rendre compte avec encore plus de clarté des efforts entrepris par l'AAEEPM pour que les succès des anciens profitent à l'ensemble de ses membres. Entre 1924 et 1930, le Comité de placement n'a que de bonnes nouvelles à annoncer aux membres de l'Association. Tous les diplômés trouvent aisément de l'emploi et le Comité ne réussit pas à combler tous les postes que lui offrent les directeurs et ingénieurs en chef des différents départements ou ministères de la Ville de Montréal ou du gouvernement québécois[38]. C'est également au cours de ces années que les anciens connaissent une série de succès éclatants dans la conquête des postes de commande dans l'administration publique municipale et provinciale. En 1931, par exemple, les municipalités de Montréal, Montréal-Est, Québec, Trois-Rivières, Outremont, Shawinigan, Grand-Mère, La Tuque, Chicoutimi, Lachine, Granby, Hull et Saint-Jérôme ont chacune un diplômé de Polytechnique comme ingénieur en chef[39]. Dans la province de Québec, sur sept villes administrées par un gérant municipal, cinq le sont par des ingénieurs canadiens-français formés à Polytechnique[40].

Pendant les années 20, Olivier-Odilon Lefebvre, ingénieur en chef de la Commission des eaux courantes depuis 1913, réalise, avec l'aide d'ingénieurs canadiens-français, de nombreux barrages pour régulariser le débit des rivières productrices de force motrice, dont quelques-uns d'une dimension importante pour l'époque. En 1924, avec deux autres ingénieurs canadiens, il est nommé ingénieur-commissaire de la Commission internationale du Saint-Laurent[41]. Alex Fraser est nommé, dans cette décennie, ingénieur en chef du ministère de la Voirie. Les travaux de réfection, d'entretien et de construction du réseau de voirie provinciale sont alors réalisés en majorité par les diplômés de Polytechnique. En 1927, Alphonse-Olivier Dufresne (1911) est nommé directeur du Service provincial des mines. Henri Kieffer (1908), qui s'était occupé activement de l'organisation de la protection des forêts, devient le surintendant de ce service gouvernemental. Aimé Cousineau (1908) s'occupe du Service de santé de la Ville de Montréal, tandis que Théodore Lafrenière (1909) est le directeur du Service provincial d'hygiène du Québec.

Dans l'administration fédérale, quelques anciens réussissent à conquérir certains postes importants, mais il ne semble pas que ces nominations aient eu un effet d'entraînement sur le recrutement d'ingénieurs canadiens-français. La proportion de ces derniers dans la fonction publique fédérale chute, comme on le sait, après la Première Guerre mondiale. Le colonel Arthur-E. Dubuc (1901) occupe un poste important puisqu'il accède à la direction du ministère des Chemins de fer et Canaux. Louis-Euclide Côté (1900) devient, en 1927, l'ingénieur en chef du ministère de la Marine du Canada.

Tous ces «succès des anciens de Polytechnique[42]» contribuent bien sûr à élever le statut social de Polytechnique et de ses diplômés et, par là, celui de la profession d'ingénieur au Canada français. L'éclosion de toutes ces réussites sociales individuelles est évidemment reliée au développement économique et à l'urbanisation que connaît le Québec à cette époque. Il ne faut pas perdre de vue, cependant, qu'elles sont aussi redevables à la mobilisation des efforts de tout un groupe. On sait qu'il est fréquent de voir l'AAEEPM réclamer dans bien des cas la nomination d'un ancien à un poste administratif important. Ainsi, en 1926, l'AAEEPM échange une correspondance avec le président de la Commission du havre au sujet de la nomination d'un ingénieur sur la Commission consultative du port de la rive sud de Montréal (pont Jacques-Cartier). En mars 1927, ces efforts sont récompensés puisque la Commission du havre revient sur sa décision et nomme S.-A. Baulne (1901), ingénieur-conseil et professeur à l'École Polytechnique, membre de cette commission. Après cette victoire, les membres du conseil de l'Association peuvent proclamer que:

> Une fois de plus l'Association des anciens élèves de l'École Polytechnique a montré son efficacité dans la revendication des droits des diplômés de l'École. Votre conseil peut vous assurer qu'il ne manquera jamais l'occasion de réclamer pour les Anciens de l'École Polytechnique la part qui leur revient de droit dans l'exercice des fonctions publiques réclamant des qualités d'ingénieur[43].

Le Tableau 4.1 qui nous informe sur les postes occupés par les diplômés promus entre 1924 et 1930, montre que le gouvernement québécois continue à accueillir une proportion de plus en plus grande de diplômés. En fait, le quart de ceux-ci travaillent pour l'État québécois. La Ville de Montréal ouvre plusieurs nouveaux services durant ces années et les ingénieurs francophones peuvent compter plus que jamais sur cet autre palier de gouvernement pour exercer leur profession. La période d'inauguration des écoles techniques est à toutes fins utiles terminée. Ces institutions ont fait le plein en ce qui a trait à l'engagement de professeurs. Le secteur de l'enseignement n'a donc pas l'importance qu'il avait pour les diplômés de la période précédente. Peu de changement dans les secteurs de la construction ou du génie-conseil. L'industrie privée, surtout en ce qui concerne les secteurs des mines, de l'hydro-électricité, des transports et des communications, entrouvre ses portes aux diplômés, mais ces secteurs demeurent encore relativement fermés aux ingénieurs canadiens-français. Le secteur de l'hydro-électricité est éloquent sur ce plan. Bien que ce domaine de l'exploitation des ressources naturelles prenne de l'importance et devienne une force majeure dans l'économie québécoise, les ingénieurs francophones sont pratiquement absents des industries privées reliées à ce secteur économique. Finalement, l'industrie de transformation et le commerce attirent bien peu de jeunes ingénieurs francophones: ceux-ci ne réussissent pas à franchir les murs des grandes industries ou ne s'y intéressent tout simplement pas.

Les filières d'embauche entre 1924 et 1930 se retrouvent essentiellement dans l'administration publique. Au niveau provincial, c'est le ministère des Travaux publics qui est le principal employeur, suivi du Service provincial d'hygiène et du ministère de la Voirie. Pour sa part, le Laboratoire d'analyse et d'essai des matériaux de la Ville de Montréal se distingue particulièrement en recrutant, à lui seul, cinq jeunes diplômés. Ce laboratoire est d'ailleurs dirigé par l'un de ces nouveaux diplômés, François Leduc (1924). Mentionnons que la Shawinigan Water and Power, la plus grande compagnie d'électricité du Québec, a à son emploi quatre diplômés. Ce fait est à signaler puisqu'il faudra attendre encore une vingtaine d'années avant que cette compagnie n'accueille autant d'ingénieurs francophones dans un aussi court laps de temps.

Entre 1905 et 1930, les ingénieurs canadiens-français ont donc investi avec succès deux lieux importants pour l'exercice de la profession d'ingénieurs: l'administration publique provinciale et l'administration municipale de la métropole du Canada. Au XIXe siècle, les rares ingénieurs du gouvernement québécois étaient bien souvent des francophones. Cependant, à la Ville de Montréal, les ingénieurs anglophones avaient accaparé la quasi-totalité des postes nécessitant une compétence technique dans les services municipaux de la Ville à la fin de ce siècle[44]. C'est donc petit à petit que les Canadiens français ont réussi à prendre leur place dans le personnel technique de la Ville de Montréal et à accéder aux postes de direction, à mesure que la population de langue française augmentait à Montréal, et que le poids des francophones au

Conseil municipal augmentait. Réal Bélanger, diplômé de l'École en 1925, est engagé la même année par le service technique de la Ville de Montréal. Récemment, dans un article publié dans l'*Action nationale*, Bélanger s'est rappelé cette «difficile montée des ingénieurs francophones» dont il fut l'un des témoins et acteurs. En racontant son arrivée à l'emploi de la Ville de Montréal, il écrit ceci:

> En 1925, le service technique de la Ville comptait quelque trente-six ingénieurs, une vingtaine de dessinateurs, quelques comptables et commis, et un certain nombre d'assistants dénommés chaîneurs, pour le travail sur le terrain. Le groupe d'ingénieurs était constitué d'environ deux tiers de Canadiens français et d'un tiers d'Anglo-Canadiens. Tous les ingénieurs canadiens-français, sauf deux, venaient de l'École Polytechnique. Parmi les Anglo-Canadiens, six ou sept possédaient des diplômes d'écoles de génie; les autres, employés depuis plusieurs années, n'ayant pas fait d'études spéciales, étaient considérés comme des ingénieurs à la mode d'autrefois. Des dessinateurs, une moitié étaient de langue française et l'autre, de langue anglaise. Les comptables et les commis étaient canadiens-français, ainsi que presque tous les chaîneurs. L'ingénieur en chef du service était un Anglo-Canadien. Les rapports signés par l'ingénieur en chef étaient évidemment écrits en anglais. Ajoutons que la «bonne entente» régnait entre les Anglo et les Franco-Canadiens. Des situations analogues à celle du service technique, en 1925, se retrouvaient dans d'autres services de la ville. Ce furent des moments difficiles durant la reconquête de l'administration municipale, à Montréal, par les Canadiens français[45].

On peut supposer que la période 1931-1937 fut plutôt difficile pour les diplômés formés au cours de ces années. En fait, les diplômés ont bien peu de liens avec les milieux industriels et d'affaires; ils seront, en conséquence, moins touchés par la crise économique des années 30 que l'on pourrait le croire. L'École Polytechnique continue son développement sans trop de perturbation. Le nombre des étudiants augmente régulièrement, tandis que ceux qui terminent leurs cours ne souffrent pas trop des effets de la crise[46]. Si les nouveaux ingénieurs canadiens-français, toujours plus nombreux, réussissent à traverser relativement bien cette période difficile, c'est en grande partie grâce au fait que la Corporation et l'AAEEPM déploient une énergie peu commune pour assurer aux jeunes diplômés et aux anciens qui ont perdu leur emploi un poste temporaire ou permanent. En 1930, la crise économique frappe pour la première fois les ingénieurs canadiens-français. Le conseil de l'AAEEPM signale que, cette année-là, il a procuré de l'emploi à 7 anciens et à 12 nouveaux diplômés, tout comme à 5 étudiants. Il ajoute alors:

> Nos membres ont été affectés par la crise économique. Ainsi la série de lettres circulaires adressées, le mois d'avril dernier, aux industriels de la Province n'a pas donné des résultats aussi encourageants que celle de l'année précédente. De même les positions offertes aux élèves de l'École, pour le terme des vacances, ont été beaucoup moins nombreuses. Au total 12 de nos membres ont obtenu de l'emploi chez les industriels au cours de l'année écoulée[47].

Bien que l'économie ralentisse et que les industries produisent moins, l'administration publique ne freine pas pour autant son développement, du moins en ce qui a trait à l'embauche d'un personnel qualifié. Les plus influents des anciens diplômés ne ménagent pas leurs efforts pour améliorer le sort des ingénieurs canadiens-français. Ainsi, en 1932, le Dr Olivier-Odilon Lefebvre est nommé ingénieur en chef de la Commission du pont du lac Saint-Louis (pont Honoré-Mercier), et il engage sept diplômés cette année-là[48]. C'est là une bonne occasion de remercier l'Association qui vient de faire campagne auprès de l'Université de Montréal pour l'obtention d'un diplôme *honoris causa* à l'ingénieur en chef de la Commission des Eaux courantes.

L'année 1933 voit augmenter le nombre des sans-emploi chez les membres de l'AAEEPM, ce qui fait dire au secrétaire de l'Association, Armand Circé: «Malgré les amitiés actives que nous comptons dans plusieurs services publics dirigés en tout ou en partie par des diplômés de l'École Polytechnique, amitiés qui nous sont d'un précieux secours et pour lesquelles nous sommes profondément reconnaissants, il n'en reste pas moins que 47 de nos jeunes confrères sont actuellement sans aucun travail[49].» En 1936, les effets de la crise sont pratiquement choses du passé. En janvier 1937, il ne reste plus que sept diplômés sans travail[50].

Durant ces années, les nouveaux diplômés vont échapper, pour une bonne part, aux contrecoups de la crise économique, principalement grâce à la politique du gouvernement québécois qui, pour relancer l'économie, s'engage dans la construction de grands travaux publics, notamment la mise en place d'un réseau routier. L'administration publique reste toujours le principal employeur de ces nouveaux ingénieurs, mais cette fois-ci le gouvernement du Québec se taille la part du lion en procurant un emploi à 62 des 83 ingénieurs diplômés entre 1931 et 1937 qui ont trouvé un emploi dans l'administration publique. La plupart de ces jeunes ingénieurs se retrouvent au ministère de la Voirie. Ce ministère est alors entièrement l'affaire des ingénieurs francophones, puisque, en 1937, un ancien diplômé, François Leduc (1924), député de Laval à Québec devient ministre de la Voirie. Le ralentissement sensible du développement de l'administration de la Ville de Montréal explique en partie que moins de nouveaux diplômés y trouvent de l'emploi.

Le génie-conseil n'est pas, au cours de cette période, une voie encombrée par les jeunes diplômés. Dans les secteurs privés, ceux-ci demeurent bien peu nombreux. Un diplômé a trouvé un emploi dans le secteur des transports et communications. Les jeunes ingénieurs canadiens-français ne réussissent toujours pas à entrer massivement dans le secteur privé qui exploite la plus grande richesse naturelle du territoire québécois, l'hydro-électricité. Le secteur privé de l'exploitation minière affiche quant à lui des chiffres qui tranchent à la fois avec ceux des périodes précédentes et avec ceux des autres secteurs privés pour cette période de récession économique. En fait, c'est la ruée vers l'or, le zinc et le cuivre en Abitibi qui explique, pour une large part, l'ouverture de ce secteur aux ingénieurs canadiens-français. On trouve en effet la moitié de ces jeunes ingénieurs dans cette région. L'extraction des métaux au Québec, négligée avant 1927, semble être le seul secteur de l'économie à connaître une expansion durant les années 30[51].

Il convient maintenant de jeter un regard d'ensemble sur ces trois périodes. Les diplômés, sortis de Polytechnique entre 1905 et 1937, se dirigent encore plus massivement vers l'administration publique que la première génération d'ingénieurs formés entre 1877 et 1904. Le gouvernement fédéral cesse cependant d'être le principal employeur des ingénieurs canadiens-français diplômés et il fournit un emploi au cours de cette période à 8,1 % des diplômés seulement. L'administration municipale et surtout l'administratrion provinciale deviennent désormais les paliers de gouvernement les plus propices à l'exercice de la profession d'ingénieur pour les diplômés de Polytechnique et, par conséquent, pour les ingénieurs canadiens-français.

Le Tableau 4.3 indique les principales filières d'emplois qui se sont développées entre 1905 et 1937. Ces filières, absolument nouvelles pour les ingénieurs francophones, ont tous à leur tête d'anciens diplômés qui jouent un rôle important dans cette conquête de l'administration publique provinciale et municipale. Coordonnés par une association puissante et efficace, les efforts des anciens assurent aux nouveaux membres du groupe une sécurité d'emploi, des revenus appréciables, bref des conditions de vie pour le moins enviables[52]. L'esprit de corps insufflé à chacun des membres par l'École et l'AAEEPM permet de minimiser les effets de la crise sur ce groupe, pourtant vulnérable aux soubresauts de l'économie.

En 1932, S.-A. Baulne accède à la présidence de l'AAEEPM. Dans son discours aux membres, il résume en quelques lignes les devoirs qui incombent aux anciens pour que le groupe puisse maintenir et même améliorer sa position dans la hiérarchie des groupes sociaux.

> Pour nous les anciens de Polytechnique, en tant qu'associés, il se dégage *une leçon*, et *un devoir* nous incombe. Préparons-nous tous, tant que nous sommes, par l'étude et le travail, à devenir des compétences dans chacun des domaines où s'exerce notre activité, en vue d'occuper, avec honneur et succès, les postes vacants laissés par les plus anciens. *Comme dans une armée bien disciplinée, soyons prêts à ramasser le drapeau abandonné par ceux qui tombent. Les anciens ont, pour nous, péniblement amassé un héritage; cet héritage est formé de postes qu'ils ont atteints à force d'énergie, de travail, de persévérance et de luttes. Ce nous est un devoir impérieux de conserver jalousement et de défendre fermement cet héritage pour le transmettre intact, sinon accru, aux générations d'anciens élèves qui nous suivront*[53].

La conquête de l'administration publique provinciale et municipale par les ingénieurs canadiens-français nous amène à nous interroger sur une autre mission que ses porte-parole se sont donnée: celle, bien sûr, de s'emparer de la part qui revient aux Canadiens français dans l'industrie et les affaires.

Les transformations de l'économie québécoise entre 1900 et 1920

Avant de voir la place qu'occupent les ingénieurs canadiens-français dans l'industrie, il est bon de rappeler les principales transformations de l'économie québécoise qui affectent la profession d'ingénieur. La mise en valeur des richesses naturelles jusque-là peu exploitées est sûrement le phénomène le plus marquant de l'économie québécoise dans la première moitié du XXe siècle. La production d'hydro-électricité et l'industrie des pâtes et papiers connaissent une expansion phénoménale. Ensuite, le processus de monopolisation, enclenché à la fin du siècle dernier, s'accélère et influence grandement l'économie. Les structures financières des entreprises changent, tandis que se créent de vastes ensembles de production et de vente. Cette phase du capitalisme entraîne également le déclin des entreprises de type familial où l'on retrouvait la plupart des industriels franco-canadiens qui, comme on le sait, exerçaient une emprise économique surtout dans les régions. Finalement, l'urbanisation du Québec s'accentue. De nouvelles villes sont créées et l'importance des campagnes dans tous les aspects de l'économie décline constamment.

Pendant la période de l'entre-deux-guerres, le Québec devient l'un des grands pays producteurs d'hydro-électricité. Au début, le capital et la technologie utilisés pour mettre en valeur notre potentiel hydro-électrique, sont américains. Peu à peu, cependant, des financiers et ingénieurs canadiens vont prendre en main ce secteur de l'économie[54]. Rapidement les entreprises qui se sont intéressées au potentiel hydro-électrique du territoire québécois tendent à vouloir détenir des monopoles[55]. De grandes compagnies émergent et se découpent des marchés bien précis. Shawinigan Water and Power (SWP), qui s'est installée dans la Mauricie et sur une partie de la rive sud du Saint-Laurent, devient vite la plus importante de ces compagnies. Elle fournit de l'électricité à Montréal et réussit, en 1923, à absorber la société Quebec Power qui dessert le marché de la région de Québec[56]. Montreal Light, Heat and Power (MLHP) est, quant à elle, le résultat de l'association de nombreux adversaires dans ce secteur économique.

Ailleurs au Québec, des compagnies moins importantes desservent des régions moins populeuses. C'est le cas, par exemple, de Southern Canada Power dans l'Estrie, ou encore de Gatineau Power Co. dans l'Outaouais et de la Compagnie de Pouvoir du Bas-Saint-Laurent. Les deux grandes compagnies que sont SWP et MLHP se mettent à employer un personnel hautement qualifié, notamment de nombreux ingénieurs. Dirigées par des administrateurs anglophones, ces sociétés auront une forte tendance à recruter leurs cadres et ingénieurs chez leurs compatriotes. Ainsi, entre 1902 et 1920, aucun francophone ne siège au conseil d'administration de la SWP. En 1922, Beaudry-Leman rejoint l'ancien premier ministre Lomer Gouin nommé depuis peu administrateur de la compagnie. Jusqu'en 1943[57], il n'y aura jamais plus de deux administrateurs francophones. Plus important encore, en 1920, il n'y a qu'un seul cadre supérieur francophone, même si la masse des abonnés est de langue française[58]. MLHP n'aura jamais plus du tiers de Canadiens français parmi ses administrateurs. Ces derniers sont d'ailleurs bien souvent des hommes politiques qui permettent à la firme d'avoir des antennes dans les officines du

pouvoir politique[59]. Là encore, les rares ingénieurs canadiens-
français, employés par la compagnie avant sa nationalisation en
1944, sont des exemples qui confirment une règle générale: les
ingénieurs de MLHP sont anglophones.

La valeur de la production de pâtes et papiers au Québec
passe de 5 millions de dollars en 1900 à 14 millions en 1910, pour
atteindre 75 millions en 1922 et 130 millions en 1929[60]. Des
compagnies comme Brown Co., société américaine qui s'installe à
La Tuque et Belgo-Canadian Pulp, installée à Shawinigan et dont
les intérêts sont surtout belges, sont les plus importantes. Après
les années 20, de grandes compagnies émergent. Il s'agit, par
exemple, de Canada Power and Paper Co., liée à la Banque de
Montréal et à son président Herbert Holt, et de la filiale canadienne de l'International Paper, la Canadian International Paper,
ainsi que de la Société Price[61]. Des hommes d'affaires canadiens-
français réussissent dans ce secteur des percées qui sont dignes de
mention. Le plus connu est certes J.-E.-A. Dubuc qui fonde au
Lac-Saint-Jean la Compagnie de pulpe de Chicoutimi. Les Rolland
à Saint-Jérôme possèdent également une compagnie de fabrication de papier qui connaîtra des succès encore plus importants
dans la seconde moitié du XXe siècle[62].

Au cours des années 20, le potentiel hydro-électrique du
Québec favorise l'apparition d'industries nouvelles. Aluminium
Company of America (ALCOA) construit une importante usine au
Lac-Saint-Jean, tandis que SWP incite Canada Carbide Co., entreprise spécialisée dans la production de produits chimiques, à
s'installer à Shawinigan. La filiale canadienne de ALCOA s'affran-
chit de la maison mère et devient Alcan pendant que SWP prend
les rênes de Canada Carbide et investit le secteur de l'industrie
électro-chimique avec Shawinigan Chemicals Co.[63]

L'industrie minière se développe tardivement au Québec. Ce
n'est qu'après la Première Guerre mondiale que commence dans
certaines régions l'extraction de matières premières autres que
l'amiante. La société américaine Johns-Manville exploite ce minerai. En 1925, Asbestos Corporation est créée quand se regroupent
onze entreprises qui exploitaient des mines d'amiante. Les gisements de zinc, de cuivre, d'or et d'argent ne commencent à être
exploités qu'après les années 20. La production minière passe de
1,6 million de dollars en 1898 à 46,5 millions de dollars en 1929.
Pendant les années 30, la production ne cesse de s'accroître malgré la crise[64].

La valeur brute de la production manufacturière au Québec
fait un bond phénoménal entre 1901 et 1929, passant de 154

millions de dollars à 1,1 milliard de dollars[65]. Beaucoup moins spectaculaire que l'expansion de l'exploitation de richesses naturelles comme l'hydro-électricité, celle de la production manufacturière est continue dans presque tous les secteurs. Néanmoins, il est à signaler que la part du Québec dans l'ensemble de la production manufacturière canadienne décline au cours de ces années. Ce n'est pas le cas de l'Ontario qui maintient sa position malgré l'industrialisation que connaissent d'autres provinces canadiennes. C'est bien sûr la montée de nouveaux secteurs liés à l'exploitation des richesses naturelles qui marque cette période. Produits chimiques, alliages de métaux, mais surtout le papier qui ne comptait que pour 9 % de la production manufacturière au début du siècle et qui représente, en 1929, 22 %[66]. Cependant, c'est encore le secteur de l'alimentation qui, au Québec, domine la production manufacturière. À part l'industrie de la chaussure qui plafonne au début des années 20, l'industrie du vêtement en général maintient sa position. Avec Montréal où sont installés les ateliers des grandes compagnies ferroviaires, l'outillage lié au transport demeure un secteur important au Québec, même si un nouveau secteur, celui de l'automobile, lui échappe au profit de l'Ontario. Dans le secteur du fer et de l'acier, le rôle du Québec est de plus en plus secondaire par rapport à l'Ontario. C'est le début de la production des appareils électriques et des dérivés du pétrole et du charbon. À cette époque, le poids de ce nouveau secteur dans la structure industrielle est assez faible[67].

Finalement ces transformations économiques sont accompagnées par un phénomène qui, amorcé avec le processus d'industrialisation dans la deuxième moitié du XIXe siècle, s'accentue dans les premières décennies du XXe siècle, soit celui de l'urbanisation du Québec. Au recensement de 1921, pour la première fois de son histoire, le Québec devient un territoire en majorité urbain[68]. En l'espace de trente ans, des régions comme la Mauricie et le Lac-Saint-Jean passent d'une population massivement rurale à une population en majorité urbaine. Le nombre des villes, cités et villages augmente alors rapidement. Entre 1901 et 1931, Montréal voit sa population quadrupler, passant de 203 000 habitants à 813 000. La ville de Québec ne connaît pas une expansion démographique aussi spectaculaire, mais double quand même le chiffre de sa population qui atteint, en 1931, 130 594 personnes[69]. La croissance économique de Montréal, ville industrielle avant tout, en fait aussi un centre de commerce, de finances et de services. Montréal et d'autres villes moins importantes deviennent des lieux où s'effectue une véritable transformation des groupes sociaux. Des fils de cultivateurs et d'ouvriers agricoles joignent les rangs des ouvriers dans les usines, ou deviennent vendeurs, commis ou agents d'assurances.

La grande industrie, l'entreprise familiale et le commerce

Si l'on assiste à l'élaboration de filières d'embauche d'ingénieurs canadiens-français dans l'administration québécoise et dans l'administration municipale à Montréal, on n'est témoin d'aucun processus semblable dans les secteurs privés. De grandes compagnies, telles Bell Telephone, Alcan, Shawinigan Water and Power, Montreal Light, Heat and Power, Canadian General Electric, Canada Power, Price Brothers, Dominion Bridge, etc., ont à leur emploi plusieurs dizaines d'ingénieurs à cette époque. Aucune de celles-ci ne développera une filière de recrutement des diplômés de Polytechnique. Les ingénieurs canadiens-français seront donc pratiquement absents de la grande industrie.

Sur tous les diplômés vivants dont nous connaissons l'emploi en 1937, un seul travaille chez Alcan, sept sont à l'emploi de SWP, un est chez MLHP, trois sont employés par Montreal Tramway Co., deux par Northern Electric, un par Bell Telephone, un par Price Bros., et trois par Canadian General Electric. À cette époque, il est pratiquement impossible de connaître la proportion de ces ingénieurs canadiens-français au sein du personnel d'ingénieurs de ces grandes compagnies nationales ou internationales. Il est toutefois certain que cette proportion est extrêmement faible. En 1953, la CIPQ organise une campagne de recrutement auprès des grandes compagnies ayant à leur emploi un personnel imposant d'ingénieurs. Gérard Letendre, professeur à l'Université Laval et conseiller à la CIPQ, correspond alors avec J. E. Dyck, en charge de l'usine Alcan à Arvida. Ce dernier répond à Letendre qu'il est prêt à le recevoir afin qu'il informe les ingénieurs d'Alcan des avantages à adhérer à la CIPQ, mais il mentionne «since we have 108 English-speaking engineers out of a total of 117 in the Aluminium Plant here, we should be sent an English-speaking member to adress the engineers here[70]». Tout porte à croire que la situation qui prévaut chez Alcan s'observe ainsi dans les autres grandes industries au cours de la première moitié du XXe siècle. De plus, il est rare que des ingénieurs francophones accèdent à des postes de direction au sein de ces grandes compagnies.

Si les ingénieurs canadiens-français sont à toutes fins utiles absents de la grande industrie, du moins en ce qui a trait aux postes de direction, certains connaissent des succès dans la petite et moyenne entreprise. Laissons de côté pour l'instant les entreprises de construction ou de génie-conseil qui retiendront notre attention plus loin, pour nous concentrer sur les entreprises commerciales ou de transformation. Dans ces domaines, les réussites les plus visibles sont celles des ingénieurs diplômés qui reprennent en main l'entreprise familiale. Ces trajectoires suivies par les ingénieurs canadiens-français ne sont pas nombreuses puisque la reproduction sociale des industriels canadiens-français ne passe presque jamais par Polytechnique; le nombre de cas de reproduction sociale de ce groupe par l'unique école francophone d'ingénieurs diminue d'ailleurs après 1920. On connaît déjà le cas de Georges Garneau au XIXe siècle, auquel s'ajoute les J.-H.-A. Drolet (1909), fils de l'industriel de Québec F.-X. Drolet, propriétaire d'une fonderie que son fils dirigera, et Alfred Marois (1914), fils de A.-E. Marois, important manufacturier de chaussures de la ville de Québec. Alfred Marois occupera successivement les postes de directeur, de vice-président et président de A.-E. Marois ltée[71]. Alphonse Beauchemin (1907) est également le fils d'un manufacturier, mais de la région de Sorel, cette fois-ci. L'itinéraire de carrière de ce fils d'industriel ne passe toutefois pas par l'entreprise familiale. Après avoir travaillé de 1907 à 1911 au ministère des Travaux publics du Canada, il ouvre un bureau d'ingénieurs-conseils à Québec, puis décide, en 1915, d'aller se spécialiser en hydro-géologie aux États-Unis, plus précisément au Texas. Il est engagé, après ses études, par la société Layne and Bowler de Memphis à titre d'ingénieur adjoint. Il gravit rapidement les échelons hiérarchiques de cette multinationale américaine et en devient l'ingénieur en chef. Ensuite, il est nommé président de compagnies et filiales appartenant à cette multinationale, c'est-à-dire Layne-New-York Co., International Water Corp., Layne-France Cie de Paris et bien d'autres[72]. En 1937, Beauchemin aura permis à trois ingénieurs diplômés de Polytechnique d'occuper des postes de direction, en Europe et aux États-Unis, de filiales de la compagnie Layne[73]. En ce qui concerne la conquête des postes de direction des grandes industries, il ne semble pas qu'à l'extérieur du Québec les ingénieurs francophones connaissent les difficultés de leur compatriotes restés au Québec.

Dans le secteur du commerce, Armand Dupuis (1910) s'occupe de l'entreprise familiale Dupuis Frères, dont il sera le vice-président. Roland Préfontaine (1903) se distingue, quant à lui, dans l'industrie manufacturière, en lançant une entreprise qui devient vite florissante: Solex Lamp. J. Roméo Gauvreau (1911) débute sa carrière au département de la Voirie de la Ville de Montréal puis, quatre ans plus tard, quitte l'administration municipale pour travailler dans le secteur privé des chemins de fer. En 1919, il se lance dans les affaires, dans un secteur en pleine expansion: le raffinage du pétrole. Il fonde alors la compagnie Loyal Oil and Gas Ltd, société absorbée plus tard par Champlain Oil Products dont il devient l'un des directeurs. Il commence alors une carrière d'homme d'affaires assez remarquable. Gauvreau fonde, en effet, la Compagnie des produits pharmaceutiques Sonia et occupe la présidence de Sullivan Consolidated Mines Ltd. Il devient plus tard copropriétaire et vice-président du Club de base-ball les Royaux de Montréal et président du parc Belmont. Il occupera également un siège à bon nombre de conseils d'administration de compagnies[74]. Ces hommes d'affaires ingénieurs font partie des rares diplômés à avoir réussi à occuper des postes de direction dans l'entreprise privée autre que celle qui se rattache à la construction ou au génie-conseil. Ceux dont nous connaissons l'origine sociale, c'est-à-dire les Drolet, Marois, Garneau, Beauchemin, sont tous des fils d'industriels. À part Beauchemin qui dirige plusieurs filiales d'une multinationale, ces industriels, de par la taille ou le type d'entreprise dont ils ont les commandes, n'inaugurent aucune filière de recrutement d'ingénieurs francophones. Ces réussites individuelles n'ont alors pratiquement aucun effet d'entraînement sur les perspectives de carrière des ingénieurs diplômés francophones.

La construction et le génie-conseil

La conquête des postes de commande par les ingénieurs canadiens-français, dans les administrations publiques provinciale et municipales, avantage certains ingénieurs francophones qui se sont faits entrepreneurs en construction ou qui se sont lancés dans la pratique privée du génie-conseil. La réalisation des grands travaux municipaux (usines de filtration, systèmes de distribution d'eaux, tunnels routiers, édifices publics, etc.) ou des travaux publics décrétés par le gouvernement provincial (barrages hydro-électriques, grandes routes, écoles, etc.) permettent à des bureaux d'ingénieurs-conseils et à des compagnies de construction appartenant à des ingénieurs francophones de développer une expertise dans ces domaines et de s'imposer dans ce secteur de l'économie. Les Marius Dufresne (1905), Arthur Surveyer (1902), Séraphin Ouimet (1904), S.-Albert Baulne (1901), Armand Sicotte (1908), J.-M. Guay (1915), J.-Émile Bertrand (1913), P. Faribault (1891) ont tous fondé des entreprises de construction dont la réussite est digne de mention. Ces ingénieurs-entrepreneurs peuvent être considérés comme des représentants de ce que plusieurs historiens ont appelé la moyenne bourgeoisie[75].

L'examen de l'ascension de ces entreprises nous fait découvrir les rapports qui lient ces ingénieurs, devenus entrepreneurs, aux représentants des pouvoirs politiques. Bien souvent, ces ingénieurs-entrepreneurs ont d'ailleurs commencé leur carrière comme ingénieurs municipaux ou ingénieurs dans un ministère. Ils y accumulent une expérience et un capital de relations sociales qui assurent par la suite la réussite de leur entreprise. L'itinéraire de carrière de Marius Dufresne en est l'exemple le plus éloquent. Fils d'un industriel de la Ville de Maisonneuve, Thomas Dufresne, fondateur de la manufacture Dufresne & Locke Co., il est engagé en 1910 comme ingénieur de la Ville de Maisonneuve où son frère, Oscar, gérant de l'entreprise familiale, est conseiller municipal et président du Comité des finances[76]. Maisonneuve est alors dirigée par une équipe d'industriels qui concoctent de grands projets pour cette cité. L'ingénieur Marius Dufresne profite alors de la politique de grandeur des élus municipaux pour réaliser et planifier plusieurs travaux d'envergure. Marius Dufresne est en fait l'architecte à qui l'on donne carte blanche pour façonner l'image d'une ville moderne que l'on veut un modèle du genre. La construction de la résidence des frères Dufresne, le Château Dufresne, s'inscrit d'ailleurs dans l'esprit du plan d'aménagement de la ville[77]. Reconnu comme ingénieur et architecte de plusieurs grands projets, Marius Dufresne se voit confier des contrats pour la construction d'églises ou d'édifices que les commanditaires veulent grandioses. En 1921, il fonde la compagnie Dufresne Construction et, quelques années plus tard, Dufresne Engineering Co. Ces deux firmes vont exécuter d'importants travaux. On peut citer, entre autres, les ponts de Sainte-Anne, de Vaudreuil, les boulevards Pie-IX et Viau, la sous-structure du pont Jacques-Cartier, les barrages des Passes Dangereuses du lac Morin et de la rivière Métis[78].

Le cas de Séraphin Ouimet (1904), bien que moins connu, est assez similaire à celui de Marius Dufresne. Diplômé de Polytechnique en 1904, il travaille quatre ans au ministère de la Marine du Canada. En 1908, il ouvre un bureau d'ingénieurs-conseils à Montréal et devient expert en réalisation de travaux municipaux.

Il s'occupe de la construction d'usines de filtration, de purification des égouts, de développements de pouvoirs d'eau, trace des lignes de chemins de fer dans la ville, bref il se définit lui-même comme un expert en urbanisme. Il fait des études notamment sur la préparation des voies souterraines et du plan d'ensemble de l'île de Montréal. Ouimet sera d'ailleurs le promoteur, l'ingénieur et l'auteur du plan souterrain de Montréal (Montreal Underground Terminal Co.)[79].

Stanislas-Albert Baulne (1901), comme quelques diplômés au tournant du siècle, s'exile aux États-Unis. Il revient à Montréal en 1904 et travaille pour Locomotive & Machine Co. jusqu'en 1908. Il s'associe, en 1910, avec Paul-Émile Mercier (1899), puis à G.-E. Léonard (1906). Le bureau d'ingénieurs-conseils Baulne et Léonard connaît un essor remarquable. Ce bureau obtient, en effet, d'importants contrats de plusieurs villes pour la réalisation de travaux municipaux, des gouvernements québécois et canadien pour des travaux publics. Membre de la Commission consultative pour le pont de la rive sud, Baulne devient peu de temps après président de la Commission technique de la Ville de Montréal. Dans les années 40, il devient vice-président de Dufresne Construction. Baulne, qui enseigne à l'École Polytechnique de 1909 jusqu'à sa mort en 1945, représente, avec Arthur Surveyer dont nous avons déjà parlé, l'idéal type de l'ingénieur canadien-français, tel que le définissent ses porteparole. Tous deux formés à Polytechnique, ce sont des entrepreneurs prospères, spécialisés dans les travaux publics et ils occupent des postes de prestige au sein de commissions consultatives. Finalement, ils se dévouent tout au long de leur carrière à leur *alma mater*[80].

Ces quelques itinéraires de carrières d'ingénieurs-conseils et d'entrepreneurs, parmi d'autres, nous montrent bien que l'École Polytechnique n'a pas uniquement réussi à former un personnel qualifié appelé à diriger divers départements de la fonction publique. Cette institution a également permis à de jeunes Canadiens français de connaître des carrières d'hommes d'affaires et d'entrepreneurs dans certains domaines, dont le plus important est celui de la construction des grands travaux publics de cette moitié de siècle.

Un lieu de rencontre pour les ingénieurs francophones et anglophones

La division du système d'enseignement au Québec en deux systèmes indépendants, fondés sur l'appartenance religieuse, et la concentration des capitaux au profit des membres d'une grande bourgeoisie, à peu près exclusivement anglo-canadienne, font en sorte que l'École Polytechnique a nettement tendance à s'isoler des milieux d'affaires ou de la grande industrie. Cependant, il ne faudrait pas perdre de vue qu'un enseignement des sciences appliquées, quelles que soient les conditions dans lequel il prend place, alimente un intérêt pour les carrières industrielles. Mais cet intérêt inculqué par l'École aux élèves ne se manifeste pas par une ruée de ces derniers aux portes des grandes entreprises qui, dirigées par une autre communauté ethnique, préfèrent réserver les postes de commande à leurs compatriotes. En dépit de ce handicap majeur dont est victime l'ingénieur canadien-français, certaines trajectoires de carrières d'ingénieurs issus de l'École Polytechnique et aussi de la faculté de génie de McGill rejoignent celles d'ingénieurs canadiens-anglais. Des relations et collaborations nouvelles entre ces deux groupes émergent alors de ces rencontres.

Ernest Loignon (1888) en est un exemple patent. Avec son frère André (1887), il fonde en 1890 un bureau d'ingénieurs-conseils. Ce bureau est amené à réaliser l'installation de l'usine de la compagnie américaine Phoenix Bridge Co., où Ernest est engagé par la suite comme ingénieur-surintendant. En 1898, il entre chez Wm Kennedy & Co., bureau d'ingénieurs réputé au Canada. De 1901 à 1907, il est prêté au bureau de sir John Kennedy, pour participer aux études sur l'aménagement des ports de Montréal, d'Halifax et de Saint-Jean au Nouveau-Brunswick. En 1908, avec les industriels canadiens-français Oscar et Alphonse Arcand et Henri Germain, il fonde, à Trois-Rivières, la Compagnie de poutres d'acier Siegwart. Loignon disposera de ses intérêts dans cette compagnie pour s'occuper exclusivement de la firme Wm Kennedy & Co. dont il est, à partir de 1916, l'un des associés et propriétaires. Comme directeur de cette firme d'ingénieurs-conseils, Loignon participera à la réalisation de l'oratoire Saint-Joseph et du pont Jacques-Cartier[81].

La trajectoire de carrière d'Aurélien Boyer (1896) l'amène aussi à fréquenter les milieux d'affaires anglophones. Comme bien des diplômés de l'époque, il commence sa carrière à la Commission géologique du Canada pour ensuite être engagé au ministère des Travaux publics du Canada. Boyer délaisse, au début du siècle, la fonction publique fédérale pour s'occuper de la construction de l'usine Gall Petroleum & Chemical Co. à Mont-Tremblant dont il devient le surintendant. Il s'allie en 1909 avec un industriel anglophone et fonde Duckworth-Boyer Engineering Inspection Co. Boyer en est le vice-président et l'ingénieur en chef. Au cours des années 1910, encore avec un industriel anglophone, Thomas Griffith, il fonde la firme Canadian Inspecting & Testing Laboratories. Cette compagnie obtient du gouvernement fédéral d'importants contrats pour des travaux d'inspection et de surveillance pendant la Grande Guerre. En 1918, Boyer devient président de Security Fence Co. et de Cascades Silica Products, dont les usines sont installées aux Cèdres, puis à Saint-Canut[82]. En 1919, Aurélien Boyer succède à Ernest Marceau comme principal de l'École Polytechnique. Il consacre alors une partie de son temps à l'administration financière de son *alma mater*, principalement entre 1924 et 1935. À titre de principal, il va encourager les étudiants et les anciens à s'immiscer dans les milieux d'affaires anglophones. En 1929, il s'adresse à eux en ces termes:

> N'ayez pas peur de vous mêler aux Anglais, ce sont eux qui ont la fortune, ce sont eux qui contrôlent nos plus grandes industries, essayez d'en faire vos amis; si vous y allez ouvertement, loyalement, vous verrez que vous réussirez, et je vous assure qu'il n'est pas nécessaire pour cela de renier sa province, sa langue et ses coutumes, au contraire, il faut être fier de ses origines, mais sans arrogance, ni mépris pour celles des autres[83].

J.-Émile Bertrand (1913) aussi réussit à se mêler aux industriels canadiens-anglais et à s'imposer au sein de ce groupe. Dès sa sortie de Polytechnique, il entre chez Dominion Bridge Co. En 1928, il est nommé vice-président de Canadian Structural Steel, poste qu'il occupera pendant seize ans[84]. Ces quelques ingénieurs canadiens-français, qui connaissent des carrières exceptionnelles au sein d'entreprises appartenant à des membres de la bourgeoisie anglophone, ne s'assimilent pas pour autant entièrement à la communauté anglophone et ne renient pas leur milieu d'origine. Au contraire, tout comme les diplômés qui se sont élevés dans la hiérarchie administrative de la fonction publique, ils sont étroitement liés à l'institution qui les a formés. Bertrand, Boyer et Loignon vont tous occuper un siège à la Corporation. Tous ces industriels et hommes d'affaires, hauts fonctionnaires et entrepreneurs sont appelés à représenter l'École et ses diplômés.

Amenés à remplir des fonctions de représentation, ils se rencontrent à l'AAEEPM, à la Corporation, mais également dans des clubs privés où se côtoient les membres de la bourgeoisie canadienne-française. Ils élisent leur demeure à Outremont et participent aux activités sociales que commande leur appartenance à une classe sociale aisée.

Derrière les Frigon, Surveyer, Boyer, Loignon, Baulne, Garneau, Lefebvre, Dufresne et quelques autres, se mobilisent des centaines d'ingénieurs qui, du fonctionnaire à l'ingénieur municipal, en passant par le contremaître et le professeur d'école technique, constituent la majeure partie du groupe. Ces ingénieurs n'ont ni le capital économique, ni le prestige social de ceux qui parlent en leur nom. Ils profitent, néanmoins, de conditions de travail qui sont de loin supérieures à celles des ouvriers, auxquels ils étaient identifiés au tournant du siècle. Les ingénieurs à l'emploi de la fonction publique québécoise, par exemple, font partie pour la plupart des classes de fonctionnaires B et E. En 1925, le salaire annuel minimum de cette classe de fonctionnaires est de 1200 $, et le salaire maximum est de 5000 $[85]. Dans les années 30, le salaire annuel d'un ouvrier va de 500 $ à 600 $[86]. Les effets de la crise, lourdement ressentis par la plupart des travailleurs canadiens, n'affectent guère les employés de l'État, qui voient d'ailleurs leur pouvoir d'achat augmenter durant la dépression, compte tenu du fait que leur salaire ne subit pas de baisse. De plus, ces ingénieurs, employés du gouvernement, jouissent d'un régime de pension bien organisé[87].

En ce qui a trait aux ingénieurs canadiens-français exerçant leur profession ailleurs que dans l'administration publique, il est assez difficile de connaître avec précision leurs conditions salariales ou leur revenu annuel, puisque ces conditions et revenus varient et subissent des fluctuations importantes. Dans les secteurs privés, les ingénieurs changent régulièrement d'emploi et améliorent dans la plupart des cas leurs conditions de travail en reconvertissant l'expérience acquise à un endroit en capital économique, c'est-à-dire en négociant de meilleures conditions salariales. En 1932, la CIPQ établit un tarif de base pour les services professionnels d'un ingénieur. Une consultation ordinaire est tarifée à 50 $ par jour, tarif qui s'applique aux études et aux rapports[88].

Ce groupe d'ingénieurs fort disparate, tant au point de vue des lieux où ils exercent leur profession que des conditions de travail qu'ils connaissent, trouve sa cohésion grâce au travail symbolique réalisé par des porte-parole qui, ayant accédé à une fraction de la classe dominante, sont à même de projeter une image de l'ingénieur à laquelle chaque membre du groupe est heureux d'adhérer. Le travail de définition que nous avons décrit au chapitre précédent construit, entre autres, un mythe du groupe qui contribue à rassembler ceux qui croient en la représentation du monde qu'il donne à voir, spécialement à travers les célébrations dont il est l'objet. C'est pourquoi la cohésion des ingénieurs, et plus spécifiquement des ingénieurs canadiens-français, doit aussi être comprise comme l'effet du fonctionnement du groupe sur soi, par l'usage au sein du groupe lui-même des images nées du travail de construction de celui-ci.

Aux États-Unis, au début des années 30, ce travail de construction symbolique va même jusqu'à produire une idéologie qui aura des effets politiques: les ingénieurs se verront à la tête de l'État, ce sera l'utopie technocratique[89]. Au Québec, le travail de définition et de construction symbolique produit également, au cours des années 30, une certaine ferveur chez les ingénieurs qui rêvent de se voir comme les sauveurs d'une nation au bord d'un désastre économique. Paul-A. Béïque (1906), président de l'AAEEPM en 1935, et vice-président de la Commission de tramways de la Ville de Montréal, dévoile, dans une allocution qu'il adresse aux ingénieurs canadiens-français, la mission salvatrice qui attend l'ingénieur en ces temps sombres.

> Souhaitons qu'une mystique ou un idéal formulé par une élite vigilante et consciente de ses devoirs vienne bientôt nous délivrer de nos faiblesses en même temps que de nos erreurs, et remédier au désordre actuel. [...] En ce qui nous regarde, n'oublions pas que les ingénieurs appartiennent à l'élite par leurs connaissances scientifiques et pratiques, et parce que leur profession les désigne à la direction des travaux de tout genre, travaux publics, travaux industriels, dans lesquels ils sont appelés à commander une partie de leurs semblables[90].

Les fonctions sociales
de l'École Polytechnique

Entre 1905 et 1940, malgré certaines périodes de ralentissement, le nombre d'étudiants qui fréquentent l'École Polytechnique croît régulièrement. Le nombre de diplômés subit parallèlement la même augmentation. La promotion de 1900 est de 2 diplômés, celle de 1916 de 18, tandis que la promotion de 1937 en compte 40. La représentation de l'ingénieur, définie et inventée par tout un travail de construction symbolique, assure la cohésion et le regroupement d'individus dont l'élément commun est un diplôme d'ingénieur, mais elle exerce également une force d'attraction essentielle pour la production et la reproduction du groupe. L'entrée en jeu de l'École Polytechnique, comme instance scolaire décernant un titre qui donne accès à une profession fermée, offre une possibilité nouvelle pour certains groupes sociaux d'améliorer ou de maintenir leur position dans le champ des classes sociales.

De 1873 à 1904, l'origine sociale des diplômés et élèves de Polytechnique nous révèle bien peu de choses sur cette institution en tant que lieu par où passent les stratégies de reproduction ou de reconversion sociales des différents groupes au Canada français[91]. En effet, le peu d'élèves que l'École réussit à attirer vers elle ne nous permet pas de fonder de grandes hypothèses sur cette question, puisque la vocation pour le génie civil, profession peu connue, non reconnue et confondue avec d'autres métiers, est le fruit du hasard ou de circonstances extraordinaires. À partir des années 1910, et surtout après 1920, nous sommes en présence de conditions sociales et économiques fort différentes et d'une profession dont les membres se sont regroupés. Malheureusement, les données sur l'origine sociale des promotions se situant entre 1909 et 1932 ont probablement été brûlées lors de l'incendie de l'École en 1928. Nous ne pouvons donc suivre l'évolution de l'origine sociale des diplômés au cours du premier tiers de ce siècle.

Cependant, l'analyse de l'origine sociale des diplômés de la période 1900-1908 et de ceux de la période 1933-1947 nous permet de découvrir que Polytechnique entretient de nouveaux rapports avec le champ des classes sociales au Canada français. Le Tableau 4.4 nous indique que pour la première période c'est encore chez les fils d'agriculteurs, d'ouvriers, de petits commerçants et d'entrepreneurs et des membres des professions libérales traditionnelles que l'École recrute la majorité de ses élèves. Ces données sur l'origine sociale des diplômés pour la période 1900-1908 ne devraient pas nous étonner, sauf peut-être pour la proportion de fils d'industriels. En fait, on observe peu de changements importants entre les périodes 1877-1904 et 1900-1908, en ce qui a trait à l'origine sociale des diplômés. Il s'agit plutôt d'une évolution qui suit les transformations de la structure sociale de l'époque. L'École Polytechnique réussit toutefois, tout au début du siècle, à attirer vers elle quelques fils d'industriels qui, entre

1900 et 1908, comptent pour plus du dixième des diplômés dont nous connaissons l'origine sociale. Cette situation, cependant, est tout à fait spécifique à cette période. Ainsi, entre 1930 et 1960, la proportion des fils d'industriels ne dépasse jamais 3 %. Avec la Première Guerre mondiale, bon nombre d'entreprises canadiennes-françaises, dont la plupart sont de type familial, seront balayées par la grande industrialisation dirigée par le capital monopoliste de l'Ontario et des États-Unis, ce qui explique pourquoi on ne trouvera plus après cette période une aussi forte proportion de fils d'industriels[92].

Si les données sur l'origine sociale des diplômés, entre 1900 et 1908, ne nous indiquent pas que le type de clientèle de l'École subit des changements importants, celles qui concernent l'origine sociale des diplômés sortis entre 1933 et 1947 révèlent que des groupes sociaux, qui jusque-là n'utilisaient pratiquement pas l'École Polytechnique à des fins de reproduction sociale, vont désormais contribuer, pour une large part, à la croissance du groupe des ingénieurs canadiens-français. Dans une province dont la population est maintenant en majorité urbaine, on ne s'étonnera pas de la diminution importante des fils d'agriculteurs. Les fils de petits commerçants et d'entrepreneurs maintiennent leur proportion. C'est le cas également des fils d'ouvriers. Les fils de cols blancs et surtout des membres des «nouvelles professions» que sont les architectes, les techniciens, les pharmaciens et, plus particulièrement, les ingénieurs et les comptables diplômés, pratiquement absents ou presque au début du siècle, fournissent désormais à Polytechnique une bonne part de ses diplômés, soit près du tiers.

Après la formation du groupe et la reconnaissance sociale et légale de la profession, Polytechnique peut dès lors servir d'instance de production et de reproduction d'un groupe social et remplir à ce titre des fonctions essentiellement sociales. Les transformations que subit le système d'enseignement ne sont pas étrangères à ce phénomène. La création des HEC produit un groupe d'individus qui, tout comme les ingénieurs, proclament l'importance, pour les Canadiens français, de s'emparer des industries. Les écoles techniques ne peuvent que développer chez ceux qui les ont fréquentées un intérêt ou un respect pour la profession d'ingénieur. Quelques-uns d'ailleurs poursuivent leurs études et s'inscrivent à Polytechnique. On peut supposer également que des ouvriers spécialisés ayant fréquenté ces institutions enverront leurs enfants à Polytechnique, réalisant une génération plus tard une aspiration de carrière inculquée dans une école technique.

TABLEAU 4.4

**Origine sociale des diplômés de Polytechnique
pour les périodes 1900-1908 et 1933-1947**

périodes	1900-1908[1]		1933-1947[2]	
Profession du père	n	%	n	%
agriculteur	15	20,5	28	6,0
ouvrier	16	21,9	103	22,1
petit commerçant et entrepreneur	12	16,5	83	17,8
fonctionnaire	5	6,8	38	8,1
profession libérale traditionnelle	11	15,1	44	9,4
professeur	1	1,4	13	2,8
nouvelle profession libérale	3	4,1	88	18,8
col blanc	2	2,7	56	12,0
industriel	8	11,0	14	3,0
TOTAL	73	100,0	467	100,0

Sources: (1) Registre *vol. I, 1873-1903*, AEPM.

(2) *Dossier étudiants*, registrariat de l'EPM.

Dans les années 30 et 40, le groupe social qui fournit le plus de diplômés, et probablement le plus d'étudiants, est celui des ouvriers. Les 22,1 % des diplômés issus de ce groupe nous révèlent que Polytechnique constitue une filière de l'enseignement supérieur bien ouverte à un groupe culturellement et économiquement démuni. En effet, cette institution n'exige pas, comme c'est le cas pour les facultés traditionnelles de médecine ou de droit, le B.A., couronnement des études classiques. Ainsi, plus de la moitié des fils d'ouvriers diplômés de l'École ne seront pas passés par le collège classique avant de s'inscrire à Polytechnique. Le Mont-Saint-Louis et les écoles primaires supérieures en auront préparé 40 %. Un programme de bourses d'études du Canadien Pacifique n'est toutefois pas étranger à la bonne performance d'un groupe qui utilise fort peu le système d'enseignement universitaire. Cette grande compagnie canadienne offre en effet, à partir de 1924, une bourse d'études de quatre années d'enseignement dans les cours de chimie, de génie civil, de génie mécanique, de génie électrique aux apprentis et autres employés de la compagnie ayant moins de

21 ans, et aux fils mineurs des employés. Entre 1933 et 1947, sur les 103 fils d'ouvriers diplômés, on en compte 20 dont le père est à l'emploi du Canadien Pacifique.

La majorité de ces diplômés sont toutefois issus de groupes sociaux dont les effectifs augmentent avec l'urbanisation et la croissance du secteur tertiaire de l'économie. Les fils de commis de bureau, d'agents d'assurances, de voyageurs de commerce, de vendeurs, bref de ces cols blancs peu scolarisés, et les fils de comptables, de pharmaciens et d'ingénieurs, c'est-à-dire de membres de ces «nouvelles professions», comptent pour près de 30 % des diplômés. Ces cols blancs et représentants de nouvelles professions, salariés pour la plupart, sont, parmi l'ensemble des groupes sociaux, ceux qui peuvent le mieux apprécier la valeur d'un titre scolaire, comme celui que décerne Polytechnique, sur le marché du travail. Les premiers, qui en sont démunis, voient souvent l'avancement de leur carrière s'arrêter là où commence celle d'un détenteur d'un titre scolaire et professionnel. Les seconds doivent, quant à eux, la position sociale qu'ils occupent au diplôme qui leur confère un titre professionnel, et sont à même d'apprécier sa rentabilité sur le marché du travail, tout comme dans le champ des classes sociales. Que ce soit pour améliorer ou pour préserver la position qu'ils occupent dans l'espace social, ces groupes sociaux ont toutes les chances de percevoir l'École Polytechnique comme une instance de reproduction sociale intéressante, d'autant plus qu'ils n'ont pas obligatoirement à supporter le coût d'un enseignement secondaire privé pour leurs enfants, ce qui est avantageux pour les cols blancs, économiquement plus faibles. Quant aux ingénieurs issus de Polytechnique, tout concourt à ce qu'ils encouragent leurs enfants à y étudier. En 1929, par exemple, Frigon signale dans un article, paru dans le journal *Le Canada*: «cette année 10 % de nos élèves étaient des fils ou les frères d'ingénieurs diplômés de notre École[93].»

Les petits commerçants et entrepreneurs demeurent des groupes sociaux parmi lesquels Polytechnique a toujours recruté une proportion importante de ses élèves. L'ingénieur, défini comme un homme d'affaires et un bâtisseur par ses porte-parole, attire plusieurs individus provenant de ces groupes. Finalement, les fils d'industriels, proportionnellement moins présents que dans la période 1900-1908, représentent tout de même 3,0 % des diplômés. L'un des héritiers de la famille Rolland, propriétaire d'une usine de papier à Saint-Jérôme, est de ce nombre.

À partir des années 20, les études de génie et, par conséquent, la profession d'ingénieur, deviennent pour certains groupes un moyen par lequel ils assurent à leurs héritiers une position égale ou meilleure que celle qu'ils détiennent. Il ne faudrait pas perdre de vue, toutefois, que l'enseignement du génie au Canada français reste un type de formation plutôt marginal. L'École Polytechnique a toujours de la difficulté à recruter des élèves dans les collèges classiques. Comparée aux facultés de médecine ou aux facultés de génie au Canada anglais, Polytechnique n'attire pas autant les jeunes désireux de poursuivre des études supérieures. En 1901, il y avait au Canada 2400 ingénieurs dont 200 étaient canadiens-français. En 1921, on en compte 12 500, dont 800 Canadiens français. Trente ans plus tard, on recense 33 200 ingénieurs au Canada, de ce nombre seulement 1800 sont des Canadiens français[94]. L'enseignement secondaire au Canada français est encore largement aux mains du clergé et de ses collèges classiques. Ces institutions ont très peu modifié leur enseignement qui demeure fondé sur la transmission de connaissances littéraires et philosophiques, et orienté vers une formation intellectuelle détachée de tout utilitarisme. Entre 1939 et 1950, par exemple, 37,1 % des jeunes diplômés des collèges choisissent comme carrière la prêtrise, 25,4 % optent pour la médecine, 9,8 % vont vers le génie, 7,1 % vers le droit, et 6,3 % se dirigent vers l'industrie ou le commerce[95].

La mise en place graduelle d'un enseignement primaire supérieur et l'existence du Mont-Saint-Louis permettent cependant de doubler les effectifs fournis par les collèges. Entre 1933 et 1947, 52 % des diplômés de Polytechnique ont fait leur cours classique et 18,3 % sont passés par une école primaire supérieure, tandis que 18,7 % ont fréquenté le Mont-Saint-Louis. Ce sont là les trois principales sources de l'enseignement primaire et secondaire qui alimentent l'École.

La difficulté de recruter une forte proportion de diplômés des collèges et, par conséquent, l'ouverture de l'École aux étudiants provenant de filières de l'enseignement primaire public en font une institution ouverte à toutes les classes sociales. Ce trait de caractère est constant tout au long de son histoire et se reflète dans les problèmes financiers que connaissent toujours une bonne partie de ses étudiants. Chaque année, des étudiants de troisième, quatrième ou cinquième année sont obligés de réclamer une bourse en cours de route, leurs parents ou tuteurs ne pouvant plus les soutenir financièrement.

Comme l'École Polytechnique a toujours été une institution recrutant la grande majorité de ses candidats à Montréal et dans les milieux urbains, l'urbanisation de la province favorise en quelque sorte l'accroissement de sa clientèle. Entre 1933 et 1947, 72 % des diplômés sont originaires de l'agglomération de Montréal, 4,9 % de celle de Québec. Finalement, seulement quatre diplômés viennent de l'extérieur du Québec, et trois de ceux-ci sont des Canadiens français.

Dans les années 20 et 30, la conquête de l'administration publique provinciale et montréalaise par les ingénieurs francophones fait encore plus ressortir leur faible représentation dans l'industrie. C'est d'ailleurs au cours des années 30 que la situation des ingénieurs francophones dans l'industrie devient, pour les dirigeants de Polytechnique, un problème majeur auquel il faut trouver une solution.

Notes

1. GOW, J. I., *Histoire de l'administration publique québécoise 1867-1970*, Montréal, PUM, 1986, p. 147.

2. *Ibid.*, p. 108.

3. *Ibid.*, p. 110.

4. *Ibid.*, p. 110.

5. *Ibid.*, p. 92-93.

6. Ainsi, en 1944, sur les 261 diplômés vivants de l'École de foresterie de Laval, 120, soit 46 %, travaillent pour l'administration publique. De ceux-ci, six sont à l'emploi du gouvernement fédéral, les autres sont à l'emploi du gouvernement du Québec. *Annuaire de l'Université Laval*, Québec, Université Laval, 1946-47, p. 56-71.

7. GOW, J. I., *op. cit.*, p. 105-107.

8. *Ibid.*, p. 126-127.

9. ASSELIN, J. , «La Gérance municipale», *in Les Ingénieurs de Polytechnique et le Progrès du Québec*, Montréal, Association des diplômés de Polytechnique, 1945, p. 103-104.

10. COUSINEAU, A., «L'Urbanisation de Montréal», *in Les Ingénieurs de Polytechnique...*, *op. cit.*, p. 58.

11. CHARTRAND, L., DUCHESNE, R. et GINGRAS, Y., *Histoire des sciences au Québec*, Montréal, Boréal, 1987, p. 246-249.

12. TOURIGNY, P., *Histoire comparée de la faculté de génie de McGill et de l'EPM 1920-1940*, mémoire de maîtrise, Université de Montréal, 1980, p. 36.

13. *Lettre d'Augustin Frigon aux membres de la CEPM*, 4 mai 1928, AEPM.

14. *Procès-verbal de la CEPM*, 5 mars 1928, AEPM.

15. *Procès-verbal de la CEPM*, 10 septembre 1923, AEPM.

16. OUELLET, D., *Adrien Pouliot*, Montréal, Boréal, p. 106.

17. Voir à ce sujet OUELLET, D., *Adrien Pouliot op. cit.*, p. 61-67. Voir également FLAHAULT, J., «L'Enseignement secondaire», *in RTC*, vol. XV, 1929, p. 170-177 et 427-434 et FRIGON, A., «Le canadien français et l'industrie», *in RTC*, vol. XIX, mars 1933, p. 1-11.

18. Voir sur ce sujet TURCOTTE, P-A., *L'Enseignement secondaire public des frères éducateurs (1920-1970)*. Montréal, Les Éditions Bellarmin, 1988.

19. DESCARRIES-BÉLANGER, F., FOURNIER, M., et MAHEU, L., «Le frère Marie-Victorin et les "petites sciences"», *in Recherches sociographiques*, vol. XX, n°1, 1979, p. 35-37.

20. *Procès-verbal de la CEPM*, 16 juillet 1923, AEPM.

21. FRIGON, A., «L'Ingénieur civil», *in RTC*, vol. XIV, décembre 1928, p. 341-355.

22. *Lettre de Frigon aux membres de la Corporation de l'EPM*, (non daté 1924), AEPM.

23. *Lettre d'Augustin Frigon aux membres de la Corporation*, 4 mai 1928, AEPM.

24. Il s'agit de Wendling (École supérieure d'électricité de Paris), Arthur Villeneuve (MIT), l'abbé Labrosse (Sorbonne), Armand Circé (Imperial College of Technology).

25. Entre 1924 (année où Frigon est nommé à la tête de l'Enseignement technique de la province) et 1929, l'état financier de l'École indique une amélioration de 273 000 $. Après avoir mentionné ces chiffres aux membres de la Corporation, le secrétaire ajoute «C'est dû en grande partie aux activités de M. Frigon, si nous avons ce beau résultat. Sa nouvelle position, mentionnée plus haut [directeur de l'Enseignement technique] lui a permis de se tenir en contact avec les autorités de Québec, et d'obtenir des subventions spéciales et ainsi de puiser à même le fonds fédéral de l'Enseignement technique à de nouvelles sources de revenus.» *Procès-verbal de la CEPM*, 9 septembre 1929, AEPM.

26. PERRIER, H., «Hommage à Augustin Frigon», *in RTC*, vol. XXVIII, automne 1952, p. 230.

27. *Lettre d'Augustin Frigon aux membres de la Corporation*, 4 mai 1928, AEPM.

28. *Procès-verbal de la CEPM*, 5 mars 1928, AEPM.

29. Pour un compte rendu du congrès, voir «Vie de l'École et de l'Association», *in RTC*, vol. XVI, septembre 1930, p. 347-349.

30. Une lettre du professeur de géologie, Émile Dulieux, au principal de Polytechnique, nous renseigne sur les difficultés que commencent à rencontrer les ingénieurs canadiens-français quand il s'agit de trouver un emploi au sein d'organismes fédéraux. Dulieux écrit: «Tout dernièrement un de nos anciens

élèves Mr Poitevin, ingénieur "post graduate" de notre école, ayant fait deux campagnes géologiques avec le Dr Barlow à Chibougamo, l'autre avec moi-même, s'est vu arrêté à la porte de la Commission géologique alors qu'il semblait avoir été nommé régulièrement. Nul plus que moi ne désire que les influences politiques soient écartées dans le choix des géologues à Ottawa [...] Mais en l'espèce M. Poitevin possédait pour le poste auquel il avait été appelé toutes les qualités et toutes les compétences nécessaires. Il serait bon qu'un ministre canadien-français fasse comprendre que les Canadiens français ont droit à une certaine représentation dans le corps géologique.» *Lettre d'Émile Dulieux au principal E. Marceau*, 11 novembre 1912, AEPM.

31. On sait, par exemple que, en 1911, plus du tiers des diplômés de McGill se trouvent dans l'industrie manufacturière et le commerce. Les statistiques que Rodney Millard a recueillies sur l'emploi occupé par les membres de la SCIC nous indiquent que 66,2 % (1773) de ceux-ci travaillent pour une compagnie privée, tandis que seulement 20,7 % (554) travaillent dans l'administration publique. MILLARD, J. RODNEY, *The Master Spirit of the Age*, Toronto, Université de Toronto Press, 1988, p. 42.

32. Les diplômés de Polytechnique se retrouvent éparpillés dans plusieurs compagnies et il n'existe pas de filières d'embauche dans le secteur des pâtes et papiers.

33. La section de Québec est fondée en 1915, soit cinq ans après la création de l'AAEEPM. En 1935 est fondée la section Ottawa-Hull.

34. *Procès-verbal du conseil de l'AAEEPM*, 2 mars 1914, AEPM.

35. *Procès-verbal du conseil de l'AAEEPM*, 8 avril 1921, AEPM.

36. «Vie de l'École et de l'Association», *in RTC*, vol. VI, mars 1920, p. 119.

37. Fortin en 1923 et Terrault en 1929 seront présidents. Blanchard sera vice-président en 1934.

38. En 1929, par exemple, au banquet de l'AAEEPM, le principal de l'École affirme: «Comme d'habitude nous avons eu beaucoup plus d'offres d'emploi que nous avions d'élèves finissants à offrir. Nous aurions pu placer facilement une vingtaine d'élèves de plus.». «Vie de l'École et de l'Association», *in RTC*, vol. XV, mars 1929, p. 103.

39. MAILHIOT, A., *Les Succès des anciens de Polytechnique*, Montréal, EPM, 1931, p. 6-7.

40. *Ibid.*

41. *Ibid.*

42. MAILHOT, A. *Les Succès des anciens de Polytechnique*, Montréal, EPM, 1931.

43. «Vie de l'École et de l'Association», *in RTC*, vol. XIII, mars 1927, p. 115.

44. BÉLANGER, R., «La Difficile Montée des ingénieurs francophones», *in L'Action nationale*, vol. LXXIII, n° 3, nov. 1983, p. 221.

45. *Ibid.*

46. Ce n'est pas le cas de McGill qui, en relation plus étroite avec les milieux d'affaires et industriels, devra freiner son développement au cours de cette

période, tandis que Polytechnique connaît une montée suffisante pour espérer mettre en place des spécialités. Voir TOURIGNY, P., *Histoire comparée de la faculté de génie de McGill et de l'EPM (1920-1940)*, mémoire de maîtrise, Université de Montréal, 1980, p. 73.

47. «Vie de l'École et de l'Association», *in RTC*, vol. XVII, mars 1931, p. 96.

48. *Ibid.*

49. «Vie de l'École et de l'Association», *in RTC*, vol. XX, mars 1934, p. 106.

50. «Vie de l'École et de l'Association», *in RTC*, vol. XXIII, mars 1937, p. 106.

51. Il est important de souligner que l'embauche de ces jeunes ingénieurs dans le secteur minier ne signale aucunement l'apparition d'une filière d'emploi dans ce secteur de l'industrie privée. La plupart de ces nouveaux diplômés travaillent à forfait, et peuvent être considérés comme des ingénieurs-conseils.

52. Avec le comité de Tarifs et Honoraires, l'AAEEPM s'occupe également d'assurer à ces membres de bonnes conditions salariales. En 1920, par exemple, la section de Québec demande aux nouveaux diplômés de ne pas accepter un salaire annuel inférieur à 1600 $. Des rencontres avec le premier ministre de la Province et avec S.-N. Parent, président de la Commission des eaux courantes, ont lieu pour leur demander d'élever le salaire des ingénieurs employés dans les différents services du gouvernement provincial. *Procès-verbal du conseil de l'AAEEPM*, 11 janvier 1920, AEPM.

53. «Vie de l'École et de l'Association», *in RTC*, vol. XVIII, mars 1932, p. 114.

54. HOGUE, C., BOLDUC, A., et LAROUCHE, D., *Québec: un siècle d'électricité*, Libre Expression, Montréal, 1984, p. 136.

55. DALES, J. H., *Hydro-electricity and Industrial Development, Quebec 1898-1940*, Cambridge, Harvard University Press, 1957, p. 183.

56. BOLDUC, A. , *Un siècle..., op. cit.*, p. 176.

57. BOLDUC, A., *Un siècle..., op. cit.*, p. 168.

58. Il s'agit de Georges-Henri Dessaules (1903). Ce dernier est, dans les années 1910, ingénieur responsable du service hydraulique de la Shawinigan Water and Power. Il deviendra plus tard l'un des administrateurs de la compagnie. G.-H. Dessaules est l'héritier d'un financier et industriel canadien-français, G.-C. Dessaules, président de la Banque de Saint-Hyacinthe de 1880 à 1908.

59. HOGUE, C., *et al.*, *Un siècle..., op. cit.*, p. 70.

60. LINTEAU, P.-A., DUROCHER, R., et ROBERT, J.-C., *Histoire du Québec contemporain*, vol. I, Montréal, Boréal, 1979, p. 360-361.

61. *Ibid.*

62. PIÉDALUE, G., «Les Groupes financiers et la guerre du papier journal au Canada, 1920-1930», *in RHAF*, 30, n° 2, 1976, p. 223-258.

63. DALES, J. H., *Hydroelectricity..., op. cit.*, p. 82-83.

64. *Ibid.*, p. 364-368.

65. VALLIERES, M., *Les Industries manufacturières du Québec 1900-1959*, mémoire de maîtrise, Université Laval, 1973, p. 132-149.

66. LINTEAU, P.-A., et al., *Histoire du ...*, *op. cit.*, p. 373.

67. *Ibid.*, p. 376.

68. BERNIER, G. et BOILY, R., *Le Québec en chiffres de 1850 à nos jours*, Montréal, ACFAS, 1986, p. 57.

69. *Ibid.*, p. 59.

70. *Lettre de J. E. DICK à G. LETENDRE*, 28 février 1953, archives de l'Université Laval.

71. *Biographies canadiennes françaises*, Montréal, publié par R. Ouimet, 1923, p. 428.

72. «Nouvelles des ingénieurs», *in L'ingénieur*, vol. LXVIII, printemps 1962, p. 54.

73. Il s'agit de Henri Dubuc (1904), ingénieur à la Layne-France Cie, de Henri Ortiz (1907), ingénieur en chef de la Layne Hispano America au Mexique et de Joseph-Wilfrid Simard (1908) qui deviendra dans les années 40, président et directeur général de la Layne-France Cie.

74. «Carnet des ingénieurs», *in L'ingénieur*, vol. LIII, décembre 1967, p. 38.

75. Notamment LINTEAU, P.-A., *et al.*, *Histoire...*, *op. cit.*, p. 462-468.

76. LINTEAU, P.-A., *Maisonneuve ou comment des promoteurs fabriquent une ville*, Montréal, Boréal Express, 1981, p. 197.

77. *Ibid.*, p. 218.

78. «Vie de l'École et de l'Association», *in RTC*, vol. XXXI, été 1945, p. 410.

79. *Biographies canadiennes-française*s, Montréal, R. Ouimet, 1931, p. 370-371.

80. «Vie de l'École et de l'Association» *in RTC*, vol. XXXII, hiver 1946, p. 463.

81. *Biographies canadiennes-françaises*, Montréal, R. Ouimet, 1926, p. 53-54.

82. «Compte rendu des Fêtes du 75e anniversaire de l'EPM 1873-1948», *in RTC*, vol. XXXIV, automne 1948, p. 247-248.

83. «Vie de l'École et de l'Association», *in RTC*, vol. XV, mars 1929, p. 104-105.

84. «Nouvelles des ingénieurs», *in L'Ingénieur*, vol. XLVIII, printemps 1962, p. 56.

85. GOW, J. I., *Histoire ...*, *op. cit.*, p. 153 et p. 168.

86. Cité par GOW, J. I., *Histoire...*, *op. cit.*, p. 168.

87. *Ibid.* p. 165.

88. La tarification pour l'engagement d'un ingénieur professionnel pour un projet de construction est établie comme suit: 2 % pour un projet de moins de 50 000 $, 1 3/4 % pour un projet de 50 000 $ à 100 000 $, 1 1/2 % pour un projet de 100 000 $ à 500 000 $ et 1 1/4 % pour un projet de plus d'un million. *Procès-verbal de la CIPQ*, 7 mai 1932, AOIQ.

89. Pour une analyse historique du mouvement technocratique des ingénieurs américains dans la première moitié du XXe siècle, voir AKIN, W. E., *Technocraty and the American Dream*, Berkely, University of California Press, 1977.

90. «Vie de l'École et de l'Association», *in RTC*, vol. XXII, mars 1935, p. 109-110.

91. Pour une définition théorique des principes qui sous-tendent les stratégies de reproduction et de reconversion sociales, voir BOURDIEU, P., *La Distinction*, Paris, Minuit, 1979, p. 109-185.

92. SALES, A., *La Bourgeoisie industrielle au Québec*, Montréal, PUM, 1979, p. 197-198.

93. *Le Canada*, 28 janvier 1929.

94. MASSUE, H., «Premier supplément à l'étude de la contribution de Polytechnique au génie canadien», *in RTC*, vol XXXVIII, numéro spécial, janvier 1952, p. 28.

95. *Ibid.*, p. 48-49.

5

La vie étudiante

S ans étudiants, l'École n'a pas de raison d'être. À la fin du XIXᵉ siècle, cette évidence a sûrement hanté les dirigeants et professeurs de Polytechnique. En effet, des étudiants il y en avait bien peu pour user les bancs de l'immeuble derrière l'Académie du Plateau. Tout au début, le nombre de professeurs dépassait même celui des étudiants! Puis, la situation s'améliora quelque peu. Ils étaient une vingtaine à la fin du XIXᵉ siècle. Cette poignée d'élèves a insufflé la vie à une école alors peu connue et fort modeste. Il nous est difficile aujourd'hui d'imaginer ce que pouvait être la vie étudiante à Polytechnique au tournant du siècle. Si les professeurs et dirigeants ont laissé des traces de leur passage à l'École, l'écho des joies et des angoisses des étudiants s'est perdu dans la nuit des temps. Il faut, en effet, attendre les années 50 et la parution d'un mensuel, dirigé par les étudiants, pour que les hauts et les bas de la vie des polytechniciens survivent à l'usure du temps. Grâce aux souvenirs d'anciens diplômés, on peut toutefois tenter de reconstituer sommairement ce qu'a pu être la vie étudiante au tournant du siècle.

C'était le bon temps

À première vue, la vie étudiante des premiers polytechniciens n'était pas rose. L'ancienne demeure de médecin qui tenait lieu d'immeuble et le hangar situé derrière n'incitaient personne à l'étude ou aux loisirs. Les étudiants, bien que peu nombreux, y étaient quand même à l'étroit. La salle du sous-sol qui leur était réservée ne pouvait accueillir que les élèves de première année. Quant aux autres, ils devaient se retirer ailleurs, généralement à l'endroit où ils exécutaient leurs travaux techniques; soit au dernier étage du hangar pour les étudiants de troisième année et au second étage de la maison principale pour les étudiants de deuxième année. Quand une quatrième année fut instaurée, les aînés trouvèrent refuge au grenier du hangar[1].

Dans ces lieux, les étudiants étaient bien souvent incommodés par la chaleur ou le froid selon les saisons. La maison principale et le hangar étaient fort mal chauffés en hiver, tandis qu'aux mois de juin et septembre l'aération était inexistante. Pendant les longs mois d'hiver, il n'était pas rare de voir le professeur André, chaussé d'épaisses bottes en feutre, donner son cours avec son paletot de chat sauvage sur le dos[2]. La tenue des salles laissait en général beaucoup à désirer. Les finances de l'École ne permettaient pas d'engager un homme ou une femme de ménage. Le concierge, «l'irremplaçable M. Bisson[3]», avait d'autres chats à fouetter que de s'occuper de la propreté des lieux. On comprend que les absences étaient fréquentes, compte tenu des conditions matérielles dans lesquelles les cours étaient donnés.

Il n'y avait pas seulement les salles de cours pour refroidir les esprits des étudiants. Le colonel Balète s'est probablement souvenu de sa carrière militaire lorsque est venu le temps de rédiger le règlement de l'École. On peut y lire, par exemple, que toute absence d'un élève doit être justifiée à sa rentrée et qu'aucune absence d'une partie de la classe ne sera accordée. Plusieurs causes pouvant entraîner l'exclusion sont également mentionnées. Ainsi, les cas d'immoralité soit en action, soit en paroles, soit par écrit, entraînent le renvoi, tout comme le refus de se conformer aux injonctions des professeurs, du directeur ou du principal. Les assauts et bagarres à l'École ou ailleurs ainsi que les délits entraînant la condamnation par toute cour de justice sont des motifs d'exclusion. Enfin les absences réitérées et non justifiées tout comme l'absence non justifiée à la retraite annuelle et aux séances publiques sont également des motifs de renvoi. De plus, la conduite et les devoirs religieux des élèves font l'objet d'une attention particulière. Le règlement stipule, par exemple, que «l'omission des devoirs religieux sont des infractions graves au règlement de l'École. Ceux qui ont communié sont tenus de se confesser tous les mois[4]».

Comme c'est souvent le cas, il y a un monde entre les dispositions de ce règlement et leur application. Ainsi, les anciens sont unanimes à affirmer que la discipline au tournant du siècle était relâchée. Enfermés plusieurs heures dans des locaux étroits et presque insalubres, étudiants et professeurs vivaient comme dans une grande famille. Il régnait parmi eux une certaine familiarité qui permettait aux étudiants de passer souvent outre au règlement. L'esprit de corps qui caractérise les polytechniciens s'est certainement forgé dès les premières années de l'histoire de l'École comme le résultat inéluctable des conditions d'existence des étudiants et des professeurs. Dans ce microcosme, formé par quelques professeurs et une vingtaine d'élèves, tout le monde se connaît. La réputation d'un professeur, ses manies et ses humeurs font partie des choses qu'un étudiant sait et surtout doit savoir. L'étudiant apprend également à être solidaire de ses camarades. On ne peut faire grand-chose contre le refus de tous les étudiants d'obéir aux ordres de la direction, même si le directeur est issu d'une école militaire. Ainsi, Stanislas Baulne raconte que, à la fin du XIXe siècle, une grève des étudiants s'est déclenchée à Polytechnique. Les étudiants de troisième année avaient décidé de ne pas se présenter à l'examen du professeur Duval. Après avoir juré de ne pas se présenter en classe, un étudiant se présentera à l'examen; il subira les sarcasmes de ses camarades pendant longtemps[5].

Les têtes de Turcs des étudiants restent cependant les professeurs et le directeur Balète, et, plus tard, son successeur Alfred Fyen. La tenue négligée de Salluste Duval, les sempiternelles démonstrations (toujours les mêmes) du professeur de mathématiques, Frédéric André, l'accent français et l'allure altière d'Émile Balète deviennent au fil des ans les cibles de prédilection des étudiants. Les anecdotes juteuses racontées par les aînés permettent aux nouveaux de continuer la tradition. Ainsi, par exemple, un certain élève du nom de Cadieux, fort en calcul, devançait souvent la démonstration du professeur André en criant la réponse au beau milieu de son exposé. Le professeur se retournait et lui lançait d'un regard sévère: «Véritablement, vous êtes un colosse!» Pour se venger, le professeur André ne ratait jamais une occasion lorsqu'il rencontrait un problème difficile et compliqué d'inviter ledit Cadieux à faire la démonstration au tableau. Comme le plus souvent, celui-ci était incapable de conduire les opérations jusqu'au bout, André s'écriait fièrement: «Collé, le colosse!» Cette anecdote, choisie parmi d'autres, rend bien l'atmosphère qui régnait à l'École à cette époque[6].

Au milieu des années 1890, le nombre des étudiants ne dépasse pas 20. Une association étudiante voit pourtant le jour. Sa principale activité se limite alors à l'organisation d'un banquet annuel qui réunit les élèves, bien sûr, mais également les professeurs et les anciens de l'École. À l'occasion, des personnalités du monde politique sont également invitées. Au fil des ans et à mesure que le nombre d'élèves et de diplômés augmente, ces banquets prennent de plus en plus d'importance. L'Association des étudiants n'a de cesse de se surpasser année après année pour assurer la réussite de cet événement. Le premier banquet a lieu en 1897. À cette occasion, les diplômés qui y sont présents décident de former une association des anciens élèves[7]. Bien que cette initiative n'ait pas de suite et qu'il faille attendre une douzaine d'années avant de voir une autre tentative du genre porter fruit, il n'en demeure pas moins que le banquet annuel des étudiants permet aux anciens, aux professeurs et aux élèves de raviver leur esprit de corps. En ce sens, il est juste de dire que, avant la création, en 1910, de l'Association des anciens élèves, ce sont les étudiants qui ont assuré la perpétuité des liens des diplômés avec l'*alma mater* en invitant ces derniers à leur banquet annuel.

L'organisation de ce banquet est confiée au conseil étudiant élu par les élèves. Les convives doivent payer la somme de 3 $ pour le repas. Il s'agit pour les membres du conseil d'aller à la recherche de souscripteurs, généralement les bureaux d'ingénieurs des anciens, afin d'assurer les frais généraux. Une souscription de 5 $ est alors considérée comme généreuse[8]. L'élément majeur de ce banquet, qui atteste bien souvent de sa réussite et de son éclat, est la conception d'un menu humoristique. Ainsi, les anciens se souviennent que l'un des menus les plus réussis fut celui de 1902. Imprimé sur des feuillets de bois avec un frontispice dessiné par Joseph Labelle (1903), alors étudiant de 4e année, il souligne l'importance de l'industrie forestière au Québec. L'industrie de l'aluminium en étant alors à ses débuts, les étudiants emploient ce matériau pour la couverture du menu de 1903. Le 10e banquet, celui de 1906, se distingue par un menu dont la couverture est formée par des sections métalliques censées représenter un rail de chemin de fer. Les élèves s'inspirent donc beaucoup des industries naissantes ou florissantes pour créer leurs «célèbres» menus[9].

Les étudiants ne s'appliquent pas seulement à donner des formes originales à leurs menus. Chaque année, les membres du conseil étudiant s'ingénient à rédiger le menu en y insérant des remarques, calembours ou notes, parfois malicieuses et satiriques, qui visent toujours le corps professoral. La plupart des professeurs s'en amusent, même si certains, dont le sens de l'humour est moins développé, se contentent de les tolérer. Cet exercice littéraire reflète le caractère particulier de la vie étudiante où les travers de chacun sont bien connus de tous. La rédaction d'un menu humoristique s'impose rapidement comme une tradition que l'Association étudiante se fait un devoir de perpétuer chaque année. Cette tradition va cependant se buter à la nouvelle position de l'École que lui confèrent la construction de l'immeuble de la rue Saint-Denis et la transformation du corps professoral à partir des années 10.

À la veille du banquet de 1914, la direction de l'École signale aux membres du conseil étudiant qu'à partir de cette date, ils ne pourront plus faire allusion dans le menu de leur banquet aux professeurs en particulier ou à l'École en général. Ce qui pendant près de 20 ans a constitué la pièce de résistance du banquet annuel va disparaître, frappé par la censure d'une école qui prend de plus en plus l'allure d'une institution. Les étudiants ne vont pas s'avouer vaincus pour autant. Le soir du 24 janvier 1914, le banquet a lieu. Un menu est distribué à chaque convive. Les directives de l'École sont respectées. Toutefois, après que tous les étudiants, professeurs, anciens et invités se sont attablés, un deuxième menu fait son apparition. Bientôt tous peuvent examiner un menu à la saveur de ceux qui avaient toujours fait les délices des étudiants par le passé. Intitulé «Menu des Hommes Libres», ce menu a été rédigé par un groupe d'étudiants bien décidés à perpétuer la tradition, comme en fait foi la proclamation de la page couverture qui se lit comme suit.

> Un ordre arbitraire et dictatorial [...] a pratiquement défendu toute allusion à la Faculté dans le menu de ce banquet. Afin de suppléer à cette lacune, quelques esprits perpendiculaires, que n'intimident pas outre mesure les décrets de monsieur le directeur de l'École Polytechnique, se sont imposé la tâche de continuer la tradition. Les rédacteurs de ce Menu des Hommes Libres espèrent que la leçon sera comprise, que cet abus puéril de pouvoir [...] ne se répétera pas et que les us et coutumes du banquet des ÉLÈVES de l'École Polytechnique de Montréal seront désormais respectés[10].

On sait qu'à cette époque plusieurs professeurs venus d'Europe, surtout de France, commencent à enseigner à l'École. De plus Alfred Fyen, directeur depuis 1908, est originaire de Belgique. Bien que des professeurs comme Salluste Duval, Elzéard Beaupré, Adhémar Mailhiot et Louis-Henri Labrecque n'échappent pas à

MENU

Mangez, mangez, il en restera toujours quelque chose.
VOLTAIRE.

J'aime la compagnie
Où sont mes bons amis :
Mais le festin m'ennuie,
Où n'y a point de ris.
Un tas d'avares renfrognés
Vous feront perdre,
Du deuil de les voir rechigner,
Un bon diner.
OLIVIER BASSELIN (XVe siècle)

HORS D'ŒUVRES ASSORTIS

Ces hors-d'œuvre sont IMPORTÉS, frais et indigestes.
— Ah ! tiens, les professeurs !....

O prétentieux hors-d'œuvres,
Produits d'importation,
En vain je cherche dans vos œuvres
Pourquoi nous vous gobons.
PAUL VERLAINE (1844-1896)

CONSOMME DOUBLE EN TASSE

N. B. pour le Gascon : Prière
de ne pas confondre
{ 1o, Consommé avec mangé.
{ 2o. Double avec Deux fois.
{ 3o. Gascon avec Bousquet.
(Extrait du cours de métallurgie)

Quand on se gorge d'un potage
Succulent comme un consommé,
Si notre corps en est charmé,
Notre âme l'est bien davantage.
SCARRON (1610-1660)

CASSEROLE D'EPERLANS EMANCIPES

Pris au piège, amont les côtes de BEAUPRÉ, P. Q., avec
un vilebrequin, un escabeau, un stéthoscope, un front de
bœuf....

Or, entre tous ceux-là qui se mirent à table,
Il ne s'en trouva point qui ne fût remarquable,
Et qui, sans éplucher, n'avalât l'éperlan,
MATHURIN RÉGNIER (1573-1613)

MEDAILLON D'AGNEAU EN REDINGOTE GRISE

Moé, si j'étais directeur... y pass'raient tout' ....
JOS. L'ERUDIT (Cours de Briquettes en ciment)

Sur le plat large que décore
Un cercle de persil nouveau,
Toute chaude et fumante encore,
Git la triste tête d'agneau.
GABRIEL NIGOND

POMMES DE TERRE-A-TERRE

Don de l'Université Laval.

C'est un terrible avantage que de n'avoir rien fait ; mais
il ne faut pas en abuser.
RIVAROL (1751-1801)

POIS VERTS A LA MENTHE
OU
L'AMANTE DE POISVERT

J'ai composé cette histoire --- simple, simple, simple,
Pour mettre en fureur les gens --- graves, graves, graves,
Et pour amuser les enfants --- petits, petits, petits.
CHARLES GROS (1842-1888)

Menu des Hommes libres, janvier 1914. (Archives de l'École Polytechnique)

PUNCH POURITECHNIQUE

Elle se prostitue, cette Ecôôôle !
EMILE BALÈTE (1830-1908)

POULETS ROTIS ET MUETS

Ces poulets sont heureux ; ils sont morts sans savoir ce que
c'était que les cours dictés et sans connaître les dicteurs.

Docteurs en lieux communs sont chez moi sans crédit.
Je ne prends pas la peine de les lire,
Ces gens-là n'auroient rien à dire
Si les autres n'avoient rien dit
CHARLES COTIN (1604-1681)

SALADE ARGENTEUIL, SAUCE MAILHIOT,.. NAISE

En Frrrance, nous avons le RRRhin, le RRRhône et
la Seine ; le Saint-Laurrrent, c'est un p'tit pays !
(Paroles textuelles de M. Dulieux, au cours de géologie, en
1908).

Pour un baiser vif, la laitue
Entr'ouvre au vinaigre son cœur ;
La salade est toujours battue
Et l'amour est toujours vainqueur.
ALBERT ACREMANT (Vers de couleurs)

PECHES... A LA LIGNE SUR LABRECQUE

Avoir Fyen Alfrède,
C'est raide ;
Oh ! mais avoir Dollot,
C'est trop !
Imité de BOILEAU (1636-1711)

Et si l'on croit chaque Normand
Pour subjuguer le premier homme,
Il fallait nécessairement
Qu'Eve lui fit don d'une pomme ;
Mais moi je soutiendrai qu'Adam,
S'il eût eu la bouche plus fraiche,
N'aurait consommé notre dam
Qu'en mangeant une grosse pêche.
A. de PIIS (1755-1831)

PETITS FOURS

Chœur des diplômés :
Dieu soit loué ! Nous n'irons plus aux fours !

Les élèves du cours de mécanique prient respectueusement
Monsieur le professeur Cambronne-Désaulniers, ce vrai
champion du " Parler Canadien-Français ", de ne pas tant
parler dans ses fours de "...arde meurt et ne se rend pas."
(Communiqué)

GAFFER !

Spécialité du Directeur.
Debordation tirecte de Pelchique.

Oh ! le maudit Bavard ! Oh ! le sot Erudit !
Il dit tout ce qu'il sait et ne sait ce qu'il dit !
MARMONTEL (1723-1799)

Du vin l'agréable poison
Presque toujours mène au délire ;
Sans jamais troubler ma raison
Le café m'échauffe et m'inspire.
Pour éloigner le noir chagrin
Je le savoure avec délices ;
J'y trouve la vertu du vin
Et n'y trouve aucun de ses vices.
LÉGER (1766-1823)

FROMAGES

(Extrait de Sale-Uste Duval)

FUMEE

Rien n'est plus agréable que de fumer une pipe de tabac
en buvant du vin.
ANATOLE FRANCE
(" La Rôtisserie de la Reine Pédauque ")

l'humour mordant des étudiants, c'est l'exotisme des professeurs français et du directeur belge qui sont les cibles privilégiées des jeunes humoristes. Tous les professeurs français et le directeur expriment alors leur indignation et, d'un commun accord, quittent la salle de bal. C'est le scandale. Une délégation formée d'étudiants va négocier avec les offensés. On délibère. Finalement, les professeurs acceptent de revenir à leur siège sous les applaudissements de la moitié des étudiants et les huées de l'autre moitié. Un journal relate cet événement quelques jours plus tard sous le titre «Pénible écho d'un banquet[11]». Cette histoire fait du bruit. La direction mène sa petite enquête et les responsables sont sommés de s'excuser. Il règne une certaine animosité entre les professeurs étrangers et les élèves quelque temps encore. Cette animosité s'estompe avec l'arrivée des vacances d'été et le départ de plusieurs professeurs français qui rejoignent leur patrie à l'amorce de la mobilisation et du déclenchement de la guerre cet été-là.

Le banquet des étudiants ne sera plus à partir de cette époque la manifestation majeure de la vie de l'École. En 1916, le banquet de l'Association des anciens élèves remplace celui des étudiants comme manifestation principale à Polytechnique. L'École est devenue une institution qui se respecte, et la tradition qui s'imposera sera celle du respect et du dévouement que l'on devra désormais lui témoigner.

Sports, initiations et rock and roll

Avant le grand déménagement rue Saint-Denis, en 1905, les élèves de Polytechnique n'entretiennent guère de relations avec les étudiants des facultés de l'Université Laval. En s'installant rue Saint-Denis, les polytechniciens se rapprochent de leurs confrères qui étudient à l'Université Laval à Montréal, alors située dans la même rue. Toutefois, l'École Polytechnique est encore à une bonne distance du campus de l'université catholique à laquelle elle est affiliée. L'esprit de corps qui s'est formé chez ses étudiants, l'autonomie de son administration et le statut d'enseignement professionnel qu'on lui reconnaît ne contribuent aucunement à tisser des liens de solidarité entre les étudiants de Polytechnique et ceux de Laval. Les étudiants de ces deux institutions auront leurs propres lieux de rencontre en dehors des heures de cours, ce qui accentue encore leur isolement. Au milieu du siècle, par exemple, les polytechniciens discutent et bavardent au restaurant

Gymnase de l'École, vers 1920. (Archives de l'École Polytechnique)

Sélect et prennent une bière à la taverne Le Sphynx. Le vendredi soir on les retrouve au Café Saint-Jacques.

En un sens, le sentiment d'appartenance qui avait caractérisé les anciens élèves ne diminue aucunement chez leurs successeurs qui fréquentent maintenant l'immeuble de la rue Saint-Denis. Au contraire, à mesure que les étudiants se font plus nombreux, que l'École prend de l'expansion et que les anciens se regroupent, le sentiment d'appartenance en est d'autant plus galvanisé. En 1905, les dirigeants inaugurent le nouvel immeuble en grande pompe. Des personnalités des sphères politiques, religieuses et économiques sont invitées à une grande réception afin de connaître les nouveaux locaux. Les étudiants participent activement à son organisation, et l'éclat de cette manifestation est en grande partie dû à leur dévouement[12].

C'est peut-être dans les activités sportives que l'attachement à l'*alma mater* s'affiche le plus remarquablement. Les étudiants de Polytechnique seront alors connus pour les succès que remportent leurs équipes de hockey. Polytechnique est reconnue également comme une pépinière d'excellents pugilistes et lutteurs. Les vedettes de l'époque sont les lutteurs Henri Sorgius (1908),

Équipe de hockey de Polytechnique en décembre 1945.
(Archives de l'École Polytechnique)

Armand Sicotte (1908) et Jules Duschatel (1901) qui ont, paraît-il, donné du fil à retordre à leurs adversaires des autres facultés[13]. Polytechnique fournit également le plus de joueurs aux premières ligues de hockey intercollégiales au début du siècle. Un tournoi annuel fort attendu met au prise l'équipe de Polytechnique et celle du Mont-Saint-Louis. L'équipe gagnante se voit octroyer la coupe Bonin. À partir des années 20, les ligues universitaires de hockey se forment. Les équipes de Polytechnique remportent régulièrement des championnats. Dans le journal étudiant de l'Université de Montréal, *Le Quartier Latin*, la plupart des articles concernant Polytechnique ont comme sujet les exploits des équipes sportives de l'École. Ainsi, en 1947, on peut y lire: «À la grande joie de tous, Poly remporte le trophée Charbonneau en battant l'équipe de Laval 4 à 3[14].» Chaque année, la confrontation Poly-Laval constitue le clou du festival de Saint-Vincent-de-Paul. L'équipe gagnante remporte la coupe Charbonneau.

Au cours des années 1920-1940, l'une des activités annuelles les plus remarquées des jeunes universitaires montréalais est certes «l'enterrement du béret». Cette manifestation est un peu l'ancêtre des initiations étudiantes que l'on connaît aujourd'hui. Au

Première initiation publique pour les nouveaux de Polytechnique,
11 octobre 1944. (Archives de l'École Polytechnique)

mois d'octobre, les étudiants de l'Université de Montréal et de ses écoles affiliées organisent un grand défilé. Pour la population en général, c'est la parade annuelle des «carabins» comme on les surnomme à l'époque. Cette parade est constituée de plusieurs chars allégoriques. On en compte 38 dans la parade de 1928. Précédés d'une fanfare, sept chars allégoriques de l'École Polytechnique forment le peloton de tête. L'un de ces chars, intitulé «Une galerie de mine», remporte la coupe offerte par Mgr Olivier Maurault qui couronne le plus beau char allégorique. On peut y admirer entre autres une représentation du génie moderne, constituée de miniatures d'avions, de dirigeables et d'une maquette des bâtiments de l'Université de Montréal que l'on s'apprête à construire sur la montagne[15]. Cette maquette est également un hommage à un ancien de Poly, Ernest Cormier (1906), qui en est l'architecte. La crise économique va cependant étaler sur plus de quinze ans les travaux de construction de cette imposante œuvre architecturale. Ce n'est qu'à la fin de la Seconde Guerre mondiale que l'édifice sera inauguré sur la montagne.

C'est à la fin de la Seconde Guerre que débutent les premières initiations publiques chez les étudiants universitaires francophones. Ces rites de bizutage, bien connus des étudiants anglo-saxons, sont l'une des manifestations les plus connues des pratiques par lesquelles se forge l'esprit de corps chez les collégiens américains ou britanniques. Au Canada français, on ne s'étonnera pas que Polytechnique soit la première institution universitaire à procéder à l'initiation publique et ce, malgré les réticences d'un clergé soucieux de préserver les bonnes mœurs et la bonne conduite de ses ouailles. Du temps où l'École n'avait qu'une vingtaine d'étudiants, des initiations non officielles se déroulaient sporadiquement à l'abri des regards indiscrets. C'est en 1944 que l'Association des étudiants de Polytechnique (AEP) décide d'officialiser ce rite. Roch-Henri Gingras (1945), membre du conseil de l'AEP, s'occupe du comité mis sur pied pour organiser cette première grande initiation. Le 11 octobre 1944, les *freshmen* comme on les appelle, défilent à la queue leu leu rue Sainte-Catherine. Affublés d'une énorme boucle vert pâle et d'une culotte courte, les initiés doivent supporter les taquineries des aînés et les rires des passants[16]. Pendant trois jours, les nouveaux seront obligés de s'affubler de leur costume d'initiés. Les journaux de l'époque relatent cette première et font voir à leurs lecteurs plusieurs photos des novices[17].

Au bal d'ouverture de l'École le samedi suivant, les nouveaux font subir une sorte d'initiation symbolique aux membres du conseil étudiant «car, leur disent-ils, vous êtes des initiateurs qui n'avez jamais été initiés[18]». La publicité faite par les journaux et le succès de l'initiative encouragent d'autres associations étudiantes à emboîter le pas. L'année suivante, d'autres initiations font leur apparition sur le campus universitaire. L'année scolaire 1944-1945 annonce la fin d'une longue période de guerre. L'esprit est à la fête, surtout chez les «carabins». La guerre a révélé l'importance des scientifiques et des ingénieurs. Ces derniers s'imposent peu à peu comme les hommes de l'avenir. Les écoles de sciences appliquées accueillent un contingent appréciable de vétérans et de plus en plus de jeunes Canadiens français optent pour le génie après leurs études secondaires. Les initiations à Polytechnique prennent alors plus d'ampleur à mesure que le nombre de nouveaux étudiants augmente.

Initiation en septembre 1973. (Archives de l'École Polytechnique)

En 1951, les *freshmen* sont obligés de se rendre à l'École en pyjama. On leur barbouille le visage des couleurs de l'École, le vert et le rouge. Puis, les aînés annoncent qu'ils ont malencontreusement oublié les savons; les nouveaux devront se laver aux oignons rouges. Finalement, ils sont réunis au pied du grand escalier central. Juchés tout en haut, les anciens s'empressent d'asperger les pauvres initiés des produits les plus malodorants des épiceries du voisinage. Cette année-là, les *freshmen* y ont goûté[19]. L'année suivante, ces nouveaux, devenus anciens, ne pourront toutefois pas se venger sur le dos des élèves de première année. En septembre 1952, un décret diocésain vient mettre un terme à ce qui était devenu l'une des plus importantes manifestations étudiantes à Montréal. Il faudra attendre 1967 avant que les Montréalais assistent au défilé des nouveaux de Polytechnique dans les rues de Montréal. D'ici là, l'initiation reste discrète et se déroule à l'intérieur des murs de l'École.

Le sport et la fête sont demeurés bien longtemps les activités privilégiées des étudiants. Souvent mal préparés à entreprendre des études supérieures en science, les polytechniciens ont trouvé dans ces activités une soupape au stress de cinq longues années d'études. Cependant, les activités culturelles ne sont pas inexistantes. Probablement moins présents que dans les facultés traditionnelles où tous les étudiants sont issus des collèges classiques, le théâtre, la musique et la littérature ont intéressé un certain nombre de polytechniciens. Tout au long de son histoire, l'École a accueilli des poètes en herbe et des amoureux des arts qui ont su faire partager leurs goûts à leurs camarades. Dès la fin du XIXe siècle, des élèves organisent des soirées au théâtre ou à l'opéra. Sous le patronage des étudiants de l'Université Laval, certains ont même monté des pièces de théâtre. Des voyages à Québec et aux Mille-Îles sont régulièrement organisés au début du siècle[20]. Un peu plus tard, une société des conférences est mise sur pied par l'AEP dont le but est d'habituer les élèves à parler devant le public[21]. Toutefois, pour les étudiants de Polytechnique, dont la moitié n'ont pas fréquenté le collège et qui sont issus de familles souvent démunies en capital culturel, ce ne sont pas là les activités parascolaires les plus populaires[22]. En 1960, le cinéma fait son apparition à Polytechnique. Installé dans une petite salle, le projecteur utilisé est désuet et l'acoustique des lieux est pitoyable. C'est un début et les organisateurs de cette nouvelle activité parascolaire promettent de remplacer le projecteur qu'un antiquaire consentirait à reprendre par un système postérieur au cinéma muet[23].

C'est lorsqu'il s'agit d'organiser un «party» que les étudiants se surpassent. On a vu qu'au début du siècle leur banquet annuel s'impose comme la manifestation majeure de la vie sociale de l'École. Au fil des ans, banquets, bals, carnavals et initiations sont autant d'occasions de réjouissances. En 1953, Claude Dupras (1955) (celui-là même qui se portera candidat à la mairie de Montréal dans les années 80) est le maître d'œuvre d'un bal, ancêtre des «partys» des années 60-80. Là encore, l'organisation de la fête est une réussite puisque Dupras annonce un profit de 282,81 $. Au chapitre des dépenses, on remarque la location de la salle (500 $), le cachet de l'orchestre (230 $) et un lampion à Saint-Joseph (1 $)[24].

La Révolution tranquille marque la fin de l'emprise du clergé dans plusieurs champs de compétence, notamment celui de l'éducation. Les étudiants n'auront plus à suivre les directives diocésaines. L'initiation refait surface en 1967. Les Beatles, Woodstock, le *Peace and Love* et les contestations étudiantes à travers le monde sont autant de manifestations d'une jeunesse qui, pour la première fois, peut exprimer tout haut ses idées, sa culture et ses préoccupations. Les étudiants de Poly, qui avaient toujours manifesté un penchant pour la fête, vont pouvoir s'en donner à cœur joie. C'est à partir de cette époque que le comité Poly-Party connaît ses heures de gloire. Les «partys» marquent le rythme de l'année scolaire. Comme c'est au rythme du rock and roll que les étudiants font la fête à Poly, la cadence est endiablée. L'année scolaire 1981-82, par exemple, commence avec une fête d'initiation à l'Hôtel Windsor, le 18 septembre. Cette année-là, on avait retenu comme thème «Le Cosmos». Le 23 octobre, un «party» «Hommes des cavernes» vient célébrer la mi-session. Puis, le 4 décembre, c'est sur le thème de «Noël blanc» qu'étudiants et étudiantes célèbrent la fin des cours et le début de la période d'examens. Après les vacances de Noël, rien de tel qu'un Beach-Party pour se préparer à entamer la session d'hiver. Le 26 janvier, 26 tonnes de sable et une piscine de 18 pieds transforment la cafétéria en une plage des mers du Sud. Ce soir-là, 1100 entrées payantes et 146 caisses de bières contribuent à asseoir la renommée du Beach-Party de Polytechnique sur le campus universitaire. On poursuit sur la même lancée avec le «Guenille-party» et le «Pyjama-party» qui ont lieu respectivement aux mois de février et d'avril[25].

La bourse ou l'appui

On a vu que l'École Polytechnique a accueilli des élèves de toutes les classes sociales. Le fait que le diplôme de B.A. ne soit pas exigé a permis à plusieurs générations d'étudiants, dont les parents ne pouvaient assumer le coût de leurs études dans un collège, de faire néanmoins des études universitaires. Cependant, l'enseignement des sciences appliquées n'est pas gratuit et l'état des finances de l'École n'a pas permis d'assurer la gratuité des cours à une partie de sa clientèle. De plus, ce n'est qu'à partir des années 50 que l'on peut véritablement parler d'une politique structurée d'aide aux étudiants pour le Québec.

Au XIX⁰ siècle, deux bourses sont offertes aux étudiants désireux de suivre le programme de génie à l'École Polytechnique. Les frères Victor et surtout Prudent Beaudry instaurent une bourse annuelle de 150 $ et Peter S. Murphy met annuellement à la disposition des étudiants un prix de 50 $. Prudent Beaudry est né en 1819 à Sainte-Anne-des-Plaines. Avec ses trois frères, Jean-Louis, Jean-Baptiste et Victor, il s'installe à Montréal dans l'espoir d'y faire fortune dans les affaires. Les deux premiers réussissent rapidement et deviennent des marchands prospères. Jean-Louis sera maire de Montréal pendant plusieurs années. Avec Victor, Prudent Beaudry tente sa chance en Californie où l'on vient de découvrir d'importants gisements aurifères. C'est à Los Angeles que Prudent fait fortune, principalement grâce à des entreprises commerciales et immobilières. En 1871, il est conseiller municipal à Los Angeles puis, en 1875, il devient maire. Cette même année, Prudent Beaudry est mis au courant par son frère Jean-Louis que Montréal abrite désormais une institution d'enseignement des sciences appliquées, destinée aux jeunes Canadiens français. Le 26 mai 1875, dans un acte sous seing privé, il fait donation à l'École Polytechnique de la somme de deux mille piastres pour la fondation d'une bourse perpétuelle et annuelle de 150 $ par an qui sera appelée «la bourse Prudent-Beaudry».

Les affaires étant les affaires, quatre années plus tard, Prudent Beaudry informe le boursier Louis-Joseph Morin et Urgel Archambault que ses finances ne lui permettent pas de perpétuer la bourse «perpétuelle» qui porte son nom[26]. En 1888, les affaires recommencent à aller mieux, et Prudent Beaudry annonce au principal que la bourse Prudent-Beaudry peut être de nouveau décernée. En 1891, cette bourse disparaît définitivement. Son fondateur meurt deux ans plus tard. La bourse Prudent-Beaudry aura quand même permis à quelques étudiants, de poursuivre leurs études dans une institution où chaque diplômé est une denrée rare. Peter S. Murphy, membre du Conseil de l'Instruction publique et ancien commissaire d'école, a compris rapidement toute l'importance du recrutement et de l'encouragement des étudiants pour le développement de Polytechnique. Au moment où disparaît la bourse Prudent-Beaudry, en 1879, il institue la médaille P.S. Murphy qui s'accompagne d'un prix en argent de 50 $. Ce furent les deux seules bourses accordées aux étudiants au XIXe siècle.

Dans les années 20, le CNRC et le gouvernement provincial accordent des bourses pour encourager les études supérieures. Les Frigon, Circé, J.-C. Bernier, P.-P. Vinet vont profiter de cette nouvelle politique pour aller étudier à l'extérieur du pays. Cependant, Polytechnique n'a pas de véritables professeurs-chercheurs à cette époque et ne peut faire profiter pleinement ses étudiants des programmes de bourses du CNRC dont l'objectif principal est d'encourager la recherche scientifique. En 1924, une bourse d'études dans le domaine du génie civil, du génie mécanique, du génie électrique ou de la chimie est fondée par la compagnie Canadien Pacifique. On sait que cette bourse profitera à plusieurs étudiants. Cette heureuse initiative d'une grande compagnie canadienne montre bien que l'un des problèmes majeurs des étudiants, du moins jusque dans les années 60, est de nature économique. Une institution comme Polytechnique, ouverte aux groupes économiquement démunis, a perdu un nombre important d'étudiants pour des raisons strictement économiques. La réussite du programme de bourses du Canadien Pacifique indique clairement que, une fois ce problème résolu, les étudiants issus des milieux ouvriers poursuivent pour la plupart leurs études. Certains d'entre eux vont connaître une réussite remarquable dans l'administration publique et dans les milieux d'affaires. C'est le cas notamment de Roméo Valois, fils d'instituteur qui, après avoir étudié à l'École technique de Montréal, trouve un emploi au Canadien Pacifique. Il est le premier récipiendaire de la bourse d'études de cette compagnie à Polytechnique. Il fondera dans les années 30 la firme d'ingénieurs-conseils Lalonde et Valois (Lavalin).

Avec l'arrivée d'Augustin Frigon, en 1923, Polytechnique commence à décerner des bourses d'études à des étudiants. Tout d'abord, on offre aux étudiants peu fortunés de gagner leurs études en travaillant comme appariteurs dans les laboratoires. Dans les années 30 et 40, des bourses d'études sont créées. Le nombre de ces bourses fluctue selon la santé des finances de la Corporation. Deux conditions sont exigées pour l'accès à ces bourses d'une valeur de 175 $, soit le montant de la rétribution scolaire annuelle. Il faut obtenir de bons résultats scolaires et se trouver dans l'impossibilité d'entreprendre ou de continuer ses études pour des raisons financières[27]. La province de Québec, par l'entremise du ministère des Mines et des Pêcheries, offre également des bourses aux étudiants qui se destinent à la carrière d'ingénieur minier. Cependant les étudiants de première année n'y sont pas admissibles.

À la fin des années 40, les étudiants peuvent désormais compter sur un système de prêts et bourses. L'émergence de structures d'aide aux étudiants contribue à améliorer pour beaucoup le taux de réussite des élèves de Polytechnique, tout en permettant à de plus en plus de jeunes issus des milieux ouvriers d'avoir accès à l'université. La plus importante initiative pour aider financièrement les étudiants de Polytechnique est certes la fondation, en 1948, du Prêt d'Honneur de l'Association des diplômés de Polytechnique (ADP- en 1942, l'AAEEPM change de nom pour ADP). À l'occasion des 75 ans de l'École, les anciens organisent les Fêtes du 75e anniversaire. L'élément majeur de ces fêtes est la campagne de souscription pour un Fonds du 75e. L'argent recueilli doit servir à accorder des prêts aux étudiants du cours de base et aux jeunes diplômés désireux de poursuivre des études postuniversitaires à Polytechnique ou ailleurs[28]. L'œuvre commencée en 1948 se perpétue et le Fonds n'a cessé de grossir au fil des ans.

Des bourses du Service provincial de l'aide à la jeunesse font leur apparition à cette époque. Ce sont les ancêtres des prêts et bourses que nous connaissons aujourd'hui. Le RCE Memorial Scholarship offre aussi des bourses d'études aux étudiants des facultés ou écoles de génie et d'architecture du Canada qui sont membres du corps école d'officiers de leur institution. La Corporation des ingénieurs professionnels du Québec et l'Engineering Institute of Canada accordent également des bourses à des étudiants méritants. La Société Saint-Jean-Baptiste offre un prêt d'Honneur qui est en fait une bourse attribuée «à des étudiants pauvres et de talent reconnu[29]». Les professeurs de Polytechnique ont également constitué un fonds spécial pour l'octroi de bourses. L'École universelle d'orientation, institution qui prépare les étudiants aux sciences appliquées, offre quant à elle une bourse de 100 $. Bref, à l'orée de cette seconde moitié de siècle, une infrastructure d'aide aux étudiants s'implante.

Avec les années 50 et 60, l'École noue des relations nouvelles avec les industries privées, notamment grâce à l'émergence de la recherche dans ses murs. C'est au cours de ces décennies que plusieurs compagnies privées commencent à créer des bourses pour tous les étudiants en génie ou pour ceux de Polytechnique en particulier. À l'instar du Canadien Pacifique, Canadair s'engage à décerner trois bourses destinées aux fils de ses employés. Ces bourses sont renouvelables pour chaque année d'études. D'autres grandes compagnies privées ayant à leur emploi un nombre important d'ingénieurs se font un devoir d'instaurer des bourses d'études qui profiteront bien sûr à des étudiants de Polytechnique.

Une initiative heureuse: Coopoly

Les problèmes financiers d'une majorité d'étudiants à Polytechnique n'ont pas été résolus uniquement par l'apparition, surtout à partir des années 40, de bourses d'études ou de prêts étudiants. Dès l'instant où leur nombre augmente, ils commencent à s'organiser et à participer eux-mêmes à l'aplanissement de leurs difficultés. L'une de leurs plus belles réalisations est sans contredit la Coopérative de Polytechnique. C'est le 3 octobre 1944 qu'est fondée cette entreprise coopérative qui aujourd'hui a un chiffre d'affaires de plusieurs millions de dollars. Son principal instigateur et premier président est un étudiant de l'époque, Denis Noiseux (1945). La Coop, comme on l'appelait déjà familièrement à l'époque, sert tout d'abord à dépanner les étudiants sur le champ. On y trouve surtout du matériel scolaire[30]. Très vite cependant, ce dépanneur de service devient un lieu d'échanges et de discussions, puisque l'on commence bientôt à y vendre des livres, et plus tard des disques. Ouverte tard le soir, la Coop est en quelque sorte le centre culturel de l'immeuble de la rue Saint-Denis[31]. On y joue aux échecs jusqu'au petit matin et les adeptes de ce jeu intellectuel y discutent peut-être de politique ou de philosophie.

La Coopérative de Polytechnique est alors régie par la «loi des syndicats coopératifs». Elle a comme but de servir les étudiants qui pendant plusieurs années occupent des sièges à son conseil d'administration. Dans les années 50 et 60, la carte de membre de la Coop qui donne droit à une part sociale coûte 1 $. Jusqu'en 1958, c'est-à-dire jusqu'au déménagement de Polytechnique sur la montagne, la Coop gère le restaurant de l'École. À la veille de ce déménagement, le nombre des membres s'élève à 1237. Le chiffre d'affaires de l'année 1957 est de 5123,93 $. L'actif de la Coop se chiffre alors à 2025,21 $[32].

Jusque dans les années 70, le personnel de la Coop est composé d'étudiants bénévoles. En 1972, la Coop n'a qu'une seule employé, Mme St-Amant, la caissière. Son chiffre d'affaires a cependant connu une ascension remarquable; il se situe alors juste un peu au-dessus de 100 000 $. La venue sur le marché des calculatrices, puis des ordinateurs va alors transformer une petite coop étudiante en une PME dirigée par ce qui est probablement le plus jeune conseil d'administration du pays. L'apparition des premières calculatrices scientifiques, les HP-35 qui se détaillent au prix de 300 $ à l'époque, puis des modèles plus perfectionnés (HP-45 et HP-65) ou moins coûteux (TI-51 et TI-52), va rapidement faire augmenter le chiffre d'affaires et les ventes de la Coop. En 1974, par exemple, Coopoly commande par caisses de 100 les fameuses HP-21 et HP-25 qui, aussi puissantes que les premiers modèles, se vendent toutefois moins cher, soit 100 $ et 200 $. À ce moment-là, tous les étudiants et étudiantes possèdent une calculatrice scientifique. Coopoly est en mesure d'afficher des prix concurrentiels et attire rapidement des clients de l'extérieur du campus. La revue de vulgarisation scientifique *Québec-Science* organise même un concours d'abonnement dont les prix sont des calculatrices offertes par Coopoly. C'est à partir de ce moment que cette coopérative étudiante conquiert un marché non limité aux étudiants de Polytechnique. Avec les ventes des calculatrices scientifiques, le chiffre d'affaires atteint presque le million en 1975[33]. Le conseil d'administration doit alors embaucher une secrétaire et un directeur, Jean Demoors. Coopoly fait à cette époque l'acquisition du magasin scolaire de l'École, ce qui augmente à la fois son chiffre d'affaires et le nombre de ses employés.

Au début des années 80, c'est le marché du micro-ordinateur qui permet à Coopoly de connaître une autre poussée de croissance fulgurante. L'un des membres du conseil d'administration, Yves Lusignan, fait preuve alors d'un sens des affaires exceptionnel. Cet étudiant concocte un projet qui permettra à Coopoly de s'imposer comme une entreprise d'avant-garde dans le marché de la distribution de micro-ordinateurs au pays. Le projet «Micro 84» connaît un succès inespéré. L'élément novateur de ce projet consiste à négocier directement avec les fournisseurs (IBM, HP, Philips) des conditions d'achat de groupe extrêmement avantageuses. Assez avantageuses en effet, puisque les étudiants peuvent désormais acquérir un ordinateur. C'est la première fois, du moins au Québec, qu'un regroupement d'étudiants emploie cette stratégie[34]. La concrétisation de ce projet engendre cependant une lutte fratricide entre d'une part les membres du journal étudiant de Polytechnique *Le Polyscope,* et d'autre part l'exécutif de l'AEP et le C.A. de Coopoly. En faisant son travail d'informateur et de critique, *Le Polyscope* est amené à s'interroger sur le choix des micro-ordinateurs proposés aux étudiants. L'AEP et le C.A. de Coopoly répliquent par des articles dans *Le Polyscope* justifiant leurs décisions. Lorsque le journal étudiant dévoile que certains membres de l'exécutif de l'AEP se sont placés en situation de conflit d'intérêts, la guerre éclate. En 1984-1985, les pages du *Polyscope* font régulièrement état de cette saga[35].

Plus récemment, un autre tour de force a rapporté des dividendes aux membres de Coopoly. On a réussi à obtenir d'une grande banque canadienne qu'elle accorde des prêts aux étudiants pour l'achat de micro-ordinateurs à Coopoly. Cette banque a accepté de ne se faire rembourser par les étudiants qu'après leurs études. Cette heureuse initiative, d'un conseil d'administration dont les membres ont à peine vingt ans, a permis à d'autres coopératives étudiantes de s'engager dans cette voie et d'obtenir les mêmes conditions que les étudiants de Polytechnique[36].

Aujourd'hui, Coopoly compte 35 employés. La succursale informatique a dû être aménagée à l'extérieur de l'École, rue Jean-

Talon à Montréal. Son chiffre d'affaires, en 1989, était de sept millions de dollars, dont cinq provenaient du secteur informatique. Tout récemment, on a commencé à informatiser la gestion des opérations. Un nouveau local pour le matériel informatique vient d'être inauguré près du campus universitaire[37]. Bref, Coopoly a le vent dans les voiles et son expansion ne semble pas vouloir s'arrêter pendant cette dernière décennie du XXe siècle.

De *La Hache* au *Polyscope* : le journalisme étudiant

Le journalisme à Polytechnique commence assez tardivement. Pendant plusieurs décennies, les quelques étudiants désireux d'exercer leur plume ne pourront malheureusement pas éveiller l'écrivain ou le journaliste qui sommeille en eux. En 1923 et 1924 paraissent successivement deux petits fascicules hebdomadaires: *La Hache* et *Le Bolide,* qui vont fendre l'air aussi rapidement que leur nom le laisse supposer, puisque ni l'un ni l'autre ne durent plus d'une année. Journaux de circonstances, ces fascicules sont créés exclusivement pour appuyer une équipe aux élections de conseil d'administration de l'AEP. Avec un nom comme *La Hache,* on peut supposer que les élections de 1923 furent plutôt agressives, ce que confirme d'ailleurs la devise de ce premier journal étudiant qui était, tenez-vous bien: «Bûches (*sic*) dans le tas». En 1924, c'est autour du journal *Le Bolide* de faire son apparition, suivi la même année de *La Hache alias Le Bolide*, puis du retour de *La Hache.* En 1926, aucun journal ne paraît. L'année suivante, une autre publication à caractère politique, *Le Pic,* voit le jour. Elle disparaît aussi vite que ses prédécesseurs[38].

Dans les années 30 et 40, on ne trouve pas de traces de journaux étudiants à Polytechnique. Les journalistes en herbe doivent se tourner vers *Le Quartier Latin* qui, à cette époque, est le journal des étudiants de l'Université de Montréal. Un espace est réservé aux étudiants de Polytechnique qui doivent se contenter d'animer une petite rubrique du journal. André Hone (1929), à la fin des années 20, signe plusieurs articles dans cette importante publication étudiante. Dans les années 40, deux numéros spéciaux ont pour thème: Polytechnique et la profession d'ingénieur[39]. Ce sont les deux seuls moments forts pour l'École dans ce journal étudiant dirigé par l'Association générale des étudiants de l'Université de Montréal (AGEUM). Les tensions et les divergences entre l'AGEUM et l'AEP sont à la fois les conséquences et les causes de

la quasi-absence d'une couverture de la vie étudiante des polytechniciens dans *Le Quartier Latin*.

En 1952, commence la parution de *Poly-Tek* qui devient, deux
ans plus tard, la revue *Poly*. Cette revue qui paraît tous les mois
peut être considérée comme la première publication régulière des
étudiants de Polytechnique. On y retrouve un éditorial et des
articles sur les prises de position de l'AEP. On y discute de problèmes sociaux, politiques et économiques. On peut y lire également
des articles humoristiques et des potins. Au moment où l'École
connaît une expansion importante, la revue *Poly* permet aux étudiants et aux professeurs de faire connaître leurs points de vue sur
tout ce qui touche leur institution ou la société en général. Pour
continuer à entretenir l'esprit de corps dans une école qui compte
maintenant plus de 1000 étudiants, un organe de communication
s'impose désormais; *Poly* remplit adéquatement cette tâche.

La revue *Poly* ne survivra cependant pas à la concurrence. En
1967, c'est l'année de l'Expo, de la création des cégeps et du *Peace
and Love*. À Polytechnique, un comité d'information de l'AEP,
Poly-Information, propose la création d'un journal à l'image
d'une nouvelle génération d'étudiants. C'est la naissance du
Polyscope. Plus engagé socialement et politiquement, *Le Polyscope*
projette une image plus jeune. Surtout, il est plus sensibilisé aux
nouvelles préoccupations des étudiants. Le mensuel *Poly* apparaît
nettement plus traditionnel et est de ce fait associé à la direction
de l'École. *Le Polyscope* ne tarde pas à reléguer *Poly* aux oubliettes.

À la fin des années 60, au moment où les contestations étudiantes paralysent la France et que la garde nationale américaine
abat quatre étudiants sur le campus de l'Université Kent en Ohio,
ce ne sont pas les sujets ni les idées qui manquent à un journal
étudiant désireux d'informer ses lecteurs des bouleversements
que connaît toute la planète. En 1968, une série d'articles sur la
politique étrangère, notamment sur la guerre du Vietnam, suscite
une certaine réaction chez les étudiants. Le journal sera même
taxé de communiste[40]. Puis, la montée du nationalisme québécois,
avec l'arrivée du Parti québécois, suivie de la crise d'Octobre et du
regroupement des forces de gauche, notamment avec le FRAP à
l'élection municipale de Montréal, sont autant de sujets et d'événements discutés dans *Le Polyscope*. Au cours des années 70, le
journal officiel des étudiants de Polytechnique aborde des sujets
comme la liberté sexuelle, la Loi 22, ou la prise du pouvoir par le
Parti québécois. Au milieu des années 70, *Le Polyscope* est distribué dans la plupart des campus universitaires et dans les cégeps.
Tiré à 10 000 exemplaires, il rejoint une clientèle étudiante diver-

sifiée. En 1977, apparaît pour la première fois la célèbre devise du journal: «De toute façon, on est les meilleurs.»

Dans les années 80, le nationalisme et l'engagement politique des étudiants s'essoufflent comme dans le reste de la population d'ailleurs. Quelques plaisanteries sexistes et les réactions des étudiants devant la menace de grève des employés de soutien de l'École contribuent alors à transformer l'image du journal. *Le Polyscope* qui, jusqu'au milieu des années 70, apparaissait comme une publication d'avant-garde de la presse étudiante, se fait alors traiter de journal phallocrate, tandis que les étudiants de Poly sont traités de réactionnaires. *Le Polyscope* se retire de la PEQ (Presses étudiantes du Québec), et ses prises de bec avec le journal des étudiants de l'Université de Montréal, *Le Continuum,* font les délices des lecteurs assidus de ces deux journaux étudiants. *Le Polyscope* connaît des hauts et des bas dans cette décennie. Ce journal a su toutefois tenir la barre et a survécu aux assauts des vagues de toutes sortes. En 1987, *Le Polyscope* fête ses vingt ans. Pour l'occasion un numéro spécial est publié. Toujours aussi modeste dans ses devises, *Le Polyscope* titre à la une: «Le plus ancien journal étudiant hebdomadaire français d'Amérique[41]».

L'Association des étudiants de Polytechnique

On sait que la situation particulière dans laquelle s'est développée l'École Polytechnique a grandement favorisé l'émergence d'un sentiment d'appartenance chez les produits de cette institution, c'est-à-dire ses diplômés. C'est au début du siècle, comme on l'a vu, que l'Association des Anciens s'était donné comme principale tâche d'entretenir ce sentiment. C'est toutefois dès les premières années d'études que s'inculquent chez les étudiants l'esprit de corps et le sentiment d'appartenance qui leur sont caractéristiques. Professeurs, dirigeants et anciens diplômés informent régulièrement les étudiants de la mission qu'ils auront à remplir, des responsabilités qui leur incombent, du soutien qu'ils obtiendront de leurs aînés. On les tient au courant aussi des difficultés qu'ils rencontreront, des préjugés qu'ils devront combattre, du respect qu'ils devront gagner. Cependant, à partir des années 50 et surtout 60, la prise de conscience des jeunes et leur attachement à des valeurs qui leur sont propres touchent les jeunes polytechniciens dorénavant moins portés à afficher leur appartenance inconditionnelle à l'École.

L'AEP est probablement née quelques années seulement après la fondation de l'École. Avec moins d'une vingtaine d'étudiants fréquentant l'immeuble derrière l'Académie, cette association s'est limitée tout d'abord à organiser le banquet annuel des étudiants. Avec les années 20, les Polytechniciens sont représentés également par une autre association étudiante: l'AGEUM. Les relations entre l'AEP et l'AGEUM ne sont pas plus heureuses que celles qu'entretiennent l'École et l'Université de Montréal. Ainsi, la faible représentation des membres de l'AEP au sein de l'AGEUM est un sujet de discorde entre ces deux associations pendant des décennies. Les étudiants de Polytechnique forment un bloc monolithique qu'il est difficile d'incorporer dans un ensemble plus large. L'accession à la présidence de l'AGEUM d'un étudiant de Polytechnique, René L'Heureux (1930), en 1929-1930, ne changera rien aux relations tendues qui existent entre ces deux organes de représentation.

Les étudiants doivent subir les contrecoups de la situation particulière de l'enseignement du génie dans le système d'enseignement supérieur au Canada français. En effet, jusque dans les années 50 l'enseignement du génie n'a pas encore, pour une bonne part de la population, atteint le statut des facultés traditionnelles. Ainsi, au milieu des années 40, quand le quotidien *Le Petit Journal* pose la question suivante à quelques élèves de Polytechnique: «Pensez-vous que l'ingénieur devrait avoir la même considération professionnelle que le médecin et l'avocat[42]?», la réponse des étudiants nous laisse croire que l'ingénieur n'a pas encore réussi à accéder au statut social des membres des professions libérales traditionnelles. Bien que les étudiants répondent dans l'affirmative à la question qui leur est posée, plusieurs reconnaissent que la majorité de la population ne considère pas l'ingénieur comme exerçant une profession au même titre que le médecin ou l'avocat[43]. Les rapports entre les étudiants de Polytechnique et ceux de l'Université de Montréal seront longtemps contaminés par la position de l'École et des ingénieurs dans le champ universitaire et la hiérarchie des groupes sociaux. Au début des années 50, le délégué de l'AEP à l'AGEUM ironise à peine lorsqu'il informe le conseil de l'AEP des décisions de l'AGEUM en lançant: «Voici des nouvelles d'en haut[44]».

En 1958, l'inauguration du nouvel immeuble sur la montagne ramène les étudiants de Polytechnique sur le campus de l'Université de Montréal. On croit alors que ce rapprochement permettra de mieux intégrer les Polytechniciens à la grande famille universitaire. Chez les étudiants de Polytechnique, on reconnaît

La salle de l'Association des étudiants de Polytechnique
au début des années 50. (Archives de l'École Polytechnique)

alors que, trop éloignés du campus universitaire, ils n'ont pu bénéficier de leur adhésion à l'AGEUM. C'est le moment de réclamer avec plus d'insistance ce qui demeure une revendication importante pour l'AEP depuis quinze ans, à savoir le vote proportionnel. Jusque-là, les étudiants de Polytechnique n'avaient qu'un seul représentant à l'AGEUM. Après un an de délibérations, le conseil général de l'AGEUM établit la représentation proportionnelle au sein de son conseil, ce qui donne aux étudiants de Polytechnique quatre représentants dont le président de l'AEP[45].

Le déménagement sur la montagne n'a pas que des répercussions heureuses pour la vie étudiante. Les étudiants qui avaient été formés dans l'immeuble de la rue Saint-Denis s'étaient bien adaptés à l'environnement physique de cet édifice. Le grand escalier central servait quotidiennement de lieu de rassemblement. En quelques minutes, le président de l'AEP pouvait appeler une assemblée et réunir autour de lui tous les étudiants. En prenant possession de leur nouvel habitat sur la montagne, les étudiants chercheront en vain cet escalier qui leur permettait de se regrouper pour faire corps avec leur président[46].

Jusqu'au début des années 50, la prise de conscience politique des étudiants universitaires est pratiquement inexistante au Québec. Ceux-ci ont tendance à se définir eux-mêmes comme des privilégiés, et leurs associations étudiantes ne génèrent encore aucune critique de l'idéologie dominante de l'époque[47]. Le président de l'AEP, à la fin des années 50, se rappelle l'association qu'il dirigeait comme «une organisation [qui] cherchait surtout à meubler les loisirs des étudiants[48]». Avec les années 60, un changement radical de la condition d'étudiant apparaît, qui bouleverse les rapports qu'entretenaient les étudiants avec la société. C'est tout d'abord dans le sillon de la réforme de l'appareil scolaire que l'intervention politique des étudiants a été sollicitée. Appelés à désigner des représentants officiels au sein d'organismes gouvernementaux, ils ont dû repenser et surtout renforcer leurs associations[49]. L'incorporation, puis la syndicalisation des associations étudiantes se sont rapidement effectuées. C'est tout d'abord la P.E.N. (Presse Étudiante Nationale) qui lance ce mouvement. En août 1962, les journalistes étudiants «s'entendent sur la nécessité de structures qui permettront à la collectivité étudiante une participation institutionnalisée à la vie intellectuelle, sociale et politique du Québec, et décident d'activer l'évolution du milieu en ce sens[50]». En 1964, l'UGEQ (Union générale des étudiants du Québec) est créée. Ce regroupement des étudiants se définit tout de suite comme le syndicat étudiant non confessionnel, démocratique et libre des étudiants québécois. Contrairement aux décennies précédentes, l'étudiant n'est plus défini par ses représentants comme un privilégié, appelé à accéder à l'élite, mais comme un jeune travailleur intellectuel. La démocratisation de l'éducation, la création de nouvelles institutions publiques et la participation des étudiants à l'orientation et à la gestion des institutions d'enseignement sont les principales revendications de l'UGEQ. L'AEP, comme les autres associations d'étudiants, participe à cette révolution idéologique qui marque profondément la vie étudiante au Québec. L'esprit de corps des étudiants de Polytechnique va cependant leur rendre un peu plus difficile la mutation qui s'opère chez l'ensemble des étudiants québécois au cours des années 60.

C'est à la faveur d'un conflit opposant les employés du Centre-Social de l'Université de Montréal et l'administration de l'Université que s'affiche ouvertement l'identité nouvelle que se sont donnée les étudiants québécois. Le 4 avril 1962, c'est la grève sur le campus de l'Université de Montréal. Des piquets sont dressés par l'AGEUM pour appuyer les travailleurs du Centre-Social. Le mot d'ordre a été bien entendu et les salles de cours sont désertes. Une seule ombre au tableau. Les piquets de grève des étudiants ont été brisés à Polytechnique où certains cours ont été donnés. Les étudiants de Polytechnique sont rapidement montrés du doigt. *Le Quartier Latin* tire à la une: LA GRÈVE: UN SUCCÈS! ET POLY[51]... Pour l'AEP, l'AGEUM s'est engagée dans une grève sans préparation suffisante et une motion de censure est présentée sur ce point. Cependant, au nom du caractère sacré d'un piquet de grève, l'AEP désavoue certains de ses membres qui l'ont franchi[52]. Il n'en demeure pas moins que la censure de l'AEP et les incidents à Polytechnique lors de la grève générale des étudiants ne contribuent en rien à atténuer les frictions entre les étudiants de l'École et ceux de l'Université. De plus, la publicité faite autour de cette affaire va façonner une image des étudiants de Polytechnique qu'ils devront traîner bien longtemps.

Il semble peut-être paradoxal de constater que, chez les polytechniciens, reconnus pour leurs initiations extravagantes, leurs carnavals flamboyants et leurs «partys» monstres, la suspension des cours pour une raison ou pour une autre a toujours été perçue comme un sacrilège. En fait, les étudiants trouvent dans la fête une soupape de sûreté pour la pression extrêmement forte engendrée par des études reconnues comme très difficiles; les échecs fort nombreux leur rappellent quotidiennement qu'il suffit de peu de chose pour voir se briser le rêve d'une carrière. Les membres dirigeants de l'AEP seront bien souvent les premiers surpris de cette réaction qui se répétera plus d'une fois.

Cette attitude viscérale des polytechniciens envers la suspension des cours aura même pour conséquence le retrait bien involontaire de leur association au sein de l'ANEQ (Association nationale des étudiants du Québec). En novembre 1977, les rapports entre l'AEP et l'ANEQ sont au beau fixe. L'AEP a même joué un rôle non négligeable lors de la création de l'ANEQ en 1975. En été 1977, au VIIe Congrès de l'ANEQ, il est question de l'abolition des frais de scolarité pour tous les niveaux scolaires. L'AEP entérine cette position et, à son congrès du mois d'octobre, ses membres appuient la plupart des positions de l'ANEQ. À son congrès d'été, l'ANEQ avait, entres autres, prévu comme moyen d'action une grève de quatre jours si nécessaire. Au mois de novembre, l'AEP convoque ses membres pour entériner ce moyen d'action. Pour susciter la participation des étudiants à ce vote, *Le Polyscope* publie une annonce en dernière page et écrit en gros caractères **GRÈVE LIMITÉE OU ILLIMITÉE.** En fait, il n'était pas du tout question de tenir un scrutin sur une grève illimitée. On espérait une forte participation des étudiants à ce vote, jamais ils ne furent plus nombreux. Ils se sont littéralement rués à cette assemblée et non seulement ont voté contre ce moyen de pression, mais ont exigé de leur association qu'elle se retire de l'ANEQ. L'exécutif de l'AEP fut sidéré. Ses membres ont dû se plier à cette décision démocratique engendrée par une erreur malencontreuse du journal étudiant[53]. À la fin des années 70, les étudiants appréhendent une grève des employés de soutien de l'École. Ils occupent promptement les bureaux du directeur et le retiennent plusieurs heures. Les étudiants veulent avoir l'assurance que leurs cours ne seront pas suspendus dans l'éventualité d'une grève. Le quotidien *La Presse* en fait sa manchette et contribue à renforcer l'image de l'étudiant réactionnaire de Polytechnique[54].

L'histoire de l'AEP révèle toutefois que les représentants des étudiants ont participé activement aux mouvements sociaux des années 60 et 70. Ainsi, dès 1962, l'AEP obtient son incorporation. Comme le souligne son président de l'époque, l'AEP est devenue adulte et pourra désormais se faire entendre avec force[55]. Forte de son nouveau statut de corporation, l'AEP entre dans une nouvelle phase de son développement. Il n'est plus question pour l'association d'être une simple organisatrice de «partys». Il s'agit d'offrir des services aux membres afin qu'ils deviennent de meilleurs étudiants, puis de meilleurs citoyens. Des comités sont rapidement mis sur pied pour atteindre ces objectifs. C'est ainsi que voient le jour un comité d'information, un comité d'éducation et un comité d'affaires culturelles. Puis, en 1967, l'AEP se dissocie de l'AGEUM et, à la fin de l'année, le bureau définit maintenant l'association comme un syndicat étudiant. L'identité du jeune travailleur intellectuel s'est peu à peu imposée, non sans certaines réticences. Le vote sur la question du syndicat étudiant fut très serré et contesté: 12 voix pour, 9 voix contre, et 2 abstentions. Dans l'un des derniers numéros de la revue *Poly*, son directeur s'étonne de cette décision, en signalant: «Il serait vraiment amusant d'interroger à brûle-pourpoint les étudiants sur cette question: qu'est-ce qu'un syndicat étudiant québécois? Vous n'auriez pas à être surpris des réponses reçues: seule une élite le sait[56]!»

À la fin des années 60, l'AEP participe aux grandes manifestations étudiantes. L'association appuie la lutte que mènent les étudiants des cégeps à l'automne 1968. Les étudiants et leur association participent activement au mouvement nationaliste qui prend de l'ampleur à cette époque. Ils manifestent leur appui au moment de la mobilisation contre le projet de loi 63 et surtout lors de l'opération McGill-Français. Depuis la création de l'École, dirigeants et anciens ont toujours associé le développement de leur institution à celui du Canada français. Il n'est cependant pas question de l'indépendance au Québec avant les années 60. C'est tout au début de cette décennie que des étudiants expriment publiquement leur sympathie à la cause souverainiste. En 1961, on peut lire dans la revue *Poly* un article écrit par un étudiant de 4ᵉ année sur ce sujet. L'étudiant y explique les raisons qui le motivent à souhaiter l'indépendance du Québec[57]. Dès la naissance du Parti québécois, cette formation politique obtient la faveur des étudiants avec 46 % des intentions de vote. Plus significatif encore, 70 % des étudiants ne croient plus à la survie du fait français au Canada[58]. En 1969, l'AEP intervient même pour inciter les compagnies qui offrent de l'emploi aux jeunes diplômés de conduire leurs entrevues en français. En pleine crise d'Octobre, 200 étudiants sur 820 votants se disent en faveur du manifeste du FLQ et des moyens qu'il prône[59]. Dans les années 70, les étudiants participent bien sûr aux grandes manifestations nationalistes. Et, pour une rare fois, un vote de débrayage d'une journée est voté en octobre 1975 pour permettre aux étudiants d'aller manifester contre le projet de loi 22.

Les femmes à Polytechnique:
la longue marche

Avant 1950, Polytechnique est une institution où les étudiants sont presque essentiellement des Canadiens français et d'où les femmes sont totalement absentes. Quelques jeunes immigrants français ou belges s'inscrivent à Polytechnique avant le milieu du siècle; ils représentent les seuls éléments étrangers dans cette institution québécoise. C'est le cas, entres autres, d'Arthur Amos et des fils de quelques professeurs ou directeurs recrutés en Europe au début du siècle. Les deux premiers directeurs, le français Émile Balète et le belge Alfred Fyen, ont chacun un fils diplômé de l'École. C'est le cas également du professeur de chimie Jean Flahault. La liste des diplômés nous fait voir plusieurs patronymes d'origine anglaise, tels MacKay, Kieffer, Fraser ou Warren, mais tous sont issus de familles depuis longtemps assimilées à la société canadienne-française. La réputation de l'École n'a pas encore franchi les limites de la province, comme c'est le cas de la faculté de génie de McGill. En fait, avant de songer à accueillir des étudiants étrangers, il importe d'exploiter au maximun le marché québécois, ce qui est loin d'être le cas. N'oublions pas que l'une des principales missions de l'École est de donner la chance à de jeunes Canadiens français d'embrasser une carrière où peu de leurs compatriotes se sont encore aventurés.

À partir des années 50, des conditions nouvelles favorisent la venue d'étudiants étrangers à l'École. Au début des années 40, un scientifique de réputation internationale, Georges Welter, joint les rangs du corps professoral. Dans les années 50, il attire quelques étudiants anglo-canadiens qui veulent poursuivre des études supérieures auprès d'une sommité dans le domaine de la métallographie. Ce sont toutefois les bouleversements politiques dans certaines régions du globe qui seront les principales causes de l'arrivée d'étudiants étrangers.

En 1955, le Royaume-Uni lance le plan *Colombo* dont le but est d'aider certains pays en voie de développement. Le plan *Colombo* vise principalement à aider l'Inde. D'autres pays en profitent également, notamment la région que l'on appelle à l'époque l'Indochine. À la fois pour aider cette partie du monde à se relever économiquement mais aussi pour appuyer sa lutte contre le communisme, le gouvernement canadien, en coopération avec l'organisation du plan *Colombo*, décide d'accueillir des étudiants de cette région. Ceux-ci viennent spécialement pour acquérir des connaissances nécessaires à la pratique du génie. Colonisée par la France, une bonne partie de la population instruite a comme langue seconde le français. On a donc logiquement pensé à l'École Polytechnique pour accueillir ces étudiants venus du Laos, du Vietnam et du Cambodge[60].

En 1956, la répression en Hongrie amène un contingent de six étudiants hongrois qui poursuivront leurs études en génie à Polytechnique. Un peu plus tard, l'Organisation mondiale de la santé permet à des étudiants d'Afrique du Nord, originaires de pays colonisés par la France (Tunisie, Égypte et Algérie), de venir étudier le génie civil au Québec. Bref, au début des années 60, une centaine d'étudiants étrangers, venus d'Asie, d'Afrique, d'Europe et d'Amérique (Colombie, Martinique et Haïti) sont inscrits à l'École. La plupart sont boursiers dans le cadre du plan *Colombo* ou de l'Organisation mondiale de la santé; d'autres sont venus au Canada à leurs propres frais. Ces derniers sont des fils d'exilés ou sont envoyés par des parents fortunés vivant dans des pays dont l'infrastructure scolaire n'est pas encore bien développée. En plein essor industriel, le Canada est particulièrement ouvert aux étudiants étrangers qui n'ont souvent de choix qu'entre deux ou trois pays. Polytechnique devient une institution intéressante pour les étudiants étrangers d'expression française qui peuvent étudier dans leur langue tout en se familiarisant avec la langue anglaise[61].

Au cours des années 60, 70 et 80, Polytechnique continue à accueillir de plus en plus d'étudiants étrangers. Ils n'étaient que 9 en 1950; ils sont déjà 130 en 1963 et représentent 9,1 % des étudiants. En 1968, ils comptent pour 15,2 % des effectifs. Cette année-là, pour l'ensemble des universités canadiennes, le pourcentage des étudiants étrangers est de 6,9 %. En 1973-1974, près du quart des étudiants ne sont pas originaires du Québec. À l'AEP, un comité des associations étrangères est alors mis sur pied. Ce comité s'occupe spécialement de répondre aux besoins de cette population étudiante. En moins de 25 ans, Polytechnique a vu considérablement se diversifier sa clientèle étudiante. Essentiellement une école d'ingénieurs, limitée aux jeunes Canadiens français, Polytechnique est devenue une institution où l'on retrouve des étudiants venus des quatre coins du monde. Dans les années 50, Polytechnique n'accueille pas seulement des étudiants différents par leur couleur de peau ou leur nationalité. C'est en effet au cours de cette décennie que les femmes font leur apparition dans une institution qui n'avait jusque-là formé que des hommes. Toutefois, le nombre des femmes va connaître une progression beaucoup plus lente que celui des étudiants étrangers.

Les écoles d'ingénieurs ou facultés de génie au Canada ont été les dernières institutions universitaires à ouvrir leurs portes aux femmes. Encore dans les années 30, les institutions les plus prestigieuses, comme la faculté de génie de McGill, n'acceptent pas de femmes comme étudiantes[62]. Des le début du siècle, de rares femmes ont tenté de s'inscrire au département d'architecture de la faculté de génie sans succès. Ce n'est qu'en 1938 que les dirigeants de McGill autorisent l'inscription de femmes à la faculté de génie. L'année suivante une première femme s'inscrit en architecture[63]. En 1942, Mary Blair Jackson est la première femme à opter pour une spécialité en génie. Elle reçoit son diplôme en 1946 et devient la première femme ingénieur au Québec lorsque la Corporation des ingénieurs professionnels du Québec l'accepte comme membre[64]. En 1948, seulement 3 femmes sont inscrites en génie à McGill; 10 ans plus tard, leur nombre est passé à 13, soit moins de 1 % des étudiants de la faculté de génie[65].

En ce qui concerne plus spécifiquement l'École Polytechnique, sa politique n'est pas connue publiquement, mais ses dirigeants l'expriment au cours d'une assemblée de la Corporation. En effet, dès 1926, les membres de la Corporation sont informés qu'une jeune française, étudiante à la Sorbonne, désire savoir si elle serait admise à l'École. À l'unanimité, les membres de la

Corporation émettent la directive suivante: ils n'ont aucune objection à admettre des jeunes filles à Polytechnique[66]. Quand on sait comment la société canadienne-française est à cette époque encadrée par un clergé catholique si prompt à imposer une idéologie conservatrice, l'avant-gardisme de Polytechnique sur une question comme celle de l'émancipation des femmes peut paraître pour le moins surprenant. À vrai dire, cette société québécoise est si bien «guidée» par les autorités cléricales que cette ouverture d'esprit des membres de la Corporation ne changera rien à l'accès des femmes aux études de génie au Canada français, du moins jusque dans la seconde moitié du siècle. En effet, aucune jeune fille ne s'inscrira à Polytechnique avant les années 1950. Au cours de cette décennie, celles qui oseront défier «l'ordre des choses» devront, pour la plupart, abandonner leur rêve en cours de route.

La lutte des femmes pour l'accès à l'éducation supérieure a été longue et difficile. En effet, l'idéologie dominante a imposé dans la conscience collective une vision du monde qui détermine les paramètres dans lesquels s'engage le débat sur cette question. Ainsi, avant les années 60, tout le débat sur la place des femmes dans la société a comme principal enjeu la définition de la «nature féminine» et des «rôles féminins[67]». Dans cette optique, on comprend que la profession d'ingénieur et l'enseignement du génie aient été longtemps une affaire d'hommes. On a vu que, encore au début du XXe siècle, les porte-parole des ingénieurs connaissent des difficultés à imposer une définition d'eux-mêmes qui les différencie des corps de métiers, comme celui de plombier ou de mécanicien. Ces occupations, depuis toujours associées à des métiers d'hommes, ont légué à la profession d'ingénieur son caractère «viril». Ainsi, en 1933, *Le Petit Journal* pose la question suivante à des étudiants de Polytechnique: Pourquoi les étudiants de Polytechnique ont-ils choisi la carrière d'ingénieur? Un polytechnicien répond alors sans ambages: «La carrière d'ingénieur a, comment dirais-je? quelque chose de viril [...] L'ingénieur donne l'impression d'être l'homme du jour, l'homme complet[68]».

Il ne faut pas s'étonner qu'au début des années 40, lorsque le débat sur la question de l'accès des femmes aux carrières professionnelles s'instaure, à peu près tous les intervenants, y compris les femmes elles-mêmes, jugent que la profession d'ingénieur devrait être réservée aux hommes. En 1941, par exemple, dans *Le Quartier Latin*, deux collaboratrices de ce journal étudiant s'interrogent sur la possibilité pour les femmes de mener une carrière d'ingénieur. Dans un article intitulé «Ingénieur ou ingénue?», on retrouve les principes fondamentaux du discours dominant sur la place des femmes dans la société. On peut y lire ces énoncés:

> La jeune fille, en attaquant une carrière de ce genre, en perdra par le fait même son plus grand charme, sa féminité. Elle deviendra un être mécanisé, pensant en termes techniques, et n'ayant pour tout sujet de conversation que les défauts de construction d'un pont, ou les erreurs commises dans les accotements d'une nouvelle route. Avouez que cette «ingénieuse» ne porte pas grand attrait pour le sexe opposé[69].

Pour cette jeune universitaire, «à part de rares exceptions, les femmes dans les sphères masculines n'ont pas leur raison d'être[70]». Plus nuancée dans ses propos, l'auteure de l'article «La Femme ingénieur?» est en faveur de la présence des femmes dans les carrières professionnelles. Elle écrit par exemple: «Une femme professionnelle, pourquoi pas, quand la profession n'est pas un effacement de la personnalité féminine? Là où je m'objecte, c'est quand la femme se masculinise[71].» Elle poursuit en affirmant que des formes de culture répugnent aux femmes. Sa conclusion est la suivante:

> Une femme ingénieur? Non vraiment, pas à mon avis. [...] À moins d'être tout à fait exceptionnelle, je ne crois pas que la femme puisse devenir un bon ingénieur[72].

Il se peut que d'autres opinions aient été émises au cours de cette période, il n'en reste pas moins que ces deux articles nous donnent un exemple des arguments avec lesquels est débattue la question de l'accès des femmes à l'éducation supérieure et, par là, aux carrières professionnelles. Ces prises de position nous aident également à mieux comprendre pourquoi, dans cette décennie, aucune jeune fille ne s'est inscrite à l'École Polytechnique. Outre cinq années d'études scientifiques, déjà vécues comme une épreuve par tous les étudiants, les premières femmes à s'inscrire à Polytechnique au cours des années 50 auront à défier une mentalité qui dénigre leur ambition. Elles auront également à vivre une vie de caserne, peuplée uniquement par des hommes et des garçons.

Parmi les étudiants hongrois qui s'inscrivent à Polytechnique, en 1956, on retrouve une jeune fille: Gabrielle Bodis. La jeune Bodic sera la première femme diplômée de l'École. Elle reçoit son diplôme en 1959. D'autres femmes suivront ses pas. Deux ans plus tard, une jeune Québécoise, Denise Valiquette, reçoit son diplôme d'ingénieur. En 1962, un peu plus d'une dizaine de jeunes femmes

Gabrielle Bodis, première femme diplômée de l'École en 1959.
(Archives de l'École Polytechnique)

sont inscrites à Polytechnique. Très lentement leur nombre progresse, grugeant au fil des ans quelques dixièmes de point sur le pourcentage de la majorité masculine.

Les toutes premières étudiantes ont dû pour la plupart abandonner leurs études en cours de route. Seules parmi sept, huit et neuf cents garçons, elles sont tolérées par les autorités et observées comme des curiosités par leurs camarades. Les chances de succès de ces pionnières furent à toutes fins utiles nulles. Denise Valiquette a laissé un court témoignage de son passage à Polytechnique. Dans la revue *Poly*, elle insiste surtout sur les beaux côtés de ses «5 ans chez les garçons[73]». Elle a apprécié leur «bel esprit de corps et de fraternité». Cependant, ses propos nous laissent entrevoir que la vie parmi les garçons ne fut peut-être pas toujours rose. Elle affirme que ses camarades étaient galants parfois, mais s'empresse d'ajouter que «les polytechniciens n'ont que faire de mots et gestes gracieux. Leurs langage et manières, il est vrai, irritent certains esprits délicats[74].» Elle poursuit ainsi: «Que dire de l'attitude enfantine dont il est parfois accusé sinon qu'elle est due à sa simplicité et à un entrain qui fait aussi que l'étudiant de Poly ne se prend pas au sérieux[75]».

À l'automne 1961, on compte 10 étudiantes sur les 1400 élèves de Polytechnique. Une petite enquête a été menée cette année-là chez ces dernières par la revue *Poly*. Six questions leur sont posées. La cinquième question porte sur leur acceptation par les étudiants. La question est formulée ainsi: «Avez-vous l'impression d'être fusionnées au corps polytechnicien ou plutôt de coexister avec ce dernier dans la communauté des cours[76]?» Les trois étudiantes de première année avouent éprouver des difficultés d'adaptation, tandis que les autres jeunes filles affirment qu'elles se sont plutôt bien intégrées. Une étudiante de première précise que les étudiants semblent «encore un peu circonspects» à son égard. Une autre croit qu'«une atmosphère de timidité rend les gars un peu ségrégationnistes» à l'égard des femmes. Une troisième a senti au début «un climat défavorable à l'adhésion immédiate». Il semble donc que, pour l'étudiante qui veut faire sa place dans ce monde d'hommes, ce soit l'étape des premiers mois qui s'avère la plus ardue. Après la première année, elle oublie ces moments difficiles et fait état de son intégration au corps étudiant.

Encore en 1961, la présence des femmes à Polytechnique reste une bizarrerie et n'est pas perçue comme un signe annonçant l'entrée des femmes dans une profession jusque-là réservée aux hommes. L'une des questions de l'enquête est à ce sujet fort éloquente. On leur demande si elles poursuivent un but professionnel ou dilettante. À l'orée de la Révolution tranquille, il est encore difficile de concevoir qu'une femme puisse embrasser la carrière d'ingénieur, même si elle est inscrite à plein temps dans une institution d'enseignement décernant un tel diplôme. La représentation de la profession d'ingénieur conjuguée avec le discours dominant sur la «nature féminine» sont si forts que seules 2 étudiantes sur 10 envisagent sérieusement de mener après leurs études une carrière d'ingénieur. Certaines pensent se diriger vers l'enseignement. Plusieurs satisfont un goût pour les sciences et confessent qu'elles n'ont aucune intention de faire carrière dans le domaine du génie. D'autres ne savent tout simplement pas ce qu'elles feront après leurs études.

Nous savons maintenant que trois de ces jeunes filles ont abandonné leurs études en cours de route. Sur les sept jeunes filles qui obtiendront un diplôme d'ingénieur, trois n'exerceront pas la carrière d'ingénieur. Ainsi, des 10 jeunes filles inscrites à Polytechnique à l'automne 1961, seulement 4 mèneront une carrière d'ingénieur. Il s'agit d'Hortense Michaud, de Michèle Thibodeau, de Pierrette Martin et d'Hermine Borduas laquelle, en 1963, gagne une bourse Athlone. C'est la première fois au Canada qu'une femme gagne l'une de ces bourses qui furent fondées en 1951 et qui sont attribuées chaque année dans les universités canadiennes à des étudiants qui terminent leurs cours de génie. Avec la Révolution tranquille et l'effondrement du pouvoir clérical sur la société québécoise, les choses vont changer rapidement. Bien qu'encore très peu nombreuses à s'inscrire à Polytechnique, les femmes ne seront plus perçues comme des curiosités et elles y feront des études dans l'intention bien arrêtée de devenir ingénieurs.

À la fin de l'année 1964, un article intitulé tout simplement «Les Femmes» paraît dans la revue *Poly*. Écrit par un étudiant de 4e année, Lionel Hervieux, cet article fait état des changements sociaux que connaît le Québec, surtout en ce qui concerne l'émancipation des femmes. L'auteur approuve ces changements de mentalité et signale que si autrefois la présence des femmes à Polytechnique en étonnait certains, aujourd'hui elle est considérée comme naturelle. L'article se termine par ce constat: «Il faut cependant un jour être réaliste et regarder les faits en face: la femme a maintenant un rôle important à jouer dans l'évolution de la société étudiante[77].»

En 1971, on compte soixante étudiantes à Polytechnique, soit 3 % de l'ensemble des étudiants. Cette année-là, deux étudiantes, Hélène Meynard et Sylvie Lacoste, décident d'organiser une soirée de rencontres entre les filles de Polytechnique et quelques femmes ingénieurs. Cette rencontre a pour but d'informer les étudiantes des problèmes que les femmes ingénieurs rencontrent dans l'exercice de leur profession. De cette soirée surgit l'idée de créer un comité conçu expressément pour s'occuper des besoins des étudiantes. Le comité «F» voit le jour au début de l'année scolaire 1971-1972. Raymonde Ally en est la première responsable. Le comité «F» ne chôme pas et permet aux étudiantes d'organiser des activités qui les intéressent et qui leur permettent de participer pleinement à la vie étudiante. Des activités sportives sont organisées, notamment la formation d'une équipe de ballon-balai. En 1972-1973, Lise L'Abbé convainc plusieurs étudiantes de monter la pièce de théâtre *Les Belles-Sœurs*. Sous sa direction, quinze femmes, treize étudiantes et deux secrétaires, deviennent les protagonistes de la pièce de Michel Tremblay. Le spectacle est une réussite. Quatre représentations ont lieu au Centre d'essai de l'Université de Montréal[78].

Dans les années 70, le comité «F» est très actif. Au début des années 80, le comité a pour nom Poly-Femmes. Cette décennie voit le nombre d'étudiantes croître constamment. Les femmes à Polytechnique sont maintenant présentes dans toutes les manifestations de la vie étudiante. Cette longue marche des femmes vers l'accès à la carrière d'ingénieur a duré plusieurs années, et s'est effectuée presque en catimini. Malheureusement, il aura fallu quelques minutes, un soir de décembre 1989, pour que le monde entier se remémore les difficultés de cette marche particulière vers la liberté.

Notes

1.   *Notes de Paul Beïque sur son passage à Polytechnique entre 1900 et 1906*, 5 février 1948, p. 5, AEPM.

2.   *Ibid.*, p. 6.

3.   BÉIQUE, P.A., «L'École Polytechnique au début du siècle», *in RTC*, automne 1948, p. 312.

4.   *Règlement concernant les élèves de l'École Polytechnique de Montréal*, (non daté), *circa* 1890, AEPM.

5.   *Notes d'interview de S.-A. BAULNE (1901), C. GÉLINAS (1911), E. MALO (1901) et C. MANSEAU (1907)*, 4 novembre 1946, p. 3, AEPM.

6.   BÉIQUE, P. «L'École Polytechnique...», *op. cit.*, p. 313.

7.   «Allocution de J.-N. Langelier», *in RTC*, automne 1948, p. 272.

8.   *Notes de Paul Beïque...*, *op. cit.*, p. 10-11.

9.   La plupart de ces menus ont été conservés. Ils se retrouvent maintenant aux services des archives de l'École Polytechnique.

10.   *Menu des Hommes Libres*, hôtel Windsor, 24 janvier 1914, AEPM.

11.   *Album n°. I*, coupures de journaux, AEPM. Contrairement aux autres coupures de journaux, celle-ci n'est pas identifiée.

12.   *Notes de Paul Beïque...*, *op. cit.*, p. 9.

13.   *Notes d'interview de S.-A. Baulne...*, *op. cit.*, p. 4.

14.   Article du *Quartier Latin*, cité par *Le Polyscope*, spécial 20e anniversaire, 4 avril 1987, p. 15.

15. *Le Canada*, 22 octobre 1928.

16. *Le Quartier Latin*, 9 mars 1945.

17. *Le Canada*, 12 octobre 1944, *La Presse*, 12 octobre 1944, *La Patrie*, 12 octobre 1944.

18. *Le Quartier Latin*, 9 mars 1945.

19. «L'Initiation de 1951», *in Poly*, novembre 1955, p. 6.

20. *Notes d'interview de S.-A. Baulne...*, *op. cit.*, p. 4.

21. *Le Quartier Latin*, 9 mars 1945.

22. Certains étudiants de Polytechnique ont souvent dénoncé le manque d'intérêt de leurs camarades pour les activités culturelles. Voir par exemple MESSIER, G. «Professions sans professionnels», *in Poly*, novembre 1955, p. 7. L'auteur écrit entre autres: «Quiconque connaît un peu le milieu étudiant de Polytechnique sait bien que les sujets de conversation ne dépassent pas en intérêt la dernière partie du *Canadien*, le plus récent film à sensation ou les péripéties de la fin de semaine.»

23. *Poly*, novembre 1960, p. 11.

24. *Le Polyscope*, spécial anniversaire, *op. cit.*, p. 13.

25. *Le Polyscope*, spécial anniversaire, *op. cit.*, p. 46.

26. *Lettre de Prudent Beaudry à U.-E. Archambault*, 31 août 1879, AEPM.

27. *Renseignements généraux, conditions d'admissions, programme des cours*, EPM, 1942-1943, p. 32.

28. «Compte rendu des Fêtes du 75e anniversaire de Polytechnique», *in RTC*, automne 1948, p. 361-363.

29. *Cours de génie*, EPM, 1952-1953, p. 50.

30. «Coopoly, une jeune entreprise de 45 ans», *in L'ingénieur*, août 1989, vol. II, n° 4, p.18.

31. TERRAULT, C., «La Coopérative Polytechnique», *in Poly*, août 1958, p. 12.

32. *Ibid.*, p. 14.

33. HAMEL F., «Souvenirs d'une époque de changement 1972-1976», *in Le Polyscope*, spécial anniversaire, *op. cit.*, p. 9.

34. «Coopoly... », *op. cit.*, p. 18.

35. *Le Polyscope*, spécial anniversaire, 6 avril 1987, p. 52-53 et 55.

36. «Coopoly...», *op. cit.*, p. 18.

37. *Ibid.*

38. CHAGNON, J.-Y., «Les Publications étudiantes à Polytechnique», *in Poly*, mars 1958, p. 9.

39. *Le Quartier Latin*, 21 février 1941. Ce numéro spécial a pour titre «L'École Polytechnique et son enseignement». Il a été préparé par un étudiant de Poly-technique, Lucien Letendre (1942). *Le Quartier Latin*, 9 mars 1945. Ce numéro spécial a pour titre «L'Ingénieur, homme d'avenir». C'est encore un étudiant de l'École, Léo Scharry (1946), qui prépare ce numéro.

40. *Le Polyscope*, 4 octobre 1968.

41. *Le Polyscope*, spécial anniversaire, 6 avril 1987.

42. *Le Petit Journal*, 26 novembre 1944.

43. Ainsi, Roger Langlois, étudiant à l'époque et futur directeur de l'École, répond: «l'ingénieur devrait avoir la même considération professionnelle, car son travail est un art et non un simple métier comme le croient la majorité des gens», *Le Petit Journal*, 26 novembre 1944.

44. ROULEAU, C.,«15 ans déjà... il me semble que c'est hier !», *in Poly*, avril 1968, p. 6.

45. «Actualités...», *in Poly*, novembre 1958, p. 11.

46. *Entrevue avec Roland Doré, principal de Polytechnique*, 21 juin 1990.

47. BÉLANGER, P.R., MAHEU, L., «Pratique politique étudiante au Québec», *in Recherches sociographiques*, vol. XIII, n°. 3, sept-déc. 1972, p. 309-342, p. 309.

48. BÉLANGER, J. «À mi-chemin...», *in Poly*, avril 1968, p. 7.

49. BÉLANGER, P.R. et MAHEU, L., *op. cit.*, p. 326-327.

50. Cité par BÉLANGER, P.R. MAHEU, L., *op. cit.*, p. 327.

51. *Le Quartier Latin*, 17 avril 1962.

52. *Ibid.*

53. *Le Polyscope*, spécial anniversaire, *op. cit.*, p. 38.

54. Voir entre autres une caricature de Girerd dans *La Presse* et reproduite dans GIRERD, *Mort au Travail*, Éd. La Presse, Montréal, 1980.

55. DESJARDINS, M., «L'Incorporation de l'AEP. Pourquoi?», *in Poly*, décembre 1962, p. 15.

56. PHARAND, J., «Éditorial», *in Poly*, janvier 1968, p. 2.

57. PAQUIN, G., «Indépendance du Québec», *in Poly*, décembre 1961, p. 15.

58. *Le Polyscope*, spécial anniversaire, *op. cit.*, p. 19. En 1970, un autre sondage montre que le P.Q obtient l'appui de 56 % des étudiants de Polytechnique, et le Parti libéral 15 %. *Le Polyscope*, 15 avril 1970.

59. *Le Polyscope*, spécial anniversaire, *op cit.*, p. 25.

60. «Bienvenue à nos confrères d'Indochine», *in Poly*, octobre 1955, p. 5.

61. «Présence étrangère à Poly», *in Poly*, mars 1960, p. 6.

62. GILLET, M., *We Walked Very Warily: A History of Women at McGill*, Eden Press Women's Publications, Montréal, 1981, p. 321.

63. *Ibid.*, p. 321-322.

64. *Le Devoir*, 23 janvier 1981.

65. GILLET, M., *op. cit.*, p. 325.

66. *Procès-verbal de la Corporation de l'École Polytechnique*, 5 novembre 1926, AEPM.

67. FERRETTI, L., «La Philosophie de l'enseignement», *in* DUMONT, M., FAHMY-EID, N., *Les Couventines*, Boréal, Montréal, 1986, p. 146.

68. *Le Petit Journal*, 22 octobre 1933.

69. «Ingénieuse ou ingénue? par celle qui n'est ni l'une ni l'autre», *in Le Quartier Latin*, 21 février 1941. Cet article est signé Jackie.

70. *Ibid.*

71. LABRECQUE, M., «La Femme ingénieur?», *in Le Quartier Latin*, 21 février 1941.

72. *Ibid.*

73. VALIQUETTE, D., «5 ans chez les garçons», *in Poly*, novembre 1960, p. 2.

74. *Ibid.*

75. *Ibid.*

76. VAILLANCOURT, A., «Aimez-vous...?», *in Poly*, novembre 1961, p. 12.

77. HERVIEUX, L., «Les Femmes», *in Poly*, décembre 1964, p. 11.

78. *Le Polyscope*, 1er avril 1974.

L'ACCÈS À UNE POSITION DOMINANTE

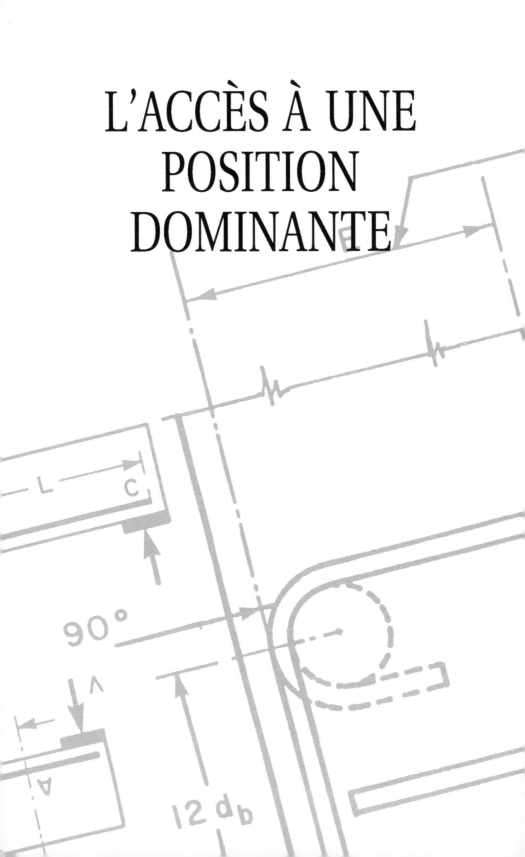

6

*L'émergence
de la recherche*

Avant la Seconde Guerre mondiale, l'École Polytechnique n'est pas en mesure de promouvoir ou de développer la recherche. Premièrement, les dirigeants, à partir des années 20, sont surtout préoccupés par le niveau de l'enseignement qu'ils s'efforcent d'élever jusqu'à celui des autres institutions universitaires. Deuxièmement, la Corporation n'a pas les ressources financières suffisantes pour recruter des chercheurs réputés ou investir des sommes importantes pour l'installation de laboratoires de recherches. Dans les années 30, ce sont des laboratoires destinés à l'enseignement qui sont construits et qui, jusque-là, faisaient défaut. C'est pourtant en grande partie en développant la recherche que Polytechnique, dans les années 40, va établir des liens avec la grande industrie, et le secteur privé en général. Par le fait même, cette activité va inciter les futurs ingénieurs francophones à mener une carrière industrielle.

L'état de la recherche avant
la Seconde Guerre mondiale

L'émergence de la recherche dans une institution universitaire apparaît souvent lorsqu'un professeur, socialisé à ce type d'activité dans une institution où la recherche a déjà été institutionnalisée, parvient à introduire et à légitimer les pratiques qui le définissent socialement en tant que chercheur[1]. Ce nouveau type de professeur, s'il est encouragé par ses supérieurs, pourra modifier profondément l'institution en instaurant des pratiques nouvelles qui, inculquées aux étudiants, seront alors reproduites par l'institution elle-même. Dans les années 20 et 30, si les dirigeants encouragent certains diplômés à faire des études en Europe ou au MIT, ce n'est pas pour qu'ils se consacrent à la recherche à leur retour; il s'agit avant tout de s'assurer les services d'enseignants plus spécialisés. Ainsi, Armand Circé, Jean-Charles Bernier, J.-A. Villeneuve, Pierre-Paul Vinet et Raymond Boucher ont fait des études à l'extérieur du pays et sont revenus prendre en charge les cours de résistance des matériaux, d'électricité, de mécanique et d'hydraulique.

Surchargés par leur tâche d'enseignement, ces professeurs n'ont pas le temps de se consacrer à la recherche. Certains se plaignent de cet état de fait. C'est le cas, par exemple, du professeur Arthur Villeneuve du département d'électricité qui se scandalise de ce que, dans une province si bien dotée en ressources hydroélectriques, son département doive se cantonner dans l'enseignement. Dans la *RTC*, il écrit: «Nous ne faisons de la recherche que dans nos moments de loisirs, et cela, pratiquement sans ressources[2].» De plus, ces professeurs n'ont pas, à proprement parler, été socialisés à la recherche. Leurs études postuniversitaires se limitent bien souvent à une année de spécialisation ou à l'obtention d'un diplôme de maîtrise. Ils n'occupent en fait aucune position dans un champ scientifique, comme celui de la physique ou de la chimie. Les travaux de recherche qu'ils effectuent pendant leurs «moments de loisirs» ne débouchent pas, par exemple, sur des publications dans les revues scientifiques nationales ou internationales. Leur participation à des congrès scientifiques se limite à l'ACFAS. Plus important encore, à part de rares exceptions, ils ne sont pas subventionnés par des organismes publics ou privés de soutien à la recherche. Bref, ils ne sont pas seulement isolés à l'intérieur de leur propre institution, ils sont également à l'écart de la communauté scientifique.

Dans les années 30, Arthur Villeneuve fait des «recherches» sur l'éclairage artificiel et la vision. Les résultats de ces travaux ne sont pas publiés et ne nous sont connus que par un résumé qu'il en fait au congrès de l'ACFAS[3]. Les travaux de Jean-Charles Bernier et de Fernand Leblanc reçoivent une meilleure publicité. Diplômé de Polytechnique en 1929, Bernier bénéficie de deux bourses du CNRC entre 1929 et 1931. Il peut alors entreprendre un mémoire de maîtrise à Polytechnique qu'il termine en 1934[4]. C'est le premier diplôme d'études supérieures à être décerné par l'École.

Entre-temps, il s'associe à deux professeurs, Fernand Leblanc et Arthur Villeneuve, pour former la firme d'ingénieurs-conseils Bernier, Villeneuve et Leblanc. En 1934, il est attaché au département de physique. Cette année-là, Bernier et le professeur Leblanc du département d'électricité entreprennent des travaux de recherche sur la télévision. Ils réussissent à monter un système qui produit des images sur un écran. Sans rien innover, ils parviennent tout de même à reproduire un appareil comme on en a construit dans des grands laboratoires de recherche. Les résultats de ces travaux sont publiés dans la *RTC*. La curiosité des gens pour la télévision amène les journaux francophones du Québec à faire état des résultats obtenus par ces deux professeurs.

Le cas du professeur De Passillé est d'un autre ordre. Il nous révèle sans doute mieux la situation inconfortable d'un professeur qui, socialisé à la recherche, est obligé de s'adonner uniquement à l'enseignement. Diplômé de Polytechnique en 1924, De Passillé est tout de suite engagé comme professeur de chimie et participe à l'impulsion nouvelle donnée à l'École par le nouveau directeur Augustin Frigon. Au début des années 30, la Corporation lui octroie une bourse de perfectionnement. Il choisit d'aller étudier en Europe. Il revient, en 1935, après avoir obtenu un doctorat ès sciences physique de l'Université de Paris. Il tente alors de transformer le laboratoire de chimie en un laboratoire de recherche. Il est vite rappelé à l'ordre par la direction. Frustré de ne pouvoir s'adonner à la recherche, De Passillé démissionne en 1938, après trois ans de mauvaises relations avec l'administration. Dans sa lettre de démission, il ne ménage ni les professeurs, qu'il juge incompétents, ni la Corporation qu'il accuse d'être responsable de la médiocrité de l'enseignement[5]. Ces jugements sévères de la part d'un individu formé à la recherche envers une école définie par ses dirigeants comme une institution vouée avant tout à l'enseignement, nous montrent bien que la recherche ne s'implante pas sans difficulté dans une institution universitaire. La réponse de Frigon à la lettre de démission de De Passillé reflète bien la position du directeur, non pas tant sur la recherche que sur les tâches qu'il s'attend à voir assumer par les professeurs ayant fait des études à l'étranger.

> Que vous considériez que l'École Polytechnique ne constitue pas pour vous le centre de développement intellectuel qui vous permette de faire valoir vos connaissances ne m'étonne pas. Tous ceux qui parmi nos professeurs ont été étudier à l'étranger ont senti, à leur retour, la restriction dont vous avez vous-même souffert. D'ailleurs, cela est tout naturel, car s'il en était autrement, il n'y aurait aucune

raison pour l'École d'envoyer se perfectionner à l'étranger ses jeunes professeurs qui pourraient trouver sur place tous les éléments voulus pour compléter leurs études. Lors de votre retour d'Europe, vous auriez donc dû prendre l'attitude d'un missionnaire chargé d'inculquer à vos élèves justement ces choses dont vous déplorez l'absence chez nous. Vous ne vous êtes sans doute pas rendu compte de ce devoir qui vous incombait et vous avez pensé surtout au rayonnement de votre laboratoire[6].

La situation financière de l'École, mais également la conviction des dirigeants selon laquelle la réputation de leur établissement réside dans le perfectionnement de son enseignement ne permettent donc pas encore que s'y développe la recherche. Cette activité est perçue comme trop luxueuse, puisqu'elle coûte cher, à la fois en temps et en argent. Cependant, dans une institution de sciences appliquées, la recherche engendre des profits, à la fois symboliques et économiques. Ainsi, la présence de professeurs-chercheurs n'entraîne pas seulement des débours de la part de l'institution à laquelle ils sont attachés; ces derniers obtiennent également des sommes importantes de la part des organismes gouvernementaux ou privés qui subventionnent la recherche. Les laboratoires de recherche génèrent également des revenus grâce à des contrats souvent fort importants. Plus important encore, les institutions d'enseignement des sciences appliquées, par leurs activités de recherche, réussissent à intéresser les grandes compagnies privées qui investissent alors dans le développement de centres de recherche. Publications, demandes de bourses, affiliation à des organismes privés, collaboration avec les laboratoires de recherche des grandes compagnies, formation d'équipes de recherche, composées de professeurs-chercheurs et d'étudiants inscrits aux études supérieures, font partie des pratiques générées par l'habitus du chercheur[7]. De plus, la réputation d'une institution d'enseignement supérieur repose de plus en plus sur la production scientifique de ses professeurs-chercheurs et délimite en quelque sorte sa position dans la hiérarchie des établissements d'enseignement .

Au milieu des années 30, la correspondance qu'entretient André Hone avec le directeur Augustin Frigon fait transparaître une fonction essentielle de la recherche dans une école d'enseignement des sciences appliquées, soit celle de nouer des contacts avec la grande industrie. Hone a fait ses études dans les années 20 à Polytechnique. Diplômé en 1929, il poursuit des études supérieures aux États-Unis et, en 1931, décroche un diplôme de maîtrise ès sciences au Carnegie Institute of Technology de

Pittsburgh. Encouragé par ses professeurs qui voient en lui des talents pour la recherche, il s'inscrit alors au programme de doctorat de cette institution[8]. En 1934, il soutient sa thèse sur le mécanisme de réaction dans les systèmes solides mécaniques et obtient son diplôme de doctorat. Hone est engagé par Alcan et occupe un poste d'apprenti ingénieur à l'usine d'Arvida. Il est appelé à travailler avec une petite équipe de recherche dont la principale tâche est de résoudre certains problèmes techniques. Comme il est le premier diplômé à travailler pour cette importante compagnie canadienne, Hone informe le directeur de Polytechnique de son travail chez Alcan. Il fait remarquer que la compagnie «se bute à un grand nombre de problèmes d'ordre technique qui demanderaient à être résolus le plus rapidement possible[9]». Il suggère alors à Frigon que l'École pourrait contribuer à résoudre ces problèmes.

> Il y a un problème très intéressant à résoudre au moyen de rayons X — par la méthode qu'emploie M. Wendling [professeur de physique à l'École Polytechnique] — c'est-à-dire la cristallographie et non la photographie par transparence. Avant de proposer l'étude de ce problème à l'Aluminium Co. of Canada, il faut nécessairement être assuré des facilités d'un laboratoire de rayon X (cristallographie). Je me permets donc de vous demander s'il y a du nouveau du côté des rayons X à l'École Polytechnique[10].

Malheureusement, les travaux du professeur de physique André Wendling sont dirigés par l'Université McGill. En effet, ses travaux de recherche en cristallographie s'effectuent dans le cadre d'une thèse de doctorat. Cette thèse sera terminée en 1937, et Wendling ne continuera pas ses recherches mais s'adonnera, à la demande de ses supérieurs, à des tâches d'enseignement. Le laboratoire de rayons X ne verra le jour qu'à la fin des années 50.

Avec la Seconde Guerre mondiale, les conditions économiques, politiques et sociales sont bientôt réunies pour susciter l'émergence de la recherche à Polytechnique. Dans un contexte plus général, cette conjoncture marque très profondément le type de lien qui unit les institutions de haut savoir avec l'industrie à cause du vaste bouleversement qu'elle entraîne dans le fondement des sociétés industrialisées. L'importance des professions scientifiques tient en partie au rôle qu'elles se sont vu accorder dans l'effort de guerre, à l'intérieur de ce qu'il est convenu d'appeler le complexe militaro-industriel[11]. Ainsi, la conduite de la guerre ne stimule pas seulement la production industrielle vers des niveaux artificiellement élevés; elle demande aussi de l'industrie des produits qualitativement différents. En termes économiques, on pourrait dire que la demande en technologie de pointe atteint alors un niveau beaucoup plus élevé. La direction de Polytechnique mise alors sur le nouveau contexte international créé par la guerre pour implanter la recherche dans son établissement. L'histoire de cette période montre en effet que Polytechnique cherche à saisir cette occasion à la fois pour s'engager dans des voies faisant partie du courant dominant de la recherche appliquée et pour attirer des chercheurs réputés capables de rehausser la visibilité de l'institution. Cette transformation de l'École peut alors se faire grâce à l'arrivée d'un nouveau directeur, Armand Circé, qui remplace au pied levé Adhémar Mailhiot, terrassé par une crise cardiaque en 1938. Le nouveau directeur, un peu comme l'avait fait avant lui Frigon au début des années 20, va alors tenter de redéfinir l'institution.

Circé est un ancien étudiant de l'école normale Jacques-Cartier. Il s'inscrit ensuite à Polytechnique d'où il sort bachelier ès sciences appliquées en 1916. Après avoir travaillé pour la Dominion Bridge à Montréal et l'American Steel Co. à Cuba, il s'inscrit, en 1924, à l'Imperial College of Science and Technology de Londres pour y poursuivre des études supérieures. Circé profite alors d'une bourse du CNRC et d'une bourse d'Europe du gouvernement provincial. Protégé d'Augustin Frigon, qui l'aide à décrocher ces deux bourses, Circé échange une correspondance avec le directeur de Polytechnique. Ce dernier tente de le convaincre de participer à la réorganisation de l'enseignement en l'invitant à accepter un poste de professeur. Circé, qui fréquente une grande école européenne, se fait alors une haute opinion du métier de professeur d'université. Il refuse l'offre de Frigon: «si je dois entrer dans le domaine éducationnel, il sera préférable que j'obtienne d'abord un grade universitaire quelconque, soit une maîtrise, soit un doctorat[12].» Frigon se fait cependant assez insistant, avouant à Circé qu'il voit en lui le successeur idéal de Leluau et de Haynes. Il se laisse alors convaincre par l'enthousiasme du directeur et finit par céder à ses demandes. «Je suis trop heureux, dit-il, de la réorganisation de l'École, que je sens en train, pour ne pas m'empresser d'y aider, si je puis être utile[13].»

En 1926, après avoir obtenu un diplôme postuniversitaire de l'Imperial College of Science and Technology, il devient professeur de résistance des matériaux. C'est lui qui aménage les laboratoires de résistance des matériaux et d'hydraulique entre 1928 et 1932. En 1937, il démissionne pour prendre la direction de l'École technique de Montréal. La mort subite d'Adhémar Mailhiot le rappelle à son *alma mater* puisqu'il succède à l'ancien directeur. En 1939, dans la *RTC*, il donne «un aperçu de l'orientation de l'enseignement à Polytechnique[14]» Il affirme alors: «Nous allons nous efforcer de favoriser les travaux de recherche dans la mesure où ils sont possibles sans empiétement sur l'enseignement que je considère comme notre premier devoir[15].» Il semble que l'heure ne soit pas encore venue de faire une place primordiale à la recherche, mais la guerre va précipiter les choses.

L'engagement du professeur Welter[16]

L'une des répercussions immédiates du déclenchement des hostilités en Europe sur le champ scientifique international est de jeter plusieurs chercheurs prestigieux dans l'incertitude. En Pologne, par exemple, la recherche s'est fort probablement arrêtée dès septembre 1939. L'École Polytechnique de Varsovie est bombardée aux premiers jours des hostilités et désertée par beaucoup de ses chercheurs qui prennent le parti de fuir devant l'envahisseur allemand, laissant derrière eux les ruines d'une grande institution de recherche. Le cas de l'un de ces chercheurs nous intéresse ici à cause du rôle qu'il va jouer à l'École Polytechnique; il s'agit de Georges Welter.

Né en 1889 au Luxembourg, le professeur Welter est bon catholique. Il parle français, allemand, polonais et anglais. Lorsque l'armée allemande entre en Pologne, il est âgé de cinquante ans, au zénith d'une carrière prestigieuse[17]. Welter correspond avec les sommités les plus reconnues, tant en Amérique qu'en Europe, participe aux principaux colloques internationaux dans son domaine et publie de nombreux articles scientifiques. Sa réputation est donc solidement établie, comme le confirme un examen de son itinéraire de carrière.

Assistant du professeur Kammerer au laboratoire de machines de l'École Polytechnique de Charlottenbourg, Welter reçoit son diplôme de docteur ingénieur en 1918. De 1918 à 1931, il fait des travaux scientifiques sur les alliages légers à la Metallgesellschat, l'une des plus importantes usines métallurgiques d'Allemagne, où il est nommé chef des laboratoires de mécanique et de technologie. Si l'on considère qu'à cette époque la physique et l'ingénierie sont dominées par les institutions allemandes, on constate l'importance de ces positions. En 1931, il est engagé comme professeur de chimie et de métallographie à l'École Polytechnique de Varsovie; il devient en 1933 le vice-directeur de l'Institut de métallurgie et de métallographie. On peut même dire qu'il en est le fondateur et le directeur véritable puisqu'il y joue un rôle de premier plan, seule sa nationalité l'empêchant de détenir le poste de directeur[18]. De 1921 à 1939, il publie 62 articles scientifiques.

Devant les tensions internationales qui précèdent le déclenchement de la guerre, Welter demande à sa femme de retourner au Luxembourg. À la fin du mois d'août 1939, après un rêve prémonitoire, il pressent la confrontation imminente. Précipitamment, il abandonne ses biens personnels, emporte un peu d'or et attrape le premier avion disponible. Au moment où l'armée allemande franchit les frontières de Pologne, Welter est entre ciel et terre en direction de la Finlande, seule destination possible. Derrière lui, les ruines fumantes d'un institut qu'il a mis plusieurs années à édifier; devant lui, les affres de l'exil et une carrière à rebâtir...

De retour au Luxembourg, peu de temps après, Welter cherche aussitôt du travail auprès de différentes universités dans le monde, y compris au Canada. Dans sa lettre à la faculté des sciences de l'Université de Montréal, il offre ses services aux pays démocratiques et tout particulièrement au Canada, écrit-il, en tant que ressortissant neutre luxembourgeois[19]. Mis au courant par le doyen de la faculté, Georges Baril, Armand Circé manifeste un vif intérêt et communique avec Welter pour lui demander de dresser une liste de répondants. La liste des personnalités dont Welter fait alors mention est impressionnante: elle comprend vingt noms de scientifiques dans des universités comme celles de Paris, Stockholm, Zurich, Berlin, Cambridge, MIT, etc., sans compter trois directeurs d'instituts de métallurgie et deux ministres luxembourgeois. Coupant au plus court, Circé s'informe d'abord auprès d'un professeur du MIT, le professeur Hauser. Celui-ci n'a que des éloges pour son collègue et convainc facilement Circé que Welter est un scientifique de premier plan[20].

À l'occasion d'une autre démarche auprès de l'ambassadeur du Canada en Belgique, Jean Désy, Circé lui révèle les raisons qui l'incitent à faire appel à un professeur étranger.

> Nous désirons ici principalement deux types de professeurs: le savant de laboratoire, celui qui pourra faire œuvre de maître et inspirer du goût et de l'intérêt à nos jeunes gens pour les carrières véritablement scientifiques; nous avons également besoin de professeurs qui à l'occasion sachent sortir de leurs laboratoires pour prendre contact avec leurs confrères, qui se tiennent au courant du mouvement scientifique au dehors, qui fassent en sorte que leurs noms soient connus dans les milieux extérieurs à l'École, en un mot qui aient la

facilité et l'entregent voulus pour se créer des relations, nous représenter dignement dans les congrès, réunions scientifiques, etc. Ainsi, d'une part, le savant et le chercheur de laboratoire, d'autre part, celui qui peut s'extérioriser et faire connaître notre École. Lequel de ces deux hommes, selon vous, est monsieur Welter [...][21]

Cette lettre nous révèle bien sûr que le nouveau directeur désire implanter la recherche dans son établissement. On perçoit aussi que l'École souffre de devoir se limiter à l'enseignement neuf. Cependant, cette lettre nous indique également que Circé n'a aucune connaissance pratique de la recherche. Les deux types de professeurs qu'il décrit dans sa lettre trahissent en fait une vision «naïve» de l'activité de la recherche. Le «chercheur de laboratoire» ou le «savant», défini par Circé, a entre autres comme tâche de communiquer le résultat de ses travaux, soit dans des revues savantes, soit dans des congrès scientifiques. Les deux types de professeurs mentionnés par Circé ne forment en fait qu'une seule et même personne: le **professeur-chercheur**. On retrouve bien sûr deux types de professeurs dans les universités: le professeur-chercheur surtout soucieux d'investir son temps et son énergie dans des activités de recherche, et l'enseignant qui, non socialisé à la recherche, c'est-à-dire n'ayant pas un habitus de chercheur, est surtout préoccupé par l'enseignement. L'un est tourné vers les étudiants, l'autre vers ses pairs. D'ailleurs Welter, à son entrevue dans le bureau de Désy, remet les pendules à l'heure en se définissant lui-même comme **chercheur** et non comme **enseignant**. L'ambassadeur rapporte ceci à Circé à propos de Welter:

> [Il] est le type même du savant, du chercheur, qui n'est complètement heureux qu'au milieu de son laboratoire, parmi ses élèves et ses collaborateurs. Certes, il fait volontiers de l'enseignement, mais c'est pour lui une besogne accessoire. Ce qui l'intéresse avant tout et pardessus tout, c'est la recherche[22].

Circé fait alors des pieds et des mains pour s'assurer les services de cet illustre professeur «appelé à montrer le chemin et à donner les directives nécessaires pour que d'autres à sa suite s'engagent dans le domaine de la recherche[23]», mais des problèmes de taille retardent l'engagement de janvier 1940 jusqu'en avril 1941. Il faut tout d'abord convaincre Welter lui-même et ensuite persuader les autorités canadiennes de lui décerner un permis d'immigration. Pour attirer Welter dans une institution où les laboratoires sont pauvrement équipés et où la recherche est pratiquement inexistante, Circé mise sur l'argument selon lequel la tâche qui l'attend va lui permettre d'innover et de rebâtir à neuf, tâche d'autant plus valorisante qu'elle va le placer parmi les précurseurs de la recherche scientifique au Canada français. Cette stratégie n'est-elle pas risquée? Après tout, Welter a franchi le cap de la cinquantaine et, bien que son expérience acquise lors de la fondation d'un premier institut de recherche lui ait été précieuse, rien ne l'empêcherait de souhaiter une fin de carrière plus tranquille dans une institution à la hauteur de sa renommée. Dans une lettre à Welter, Circé joue la franchise et décide de lui donner un aperçu critique de la recherche dans son école pour mieux insister sur le vide que sa présence pourra combler:

> Je désire pour ma part faire une place importante à la recherche dans notre école. Il s'en est fait peu jusqu'à maintenant, principalement parce que les nécessités du moment requéraient notre attention ailleurs et aussi, peut-être parce que manquaient les animateurs pour éveiller l'enthousiasme d'élèves qui avaient besoin d'être guidés et orientés vers des travaux scientifiques de recherche. Nous voulons dans nos cadres des hommes qui sont non seulement des professeurs, mais aussi des maîtres capables d'inspirer, d'encourager et de former des disciples, qui aient le goût des travaux et de la recherche scientifique. Vous ne trouverez pas ici l'organisation des universités allemandes ou américaines qui ont un personnel imposant de chercheurs. Nos départements sont assez restreints en ce qui regarde la recherche, le personnel étant pris en grande partie par des travaux d'enseignement[24].

Circé a vu juste: Welter accepte aussitôt de venir s'installer au Canada pour prendre en main le laboratoire d'essais des matériaux que Circé lui-même dirigeait jusqu'à cette date, et qui est alors un laboratoire «orienté en grande partie du côté construction civile[25]». Deuxième problème: il faut obtenir le feu vert des fonctionnaires du ministère de l'Immigration à Ottawa. Dès le mois de mai 1940, le directeur demande un permis de séjour pour Welter. Sous prétexte qu'il aurait occupé un poste revenant de droit à un Canadien, le ministère avise la direction de l'École au mois d'août de la même année qu'on ne peut accepter un réfugié venant du Luxembourg sans passer par un ordre en Conseil[26]. C'est finalement Welter lui-même qui contribue à résoudre cet épineux problème: la solution, écrit-il à Circé, consiste à «faire valoir que mes connaissances en matière de métallurgie pourraient être d'un intérêt pour l'armement du pays[27]». Et c'est ainsi qu'est aussitôt délivré le permis tant attendu.

La métamorphose d'un laboratoire

Après les nombreuses tribulations qu'il a connues durant son exil en France et au Portugal, Georges Welter arrive enfin au Canada au printemps 1941. Aussitôt, il s'installe à Montréal et prend en main un laboratoire où, pendant tout l'été, personne d'autre que lui-même ne travaille à plein temps. En juillet, Raymond Frigon est engagé à titre d'assistant, à temps partiel d'abord, puis dès décembre, à temps complet. À la fin de septembre 1941, Jacques Hurtubise rejoint Welter en qualité de premier assistant. En janvier 1942, Welter dirige une équipe composée de ces deux assistants, d'un aide de laboratoire (Lahaye) et d'un mécanicien (Denis). Bien sûr, cette première équipe n'a pas encore la stabilité de celle qui se cimentera au cours des années 50, mais elle permet au chercheur de commencer le travail.

L'activité de Welter dans l'École modifie profondément l'institution par l'introduction de pratiques nouvelles. Dès son arrivée, au printemps 1941, il commande un nombre impressionnant d'instruments provenant des États-Unis et dont le prix totalise 29 494,34 $, montant appréciable à l'époque[28]. Il commande aussi un appareil spécial pour lire les microfilms, afin de se procurer à «un prix raisonnable les publications indispensables pour les travaux de recherches scientifiques[29]». Spécialiste en métallographie, Welter fait «deux demandes pour des dons spéciaux auprès du Conseil national de recherches du Canada en février 1942[30]». Le Conseil lui accorde deux bourses de 1000 $ et invite l'École à entreprendre des recherches spéciales avec la machine d'essais de précision Baldwin-Southwark, commandée par Welter et récemment installée à son laboratoire. En avril 1942, Welter prend l'initiative de demander un don à la Carnegie Corporation de New York au montant de 1200 $; comme pour lui témoigner une considération toute spéciale, Carnegie lui accorde 1300 $. En avril 1942, il se met en rapport avec la compagnie International Nickel of Canada, qui semble peu désireuse de prendre contact avec des institutions scientifiques[31].

À mesure que le laboratoire de résistance des matériaux dispose de résultats scientifiques intéressants, des communications sont présentées à l'occasion de différents congrès[32]. L'effort de guerre va bientôt donner à Welter l'occasion de se distinguer dans des travaux d'envergure, entrepris durant l'année académique 1941-1942 par son laboratoire. De ces travaux, qui ont été commandés par le CNRC pour le compte du British Air Ministry, résultent (au moins en ce qui concerne la partie n'ayant pas été gardée sous secret) une série de publications dans le *Journal of Aeronautical Sciences*, une revue qui fait autorité dans ce domaine. Finalement, la somme totale dont Welter bénéficie entre 1941 et 1946, de la part du CNRC, de la Carnégie et d'autres organismes, pour approfondir ses recherches, s'élève à 21 180 $[33]. À noter que cette somme est totalement hors de proportion avec le budget de recherche des autres départements de l'École à cette époque.

On comprend pourquoi il fallut, dès le départ, songer à créer une structure un peu spéciale pour intégrer ce professeur prestigieux dans le fonctionnement de l'École. Dès l'arrivée de Welter au Canada, et à partir du moment où le CNRC a compris l'importance du rôle qu'il pouvait jouer dans l'effort de guerre, les fonds commencent à affluer avec une ampleur et une régularité jamais vues à Polytechnique. Pour cette raison, le laboratoire de résistance des matériaux est promu au rang de département. Alors que tous les autres responsables de laboratoires relèvent d'un chef de département, Welter, lui, ne relève que de lui-même (pour la gestion du budget départemental) et occupe un espace administratif considérablement plus confortable que ses confrères des autres laboratoires, sans compter qu'il dirige un département qui dispense beaucoup moins de cours que les autres. Qui, à Polytechnique, aurait pu se permettre de gérer les fonds à sa place alors que son degré de spécialisation et sa réputation lui permettaient d'entretenir des relations sur un pied d'égalité avec des chercheurs des plus hauts échelons du champ scientifique international?

Ainsi, Welter reçoit une place complètement à part des autres professeurs. «C'était un laboratoire en dehors de la structure académique», se souvient Julien Dubuc, son bras droit de 1947 à 1964[34]. Welter ne désire pas davantage occuper un poste politico-administratif dans la hiérarchie des institutions scientifiques du Canada français car cela l'empêcherait de se maintenir à la fine pointe de son secteur de recherche. Il développe plutôt des activités axées sur les grands congrès internationaux d'experts métallurgistes, cherchant à établir des relations avec des fondations américaines, le CNRC, etc.

Dès l'automne 1946, Welter a réussi ce qui, aux yeux de certains, semble un miracle: transformer un laboratoire anciennement orienté vers la construction civile en un lieu de recherche de calibre élevé reconnu au-delà des frontières du pays. La consé-

Essai de compression réalisé au Laboratoire de résistance
des matériaux en 1948. On remarque à droite le jeune assistant
de laboratoire, Julien Dubuc. (Archives de l'École Polytechnique)

cration ultime de ses efforts vient en 1947, au moment où le
laboratoire de résistance des matériaux se joint au réseau du
Welding Research Council, une société privée ayant «pour objectif
de faire faire des recherches de base aussi bien qu'appliquées
dans toutes les sciences qui relèvent de la soudure[35]». L'École
Polytechnique devient ainsi la première institution au Canada à
obtenir des contrats réguliers de cette société. En 1948, l'initiative
de Welter de s'inscrire au concours international de la James F.
Lincoln Arc Melting Foundation résulte en un prix qui «attire
l'attention surtout du monde scientifique américain sur notre
laboratoire et [contribue] pour beaucoup à l'attribution d'autres
recherches et octrois de l'industrie aussi bien que des grandes
institutions américaines dans ce domaine[36]».

L'importance du laboratoire de résistance des matériaux est
reconnue également en Europe. À une assemblée du Centre
d'études supérieures de l'Institut technique des bâtiments et des
travaux publics, tenue à Paris, et rapportée dans les annales de cet
Institut, le directeur de la Société nationale des chemins de fer
français interrompt la séance du 6 décembre 1949 pour parler des
travaux de Welter en ces mots:

Graphique 6.1

**Subventions de recherche du laboratoire
de résistance des matériaux (1950-1961)**

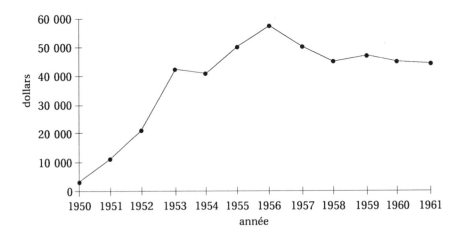

J'ajoute une précieuse indication qui m'a été signalée par notre président de séance. On a commencé à l'École Polytechnique de Montréal des essais de traction triaxiales dont monsieur G. Welter a rendu compte dans le *Welding Research Journal* en novembre 1948. Un tel procédé permettra peut-être d'apporter de la lumière dans ce domaine complexe[37].

Au cours des années 50, le laboratoire fonctionne à pleine capacité. L'équipe de Welter accumule les contrats et les octrois de recherche, venant d'organismes aussi bien gouvernementaux qu'industriels ou encore de compagnies privées. Le Graphique 6.1 montre comment le laboratoire atteint son apogée entre les années 1956 et 1960. Pour tirer toute la signification des montants en jeu, il faut se référer à l'enveloppe totale des octrois de recherche pour toute l'École en 1961, soit d'environ 50 000 $, et la comparer avec celle du laboratoire de résistance des matériaux, soit de plus de 42 000 $.

En somme, le travail de Welter s'est situé d'emblée dans le champ scientifique international (centré, après la guerre, sur les États-Unis). On le constate encore à travers ses stratégies de communication scientifique. Entre 1941 et 1945, il a peu publié, d'abord parce que ses recherches faisaient partie de l'effort de guerre, ensuite parce que l'édification du laboratoire absorbait beaucoup de temps et d'énergie. Après 1945 toutefois, ses publi-

Séance de démonstration au Laboratoire de résistance des matériaux
en 1957. Au centre, on peut apercevoir le professeur André Choquet.
(Archives de l'École Polytechnique)

cations se multiplient à un rythme vertigineux. De 1945 à 1958, il
publie 65 articles dont 50 en solo dans des revues américaines,
anglaises ou canadiennes[38]. Quarante-trois de ces articles sont en
anglais et 22 en français. Un seul paraît dans la *RTC*. De plus, le
niveau de ses recherches étant si élevé, il ne songe jamais sérieusement à en présenter les résultats devant l'ACFAS, car les chances
d'attirer un public d'experts internationaux sont très faibles[39].
Cette caractéristique de la position de Welter dans la structure
académique explique peut-être pourquoi ce professeur, dont le
nom figure parmi ceux qui ont contribué au rayonnement de
l'École, est passé à peu près inaperçu auprès du public attentif au
développement des sciences au Canada français[40].

Les héritiers

L'une des questions qui vient à l'esprit lorsque l'on considère
l'apport personnel de Welter à la recherche au Québec consiste à
se demander comment cette «greffe» d'un savant éminent dans
une institution alors peu prestigieuse a pu réussir. En particulier,

nous essaierons de comprendre quelle influence à long terme Welter exercera sur le milieu institutionnel de Polytechnique.

Tout d'abord, il est essentiel d'insister sur le fait que ce professeur a joui de l'appui total de ses supérieurs, tant pour la libération de ses tâches que pour ses budgets de voyages, etc. Mais cela n'implique pas nécessairement que son travail puisse avoir des effets d'entraînement parmi ses collègues. On a vu nombre de cas où des scientifiques éminents ne faisaient pas école; l'exemple auquel on peut penser est l'épisode des recherches de Rutherford à McGill entre 1898 et 1907[41]. Dans ce cas-là, le départ du grand savant avait, en pratique, marqué la fin d'une tradition de recherche. À l'opposé, le passage de Welter saura modifier très profondément le niveau et l'encadrement de la recherche à Polytechnique.

Une des contributions les plus importantes de Welter à la recherche scientifique au Québec est son rôle de directeur de thèse au niveau du doctorat. Avant lui, une seule thèse de doctorat avait été soutenue à Polytechnique: celle de Jacques Archambault (1924) en 1941. Cependant, cette thèse, dirigée par le professeur de chimie industrielle Louis Bourgoin, n'est aucunement reliée à un projet de recherche de l'École. Au moment de l'obtention de son diplôme de doctorat, Archambault est depuis longtemps un fonctionnaire au département de la Santé de la province; sa thèse, intitulée: *La comparaison des méthodes de recherche du colibacille dans l'eau*, est reliée pour une grande part à son travail professionnel[42]. Le premier diplôme de doctorat ès sciences, basé sur des travaux expérimentaux étendus, a été dirigé par Welter. C'est un diplômé de l'École, Thomas A. Monti, qui, en 1947, reçoit ce diplôme avec la mention Grande Distinction. Entre 1947 et 1961, l'École décerne sept doctorats dont cinq sous la supervision de Welter. Peut-être ne peut-on pas s'aventurer jusqu'à dire qu'il fut l'instigateur du programme de doctorat, mais il ne fait pas de doute que sa seule présence l'a rendu possible. Toutes les thèses qu'il dirige sont rédigées en anglais, fait exceptionnel, et touchent ses travaux de très près. Il ne fait aucun doute que Welter commence alors à transmettre son capital symbolique accumulé dans le champ de la métallographie à un noyau d'étudiants qui ne manqueront pas de le faire fructifier, ouvrant ainsi une possibilité de carrière plus prestigieuse à des ingénieurs qui, jusqu'à présent, ont travaillé dans un contexte plus ou moins coupé de la grande industrie[43]. De plus, à la fin des années 50, Welter crée une bourse annuelle de 1000 $ pour les étudiants qui désirent entreprendre des études supérieures.

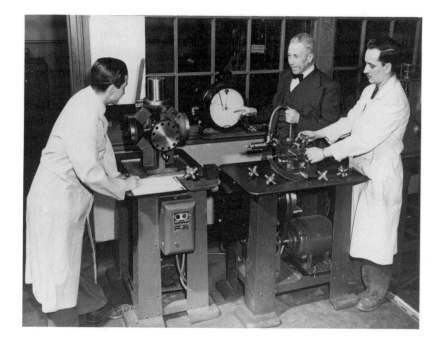

Georges Welter et son équipe de recherche en 1953. Julien Dubuc
est à gauche, Welter, au centre et André Choquet, à droite.
(Archives de l'Université de Montréal)

On pourrait difficilement prétendre cependant que l'héritage
laissé par Welter se limite au strict plan scientifique, car il s'agissait pour lui, non seulement de montrer aux étudiants comment
faire de la recherche en tant que telle, mais aussi, et peut-être
surtout, de bâtir un laboratoire, une réputation, une clientèle. Sur
le plan de sa carrière personnelle, il se refaisait une deuxième vie
après la perte de sa première situation. Sur le plan institutionnel,
il commençait à forger un joint puissant entre la grande industrie
et les gouvernements, d'une part, et l'École Polytechnique d'autre
part. À une époque où, dans la plupart des économies industrialisées, le soutien à la recherche se fait plus systématique, il
contribue à développer le potentiel scientifique d'une génération
d'étudiants et à mettre Polytechnique en rapport avec de puissantes institutions de soutien à la recherche.

En décembre 1941, Welter choisit son premier adjoint en la
personne de Raymond A. Frigon (le fils du principal de l'École,
Augustin Frigon) qui vient de terminer son mémoire de maîtrise

au MIT. Lorsque Frigon quitte l'École, vers 1944 (pour aller vivre à New York), Thomas A. Monti le remplace. Monti, un Italien d'origine qui a fait toutes ses études à Polytechnique, s'est maintenu au premier rang de sa classe, de manière à gagner des bourses tout au long de ses cours et à compenser ainsi son manque de ressources financières. En 1947, il obtient, sous la direction de Welter son doctorat et devient assistant-professeur au laboratoire. Il y travaillera jusqu'en 1956. En 1947, Julien Dubuc (1947) est engagé comme assistant de laboratoire. Il vient de terminer son baccalauréat et entreprend, sous la direction de Welter, une maîtrise qui durera trois ans. Après quoi il part faire un stage à l'École polytechnique fédérale de Zurich et revient à Polytechnique en 1952, en tant que professeur agrégé. André Choquet (1948) arrive au service de Welter en 1948 et entreprend lui aussi une maîtrise qu'il terminera en 1951 pour devenir assistant de laboratoire.

En 1953, l'équipe entourant Welter est donc relativement stable et se compose d'un professeur agrégé (Dubuc), d'un assistant-professeur (Monti) et d'un assistant de laboratoire (Choquet). Bien entendu, à ces quatre personnes viendront s'ajouter les étudiants qui poursuivent leurs travaux de recherche pour l'obtention de leur maîtrise ou de leur doctorat. Il y a aussi beaucoup d'autres chercheurs qui profitent de l'expérience du chef du département de résistance des matériaux. Nous n'avons nommé ici que les quelques adjoints qui ont visiblement engagé l'ensemble de leur carrière sur ses traces.

Si on examine maintenant les nombreuses publications de Welter entre 1958 et 1961, la première caractéristique qui en ressort clairement est son extrême prolificité. L'autre aspect intéressant est qu'il semble avoir mis au point une stratégie pour distribuer son propre capital symbolique. En effet, si au début Welter publie seul, à partir de 1953 il commence à publier en compagnie de ses collaborateurs et de ses étudiants. Si l'on consulte le Tableau 6.1, on peut remarquer que Julien Dubuc et André Choquet semblent être ses principaux auxiliaires. On voit comment, en publiant de façon systématique en association avec eux, Welter attire l'attention internationale sur les travaux de ses meilleurs chercheurs et sur la valeur de leur contribution scientifique. Cette visibilité leur permet de profiter de plein droit de la réputation de leur directeur et constitue, à proprement parler, un héritage qu'il leur laisse: une partie de son capital symbolique est ainsi léguée à ceux qu'il a choisis pour lui succéder.

Cette période constitue, par exemple, le véritable lancement de la carrière de Julien Dubuc. Lorsque Welter prend sa retraite en

Tableau 6.1

Publications de Welter, selon ses collaborateurs 1944-1958

	Welter seul	Dubuc	Choquet	Krivobok	Monti	Narduzzi	Claisse	Total
1944	1							1
1945	7							7
1946	7							7
1947	14							14
1948	10							10
1949	8							8
1950	2							2
1953		1	1				1	3
1954			3	1		1		5
1955	1	2	1	1	2			7
1956		1	1					2
1957		3		1				4
1958	1		1					2
TOTAL	51	7	7	3	2	1	1	72

1964 (à l'âge de 75 ans!), c'est Dubuc qui lui succède. À ce moment, l'autonomie du département se trouvera menacée du fait du départ du professeur émérite. Nous avons déjà parlé, en effet, de l'arrangement par lequel le laboratoire d'essais des matériaux avait été promu au rang de département pour permettre à Welter d'agir libre de toute contrainte administrative. Avec le remplacement de Welter, cet arrangement ne deviendra-t-il pas caduc? Mais, en pratique, le budget du laboratoire est largement plus important que celui des autres départements. Encore à cette époque, l'essentiel des subventions de recherche pour l'ensemble de l'École va toujours au laboratoire de résistance des matériaux. Rien de surprenant dès lors à ce qu'on choisisse de lui conserver une bonne marge d'autonomie. Certes, le laboratoire change de nom pour devenir la «Section de mécanique appliquée du département de génie mécanique», mais cela ne se fait pas sans qu'intervienne une entente permettant au nouveau directeur, Julien Dubuc, de conserver intacte sa juridiction sur le budget de fonctionnement.

Entre 1966 et 1970, Julien Dubuc cumule les postes de chef de laboratoire et de directeur de l'École. Pour la première fois de son histoire, l'École a à sa tête un véritable chercheur. De 1950 à 1964, Dubuc a participé à un grand nombre de comités de recherches de l'American Welding Society, en particulier du Pressure Vessel

Research Committee où il participe en même temps aux discussions pour de grandes sociétés de recherches. En 1961, il termine sa thèse de doctorat, intitulée: *Plastic Fatigue under Cyclic Stress and Cyclic Strain with a study of the Bauschinger Effect*. Cette thèse, dirigée par Welter, a permis de développer une méthode expérimentale originale qui a donné lieu à cinq grands projets de recherches commandités. L'année suivante, il est nommé membre du comité de sélection des octrois du CNRC[44].

À sa nomination comme directeur en 1966, Dubuc se donne pour principal objectif d'instituer la recherche fondamentale et appliquée. Voici un de ses premiers commentaires.

> C'est par la recherche que nos professeurs peuvent féconder leur enseignement: les laboratoires de l'École sont très actifs et j'ai bien l'intention d'accroître les travaux de recherche. Nous sommes en bonne voie, puisque cette année 80 diplômés préparent chez nous la maîtrise ou le doctorat; en outre plusieurs sont en stage dans les meilleures institutions d'Amérique ou d'Europe. Notre effectif enseignant en sera considérablement enrichi[45].

Dubuc insiste pour que les nouveaux professeurs aient terminé ou s'engagent à terminer leurs études de doctorat. À cette époque, il est encore difficile de trouver des candidats possédant leur doctorat et cette politique n'a pas toujours pu être suivie à la lettre. Cependant, le nombre de professeurs-chercheurs connaît une hausse remarquable au cours de son directorat. Sur les 132 membres du corps professoral en 1965-1966, 23 seulement ont un doctorat, soit 17,4 %. Cinq ans plus tard, au moment où Roger Langlois succède à Dubuc comme directeur, 54 des 179 professeurs possèdent un tel diplôme, soit 30,2 %. Sous le directorat de Julien Dubuc, le perfectionnement du corps professoral devient également une priorité. Ainsi, en 1967, cinq professeurs reçoivent une bourse de perfectionnement. Quatre de ceux-ci vont faire des études aux États-Unis dans le but d'y terminer une thèse de doctorat; l'autre est inscrit au deuxième cycle. En 1968-1969, huit professeurs sont libérés de leur tâches professorales et obtiennent un congé sabbatique pour étudier à l'extérieur du pays. L'augmentation du nombre de chercheurs entraîne alors une augmentation des octrois de recherche, du nombre d'étudiants aux études supérieures et des publications scientifiques des professeurs et des élèves. Les demandes d'octrois passent de 62 050 $ en 1965-1966 à 308 500 $ l'année suivante. En 1970-1971, les sommes d'octrois accordées atteignent 573 000 $[46]. Entre 1966 et 1970, le nombre d'étudiants inscrits aux études supérieures passe de 83 à

176, tandis que le nombre d'étudiants inscrits au premier cycle subit une augmentation beaucoup moins importante, passant de 1547 à 1620[47].

En 1968, le directeur Julien Dubuc présente aux membres de la Corporation un tableau de l'évolution des budgets de recherche. Il fait ressortir l'importance qu'acquiert cette activité et propose de créer un poste de coordonnateur de la recherche. Ce dernier devra s'occuper de l'organisation, de la coordination et de l'administration de la recherche[48]. Deux ans plus tard, un tel service est créé. Cette structure va permettre au professeur Roger Blais, qui en sera le directeur au cours des années 70, d'institutionnaliser la recherche à Polytechnique.

Sur les traces du Laboratoire
de résistance des matériaux

À partir des années 40, l'engagement des premiers professeurs-chercheurs et la redéfinition de l'École par le directeur Circé affectent l'ensemble du corps professoral. De jeunes Canadiens français peuvent dès lors s'initier à la recherche en assistant ces professeurs dont la préoccupation première est la recherche. Quant aux anciens professeurs, certains réussissent à s'adapter aux nouvelles exigences de l'administration qui, en l'espace de cinq ans, a complètement révisé sa position face à la recherche. Jean-Charles Bernier, qui pendant des années avait mené des travaux de recherches à temps perdu, profite de ce changement de cap pour investir pleinement dans la recherche. S'intéressant surtout à la recherche industrielle, le professeur Bernier continuera ses travaux dans le domaine de l'audiovisuel. Ses recherches sont orientées toutefois vers la réalisation de procédés industriels qui intéressent plus le secteur privé que la communauté scientifique. Au milieu des années 60, il réalise dans les laboratoires de l'École un procédé électromécanique d'impression en couleurs. Son procédé est breveté sous le nom de Berfax et lui vaut les éloges de l'industrie américaine de la photographie[49].

Wendling, qui est détenteur d'un doctorat de l'Université McGill, est invité à reprendre une activité qu'il avait dû abandonner en 1937. Pour ce professeur français, engagé au milieu des années 20, il est cependant trop tard. La lettre qu'il adresse au directeur Circé, en 1941, pour lui signifier qu'il ne peut se recycler est d'ailleurs révélatrice du pas qu'est en train de franchir l'École: «Les anciens directeurs ont fait de Wendling un professeur de physique et de mécanique élémentaire et ses petites recherches personnelles, sans prétention, m'ont appris un peu de chimie et de chimie-physique, mais pas de mathématiques[50].»

Le cas du professeur Villeneuve illustre, quant à lui, les tensions que suscite dans le corps professoral une redéfinition de l'institution. Villeneuve avait fait ses études à Polytechnique où il obtient un diplôme d'ingénieur en 1917. Dès sa sortie, il est engagé comme chargé de cours au laboratoire dirigé alors par Augustin Frigon. À la faveur de la restructuration de l'enseignement, la Corporation lui octroie une bourse de perfectionnement. À la fin des années 20, il fait une maîtrise au MIT. Au cours des années 30, Villeneuve est considéré comme un professeur exemplaire. Plusieurs étudiants reconnaissent ses talents de pédagogue, d'autant plus qu'il s'engage dans des domaines «populaires» comme celui de la radio amateur ou encore celui des appareils électroménagers. En 1942, Villeneuve ayant exprimé son mécontentement à propos du développement du département d'électricité, l'administration lui reproche de ne pas avoir su développer des qualités de chercheur, de s'être intéressé au domaine de l'invention plutôt qu'à celui du savant[51]. On reconnaît ses dons de pédagogue, mais on s'attendait à beaucoup plus de lui. Il est le produit lui aussi d'une administration antérieure; ses qualités ne correspondent plus aux nouvelles exigences d'une institution qui ménage maintenant une place à la recherche. Il démissionne en 1943.

La santé du directeur Circé l'oblige à remettre sa démission en 1945. Le développement de la recherche, sous le règne du nouveau directeur Ignace Brouillet (1929), ne sera plus une priorité. Brouillet ne provient pas du milieu universitaire; il a plutôt fait sa marque dans la pratique privée du génie-conseil. Au lendemain de la guerre, la section aéronautique mise sur pied en 1942-1943 est démantelée; le nouveau directeur ne juge pas bon de garder les cinq savants polonais, spécialistes en aéronautique. La plupart vont alors continuer leurs travaux dans l'industrie ou dans d'autres centres de recherche aux États-Unis. Seul le professeur Boslaw Szczeniowski peut rester, à condition d'accepter une diminution de salaire. Ce docteur ès sciences appliquées de l'École Polytechnique de Varsovie, qui a publié plus d'une cinquantaine d'articles scientifiques à travers le monde, est alors engagé à temps partiel[52]. Les travaux du professeur Szczeniowski, les octrois de recherche qu'il obtient et les thèses qu'il dirige lui permettent peu à peu de s'imposer comme un professeur à temps plein. En 1952, il est nommé professeur titulaire de la chaire de dynamique des gaz et chef du laboratoire de dynamique des gaz qu'il a lui-même créé. Entre 1942 et 1957, il publie 18 articles scientifiques dans des revues canadiennes, américaines et britanniques. De 1948 à 1957, il reçoit près de 40 000 $ en octrois de recherche, dont plus de 25 000 $ du ministère de la Défense et près de 10 000 $ du CNRC. De plus, il obtient pour équiper son laboratoire des subventions spéciales qui s'élèvent à plus de 15 000 $[53].

Pendant la guerre, de jeunes professeurs, comme Roger Brais, qui obtient un doctorat de l'Université McGill en 1942, et Pierre Mauffette, détenteur d'une maîtrise de la même université, entreprennent des travaux de recherche. Brais, par exemple, travaille sur les charbons activés pour la section «Chemical Warfare» du ministère de la Défense. Dans les années 50 et 60, quelques travaux scientifiques émergent dans certains laboratoires de l'École. De moindre envergure évidemment que ceux de l'équipe de Welter, ces travaux de recherche initient quand même quelques étudiants et professeurs à une activité qui va surtout s'imposer à partir des années 70.

C'est en 1957 que débutent véritablement les premiers travaux de recherche dans le domaine du génie géologique. L'acquisition d'un appareil de diffraction des rayons X pour l'étude des substances cristallines et l'engagement de Guy Perreault (1949) cette année-là fournissent les conditions d'émergence de cette activité. Perreault, qui a fait ses études de maîtrise et de doctorat à l'Université de Toronto, entame des travaux de recherche sur les feldspaths, les pyroxènes, le pyrochlore (minéral d'Oka contenant du columbium) et autres métaux. Cependant, il faut attendre les années 60 avant que le laboratoire de minéralogie et de cristallographie commence à décerner des diplômes d'études supérieures. Par ailleurs, la recherche en génie minier reste longtemps une activité étroitement reliée à l'industrie minière. À la fin des années 40, Pierre Mauffette recrute comme chargé de cours Joseph-Arlington Retty. Ce dernier est un Canadien bilingue qui a obtenu un diplôme de Ph.D. à l'Université de Princeton. Retty ne souhaite cependant pas mener une carrière universitaire. Ce n'est pas, à proprement parler, un chercheur universitaire; il est résolument tourné vers les problèmes qui préoccupent l'industrie minière. Il enseigne à Polytechnique en tant que chargé de cours de 1947 à 1961. En 1950, c'est lui qui annonce la découverte des gisements de fer au Labrador. Il travaille pour l'Iron Ore jusqu'en 1955 et peut être considéré comme le maître artisan du développement du Nouveau-Québec[54].

En 1949, Mauffette va chercher un autre spécialiste travaillant dans l'industrie minière en la personne de Paul Riverin. Celui-ci fait partie de ces étudiants qui ont profité d'une bourse du gouvernement provincial afin de se spécialiser dans le génie minier. Après avoir reçu son diplôme d'ingénieur à Polytechnique en 1936, il va donc étudier le génie minier à l'Université Queen's à Kingston. Dans les années 40, il est l'ingénieur en chef de Sladen Malaric Mines, importante compagnie minière de l'Abitibi. Tout au long de sa carrière de professeur, Riverin reste actif dans l'industrie minière. Il devient, entre autres, vice-président de la St. Lawrence Colombium & Metals Corporation. En 1959, année où il est directeur du département de génie minier, son expérience dans l'industrie minière lui permet de signer une entente avec la St. Lawrence River Mines pour l'installation d'un laboratoire qui est en fait une sorte d'usine pilote. Ce laboratoire permet alors la mise au point d'un procédé nouveau de concentration du pyrochlore. Ce procédé, mis en application immédiatement, a permis la création d'une nouvelle entreprise: la mine d'Oka, qui devient le plus gros producteur du genre au monde[55]. Parallèlement à la recherche industrielle, la recherche fondamentale s'implante plus lentement. Un premier programme de maîtrise en traitement des minerais est mis sur pied en 1958. Deux ans plus tard, le premier diplôme de maîtrise est décerné. En 1965, un deuxième programme de maîtrise en mécanique des roches vient s'ajouter, suivi en 1967 d'un programme de doctorat dans la même discipline. C'est en 1970 que le premier diplôme de doctorat est décerné.

Comme le département de génie géologique, le département de génie métallurgique est créé en 1958. La recherche dans ce domaine (outre l'équipe de Welter dont les travaux touchent un peu à ce domaine) débute au tournant des années 50 et 60. En 1955, l'École engage André Hone pour prendre en main le département de métallurgie. Nommé professeur titulaire, le docteur Hone, qui était chef du département de métallurgie à l'usine d'Alcan à Kingston, est un membre actif de nombreuses associations scientifiques et industrielles dans le domaine de la métallurgie. Sa principale tâche est cependant de doter le département d'un noyau de professeurs compétents. Encore au milieu des années 60, le professeur Hone ne peut s'adonner, comme il le souhaiterait, à des travaux de recherche. Il explique cette situation en ces termes:

> Ma charge d'enseignement, extraordinairement lourde pour le moment, diminuera à mesure que nous trouverons des professeurs

Le professeur Jean-Charles Bernier travaillant à la réalisation du «Polyarc».
(Archives de l'École Polytechnique)

qui répondent à nos exigences de formation et d'intérêt. J'entrevois la possibilité de compléter convenablement nos cadres d'ici cinq ans[56].

Hone forme le jeune Rémi Tougas qui obtient une maîtrise en 1957 et un doctorat en 1962. Hone et Tougas font des travaux sur les problèmes reliés à l'obtention des métaux ultrapurs. Les recherches du Dr Hugh J. McQueen, formé aux États-Unis (Notre-Dame) et recruté par Hone, en 1960, portent sur la structure et les propriétés mécaniques des métaux. Toutefois, ces trois chercheurs ne resteront pas attachés à ce département. Hone et McQueen ne s'entendent pas sur les conditions matérielles nécessaires à la recherche, et ce dernier quitte l'École en 1966. Hone prend sa retraite au début des années 70. Quant au professeur Rémi Tougas, il réorientera sa carrière dans la supervision des programmes d'enseignement. Ils ont pu toutefois assurer leur relève en formant de jeunes chercheurs comme Michel Rigaud.

Le génie chimique ou la chimie industrielle est l'affaire du professeur Louis Bourgoin. Celui-ci effectue au milieu des années 20 des recherches sur l'action catalytique des rayons ultraviolets, grâce à une subvention de près de 2500 $ du CNRC. Avec Wendling, il est l'un des rares francophones à recevoir une subvention de cet important organisme canadien. Bourgoin est le type même du savant autodidacte. Malheureusement pour lui, ce type de savant, surtout dans les sciences expérimentales, disparaît progressivement du champ scientifique au moment où il entame sa carrière universitaire. Au cours des années 30 et 40, ses recherches touchent plusieurs domaines allant de l'histoire des sciences à la fabrication du fromage et de la bière, en passant par l'extraction du vanadium des minerais pauvres. En 1943, il propose de créer un Centre de recherches à Polytechnique. Trois ans plus tard, ce centre est créé. Bien que l'École annonce que le but du Centre de recherches est de «coordonner et promouvoir les travaux de recherche et de fournir aux professeurs et aux étudiants des moyens de faire des travaux originaux et d'acquérir des diplômes d'études supérieures comme la maîtrise et le doctorat[57]», il reste avant tout un service pour les petites industries québécoises[58]. À la mort de Bourgoin, en 1951, l'éloge que fait de lui un quotidien montréalais résume assez bien la place de ce professeur dans l'histoire des sciences au Québec: «Il s'est fait vulgarisateur de nombreuses questions qui semblent de prime abord bien mystérieuses au grand public[59].»

Dans les années 50, la recherche est peu développée en chimie industrielle; les professeurs du département se familiarisent avec les techniques fondamentales et la conception d'éléments d'équipement utilisés dans l'industrie chimique. En 1958, le déménagement de l'École dans ses nouveaux locaux permet au département de génie chimique de quadrupler son espace vital. Le laboratoire de génie chimique est alors équipé de nouveaux appareils et les conditions de l'émergence de la recherche sont en place. Des professeurs socialisés à la recherche sont alors engagés. Dans les années 60, ce département est celui qui abrite le plus de professeurs détenteurs d'un doctorat. Plusieurs programmes de recherche sont alors entrepris par les professeurs Jean-L. Corneille, G. Lefebvre, J.-C. Sisi, L. Gendron, J.-B. Jaillet, J. Champagne, C. Dubeau et G. Gantcheff.

La recherche en génie électrique et en génie physique ne prend son véritable essor qu'avec les années 70. En effet, ce n'est pas avant 1963 qu'un laboratoire des hautes fréquences est établi. Deux ans plus tard, un laboratoire des hautes tensions est terminé. Le directeur de ces deux départements, pratiquement jumelés au cours des années 60, est Jean-Charles Bernier. Comme on le sait, ce dernier se consacre surtout à la recherche appliquée en électronique et en communication. Il fonde le Laboratoire d'électronique appliquée où il effectue des travaux menant à la réalisation d'appareils scientifiques tels que le séchoir à bois par haute fréquence (Polyex), le «Polyarc» pour l'analyse spectographique et plusieurs tubes cathodiques à usage spécialisé, comme le «Lectron[60]». Quant à la recherche en génie physique, son directeur ne peut qu'entretenir de beaux projets pour l'avenir, en attendant que se concrétise l'aménagement de laboratoires de recherches modernes[61]. Au milieu des années 60, le Canada se dote d'une politique de développement de l'énergie nucléaire. La construction à Gentilly d'une première installation nucléaire québécoise entraîne alors la création, au sein du génie physique, d'une division de physique atomique et génie nucléaire. En 1970, l'Institut du génie nucléaire voit le jour et un programme de recherches, sous la direction de Laurent Amyot, est mis en branle[62].

Au département de génie mécanique, le professeur Szczeniowski et l'un de ses collaborateurs, le professeur Rémi Chénier, qui obtient son doctorat de l'École en 1963, élaborent un programme de recherche dans le domaine de la conduction de la chaleur dans les matériaux solides. Finalement, au département de génie civil, la plupart des travaux de recherche tournent autour des grands projets lancés par le gouvernement québécois. Dans les années 60, c'est au laboratoire de mécanique des sols que sont exécutées des recherches sur la moraine glaciaire dans le cadre du projet Manicouagan-Outardes. Puis, les grands projets que sont la canalisation du Saint-Laurent, le métro de Montréal et l'Expo 67 permettent aux professeurs de la section de mécanique des sols de réaliser de nombreuses études scientifiques[63].

Les conséquences du passage de Welter à l'École Polytechnique apparaissent alors évidentes. Les pratiques nouvelles qu'il a su inculquer à des étudiants et professeurs ont profondément marqué l'École. À l'orée des années 70, la recherche scientifique est présente dans tous les départements mais elle reste modeste et fort inégale. Quand Dubuc quitte la direction de l'École et celle de la Section de mécanique appliquée en 1970, ce laboratoire est encore le seul à posséder un rayonnement international. La décennie qui s'entame verra cependant l'émergence de groupes de recherche aussi féconds que la Section de mécanique appliquée.

Notes

1.   GINGRAS, Y., *Les Origines de la recherche scientifique au Canada*, Montréal, Boréal, 1991, p. 39-46.

2.   VILLENEUVE, J.- A., «Les Ingénieurs électriciens et l'École Polytechnique de Montréal», *in RTC*, vol. XXV, n° 98, 1939, p. 181.

3.   *La Presse*, 1934.

4.   Il faudra attendre les années 40 avant que l'École produise un deuxième diplôme d'études supérieures.

5.   *Lettre de A. De Passillé à A. Frigon*, 15 septembre 1938, AEPM.

6.   *Lettre de Frigon à A. De Passillé*, 3 octobre 1938, AEPM.

7.   Pour une définition des concepts de «champ scientifique» et d'«habitus», voir: BOURDIEU, P., «Le Champ scientifique et les conditions sociales du progrès de la raison», *in Sociologie et Sociétés*, vol. VII, n° 1, 1975, p. 91-118.

8.   «The professors directly in contact with his scholastic performance will state their view of the case and I know that it is the universal opinion of members of our staff that Mr Hone gives unusual promise as a research man.» *Lettre de W. H. Mott, directeur du College of Engineering, Carnegie Institute of Technology à A. Frigon*, 8 février 1932, AEPM.

9.   *Lettre d'André Hone à A. Frigon*, 6 juillet 1935, AEPM.

10.   *Ibid.*

11.   MÉNAHEM, G., *La Science et le militaire*, Paris, Seuil, 1976.

12. *Lettre d'Armand Circé à A. Frigon*, 2 février 1925, AEPM.

13. *Lettre d'Armand Circé à A. Frigon*, 21 avril 1925, AEPM.

14. CIRCÉ, A., «Aperçus sur le développement et l'orientation de l'enseignement à Polytechnique», *RTC*, vol. XXV, n° 98, p. 17-32.

15. *Ibid.*, p. 23.

16. La majeure partie de l'analyse du rôle joué par Georges Welter dans l'émergence de la recherche à Polytechnique est tirée de l'article: DESROCHES, J.-M. et GAGNON, R., «Georges Welter et l'émergence de la recherche à l'École Polytechnique de Montréal (1939-1970)», *in Recherches sociographiques*, vol. XXIV, n° 1, 1983, p. 33-54.

17. C'est surtout dans des revues scientifiques allemandes que les résultats des travaux de Welter sont publiés. Notamment dans la *Zeitschrift für Metalkun* de Berlin. Il publie également des articles dans des revues anglaises, françaises, italiennes, polonaises, hollandaises et luxembourgeoises.

18. Entrevue avec Julien Dubuc, 26 avril 1982.

19. *Lettre de Georges Welter à la faculté des sciences de l'Université de Montréal*, 28 septembre 1939, AEPM.

20. *Lettre de E. A. Hauser à A. Circé*, 6 mars 1940, AEPM.

21. *Lettre d'Armand Circé à Jean Désy*, 1er mars 1940, AEPM.

22. *Lettre de Jean Désy à A. Circé*, 19 mars 1940, AEPM.

23. *Lettre de A. Circé à J. Désy*, 7 mai 1940, AEPM.

24. *Lettre de A. Circé à G.Welter*, 6 mai 1940, AEPM. Il n'est pas interdit de penser que Circé voie dans Welter un autre Marie-Victorin. À cette époque Marie-Victorin est au sommet de sa gloire et représente l'idéal type du chercheur pour la population en général. Le goût pour les sciences commence à s'inculquer chez bon nombre de jeunes grâce à l'activité de vulgarisation du frère des Écoles chrétiennes. Des expressions comme «animateurs pour éveiller l'enthousiasme d'élèves qui ont besoin d'être guidés» ou encore «des maîtres capables d'inspirer, d'encourager et de former des disciples» ne sont sûrement pas étrangères à la popularité que connaît Marie-Victorin à cette époque.

25. *Ibid.*

26. *Lettre de A. Circé à Pierre Casgrain, Secrétaire d'État*, 24 septembre 1940, AEPM.

27. *Lettre de G. Welter à A. Circé*, 10 août 1940, AEPM.

28. WELTER, G., *Rapport annuel sur l'activité du département de la résistance et essais des matériaux pour l'année 1941-1942*, Annexe II, p. 2, AEPM.

29. *Ibid.*, p. 3.

30. *Ibid.*

31. *Ibid.*, p. 5.

32. 1942-1943, Franco-canadien (Montréal); 1943-1944, Aluminium Co. of Canada (Kingston); 1943-1944, American Society of Mechanical Engineers (N.Y); 1944-1945, American Society for Testing Materials (Philadelphie); 1944-1945, American Welding Society (Cleveland).

33. WELTER, G., *Développement du département de la résistance des matériaux durant les quinze dernières années*, EPM, 1955, p. 15, AEPM.

34. Entrevue avec Julien Dubuc, 26 avril 1982.

35. WELTER, G., *op. cit.*, 1955, p. 5-6.

36. *Ibid.*, p. 7.

37. WELTER, G. *op. cit.*, 1955, p.7.

38. Les principales revues scientifiques dans lesquelles il publie sont *Metallurgia* (Angleterre), *Journal of Aeronautical Sciences* (E-U.), *Technique* (Canada), *Welding Research Journal* (E.-U.).

39. Entrevue avec Julien Dubuc, 26 avril 1982.

40. Du moins jusqu'à la parution de notre article DESROCHES, J.M. et GAGNON, R., *op. cit.* En 1987, les auteurs d'une histoire des sciences au Québec pouvaient alors écrire: «La contribution la plus importante à l'effort de guerre de la part des institutions francophones est sans doute celle du laboratoire de résistance des matériaux de l'École Polytechnique de Montréal.» CHARTRAND, L., DUCHESNE, R. et GINGRAS, Y., *Histoire des sciences au Québec*, Boréal, Montréal, 1987, p. 410.

41. Voir par exemple BUNGE, M. et SHEA, W.R., *Rutherford and Physics at the Turn of the Century*, Science History Publications, New York, 1979.

42. *La Presse*, 17 mai 1941.

43. Dans le chapitre VII, nous traitons des répercussions de l'émergence de la recherche sur le profil de carrières des diplômés de l'École.

44. «Notre nouveau directeur, présenté par J.-André Choquet», *in Poly*, octobre 1966, p. 5.

45. *La Presse*, 27 septembre 1966.

46. *Poly Prospectives. Atelier: la recherche à Poly*, document de travail, EPM, 1970, p. 2.

47. *Mémoire sur la position de l'École Polytechnique par rapport à l'intégration à l'Université de Montréal*, EPM, 1970, p. 55.

48. *Procès-verbal de la CEPM*, 6 juin 1968, AEPM.

49. Ce procédé est breveté en 1966 par Bernier sous le nom de «Berfax». Deux représentants importants de l'industrie de la photographie parlent de l'invention de Bernier en ces termes: «Professor Bernier has invented and has had patent applications filed for his "Berfax" printing process from film. It is truly and exciting invention and one which members of the reproduction industry will, I am sure, get quite excited about since it certainly represents major advancement in the state of art.» *Lettre de John R. Tackaberry (Manager International, ITEK Business Products) to Carl G. Sedan (Executive Vice-president, Society of Reproduction Engineers)*, 6 avril 1967, AEPM.

50. *Lettre d'André Wendling à Armand Circé*, 14 juin 1941, AEPM.

51. *A. Frigon à Arthur Villeneuve*, 11 janvier 1943, AEPM.

52. *Lettre de B. Szczeniowski à I. Brouillet*, 30 avril 1946, AEPM.

53. *Données personnelles sur B. Szczeniowski*, AEPM.

54. Voir à ce sujet GEREN, R. et McCULLOGH, *L'héritage de Caïn*, Sept-Îles, IOC, 1990.

55. RIVERIN, P.-E., «Les mines à Polytechnique», *in Poly*, mars 1964, p. 17.

56. *Formulaire d'évaluation des fonctions et du mérite du personnel enseignant. Année académique 1965-1966*, dossiers des professeurs, AEPM.

57. *Centre de recherche*, brochure publiée par l'École Polytechnique, 1947, p. 1.

58. Jean-Charles Bernier succède à Bourgoin au poste de directeur du Centre en 1951. En 1966, Bernier démissionne et écrit une lettre au président de la Corporation où il affirme que le Centre de recherches n'a jamais été un lieu de recherches scientifiques. «Je désire vous demander de me dispenser dès maintenant d'être mêlé de toute façon à cette situation fausse qu'est notre Centre de recherches. J'ai accepté trop longtemps de rendre service à la recherche mais je me rends compte que cela est impossible et inutile. Je crois que le Centre de recherches devrait être aboli car il n'a jamais véritablement existé et qu'il serait nuisible de continuer cette prétention.» *Lettre de J.-C. Bernier à P.E. Riverin*, 12 janvier 1966, AEPM.

59. *La Presse*, 16 janvier 1951.

60. BERNIER, J.-C., «Génie physique Génie électrique», *in Poly*, mars 1964, p. 7.

61. *Ibid.*

62. AMYOT, L., «Institut de génie nucléaire», *in L'ingénieur*, janvier 1973, p. 62-63.

63. WINDISCH, É. J., et HURTUBISE, J. E., «Génie civil», *in L'ingénieur*, janvier 1973, p. 30.

7

«Dirigeons-nous vers l'industrie»

E n 1938, la nomination d'Armand Circé au poste de directeur a des répercussions importantes sur l'École. Le nouveau directeur s'est donné comme objectif de lancer la recherche en recrutant des chercheurs et en leur fournissant les ressources nécessaires pour qu'ils implantent cette nouvelle activité. Circé mène parallèlement un autre coup de force: celui d'introduire des spécialités dans une institution où ses prédécesseurs ont toujours défendu fermement la formation générale. Toutefois, les choses ont bien changé depuis le début des années 30. La crise économique a dramatisé un problème qu'a toujours connu l'École: celui de connaître de grandes difficultés à placer ses diplômés dans l'industrie. De plus, l'Université Laval a pu obtenir du gouvernement provincial des subventions lui permettant d'instaurer, en 1938, une école des mines, et quatre ans plus tard un département de génie électrique. Dans ces conditions, il devient de plus en plus difficile de justifier la formation essentiellement générale de Polytechnique. Les idées du nouveau directeur peuvent dès lors s'imposer peu à peu.

Vers la spécialisation

Dès le début de son mandat, Circé propose une révision du programme. Les cinq années d'études générales devront être ramenées à quatre auxquelles sera ajoutée une année d'option nécessaire à une spécialisation dans certaines branches du génie. Les membres de la Corporation, loin d'être enthousiasmés par cette proposition, lui recommandent d'être prudent. Sachant que la partie est loin d'être gagnée, Circé envoie, au tout début de l'année 1939, un questionnaire aux diplômés afin de sonder leur appréciation de la formation qu'ils ont reçue à Polytechnique[1]. Sur les 730 questionnaires envoyés, seulement 113 sont retournés. Bien que la majorité des répondants estiment que la formation qui leur a été donnée répond aux besoins particuliers rencontrés dans l'exercice de leur profession, lorsqu'on leur demande s'ils croient avantageux d'établir un système d'options greffé sur le cours fondamental de génie, une majorité répond par l'affirmative. Fort des résultats de ce questionnaire, Circé tente alors de convaincre la Corporation et les professeurs d'introduire un système d'options au programme. Dans ses rapports annuels sur les développements de l'École, Circé fait preuve de prudence lorsqu'il est question d'annoncer ses intentions. En août 1940, il écrit par exemple:

> Notre programme d'enseignement assure une formation générale à nos futurs ingénieurs, et il rejette la spécialisation excessive, qui ne peut être vraiment obtenue que par la pratique de l'atelier ou du chantier; mais il est admis que les développements continus dans le domaine scientifique et industriel imposent un programme extrêmement lourd à nos élèves, et nous considérons la possibilité de l'alléger en réservant l'enseignement de certaines technologies particulières pour la dernière année du cours, qui prévoirait le choix de sujets d'options[2].

L'année suivante, Circé atteint son objectif. Il a convaincu le conseil des professeurs qui a recommandé à la Corporation un programme général d'études de quatre années suivi d'une cinquième année réservée à l'étude plus approfondie de certaines matières laissées au choix des élèves dans les limites des options établies, soit: travaux publics-bâtiments, mécanique-électricité, mines-métallurgie, chimie industrielle. Le directeur présente cette réforme en soulignant que «c'est un arrangement qui (...) paraît devoir participer des deux formules généralement les plus discutées: formation générale et spécialisation[3]».

Plusieurs nouveautés accompagnent la transformation du programme. On fixe clairement les conditions qui doivent être remplies pour les cinq catégories d'enseignants composant le corps professoral, à savoir, les professeurs titulaires, les professeurs agrégés, les assistants-professeurs, les assistants et les

Salle destinée à l'enseignement de l'aéronautique entre 1943 et 1945.
(Archives de l'École Polytechnique)

chargés de cours. Ces derniers sont des spécialistes rémunérés à forfait, tandis que tous les autres sont à l'emploi de l'École à temps plein et peuvent être promus, à certaines conditions, d'assistants à assistants-professeurs et ainsi de suite jusqu'au rang de professeurs titulaires. De plus, l'inauguration d'une année d'option entraîne l'arrangement des matières en groupes distincts. Ces regroupements de matières ou départements sont dirigés par des professeurs titulaires groupant autour d'eux des professeurs agrégés, des assistants-professeurs et des assistants.

En janvier 1941 est inauguré un immeuble à côté du bâtiment principal. Ce nouvel édifice abrite la bibliothèque qui, depuis que Frigon en a confié la direction en 1925 à Lorenzo Brunetto, s'est considérablement agrandie. Le travail accompli par Brunetto mérite d'être souligné; il représente l'apport de ceux qui, dans l'ombre, ont largement contribué au développement de Polytechnique. Né à Philadelphie d'un père italien et d'une mère canadienne-française, Lorenzo Brunetto est arrivé à Montréal à l'âge de 10 ans. Élève du collège Notre-Dame, puis du collège Saint-Laurent, il est entré à Polytechnique en 1913. Il reçoit son diplôme cinq ans plus tard. Il commence alors à exercer sa profession au bureau d'ingénieurs-conseils d'un ancien, Conrad Manseau, puis à la compagnie Canadian Vickers. En 1925, Frigon lui confie la bibliothèque. D'un dépôt de livres sous-utilisés, il a fait une bibliothèque scientifique. À son arrivée, la bibliothèque comptait 4000 volumes et une cinquantaine d'abonnements à des revues; au moment de son déménagement, elle est riche de 40 000 volumes et reçoit 500 périodiques. En 1936, il accepte de s'occuper de la *RTC*; il en sera le dévoué trésorier. Deux ans après l'inauguration de la nouvelle bibliothèque, il succombe brusquement, auprès une courte maladie[4].

La construction d'une nouvelle bâtisse permet également d'aménager un laboratoire de mines et de métallurgie. Dépassée dans ce secteur par la nouvelle École des mines de Laval, Polytechnique ne voulait pas être en reste. À la mort de Mailhiot, la Corporation a recruté un ancien de l'École supérieure des mines de Paris, le Français Maurice Danloux-Dumesnils. Ce dernier, tout comme l'avait fait son compatriote, Émile Dulieux, au début du siècle, constate la pauvreté et la désuétude de l'équipement[5]. Cette fois-ci, la Corporation lui concède les sommes nécessaires pour équiper le nouveau laboratoire qu'il prend en charge. Toutefois, tout comme Dulieux, il quitte l'École, en 1943, pour aller rejoindre l'armée française.

Une salle de conférences se trouve également dans le nouvel édifice. De plus, le transfert de la bibliothèque a permis d'agrandir les bureaux d'administration et d'offrir des salles d'études aux professeurs et aux élèves. Le transfert du laboratoire de chimie industrielle rend possible l'installation d'un laboratoire de physique et l'amélioration des locaux réservés à l'enseignement de la physique[6].

L'éphémère option d'aéronautique

En 1943, les résultats inespérés de l'acquisition des services de Welter et de Szczeniowski amènent Circé à viser de nouveaux objectifs. L'arrivée au pays d'exilés des pays de l'Est lui permet d'envisager la création d'une option en aéronautique. Le directeur n'a pas de difficultés à recruter Joseph Pawlikowski, professeur réfugié au Canada et docteur ès sciences de l'Université de Varsovie. Pawlikowski était alors à l'emploi de Shawinigan Water and Power. La section d'aéronautique est créée lorsque Circé s'assure les services d'Erik Kosko, qui enseignera les notions d'aérodynamique, de G.-A. Mokrzycki, professeur d'aérodynamique et de mécanique du vol, et d'Alexandre Grzedzilski, chargé de cours spécialisé en structures d'avion. Leurs bureaux étant situés dans le même couloir, celui-ci reçoit l'appellation de «corridor polonais».

En 1943, sept étudiants choisissent l'option aéronautique. La base de l'aviation militaire à Saint-Jean et les usines d'avions montréalaises Pratt & Whitney offrent gracieusement des pièces d'avions, des hélices, des moteurs, des fuselages et des empennages qui servent à l'enseignement. Le gouvernement s'engage à fournir une subvention de 20 000 $ qui servira à éponger les déficits entraînés par l'engagement des professeurs polonais[7]. Malheureusement, le gouvernement tarde à remplir ses promesses. Le directeur voit le déficit gonfler à vue d'œil et se reproche d'avoir placé l'École dans une situation inconfortable. Au début de l'année 1944, il offre sa démission. Les membres de la Corporation jugent qu'il ne doit pas être tenu responsable de cette situation et refusent sa démission[8]. Cependant, au mois d'octobre, pour des raisons à la fois de santé et de mésentente à propos de son salaire, Circé tire définitivement sa révérence[9]. Toutefois, la nomination de son successeur ne se fait pas sans difficultés et Circé reste en poste jusqu'au mois de juillet 1945. À l'automne de la même année, l'option d'aéronautique est retirée du programme de l'École. Seulement huit diplômes en aéronautique auront été décernés.

La nomination d'Ignace Brouillet

Les membres de la Corporation choisissent, cette fois-ci, d'aller chercher à l'extérieur de l'École le prochain directeur. Frigon propose la nomination d'un ancien, le commandant Pierre Beaudry de la promotion de 1920. Ce dernier est détenteur d'une maîtrise ès sciences du MIT. Il est alors chef du service d'entretien de la marine canadienne. Il accepte la proposition de Frigon et est engagé le 26 décembre 1944. Bourgoin est nommé directeur adjoint. La nomination du commandant Beaudry ne plaît cependant pas à certains professeurs et anciens diplômés influents.

Le 22 janvier 1945, Omer Côté, secrétaire de la province et nouveau membre de la Corporation, informe les autres membres que de nombreuses irrégularités ont été commises lors de la nomination du directeur. En effet, selon la charte et les règlements de l'École, il faut que la nomination du directeur des études obéisse à un protocole rigoureux et soit proposée au lieutenant-gouverneur en conseil[10]. Bref, la nomination du directeur doit passer par l'approbation du gouvernement. Côté signale également que d'autres irrégularités se seraient produites par le passé. D'un commun accord, il est convenu de faire modifier la charte. Un projet de charte est proposé mais le gouvernement n'y donne pas suite. Entre-temps, l'École est sans directeur. Au mois de septembre 1945, Côté désigne temporairement Ignace Brouillet à la direction des études[11]. Cette crise entourant la nomination du directeur prend fin le 2 février 1946. Ce jour-là, Ignace Brouillet est élu dans toutes les formes prescrites par la loi. Il ne sera alors plus question d'une nouvelle charte, et toutes les délibérations jugées irrégulières seront ratifiées sans changement ni opposition[12].

De Balète à Circé, tous les anciens directeurs avaient fait carrière dans l'enseignement et, à l'exception d'Alfred Fyen, tous avaient été recrutés dans le corps professoral de Polytechnique. Ce n'est pas le cas du nouveau directeur Ignace Brouillet. Ce dernier enseigne bien à l'École, mais seulement depuis 1943 et à titre de chargé de cours. Fils d'un entrepreneur de L'Assomption, Brouillet après avoir obtenu son diplôme de Polytechnique, en 1929, a commencé sa carrière d'ingénieur au service de la salubrité de la Ville de Montréal. Puis l'année suivante, il devient ingénieur-conseil pour la firme Baulne et Léonard. En 1940, il fonde avec E.-Guy Carmel, le bureau d'ingénieurs-conseils Brouillet et Carmel. Cette entreprise profite des retombées économiques de la guerre et se hisse rapidement parmi les principaux bureaux d'ingénieurs-conseils canadiens-français de l'époque.

L'entrepreneurship de Brouillet est certes pour quelque chose dans la réussite que connaît son entreprise. En effet, cet ingénieur parvient à occuper des postes clés dans des comités de planification urbaine et, plus tard, dans plusieurs organismes privés et gouvernementaux. En 1944, par exemple, il fait partie du comité du code du bâtiment de la Ville de Montréal et de celui de la circulation. Il occupera par la suite la présidence de l'Association des diplômés de Polytechnique en 1950, puis l'année suivante celle de l'ACFAS et de l'Association générale des diplômés de l'Université de Montréal. Au tournant des années 40 et 50, il siège à la direction du CNRC. On le retrouve également dans les conseils d'administration de plusieurs grandes compagnies, dont l'Alliance mutuelle d'assurance-vie et la Banque provinciale du Canada[13].

C'est donc un homme d'affaires et un homme public que le secrétaire provincial, Omer Coté, place à la direction de Polytechnique. Le candidat du gouvernement au poste de directeur a également l'avantage d'entretenir d'excellentes relations avec le gouvernement de Maurice Duplessis. Issu du secteur privé, Ignace Brouillet n'est pas un promoteur de grandes réformes pour l'établissement qu'il prend en main tout de suite après la guerre. Toutefois, il entend bien orienter l'enseignement dans une direction bien précise. Il veut, par exemple, mieux préparer les étudiants à occuper des postes d'administrateurs d'entreprises. Dès le début de son directorat, il soumet un programme préliminaire en ce sens. Des cours sur la profession de l'ingénieur, sur l'économie politique, sur l'économie industrielle, font partie de ce programme[14]. C'est cependant dans l'administration même de l'École et dans la consolidation de sa position institutionnelle que se révèle la contribution principale du nouveau directeur.

Le grand déménagement

Depuis la fin de la guerre, les membres de la Corporation songent à procéder à un agrandissement des locaux. En décembre 1951, Brouillet prend les choses en main. Il leur soumet un rapport qui devrait résoudre les problèmes d'espace que connaît Polytechnique. D'entrée de jeu, le directeur montre que depuis sa nomination le nombre d'étudiants est passé de 325 à 509 et que l'École devra, quelques années plus tard à peine, en accueillir plus de 800. Le site actuel, délimité par les rues Sanguinet, Demontigny et Saint-Denis, circonscrit selon lui l'expansion de l'École. C'est pourquoi il suggère de rebâtir ailleurs. Le premier endroit qui lui est venu à l'idée, leur souligne-t-il, est naturellement le campus de l'Université de Montréal. Les amis qu'il compte dans la sphère politique et dans le monde des affaires tout comme ses contacts avec les dirigeants de l'Université permettent au directeur d'annoncer aux membres de la Corporation que son projet ne rencontrera pas d'obstacles majeurs[15]. Une délégation formée par Ignace Brouillet, Roméo Gauvreau et Maurice Gérin est alors mandatée pour rencontrer Paul Sauvé, ministre du Bien-être social et de la Jeunesse, et Omer Côté afin d'entreprendre des négociations sur ce sujet. Brouillet est à ce point optimiste quant au résultat de cette entrevue, qu'il a déjà choisi un architecte. Si les négociations sont favorables, la Corporation autorise ainsi le directeur à retenir les services de Gaston Gagnier pour la préparation des plans et devis du nouvel édifice et une somme de 6000 $ est mise à sa disposition pour les études préliminaires[16].

En juillet 1952, Augustin Frigon meurt. Il ne fait aucun doute pour tous les membres de la Corporation que le meilleur candidat pour remplacer celui qui, depuis 1923, a contribué si puissamment à améliorer le statut de l'École est le directeur Ignace

Brouillet. Celui-ci est nommé officiellement le 5 novembre 1952. Il cumule alors les postes de principal et de directeur des études. Le 29 janvier 1953, celui qui était alors directeur adjoint, Henri Gaudefroy, est nommé directeur. Brouillet signifie aux membres de la Corporation qu'il entend bien s'occuper de façon prioritaire du projet de construction du nouvel édifice[17].

En 1951, à la suite du rapport de la Commission royale d'enquête sur l'avancement des arts, des lettres et des sciences présidée par Vincent Massey, le premier ministre du Canada, Louis Saint-Laurent, fait voter des crédits destinés à subventionner les universités canadiennes. Comme ces subventions sont allouées sans la consultation des provinces dans un domaine de juridiction provinciale, le gouvernement de Maurice Duplessis interdit aux universités de toucher ces subventions sous peine de diminuer celles que leur accorde son gouvernement. Polytechnique, comme les autres universités, s'est soumise à cette décision. En réponse aux plaintes des universités québécoises que sa décision prive des subventions fédérales, Duplessis institue une Commission royale d'enquête sur les problèmes constitutionnels. Le mémoire présenté par l'École Polytechnique est étayé de statistiques recueillies par un ancien diplômé, Huet Massue. Ces statistiques font surtout ressortir l'infériorité numérique des ingénieurs canadiens-français et le manque d'espace et de ressources financières de l'École. Bien sûr, les conclusions du rapport sont évidentes: la nécessité d'un nouvel immeuble et une aide financière accrue[18].

Avant même les recommandations de la Commission Tremblay, Duplessis annonce que son gouvernement accordera à Polytechnique une subvention de six à sept millions de dollars pour la construction prochaine d'un nouveau bâtiment et que l'allocation annuelle sera portée à 400 000 $. La Corporation peut alors signer avec l'Université de Montréal un bail emphytéotique de 99 ans, au loyer annuel d'un dollar, pour un terrain de 400 000 pieds carrés, voisin de l'immeuble universitaire. Il faut dire que les différends entre l'Université et Polytechnique se sont atténués depuis la signature d'un contrat d'affiliation entre ces deux institutions en 1952. Par ce contrat, l'Université de Montréal s'engage à ne décerner aux étudiants d'aucune autre école affiliée, ni d'aucune faculté constituante le diplôme d'ingénieur et les titres de bachelier, maître ou docteur en sciences appliquées[19].

Avec cette importante aide gouvernementale, les travaux de construction du nouvel immeuble dessiné par l'architecte Gagnier peuvent commencer. Tous les travaux sont dirigés par des

Le 16 mai 1956 a lieu la cérémonie de la pose de pierre angulaire du nouvel édifice de l'École sur le campus de l'Université de Montréal. De gauche à droite, le directeur de l'École Henri Gaudefroy, le premier ministre du Québec, Maurice Duplessis et Stanislas Pariseau. (Archives de l'École Polytechnique)

anciens. C'est la firme Lalonde et Valois qui est chargée de préparer les plans de structure en béton armé et en béton précontraint. Le bureau d'ingénieurs-conseils Leblanc et Montpetit a la responsabilité des travaux d'électricité et d'éclairage. Le professeur P.-P. Vinet prépare les plans du système de chauffage, de ventilation et de mécanique. Les plans d'aménagement du terrain et d'études de la circulation autour de l'École sont confiés à la firme d'ingénieurs-conseils Lalonde, Girouard et Letendre. Les travaux de construction sont confiés à la compagnie Quémont Construction dont le président, Arthur Laplante, est un diplômé de 1933. Comme l'architecte n'est pas un ancien diplômé, l'Association des diplômés envoie une lettre à la Corporation pour demander s'il ne serait pas possible que des anciens collaborent avec cet architecte[20].

Dès le printemps 1956, la structure de la nouvelle école est terminée et le premier ministre est invité à poser la pierre angu-

L'immeuble de l'École Polytechnique en 1958.
(Bureau du président de la Corporation)

laire. Parmi les invités d'honneur, le plus remarqué est certainement Stanislas Pariseau, diplômé de la première promotion de
1877. Le vieil homme a 99 ans; il fêtera son centenaire au mois
d'octobre. Il s'éteindra à l'âge de 101 ans. Au mois de juillet 1958,
l'administration de l'École quitte la rue Saint-Denis pour
s'installer sur le campus universitaire. Polytechnique accueille
cette année-là 1143 étudiants.

Une période de transition

La période d'après-guerre constitue pour Polytechnique une
transition importante qui débouche, en 1958, sur la prise de
possession des nouveaux locaux sur la montagne et la consolidation du programme de spécialisation. Les professeurs qui,
entre 1907 et 1940, avaient été les témoins et acteurs des réformes
accomplies par Frigon sont remplacés peu à peu par une autre
génération d'enseignants. Les Mailhiot, Frigon et Circé ont quitté
la scène. André Wendling quitte l'École en 1944 pour aller ensei-

gner le français à New York. Jean Flahault prend sa retraite à la fin des années 40. Bourgoin meurt en 1951.

L'abbé Wilfrid Labrosse, dont la carrière à Polytechnique avait commencé en 1921 comme professeur de physique générale, tire sa révérence en 1952. C'est lui qui avait organisé et dirigé les laboratoires de physique. Deux ans plus tard, le doyen des professeurs, V.-E. Beaupré prend une retraite bien méritée. Beaupré avait été engagé comme professeur de mathématiques l'année de l'inauguration de l'immeuble de la rue Saint-Denis, soit en 1905. Ernest Mackay, à qui on avait confié, en 1921, la direction du camp d'arpentage et qui avait accepté un poste de professeur de mathématiques un peu plus tard, connaît une fin tragique dans un accident d'automobile en 1956. L'année suivante, l'École rend hommage à un autre de ses dévoués professeurs, Théodore-J. Lafrenière, qui se retire après 45 années d'enseignement à Polytechnique. Il était entré à l'École comme professeur en 1912. En 1959, Aimé Cousineau, professeur depuis 1925, et Georges Landreau, qui a commencé sa carrière d'enseignant en 1913, prennent tous deux leur retraite. Le premier, tout d'abord chargé du cours de ventilation et de chauffage, s'est occupé par la suite de l'enseignement de l'urbanisme; le deuxième a enseigné le dessin industriel et la géométrie descriptive. Le départ de ces anciens professeurs marque la fin d'une époque. Avec l'augmentation du nombre des étudiants, l'engagement de plusieurs jeunes professeurs bouleverse la physionomie du corps professoral. C'est au directeur Henri Gaudefroy que revient la tâche de gérer cette transition par laquelle passe l'École.

Ce n'est pas par hasard si, en 1958, Polytechnique se tourne résolument vers un programme d'enseignement plus spécialisé. La transformation du personnel enseignant et le départ d'une génération de professeurs rendent désormais possible l'acceptation d'un programme plus spécialisé. En effet, Circé n'avait pu tenter l'expérience de la spécialisation qu'avec une extrême prudence. Avant les années 50, les membres les plus influents du corps professoral, c'est-à-dire les plus âgés, avaient tout à perdre d'une transformation du programme. Par ailleurs, ce sont les jeunes professeurs souvent plus spécialisés qui peuvent le plus tirer profit d'une réforme mettant l'accent sur la spécialisation.

C'est en 1952 que le conseil académique exprime pour la première fois l'opinion que le programme d'études doit devenir plus efficace et plus complet, en offrant des cours qui s'adaptent mieux aux besoins particuliers des étudiants. L'argument décisif en faveur de la nécessité d'une refonte du programme est certes le fait que la Faculté de génie de McGill accueille depuis quelques années un nombre de plus en plus important de jeunes Canadiens français. Si, entre 1913 et 1939, McGill n'a formé que 82 ingénieurs francophones pour une moyenne de 3 par année, entre 1940 et 1960, nous avons répertorié 534 diplômés francophones pour une moyenne annuelle de 25,4. Pour les seules années 1950 et 1951, respectivement 57 et 50 étudiants canadiens-français obtiennent leur diplôme d'ingénieur de McGill, comparativement à 76 et 93 pour Polytechnique.

À partir des années 40, plusieurs facteurs expliquent l'attrait de McGill pour les futurs ingénieurs francophones. Premièrement, la rivalité entre Laval et Polytechnique pour abriter l'École des mines a jeté un froid dans les relations entre l'université québécoise et l'école montréalaise. Ainsi jusqu'en 1944, Polytechnique refuse de reconnaître les deux années d'études scientifiques des élèves de la faculté des sciences de Laval[21]. Ceux d'entre eux qui désirent se spécialiser en génie civil doivent donc s'orienter vers McGill qui reconnaît ces deux années universitaires. Deuxièmement, l'entrée massive des vétérans dans les écoles de génie augmente de façon importante le nombre des inscriptions dans ces institutions. En 1945, par exemple, 43,5 % des étudiants inscrits dans les écoles de génie canadiennes sont des vétérans. En 1946, 1947 et 1948, les vétérans comptent respectivement pour 63,8 %, 62,8 % et 56,4 % des étudiants inscrits[22]. Curieusement, Polytechnique profite beaucoup moins des mesures de réinsertion des vétérans dans la vie civile. Pendant qu'à McGill le nombre des inscriptions subit une augmentation que seule peut expliquer l'arrivée massive des vétérans, Polytechnique ne connaît pas une augmentation aussi spectaculaire du nombre d'étudiants inscrits[23]. Par ailleurs, le programme de la faculté de génie de McGill s'étale sur quatre ans, tandis que, depuis les années 20, celui de Polytechnique comporte cinq années d'études. L'économie d'une année de scolarité et la réputation de l'Université McGill ont certainement contribué à attirer bon nombre de francophones vers cette faculté de génie montréalaise. Enfin, il faut croire que les mises en garde du clergé contre les dangers de fréquenter une université «protestante» ne découragent plus les étudiants francophones. Toutefois, pour les dirigeants de Polytechnique, c'est le désir d'acquérir une formation d'ingénieur plus spécialisée qui explique l'engouement des jeunes francophones pour McGill.

En 1956, un comité spécial est chargé d'étudier la question de la spécialisation sous tous ses aspects et de faire un rapport circonstancié sur la politique à suivre dans cette évolution apparemment devenue nécessaire. Après deux ans de réunions fréquentes, le comité présente le nouveau programme. Le comité s'est basé sur cinq grandes considérations pour justifier l'introduction du diplôme spécialisé[24].

Premièrement, la somme des connaissances scientifiques et techniques est jugée aujourd'hui trop considérable pour qu'un individu puisse se familiariser avec les connaissances relevant de toutes les branches de génie. La spécialisation devient donc le meilleur moyen pour réussir à maîtriser un domaine bien limité de connaissances et les mettre en pratique convenablement. C'est toutefois avec la deuxième considération que les membres du comité font état de leur crainte de perdre des étudiants francophones au profit de McGill. On affirme ainsi que la spécialisation répond aux besoins et aux aspirations des étudiants. Les membres du comité signalent que de nombreux jeunes Canadiens français ne fréquentent pas Polytechnique, préférant s'inscrire ailleurs pour y étudier les spécialités que l'École ne peut leur offrir. Une troisième considération fait état des milieux industriels qui sont souvent déroutés par les cadres de l'enseignement de Polytechnique, seule institution en Amérique du Nord à privilégier encore une formation générale. La quatrième considération met l'accent sur les équivalences avec celles des autres universités. Finalement, on mentionne que la mise en vigueur d'un programme spécialisé sera l'occasion de favoriser les travaux de recherche et d'accroître par le fait même le prestige et la renommée de l'École Polytechnique[25].

Le nouveau programme instauré en 1958 offre huit spécialités. Il s'agit du génie civil, du génie mécanique, du génie électrique, du génie chimique, du génie métallurgique, du génie minier, du génie géologique et du génie physique. De plus, à ces spécialités correspondent autant de départements qui structurent pour ainsi dire l'institution elle-même. Les étudiants reçoivent une formation générale pendant la moitié de leurs cours et un enseignement spécialisé durant la seconde moitié. La durée du programme s'étale toujours sur cinq années. Les matières sont divisées en quatre catégories, soit celles des sciences fondamentales, des sciences appliquées de base, des sciences appliquées de la spécialité et des matières générales[26].

La période de transition que connaît Polytechnique affecte également la position qu'elle occupe dans le champ des institutions d'enseignement au Canada. C'est à partir de cette époque que Polytechnique commence à s'imposer comme l'une des grandes institutions canadiennes d'enseignement du génie. Après la Seconde Guerre, la profession d'ingénieur jouit d'une grande popularité. Plusieurs nouvelles écoles et facultés de génie surgissent un peu partout au Canada. La longue histoire de Polytechnique joue alors en sa faveur. Ses diplômés vont participer au développement de ces nouvelles institutions qui émergent au cours des années 50. Henri Gaudefroy devient dès lors un ambassadeur tout désigné pour fixer la nouvelle image que projette de plus en plus l'École.

Après avoir reçu son diplôme d'ingénieur en 1933, Henri Gaudefroy a entrepris des études en génie électrique au MIT. L'année suivante il obtenait un diplôme de bachelier ès sciences en génie électrique de cette institution réputée. De 1935 à 1939, il a travaillé pour Bell Canada. C'est à la veille de la guerre qu'il est entré au service de Polytechnique comme assistant professeur de mathématiques. En 1943, il est promu professeur agrégé et est nommé secrétaire de la direction. En 1946, il accède au rang de professeur titulaire, puis, en 1951, est nommé chef du département de mathématiques. En janvier 1953, les membres de la Corporation le choisissent comme directeur de l'École.

Tout au long de sa carrière universitaire, Gaudefroy a occupé des postes dans différentes organisations de représentation. Son passage dans ces lieux de regroupement lui permet d'acquérir les dispositions nécessaires pour personnifier une institution en train de se forger une nouvelle image. La multiplicité des positions occupés par Gaudefroy permet également à celui qui représente Polytechnique de contribuer à la renommée de l'École dans les milieux professionnels, industriels et scientifiques. C'est au sein de l'ADP que Gaudefroy commence sa carrière d'«ambassadeur». Il occupe le poste de secrétaire-trésorier de 1940 à 1951. Deux ans plus tard, il est membre du conseil, puis, en 1958, il en devient le président. En 1950, il est élu président du chapitre montréalais de l'EIC et, de 1951 à 1954, il est membre du conseil général de ce regroupement d'ingénieurs canadiens. Au cours des années 50, il est un membre actif de différents comités, dont le comité d'aviseurs de la Commission de l'énergie atomique du Canada sur la sécurité des réacteurs, le comité consultatif du Canadian Welding Bureau et président du comité canadien de l'Association internationale pour l'échange d'étudiants dans le domaine technique. Sa contribution au rayonnement de Polytechnique et à celui de l'enseignement du génie sera tour à tour reconnue par des universités québécoises et canadiennes qui instaurent dans leurs murs un enseignement des sciences appliquées. L'Université Laval lui décerne ainsi un doctorat *honoris causa* en 1955.

L'Université de Sherbrooke fait de même en 1958, suivie de l'université Western Ontario en 1959. Plus que de constituer une reconnaissance individuelle, ces distinctions s'adressent bien sûr à l'École Polytechnique à travers celui qui l'incarne. Dans les années 70, cet ambassadeur de l'École terminera sa carrière comme ambassadeur du Canada en Tunisie.

Le signe le plus éclatant de la nouvelle position de l'École est certes l'édifice que ses dirigeants ont pu faire construire sur le campus universitaire. Cependant d'autres manifestations moins spectaculaires signalent la transition qui s'opère dans ce qui était naguère une institution d'enseignement dominée. Le nombre d'étudiant connaît une augmentation phénoménale. En fait, dans les années 50, aucune autre faculté de génie n'affiche de si bons résultats dans ce domaine au Canada. Au début des années 60, Polytechnique est devenue la plus grande école d'ingénieurs au Canada après la faculté de génie de l'Université de Toronto[27]. En 1954, l'École inaugure des cours du soir qui s'adressent aux ingénieurs mais aussi à tous ceux qui s'intéressent au domaine technique. Dès le début, ces cours connaissent un succès inespéré. Grâce à une publicité bien orchestrée à la radio et auprès des nombreuses associations techniques et des revues spécialisées, près de 150 personnes s'inscrivent à ces cours du soir[28]. En 1958, le nombre de personnes inscrites au cours d'extension est passé à 315[29]. C'est au cours de cette période que l'École commence à accueillir des étudiants étrangers et que de grandes compagnies canadiennes ou sociétés scientifiques internationales mettent à la disposition de ses étudiants des bourses d'études.

La *RTC* arbore également un nouveau visage. Depuis plusieurs années, les membres du conseil de l'AAEEPM se plaignaient de voir la revue fondée par les anciens leur échapper. Le nombre d'articles concernant l'art de l'ingénieur n'a cessé de diminuer tout au long des années 20 et 30. Les tentatives pour spécialiser cette revue dans l'unique domaine de l'ingénieur échouent bien souvent avant même de se concrétiser. En 1954, les conditions sont en place pour transformer cette revue en un organe d'information professionnel dont le but principal est «de servir les intérêts des ingénieurs et de faire connaître l'abondance de nos ressources et les moyens de les mettre en œuvre[30]». Cette nouvelle orientation de la revue est accompagnée d'une nouvelle présentation. On agrandit son format et on fait imprimer la revue sur papier glacé, tandis que les articles sont accompagnés de nombreuses illustrations. En 1955, la revue paraît sous le titre de *L'Ingénieur — Revue trimestrielle canadienne*. Dans les années

Tableau 7.1

**Origine sociale des diplômés de Polytechnique
promus entre 1948 et 1960**

	n	%
profession *du père*		
agriculteur	79	7,0
ouvrier	399	35,2
petit commerçant ou entrepreneur	157	13,9
fonctionnaire	77	6,8
profession libérale traditionnelle	45	4,0
enseignant	38	3,3
nouvelle profession	153	13,5
col blanc	154	13,6
industriel	31	2,7
TOTAL	1133	100,0

Source: *Dossiers étudiants,* registrariat de l'EPM.

60, on laisse tomber l'ancien titre pour ne garder que *L'Ingénieur.*

Polytechnique: une filière
de promotion sociale

Les statistiques que nous avons recueillies sur l'origine sociale des diplômés de Polytechnique entre 1948 et 1960 nous révèlent que cette institution, qui accueillait déjà une bonne proportion d'élèves issus des classes populaires, ouvre encore plus grande ses portes aux fils d'ouvriers. Ces derniers contribuent alors pour beaucoup à l'augmentation spectaculaire du nombre de diplômés de cette école au cours de cette période. Le Tableau 7.1 nous montre que plus du tiers des diplômés sont en effet des fils d'ouvriers. Les fils de petits commerçants et entrepreneurs, les fils de cols blancs et les fils des membres des nouvelles professions sont, tout comme pendant la période de l'entre-deux-guerres, bien représentés et constituent une clientèle fidèle à Polytechnique.

La multiplication des écoles primaires supérieures, la création d'un enseignement supérieur scientifique et l'apparition d'écoles

TABLEAU 7.2

**Origine scolaire des diplômés de Polytechnique
promus entre 1948 et 1960**

institution scolaire	n	%
collège classique	346	28,7
école prim. supér.	267	22,1
école préparatoire aux études scientifiques	203	16,8
Mont Saint-Louis	166	13,7
université	130	10,8
école technique	35	2,9
collège militaire	21	1,7
high school	6	0,5
école normale	1	0,1
extérieur du pays	33	2,7
TOTAL	1208	100,0

Source: *Dossiers étudiants,* registrariat de l'EPM.

de préparation aux études scientifiques commencent alors à porter fruit. Entre les collèges classiques et l'université, est mis en place un réseau d'institutions qui prédisposent et préparent les étudiants à se diriger vers le génie et à y réussir leurs études. Ce qui faisait cruellement défaut au XIXe siècle et au début du XXe siècle, c'est-à-dire un type d'enseignement secondaire qui suscite chez les étudiants un intérêt pour les sciences appliquées, apparaît alors subrepticement, sans grandes réformes scolaires, comme par la force des choses. Le Tableau 7.2 nous indique que les étudiants diplômés entre 1948 et 1960, issus directement des collèges, ne comptent maintenant plus que pour 28,7 % du total. Les fils d'ouvriers, par exemple, viennent pour près de la moitié des écoles primaires supérieures ou d'écoles de préparation aux études scientifiques. Le Tableau 7.3 sur le rapport entre l'origine sociale et scolaire des diplômés au cours de cette période nous indique d'ailleurs que ce sont les fils d'ouvriers qui utilisent le plus la filière des écoles primaires supérieures.

Un problème à résoudre: l'absence
de diplômés dans l'industrie

Nous avons vu que l'orientation des diplômés de Poly-technique a été, dans une large mesure, influencée par l'existence de filières d'embauche ayant à leur tête un ancien. Ces filières se sont essentiellement développées dans l'administration publique; les grandes industries restent largement sous le contrôle d'admi-nistrateurs anglophones. Il est alors difficile pour les diplômés d'y entrer, et plus encore d'y gravir les échelons menant aux postes de direction. Ce n'est qu'à cette condition que de grandes compa-gnies privées pourraient devenir des filières d'embauche pour les ingénieurs francophones.

On sait que la difficulté des ingénieurs francophones à péné-trer les milieux industriels ne dépend pas uniquement de leur formation générale. La preuve en est que plusieurs ont connu une remarquable réussite à la Commission des eaux courantes, comme spécialistes dans la construction de barrages hydro-élec-triques. D'autres, au sein de services municipaux ou de ministères gouvernementaux, se sont fait valoir dans des domaines comme le génie sanitaire, le génie minier et l'urbanisme. En un sens, les suc-cès des ingénieurs francophones dans l'administration publique ont contribué à susciter chez eux un intérêt pour la fonction publique. À l'opposé, la grande industrie anglophone apparaît comme étrangère parce qu'inconnue, sans avenir parce que sans exemples vivants pouvant témoigner de réussites individuelles. Il ne faut pas oublier que, jusque dans les années 30, le nombre d'offres d'emploi que reçoit l'AAEEPM dépasse celui des diplô-més. Les nouveaux diplômés ont donc souvent le choix entre plu-sieurs perspectives de carrière. Ils choisissent bien sûr celles qui leur assurent le plus de chances de réussite.

On voit ici que la question de la faible percée des ingénieurs francophones dans l'industrie privée est fort complexe. D'un côté la grande industrie, sous contrôle anglophone, n'attire pas les jeunes ingénieurs francophones. D'autre part, l'administration publique devient de plus en plus pour eux un lieu privilégié pour y exercer leur profession. En 1928, Augustin Frigon, dans un article sur l'ingénieur civil, avoue que les diplômés se sont spé-cialisés en majorité dans l'arpentage et dans les travaux publics après leurs études. Mais il affirme pour atténuer ses propos: «depuis quelques années cependant, et pour le plus grand béné-fice de l'avenir économique des Canadiens français, nos diplômés

TABLEAU 7.3

Rapport entre l'origine sociale et l'origine scolaire des diplômés
de Polytechnique promus entre 1948 et 1960

institution scolaire profession du père	coll. clas.	primaire sup.	école prépar.	Mont-St-Louis	univ.	autre	Total
agriculteur	46,1	11,5	23,1	1,3	9,0	9,0	100,0
	(36)	(9)	(18)	(1)	(7)	(7)	(78)
ouvrier	19,6	29,0	20,4	13,2	10,9	6,9	100,0
	(77)	(114)	(80)	(52)	(43)	(27)	(393)
petit commerçant ou entrepreneur	34,2	15,5	16,8	12,2	12,2	9,1	100,0
	(53)	(24)	(26)	(19)	(19)	(14)	(155)
fonctionnaire	28,6	28,6	11,6	9,1	13,0	9,1	100,0
	(22)	(22)	(9)	(7)	(10)	(7)	(77)
profession libérale traditionnelle	51,1	13,3	8,9	13,4	11,1	2,2	100,0
	(23)	(6)	(4)	(6)	(5)	(1)	(45)
enseignant	39,5	21,0	7,9	7,9	7,9	15,8	100,0
	(15)	(8)	(3)	(3)	(3)	(6)	(38)
nouvelle profession	32,4	16,6	10,6	21,9	7,9	10,6	100,0
	(49)	(25)	(16)	(33)	(12)	(16)	(151)
col blanc	27,1	24,5	15,9	16,6	12,6	3,3	100,0
	(41)	(37)	(24)	(25)	(19)	(5)	(151)
industriel	38,7	6,5	29,0	16,1	9,7	–	100,0
	(12)	(2)	(9)	(5)	(3)	–	(31)

Source: *Dossiers étudiants*, registrariat de l'EPM.

se dirigent vers l'industrie[31].» Frigon, afin de montrer comment, depuis quelques années, les diplômés réussissent à diversifier leur champ d'action, dresse une liste des différentes positions occupées par les finissants des 10 dernières promotions. Plus instructif encore, Frigon mentionne quelques positions offertes récemment et pour lesquelles Polytechnique n'a pu trouver de titulaires. On y retrouve 15 postes dans l'administration publique et 5 dans l'industrie. Ce qui nous indique que l'administration publique est un secteur qui sollicite beaucoup les nouveaux diplômés; on y apprend également que l'industrie privée n'est pas fermée aux ingénieurs francophones. À partir des années 30, la crise économique a pour effet de diminuer le nombre de positions offertes aux diplômés qui, eux, sont de plus en plus nombreux. C'est alors que la faible représentation des diplômés dans les milieux industriels s'imposera comme un problème majeur à résoudre pour garantir la renommée de l'École.

Frigon et ses successeurs vont donc s'attaquer au problème par divers moyens. L'initiative de Frigon de familiariser les étudiants avec l'industrie en organisant des visites industrielles ne produit pas les résultats escomptés. Ce n'est d'ailleurs pas grâce à ce type de remède que l'École réussira à nouer des liens avec la grande entreprise, ou encore que surgiront beaucoup de vocations industrielles chez ses diplômés. Il semble donc qu'il soit difficile de briser le cercle vicieux dans lequel est enfermée l'École Polytechnique. Ses diplômés n'ont pratiquement aucun intérêt à choisir une carrière industrielle parce que, **historiquement,** l'École s'est développée uniquement grâce au soutien de l'État, sans jamais tisser de liens étroits avec la grande industrie. De leur côté, les dirigeants des grandes compagnies privées sont plus enclins à se tourner vers d'autres institutions scolaires, desquelles ils sont souvent issus, pour recruter leur personnel d'ingénieurs[32].

Un épisode de l'histoire des rapports entre la grande industrie, Polytechnique et ses diplômés nous révèle clairement comment il en coûte davantage aux francophones qu'aux anglophones de mener une carrière d'ingénieur dans une grande firme canadienne. Ce cas nous renseigne également sur les moyens par lesquels Polytechnique peut espérer se rapprocher des grandes industries qui emploient de nombreux ingénieurs.

En mai 1935, à la fin de son mandat comme directeur des études, Frigon écrit à R. E. Powell, de l'usine Alcan à Arvida, pour lui présenter la candidature d'André Hone[33]. Hone, comme on le sait, a fait des études supérieures à Pittsburgh et vient de recevoir son doctorat. Frigon, toujours soucieux de promouvoir l'entrée de jeunes ingénieurs dans l'industrie, est particulièrement optimiste en ce qui a trait aux chances de Hone de décrocher un emploi à Arvida. La compagnie accepte pour la première fois d'embaucher un ingénieur diplômé de Polytechnique. Le Dr Hone est appelé à travailler avec une petite équipe de recherche dont la principale tâche consiste à résoudre certains problèmes techniques. L'équipe est composée de cinq ingénieurs. Il y a Hone, bien sûr, Claude Beaubien, diplômé du MIT, et trois anglophones issus de la faculté de génie de McGill[34].

La compagnie Alcan est à cette époque en pleine expansion; elle est aussi l'une des compagnies privées qui emploie le plus d'ingénieurs au Québec. Déjà à l'intérieur de cette grande compagnie canadienne, Hone apparaît comme celui qui pourrait ouvrir la voie aux ingénieurs canadiens-français. Dans une lettre qu'il adresse à Adhémar Mailhiot, en novembre 1936, Hone informe le directeur de Polytechnique que:

L'Aluminium Company of Canada serait disposée à prendre de nos ingénieurs canadiens-français, jeunes ou anciens. Ceux qui désireraient se présenter à monsieur J. B. White au bureau de Montréal, Dominion Square Building, devront avoir les qualités suivantes:

a) Parler et écrire l'anglais et le français couramment.

b) Avoir voyagé à l'étranger.

c) Avoir fait des études avancées dans des universités étrangères, ou encore avoir eu une profonde expérience soit en administration, soit dans les mines, soit en métallurgie, soit dans l'industrie en général.

Je dois vous dire qu'il se fait auprès de l'Aluminium Company of Canada, depuis quelque temps, une pression énorme en faveur des Canadiens français. Cette campagne remporte beaucoup de succès à en juger par des changements définis à Arvida. De plus, l'Aluminium Company of Canada commence à augmenter son effectif d'ingénieurs en prévision de certains projets qui seront réalisés prochainement. C'est le temps propice de faire placer de nos ingénieurs et de leur faire obtenir des positions avantageuses. Toutefois, j'insiste tout spécialement sur le fait qu'il va falloir agir avec circonspection et ne recommander auprès de M. White que des hommes d'une valeur bien établie, d'une initiative développée et d'un jugement sûr. Les portes de l'Aluminium Company sont entrouvertes aux ingénieurs canadiens-français, il faut à tout prix que ceux qui y entrent réussissent à les faire ouvrir toutes grandes. Je vous demande donc votre entière collaboration en ne recommandant que ceux dont vous êtes absolument sûr[35].

À en croire cette lettre de Hone au directeur de Polytechnique, on a l'impression que le sort des ingénieurs canadiens-français dans l'industrie va se jouer chez Alcan dans les prochains jours. On comprend qu'entrevoir une chance de remédier à l'absence chronique d'ingénieurs canadiens-français dans la grande industrie puisse être perçu comme un rendez-vous historique qu'il ne faut surtout pas rater. Comme le fait remarquer Mailhiot dans sa lettre à Hone, les qualités que doit posséder l'ingénieur francophone pour être admis chez Alcan sont cependant difficiles à trouver chez les diplômés. Il écrit ainsi:

Nous en trouverions facilement qui savent parler et écrire couramment le français et l'anglais. Il y en a assez peu qui ont voyagé à l'étranger. Il y en a aussi assez peu, comme vous le savez, qui ont fait des études avancées dans des universités étrangères[36].

Voyant combien il serait difficile de trouver un diplômé réunissant toutes ces qualités, Mailhiot signale alors à Hone qu'il va organiser un concours pour les élèves de cinquième année. Les gagnants pourront soumettre leur candidature à M. White. Le concours consiste à faire un rapport d'une visite d'usine. Les élèves ayant rédigé les meilleurs rapports seront invités à poser leurs candidatures chez Alcan[37]. Malheureusement, un diplômé ayant eu vent du fait que la compagnie ouvrait ses portes aux jeunes ingénieurs francophones, se précipite au bureau de White à Montréal et le met au courant du concours qui s'organise à Polytechnique. White affirme qu'il n'a jamais entendu parler de l'affaire. Il n'est pas question, pour lui, d'engager des ingénieurs sur la foi d'un rapport de visite d'usine. Mailhiot écrit alors à Hone pour l'informer de la réaction de White[38]. La réponse de Hone est cinglante. Il fait comprendre à Mailhiot que celui-ci n'a pas du tout compris ses intentions et qu'il risque de tout gâcher. Il rappelle au directeur que

> les portes sont ouvertes à nos ingénieurs mais qu'il fallait, pour le moment, prendre la précaution de ne recommander auprès de M. White que des élèves qui puissent faire leur marque. Actuellement, il suffirait de recommander un seul élève qui ne serait pas satisfaisant pour qu'on ait une grande difficulté à en faire placer d'autres[39].

De fait, aucun ingénieur diplômé de Polytechnique ne sera engagé par cette compagnie avant les années 40. Ces échanges de lettres laissent entendre que si Alcan est prête à engager des ingénieurs francophone, elle exige cependant d'eux des compétences autres que celles qu'ils ont acquises à Polytechnique. Ce qui est exigé, en fait, ce sont des dispositions envers une activité que Polytechnique n'a pas encore développée, à savoir la recherche.

La recherche: une voie d'accès à la grande industrie

L'émergence de la recherche ne change pas seulement la vocation et la définition même de l'École; ces transformations suscitent également des pratiques nouvelles qui changent les rapports qu'entretenait Polytechnique avec les milieux industriels. Ainsi, dès l'engagement des premiers chercheurs, des travaux de recherche sont entrepris en collaboration avec l'industrie privée.

Le Laboratoire de résistances des matériaux, sous la direction du professeur Welter, se signale particulièrement puisqu'il se met en contact avec RCA Victor Ltd, Canadian Propellers Ltd, Electrical Manufacturing Co. Ltd, Milton Hersey Co. Ltd, Island Industries Ltd, etc.[40] Pendant la guerre, d'autres départements entreprennent également des recherches pour le compte de compagnies privées. C'est notamment le cas du département de chimie, dont le laboratoire de chimie industrielle s'associe avec la compagnie Zinc Oxyde of Canada pour effectuer des études sur les procédés de fabrication de l'oxyde de zinc[41]. Pendant les années 1950, c'est une véritable collaboration qui se développe entre l'industrie minière et l'École. La construction d'une usine de concentration de minerai de columbium à Oka par St. Lawrence Columbium and Metals Corporation a été rendue possible grâce à la collaboration de plusieurs membres des départements de génie minier et de géologie de Polytechnique[42].

Ainsi, grâce à la recherche, se forgent peu à peu des liens entre Polytechnique et plusieurs industries. Les dirigeants profitent alors de cette chance qui s'offre à eux de relier leur institution à un secteur dont elle était jusque-là à peu près coupée. Circé sera le premier directeur à se faire un devoir, par exemple, de recommander aux chefs de départements de considérer:

> comme partie essentielle de leur tâche non seulement l'ensei-gnement et la recherche scientifique qui requièrent la compétence technique, mais aussi l'établissement de relations avec l'industrie, qui sont sûrement un appoint important dans la réputation de l'École Polytechnique et dans le placement de ses diplômés[43].

L'apparition de pratiques nouvelles, liées à la recherche, permet d'initier plusieurs étudiants à cette activité. Quatre diplômés de 1943 obtiennent des bourses du CNRC et deux autres du Secrétariat provincial; ces deux derniers choisissant d'aller se spécialiser en aéronautique aux États-Unis. Plus important encore, les cours de laboratoires sensibilisent de plus en plus les étudiants aux problèmes que doivent rencontrer les ingénieurs dans l'industrie. Auparavant, la plupart des cours de laboratoires étaient reliés aux travaux publics ou à la construction. L'intérêt pour la recherche industrielle de certains professeurs, qui instruisent les étudiants sur le travail de l'ingénieur dans l'industrie, fait naître chez ceux-ci un goût pour une carrière industrielle.

La mobilisation des scientifiques et des industries à l'effort de guerre ne stimule pas seulement la recherche dans les universités; elle crée également une demande de personnel plus qualifié dans les industries. Le Wartime Bureau of Technical Personnel renseigne les institutions d'enseignement supérieur au sujet des offres d'emploi dans les industries canadiennes. La Corporation et l'ADP peuvent dès lors orienter bon nombre d'étudiants et de diplômés vers les industries. Des 30 diplômés de la promotion de 1940, 14 trouvent un emploi dans l'industrie[44]. En 1941, 25 des 33 diplômés sont engagés par l'industrie[45]. L'année suivante, les diplômés sont au nombre de 44, on en retrouve 34 dans ce secteur. Circé fait alors remarquer: «Les demandes qui nous ont été faites par l'industrie depuis quelques mois dépassent de beaucoup le nombre de nos diplômés de la promotion de 1942».

La recherche et la spécialisation de la formation de l'ingénieur canadien-français (puisque à Laval la recherche et la spécialisation s'instaurent en même temps que la création des différents départements de génie), tout comme la nouvelle conjoncture économique de l'après-guerre, ne seront pas sans avoir des répercussions importantes sur les perspectives de carrière d'une nouvelle génération d'ingénieurs, beaucoup plus nombreux que leurs aînés.

L'impact de la guerre sur les diplômés de Polytechnique

Il convient maintenant d'étudier l'impact de la période de guerre sur le profil d'emploi des diplômés. Le Tableau 7.4 nous fait voir les différents secteurs d'emploi où on les retrouve en 1913, 1930, 1937 et 1947. Nous avons déjà analysé au chapitre IV l'orientation des nouveaux diplômés au cours de la période 1905-1937; il suffit ici de rappeler les grandes tendances qui se dessinent au cours de cette période. Tout d'abord, la proportion des diplômés dans la fonction publique n'a pas cessé d'augmenter. Par conséquent, la présence des diplômés dans les secteurs privés a diminué constamment. Le génie-conseil s'avère de moins en moins populaire. Ce sont là les grandes tendances qui se dégagent des statistiques sur l'emploi des diplômés pendant l'entre-deux-guerres.

En 1947, tout juste après la Seconde Guerre, ces tendances vont se renverser. En l'espace de 10 ans, de toutes nouvelles perspectives de carrières se sont ouvertes aux ingénieurs formés à Polytechnique. Le Tableau 7.5 nous informe plus particulièrement sur les secteurs où les ingénieurs diplômés entre 1938 et 1947 exercent leur profession en 1947. Polytechnique a décerné 396

TABLEAU 7.4

**Secteurs d'emploi des diplômés de Polytechnique
en 1913, 1930, 1937, 1947**

années	1913[1]		1930[2]		1937[3]		1947[4]	
secteurs d'emploi	n	%	n	%	n	%	n	%
fédéral	57	22,5	50	11,5	54	9,6	56	6,1
provincial	13	5,2	71	16,4	144	25,4	202	22,0
municipal	36	14,2	80	18,4	88	15,6	144	15,6
total administrations publiques	106	41,9	201	46,3	286	50,6	402	43,7
enseignement	11	4,3	34	7,9	38	6,7	59	6,4
génie-conseil	71	28,1	59	13,6	65	11,5	128	13,9
construction	25	9,9	52	12,0	63	11,1	128	13,9
richesses naturelles	6	2,4	19	4,4	40	7,1	45	4,9
transports et communications	14	5,5	11	2,5	7	1,2	42	4,6
pâtes et papiers	1	0,4	14	3,2	13	2,3	18	2,0
industries et commerces	19	7,5	44	10,1	54	9,5	98	10,7
total secteurs privés	136	53,8	199	45,8	243	42,7	459	49,9
TOTAL	253	100,0	434	100,0	566	100,0	920	100,0

Sources: (1) *Annuaire 1913*, Association des anciens élèves de l'EPM, 1913, AEPM.

(2) *Liste des diplômés de l'EPM*, Association des Anciens élèves de l'EPM, 1930.

(3) *Liste des diplômés de l'EPM*, Association des Anciens élèves de l'EEPM, 1937.

(4) *Liste des diplômés de l'EPM*, Association des Diplômés de l'EPM, 1947.

diplômes au cours de cette période. Ce tableau montre clairement que les nouveaux diplômés se dirigent vers l'administration publique dans une proportion moins grande que leurs aînés; ils sont donc plus présents dans les secteurs privés. Les grandes compagnies canadiennes ou américaines où l'on ne trouvait à peu près pas de diplômés commencent à accueillir de jeunes ingénieurs francophones. C'est le cas notamment d'Alcan qui, en 1937, n'a qu'un seul diplômé à son service. Dix ans plus tard, sept

TABLEAU 7.5

Secteurs d'emploi en 1947 des diplômés promus entre 1938 et 1947

secteur d'emploi	n	%
fédéral	16	4,3
provincial	81	21,7
municipal	39	10,4
total administrations publiques	136	36,4
enseignement	13	3,5
génie-conseil	50	13,4
construction	44	11,8
richesses naturelles	19	5,1
transports et communications	38	10,2
industries et commerces	73	19,6
total secteurs privés	224	60,1
TOTAL	373	100,0

Source: *Liste des diplômés de l'EPM*, Association des diplômés de l'EPM, 1947.

autres seront venus le rejoindre. Bell Canada n'avait, elle aussi, qu'un seul diplômé à son service avant la guerre. En 1947, elle en compte cinq. Entre 1937 et 1947, le nombre de diplômés qui travaillent à la Canadian General Electric passe de trois à huit. La Compagnie de Tramway de Montréal suit la même progression.

Des compagnies appartenant à des familles canadiennes-françaises ont profité des retombées économiques de l'effort de guerre pour connaître une expansion leur permettant d'augmenter le nombre de leur personnel qualifié. C'est le cas entre autres de Marine Industries, à Sorel, et de la compagnie de papier Rolland, à Saint-Jérôme, qui emploient respectivement neuf et cinq diplômés en 1947. Dix ans plus tôt aucun n'était à l'emploi de la première et un seul travaillait à la seconde.

Dans le secteur privé de l'hydro-électricité, le nombre des diplômés passe de 14 à 23 au cours de ces 10 années. Toutefois, la nationalisation de la Montreal Light Heat and Power (MLHP), en 1944, est certes l'événement qui profite le plus aux ingénieurs francophones, dans la conquête de ce champ d'exercice de leur profession. Ainsi, en 1937, un seul diplômé travaille pour cette importante compagnie distributrice d'électricité. En 1947, Hydro-Québec en compte 18 à son service. Polytechnique et le département de génie électrique de Laval vont bientôt fournir à cette société d'État le personnel dont elle aura besoin au cours des années 50 pour devenir une société à la fois distributrice et productrice d'électricité.

Dans l'administration publique québécoise, les ingénieurs francophones issus de Polytechnique occupent des postes qui leur permettent de jouer un rôle important dans le développement des ressources naturelles. La direction de la Régie de l'électricité, de la Commission des eaux courantes et du Service hydraulique du ministère des Terres et des Forêts est assurée par d'anciens diplômés, et on y retrouve bien sûr plusieurs ingénieurs francophones. La première phase de la nationalisation de l'électricité permet cependant aux ingénieurs francophones de ne plus se limiter à jouer un rôle de surveillance et de participer pleinement au développement de ce secteur en pleine croissance.

Hydro-Québec: une nouvelle filière d'emploi pour les diplômés de Polytechnique

La plupart des filières d'embauche qui se sont ouvertes dans l'administration publique pendant la période de l'entre-deux-guerres demeurent, pendant les années 50, des lieux d'exercice de la profession importants pour les diplômés de Polytechnique et pour les ingénieurs francophones en général. À la fin de la guerre, une nouvelle filière, dont l'importance au cours des années 50 ira en s'amplifiant, fait son apparition: Hydro-Québec. En 1947, on sait que 18 diplômés de Polytechnique y travaillent. Ces derniers ont tous été embauchés après la nationalisation, en 1944, de MLHP. En 1960, le nombre de diplômés de Polytechnique à l'emploi de cette société d'État est passé à 81, soit 29,2 % des diplômés alors à l'emploi du gouvernement québécois, ce qui constitue déjà à cette époque la filière de l'administration publique provinciale la plus importante pour les produits de cette institution.

Les statistiques sur les ingénieurs professionnels diplômés de l'Université Laval nous révèlent que, en 1959, 22,7 % (30) des ingénieurs diplômés travaillant pour le gouvernement du Québec sont à l'emploi d'Hydro-Québec. Seul le ministère de la Voirie est une filière d'embauche plus importante. Quant à la faculté de génie de

McGill, sur les 25 francophones à l'emploi du gouvernement du Québec, près de la moitié (12) travaillent à Hydro-Québec. Les ingénieurs diplômés d'institutions en dehors du Québec sont également recrutés par cette société d'État. On en a répertorié neuf, dont un commissaire d'Hydro-Québec, René Dupuis, fondateur du département de génie électrique de l'Université Laval au début des années 40 et qui a fait ses études à l'Université de Nancy. Un autre cadre supérieur a été formé à l'extérieur du Québec: il s'agit de François Rousseau (MIT-1927), ingénieur en chef de la division des aménagements et «l'âme dirigeante des grands travaux de construction[46]» d'Hydro-Québec au cours des années 50.

En prenant possession de la MLHP, Hydro-Québec doit penser à augmenter rapidement sa capacité de production. Les appareils électroménagers envahissent la plupart des foyers québécois tout de suite après la guerre. Des travaux sont alors entrepris afin d'accomplir le mandat que cette société d'État a reçu du gouvernement, c'est-à-dire fournir l'électricité dont les consommateurs ont de plus en plus besoin. En 1946, on décide d'achever la première section de la centrale de Beauharnois qui est terminée en 1948; on entreprend également les travaux de la deuxième section qui sera achevée en 1953. On commencera alors les travaux d'aménagement de la rivière Bersimis qui se termineront en 1959. À Beauharnois, Hydro-Québec parachève la dernière phase de la construction de la centrale dans la deuxième moitié de cette décennie. Dès 1956, la société d'État s'intéresse au potentiel hydro-électrique des rapides de Lachine et du secteur de Carillon, puis, en 1957, elle envoie des équipes de recherche pour sonder les possibilités qu'offrent les rivières de la baie James. En 1959, Hydro-Québec commence les travaux d'aménagement de la centrale de Carillon. Ce projet devient alors le premier grand aménagement dont l'entière direction est confiée à des ingénieurs canadiens-français. Plusieurs d'entre eux ont appris beaucoup au cours des travaux d'aménagement à Beauharnois, Bersimis et Rapide-7.

Tout comme les ministères de la Voirie, des Travaux publics, des Mines, etc., avaient été pris d'assaut, durant l'entre-deux-guerres, par les ingénieurs francophones qui avaient rapidement occupé les postes de direction, le même scénario se produit à Hydro-Québec. En 1960, outre René Dupuis et François Rousseau dont nous avons déjà parlé, deux diplômés de Polytechnique, André Dufresne (1939) et Gérard Molleur (1924), sont à la tête des services d'atelier et de relations industrielles. Au cours des années 60, la haute direction d'Hydro-Québec sera alors composée essentiellement d'ingénieurs canadiens-français, pour la plupart formés à Polytechnique et à Laval[47]. Un revirement spectaculaire s'est opéré après la nationalisation de la MLHP: alors que cette compagnie anglophone n'avait pratiquement aucun ingénieur francophone à son service avant sa nationalisation, Hydro-Québec emploie, en 1959, 162 ingénieurs professionnels dont 134 sont des francophones.

La place des ingénieurs francophones dans l'industrie privée

Après la guerre, l'économie québécoise, loin de connaître un ralentissement, connaît un essor remarquable de l'industrie. L'institutionnalisation de l'enseignement du génie à Laval, l'émergence de la recherche et l'introduction de spécialités à Polytechnique permettent de former des ingénieurs plus spécialisés et en plus grand nombre. Il nous reste maintenant à analyser les trajectoires de carrières empruntés, à la fin des années 50, par les membres d'un groupe dont l'avenir est plein d'espoir.

On a vu que, pendant le conflit, plusieurs nouveaux diplômés de Polytechnique trouvent du travail dans les industries. Ce nouveau phénomène ne s'arrête pas avec la fin de la guerre. Au contraire, de plus en plus d'ingénieurs francophones vont exercer leur profession au sein de grandes et moyennes entreprises. Le Tableau 7.6 nous indique ainsi que chez les ingénieurs professionnels canadiens-français, à la fin des années 50, c'est maintenant le secteur industriel qui emploie le plus d'individus, avec 34,1 % du total. L'administration publique vient en second lieu avec 31,6 % et le secteur du génie-conseil et de la construction suit avec 29,9 %. Le Tableau 7.7 nous informe quant à lui des secteurs d'emploi des ingénieurs professionnels francophones selon leur lieu de formation, en 1959 et 1960. Les statistiques sur l'emploi des diplômés de Polytechnique nous révèlent que l'esprit de corps généré par l'ADP et la Corporation doit certainement encore exercer un poids sur le choix de carrière des ingénieurs sortis de cette institution. Environ un quart de ses diplômés travaillent dans une industrie privée autre que la construction, tandis que les ingénieurs formés à Laval ou à McGill y sont beaucoup plus présents. Même chez les diplômés de Polytechnique des années d'après-guerre, le pourcentage de ceux qui travaillent dans les industries privées autres que la construction n'est pas tellement plus élevé. Pour les diplômés promus entre 1948 et 1960, on en retrouve

TABLEAU 7.6

Tableau comparé des secteurs d'emploi des ingénieurs francophones diplômés en 1959-1960 et des ingénieurs canadiens en 1961

	ing. francophones[1]		ing. canadiens[2]
secteurs d'emploi	*n*	*%*	*%*
fédéral	207	6,5	
provincial	451	14,3	
municipal	339	10,7	
total administrations publiques	997	31,5	11,3
enseignement	138	4,4	2,8
génie-conseil	506	16,0	11,7
construction	442	14,0	5,7
richesses naturelles	216	6,8	11,7
transports et communications	225	7,1	5,6
industries et commerces	556	17,6	51,2
pâtes et papiers	81	2,6	
total secteurs privés	2040	64,1	85,9
TOTAL	3161	100,0	100,0

Sources: (1) Voir Tableau 7.3.

(2) J.-M. LALANDE, *Analyse du marché des ingénieurs au Canada*, mémoire de maîtrise, Université de Montréal, 1965, p. 28-29.

27,1 %. Les filières d'embauche de l'administration municipale montréalaise et de l'administration publique québécoise font encore de Polytechnique un lieu privilégié pour la formation d'un corps de fonctionnaires professionnels. De plus, l'institution a peut-être des difficultés à se départir de son image d'école d'ingénieurs civils qu'elle a été jusqu'en 1942. Cependant, de plus en plus de ses diplômés se tournent vers l'industrie privée, notamment les grandes compagnies. En 1960, Alcan par exemple en emploie 33, la Shawinigan Water and Power en compte 19. Canadair emploie 22 diplômés. Northern Electric et Bell Télé-phone, les deux plus grands employeurs d'ingénieurs québécois accueillent respectivement 14 et 28 diplômés. Imperial Oil a à son service 15 diplômés de Polytechnique et RCA Victor, 5.

TABLEAU 7.7

**Secteurs d'emploi des ingénieurs francophones selon
leur lieu de formation en 1959-1960**

lieu de formation	Poly[1]		Laval[2]		McGill[2]		hors Québec[2]	
secteur d'emploi	n	%	n	%	n	%	n	%
fédéral	98	5,2	72	11,1	27	5,8	7	4,1
provincial	277	14,8	132	20,3	25	5,4	17	10,1
municipal	295	15,7	19	2,9	21	4,5	4	2,4
total administ. publiques	670	35,7	223	34,3	73	15,7	28	16,6
enseignement	100	5,3	19	2,9	15	3,3	4	2,4
génie-conseil	346	18,4	73	11,2	57	12,4	30	17,8
construction	290	15,4	58	8,9	84	18,2	10	5,9
richesses naturelles	81	4,3	84	12,9	31	6,7	20	11,8
transports et communications	110	5,9	46	7,1	52	11,2	19	11,2
pâtes et papiers	32	1,7	19	2,9	18	3,9	12	7,1
industries et commerces	250	13,3	128	19,7	132	28,6	46	27,2
total secteurs privés	1109	59,0	408	62,8	377	81,0	137	81,0
TOTAL	1879	100,0	650	100,0	462	100,0	169	100,0

Sources: (1) *Liste des diplômés de l'EPM*, ADP, 1960.

(2) *Annuaire des membres de la CIPQ*, CIPQ, 1959.

L'énumération de ces statistiques permet de voir comment, dans les années 50, des ingénieurs canadiens-français ont commencé peu à peu à exercer leur profession dans des lieux d'où ils étaient pratiquement absents avant la guerre. Cependant, il ne faudrait pas perdre de vue que la présence d'ingénieurs francophones dans les grandes industries anglophones est loin d'être importante. Si l'on jette un coup d'œil au Tableau 7.8, on remarque tout de suite que le pourcentage des ingénieurs francophones, au sein des firmes employant le plus d'ingénieurs professionnels au Québec, reste faible. De plus les quelques ingénieurs francophones qui sont employés par ces grandes compagnies

TABLEAU 7.8

Part des ingénieurs francophones dans les compagnies qui sont les plus importants employeurs d'ingénieurs professionnels au Québec en 1959

compagnie	n. d'ing.	n. d'ing. can.-fran.	% de can.-fran.
Northern Electric	449	43	9,6
Bell Telephone	336	68	20,2
Alcan	204	50	24,5
Canadair	112	31	27,7
Dominion Bridge	110	25	22,7
CN	88	13	14,8
Shaw. Water & Power	91	36	39,6
Montreal Engineering	79	4	5,1
Can. Int. Paper	65	15	23,1
Hydro-Québec	162	134	82,7
CIPQ	8380	3185	38,0

Sources: *Bulletin de la Corporation des ingénieurs professionnels du Québec*, novembre 1960; *Liste des membres de la CIPQ*, CIPQ, 1959.

occupent pour la plupart des postes subalternes. Il est très rare en effet de les voir parvenir à des postes de direction. Chez les diplômés de Polytechnique, on n'en voit que deux: Hector Cimon (1916) parvient, dans les années 40, à occuper la vice-présidence de la Price Brothers Co., tandis que Robert Dumont (1932) accède, dans les années 50, à la vice-présidence de Meagher Bros. Ltd. Presque aussi rares sont ceux qui se voient confier un poste de gérance. C'est le cas de Fernand Saint-Pierre (1946), gérant de la compagnie Brodie's à Iberville, de Paul Normandeau (1938), gérant de Eagle Pencil Co. à Drummondville et de Guy-Marcel Gaudette (1949), gérant de l'usine Sylvania Electric de Drummondville. Ce dernier gravira comme cadre, au cours des années 60, les plus hauts échelons de cette multinationale. Il devient vice-président de Sylvania Electric of Canada dans les années 60, puis en 1970, il est nommé directeur général pour toute l'Europe de cette filiale de la General Telephone. Cette trajectoire de carrière est cependant exceptionnelle pour un ingénieur francophone de sa génération.

L'apport des diplômés de Polytechnique aux PME québécoises

On retrouve également de plus en plus de diplômés de Polytechnique au sein de certaines entreprises dirigées par des industriels francophones. Tout d'abord certains héritiers de familles d'industriels ont fréquenté l'École pour ensuite prendre en main l'entreprise familiale. Lucien Rolland (1947), après être passé par le collège Brébeuf et l'École Polytechnique, se voit offrir la gérance de l'entreprise familiale, la Compagnie de papier Rolland. Dans les années 50, il en devient le président. C'est sous sa gouverne que la compagnie connaîtra une expansion tout à fait remarquable. En 1960, la Corporation honore cet ancien diplômé en lui faisant décerner un doctorat *honoris causa* par l'Université de Montréal. Paul-A. Béïque (1906), fils de l'industriel et sénateur Liguori Béïque, après une brillante carrière dans la fonction publique municipale (vice-président de la Commission des transports de Montréal), fait profiter le monde des affaires de ses talents d'administrateur. Président de la Chambre de commerce de Montréal, il siège à plusieurs conseils d'administration de grandes sociétés, telles la Mutual Life Insurance of Canada et la National Steel Car Co. Gaston Jutras (1947) s'occupe de la compagnie de machines agraires Jutras ltée, mise sur pied par son père. Au début du siècle, Arthur Surveyer parlait d'une mission pour les ingénieurs francophones: améliorer la performance économique des Canadiens français en faisant profiter la petite et moyenne entreprise de leurs connaissances. Quelques ingénieurs diplômés de Polytechnique commencent alors à suivre la voie indiquée par l'un des premiers porte-parole des ingénieurs francophones.

La compagnie A. Bélanger de Montmagny, bien connue pour ses appareils électroménagers, est dirigée successivement par les diplômés Donat Paquet (1911) et Paul Normandeau (1938). Le premier en devient le directeur général au début des années 40, puis en 1948, il est nommé président de la compagnie. Le second le remplace à la présidence en 1960. La Compagnie d'électricité du Saguenay profite de la compétence de deux diplômés, Gaston Dufour (1937) et Gilbert Proulx (1941). Ce dernier passe de surintendant à vice-président dans les années 40 et 50, tandis que le premier est nommé président en 1960. Thomas Bernier (1927), qui est allé se spécialiser en électricité au MIT à la fin des années 20, gravit tous les échelons de la Compagnie de Pouvoir du Bas-Saint-Laurent. Engagé comme ingénieur électricien en 1930, il devient vice-président de la compagnie dans les années 40. Plus tard, il sera directeur général de la Compagnie Québec téléphone, il terminera sa carrière dans les années 60 chez Bell Canada où il occupera le poste d'assistant adjoint du directeur général. J.-Edmond Pontbriand (1946), après une carrière de gérant général dans une industrie de la chaussure, devient vice-président et directeur général de l'une des plus importantes firmes appartenant à des Canadiens français, Marine Industries.

En 1945, Bernard Lavigueur (1941) entre au service de la compagnie Sicard inc. en qualité d'ingénieur responsable de la production. Cette compagnie ne produit alors que des souffleuses à neige. À la merci de cette production unique, la compagnie doit ralentir sa production chaque année pendant la morte-saison. À l'instigation du jeune ingénieur qu'elle vient tout juste d'engager, la compagnie entreprend la construction d'autres produits utiles en toute saison. La production parvient à se maintenir à un niveau constant et le plein emploi est assuré pour tout le personnel. Le chiffre d'affaires ne cesse dès lors de croître. Un bureau d'études est mis sur pied par Lavigueur. Cette compagnie s'impose, au début des années 60, comme l'une des plus importantes compagnies de matériel roulant au Canada. L'expansion phénoménale de cette compagnie québécoise est due en grande partie aux initiatives de l'ingénieur Bernard Lavigueur. On comprend, dès lors, que les propriétaires lui confient de plus en plus de responsabilités. En 1949, il devient directeur général adjoint, puis, en 1952, directeur général. En 1959, Lavigueur occupe le poste de vice-président et, en 1962, celui de président[48]. L'exemple de Bernard Lavigueur dépeint sans doute assez bien le travail et l'ascension des ingénieurs francophones dans les entreprises, souvent familiales, appartenant à des intérêts canadiens-français.

Les ingénieurs canadiens-français, formés à l'extérieur du Québec ou à la faculté de génie de McGill, poursuivent des carrières assez différentes de celles de leurs compatriotes diplômés d'une institution canadienne-française. Le Tableau 7.3 nous indique d'ailleurs que les ingénieurs francophones diplômés de McGill ou de l'extérieur du Québec sont proportionnellement beaucoup moins présents dans la fonction publique. En fait, leur pourcentage représente la moitié de ceux de Polytechnique ou de Laval. Ils se dirigent par contre à plus de 50 % vers les secteurs privés autres que ceux du génie-conseil ou de la construction. De plus certains de ces ingénieurs francophones parviennent à occuper des postes de commande au sein de grandes compagnies américaines ou canadiennes[49]. Par exemple, Claude Beaubien

(MIT-1934) occupe un poste de vice-président chez Alcan. Plusieurs autres ingénieurs francophones, sortis de McGill, de Toronto ou du MIT occupent également des fonctions allant de celle d'ingénieur en chef à celle de gérant général, en passant par celle de superviseur général de compagnies importantes telles que Bell Canada, Northern Electric ou Imperial Oil.

Les ingénieurs francophones diplômés d'institutions canadiennes-anglaises ou américaines ne connaissent pas seulement des succès dans la grande entreprise privée; certains d'entre eux gravissent les échelons d'organismes d'État relevant aussi bien d'Ottawa que de Québec. Le président du Conseil des ports nationaux et le président de Radio-Canada sont tous deux des ingénieurs francophones formés à McGill dans les années 30; il s'agit respectivement de Maurice Archer et de J.-Alphonse Ouimet. Dans la fonction publique québécoise, château fort des ingénieurs de Polytechnique, on trouve des ingénieurs francophones formés dans d'autres institutions qui occupent des postes de commande. Bon nombre d'ingénieurs, formés dans un milieu anglophone, travaillent également au sein d'entreprises canadiennes-françaises.

Il semble donc que le fait d'aller respirer l'air d'une université anglophone permette à de jeunes francophones de maximiser leurs chances de succès dans leur carrière d'ingénieur, plus particulièrement dans la grande industrie privée. On sait que les succès remportés par les ingénieurs francophones diplômés de McGill ne peuvent être entièrement expliqués par la valeur ou le type de formation de ces institutions. Contrairement à Polytechnique, la faculté de génie de McGill a entretenu, dès la fin du XIXe siècle, des liens privilégiés avec la grande bourgeoisie industrielle et d'affaires. Les noms des immeubles, des chaires d'enseignement, les célébrations annuelles rappellent constamment à ceux qui fréquentent cette institution l'histoire des relations qui unissent McGill et la grande bourgeoisie anglophone. Ainsi, aux connaissances strictement techniques ou scientifiques acquises en classe, s'ajoute naturellement une vision du monde où dominent les grands capitaines de l'industrie. De plus, ces schèmes de valeurs sont assimilés d'autant plus aisément que bien souvent, de par ses origines sociales, l'étudiant est prédisposé à les recevoir.

Il n'est pas superflu de s'interroger sur ce qui peut bien inciter de jeunes francophones à opter pour McGill ou toute autre institution anglophone pour y faire des études menant à la carrière d'ingénieur. La réputation de McGill comme lieu de reproduction d'une partie de la grande bourgeoisie canadienne n'est certes pas étrangère à la décision de bon nombre d'entre eux, issus de familles fortunées, de fréquenter un lieu où sont passés et passent encore les fils des familles les plus riches du Canada. On n'en finirait pas d'énumérer les fils d'industriels et d'hommes d'affaires canadiens-français qui ont fréquenté la faculté de génie de McGill. Les Beaubien, Beaudry-Leman, Descarries, qui étaient sortis de la faculté au début du siècle, sont suivis par les Béïque, Godin, Amos, Décarie et autres. D'importants entrepreneurs en construction comme Amédée Demers et Charles Duranceau font instruire leurs fils dans des écoles de génie anglophones. L'origine géographique des ingénieurs francophones diplômés de McGill nous révèle d'ailleurs que, de toutes les villes du Québec, Outremont est celle d'où proviennent le plus grand nombre de diplômés. L'attrait de McGill est si fort que plusieurs anciens de Polytechnique, après avoir connu une réussite sociale et économique, dirigent leur enfants vers sa faculté de génie. C'est le cas entre autres de Desbarrats, Amos, Chênevert et Béïque qui se sont pourtant dévoués à leur *alma mater*.

Après la Seconde Guerre mondiale, les diplômés de Polytechnique ont donc réussi à être plus présents dans l'industrie privée, mais ils n'atteignent encore qu'exceptionnellement les postes de direction. Cependant, à partir des années 50, on les trouve de plus en plus dans un secteur particulier de l'entreprise privée: le génie-conseil.

De l'ingénieur-conseil aux bureaux d'ingénieurs-conseils

Jusqu'à la Première Guerre mondiale, le génie-conseil reste un champ d'activité fort important pour les diplômés de Polytechnique. En 1913, plus du quart pratiquent leur profession à titre d'ingénieurs-conseils. Pendant l'entre-deux-guerres, la baisse de popularité de ce champ d'exercice pour les produits de l'École est constante. Cependant, en 1947, on remarque une remontée dans ce secteur qui se poursuit en 1960. La même évolution se produit dans le secteur de la construction. Entre 1913 et 1937, la proportion de diplômés à l'emploi d'une compagnie de construction oscille autour de 11 % et augmente par la suite.

Ces variations ne nous informent toutefois pas de certaines transformations qui touchent directement les diplômés travaillant dans le secteur particulier du génie-conseil. En effet, en 1913, 86,9 % des diplômés qui travaillent comme ingénieurs-conseils ont ouvert un bureau à leur compte, seuls ou avec un associé. En 1937, ils sont encore 83,1 % dans cette situation. La plupart de ces bureaux n'emploient aucun autre ingénieur. De rares bureaux d'ingénieurs, comme ceux de Surveyer, Baulne et Léonard, Zachée Langlais, emploient chacun deux ou trois ingénieurs. La situation est fort différente en 1960, puisque à cette date plus de la moitié des ingénieurs issus de Polytechnique spécialisés dans le génie-conseil travaillent pour un bureau d'ingénieurs-conseils qui compte plus de trois ingénieurs. De plus, 91,3 % de ces derniers exercent leur profession dans un bureau appartenant à des ingé-nieurs francophones. Ainsi, après la Seconde Guerre mondiale, plusieurs firmes d'ingénierie connaissent une expansion remar-quable et deviennent des employeurs importants d'ingénieurs francophones.

À la fin des années 50, nous avons répertorié plus d'une douzaine de bureaux d'ingénieurs-conseils francophones au sein desquels travaillent plus de 10 ingénieurs. Tous ces bureaux, sauf un, celui de Gilles Sarault formé à McGill, ont à leur tête des anciens de Polytechnique. De plus, une analyse du personnel au sein de ces entreprises nous indique qu'il y existe une forte ten-dance à recruter des ingénieurs francophones. Le Tableau 7.9 nous dresse la liste de ces bureaux d'ingénieurs-conseils. On remarque que seuls Surveyer-Nenniger-Chênevert (SNC) et Beauchemin-Beaton-Beauchemin ont à leur services des ingé-nieurs anglophones. SNC se distingue d'ailleurs des autres bureaux francophones par sa taille. À la fin des années 50, cette firme emploie déjà 150 personnes. La liste des membres de la CIPQ, en 1959, nous informe que 37 ingénieurs professionnels travaillent pour cette firme. De ceux-ci, 21 sont des Canadiens français dont 15 formés à Polytechnique. La firme Beauchemin-Beaton-Beauchemin, pour sa part, compte 4 ingénieurs anglo-phones dans son personnel de 15 ingénieurs. La présence de W. H. Beaton, diplômé de McGill, fait d'ailleurs de ce bureau d'ingénieurs-conseils une entreprise bilingue. Tous les autres bureaux n'ont pratiquement à leur service que des ingénieurs francophones.

L'émergence de ces PME québécoises s'explique bien sûr par la nouvelle conjoncture économique qui suit la guerre. Il importe toutefois de cerner d'autres conditions essentielles au développe-ment de ces bureaux d'ingénieurs. L'acquisition d'une expérience dans des domaines bien particuliers et l'accumulation d'un capi-tal de relations, à la fois politiques et économiques, s'avèrent bien souvent nécessaires pour qu'un bureau d'ingénieurs-conseils

TABLEAU 7.9

**Nombre d'ingénieurs professionnels à l'emploi des principaux
bureaux d'ingénieurs-conseils appartenant à des ingénieurs
francophones en 1959**

	ingénieurs francophones	autres	total
nom du bureau d'ingénieurs-conseils			
SNC	21	16	37
Cartier-Côté-Piette	29	1	30
Lalonde-Girouard-Letendre	30	0	30
Lalonde et Valois	20	1	21
Beauchemin-Beaton-Beauchemin	11	4	15
Letendre-Monti & Ass.	13	0	13
Leblanc et Montpetit	11	1	12
Gilles Sarault	11	0	11
Beaulieu-Trudeau	11	0	11
Desjardins et Sauriol	10	0	10
Paul Pelletier	10	0	10

Source: *Liste des membres de la Corporation des ingénieurs professionnels du Québec,* CIPQ, 1959.

connaisse une expansion. En effet, il suffit de retracer l'évolution de quelques-unes de ces entreprises pour mesurer toute l'importance de ces conditions.

Nous avons déjà relaté les débuts de la compagnie fondée par Arthur Surveyer en 1911. Avec son associé, Augustin Frigon, cette entreprise peut déjà compter la compétence acquise par Surveyer dans une école européenne et sur celle de Frigon acquise au MIT. Fort de ces compétences, le bureau de Surveyer obtient des contrats relativement importants dans les domaines de l'hydraulique et de l'hydro-électricité. Par sa famille, Surveyer a ses entrées dans le milieu des affaires. Son père est en effet un membre actif de la chambre de commerce de Montréal. Arthur Surveyer joue un rôle actif au sein de l'EIC, de la CPIQ et de la Corporation de l'École, ce qui lui assure un capital social reconnu chez les ingénieurs francophones aussi bien qu'anglophones. Au milieu des années 20, après que Frigon aura quitté l'entreprise, Surveyer va chercher la compétence dont il a besoin pour mener à bien les travaux de construction d'une usine d'aluminium à Arvida, en engageant Émile Nenniger, jeune diplômé d'une université suisse[50]. Georges Chênevert, de Polytechnique, est également repêché par Surveyer. Grâce à la compétence de Chênevert, spécialiste en génie civil, et de Nenniger, spécialiste en conception de charpentes et en ingénierie de procédés (métaux), la compagnie de Surveyer, reconnue alors pour son expérience dans le domaine des aménagements d'usines de filtration et de production d'hydro-électricité, élargit son champ d'activité. À l'aube de la Seconde Guerre, ces trois associés ont réussi à acquérir une compétence dans l'industrie lourde et légère (conception d'usines) et dans les aménagements hydro-électriques d'envergure, domaine dans lequel peu de bureaux d'ingénieurs-conseils se sont encore aventurés[51]. C'est cependant avec la Seconde Guerre mondiale que cette compagnie réussit à s'approprier les technologies de pointe qui lui permettront de décrocher plusieurs contrats importants. Pendant et après la guerre, SNC recrute, en effet, plusieurs ingénieurs originaires d'Europe centrale, principalement de l'Europe de l'Est[52]. Au cours des années 50, SNC a le vent dans les voiles. Le nombre d'ingénieurs au service de cette firme fait plus que tripler au cours de cette période.

Le bureau d'ingénieurs-conseils Lalonde-Girouard-Letendre, bien que beaucoup moins important que celui de SNC, est toutefois plus représentatif des bureaux d'ingénieurs-conseils francophones qui profitent de la prospérité économique de l'après-guerre pour se développer. Le fondateur et l'âme dirigeante de ce bureau d'ingénieurs est J. Antonio Lalonde. Diplômé de Polytechnique en 1912, Lalonde mène une carrière d'ingénieur semblable à celles de ses collègues issus de la même institution à cette époque. Engagé à sa sortie de l'École par la North Railway Co., il fait des relevés à la baie d'Hudson et à la baie James. Ensuite, il devient ingénieur adjoint pour la Ville d'Outremont. Puis, en 1920, il occupe le poste d'ingénieur-adjoint au service de la voirie de la Ville de Montréal. Sa carrière à la Ville de Montréal prend fin en 1924, lorsqu'il est recruté par la compagnie Robertson & Janin. Il est nommé ingénieur en chef de cette compagnie et gérant de A. Janin, l'une des plus importantes compagnies de construction de routes au Québec. En 1930, il supervise de nombreux travaux de voirie et participe, entre autres, à l'élaboration des plans du pont Jacques-Cartier. En 1942, il se voit confier la gérance de la compagnie Marine Industries à Sorel. Il ajoute alors une nouvelle corde à son arc en s'initiant aux techniques de construction maritime.

À la fin du conflit mondial, J. Antonio Lalonde quitte Marine Industries. Il ne part pas seul puisqu'il emmène avec lui deux jeunes employés, Laurent Girouard et Lucien Letendre, tous deux diplômés de Polytechnique. Avec eux, Lalonde fonde le bureau d'ingénieurs-conseils J. A. Lalonde ltée. Grâce à la compétence, mais aussi aux relations, amitiés et contacts que possède Lalonde, cette nouvelle entreprise peut espérer un avenir prometteur. Il faut dire que J. Antonio Lalonde n'a pas seulement su forger des relations dans les milieux industriels. Tout comme Surveyer, il devient un porte-parole influent des ingénieurs francophones, ce qui l'amène à rencontrer plusieurs personnalités politiques. Professeur de voirie municipale à Polytechnique de 1926 à 1942, il se dévoue à son *alma mater*. En 1940, il est nommé président de l'AAEEPM. En 1942, il devient plus actif à l'EIC en présidant la section montréalaise. Son engagement dans la défense des intérêts des ingénieurs le conduit à occuper le poste de président de la CIPQ en 1947. Cette année-là, la Corporation et l'ADP lui font décerner un doctorat *honoris causa* par l'Université de Montréal. Au cours des années 50, le bureau d'ingénieurs-conseils J. A. Lalonde est connu sous le nom de Lalonde-Girouard et Letendre. Ses principaux clients sont le gouvernement du Québec et la Ville de Montréal. Il est alors l'un des bureaux d'ingénieurs les plus spécialisés dans le domaine de la voirie. En 1960, ce bureau a à son service une trantaine d'ingénieurs qui sont tous diplômés de Polytechnique ou de Laval.

Le bureau d'ingénieurs-conseils, qui deviendra la firme Lavalin au débuts des années 70, fait partie de ces bureaux d'ingénieurs francophones qui émergent avant la Révolution tranquille. En 1936, deux diplômés de Polytechnique, Jean-Paul Lalonde (1926) et Roméo Valois (1930), s'associent et fondent le bureau d'ingénieurs-conseils Lalonde et Valois. Jean-Paul Lalonde travaillait précédemment à son compte comme spécialiste dans la construction en béton. Roméo Valois, à sa sortie de Polytechnique, va étudier aux États-Unis. Il revient au Québec en 1931 avec une maîtrise ès sciences du MIT en Engineering and Business Administration[53]. C'est tout d'abord la compétence de Jean-Paul Lalonde, dans les structures de béton qui fait la spécialité du bureau Lalonde et Valois. Toutefois, les connaissances de Valois sur la gestion des firmes d'ingénieurs ne sont sûrement pas étrangères à la réussite rapide de cette jeune entreprise. Ainsi, dès 1937, Lalonde et Valois intègre la National Boring & Sounding qui devient ainsi une filiale spécialisée dans les études de terrain pour fondation de bâtisses, ponts, tunnels, barrages, etc. Cette compagnie avait été fondée par Marc Gilbert, diplômé de 1930. Ce dernier s'était spécialisé dans l'ingénierie des fondations en allant étudier au MIT. Après la guerre, la firme Lalonde et Valois participe à plus de 200 projets de construction ou d'agrandissement d'écoles et à la rénovation de 35 hôpitaux du Québec. L'acquisition de la National Boring & Sounding lui permet d'effectuer une percée dans le lucratif marché de la voirie, grâce notamment aux travaux de sondage qu'elle effectue au cours de la construction d'un tunnel sous le canal Lachine[54]. En 1960, Lalonde et Valois emploie plus de 20 ingénieurs professionnels. Un seul a reçu son diplôme ailleurs qu'à Laval ou à Polytechnique.

Finalement, une autre firme d'ingénieurs-conseils mérite notre attention; il s'agit du bureau de Letendre, Monti et associés. Gérard Letendre reçoit son diplôme d'ingénieur de la faculté de génie de McGill en 1932. Dès 1938, il est recruté par Adrien Pouliot de la faculté des sciences de l'Université Laval pour devenir professeur à l'École des mines, qui vient alors d'ouvrir ses portes. Il en deviendra directeur au cours des années 50. En menant une carrière universitaire dans une institution francophone du Québec, Letendre adhère alors pleinement au groupe d'ingénieurs canadiens-français. Il joue d'ailleurs un rôle important à la CIPQ puisqu'il y est un conseiller actif pendant plusieurs années. De plus, sa carrière universitaire lui permet d'être constamment au courant des nouveaux développements technologiques dans le domaine de la métallurgie. La compétence de ce professeur de Laval s'allie à celle du Dr Thomas A. Monti en 1951. Monti est celui-là même qui a rallié l'équipe de Welter dans les années 40 et qui a mené à bien une thèse de doctorat sous la direction de celui qui a implanté la recherche à Polytechnique. Avec Welter, il participe à de nombreux congrès au Canada et aux États-Unis qui réunissent les spécialistes dans les domaines de la soudure, de la métallurgie et de la métallographie. Thomas A. Monti, tout comme Letendre, Surveyer et Antonio Lalonde, est amené à représenter les ingénieurs au sein de la CIPQ. Il en sera le vice-président en 1953. En cumulant l'expérience acquise aux laboratoires de résistance des matériaux de l'École Polytechnique avec celle du département des mines et de la métallurgie de la faculté des sciences de Laval, la firme Letendre, Monti et associés se taille une part du marché des services d'ingénieurs-conseils. En 1960, ce bureau emploie une quinzaine d'ingénieurs. Gérard Letendre se retire au début des années 60, et le bureau prend le nom de Monti, Lavoie et Nadon. Thomas A. Monti connaîtra alors une carrière remarquable dans le domaine du génie. Il cumulera la

présidence et la vice-présidence de nombreuses firmes d'ingénieurs-conseils au Canada[55].

La conjoncture économique, favorable au développement des
bureaux d'ingénieurs-conseils, a le même effet sur les compagnies
spécialisées dans la construction. Au cours des années 40 et 50,
plusieurs compagnies de construction sont fondées. D'autres plus
anciennes connaissent un essor remarquable. Un certain nombre
d'ingénieurs francophones sont à l'origine du développement ou
de la création de ces compagnies. La naissance de la banlieue,
avec comme corollaire la nécessité de construire des voies d'accès
appropriées, est propice à l'éclosion de ces multiples compagnies
spécialisées dans les travaux de construction de routes, d'aqueducs et d'écoles. Nous avons répertorié, pour les seuls diplômés
de Polytechnique, plus de 35 ingénieurs à la tête d'une compagnie
de construction à travers le Québec[56]. Tout comme les bureaux
d'ingénieurs-conseils, ces entreprises sont étroitement dépen-
dantes de contrats octroyés par le gouvernement provincial qui
consacre jusqu'à 33 % de son budget total pour les travaux publics
et les travaux de voirie dans les années 50[57]. De plus, la politique
du gouvernement québécois dans la construction des grands
travaux publics, principalement ceux qui sont liés à l'exploitation
des ressources hydro-électriques est de faire appel à l'entreprise
privée. Déjà la firme SNC profite de cette politique qui, à partir des
années 60, aura des répercussions importantes sur le développement des firmes d'ingénierie québécoise[58].

Dans une société où la technologie devient un moteur essentiel au développement économique, les ingénieurs québécois
réussissent mieux à imposer une image d'eux-mêmes qui fait
d'eux de fidèles représentants du monde moderne. Cette identité,
on le sait, n'est pas nouvelle; les porte-parole ont commencé à la
construire dès le début du siècle. Toutefois, elle ne s'impose avec
force qu'après le second conflit mondial.

La reconnaissance du groupe

L'économie des années 40 et 50 est caractérisée par l'importance que prend le secteur tertiaire. Le secteur secondaire
stimulé par l'effort de guerre ne ralentit pas pour autant après la
fin du conflit. Au cours de cette période, le nombre d'ingénieurs
canadiens augmente rapidement. On comptait 20 500 ingénieurs
en 1941, il y en plus de 35 000 dix ans plus tard. Il semble donc que
ce second demi-siècle qui commence appartienne aux ingénieurs.

Au Québec, la Corporation des ingénieurs professionnels, lors de sa création en 1920, comptait 600 membres. Vingt ans plus tard, cette jeune corporation a doublé ses effectifs. Avec les années 40, c'est une sorte de ruée vers la profession d'ingénieur que vit la CIPQ. En août 1949, son président est fier d'annoncer qu'elle compte maintenant 3521 membres. Pour les seules années 1944 à 1949, les effectifs ont plus que doublé, passant de 1598 à 3521. En 1960, le chiffre de 9000 membres est atteint. De toutes les associations professionnelles au Québec, elle est celle qui connaît la plus forte croissance. Le nombre des membres de la CIPQ dépasse désormais toutes les associations professionnelles du Québec. À cette date, on compte 5622 médecins, 2400 avocats, 2852 comptables agréés, 1028 notaires et 695 architectes.

Toutefois, plus de la moitié de ces ingénieurs professionnels sont anglophones. Les années 50 et 60 sont cependant témoins d'un revirement spectaculaire de cette situation. L'École Polytechnique de Montréal et les départements de génie de l'Université Laval vont peu à peu former proportionnellement plus d'ingénieurs au Québec que la faculté de génie de McGill. En 1951, la faculté de génie anglophone décerne 351 diplômes, ce qui représente 71 % des diplômés des écoles de génie au Québec. En 1956, la proportion des ingénieurs diplômés de McGill tombe à 60 % et à 40 % en 1961. En 1964, Polytechnique, avec ses 275 diplômés, est la première école de génie au Québec quant au nombre de diplômés, soit 47 % du total. McGill suit avec 150 diplômés (25,7 %), puis Laval avec 130 fournit 22,2 % des ingénieurs diplômés. Loin derrière, la jeune faculté de génie de Sherbrooke ne décerne que 30 diplômes.

Au début des années 50, hommes d'affaires, intellectuels, politiciens et hommes d'Église s'entendent pour célébrer l'apport des ingénieurs à la prospérité économique de la nation et au bien-être de l'humanité. L'identité de l'ingénieur, construite à la faveur du travail de regroupement entrepris par les porte-parole du groupe, s'impose encore plus fortement puisqu'elle est véhiculée dorénavant par ceux qui détiennent les pouvoirs politique et religieux. En 1951, au banquet annuel des diplômés de Polytechnique, le discours du ministre fédéral des Transports, Lionel Chevrier, exprime bien les espoirs que l'on fonde à cette époque sur les ingénieurs. Le ministre proclame:

> L'âge que nous vivons est celui du génie et cela est vrai au Canada plus qu'ailleurs. Car c'est bien de l'esprit d'entreprise, de l'énergie et de la compétence de nos savants que dépend la réalisation des vastes

entreprises qui conditionnent notre progrès et notre prospérité de demain.

La reconnaissance de l'ingénieur, dans tous les pays industrialisés, amène même le Vatican à se prononcer sur la mission sociale de cette profession, devenue essentielle dans ce «nouveau monde» de l'après-guerre. Pour les ingénieurs canadiens-français, l'allocution du pape Pie XII au congrès de la fédération internationale des associations nationales d'ingénieurs, tenu à Rome au mois d'octobre 1953, est en quelque sorte une bénédiction du ciel. La *RTC* et le *Bulletin de la CIPQ* se font un devoir de la reproduire intégralement. Le Saint-Père dit, entre autres, qu'«il est en effet hors de doute que l'ingénieur occupe, parmi ceux qui ont construit et continuent à élaborer le monde moderne, une position éminente[59]». Fait plus significatif encore, le chef de l'Église catholique rejoint dans ses propos l'essentiel du discours de légitimation produit par les porte-parole des ingénieurs canadiens-français 30 ans plus tôt. Pie XII insiste, par exemple, sur «la nécessité d'une culture scientifique générale qui permette à l'ingénieur de dépasser aisément sa spécialité et les contingences trop étroites de ses occupations ordinaires pour s'intéresser aux branches connexes et s'aider de leurs ressources[60]». L'ingénieur pourra dès lors remplir «un rôle de guide et d'initiateur des démarches sociales[61]».

Le cardinal Paul-Émile Léger reçoit le message du Saint-Père et s'en fera le porte-parole au Québec. Au 40e banquet annuel des diplômés de Polytechnique, en 1955, le cardinal prononce un discours sur le rôle social de l'ingénieur. L'évêque de Montréal profite de l'occasion pour faire le point sur les positions de l'Église face au monde moderne. En reconnaissant l'ingénieur comme un honnête homme, le plus haut représentant de l'Église au Québec reconnaît également les valeurs du monde moderne. «Le progrès diminue la peine des hommes et l'Église le bénit[62]», affirme le cardinal Léger. Cette reconnaissance symbolique est importante pour les ingénieurs francophones.

Ensuite, c'est au tour de Jean Drapeau, maire de Montréal, de faire une révérence à un groupe dont on peut dire qu'il a réussi à se faire non seulement connaître mais aussi reconnaître. Le discours de Drapeau sur «la mission de l'ingénieur canadien-français» annonce clairement que l'ingénieur francophone occupe désormais une position centrale dans la représentation dominante du monde social au Québec. Le nouveau maire de Montréal charge les ingénieurs canadiens-français de plusieurs missions importantes, dont celle d'assurer la survivance du peuple canadien-français. Si «hier, des hommes politiques, des éducateurs, des hommes d'affaires ont permis la survivance du Canada français, demain celle-ci sera l'œuvre non pas uniquement mais tout particulièrement des ingénieurs[63]». Pourquoi les ingénieurs canadiens-français? Simplement, dit le maire, «par le fait que leur formation et leur activité les mettent en contact direct et permanent avec le monde envoûtant de la technique et du génie anglo-américains, les ingénieurs canadiens-français apparaissent dans un monde technologique, comme les nécessaires artisans de la formule d'adaptation, de la synthèse vivante que les Canadiens français devront élaborer et pratiquer[64]». Pour arriver à remplir cette mission, l'ingénieur devra développer une conscience professionnelle, à laquelle il «devra joindre des qualités d'humaniste[65]». Une autre mission lui est également dévolue par Jean Drapeau: «Il devra être l'un des artisans, le plus précieux sans doute, de la nécessaire promotion économique des siens, laquelle implique la reprise en mains de la majeure partie de nos ressources naturelles et la création d'entreprises à la mesure des besoins actuels et des procédés nouveaux[66].»

En somme, on peut dire que dans les années 50 la spécificité des ingénieurs francophones s'estompe. Ils commencent en effet à cette époque à mener des carrières somme toute assez similaires à celles de leurs collègues anglophones. Principalement spécialiste en génie civil avant la Seconde Guerre mondiale, l'ingénieur francophone devient plus polyvalent après le conflit. On peut désormais parler de l'ingénieur québécois plutôt que de l'ingénieur canadien-français. Cet ingénieur fait maintenant partie d'un groupe reconnu. Un groupe qui est parvenu en effet à se faire représenter sur la scène politique en se donnant des instances officielles, habilitées à parler et à agir en son nom, et en déléguant à des personnes physiques l'autorité nécessaire pour incarner la personne collective. Ensuite, il a su imposer aux autres groupes les représentations de lui-même que ses porte-parole ont forgées. Bien que peu représentés au sein des grandes industries privées, les ingénieurs francophones ont réussi néanmoins à conquérir certains lieux d'exercice de la profession comme l'administration publique provinciale et montréalaise. Après la Seconde Guerre mondiale, on constate une percée de la part des ingénieurs francophones dans la grande industrie privée, et plus particulièrement dans le secteur du génie-conseil. Cependant ces percées sont encore bien timides. La conquête des secteurs privés de l'économie par les ingénieurs francophones n'est d'ailleurs pas encore une priorité, ni même un souhait, pour le gouvernement québécois[67]. En fait, comme le souligne un sociologue: «Jusqu'en 1960, l'État québécois n'a pas joué un rôle de promoteur d'une bourgeoisie canadienne-française; il n'en avait pas le projet politique, et ne s'en était pas donné les moyens[68].» Toutefois, l'accomplissement du groupe étant réalisé, les ingénieurs francophones n'ont plus qu'à attendre la volonté politique d'être «maîtres chez nous» pour qu'une nouvelle page de leur histoire s'écrive. Pour les dirigeants de Polytechnique, les années 50 laissent déjà présager le rôle qu'auront à jouer les diplômés dans la Révolution tranquille qui approche, comme le fait remarquer, en 1958, le principal Ignace Brouillet.

> Tout en reconnaissant que l'agriculture demeure le fondement d'une économie saine, il nous faut aujourd'hui entendre cet autre appel: «Dirigeons-nous vers l'industrie!» Pour y parvenir, il importe avant tout que nous possédions des ingénieurs qui ont subi une formation adéquate [...] C'est à eux qu'il appartient au premier chef de faire fructifier le patrimoine commun[69].

Notes

1. *Tableau synoptique des réponses au questionnaire adressé aux diplômés de l'École Polytechnique en janvier 1939*, archives de l'EPM.

2. CIRCÉ, A., *Les Développements à l'École Polytechnique*, 15 août 1940, p. 5, AEPM.

3. CIRCÉ, A., *L'Année universitaire 1940-1941, 24 juillet 1941*, AEPM, p. 4.

4. «Lorenzo Brunetto», *in RTC*, vol. XXIX, décembre 1943, p. 345-346.

5. DANLOUX-DUMESNILS, M., *Rapport concernant l'équipement du laboratoire en microscopes polarisants*, 21 novembre 1938, AEPM.

6. CIRCÉ, A. *L'année universitaire 1940-1941,... op. cit.*, p. 2-3.

7. *Procès-verbal de la CEPM*, 5 juillet 1943, AEPM.

8. *Procès-verbal de la CEPM*, 16 février 1944, AEPM.

9. *Procès-verbal de la CEPM*, 23 octobre 1944, AEPM.

10. *Procès-verbal de la CEPM*, 22 janvier 1945, AEPM

11. *Procès-verbal de la CEPM*, 2 février 1946, AEPM.

12. *Ibid.*

13. *Curriculum vitæ de monsieur Ignace Brouillet, D.Sc., ing.*, AEPM.

14. *Procès-Verbal de la CEPM*, 1ᵉʳ avril 1946, AEPM.

15. Brouillet ne cache pas qu'il a profité de l'appui de ses relations sociales. Il affirme après l'inauguration de l'École: «Je pourrais souligner l'appui direct et efficace d'amis sûrs, hommes d'affaires, députés, ministres, conseillers législatifs, mais que la modestie m'oblige à respecter l'anonymat qu'ils ont souhaité et qui ne diminue en rien la gratitude que nous leur témoignons», BROUILLET, I., «Pourquoi reconstruire l'École Polytechnique?», in *RTC*, vol. XLIV, automne 1958, p. 28.

16. *Procès-verbal de la CEPM*, 17 décembre 1951, AEPM.

17. *Procès-verbal de la CEPM*, 29 janvier 1953, AEPM.

18. «Mémoire de la Corporation de l'École Polytechnique de Montréal à la Commission royale d'enquête sur les problèmes constitutionnels», reproduit dans *RTC*, vol. XLVI, été 1954, p. 19-45.

19. *Procès-verbal de la CEPM*, 3 mars 1952, AEPM.

20. *Procès-verbal de la CEPM*, 20 juin 1952, AEPM.

21. OUELLET, D., *Adrien Pouliot*, Montréal, Boréal, p. 121-122.

22. MASSUE, H., «Supplément...», *op. cit.*, p. 45.

23. Le grand nombre de francophones formés par la faculté de génie de McGill entre 1949 et 1952 nous porte à croire que bon nombre d'entre eux sont des vétérans.

24. GAUDEFROY, H., «Le Nouveau Programme d'études», *in L'ingénieur*, vol. XLIV, automne 1958, p. 56.

25. *Ibid.*

26. *Ibid*, p. 56-60.

27. *Mémoire de la Corporation de l'École Polytechnique de Montréal à la Commission royale d'enquête sur l'enseignement*, EPM, Montréal, 1962, p. 18.

28. *RTC*, vc.. XL, hiver, 1954, p.45.

29. *RTC*, vol. XLIV, hiver 1958, p. 38.

30. *RTC*, vol. XL, printemps 1954, p. 7.

31. FRIGON, A., «L'ingénieur civil», *in RTC*, vol. XIV, décembre 1928, p. 353.

32. L'Université McGill et l'Université de Toronto ont contribué grandement à assurer la reproduction de la grande bourgeoisie canadienne-anglaise. Voir à ce sujet CLÉMENT, W., *The Canadian Corporate Elite*, Toronto, McClelland and Stewart, 1975, p. 173-177. L'esprit de corps joue également un rôle non négligeable dans l'endorecrutement des diplômés de la faculté de génie de McGill. Ainsi en 1936, Armand Viau informe Augustin Frigon de certaines dispositions prises par les anciens de McGill à l'une de leurs réunions. «Un ami à moi, écrit-il, m'informe qu'à la dernière réunion des anciens de la faculté de génie de McGill, il a été déclaré que 90 % des postes d'ingénieurs dans les grandes industries de la province étaient encore entre les mains des diplômés de McGill et que ceux de Polytechnique n'en avaient que 10 %. On a ajouté qu'il se faisait une forte campagne par les diplômés de Polytechnique

pour pénétrer davantage dans l'industrie. Quelques-uns ont commenté la chose en disant "qu'il fallait à tout prix, si on ne pouvait pas obtenir pour les diplômés de McGill un plus fort pourcentage, empêcher que les ingénieurs de Polytechnique augmentent le leur".» *Lettre d'Armand Viau à Augustin Frigon,* 4 mars 1936, AEPM.

33. *Lettre d'Augustin Frigon à R.E. Powell,* 17 mai 1935, AEPM.

34. *Lettre d'André Hone à A. Frigon,* 6 juillet 1935, AEPM.

35. *Lettre d'André Hone à Adhémar Mailhiot,* 9 novembre 1936, AEPM.

36. *Lettre d'Adhémar Mailhiot à André Hone,* 12 novembre 1936, AEPM

37. *Ibid.*

38. *Lettre d'Adhémar Mailhiot à André Hone,* 16 novembre 1936, AEPM.

39. *Lettre d'André Hone à Adhémar Mailhiot,* 24 novembre 1936, AEPM.

40. CIRCÉ, A., *Polytechnique en 1943-1944,* 1944, p. 8, AEPM.

41. CIRCÉ, A., *L'Activité de Polytechnique en 1942-1943,* 1943, p. 5, AEPM.

42. Voir à ce sujet CARBONNEAU, C., «Le Columbium d'Oka», *in L'Ingénieur,* vol. XLVI, hiver 1960, p. 11-18.

43. CIRCÉ, A., *L'Activité de Polytechnique en 1942-1943,* 1943, p. 8, AEPM.

44. CIRCÉ, A., *Les Développements à l'École Polytechnique en 1939-1940,* 15 août 1940, p. 6, AEPM.

45. CIRCÉ, A., *L'Année universitaire 1940-1941 à Polytechnique,* 24 juillet 1941, p. 8, AEPM.

46. HOGUE, C. *et al., Hydro-Québec: un siècle d'électricité,* Montréal, Libre Expression, 1979, p. 253.

47. C'est surtout avec la nationalisation, en 1963, de toutes les compagnies d'électricité du Québec que les ingénieurs canadiens-français prennent en main, par l'entremise d'Hydro-Québec, le secteur de l'hydro-électricité. Ainsi la nationalisation de l'électricité a pour premier résultat de catapulter sept ingénieurs canadiens-français à la tête des principales compagnies nationalisées où ils font office d'administrateurs délégués. Léo Roy (EPM-1930) devient président de Shawinigan Water and Power. Roy est également assistant exécutif du président d'Hydro-Québec. Alexandre Bauvais (McGill-1950) devient président de Quebec Power. Marcel Lapierre (EPM-1950) est nommé président de la Compagnie d'électricité du Saguenay. Jean J. Villeneuve (EPM-1947) accède à la présidence de Gatineau Power. Gabriel Gagnon (Laval-1948) devient président de la Compagnie de Pouvoir du Bas-Saint-Laurent et Pierre Godin (Laval-1952) devient, lui, président de Southern Canada Power. Finalement Roland Lalande (Saskatchewan-1948) est nommé président de Northern Quebec Power Co. Ltd.

48. «L'Homme du mois: J. Bernard Lavigueur», *in Commerce,* janvier 1957, p. 16-17 et 41.

49. Jean Leman (MIT) chez North American Utilities Co., Henri-F. Béïque (McGill) et P.-A. Duchastel (McGill) chez Quebec Power, F.-H. Godin (McGill) chez Gulf Lake Navigation, Antonio Raymond (McGill) chez International Brand, Guy Rinfret (McGill) chez Shawinigan Engineering.

50. PARENT, R., «Les multinationales québécoises de l'ingénierie», *in Rercherches Sociographiques*, vol. XXIV, n° 1, p. 90.

51. MÉDAILLÉ, C., *Croissance et activités internationales du groupe SNC*, mémoire de maîtrise, UQAM, 1988, p. 51.

52. *Ibid.*, p. 53.

53. Son mémoire donne lieu à deux articles dans la *RTC*. VALOIS, R., «Inside vs Outside Management Engineering Services», *in RTC*, vol, XVII, décembre 1931, p. 412-423 et «Marketing Problems and Méthods of Power Companies», *in RTC*, vol. XIX, mars 1933, p. 66-87.

54. DUMAIS, J., *Lavalin: une multinationale canadienne de l'ingénierie*, Mémoire de maîtrise, UQAM, 1988, p. 82-84.

55. T. A. Monti siège aux conseils d'administration de Champion Savings Corp., de Tamcon International Ltd., de Turnkey Development Corp., de Northumberland Consultants Ltd. Il est également président de Tamco Engineering Ltd et vice-président de Fonds Mutuel Champion. *Biographies canadiennes-françaises*, Montréal, Éditions biographiques canadiennes-françaises ltée, 1969, p. 555.

56. Mentionnons les plus importantes: Dufresne Construction, Quémont Construction, B&H Metal Industries, Lord et Cie, BGL engineers & builders.

57. DUMAIS, J., *Lavalin...*, *op. cit.*, p. 83.

58. NIOSI, J. et DUMAIS, J., MÉDAILLÉ C., «La Montée des sociétés canadiennes d'ingénierie (1945-1985)», *in Interface*, janvier-février 1988, p. 14.

59. «Allocution de Sa Sainteté le Pape Pie XII au premier congrès de la Fédération internationale des associations nationales d'ingénieurs», le 9 octobre 1953, *in RTC*, printemps 1954, p. 36.

60. *Ibid.*

61. *Ibid.*, p. 37.

62. *La Presse*, 7 février 1955.

63. DRAPEAU, J., «La Mission de l'ingénieur canadien-français», *in L'Ingénieur*, printemps 1956, p. 11.

64. *Ibid.*

65. *Ibid.*, p. 12.

66. *Ibid.*, p. 13.

67. Ainsi, pendant que la plupart des politiciens reconnaissent le rôle primordial que devront désormais jouer les ingénieurs, le premier ministre du Québec, Maurice Duplessis, au banquet des diplômés de Polytechnique, encourage les jeunes ingénieurs à participer au développement des ressources naturelles du Québec. Il ajoute cependant: «Il ne faudrait pas oublier l'indispensabilité de l'agriculture, surtout dans notre province. L'industrialisation est une bonne chose mais l'agriculture doit survivre, elle doit être protégée. Sans quoi, c'est la perte de notre nation. C'est la base même de l'existence du Québec; nous ne devons jamais oublier que c'est de la classe agricole que sont sortis les chefs les plus appréciés de notre pays.» *Discours de*

Duplessis au banquet des diplômés de l'EPM, 6 février 1949. Ces propos tranchent d'ailleurs avec ceux de Jean Drapeau ou de Louis Saint-Laurent.

68.   NIOSI, J., «La Nouvelle Bourgeoisie canadienne-française», *in Les Cahiers du socialisme*, n° 1, 1978, p. 8.

69.   BROUILLET, I., «Pourquoi reconstruire l'École Polytechnique?», *in L'Ingénieur*, vol. XLIV, automne 1958, p. 29.

8

L'accès à une position dominante

A u début des années 60, dirigeants et professeurs se trouvent dans une institution fort différente de celle qu'ils avaient connue dix ans plus tôt. Jusque dans les années 40, le nombre de professeurs et d'étudiants, bien qu'en constante progression depuis le début du siècle, n'avait guère affecté l'esprit de famille qui avait toujours régné dans la maison derrière l'Académie, puis dans les murs de l'immeuble de la rue Saint-Denis. Les problèmes des étudiants, tout comme ceux des professeurs, se réglaient presque toujours cas par cas. Encore au début des années 50, l'attribution d'une bourse à un étudiant ou l'augmentation du salaire d'un professeur passe inévitablement par le bureau du directeur ou celui du principal. L'expansion assez spectaculaire du nombre d'étudiants, puis de professeurs au cours des années 50 et au début des années 60, oblige les dirigeants à redéfinir le *modus vivendi* de l'École.

Entre 1950 et 1963, le nombre d'étudiants au premier cycle est passé de 497 à 1424. Pour l'année 1950, l'École avait décerné 76 diplômes; treize ans plus tard le nombre des diplômés se chiffre à 259. En ce qui a trait au personnel enseignant, le nombre de ses membres était de 67 en 1950, il est de 139 en 1963. Polytechnique accueille maintenant bon nombre d'étudiants étrangers, et les étudiantes font leur apparition. En 1966, Pauline Larose devient la première femme membre du corps professoral. On sait que c'est à partir des années 60 que la recherche connaît une expansion importante. C'est en effet pendant ces années que le nombre des inscriptions aux études supérieures s'accroît de façon significative. En 1960, par exemple, à peine 27 étudiants sont inscrits aux programmes de maîtrise et seulement 5 à ceux du doctorat. Dix ans plus tard, on retrouve 161 étudiants inscrits aux programmes de maîtrise, et 44 étudiants poursuivent leur doctorat.

Finalement, le Québec tout entier vit un changement radical au cours des années 60. La mort de Duplessis, en 1959, et l'arrivée au pouvoir des libéraux de Jean Lesage l'année suivante amorcent le début d'un temps nouveau; c'est le début de la Révolution tranquille. À la suite de la Commission royale d'enquête sur l'enseignement et du Rapport Parent, le gouvernement du Québec se lance dans une réforme du système scolaire. C'est dans ce Québec qui bouge que Polytechnique doit faire face aux problèmes engendrés par sa crise de croissance et par l'implantation de son nouveau programme d'études.

Le nouveau programme d'études

En 1958, l'introduction du nouveau programme d'études fait de Polytechnique une école d'ingénieurs comme celles que l'on retrouve un peu partout en Amérique du Nord. Bien que les dirigeants ne manquent pas de signaler que la formation générale est toujours essentielle à la formation de l'ingénieur, les réformes de 1941 et de 1958 ont irréversiblement privilégié un programme plus spécialisé. Des huit spécialités offertes par le nouveau programme, celles du génie civil, du génie mécanique et du génie électrique vont se révéler, au cours des années 60, de loin les plus populaires auprès des étudiants. En effet, plus de 70 % d'entre eux choisiront ces branches du génie après leurs années de tronc commun. Les cinq autres spécialités souffriront quelque peu du manque d'intérêt des étudiants à leur endroit. Pour les professeurs de ces départements peu populaires, la situation deviendra dans certains cas dramatique. Au milieu des années 60, par exemple, des rumeurs font état de l'abandon du génie physique, ce qui ne manque pas d'inquiéter étudiants et professeurs de ce département. Pendant cette période, la moins populaire des spécialités est celle du génie géologique. Cependant, à la fin des années 60, la situation se stabilise pour ces spécialités qui accueilleront alors un plus grand nombre d'étudiants[1].

Jusqu'en 1968, le génie civil demeure la spécialité la plus

populaire. En 1960, plus de 40 % des étudiants se spécialisent dans cette branche. Le département de génie civil est dirigé par Raymond Boucher. Ce dernier incarne peut-être le mieux la période de l'École qui se situe entre 1923 et 1950. Boucher a terminé ses études en 1933 et est immédiatement engagé comme professeur par Frigon. On l'envoie alors se perfectionner au MIT. Il se dévoue entièrement à sa tâche de professeur. Il enseigne une matière fort importante pour les futurs ingénieurs francophones de l'époque, l'hydraulique. En 1958, le chef du département de génie civil ne sera pas trop bouleversé par les transformations entraînées par la réforme du programme d'études. En effet, le génie civil, bien que promu au rang de spécialité, a toujours été la «spécialité» de l'École. Pluridisciplinaire et axé sur la formation générale, le département de génie civil comprend quatre divisions dans les années 60: l'arpentage, le génie sanitaire, l'hydraulique et les travaux publics[2].

Au cours des années 60, ce département est très actif. C'est au laboratoire d'hydraulique qu'on réalise les premières études sur modèles de structures hydrauliques. On construit ainsi dans ce laboratoire les premiers modèles réduits de rivières pour l'étude des embâcles. Plusieurs professeurs de la section d'hydraulique vont participer aux premières reconnaissances effectuées sur les rivières de la baie James et de la baie d'Hudson dès les débuts des études des développements hydro-électriques de ces bassins versants. La section de génie sanitaire, axée principalement sur le traitement des eaux usées, commence à s'orienter à la fin des années 60 vers les aspects des techniques de contrôle et de conservation de la qualité de l'environnement. Il en va de même pour la section des travaux publics qui, en 1966, est scindée en deux sections, celle des structures et celle de la mécanique des sols. Cette dernière division est notamment active par ses programmes de recherche et sa contribution à l'étude et à la réalisation des grands projets de construction des années 60, comme le métro de Montréal, le projet hydro-électrique de Manicouagan-Outardes, etc. Les laboratoires de structures poursuivent des recherches et études sur des domaines tels que l'analyse des structures par éléments finis, la stabilité latérale des structures, les planchers en béton armé, le comportement du béton sous charges cycliques[3].

Le génie mécanique et le génie électrique connaissent à peu près la même popularité chez les étudiants. Ces deux départements viennent d'ailleurs d'une des options les plus populaires avant 1958, l'option mécanique-électricité. Le chef du département de génie mécanique, tout comme celui du génie civil, est un professeur qui a commencé sa carrière sous le règne de Frigon. Diplômé de Polytechnique en 1928, Pierre-Paul Vinet est un boursier du gouvernement du Québec qui va se perfectionner au MIT en 1929. Recruté par Frigon en 1932, il enseigne alors plusieurs matières. Il donne notamment le cours de chauffage, plomberie et ventilation, et celui qui porte sur la thermodynamique et les machines.

Au cours des années 60, ce département a connu un développement impressionnant. Il ne faut pas oublier que, à la fin des années 50, comme le rappelle un professeur, «les objectifs du département de génie mécanique étaient de dispenser à des étudiants une formation très générale par un personnel qui mettait presque tout son effort dans l'enseignement. Les programmes des deuxième et troisième cycles étaient très modestes et la recherche peu développée, dans bien des cas, se limitait à des essais industriels[4].» Ainsi, au milieu des années 50, le département ne comptait que cinq professeurs incluant le directeur. En 1968, le personnel du département est composé de 34 professeurs à temps plein et de 17 chargés de cours[5]. Plusieurs facteurs ont contribué à une telle expansion du génie mécanique. Ainsi, par exemple, le transfert au département de certaines matières, puis l'intégration du groupe de mécanique appliquée ont stimulé son développement. De plus, Pierre-Paul Vinet s'est consacré, au milieu des années 60, à promouvoir un projet important au sein de son département, soit la création d'une nouvelle spécialité, le génie industriel. En septembre 1966, Vinet a réussi à convaincre les dirigeants de s'engager dans la formation d'ingénieurs spécialisés dans des domaines de l'organisation et de la production industrielles. Jusqu'en 1972, les étudiants qui choisissent l'option génie industriel en génie mécanique suivent la plupart des cours qui figurent au programme courant dont un certain nombre sont condensés pour permettre l'introduction d'autres cours: organisation et production industrielles, recherche opérationnelle, administration de l'entreprise, relations industrielles et analyse des coûts[6]. En 1972, la division du génie industriel est séparée du département de génie mécanique et devient un nouveau département, celui du génie industriel.

Le département de génie électrique, tout comme le département de génie physique, est dirigé par Jean-Charles Bernier. Le programme de génie électrique, dans les années 60, chapeaute les deux grandes branches du génie électrique, soit celle de l'électronique, dont la popularité auprès des étudiants nord-américains s'intensifie au cours de ces années, et l'énergie électrique ou l'électrotechnique qui, depuis la nationalisation de l'électricité, joue un rôle important dans la formation d'un personnel qualifié nécessaire à la réalisation des projets hydro-électriques d'envergure réalisés par Hydro-Québec[7]. On connaît déjà la contribution du chef de département de génie électrique dans le domaine de l'électronique. Des professeurs, comme Réal P. Bouchard, professeur en charge des essais de haute tension, contribuent à initier les étudiants aux domaines reliés à la production de l'une de nos principales richesses naturelles. En 1967, pour faciliter et coordonner l'administration, le département est divisé suivant quatre grandes disciplines du génie électrique: la division d'automatique, la division de calcul électronique, la division des communications et la division d'électrotechnique[8].

C'est au sein de ce département que naît le Centre de calcul. Son histoire commence en 1960 quand Bernard Lanctôt (1956) est chargé d'établir un premier laboratoire de calcul électronique. Un petit ordinateur Bendix type G-15 est alors installé qui sert pendant cinq ans aux besoins de l'enseignement et de la recherche. En 1965, on le remplace par un ensemble Control Data modèle 3100 qui sera continuellement amélioré au cours des années[9]. C'est alors qu'une distinction commence à s'établir entre le Centre de calcul et le département de génie électrique. En 1970, cette distinction sera officialisée, et le Centre de calcul sera rattaché à la Direction des services de l'enseignement[10].

Quant au génie physique, jusqu'à la fin des années 60, peu d'étudiants semblent s'y intéresser. Dans les plans du nouvel immeuble, aucun local n'a été prévu pour les laboratoires de génie physique. Les premiers travaux expérimentaux ont dû être réalisés dans les laboratoires d'électronique, avec un équipement improvisé, au moyen d'appareils empruntés à d'autres laboratoires[11]. Au cours de cette période, le génie physique a de la difficulté à se trouver une identité propre qui le différencierait du génie électrique ou de la physique. Il faudra attendre la création, au sein de ce département en 1967, d'une division de physique atomique et de génie nucléaire pour voir ce département attirer un nombre plus important d'étudiants. Entre 1963 et 1966, ce département ne décernera jamais plus d'une douzaine de diplômes par an. Il forme en moyenne au cours de ces quatre années, moins de 3,5 % des diplômés. En 1969-1970, la situation s'est nettement améliorée puisque cette année-là 12,7 % des diplômés reçoivent un diplôme d'ingénieur en physique. L'année suivante le génie nucléaire niche à l'extérieur du département quand on donne au programme de génie nucléaire un nouveau cadre. L'institut du génie nucléaire voit alors le jour[12].

C'est peut-être le génie chimique qui tire le plus d'avantages du changement de programme et du nouvel immeuble sur le campus de l'Université de Montréal. Le département de génie chimique assume alors l'enseignement de toute la chimie comme science fondamentale ou appliquée et du génie chimique proprement dit. Tous les cours dispensés par ce département comportent des travaux de laboratoires. En s'installant dans ces nouveaux quartiers, le chef du département, Roger Brais, bénéficie immédiatement des nouveaux locaux et aménagements spécialement conçus pour l'enseignement de la chimie et du génie chimique. D'un seul coup, le département quadruple son espace vital dont plus de 80 % est affecté aux travaux pratiques et à la recherche. Le département est situé à l'arrière du nouvel édifice dans la partie sud-est et occupe presque la moitié des deux derniers étages, ce qui correspond à une superficie de 46 000 pieds carrés. La section de chimie comprend plusieurs laboratoires dont le principal est le laboratoire de chimie générale. Dans cette section, on trouve également un laboratoire de chimie-physique, un laboratoire de chimie analytique et des laboratoires de recherche. On y trouve également le laboratoire du ministère des Mines de la province[13].

Dans la section de génie chimique, le principal laboratoire est celui des opérations unitaires. Équipé de plusieurs nouveaux appareils, quelques-uns de dimension semi-industrielle, ce laboratoire permet aux professeurs d'investir dans ce qui apparaît à l'époque comme la principale voie de la chimie industrielle, celle des «opérations unitaires». On met alors l'accent sur le design de colonnes à distiller, de réacteurs, de cristallisateurs, de filtres, d'échangeurs de chaleur de même que sur l'estimation du coûts des procédés. Ces techniques fondamentales à la conception même de l'équipement utilisé dans l'industrie chimique deviennent le propre de l'ingénieur-chimiste[14].

Au cours des années 60, le département de génie chimique, tout comme les autres départements, subit des transformations importantes. Les sciences, telle l'informatique, et les techniques, comme la simulation et l'optimisation des procédés, entraînent l'introduction de nouveaux cours qui se greffent au tronçon de la phase «opérations unitaires». Rapidement, ce département tisse des liens avec l'industrie en initiant des étudiants de premier cycle au travail de l'ingénieur dans l'industrie. À leur dernière année d'études, certains étudiants réalisent des essais de laboratoire qui forment la base de leur projet de fin d'études, tandis que d'autres sont envoyés dans l'industrie pour y faire des études des procédés chimiques en opération. Par exemple, à partir de 1961, des groupes de deux étudiants font respectivement l'étude de la production d'acide sulfurique et de l'acide nitrique chez C.I.L. à Belœil. Plus tard, un travail analogue est entrepris par les étudiants à la raffinerie d'Imperial Oil Ltd[15].

Depuis 1942, avec la création de l'option mines-métallurgie, un programme de cours de métallurgie prenait place à Polytechnique. Cependant, avant 1958, l'équipement et les laboratoires ne permettaient pas d'instaurer un enseignement spécialisé de la métallurgie. La construction du nouvel édifice va dès lors fournir l'espace nécessaire à l'installation des laboratoires spécifiques à l'enseignement et à la recherche en métallurgie. Les professeurs de ce département prennent ainsi possession d'un laboratoire destiné à l'enseignement de toutes les phases de la métallurgie à partir des concentrés de minerai jusqu'à l'utilisation des métaux et alliages. Le programme du cours est divisé en trois champs d'investigation. Tout d'abord, la mise en valeur du minerai brut d'exploitation minière et l'obtention des métaux à partir du minerai. Ensuite la mise en forme et en valeur des métaux et substances connexes, et l'obtention de matériaux et d'objets utiles à l'homme. Finalement, la science des métaux et matériaux connexes[16].

Issu de l'industrie privée, André Hone prend en main ce département. Bien au fait du travail de l'ingénieur métallurgiste dans l'industrie, ce dernier sait également que les grandes industries métallurgiques ont, à l'époque, un besoin pressant de main-d'œuvre spécialisée. Dès l'inauguration du nouvel immeuble, il cite des chiffres fournis par le département des statistiques de la province concernant la valeur des produits ouvrés par l'industrie minérale et métallurgique. En 1956, elle atteint 350 millions de dollars et augmente d'environ 22 millions de dollars par an. Après une étude détaillée de la question, le nombre de nouveaux métallurgistes requis annuellement au début des années 60 est, selon Hone, évalué à environ 50[17]. Le chef du département de génie métallurgique considère que Polytechnique devrait au moins en former une vingtaine. Malgré ses plaidoyers montrant l'urgente nécessité de former des ingénieurs métallurgistes, cette spécialité n'attire pas beaucoup d'étudiants. Entre 1960 et 1968, le nombre de diplômés en génie métallurgique est d'un peu moins de 11 par année. Encore en 1964, seulement quatre professeurs et quatre techniciens sont attachés à ce département.

À côté des grands départements que sont le génie civil, le génie électrique ou le génie chimique, le département de génie métallurgique fait figure de parent pauvre. Son chef ne manque pas de s'en plaindre à mots couverts lorsqu'il présente publiquement les réalisations de son département. C'est dans des conditions difficiles, avoue Hone, que «le département de métallurgie cherche à fournir à l'industrie des ingénieurs dignes du peuple dont il est issu[18]».

Au moment où le gouvernement québécois s'apprête à mettre en branle les politiques qui feront en sorte que les Québécois pourront être «maîtres chez eux», notamment dans le domaine de l'exploitation des richesses naturelles, la formation d'une main-d'œuvre spécialisée dans le secteur de l'industrie minière s'impose avec plus d'insistance. À Polytechnique, le génie géologique et le génie minier constituent, à partir de 1958, les deux piliers sur lesquels repose la formation du personnel qualifié dont le Québec aura besoin. Cependant, tout comme le génie métallurgique, ces deux départements ne réussissent pas à attirer un grand nombre d'étudiants. Entre 1960 et 1968, l'École décerne annuellement moins de 10 diplômes d'ingénieurs des mines, tandis que le génie géologique apparaît comme la spécialité la moins populaire chez les étudiants avec une moyenne annuelle de 4,4 diplômes.

Avec comme chef de département Paul-E. Riverin, le génie minier a à sa tête un industriel dont la réputation dans l'industrie minière est bien établie. L'implication de Riverin dans ce secteur économique permet d'ailleurs à ce département et à celui du génie géologique d'effectuer des recherches contractuelles relativement importantes. En 1958, ce département ne compte pourtant que deux professeurs. L'accroissement du nombre de professeurs s'effectue lentement puisque l'on en compte cinq en 1965, et huit en 1968. En 1965, Paul Riverin quitte le département de génie minier quand il est nommé président de la Corporation et principal de l'École. Son successeur est Laurier Juteau. La disponibilité d'un plus grand nombre de professeurs de carrière permet alors d'améliorer le programme au fil des ans afin de mieux l'adapter aux besoins du marché en introduisant de nouveaux cours. Ainsi viennent s'ajouter au programme, un cours de mécanique des roches et des sols appliquée à l'exploitation des mines et à la manutention des matériaux en vrac, un autre sur l'exploitation en fosse, puis des cours sur l'économie des minéraux, sur la géostatique, etc.[19] En 1967, le programme de génie minier prend deux orientations distinctes: les étudiants peuvent alors choisir entre l'exploitation des mines et le traitement du minerai.

En 1958, c'est le professeur Pierre Mauffette qui devient le chef du département de génie géologique. Depuis 1947, il existe une entente entre la faculté des sciences de l'Université de Montréal et l'École Polytechnique qui fait en sorte que ce département accueille les étudiants inscrits au département de géologie de la faculté des sciences. Pour ceux-ci, les cours des deux dernières années d'un programme qui en comporte quatre sont dispensés à Polytechnique par les professeurs de l'École. En 1965, une nouvelle entente est conclue entre les deux institutions. Le département de géologie de la faculté des sciences et celui de génie géologique de Polytechnique se partagent l'enseignement en sciences géologiques dans les deux lieux d'enseignement et de recherche[20].

Avec l'emménagement dans le nouvel immeuble, le département de génie géologique se voit doté de laboratoires modernes. On y trouve ainsi un laboratoire de géologie minérale, un laboratoire de cristallographie, de minéralogie et de pétrographie, un laboratoire de géologie économique, un laboratoire de stratographie et un laboratoire de géophysique. De plus, l'acquisition en 1957 d'un appareil de diffraction des rayons X, type Phillips, pour l'étude des substances cristallines a permis de lancer un premier programme de recherche sous la direction de Guy Perrault[21]. Comme à peu près tous les autres départements, et malgré le nombre restreint d'étudiants inscrits en génie géologique, ce département connaît une expansion importante au cours des années 60. Le nombre de professeurs des deux départements réunis double entre 1958 et 1964.

Au milieu des années 60, le programme de génie géologique est essentiellement un programme de géologie appliquée à l'exploration et à l'exploitation des ressources minérales. C'est donc de la géologie minière qui est enseignée dans ce département. La géologie peut être aussi appliquée aux travaux de génie, c'est-à-dire une géologie appliquée soit à la localisation, à la préparation des plans, à la construction et à l'opération des travaux de génie, soit à la recherche et à la conservation de l'eau. Cette branche de la géologie de l'ingénieur, communément appelée «Engineering Geology», est inaugurée en 1968. Les étudiants peuvent alors choisir entre l'option A: exploration-exploitation et l'option B: géologie des travaux publics. En 1970, une troisième option vient s'ajouter aux deux autres, l'option C: géologie appliquée. Les options géologie des travaux publics et géologie appliquée arrivent à point nommé, puisque, avec le développement des ressources hydro-électriques de la baie James, ces types d'ingénieurs géologues trouveront un lieu privilégié pour exercer leur profession.

Même avec les étudiants de la faculté des sciences, le nombre d'étudiants dans cette spécialité n'est pas élevé. Les professeurs de ce département investissent alors beaucoup plus dans la recherche que dans l'enseignement. Les points de vue du chercheur Guy Perrault s'imposent alors davantage au détriment du chef du département, le professeur Mauffette. Ce dernier est plutôt un représentant du type de professeur qu'avait connu l'École au cours des années 30 et 40, soit beaucoup plus un professeur-enseignant qu'un professeur-chercheur. En 1966, les professeurs demandent la démission du chef de département qui est professeur depuis 1940. Selon eux, il fait partie d'une autre ère de l'évolution de l'École[22]. Comme on le sait, ce n'est pas le premier professeur à subir les contrecoups des étapes de l'institutionnalisation de la recherche à Polytechnique. Au tournant des années 70, le département de génie géologique et le laboratoire de résistance des matériaux sont les foyers les plus actifs en ce qui concerne la recherche.

Polytechnique et le Rapport Parent

C'est au cours des années 50 et tout au début des années 60 que l'École Polytechnique vit sa Révolution tranquille. En effet, au cours de cette période, le gouvernement de Maurice Duplessis a délié les cordons de la bourse du Trésor pour permettre à Polytechnique de se doter des infrastructures nécessaires à son expansion et à l'amélioration de sa position dans le champ des institutions d'enseignement supérieur au Québec et au Canada. Ainsi par exemple, entre 1962 et 1970, le nombre des étudiants connaît une augmentation de 22 %, tandis qu'entre 1950 et 1962, cette augmentation est de 197 %. Les réformes du système d'éducation dans les années 60 ont toutefois des effets non négligeables sur la vie académique de l'École. Au cours des années 50, les faiblesses du système scolaire québécois sont constamment évoquées par les opposants au régime de l'Union nationale. À la mort du «Chef», son successeur Paul Sauvé promet de s'occuper de la question. Ce sont cependant les libéraux de Jean Lesage qui réaliseront une réforme majeure du système scolaire qui jusque-là n'avait jamais subi une telle secousse.

Dès son accession au pouvoir, Lesage confie à Paul Gérin-Lajoie, alors ministre de la Jeunesse, la responsabilité des politiques et des budgets consacrés à l'éducation. Plusieurs mesures législatives concernant l'éducation sont présentées dès la première session du Parlement. L'une des plus importantes consiste à créer une commission d'enquête royale sur l'enseignement. Cette commission, présidée par un membre du clergé catholique, Mgr Alphonse-Marie Parent, sera connue sous le nom de la Commission Parent. Disposant d'un mandat très large pour étudier l'organisation et le financement de l'enseignement à tous les niveaux, les membres de la Commission Parent s'attellent à la tâche. Entre 1961 et 1966, ils recevront 300 mémoires et visiteront plusieurs institutions au Canada, aux États-Unis et en Europe[23].

D'entrée de jeu, le mémoire de 85 pages déposé par la Corporation de l'École Polytechnique nous révèle que cette institution a déjà franchi une étape importante de son développement. L'augmentation du nombre des inscriptions au cours de base est telle que l'on suppose que 4000 étudiants y seront inscrits en 1970-1971. «Si une telle évolution démographique doit se produire, mentionne-t-on, il faudra envisager de fonder de nouvelles facultés ou écoles pour recevoir les étudiants qui désireront alors suivre les études de génie[24]». Le nombre des inscriptions se stabilise dans les années qui suivent et le nombre d'étudiants en 1970 ne sera que de 1774. Ce n'est qu'en 1983-1984 que le nombre des étudiants franchira le cap des 4000. Il n'en demeure pas moins que les dirigeants n'ont plus à faire face à l'un des problèmes majeurs que l'École avait toujours connu, celui du recrutement des étudiants.

Devenue l'un des grands lieux de formation des ingénieurs au Canada, Polytechnique reste cependant une institution universitaire qui a très peu développé la recherche et dont les programmes d'études supérieures en sont encore à l'état embryonnaire. La Corporation met donc l'accent sur ce point dans son mémoire. Après avoir dressé un tableau de l'état de la recherche et des études supérieures, la Corporation affirme:

> L'organisation de la recherche dans l'institution qu'elle dirige mérite une attention très spéciale. Elle est convaincue que l'École Polytechnique est maintenant prête à jouer un rôle beaucoup plus important dans ce domaine. Elle désire par conséquent s'occuper de la question sans tarder et rapprocher la solution apportée à cette question de celle qu'il lui faut envisager concernant les études graduées. Elle est d'avis que les deux projets doivent être traités de pair[25].

Plusieurs mesures sont proposées pour permettre l'institutionnalisation de la recherche et le développement des programmes d'études supérieures. Tout d'abord, «le recrutement aussi rapide que possible d'au moins une trentaine de professeurs et chercheurs qui formerait l'équipe de base destinée à se développer d'ici cinq ans en une structure bien ordonnée au niveau supérieur[26]». L'embauche d'assistants de recherche et l'introduction de ces nouveaux postes dans la structure du personnel enseignant sont également perçues comme nécessaires au développement de la recherche. Bien sûr, ces mesures ne peuvent se concrétiser qu'avec une aide financière accrue du gouvernement. Il ne faut pas s'étonner que l'une des recommandations les plus importantes de la Corporation stipule que:

> le gouvernement de la province se doit d'aider de façon nettement positive les institutions françaises du Québec à parfaire leur organisation au niveau de l'enseignement supérieur et de la recherche. [...] La Corporation voit donc comme nécessaire un apport direct du gouvernement dans ce sens[27].

Une autre partie du mémoire porte sur le système d'enseignement élémentaire et secondaire du Québec. Des remarques et recommandations sont faites aux membres de la Commission Parent. C'est évidemment sur le cours secondaire que s'attarde le mémoire. Il est alors mentionné que l'École Polytechnique reçoit des étudiants provenant de plusieurs filières de l'enseignement secondaire. Pour la Corporation, la variété d'origine des étudiants de Polytechnique résulte naturellement du manque d'homogénéité des cadres de l'enseignement secondaire en vigueur dans le secteur français de la province. À l'intérieur même des lieux de recrutement des étudiants de Polytechnique, l'uniformité n'est pas acquise. Ainsi, les détenteurs d'un B.A. section C ou latin-sciences de l'Université de Montréal sont, de tous les étudiants provenant des collèges classiques, les seuls à être admis en 2e année à Polytechnique; les B.A. des autres sections et ceux des Universités Laval et Sherbrooke se joignent aux étudiants de première année; toutefois, s'ils suivent certains cours d'été, ils peuvent se présenter aux examens d'admission de 2e année. Les diplômés de 12e année des écoles publiques ne sont pas admis d'emblée. Seuls ceux qui ont terminé la section sciences-mathématiques et, parmi eux, uniquement ceux qui ont maintenu une moyenne de 80 % en 11e et 12e, sont admis en première année sans examen. Les autres, et ils se chiffrent à près de 150 chaque année, se présentent aux examens d'admission. De ce nombre, environ un tiers sont généralement admis[28].

La Corporation fait remarquer que de «meilleures conditions d'homogénéité feraient de la première année universitaire une année d'adaptation profitable et plus facile à traverser, tant pour les étudiants que pour le personnel enseignant[29]». La Corporation recommande donc «qu'il n'existe qu'un seul cours secondaire préuniversitaire offrant une variété de possibilités de formation[30]». Ce cours secondaire devrait viser à cultiver l'étudiant en lui inculquant une culture générale où les sciences pures, tout comme les sciences humaines et naturelles, seraient à l'honneur. L'École a longtemps souffert du fait que le monopole de l'enseignement secondaire était détenu par les collèges. Ce n'est plus le cas au début des années 60. Depuis 1945, les collèges offrent des sections sciences qui préparent adéquatement les étudiants aux études de génie. La Corporation ne voit donc aucune difficulté à marier le programme de ce cycle d'études à celui qui serait établi pour le nouveau cours secondaire.

Dans la foulée des réformes qui accompagnent la Commission Parent, le ministère de l'Éducation voit le jour. Malgré la défaite des libéraux, en 1966, l'Union nationale continue à restructurer le système d'enseignement. En 1968, le gouvernement met sur pied un réseau de collèges d'enseignement général et professionnel (cégeps), crée l'Université du Québec et confie la formation des maîtres aux universités. En 1969-1970, Polytechnique accueille les premiers élèves issus des cégeps. Leur niveau de formation en sciences permet alors d'éliminer la première année du programme de Polytechnique. Dorénavant, le programme de premier cycle s'échelonnera sur quatre ans.

Pendant que s'opère la restructuration du système d'enseignement au Québec, on en profite pour abandonner le régime de promotion par année-degré. Alors que ce régime obligeait à structurer le cours de génie sur une base purement chronologique, la promotion par matière va permettre de le structurer suivant les diverses disciplines en question. Cette transformation s'adapte mieux aux cours optionnels récemment introduits. Ces cours s'ajoutent au noyau des cours obligatoires de chaque spécialité. Les étudiants sont alors appelés à choisir un nombre additionnel de cours correspondant à leurs intérêts et possibilités. Pour l'étudiant, la promotion par matière offre également de nombreux avantages. En promotion par année-degré, il devait réussir toutes les matières au programme avant d'être promu à l'année supérieure; un échec dans une seule matière importante pouvait alors le retarder d'un an dans sa progression en lui fermant l'année supérieure. Par contre en promotion par matière, l'échec dans une matière n'empêche pas la promotion dans les autres lignes de discipline qui n'exigent pas la matière échouée comme préalable[31].

Dans l'effervescence suscitée par les transformations de la société québécoise, le directeur des études et le président de la Corporation laissent leur place à deux professeurs qui se sont illustrés dans le domaine de la recherche et dans celui des affaires.

Une nouvelle équipe à la barre de l'École

Au milieu des années 60, le principal de l'École et son directeur laissent la place à une nouvelle équipe prête à prendre la barre d'une institution fortement secouée par une expansion effrénée. Ignace Brouillet n'a plus ni l'énergie ni le temps pour gérer les affaires de l'École en ces moments de chambardement. En plus de présider le conseil d'administration de l'École, il siège à ceux de L'Alliance, société d'assurance-vie, dont il est le président, de la Banque provinciale du Canada et de la compagnie Miron. Ignace Brouillet doit également voir à la bonne marche de sa firme d'ingénieurs-conseils qui, par les temps qui courent, gère de nombreux chantiers. Ces nombreuses occupations l'épuisent et son médecin lui recommande de ne pas abuser de ses forces. En 1964, il résigne ses fonctions de principal et de président. Il continuera à mener une vie active jusqu'à sa mort en 1970.

Pour le remplacer, les membres de la Corporation désignent un professeur de l'École qui est aussi un homme d'affaires. Il s'agit du chef du département de génie minier Paul-E. Riverin. Le choix du nouveau principal se comprend aisément. Tous connaissent le travail accompli par le chef du département de génie minier. Professeur depuis les années 40, il n'a jamais abandonné son poste malgré les succès qu'il connaissait dans les affaires. Nommé professeur titulaire en 1957, l'année suivante il devient chef du département de génie minier. Parallèlement, Riverin a mené une carrière brillante dans l'industrie minière. Vice-président de la St. Lawrence Colombium, il est l'un des rares Canadiens français avec Pierre Beauchemin à s'être imposé dans ce milieu fortement anglophone. De plus, il s'est toujours fait un point d'honneur de faire profiter l'École de ses succès dans l'entreprise privée. C'est ainsi que la St. Lawrence Colombium commandite l'étude et la réalisation d'une usine pilote qui sera un foyer important de recherches appliquées à Polytechnique. De plus, le syndicat Gourd-Riverin qu'il dirige a décerné de nombreuses bourses d'études aux élèves de Polytechnique. Après que «l'équipe du tonnerre» de Jean Lesage s'est fait réélire en clamant partout au

Québec le slogan «Maîtres chez nous» dans l'espoir de sensibiliser les Québécois à la prise en main de leurs richesses naturelles, la nomination d'un pionnier pour les francophones dans l'industrie minière n'est certes pas une mauvaise décision.

Deux ans plus tard, Henri Gaudefroy démissionne. Comme Ignace Brouillet, il n'est plus tout à fait jeune. De plus, la tâche de directeur, en 1966, n'est plus ce qu'elle était 10 ans plus tôt. Les tâches du directeur qui étaient déjà très accaparantes, deviennent carrément éprouvantes. Peut-être dépassé par la crise de croissance qu'a connue l'École, Henri Gaudefroy, qui s'est intéressé à la coopération internationale au cours de son directorat, décide de relever de nouveaux défis. Il démissionne comme directeur de l'École et accepte la direction de la section de l'aide aux pays francophones d'Afrique de l'Agence canadienne de coopération internationale.

Le mémoire de la Corporation à la Commission d'enquête royale sur l'enseignement nous a permis de constater que le développement de la recherche et des études supérieures représente le principal objectif que se sont fixé les membres du conseil d'administration. On ne s'étonnera donc pas que ce soit à l'héritier de Georges Welter, Julien Dubuc, que l'on confie le poste de directeur. Le chapitre VI a montré comment le passage de Dubuc à la direction des études a des répercussions importantes sur le développement de la recherche scientifique à Polytechnique. Toutefois, l'École traverse une période assez difficile à cette époque. Secondé par Jacques Laurence, directeur adjoint, et par Raymond Desroches, secrétaire à l'administration, Dubuc doit aussi tenir compte des revendications des professeurs qui, plus nombreux, veulent désormais participer aux décisions importantes. C'est également pendant le directorat de Dubuc que les revendications étudiantes deviennent plus radicales. Enfin, personne ne se doutait, lors de la nomination de Paul Riverin comme principal, que la maladie freinerait son ardeur au travail. Pourtant, à partir de 1968, le cancer le frappe sournoisement; il s'éteint l'année suivante. Il venait tout juste d'intéresser l'importante compagnie minière Iron Ore à l'École. Ce géant des mines avait ainsi annoncé la remise d'une somme importante au département de génie minier[32].

C'est à la suite de la nomination d'un nouveau principal que Dubuc, sous la pression du corps professoral, est appelé à démissionner[33]. Les nouvelles têtes dirigeantes ne seront restées que quatre ans à leur poste. Un fait apparaît toutefois évident: l'École

Polytechnique doit songer à repenser ses structures académiques et administratives. C'est au début des années 70 que cette restructuration s'effectuera.

L'intervention de l'État et l'émergence
d'une nouvelle bourgeoisie francophone

De 1877 à 1960, Polytechnique a formé un peu moins de 2500 ingénieurs. De 1961 à 1983, elle en produira plus de 7200. L'augmentation spectaculaire du nombre des étudiants au long des années 50 s'arrête comme on le sait au milieu des années 60. Toutefois, à partir des années 70, le nombre d'étudiants et de diplômés recommence à augmenter pour atteindre, au début des années 80, une moyenne par an de plus de 4000 étudiants et de 400 diplômés. Il convient maintenant de s'interroger sur les secteurs d'emploi qu'occuperont ces nouveaux ingénieurs qui par leur nombre représentent la très grande majorité des diplômés.

Rappelons tout d'abord les principaux changements socio-économiques qui touchent le Québec, et plus particulièrement les ingénieurs au cours des années 60 et 70. Au moment où les libéraux prennent le pouvoir, une nouvelle vague d'investissement dans l'industrie manufacturière et dans la construction déferle sur le Québec. Le gouvernement québécois et la Ville de Montréal s'apprêtent à investir des sommes importantes dans des projets d'envergure. C'est l'époque de la construction du métro de Montréal, de l'Expo 67, de Manic 5 et de la modernisation du système routier. Dans les années 70, c'est la construction des grands barrages hydro-électriques de la baie James et des installations olympiques qui galvanisent la fierté des Québécois.

Le slogan «Maîtres chez nous» lancé par l'équipe de Jean Lesage annonce également un changement d'attitude des élus face à l'intervention de l'État et aux politiques économiques. Le gouvernement québécois entend désormais jouer un rôle accru dans le développement économique du Québec. Plus largement, les libéraux veulent accroître le rôle de l'État dans tous les domaines. Ils souhaitent également moderniser l'économie québécoise. Finalement, les nouveaux dirigeants entendent bien modifier la place des Canadiens français dans l'économie. On vise principalement à favoriser une plus grande participation des cadres et des gens d'affaires francophones à la direction de l'économie[34].

C'est principalement par la création de sociétés d'État que le gouvernement va tenter d'atteindre ces objectifs. Pour les ingé-

nieurs francophones, et en particulier les diplômés de Polytechnique, la création d'Hydro-Québec, en 1944, leur avait permis
de s'introduire dans un secteur de l'exercice de la profession
d'ingénieur d'où, jusque-là, ils étaient à toutes fins utiles absents.
Déterminés plus que jamais à accroître la mainmise des Québécois sur les richesses naturelles du Québec, les Libéraux et notamment le populaire journaliste René Lévesque, devenu ministre des
Richesses naturelles, posent un geste spectaculaire dont les répercussions seront importantes pour les ingénieurs francophones; ils
nationalisent, en 1963, les compagnies privées de production et de
distribution d'électricité. Celles-ci sont alors intégrées à Hydro-
Québec. Déjà une société où dirigeants et employés travaillent en
français, Hydro-Québec devient maintenant une entreprise
géante qui va permettre à des centaines d'ingénieurs francophones de participer au développement et à l'exploitation de la
plus grande richesse naturelle du Québec.

En accédant au rang des plus importantes entreprises au
Québec, Hydro-Québec est en mesure de jouer un rôle de premier
plan dans l'économie québécoise. Par exemple, Hydro-Québec
inaugure une politique qui vise à favoriser l'achat d'équipements
fabriqués au Québec. Plus important encore, la construction des
grands barrages à Manicouagan et à la baie James va permettre à
des firmes québécoises d'ingénierie de participer à la gestion de
grands travaux publics et d'acquérir de l'expérience dans des secteurs bien précis. Ces conditions seront, pour certaines d'entre
elles, propices à la conquête des marchés internationaux. Si
Hydro-Québec représente l'exemple le plus réussi et le plus
éclatant de l'intervention de l'État dans l'économie québécoise[35],
ce n'est pas le seul. Entre 1962 et 1978, treize nouvelles sociétés
d'État sont créées. Plusieurs d'entre elles accueilleront des diplômés de Polytechnique, telles la Société québécoise d'initiatives
pétrolières (SOQUIP), la Sidérurgie québécoise (SIDBEC), et la
Société québécoise d'exploration minière (SOQUEM).

De façon générale, l'économie québécoise continue, et de
façon plus marquée, son processus de tertiarisation. Les communications, par exemple, deviennent pour les ingénieurs un secteur de plus en plus important pour l'exercice de leur profession.
La révolution technologique qui marque la période des années 60
et 70 fait en sorte que les ingénieurs sont sollicités dans bon
nombre de domaines et activités du secteur tertiaire. À partir des
années 60, une nouvelle bourgeoisie francophone fait son apparition au Québec. On sait que depuis le XIXe siècle, s'est constituée
une bourgeoisie moyenne qui s'engage principalement dans le

développement régional. Plusieurs francophones en font partie, qui travaillent dans différents secteurs de l'économie. Avec les années 60, des conditions à la fois sociales, politiques et économiques favorisent l'expansion de plusieurs de ces PME qui réussissent quelquefois à percer le marché canadien et même le marché international. C'est le cas notamment des firmes d'ingénieurs-conseils, dont les plus importantes sont Lavalin et SNC. Dans le domaine des transports, Bombardier devient l'un des premiers géants industriels québécois contrôlés par des francophones. De plus, une proportion croissante de Canadiens français réussissent à gravir les échelons supérieurs des grandes sociétés nationales installées au Québec[36].

On trouve, bien sûr, beaucoup d'ingénieurs au sein de cette nouvelle bourgeoisie francophone. Ceux-ci sont également présents au sein de la classe dirigeante, composée de hauts fonctionnaires à la tête des organismes, ministères ou sociétés d'État. L'examen des secteurs d'emploi des diplômés nous indique d'ailleurs que les produits de l'École se répartissent entre les organismes publics, les sociétés d'État et les grandes entreprises privées.

À la conquête de l'économie québécoise

Au cours des années 60 et 70, plusieurs nouveaux secteurs d'embauche s'ouvrent aux ingénieurs formés à Polytechnique. Plus spécialisés, les produits de cette institution se retrouvent aussi bien dans de grandes entreprises financières (génie électrique pour l'électronique et génie industriel), dans des hôpitaux ou des centres de recherches médicales (génie biomédical), que dans les secteurs traditionnels du génie civil ou des industries manufacturières.

Le Tableau 8.1 nous permet de prendre connaissance des transformations que subit le profil de carrière des diplômés pendant les années 60 et 70. On sait que, depuis les années 40, le pourcentage de ceux parmi ces derniers qui exercent leur profession dans le secteur public est en constante régression. Cette régression se poursuit au cours des années 60, mais s'arrête au cours des années 70. L'augmentation importante du nombre de diplômés au cours des années 70 et au début des années 80 n'a donc pas amélioré leur pourcentage dans les secteurs privés, comme cela avait été le cas pendant les années 50 et 60.

TABLEAU 8.1

Secteurs d'emploi des diplômés de Polytechnique
en 1960, 1969 et 1984

année	1960[1]		1969		1984	
secteur d'emploi	n	%	n	%	n	%
fédéral	98	5,2	110	3,4	355	5,4
provincial	277	14,8	517	16,0	1276	19,6
municipal	295	15,7	415	12,9	544	8,3
gouv. étranger			16	0,5	45	0,7
total administrations publiques	670	35,7	1058	32,8	2220	34,0
enseignement	100	5,3	186	5,8	388	6,0
génie-conseil	346	18,4	675	20,9	1195	18,3
construction	290	15,4	315	9,7	282	4,3
richesses naturelles	81	4,3	109	3,4	213	3,3
transports et communications	110	5,9	167	5,2	573	8,8
industries et commerces*	282	15,0	663	20,5	1618	24,8
total secteurs privés	1109	59,0	1929	59,7	3881	59,5
divers			56	1,7	34	0,5
TOTAL	1879	100,0	3229	100,0	6523	100,0

Sources: (1) *Liste des diplômés de l'EPM*, ADP, 1960, 1969, 1984.
   * y compris l'industrie des pâtes et papiers.

La baisse significative, entre 1940 et 1950, de la proportion des diplômés à l'emploi de l'administration publique québécoise expliquait en grande partie la désaffection des diplômés à l'égard des secteurs publics. Après 1960, c'est encore ce palier de gouvernement qui sera en partie responsable du maintien des diplômés dans l'administration publique, puis de son augmentation au cours des années 70. Par ailleurs, la proportion des diplômés à l'emploi du gouvernement fédéral qui, depuis le début du siècle, a fondu comme neige au soleil passant de 35 % à 3,4 % de 1904 à 1969, connaît pour la première fois une hausse assez significative si on s'attarde au nombre de diplômés plutôt qu'au pourcentage. Jusqu'en 1969, le nombre de diplômés travaillant pour le gouvernement fédéral ne varie pas beaucoup, ce qui entraîne bien entendu la chute du pourcentage de diplômés que l'on y retrouve à mesure que l'École produit de plus en plus d'ingénieurs. En 1984, leur nombre fait un bond prodigieux. La victoire de Pierre Elliott Trudeau à la direction du Parti libéral du Canada et la présence dans son équipe de nombreux francophones favorisent certainement l'augmentation d'ingénieurs francophones dans la fonction publique fédérale. On les trouve dans les ministères nouveaux comme ceux de l'Environnement, des Communications et de l'Expansion économique, ou encore au sein des agences nouvellement créées comme l'Office national de l'énergie. Ils sont également plus nombreux dans les agences fédérales ou sociétés d'État, comme Radio-Canada, l'Énergie atomique du Canada et le Canadien National. Le palier de gouvernement qui est maintenant en chute libre devient celui de l'administration publique municipale.

La transformation de l'appareil d'État québécois au cours des années 60 ne peut à elle seule expliquer la hausse significative non seulement du pourcentage, mais surtout du nombre de diplômés à l'emploi de l'administration publique québécoise. Bien que le nombre des employés de la fonction publique et des entreprises d'État triple de 1960 à 1984, passant de 36 766 à plus de 100 000, le recrutement des nouveaux cadres de l'État favorise surtout les professionnels des sciences sociales[37]. Si, pour les diplômés de Polytechnique, l'administration publique québécoise est perçue comme un lieu d'exercice de la profession encore important au cours des années 60 et surtout 70 et 80, **c'est en grande partie grâce à l'expansion et à la forte croissance d'Hydro-Québec**. En 1969, 247 diplômés travaillent pour cette société d'État devenue un géant industriel, soit 47,8 % des diplômés travaillant dans l'administration publique québécoise. Treize ans plus tard, en 1984, on en compte 726, ce qui représente 56,9 % des diplômés qui travaillent pour le gouvernement québécois. Bref, au milieu des années 80, 11,1 % des produits de Polytechnique sont des employés ou dirigeants de la deuxième plus importante société d'État en Amérique.

Le Tableau 8.2, nous indique que les diplômés promus entre 1961 et 1968 sont proportionnellement moins présents que leurs aînés dans l'administration publique québécoise. Cependant, pour ces jeunes ingénieurs, Hydro-Québec est l'employeur le plus important. Ils sont 121 à travailler pour cette société d'État, ce qui représente 8 % des diplômés de leurs promotions et 55 % de ceux qui sont à l'emploi du gouvernement québécois. Pour les diplô-

TABLEAU 8.2

**Secteurs d'emplois en 1969 et en 1984 des promotions
de 1961-1968, de 1970-1983 et des femmes**

Promotion année	1961-68 1969		1970-83 1984		femmes 1984	
secteur d'emploi	n	%	n	%	n	%
fédéral	56	3,7	208	5,6	15	11,4
provincial	220	14,6	656	17,6	26	19,7
municipal	133	8,8	181	4,9	7	5,3
gouvernement étranger	12	0,8	29	0,8	2	1,5
total administrations publiques	421	27,9	1074	28,9	50	37,9
enseignement	87	5,8	169	4,5	22	16,7
génie-conseil	253	16,7	546	14,7	19	14,4
construction	82	5,4	140	3,7	2	1,5
richesses naturelles	69	4,6	254	6,8	3	2,3
transports et communications	111	7,3	451	12,1	10	7,6
industrie, commerce et finance	440	29,1	1075	28,9	24	18,1
total secteurs privés	955	63,1	2466	66,2	58	44,0
divers	48	3,2	15	0,4	2	1,5
TOTAL	1511	100,0	3724	100,0	132	100,0

Sources: Voir Tableau 8.1.

més promus entre 1970 et 1983, on en compte 438 qui travaillent pour Hydro-Québec en 1984; ils représentent plus des deux tiers des diplômés de ces promotions à l'emploi de l'administration publique québécoise. Il n'est pas surprenant de trouver à la direction d'Hydro-Québec des produits de Polytechnique. Ces derniers participent bien sûr à la gestion de cette puissante société, véritable État dans l'État. Ainsi Yvon Deguise (1937) en est l'un des commissaires. Au tournant des années 70, c'est Robert Boyd (1943) qui en est le directeur général. En 1972, cet ancien diplômé est nommé président de la Société d'énergie de la baie James; il prend en charge ce qui, encore aujourd'hui, est perçu comme le plus grand projet de construction jamais réalisé au Canada. Plusieurs autres diplômés dirigent les différents services ou sections d'Hydro-Québec.

Outre Hydro-Québec, les diplômés sont toujours présents aux ministères de la Voirie et des Travaux publics. Ces deux ministères sont réorganisés dans les années 70 pour former le ministère des Transports. On les retrouve également au sein de nouveaux ministères ou sociétés d'État, créés au cours des années 60 et 70. En 1984, par exemple, on en compte 52 à l'emploi de SIDBEC-DOSCO, 42 au ministère de l'Environnement, et le même nombre à la Commission de la santé et de la sécurité au travail du Québec.

Au niveau municipal, en 1984, 384 des 544 diplômés employés par ce secteur travaillent pour la Ville de Montréal, la Communauté urbaine de Montréal ou encore la Commission de transport de la Communauté urbaine de Montréal. On a inclus également dans ce palier de gouvernement les diplômés qui sont à l'emploi d'une commission scolaire mais qui n'enseignent pas; ils sont au nombre de 29. À la fin des années 60, la mise en place des cégeps ouvre une nouvelle source d'emploi dans l'enseignement. En 1969, soit un an après leur ouverture, déjà 25 diplômés ont choisi de mener une carrière d'enseignant dans ces institutions. En 1984, on en compte plus d'une centaine.

C'est lorsque l'on examine les statistiques sur l'emploi des diplômés dans les secteurs privés que se révèlent les conséquences de la réforme des programmes de l'École en 1958. Le secteur de la construction, soit celui qui est le plus lié au génie civil, principale spécialité avant les années 60, connaît une baisse spectaculaire. C'est bien entendu la nouvelle génération d'ingénieurs qui ne se dirige plus vers ce secteur qui avait toujours été populaire chez leurs aînés. Cette chute ne veut pas dire toutefois que les diplômés ne construisent plus, mais on trouve moins de bâtisseurs dans les compagnies de construction que dans les firmes d'ingénierie.

Par ailleurs, le secteur des transports et des communications, et surtout ceux de l'industrie manufacturière, du commerce et des finances accueillent de plus en plus d'ingénieurs issus de Polytechnique. Dans le secteur des transports, la croissance phénoménale de Bombardier, entreprise gérée par des francophones, permet à de jeunes diplômés de trouver de l'emploi dans un secteur qui jusque-là employait peu d'ingénieurs francophones. La montée de Bombardier se lit d'ailleurs dans l'évolution du nombre d'ingénieurs à son service au cours des années 60 et 70. Entre 1944 et 1963, cette entreprise n'a à son service qu'un seul ingénieur, un ancien de Polytechnique, Rolland Saint-Pierre (1935). À la fin des années 60, les postes de vice-président et de directeur sont occupés par des ingénieurs[38]. En 1984, 34 diplômés de l'École travaillent pour Bombardier.

Avec la révolution technologique, c'est le monde des communications qui s'impose de plus en plus au crépuscule de ce deuxième millénaire. Pour les diplômés, c'est un tout nouveau secteur qui s'ouvre. Ainsi, par exemple, aucun d'entre eux ne travaille pour IBM en 1960. On en compte 26 en 1969, et 48 en 1984. Là encore, la plupart sont issus des promotions des années 60 et 70. Northern Telecom et Bell Canada commencent également à recruter de plus en plus d'ingénieurs formés à Polytechnique. Au sein de ces deux géants des télécommunications, on en compte respectivement 62 et 138 en 1984.

Dans le secteur privé des richesses naturelles, l'État, avec Hydro-Québec en tête, détient pratiquement le monopole de la production de l'électricité. Il ne reste pour l'industrie privée que les mines et le gaz naturel. On sait aussi que l'École, malgré ses départements de génie minier et de génie géologique, ne produit pas un nombre important d'ingénieurs spécialistes dans ce secteur. Il n'est donc pas étonnant de constater la faible présence des diplômés dans ces domaines. Dans les autres secteurs industriels, dans le commerce et les finances, les diplômés, comme l'indiquent les Tableaux 8.1 et 8.2, y sont de plus en plus présents. Cette présence s'accroît, comme on le sait, à partir des années 40; cette tendance se maintient inexorablement jusque dans les années 80. Ce sont, là encore, les jeunes qui investissent en force la plupart des groupes d'industries manufacturières. On les trouve également dans les grandes entreprises financières ou dans les grandes chaînes commerciales. Si la multiplication des ingénieurs francophones et leur plus grande spécialisation contribuent à accroître leur présence dans ces lieux importants de l'exercice de leur profession, il ne faut surtout pas oublier que, au cours des années 70, la montée des groupes financiers et industriels canadiens-français n'est pas étrangère à cette nouvelle réalité. Dans les ligues majeures de l'industrie et des finances, des entreprises gérées par des francophones émergent. On pense, entre autres, au mouvement Desjardins, à Power Corporation, à Bombardier, à Consolidated Bathurst, à Socanav, à la Banque Nationale, à la Laurentienne, à Provigo, à Gaz Métro, à Québecor et, bien sûr, à Lavalin et à SNC. D'autre part, des diplômés commencent maintenant à accéder aux échelons supérieurs des grandes sociétés. On en retrouve ainsi chez Alcan, Northern Telecom, Bell Canada, Générale Électrique du Canada. La carrière de René Fortier (1950) est en ce sens un bel exemple du chemin parcouru par ces ingénieurs qui ont réussi à gravir les marches menant aux postes de direction des grandes entreprises canadiennes.

Élève brillant tout au long de ses études, René Fortier reçoit son diplôme d'ingénieur option mécanique-électricité en 1950. Il entre chez Bell Canada trois ans plus tard comme «ingénieur de la transmission» au Bureau d'études des services interurbains. Il passe ensuite au Bureau d'études de l'administration centrale. La compagnie l'envoie alors suivre des cours au Laboratoire Bell à Murray Hill au New Jersey. Il y suit un programme de formation avancée dans les télécommunications et le traitement des données. Ce séjour aux États-Unis est l'un des points marquants de sa carrière. Il se révèle un ingénieur doué pour la recherche appliquée, ce qui l'incite à suivre des cours du soir à l'Université McGill où il obtient, en 1962, un diplôme en «Electrical Communications». De 1960 à 1973, Fortier gravit divers échelons de la société en des lieux différents. En 1960, il est ingénieur principal adjoint à la zone de Montréal. Quatre ans plus tard il est ingénieur principal chargé de la conception de l'équipement des centraux téléphoniques au Bureau central. Puis en 1965, il devient ingénieur chef adjoint responsable du matériel destiné aux usagers. L'année suivante on le retrouve à Québec où il devient ingénieur chef adjoint chargé du développement du réseau, de la transmission et des prévisions, à la zone Est. L'année de l'Expo, il est promu vice-président adjoint aux Affaires publiques à Montréal. L'années suivante, il est nommé ingénieur en chef à la zone de Toronto. En 1970, il devient vice-président à la zone de Montréal, pour passer ensuite, en 1973, au poste de vice-président directeur. Deux ans plus tard, il meurt après une courte maladie[39].

Tout au long de sa carrière chez Bell, Fortier réussit des coups d'éclat, comme par exemple la mise au point d'un système de «radio-téléphonie intégrée» adopté par la Sûreté du Québec qui fait l'envie de tous les corps policiers du monde. Son ascension chez Bell est due principalement à ses capacités techniques, ce qui aide grandement à revaloriser le rôle de l'ingénieur chez Bell. D'autre part, à partir des années 70, il travaille ardemment à la promotion du français au sein de cette grande société canadienne[40]. La carrière de René Fortier contribue sûrement à valoriser l'ingénieur francophone puisque les dirigeants n'hésitent pas à nommer un autre diplômé de Polytechnique, Raymond Cyr

(1958), pour succéder à Fortier. Raymond Cyr accédera ultérieurement à la présidence de Bell Canada.

D'un autre côté, il ne faut pas minimiser l'impact de l'intervention de l'État dans l'économie québécoise. La Société générale de financement (SGF), créée en 1962, a souvent été déterminante dans la croissance des entreprises québécoises, surtout après sa réorganisation en 1971[41]. L'aide à l'entreprise québécoise, en particulier francophone, passe également par la Société de développement industriel (SDI), créée en 1971. Pour les firmes d'ingénieurs-conseils, c'est toutefois la consolidation d'Hydro-Québec qui aura des répercussions importantes; l'émergence de deux géants québécois, Lavalin et SNC, est alors en grande partie redevable de la nouvelle stratégie économique des classes dirigeantes à partir des années 60.

On sait qu'à partir des années 60 quelques femmes commencent à exercer la profession d'ingénieur. Entre 1965 et 1980, l'effectif féminin de l'Ordre des ingénieurs du Québec (OIQ) passe de 0,2 % (19 membres) à 1,5 % (336 membres). La lente progression du pourcentage de femmes ingénieurs au sein de l'OIQ et les témoignages recueillis et publiés dans des revues de la profession témoignent des préjugés bien ancrés qu'ont dû affronter ces pionnières pour s'imposer et réussir dans une profession traditionnellement réservée aux hommes[42]. À la fin des années 70, la situation s'améliore sensiblement. Une enquête menée auprès des femmes membres de l'OIQ, en 1980, nous révèle que les femmes ingénieurs de moins de 30 ans sont plus présentes (15 %) sur les chantiers que leurs aînées (3 %). De plus, elles ressentent moins majoritairement que leurs consœurs plus agées qu'il est difficile de se faire accepter comme professionnelle (69 % contre 77 %)[43].

Jusqu'en 1983, Polytechnique a formé un peu moins de 200 femmes ingénieurs. Nous connaissons l'emploi de 132 de ces dernières. Le nombre anormalement élevé d'emplois inconnus est attribuable au fait que beaucoup d'entre elles ont été promues au début des années 80 et qu'elles sont probablement à la recherche d'un emploi en ces années de récession. Par ailleurs, quelques-unes des toutes premières diplômées n'ont jamais exercé la profession d'ingénieur. Le profil d'emploi des polytechniciennes, en 1984 (Tableau 8.2), ne se distingue pas si radicalement de celui de l'ensemble des diplômés. C'est toutefois dans le secteur de l'enseignement qu'elles affichent des résultats tout à fait différents de ceux de leurs confrères.

Des ingénieurs de Polytechnique
à la conquête du monde

Bien que les années 50 voient le développement de plusieurs bureaux d'ingénieurs francophones au Québec, le marché canadien de l'ingénierie reste sous la domination des firmes étrangères. En 1960, par exemple, SNC, l'une des firmes québécoises les plus importantes, ne fait pas partie des 40 plus grandes firmes d'ingénieurs au Canada[44]. Mais, à partir des années 60, la volonté du gouvernement du Québec de favoriser la prise en main de l'économie par des Québécois donne le coup d'envoi à l'essor spectaculaire des firmes québécoises d'ingénierie.

Quand Hydro-Québec rachète les compagnies privées d'électricité en 1963, elle ne nationalise pas leur division ou filiale d'ingénierie. Shawinigan Engineering, par exemple, reste une compagnie privée. Contrairement aux autres sociétés d'État, comme Hydro-Ontario, qui possèdent leurs propres services d'ingénierie, Hydro-Québec décide de faire appel à des firmes d'ingénieurs-conseils pour s'occuper de la gérance et de la réalisation des grands barrages[45]. Au cours des années 60, de nombreux projets hydro-électriques sont entrepris. Les contrats de gérance et de construction des barrages sont alors octroyés principalement à des firmes québécoises[46].

De plus, d'autres ministères, comme ceux de la Voirie, des Travaux publics et de l'Éducation, tout comme la Ville de Montréal, laissent à l'entreprise privée, et plus spécifiquement à des firmes québécoises, le soin de gérer et de réaliser leurs projets de construction. Au moment où les grands projets de construction transforment la physionomie de la Ville de Montréal et les grandes villes de la province, les firmes d'ingénieurs-conseils du Québec se trouvent dans le feu de l'action. Comme le soulignait Bernard Lamarre, président de Lavalin, à propos de cette époque: «Il n'y avait qu'à se baisser pour ramasser l'ouvrage: les barrages d'Hydro-Québec, les écoles avec la réforme scolaire et enfin l'Expo 67[47].»

Cette conjoncture favorable au développement des firmes québécoises d'ingénieurs-conseils s'explique bien sûr par la mise en place de la nouvelle stratégie du gouvernement québécois en matière de développement économique, mais il ne faudrait pas oublier que la conquête des administrations publiques québécoise et montréalaise par les anciens de Polytechnique est également responsable de cette «heureuse conjoncture». Ainsi en 1968, un groupe témoin d'ingénieurs québécois est réuni à Montréal pour aborder un sujet épineux: les projets de génie du gouvernement doivent-ils être confiés à l'entreprise privée ou entrepris par les ingénieurs du gouvernement, c'est-à-dire les fonctionnaires[48]? Les membres de ce groupe sont E. Monette, sous-ministre de la Voirie, Y. Maheu, sous-ministre adjoint au ministère de l'Éducation, L. Boulet, directeur de l'Institut de recherches d'Hydro-Québec, porte-parole de Robert Boyd, gérant général d'Hydro-Québec, C. A. Boileau, directeur des Travaux publics pour la Ville de Montréal, et Camille Dagenais, président de l'Association des ingénieurs-conseils du Canada et président de SNC. Tous les membres de ce groupe témoin sont des ingénieurs francophones, pour la plupart issus de Polytechnique. **Avec le nouveau rôle que s'est donné l'État dans l'économie, ces fonctionnaires et leurs collègues du secteur privé sont maintenant placés en position de force.** Ils occupent des postes de pouvoir au sein d'organisations publiques qui sont au cœur du développement économique de la province. Ces ingénieurs francophones se connaissent bien, unis par le fait qu'ils partagent non seulement une même culture, mais également une même profession et souvent une même formation; ils forment un réseau, un groupe partageant la même histoire, et maintenant en mesure de créer les conditions nécessaires à l'émergence d'une nouvelle bourgeoisie industrielle québécoise.

Dans le secteur du génie-conseil, par exemple, la montée des firmes québécoises d'ingénieurs sera spectaculaire. Non seulement ces firmes s'imposeront sur le marché québécois aux côtés des grandes firmes canadiennes et américaines, mais quelques-unes réussiront à conquérir les marchés internationaux et deviendront par la suite de véritables multinationales de l'ingénierie, contribuant par le fait même au rayonnement du génie canadien dans le monde et de Polytechnique en particulier. En effet, les deux plus importantes sociétés à s'imposer sur le marché international sont Lavalin et SNC; deux firmes québécoises dont les fondateurs, puis les principaux instigateurs de leur expansion à l'échelle mondiale sont tous des produits de l'École Polytechnique. Ce n'est d'ailleurs pas tout à fait par hasard si les premières manifestations de l'École sur la scène internationale se déroulent à peu près au moment où SNC puis Lavalin réalisent leurs premiers grands travaux à l'extérieur du pays. Les activités internationales de Polytechnique, de SNC et de Lavalin sont en grande partie reliées à l'arrivée de francophones au sein d'une agence fédérale de coopération internationale, l'ACDI.

L'arrivée d'un groupe de politiciens francophones à Ottawa, avec Pierre Elliott Trudeau en tête, a des répercussions importantes sur les politiques de l'ACDI. À cause de son caractère biculturel et bilingue cher au premier ministre, le Canada doit maintenant s'orienter vers l'aide aux pays francophones d'Afrique, comme il l'avait fait pour les pays du Commonwealth. Pour bien marquer le changement qui s'opère, c'est un Québécois francophone qui est nommé à la tête de l'ACDI; un Québécois que d'ailleurs les dirigeants des firmes québécoises d'ingénieurs connaissent bien puisqu'il s'agit de l'ancien ministre de l'Éducation, Paul Gérin-Lajoie, pour lequel ils ont construit nombre de polyvalentes.

C'est à cette époque que commence à germer le plus important programme de coopération internationale dans lequel Polytechnique a été engagée. En 1968, une mission canadienne est chargée d'établir des contacts qui stimuleront l'aide aux pays francophones. L'ancien directeur de l'École, Henri Gaudefroy, fait partie de cette mission[49]. C'est le point de départ du projet de l'École Polytechnique de Thiès au Sénégal auquel Polytechnique sera associée tout au long des années 70 et 80.

Pour SNC et Lavalin, c'est également à cette époque que commence l'aventure sur le marché international. En 1959, SNC obtient d'Hydro-Québec l'un de ses plus importants contrats, soit la gérance du barrage Manic 5. Chez SNC, on confie la direction de ce projet à Camille Dagenais (1946), qui deviendra à la fin des années 60 le président de SNC et l'artisan de sa multinationalisation. L'expérience que le groupe acquiert ainsi lui permet d'espérer décrocher d'autres contrats similaires dans les pays en voie de développement. En 1963, SNC signe son premier contrat important à l'étranger, celui du complexe hydro-électrique d'Idukki pour le gouvernement indien, un projet de 130 millions de dollars. Cependant l'exportation d'une expérience acquise au Québec dans le secteur des ressources naturelles ne s'improvise pas. À la fin des années 60, une stratégie nouvelle est élaborée par Dagenais. Cette stratégie est axée sur la diversification des services d'ingénieurs et l'internationalisation de ces services par une stratégie de multinationalisation. En 1969, SNC crée une division internationale. Ses dirigeants vont alors profiter pleinement des politiques d'aide aux pays en voie de développement du gouvernement canadien par le biais d'organisations et de programmes qui offrent des conditions très avantageuses pour les projets favorisant le développement[50]. La présence d'une section francophone très dynamique à l'ACDI permet alors aux bureaux d'ingénieurs à forte représentation francophone de concurrencer les firmes d'ingénieurs d'Europe sur les marchés du tiers monde, notamment en Afrique du Nord et en Afrique noire[51]. La présence de Paul Gérin-Lajoie n'est certes pas étrangère à ce dynamisme de la section francophone. En 1971, un ancien de l'École, Jacques Gérin (1962), accepte le poste de directeur du plus connu des programmes d'aide de l'ACDI, c'est-à-dire le programme d'aide bilatérale. Avant de diriger cette importante section de l'ACDI, Gérin travaillait pour SNC à titre de directeur général de sa filiale de recherche et de planification économique, SORES inc.[52]

Chez Lavalin, la conquête des marchés internationaux passe également par une participation à des projets de grande envergure sur le sol québécois, principalement ceux des grands chantiers d'Hydro-Québec. Cette société peut alors profiter à la fois de capitaux importants et de l'expérience acquise dans la gérance de ces grands projets, pour se lancer sur les marchés extérieurs. Comme SNC, c'est avec l'aide de l'ACDI et plus tard de la Société d'expansion des exportations (SEE) que Lavalin s'impose sur le marché international. C'est également sous la direction d'un ancien, Bernard Lamarre (1952), que la firme Lavalin connaîtra l'expansion que l'on sait, et qui, jusqu'à tout récemment la plaçait parmi les 10 firmes de génie-conseil les plus importantes au monde.

C'est en 1968 que Lavalin obtient son premier contrat international. La firme se voit alors confier le mandat de réaliser une étude sur l'infrastructure des transports pour la République du Dahomey (Bénin). Ce projet a été rendu possible grâce au financement de la Banque mondiale. Puis en 1970, grâce à l'ACDI qui finance le projet, Lavalin décroche son premier contrat important: la construction de la Route de l'Unité et de l'Amitié dans le désert du Niger. Tout comme le groupe SNC, Lavalin a également de bons contacts à l'intérieur de cette importante agence fédérale pour les firmes d'ingénierie. En effet, Georges Proulx, secrétaire particulier du président, est le beau-frère de Bernard Lamarre[53]. Entre 1968 et 1984, Lavalin réalise plus de 600 projets à l'extérieur du Canada. Plus de la moitié de ces projets sont effectués en Afrique francophone[54]. La présence des francophones à l'ACDI a permis à Lavalin de miser à fond sur les politiques canadiennes d'aide aux pays francophones en voie de développement. Toujours dirigée par des francophones (c'est Pierre Dupuy qui succède à Gérin-Lajoie dans les années 70), l'ACDI s'apparente un peu aux organismes et ministères provinciaux; c'est une agence où l'on trouve plusieurs dirigeants francophones qui sont favorables aux firmes francophones d'ingénieurs-conseils au même titre que les compagnies anglaises du Québec étaient favorables aux ingénieurs anglophones qui constituaient la grande majorité de leur personnel qualifié et de leurs dirigeants.

L'émergence de deux géants québécois de l'ingénierie sur les marchés internationaux est donc en grande partie due au rôle de l'État. Il ne faut toutefois pas oublier que l'histoire des rapports entre les firmes d'ingénieurs-conseils francophones et les institutions gouvernementales est grandement liée à l'histoire de Polytechnique, et plus particulièrement à celle de ses diplômés. C'est parce que ces derniers ont investi les départements, ministères et sociétés d'État de la province et de la Ville de Montréal qu'ils ont constitué un réseau de cadres qui, à l'instar des relations sociales si importantes dans le monde des affaires, a appuyé la montée des firmes québécoises de génie-conseil. Le développement d'Hydro-Québec et la présence des francophones à l'ACDI ont été certes des conditions, non pas uniques, mais essentielles à l'expansion du génie québécois dans le monde.

La nouvelle position
de l'École Polytechnique

Avec les années 70 et 80, l'École Polytechnique accède à une position dominante dans le champ des institutions d'enseignement supérieur. En 1959, une enquête sociologique sur le comportement économique de la famille salariée au Québec, posait, entre autres, à des parents la question suivante: si votre enfant pouvait choisir l'une des dix occupations suivantes, quelle est celle que vous aimeriez lui voir embrasser? Cinquante-quatre pour cent des parents choisissaient alors la prêtrise. La deuxième orientation, qui recueillait 18 % des réponses, était le génie[55]. On peut dire que, dès cette époque, Polytechnique n'est plus perçue comme une filière secondaire dans l'enseignement universitaire au Québec, comme ce fut longtemps le cas pendant la fin du XIXᵉ siècle et une bonne partie de la première moitié du XXᵉ siècle. Avec la réforme du système d'enseignement, la marginalisation des collèges, on le sait, aura des conséquences dramatiques sur la popularité de la prêtrise chez les francophones. Reléguée loin derrière, la prêtrise laissera la place à la profession d'ingénieur comme l'une des carrières les plus populaires chez les jeunes qui envisagent l'éducation supérieure comme un outil de promotion sociale. Plus important encore, chez les francophones du Québec, ce sont les écoles de génie, avec l'École Polytechnique en tête, et

TABLEAU 8.3

Origines sociales des diplômés promus entre 1961 et 1984

Profession du père	n	%
agriculteur	323	5,6
col bleu	1788	31,0
col blanc	1186	20,6
petit commerçant et entrepreneur	783	13,6
technicien, semi-professionnel et artiste	215	3,7
enseignant	177	3,1
profession libérale	958	16,6
industriel, financier et cadre supérieur	333	5,8
TOTAL	5763	100,0

Source: *Dossiers étudiants*, Registrariat de l'EPM.

les écoles d'administration qui servent désormais d'instance de reproduction sociale pour les groupes sociaux les plus riches économiquement et culturellement[56].

L'origine sociale des diplômés promus entre 1961 et 1984 (Tableau 8.3) montre, en effet, que cette institution accueille de plus en plus d'individus provenant des groupes les plus fortement pourvus en capital culturel et en capital économique. Après la réforme scolaire au Québec, Polytechnique continue cependant à jouer un rôle de promotion sociale pour bon nombre de jeunes issus de classes sociales plutôt démunies en capital culturel ou en capital économique. Bien que les fils ou filles d'ouvriers y soient moins représentés qu'avant 1960, ces derniers constituent encore le principal groupe social où se recrutent les futurs polytechniciens. À mesure toutefois que le système universitaire produit de plus en plus de membres de professions libérales et qu'émergent de nouvelles professions, l'accroissement du nombre d'étudiants issus de ces groupes permet à Polytechnique d'apparaître comme un lieu privilégié pour leur reproduction sociale. De tous les fils ou filles de membres de professions libérales, ce sont évidemment les fils d'ingénieurs qui sont le plus représentés; 6,4 % de tous les diplômés ont identifié leur père comme étant un ingénieur (ce pourcentage est assurément plus élevé puisque sous l'identité sociale d'industriel, de vice-président et de directeur général se cache bien souvent un ingénieur). Les fils ou filles de comptables représentent la seconde catégorie en importance avec 3 %.

L'apparition d'une nouvelle bourgeoisie francophone a des répercussions non négligeables sur la représentation des diplômés issus de cette classe sociale. Ainsi, les fils d'industriels, de financiers et de cadres supérieurs sont proportionnellement deux fois plus nombreux qu'avant 60. C'est certes un lien plus étroit avec les classes dominantes que l'École entretient dorénavant. Depuis toujours la faculté de génie de McGill avait servi d'instance de reproduction sociale de la grande bourgeoisie canadienne et même de la moyenne bourgeoisie francophone du Québec. À partir des années 60, Polytechnique se taille une part du marché de la reproduction sociale des classes dominantes en accueillant les fils des industriels et hauts cadres francophones qui, on le sait, sont maintenant plus nombreux.

Ainsi, la volonté de l'État de s'engager dans le développement économique du Québec place Polytechnique dans une position tout à fait centrale dans le champ des institutions d'enseignement supérieur. L'École produit une partie des hauts fonctionnaires, administrateurs des sociétés d'État et hauts cadres de l'industrie privée; elle assure également la reproduction sociale de ces technocrates et hommes d'affaires qui participent à la gestion de l'économie. **Le rapprochement entre Polytechnique et les milieux industriels et financiers s'établit et l'École profite grandement de ces liens qui lui avaient fait cruellement défaut tout au long de son histoire.** La nouvelle position qui est faite à l'École et les nouveaux liens qu'elle tisse avec les classes dominantes ont alors des conséquences importantes sur le développement même de l'institution. Polytechnique a toujours pu compter sur la générosité des anciens qui de tout temps se sont fait un devoir d'assurer le développement de leur *alma mater*; maintenant que plusieurs d'entre eux sont à la tête d'empires industriels et financiers, les sommes qu'elle recueillera ne seront en aucune mesure comparables à celles qu'elle obtenait de ses anciens à une époque encore pas si lointaine.

En 1948, l'Association des diplômés recueillait pour le Fonds du 75e anniversaire, la somme de 17 171,69 $. C'était la première souscription dans l'histoire de Polytechnique. Pour les organisateurs, cette campagne de souscription fut un grand succès. L'objectif de 15 000 $ fut même dépassé. L'organisateur de cette campagne était alors Antonio Lalonde, un ingénieur-conseil à la tête d'un bureau où l'on comptait alors quatre ingénieurs[57]. À l'occasion du 100e anniversaire, en 1973, une autre campagne de souscription est lancée. Cette fois-ci, les coprésidents de cette campagne sont Camille Dagenais, président de SNC, société qui est alors en train de se multinationaliser, et Raymond Primeau (1953), directeur général de la Banque provinciale du Canada. On veut constituer un fonds de capital pour la Fondation des diplômés qui sert à promouvoir les études supérieures et la recherche grâce à des prêts aux étudiants, à des bourses de maîtrise et de doctorat, à des subventions à la recherche et à des chaires de professeurs invités. La Campagne de souscription du centenaire amasse plus d'un million de dollars[58]. Même en dollars constants, cette somme n'est en aucune façon comparable à celle qui avait été amassée lors du 75e anniversaire.

Plus récemment, soit en 1985, l'École Polytechnique décide de lancer l'«Opération 50 000 pieds carrés» afin de recueillir des fonds pour procéder à des travaux d'agrandissement. On fait appel alors à la générosité autant du secteur privé et des anciens que du personnel de l'École. Camille Dagenais accepte encore la présidence de l'«Opération 50 000 pieds carrés[59]». Cette fois-ci, l'École recueille tout près de 3 million de dollars. Il ne fait aucun doute que l'émergence de grandes sociétés contrôlées par des francophones — dont plusieurs sont des diplômés — et leur accès aux postes de direction de grandes sociétés canadiennes contribuent à la «réussite collective» de l'«Opération 50 000 pieds carrés». En effet, on réussit à recueillir plus de 2 millions de dollars uniquement auprès des entreprises. Ainsi le don le plus important de cette campagne, soit 200 000 $, provient de Bell Canada. C'est le président de Bell Canada, Raymond Cyr, un ancien de Polytechnique, qui a tenu à encourager son *alma mater* de façon aussi impressionnante. Quatre dons de 100 000 $ ont été versés par des grandes sociétés. Elles sont toutes gérées par des francophones; il s'agit de la Banque Nationale du Canada, de la Fondation J. A. De Sève, d'Hydro-Québec et de Power Corporation. Le groupe SNC et Lavalin donnent 50 000 $ chacun tandis que leurs deux présidents versent à titre personnel un total de 75 000 $. La liste des entreprises qui ont fait des dons de 5000 $ et plus n'est pas seulement impressionnante; elle témoigne également de la réussite des francophones dans le monde des affaires. Toutes les grandes sociétés contrôlées par des intérêts francophones y sont présentes. Tout comme le campus de l'Université McGill au début du siècle, les salles et laboratoires de Polytechnique commencent à porter les noms des bienfaiteurs.

Les rapports nouveaux qu'entretient l'École avec le monde industriel sont également perceptibles dans la transformation de ses programmes d'études. Au cours des années 70 et 80, Polytechnique met au point des programmes pour combler des besoins spécifiques de l'industrie. Elle est maintenant mieux à l'écoute de ce milieu grâce à son Conseil consultatif avec le monde des affaires. La création du Centre de développement technologique (CDT) et son succès auprès des grandes entreprises aussi bien que des PME restent toutefois les meilleurs indicateurs des liens étroits qui unissent maintenant l'École et l'industrie privée.

Notes

1.   Les statistiques sur le nombre d'étudiants inscrits dans les différentes spécialités ont été recueillies dans les procès-verbaux de la Corporation, AEPM.

2.   BOUCHER, R., «Le Département de génie civil», in L'ingénieur, vol. XLIV, automne 1958, p. 61.

3.   WINDISCH, É. J. et HURTUBISE, J. E., «Génie civil», in L'Ingénieur, vol. LIX, janvier 1973, p. 30.

4.   POUPARD, M., «Génie mécanique», in L'ingénieur, vol. LIX, janvier 1973, p. 31.

5.   VINET, P.-P., «Génie mécanique», in Poly, avril 1968, p. 14.

6.   VINET, P.-P., et PRÉVOST, R. M., «Le génie industriel à l'École Polytechnique», in L'ingénieur, vol. LII, décembre 1966, p. 34-35.

7.   BERNIER, J.-C., «Le Département de génie électrique et de génie physique», in L'ingénieur, vol. XLIV, automne 1958, p. 70.

8.   GROTHÉ, P., «Génie électrique», in Poly, avril 1968, p. 15.

9.   Ibid., p. 16.

10.   LANCTOT, B., «Le Centre de calcul», in L'Ingénieur, vol. LIX, janvier 1973, p. 71.

11.   PICHÉ, P.-L., «Génie physique», in Poly, avril 1968, p. 26.

12.   AMYOT, L., «Institut de génie nucléaire», in L'Ingénieur, vol. LIX, janvier 1973, p. 62-63.

13.   BRAIS, R., «Le Département de génie chimique», in L'Ingénieur, vol. XLIV, automne 1958, p. 73-76.

14.   CORNEILLE, J. L., CHAVARIE, C., DUBEAU et C., ROLLIN, A., «Génie chimique», in L'Ingénieur, vol. LIX, janvier 1973, p. 36.

15. BRAIS, R., «Programme de recherches en génie chimique», *in Poly*, mars 1964, p. 21.

16. HONE, A., «Génie métallurgique», *in Poly*, avril 1968, p. 19.

17. HONE, A., «Le département de génie métallurgique», *in L'Ingénieur*, vol. XLIV, automne 1958, p. 77.

18. HONE, A., «Apprendre à apprendre», *in Poly*, vol. XI, mars 1964, p. 14.

19. GILL, D.-E., «Génie minier», *in L'Ingénieur*, vol. LIX, janvier 1973, p. 45.

20. PERRAULT, G. «Génie géologique», *in Poly*, avril 1968, p. 25.

21. MAUFFETTE, P., «Le département de génie géologique», *in Poly*, mars 1964, p. 12.

22. *Dossiers des professeurs*, AEPM.

23. LINTEAU, P.-A., DUROCHER, R., ROBERT, J.-C., et RICARD, F., *Histoire du Québec contemporain, vol. II, Le Québec depuis 1930*, Montréal, Boréal, 1986, p. 598-601.

24. *Mémoire de la Corporation de l'École Polytechnique de Montréal à la Commission royale d'enquête sur l'enseignement*, EPM, 1962, p. 25.

25. *Mémoire de la Corporation...*, *op. cit.*, p. 35.

26. *Ibid.*, p. 38.

27. *Ibid.*, p. 44-45.

28. *Ibid.*, p. 55.

29. *Ibid.*, p. 56.

30. *Ibid.*, p. 73

31. LANCTOT, B., «À l'École Polytechnique Opération "Choix de matières"», *in L'Ingénieur*, vol. LV, octobre 1969, p. 20.

32. *L'Ingénieur*, vol. LIV, octobre 1968, p.6.

33. *Procès-verbal de la Corporation*, 13 mai 1970.

34. LINTEAU, P.-A., *et al.*, *op.cit.*, p. 429-430.

35. McROBERTS, K., POSGATE, D., *Développement et modernisation du Québec*, Boréal Express, Montréal, 1983, p. 127.

36. NIOSI, J., *La Bourgeoisie canadienne*, Montréal, Boréal Express, 1980, p. 49-95.

37. GOW, J. I., *L'Administration publique québécoise, Montréal*, Presses de l'université de Montréal, 1986, p. 331-339. LINTEAU, P.-A. *et al.*, *op. cit.*, p. 627.

38. LAPOINTE, R., «Le rôle de l'ingénieur chez Bombardier», *in L'ingénieur*, vol. LVI, janvier 1970, p. 18-19.

39. VILLEMUR, J., «Les Grandes Lignes de la carrière de René Fortier, ingénieur», *in L'Ingénieur*, vol. LXII, janvier-février 1976, p. 27

40. VILLEMUR, J., *op. cit*, p. 28.

41. LINTEAU, P.-A., *et al.*, *op. cit.*, p. 438.

42. Voir entres autres BERNARD-CONOLLY, M., «La Femme ingénieur», *in* *L'Ingénieur*, vol. LXVII, mai-juin 1981, p. 36-37, et CHASSÉ, C., «Où en est la femme ingénieur au Québec», *in Plan*, vol. XVIII, n° 1, janvier-février 1981, p. 5.

43. BERNARD-CONOLLY, M., *op. cit.*, p. 36

44. MÉDAILLÉ, C., *Croissance et activités internationales du groupe SNC*, mémoire de maîtrise, UQAM, 1988, p. 63.

45. NIOSI, J., DUMAIS, J. et MÉDAILLÉ, C., «La Montée des sociétés d'ingé-nierie (1945-1985)», *in Interface*, janvier-février 1988, p. 14.

46. L'une des rares exceptions sera la compagnie H.J. Acres & Co, société située en Ontario et spécialisée en hydro-électricité. Voir MÉDAILLÉ, C., *op. cit.*, p. 56.

47. *Revue Commerce*, octobre 1983, p. 70.

48. «L'ingénierie laissée à l'entreprise privée ou au gouvernement...», *in* *L'Ingénieur*, vol. LIV, mai 1968, p. 18-19.

49. LAVIGUEUR, J. B., «Un mot du principal de l'École Polytechnique de Montréal», *in L'Ingénieur*, vol. LXIX, septembre-octobre 1983, p. 7.

50. MÉDAILLÉ, C., *op. cit.*, p. 67.

51. MOUREZ, J.-P. et TREMBLAY, M., «Le Défi des sociétés de génie-conseil: Réussir à l'étranger», *in L'Ingénieur*, vol. LXIX, mars-avril 1983, p. 12. Ces deux auteurs à l'emploi du groupe SNC y affirment par exemple: «Un autre élément favorable à l'ingénierie québécoise fut la mise sur pied, au début des années 70, d'une section francophone dynamique à l'ACDI, qui a élargi le marché des bureaux francophones à forte représentation francophone.»

52. *In L'Ingénieur*, vol. LX, mai-juin 1973, p. 33.

53. ALLARD, C.-M., *Les Ficelles du pouvoir*, Montréal, JCL, 1990, p. 125. Dans cet ouvrage sur Lavalin et son président Bernard Lamarre, le chapitre sur l'internationalisation de Lavalin s'intitule d'ailleurs «Des amis à l'ACDI».

54. DUMAIS, J., *Lavalin: une multinationale canadienne de l'ingénierie*, mémoire de maîtrise, UQAM, 1988, p. 107.

55. TREMBLAY, M.A. et FORTIN, G., *Les comportements économiques de la famille salariée au Québec*, Les Presses de l'Université Laval, Québec, 1964.

56. DANDURAND et P. TRÉPANIER, M., «Les Rapports ethniques dans le champ universitaire», *in Recherches sociographiques*, vol. XXVII, n° 1, 1986, p. 68-72.

57. «Compte rendu des Fêtes du 75e anniversaire de l'École Polytechnique 1873-1948», *in RTC*, vol. XXXIV, automne 1948, p. 362-363.

58. «La Corporation de l'École Polytechnique: attestation de recon-naissance», *in L'ingénieur*, vol. LX, mars 1974, p. 19.

59. *50 000 pieds carrés: Bilan d'une réussite collective*, brochure publiée par l'EPM, 1986.

LES DERNIERS
DÉVELOPPEMENTS

9

L'institution-
nalisation
de la recherche

omme on l'a vu au chapitre VI, à partir des années 40, l'engagement de professeurs-chercheurs, plus particulièrement de Georges Welter, marque l'avènement de la recherche à Polytechnique. Ces professeurs instaurent alors des activités qui jusque-là étaient pratiquement absentes de cette institution, mais dont le processus de reproduction sera assez lent. L'activité nouvelle qu'est la recherche reste donc marginale au cours des années 50.

La construction du nouvel immeuble sur la montagne, l'implantation d'un nouveau programme d'études plus spécialisé et surtout la nomination de Julien Dubuc au poste de directeur de l'École créent cependant des conditions propices à une redéfinition de la place de la recherche. Le Mémoire de la Corporation de l'École, puis les objectifs du nouveau directeur sont sur ce point catégoriques: l'École doit résolument développer cette activité. Or, pour atteindre cet objectif, il ne suffit pas d'en exprimer le vœu. Si le *processus d'émergence de la recherche* apparaît subrepticement avec l'engagement d'un professeur sans trop bouleverser l'institution, celui de *l'institutionnalisation de la recherche* concerne «la mise en place de structures institutionnelles précises, telles que bourses aux étudiants, espaces de laboratoires, instruments, subventions de recherche, diplômes, etc.[1]». La création d'une structure spécialement vouée au support de toutes les activités reliées à la recherche vient souvent signifier la transformation profonde d'une institution. Pour Polytechnique, c'est par le biais du Service de la recherche, créé en 1970, que s'institutionnalise la recherche.

La nomination de Roger Blais
à la direction du Service de la recherche

En 1969, Julien Dubuc suggère la création d'un Service de la recherche. L'idée est bien accueillie à la fois par la Corporation et par le Conseil académique de l'École. Un comité de sélection, composé du principal, du directeur, du directeur adjoint et du trésorier, est mis sur pied dans le but d'examiner les nombreuses candidatures au poste de «directeur de la recherche». À la suite de ces rencontres, les membres du comité de sélection recommandent à l'unanimité la candidature à ce poste de Roger Blais, professeur de génie géologique[2]. L'examen de son itinéraire de carrière[3] nous révèle qu'il a acquis une grande expérience comme chercheur, mais également comme administrateur de la recherche.

Diplômé en génie géologique de l'Université Laval en 1949, Roger Blais obtient un an plus tard une maîtrise en pétrologie sédimentaire. Il poursuit ses études à l'Université de Toronto où on lui décerne un doctorat en géologie économique en 1954. Dès 1956, il décroche le poste de chef ingénieur géologique pour la compagnie Iron Ore à Schefferville. Durant cette période il s'applique à mettre en valeur les gisements de la région en mettant au point une nouvelle méthodologie pour la recherche systématique des gisements de fer ainsi que pour l'évaluation des réserves de minerai. Il gère alors un budget d'un million de dollars par an et dirige une centaine d'employés. Entre-temps, malgré ses responsabilités professionnelles, il publie plusieurs articles scientifiques dans des revues savantes. De 1961 à 1968 il est professeur agrégé, puis titulaire, au département de Génie minier de l'École, et président du Groupe d'étude des sciences de la Terre au Conseil des sciences du Canada. Il fait valoir ses qualités d'entrepreneurship, d'organisateur et d'innovateur. Le 1er juin 1970, Roger Blais entre en fonction à titre de premier directeur de la recherche, poste qu'il occupera jusqu'en 1980.

L'École doit gravir une côte abrupte pour pouvoir rejoindre les grandes institutions de génie au Canada dans le domaine de la recherche; par exemple, en 1969-1970, les subventions octroyées

Roger Blais, premier directeur de la recherche.
(Bureau du président de la Corporation)

par le Conseil national de la recherche (CNRC) à la faculté de génie de l'Université McGill se chiffrent à 831 000 $, celles de Laval atteignent 843 000 $, tandis que Polytechnique récolte seulement 347 000 $ en dépit d'un plus grand effectif de professeurs[4]. La route qui s'offre au nouveau directeur de la recherche pour atteindre un tel objectif est semée d'écueils, si l'on tient compte que la majorité des professeurs ne possèdent pas de doctorat. Ainsi, bon nombre de professeurs sont plus enclins à promouvoir une conception de leur institution qui valorise tout d'abord l'enseignement et ensuite la recherche.

Dans ces conditions, la tâche de Roger Blais est difficile. Toutefois sa forte personnalité et ses qualités d'administrateur lui permettent de réaliser les objectifs de l'École. Au cours des années 70, Polytechnique connaît, en effet, une croissance inégalée dans le domaine de la recherche. Néanmoins, il faut préciser que le directeur du Service de la recherche n'a pu accomplir son travail qu'avec l'appui inébranlable des autorités de l'École qui l'ont constamment encouragé et soutenu dans des circonstances difficiles. Ses collègues, dont certains étaient réticents à lui emboîter le pas dans les débuts, vont au cours des années se ranger à ses côtés et collaborer pleinement. En définitive, ce sont les directeurs de département, le corps professoral et les administrateurs qui vont subir les contrecoups de cette «révolution»; après tout ce sont eux qui sont appelés à investir dans la recherche.

Une nouvelle conception du métier de professeur

En 1967, à la suite d'échanges avec l'Université de Montréal concernant l'avenir de l'École et sa place dans la société, on nomme un comité interdépartemental qui devra se pencher sur la politique à élaborer. Ce comité dirige une série de séminaires sur le rôle de l'École dans la collectivité québécoise et effectue de nombreuses consultations auprès d'experts industriels, gouvernementaux et universitaires sur les perspectives qui s'offrent pour son développement. Les nombreuses informations recueillies font alors l'objet d'un mémoire, intitulé *Poly-Prospectives* [5], qui couvre huit thèmes principaux. Des ateliers, animés par des diplômés, des professeurs et des étudiants, sont mis sur pied pour traiter chacun de ces thèmes. Les conclusions de ces discussions sont débattues au cours d'un grand colloque d'orientation tenu en février 1971 [6]. Entre-temps, heureuse coïncidence, le président du Conseil des universités demande à tous les établissements universitaires québécois de présenter un mémoire sur l'orientation et le développement qu'ils prévoient pour la décennie 70.

Sur le plan de la recherche, le mémoire intitulé *L'Orientation et le Développement de l'École Polytechnique en 1970-1980* propose comme principal objectif:

> atteindre d'ici cinq ans le niveau de recherche subventionnée d'institutions similaires et de taille comparable [...]. Pour ce faire nous nous proposons d'engager dorénavant des chercheurs chevronnés et nous préconisons le perfectionnement accéléré d'une partie de notre corps professoral [7].

Afin de maintenir et de multiplier les liens avec le milieu industriel, et de favoriser le perfectionnement, l'École désire encourager les professeurs à faire des stages dans l'industrie. Le plan prévoit des mesures pour développer le Service de la recherche, réduire la charge d'enseignement des professeurs-chercheurs au profit de la recherche, former des équipes pluri-disciplinaires de recherche, et encourager la participation des professeurs aux activités des sociétés savantes et professionnelles.

Il est significatif de constater que, parmi les principes géné-raux, on déclare que la recherche constitue une «activité essen-tielle[8]». L'École la situe désormais sur le même plan que l'ensei-gnement, dont la qualité, dit-on, sera forcément améliorée non seulement au 1er cycle mais surtout aux cycles supérieurs. Le mémoire énonce aussi des objectifs touchant les besoins de la société, l'exploitation et la transformation des richesses naturelles, l'aide à l'implantation de nouvelles industries, l'appui aux PME et le développement de la créativité technologique chez les profes-seurs et les étudiants. Les chercheurs sont encouragés à participer davantage à des colloques et conférences scientifiques, à publier les résultats de leurs recherches, à obtenir un plus grand nombre de brevets d'invention et à améliorer la qualité de leur recherche au moyen de consultations professionnelles. Bref, **la conception du métier d'universitaire selon laquelle un professeur est avant tout un chercheur s'impose de plus en plus.**

Les candidats aux postes de professeurs devront dorénavant être détenteur d'un doctorat ou posséder une expérience équi-valente; par contre, la préférence sera accordée au candidat pos-sédant ces deux qualifications. Ainsi, lorsqu'il s'agira de recruter de nouveaux professeurs, on devra accorder une importance toute particulière à leurs travaux de recherche. La question du perfec-tionnement des professeurs devient prioritaire puisque bon nom-bre d'entre eux avaient été engagés pour satisfaire des besoins immédiats d'enseignement. Le perfectionnement est prévu, en particulier dans l'industrie, grâce à des stages à temps complet. On lance aussi un appel au ministère de l'Éducation dans le but d'obtenir des subventions plus généreuses dans le domaine des sciences appliquées. On peut donc constater que l'École prend un virage capital concernant la recherche. La stratégie devant servir de fil conducteur pour le développement de la recherche au cours la prochaine décennie est dorénavant bien établie. Cependant sa mise en œuvre va constituer un défi de taille.

Au début, Roger Blais fait cavalier seul avec l'aide d'une secrétaire; il doit alors mettre les bouchées doubles pour élaborer une multitude de mesures aptes à assurer une pleine efficacité de son bureau dont les principales se résument comme suit: diffusion de l'information sur les divers programmes de subventions, compilation des publications des chercheurs, allocations spéciales dans le but de favoriser l'émergence d'équipes prometteuses de chercheurs, relations avec les organismes qui offrent des subventions. C'est à ce moment-là que l'École se voit «inondée» de documents «roses» sous forme d'avis et de notes de service de toutes sortes, rédigés dans un style lapidaire et ne ménageant pas toujours les susceptibilités des récipiendaires.

La réaction de certains professeurs n'est pas toujours très favorable à ce changement radical de la politique de l'École qui désormais décide de promouvoir la recherche à tout prix. Un exemple l'illustre bien. À la suite d'une déclaration d'un professeur à la revue *Forum* dans laquelle il exprime son malaise devant «une politique qui oblige le chercheur à publier pour obtenir des promotions ou pour s'attirer la bienveillance des supérieurs[9]», le directeur de l'École lui transmet une lettre afin de corriger son interprétation de cette politique[10]. Or, en réponse à l'intervention du directeur, le professeur en question émet des opinions plutôt révélatrices des bouleversements qui transforment alors l'École.

> De plus, j'ai cru percevoir au cours des dernières années des changements, parfois subtils, parfois plus apparents, qui ont transformé le climat et l'orientation de Polytechnique dans un sens qui correspond moins qu'avant à ma conception d'une école d'ingénieurs. [...] D'autre part, alors que je comprenais la recherche à Polytechnique principalement comme un moyen de faire progresser l'ingénierie et l'enseignement du génie, et par conséquent comme subordonnée aux fonctions premières de l'ingénieur et du professeur, j'ai assisté au cours des dernières années à l'avènement d'une recherche passant au premier rang des priorités.
>
> [...] Le terme «recherchite» que j'ai eu l'occasion d'utiliser récemment, lors d'une interview que je n'ai pas sollicitée [...] faisait précisément allusion à une conception que je considère comme malsaine d'une recherche devenue une quasi-épidémie en une politique de recherche s'inspirant, dans les faits, de la recherchite — course aux subventions et aux publications (référence: plusieurs feuilles roses)[11].

La mise en place des infrastructures

L'un des premiers gestes de Roger Blais est de former le Conseil de la recherche de l'École Polytechnique (CREP), dont le

principal objectif consiste à assurer le développement harmonieux et équilibré de la recherche. Cet organisme apparaît tout de
suite comme un canal de communication et de consultation fort
efficace. Composé de professeurs-chercheurs de chaque département, y compris de l'Institut de génie nucléaire, du Centre de
calcul et de trois représentants de l'Association des étudiants des
grades supérieurs de Polytechnique (AEGSP), le conseil se réunit
au moins dix fois par an.

Par ailleurs, le programme de développement régional du
CNRC constitue la pierre angulaire de la formation de nouvelles
équipes de recherche et des assises du système de recherche à
l'École. En effet, comme il fournit des fonds souples pouvant être
alloués selon ses priorités, le programme permet de mettre sur
pied sept projets majeurs de recherche et d'obtenir une subvention d'émergence de 190 000 $ en 1973-1974. Au début, les projets
de recherche se concentrent sur un nombre de domaines plutôt
restreints, mais en 1976 ils se polarisent sur 16 thèmes principaux,
dont les plus importants représentent les axes majeurs de développement à l'École, soit les matériaux, l'énergie, les minéraux et
les minerais, ainsi que le génie des systèmes; chacun de ces thèmes regroupe entre 3 et 32 chercheurs.

En 1973, dans un article intitulé «La Réorganisation de la
recherche à l'École Polytechnique[12]», Roger Blais présente un
bilan de la recherche depuis 1965. Les statistiques qu'il recueille
montrent clairement que ses efforts ont déjà profondément
marqué l'École (Tableaux 9.1 et 9.2). Comme l'affirme l'auteur:

> d'institution essentiellement de 1er cycle, l'École s'est hissée rapi-
> dement au niveau des autres établissements universitaires
> québécois, tant par l'importance de ses travaux de recherche que par
> la croissance des inscriptions aux études de maîtrise et de doctorat.
> [...] De phénomène isolé, la recherche est maintenant devenue un
> fait généralisé[13].

Dans les années 70, les activités de recherche connaissent une
forte croissance (Tableau 9.2).

Dès le début de cette décennie, la création de postes d'attachés de recherche fait partie du processus d'institutionnalisation
de la recherche. L'engagement de jeunes chercheurs et de
quelques chercheurs chevronnés, qui consacrent tout leur temps
à la recherche appliquée et à la codirection des thèses, accélère
le développement des activités de recherche. Le coût de ces
postes est couvert par les subventions des programmes fédéraux
et provinciaux et aussi par des fonds internes. Notons que,

402 HISTOIRE DE L'ÉCOLE POLYTECHNIQUE

TABLEAU 9.1

**Statistiques illustrant la croissance de l'activité de recherche
à l'École Polytechnique de 1965 à 1973**

	1965-1966	1972-1973
Inscriptions au 1er cycle	1403	1473
Étudiants à plein temps aux grades supérieurs	67	248
Pourcentage d'étudiants aux grades supérieurs	4,6 %	14,4 %
Nombre de professeurs	132	175
Nombre de chercheurs subventionnés	14	110
Nombre d'assistants professionnels	4	32
Nombre de boursiers de postdoctorat	1	12
Nombre de projets de recherches	19	215
Nombre de publications scientifiques	35	255*
Subventions et commandites de recherche	246 300 $	1 600 000 $

* Nombre de publications en 1971-1972.

Source: BLAIS, R., «La Réorganisation de la recherche à l'École Polytechnique», in L'Ingénieur, vol. LIX, janvier 1973, p. 21.

pendant plusieurs années, Polytechnique n'est pas en mesure d'apporter à la recherche un appui financier substantiel. Cependant, lorsque la situation budgétaire le permet, la direction n'hésite pas à injecter des fonds pour en accélérer le développement. Ainsi, en 1978, l'École consent à verser une allocation de 900 000 $, échelonnée sur deux ans afin de stimuler certains volets de son programme institutionnel de recherche et renforcer ses grandes orientations professionnelles. Fait significatif, plus de 25 % de cette somme est affectée directement aux traitements d'étudiants à titre d'assistants de recherche, et près de 50 % à la rémunération d'attachés de recherche auxquels on a accordé un contrat de trois ans. En plus, fait non négligeable, les attachés de recherche constituent une réserve fiable de professeurs éventuels à l'École.

Roger Blais prête aussi attention aux publications des chercheurs en leur offrant un service central de dactylographie et même occasionnellement de traduction, et en les incitant à publier des rapports techniques. On sait que les scientifiques publient les résultats de leurs travaux dans des revues savantes avec jury de lecture. Par contre, dans le milieu de l'ingénierie il est fort avantageux de compléter ces publications par des rapports techniques à diffusion restreinte visant un cercle de personnes qui

TABLEAU 9.2

**Statistiques illustrant la croissance
de la recherche au cours des années 1970**

années	1970-1971[1]	1973-1974[2]	1979-1980[3]
Subventions* accordées	616 000 $	1 656 000 $	3 500 000 $
Étudiants des cycles supérieurs **	205	321	605
Publications	100	225	1325***

* Le CNRC a été de loin l'organisme qui a versé le plus de subventions, suivi du ministère de l'Éducation du Québec.

** On constate que l'augmentation du nombre d'étudiants des cycles supérieurs est directement proportionnelle aux subventions obtenues. En 1966-1967 on comptait 83 étudiants aux cycles supérieurs.

*** Ce nombre couvre la période de 1976 à 1980.

Sources: 1. Rapport annuel 1972-1973 de l'École Polytechnique, EPM, 1973, p. 8.

2. EPM, CDT, EPM, 1983, p. 3.

3. Rapport de la recherche 1980-1982, EPM, 1983, p. 4.

s'intéressent vivement aux résultats. Cette façon de procéder comporte le double avantage de fournir un moyen efficace de transfert de technologies et de rejoindre les ingénieurs praticiens souvent trop occupés pour parcourir les revues scientifiques. Dans le même esprit, à compter de 1971, on publie, annuellement jusqu'en 1974 et à plus longs intervalles par la suite, un rapport complet des activités de recherche subventionnées et commanditées. On y retrouve également le répertoire des projets de recherche, la liste des publications, des mémoires de maîtrise, des thèses de doctorat et la liste de tous les appareils de recherche d'une valeur dépassant 5000 $ ainsi que leur situation dans l'immeuble de l'École[14]. Diffusé à quelques milliers d'exemplaires, le rapport de la recherche vise à établir d'importantes communications entre l'École et ses nombreux partenaires.

En même temps qu'elle répond aux besoins internes, cette liste des pièces d'équipement sert aussi à renseigner les partenaires industriels sur la nature des appareillages disponibles aux fins de leurs commandites au Centre de développement technologique (CDT). En outre, dans le but de décloisonner les départements et d'intéresser les clients extérieurs, on organisera trois laboratoires fonctionnels: le laboratoire de caractérisation microscopique des matériaux (LCMM) qui regroupe des pièces d'équipement majeures pour la caractérisation microscopique et l'analyse d'une grande variété de matériaux; le laboratoire d'analyse par activation neutronique au moyen d'un réacteur nucléaire SLOWPOKE, qui va intéresser les milieux de la médecine, de l'industrie chimique et métallurgique, de la géologie, de l'archéologie et de la criminologie (en 1982 ce laboratoire a réalisé plus de 18 000 irradiations); le laboratoire de calcul hybride et de conception assistée par ordinateur (LCHCAO), qui permet la création d'images, la conceptualisation d'idées, la simulation de divers phénomènes, et l'acquisition de données ainsi que leur analyse fréquentielle et temporelle.

Une autre initiative, unique en son genre au Canada du moins à cette époque, est à signaler. L'École lance un programme d'allocations de recherche (ADR) aux étudiants des grades supérieurs financièrement défavorisés; ce projet est mis au point conjointement par la Direction de la recherche et l'AAEGSP en consultation avec le CREP. Les fonds proviennent des intérêts perçus par l'École sur des subventions de recherche déjà versées qu'on a placées en fidéicommis; cette formule subsiste encore de nos jours sous une forme légèrement modifiée. Un peu plus tard, un projet similaire est lancé, favorisant cette fois les étudiants des 3e et 4e niveaux du 1er cycle; il consiste à verser à des étudiants choisis à la suite d'un concours un traitement, appelé unités de participation à la recherche (UPIR), pour leur collaboration à des travaux de recherche des professeurs; l'opération est financée à part égale par la Direction de la recherche et par les subventions octroyées aux chercheurs. C'est par ce genre d'initiative que l'École peut inculquer à ses jeunes étudiants un goût pour la recherche. Poursuivant le même objectif, on institue «la semaine de la recherche» qui se tient une fois par an.

La création de centres de recherche

La première année du nouveau directorat de la recherche est prospère au point de vue de l'implantation de foyers de recherche: l'Institut de génie nucléaire (IGN), le Centre d'ingénierie nordique de l'École Polytechnique (CINEP), et, en collaboration avec l'Université McGill, l'Institut de recherche en exploration minière (IREM). En 1968, les représentants des universités du Québec (la seule voix discordante étant celle de l'Université de Montréal) avaient avalisé l'implantation d'un programme de génie nucléaire intégré au département de génie physique de l'École. L'IGN devenait donc en 1970 un centre autonome accueillant des étudiants uniquement au niveau de la maîtrise. En raison de ses maigres ressources et d'un faible nombre d'étudiants, l'Institut connaît des débuts difficiles, mais ne tarde pas à se développer à un rythme constant. Ainsi, en 1975, la Commission de contrôle de l'énergie atomique offre à l'École un réacteur «SLOWPOKE», contribuant ainsi à accroître considérablement le potentiel expérimental pertinent à l'ingénierie des centrales nucléaires et à faciliter les recherches utilisant les radio-isotopes. En 1984, les professeurs de l'Institut méritent des subventions de plus de 1 500 000 $, alors qu'on y compte 24 étudiants au 2e cycle et 4 au 3e cycle[15].

Quant au CINEP, il est fondé dans le but de répondre à l'intérêt grandissant des scientifiques canadiens, de l'État et des grandes industries pour le développement du Nord canadien. Seul centre du genre au Canada, le CINEP évolue lentement jusqu'en 1976, année où sa direction décide de concentrer ses efforts dans une zone où les conditions climatiques posent des problèmes d'ordres technologique, humain et financier. Compte tenu de sa situation géographique et de l'ampleur des travaux qui y sont entrepris, la baie James offre le territoire idéal pour la mise en œuvre d'un tel projet, d'autant plus que les Sociétés d'énergie et de développement de la baie James sont disposées à appuyer cette initiative. Un second plan triennal est élaboré en 1980 axé principalement sur la géotechnique nordique, le traitement des eaux en milieu froid, le comportement de certains matériaux exposés au froid intense et l'utilisation d'énergie «propre». En 1982, la totalité des travaux accomplis pendant les deux dernières années occupe 37 chercheurs et 52 étudiants d'études supérieures, sans compter les nombreux étudiants du 1er cycle qui travaillent comme stagiaires; résultat: 92 publications sous forme d'articles ou de rapports; les montants investis dans ces recherches se chiffrent à 990 000 $ dont 110 000 $ en contrats[16].

L'idée de créer l'Institut de recherche en exploration minière (IREM) prend racine à l'occasion d'échanges entre les professeurs Guy Perrault et Roger Blais. L'objectif est de «développer la recherche scientifique appliquée à l'exploration minière et d'en faire bénéficier, en premier lieu, l'industrie minérale canadienne[17]». Il est convenu de conjuguer les efforts de deux des principaux départements universitaires de géologie de Montréal, soit le département de Génie géologique de l'École et celui des sciences géologiques de l'Université McGill pour créer un centre où l'industrie minière du Canada devra jouer un rôle dominant; les frais de fonctionnement sont donc partagés à part égale entre les deux institutions.

La carence de fonds pendant les deux premières années engendre un certain piétinement dans les activités de l'IREM. La subvention d'action concertée du CNRC en 1972 suffit à peine à payer le traitement de son directeur, alors que des rencontres avec plusieurs compagnies minières confirment que leur aide se limitera à des contrats, du moins jusqu'à ce que l'Institut obtienne des résultats concrets de ses recherches. Mais, à l'instar d'autres organismes de recherche à l'École, l'IREM connaît par la suite un progrès marqué. Ainsi on constate que les contrats en 1973-1974 ne se chiffrent qu'à 52 000 $, alors qu'ils triplent en 1976 et atteignent le million de dollars en 1980, la courbe ascendante se poursuivant par la suite[18]. D'après les contrats accordés, on note que les activités sont beaucoup plus axées sur la géophysique et la géostatique que sur la géologie et la géochimie.

L'avènement de la recherche au début des années 40 a permis d'amorcer un timide rapprochement avec les milieux industriels. Plus tard, l'apparition d'une nouvelle bourgeoisie industrielle francophone et l'engagement marqué du gouvernement québécois dans l'économie à partir des années 60 placent l'École dans une meilleure position pour tisser des liens étroits avec les milieux industriels. L'École profite de ces nouvelles conditions, pour élargir sa mission industrielle afin de pouvoir répondre aux besoins scientifiques et techniques des petites et moyennes entreprises (PME) du Québec. Le principal, Bernard Lavigueur, entend alors parler d'un programme, nouvellement élaboré par le ministère fédéral de l'Industrie et du Commerce, qui vise à créer des instituts universitaires de recherche industrielle. C'est l'Ontario qui profite surtout de ce programme puisque quatre de ces institutions y ont été implantées. Les dirigeants voudraient bien que l'École accueille le premier institut québécois créé par ce programme. Polytechnique n'est cependant pas seule en lice pour accueillir un tel centre. L'Université de Montréal songe depuis deux ans à un projet similaire regroupant les trois établissements du campus[19]. En outre, l'Université s'oppose à l'idée d'avoir un conseil constitué majoritairement d'industriels et d'hommes d'affaires; afin de dénouer l'imbroglio, il est décidé de lancer le projet sans l'aide d'un tel conseil. Voulant à tout prix éviter de voir lui échapper par des retards indus l'aide éventuelle du gouvernement fédéral, Roger Blais s'affaire à préparer un document

TABLEAU 9.3

Nombre de commanditaires et montant des commandites du CDT

années	1972-1973		1975-1976		1979-1980	
	n	montant	n	montant	n	montant
secteur privé	184	115 654	252	350 219	266	704 463
secteur public	17	244 081	31	386 822	45	723 804
TOTAL	201	359 735	283	737 041	311	1 428 267

Source: Rapport de la recherche 1976-1980, EPM, 1981, p. 214.

intitulé *Projet d'implantation d'un centre de développement technologique à l'École Polytechnique de Montréal*, qui fait l'objet d'une discussion au Conseil d'administration: malgré les protestations du représentant de l'Université, il est résolu que le Conseil «approuve le projet [...] soumis dans le rapport du 2 avril 1971 et que dès la mise sur pied de l'Institut de recherche industrielle de l'Université de Montréal, les pourparlers déjà entrepris soient poursuivis en vue d'en arriver à une formule qui permette la collaboration la plus étroite et la plus efficace possible entre les institutions intéressées[20]».

Le 5 juillet 1971, le ministère fédéral de l'Industrie et du Commerce confirme «l'attribution d'une subvention de 180 000 $ au Centre de développement technologique (CDT) nouvellement créé à l'École Polytechnique[21]». Il est convenu que la subvention accordée est destinée à favoriser le démarrage et que l'organisme devra par la suite s'autofinancer grâce à la participation de l'industrie. Or, au fil des années, l'essor du CDT est tel que le principal peut déclarer en 1983: «L'épanouissement du CDT au cours des douze dernières années a permis à l'École Polytechnique de devenir l'un des plus importants centres pluridisciplinaires de recherche en sciences appliquées dans l'est du Canada[22].»

Bien que la mise en place de l'organisme est autorisée en avril 1971, ses activités ne commencent effectivement qu'à partir de l'année universitaire 1972-1973. Il faut en effet mettre en branle un bon nombre d'actes concrets afin de partir sur des bases solides. On définit la capacité technologique de groupes de chercheurs dans des secteurs particuliers; on forme des équipes pluridisciplinaires de recherche en environnement hydrique, génie biomédical, circulation routière, transport en commun et fabrication industrielle de divers produits; on publie un manuel de procédures administratives pour les contrats de recherche et les essais scientifiques et industriels; enfin on élabore les procédures de gestion au sein même de l'organisme. Comme prévu, le CDT[23] démarre plutôt lentement et fonctionne pendant les premières années grâce à sa subvention du gouvernement fédéral, sans aucun appui du gouvernement du Québec. Dès 1976 il est cependant en mesure d'autofinancer ses activités et de progresser à vive allure.

On constate qu'un changement dans les commandites s'est opéré au cours des années (Tableau 9.3); en effet, en 1972-1973, la contribution des organismes gouvernementaux atteint 68 % des activités du CDT, alors qu'en 1979-1980 elle représente environ 50 %. Tenant compte du chiffre d'affaires global du centre, on se rend compte que l'industrie privée a plus que sextuplé sa contribution initiale, confirmant ainsi la vocation industrielle qu'on avait déterminée au début et consacrant la participation de l'École à l'essor économique du Québec. On remarque aussi que le spectre des domaines de recherche qui ont fait l'objet de travaux commandités a pris beaucoup d'ampleur au cours des dernières années: transport, énergie, matériaux, systèmes, communications, environnement, conception-évaluation, caractérisation-développement, économie, gestion, urbanisme, mécanique des sols géotechnique, hydraulique et mécanique des fluides, structures. On peut donc conclure que le CDT a réussi à intéresser les milieux industriels et a permis ainsi à l'École de se rapprocher des groupes sociaux qui assument une part importante du contrôle de l'économie québécoise. Enfin, notons qu'à compter de 1975 le Centre est intégré à la Direction de la recherche (nouvelle appellation du Service de la recherche) afin de permettre la coordination des travaux de recherche.

Voilà donc un résumé des activités de recherche à l'École au cours de la décennie 1970. D'une institution principalement axée sur l'enseignement de l'ingénierie, l'École Polytechnique a maintenant institutionnalisé la recherche qui, au XXᵉ siècle, s'est développée dans la plupart des institutions universitaires. Cette transformation de la conception même de l'institution s'est faite sans trop de heurts. L'École a pu profiter des talents d'organisateur du directeur du Service de la recherche. Ce dernier, secondé dans ses efforts par une administration qui l'a toujours soutenu, a fait franchir à l'École une étape importante de son développement. En 1980, Roger Blais demande d'être relevé de ses fonctions et assume la direction du Centre d'innovation industrielle (Montréal) jusqu'en 1984.

Une collaboration plus étroite
avec les milieux industriels

L'École poursuit sa lancée au cours des années 80. La succession de Roger Blais est d'abord assurée par Roland Doré jusqu'en 1982. Ce dernier avait été directeur du département de Génie mécanique de 1975 à 1978. Au moment de sa nomination à la direction de la recherche, il en était le directeur adjoint. En 1982, Roland Doré est promu directeur de l'École et c'est Wladimir Paskievici qui lui succède à la Direction de la recherche. Il occupera ce poste jusqu'au 1er mai 1990, date à laquelle Gilbert Drouin prend la relève, après avoir dirigé l'Institut de génie biomédical. Paskievici avait tout d'abord assumé la direction de l'Institut de génie nucléaire où il avait réalisé des travaux de recherches dans les domaines de la physique et de la sûreté des réacteurs nucléaires; il avait, entre autres, participé aux travaux de la Commission de contrôle de l'énergie atomique du Canada.

Au cours de la décennie 1980, la croissance de la recherche est grandement influencée par les performances de l'économie (Tableau 9.4).

Par ailleurs, on note l'importance des nouveaux rapports entre l'École et les milieux industriels tant privés que publics. Dès 1981, Lavalin accepte d'appuyer le projet de maîtrise en pétrochimie et celui d'une autre, orientée vers la grosse machinerie; trois étudiants provenant de cette société s'inscrivent à la maîtrise en instrumentation et en commande des processus. La même année, l'École conclut une entente de collaboration avec le Centre de recherche industrielle du Québec (CRIQ), confirmant la complémentarité des deux établissements. On sait que pour répondre aux besoins de la PME, le CRIQ oriente ses activités principalement vers des travaux de développement qui nécessitent fréquemment certains ouvrages de recherche appliquée. Il en résulte donc une utilisation optimale des ressources et des compétences des deux organismes, facilitant ainsi la réalisation conjointe de projets de recherche et de développement dans le but de promouvoir et de faciliter l'innovation technologique au Québec.

En décembre 1981, le ministre fédéral des Communications signe un protocole d'entente avec l'École et la société Digital Équipement du Canada ltée, visant l'établissement d'un centre

Tableau 9.4

Somme totale des subventions de recherche de 1980 à 1986

années	1980-1981	1981-1982	1982-1983	1983-1984	1984-1985	1985-1986
montant	4 445 984	5 585 780	5 654 589	6 876 519	8 488 613	10 007 545

Sources: *Rapport de la recherche 1982-1984*, EPM, 1985, p. 3, *École Polytechnique de Montréal Rapport annuel 1984-1985*, EPM, 1985, p. 6, et *École Polytechnique de Montréal Rapport annuel 1985-1986*, EPM, 1986, p. 6.

d'excellence pour le développement de la technologie TELIDON au Québec, c'est-à-dire un système de télévision interactive ou vidéotex. L'École, ayant reçu gratuitement de la société un ordinateur VAX 11/750, s'engage à installer une banque de données contenant des renseignements sur les activités éducatives, de l'information ou des nouvelles d'affaires publiques et sociales au profit d'un grand nombre d'usagers francophones.

Puis est créé le Groupe d'analyse nucléaire (GAN), rattaché à l'IGN, dans le but de former des spécialistes capables d'effectuer des analyses de performance et de sûreté pour les centrales nucléaires, et d'établir une programmathèque constituée de codes informatiques devant être adaptés à la centrale Gentilly II à partir de codes déjà existants. Le 21 février 1981, le Conseil d'administration d'Hydro-Québec autorise la négociation d'une entente avec l'École engageant une somme de 3 300 000 $ répartie sur quatre ans. De plus, un montant de 1 650 000 $ vient s'ajouter pour défrayer le personnel d'Hydro-Québec détaché auprès du GAN; le professeur Laurent Amyot est nommé directeur du groupe.

En 1985, l'IGN devient l'Institut de génie énergétique en vue d'une organisation élargie englobant d'autres ressources que le nucléaire. En juin de la même année une entente cadre d'une durée de quatre ans et engageant une somme de deux millions est signée entre l'École et Hydro-Québec; le GAN s'engage à fournir des services en R & D et de soutien analytique à l'exploitation de la centrale Gentilly II.

En 1988, l'Institut inaugure un programme de maîtrise en ingénierie d'une teneur multidisciplinaire, qui met l'accent sur les aspects technologiques, économiques, juridiques et socio-politiques de l'énergie. Puis, la Chaire industrielle d'Hydro-Québec, dotée d'une subvention de 675 000 $ étalés sur trois ans, est inaugurée; cette somme sera utilisée au profit de l'enseignement et de la recherche en génie nucléaire et aussi en octrois de bourses à des étudiants des cycles supérieurs; la société d'État met ainsi en place les conditions favorables à l'exploitation et à la sécurité de ses centrales. Un peu plus tard, l'École signe un protocole d'entente avec l'Énergie atomique du Canada ltée (EACL) afin de mettre à la disposition du GAN certains codes d'analyse nucléaire. Ces codes vont servir à la recherche et aux études d'ingénierie et de physique sous forme de programmes pour ordinateurs. L'EACL s'engage à verser la somme de 120 000 $ par an pendant quatre ans et à fournir du personnel spécialisé; en retour il est convenu que l'EACL peut bénéficier de tout développement de logiciels résultant des activités de recherche du GAN.

En octobre 1983, la société Gaz Métropolitain et l'École signent «une entente cadre dans le but de favoriser le développement des techniques et des technologies gazières d'avant-garde et de former du personnel spécialisé dans ce domaine[24]». On convenait «d'élaborer des programmes de formation et d'appui de bourses d'études dans le but de stimuler, d'une part, et d'approfondir, d'autre part, la recherche et l'avancement dans cette énergie de pointe qu'est le gaz naturel[25]». En outre, on prévoit de mettre sur pied un centre d'étude et de transfert de technologies gazières qui pourra avoir des retombées économiques fort intéressantes pour le Québec. En novembre 1984, c'est chose faite quand l'École inaugure le nouveau centre de documentation en technologies gazières. À cette occasion, le président de la société, un ancien diplômé de Polytechnique, Jean Gaulin, octroie un montant de 250 000 $ destiné à favoriser la poursuite des projets de mise en valeur des technologies gazières élaborés par les chercheurs de l'École. Les projets financés dans le cadre de cette entente comprennent, entre autres, l'utilisation du gaz naturel dans les transports de surface, les techniques de stockage du gaz naturel, l'évaluation technologique des systèmes de pompes à chaleur et l'utilisation du gaz naturel dans les véhicules automobiles. En 1988, la société signe une nouvelle entente de cinq ans accordant une subvention de 1,5 million de dollars dans le but de poursuivre des travaux de développement des techniques et technologies gazières de pointe ainsi que la formation spécialisée dans le domaine.

Une autre entente est conclue en février 1984 entre l'École et la Commission de transport de la Communauté urbaine de Montréal. Cette fois-ci, il s'agit de concevoir et de développer un logiciel hautement spécialisé, afin de fournir un système intégré de planification opérationnelle d'un réseau de transport urbain collectif; l'École reçoit à cette occasion la somme de 150 000 $ répartie sur trois ans.

L'Institut de recherche sur les pâtes et papier[26] se joint en août 1984 à l'École afin d'établir un programme conjoint de recherche et d'enseignement postuniversitaire. L'Institut s'engage à affecter un de ses chercheurs à l'équipe de recherche sur les polymères du département de Génie chimique dans sa poursuite d'un objectif global, celui de rendre performants les produits dérivés du bois. En retour l'École affecte un professeur à l'Institut. Dans un autre domaine, dès que le CNRC implante à Boucherville un Institut de génie des matériaux, l'École s'empresse d'établir une collaboration étroite avec cet organisme.

Collaboration avec les milieux universitaires

L'institutionnalisation de la recherche permet d'entreprendre des programmes conjoints avec d'autres institutions universitaires. Au sein de l'IREM, par exemple, une collaboration existe entre l'Université de Montréal, Polytechnique et McGill. Puis lors de la création du Centre de recherche en informatique de Montréal (CRIM), l'École décide d'y contribuer de concert avec l'Université de Montréal, McGill, Concordia et l'UQAM. Le CRIM peut ainsi lancer ses activités sur une base solide, grâce à l'octroi d'une subvention de 250 000 $ du ministère de l'Enseignement supérieur de la science et de la technologie (MESST) et d'un million de dollars du Secrétariat d'État, ainsi qu'au financement de deux de ses équipes dans le cadre du programme des actions structurantes du gouvernement du Québec. De plus, phénomène plutôt récent, des chercheurs de l'École s'allient à d'autres chercheurs de plusieurs institutions pour présenter des demandes conjointes dans le cadre du programme des 40 équipes structurantes annoncé en 1984 par le ministère de l'Éducation.

En 1984-1985, les effets de la récession économique sont maintenant choses du passé. Les octrois de recherche atteignent les 8,5 millions de dollars[27]. Puisant à même son fonds de roulement, l'École verse aussi 1,2 million de dollars pour l'aide aux étudiants, le salaire du personnel de recherche et l'aide aux chercheurs. Le MESST finance deux équipes «structurantes» et une équipe «performante». En plus, la Société microélectronique du Canada octroie deux postes de travail, l'un de conception, l'autre de test en VLSI. Plusieurs équipes de recherches sont actives: le

TABLEAU 9.5

Montant des commandites du CDT entre 1980 et 1985

années	1980-1981	1981-1982	1982-1983	1983-1984	1984-1985
montant	1 662 688	2 289 632	2 258 837	2 603 396	3 294 582

Sources: CDT, *Rapport d'activités 1986*, EPM, 1986, p. 6, et CDT, *Rapport d'activités 1987*, EPM, 1988, p. 6.

Groupe de recherche en ingénierie des polymères (GRIP), le Groupe de recherche en plastiques et composites (GRAC) et le Groupe de recherche en ergonomie-biomécanique (GREB). On forme aussi le Centre de recherche en calcul thermochimique (CRTC), et l'École adhère au réseau national de conception microélectronique. Enfin, le Service de recherche et de développement coopératifs est créé. Il a pour mandat de préparer des projets conjoints d'envergure universités-industries financés majoritairement par le gouvernement.

La recherche technologique et industrielle

Comme on l'a vu, le CDT est l'instrument privilégié pour atteindre les objectifs d'aide technologique aux petites et moyennes entreprises établies au Québec. À partir des années 80, le Centre d'innovation industrielle de Montréal (CIIM) devient également un outil important pour améliorer l'efficacité et la rentabilité des industries québécoises.

Tout comme l'ensemble des activités de recherche, le CDT ressent lui aussi les contrecoups de la récession du début des années 80, mais en 1984-1985, avec la reprise économique, les commandites augmentent de 25 % comparativement à 1983-1984.

Dans la deuxième moitié de cette décennie, le CDT progresse au rythme de l'essor économique que connaît alors le Québec. En effet, déjà en 1986, 234 nouveaux contrats sont signés pour un montant de 5 140 000 $ s'échelonnant sur plusieurs années, assurant ainsi une base d'activités et de financement pour l'avenir[28]. En 1989, son directeur peut alors déclarer: «Nous envisageons l'avenir avec beaucoup d'enthousiasme. Nos gouvernements ont fait des choix en mettant l'accent sur une politique d'incitatifs fiscaux, afin d'encourager le rehaussement des activités de R-D au

Tableau 9.6

**Statistiques du CDT concernant les contrats de R-D,
le nombre d'entreprises participantes et le pourcentage
des contributions pour les années 1985-1989**

années	1985-1986	1986-1987	1987-1988	1988-1989
	CONTRATS R-D			
montant	3 631 490	3 520 419	884 618	4 405 880
	ENTREPRISES PARTICIPANTES			
Grandes entreprises	45	45	45	45
PME	120	127	111	119
	POURCENTAGE DES CONTRIBUTIONS			
Grandes entreprises	46 %	54 %	51 %	40 %
PME	14 %	13 %	14 %	25 %
Services publics et parapublics	40 %	33 %	35 %	35 %

Source: *Rapport d'activités, CDT, 1988-1989*, EPM, 1989, p. 12.

sein des entreprises. Des avantages tout à fait exceptionnels ont été consentis aux entreprises qui confient des contrats de R-D à l'Université[29]». Ces nouvelles politiques ont des répercussions importantes sur la participation des entreprises au CDT (Tableau 9.6).

Afin de poursuivre l'œuvre du CDT, le CIIM est créé dans le but de «valoriser les nouvelles technologies conçues à l'École et trouver des partenaires industriels susceptibles de s'intéresser à leur commercialisation[30]». En 1978, un concept global de centre d'innovation est mis au point et, dès l'année suivante, le ministère fédéral de l'Industrie et du Commerce octroie à l'École une subvention de 200 000 $ pour permettre le démarrage d'un tel projet. «Le 31 janvier 1980, le Centre se voyait accorder ses lettres patentes à titre de corporation québécoise sans but lucratif [...] et le 1er août il commençait sa première année d'opération[31].» Poursuivant le cheminement qu'il avait amorcé dix ans plus tôt, Roger Blais devient l'âme dirigeante de cette nouvelle initiative et le premier directeur du CIIM de 1980 à 1984.

Le CIMM est bien connu des inventeurs. «Nous recevons 2000 demandes de renseignements chaque année, et la majorité d'entre elles proviennent d'inventeurs indépendants», affirme son directeur Roland Roux[32]. Bien que le CIMM soit moins connu des chefs d'entreprises, des mesures sont prises pour informer cette clientèle particulière.

Une deuxième phase dans l'institutionnalisation de la recherche

Au cours des années 80, on procède à la réorganisation du Service de la recherche qui devient la Direction des études supérieures et de la recherche. En effet, le développement rapide des programmes de recherche et l'émergence de centres de recherche obligent les dirigeants de l'École à restructurer un service devenu aussi primordial que l'enseignement. Les composantes de cette superstructure sont: la Direction, le Service de la recherche subventionnée, le Service des études supérieures, le Service de la recherche commanditée (CDT) et le Service de la recherche et Développement coopératifs (SRDC); ce dernier étant moins connu en raison de sa mise en place récente, il semble à propos de décrire brièvement sa mission: recenser les programmes gouvernementaux finançant l'interface université-industrie ainsi que les équipes de recherche pouvant bénéficier de ces programmes, établir des liens avec les centres de recherche industriels, susciter la collaboration des autres universités dans des projets R-D coopératifs, et préparer à l'intention des entreprises un répertoire analytique des activités et des compétences des chercheurs de l'École; on fait appel encore une fois à Roger Blais qui en devient le directeur.

Même si le développement des activités de recherche connaît une expansion phénoménale au cours des années 70 et au début des années 80, l'École ne réussit pas à produire autant de diplômés des 2e et 3e cycles que les grandes universités canadiennes. C'est surtout au niveau du troisième cycle que l'École affiche des résultats mitigés. Entre 1973 et 1982, elle n'a décerné en moyenne que 6,5 diplômes de doctorat par an. L'élaboration d'une stratégie de développement des études supérieures s'impose donc. On confie au Conseil de la recherche et des études supérieures (CRES) la mission d'élaborer une stratégie qui permettrait d'améliorer la situation. Après maintes cogitations, consultations et concertations, le CRES publie en août 1985 un document intitulé *Objectifs proposés pour le développement des études supérieures*[33], dont le but est «de proposer des objectifs à atteindre et de recenser les moyens disponibles pour le faire.

«Le vaste sujet du développement des études supérieures a été découpé en six thèmes correspondant à des préoccupations immédiates. Pour chaque thème, plusieurs objectifs ont été proposés et différents moyens ont été suggérés[34]». En résumé, les thèmes se composent comme suit: la durée des études des cycles supérieurs étant plus longue que dans les écoles anglophones du Québec, on recommande de la réduire à une année et demie pour la maîtrise et à trois années pour le doctorat; le nombre de diplômés de maîtrise et de doctorat étant faible par rapport à celui des facultés de génie réputées, il faut augmenter graduellement le nombre de diplômés de 2e cycle et fortement celui de 3e cycle; augmenter la capacité d'accueil aux études supérieures en embauchant de nouveaux professeurs et en incitant les professeurs à diriger un plus grand nombre d'étudiants; établir des indicateurs de performance pour les études supérieures ainsi que des objectifs cibles en fonction de ces indicateurs; valoriser la fonction d'encadrement pour éviter que les étudiants ne se sentent éloignés de leur directeur de recherche, ce qui entraîne des abandons, des échecs ou des retards indus. Même si ces objectifs sont très exigeants, l'École met tout en œuvre pour les réaliser; l'engagement de nouveaux professeurs et les mesures qu'elle a prises pour résoudre les problèmes d'espace constituent un pas dans la bonne direction.

Un examen sommaire des activités fébriles qui se déroulent en recherche nous porte à croire que les sombres nuages que faisait planer la récession du début des années 80 au-dessus de l'École Polytechnique se sont dissipés pour faire place à un ciel prometteur, grâce à un nombre d'initiatives qui ont contribué à conjurer la tempête. Sans aucun doute, l'ouverture de l'École sur le monde industriel et sur les autres institutions universitaires a largement contribué à prolonger l'élan de la décennie précédente. Mais comment se dessine l'avenir?

En 1985, le directeur de l'enseignement et de la recherche, Wladimir Paskievici[35], fait état de deux plans d'action aptes à promouvoir davantage la recherche: l'un, à l'intérieur, est fondé sur l'engagement assez récent d'une vingtaine de chercheurs, augmentant ainsi la proportion des professeurs-chercheurs, l'autre, à l'extérieur de l'École, consiste en une collaboration étroite avec l'industrie, collaboration qui, comme on l'a vu par ailleurs, est fort bien engagée. Un autre projet à l'horizon se dessine: celui d'un parc de recherche scientifique et technique pour les projets de grande envergure dont le but est de mobiliser les ressources conjointes des universités et de l'industrie dans la région de Montréal, et créer ainsi un foyer d'activités autour d'un sujet particulier. Ces mesures, agencées à celles qui ont été prises par l'École pour assurer le développement des cycles supérieurs, sont de bon augure pour les activités futures de recherche à Polytechnique.

L'importance des relations entre l'École et les milieux industriels

Comme nous l'avons vu, les efforts déployés en vue de développer une étroite collaboration avec l'industrie et les universités ont porté fruit. L'un des faits marquants de l'histoire récente de l'École est certes l'importance que prend cette collaboration, notamment en ce qui concerne ses relations avec les milieux industriels.

D'abord, en 1985, le Conseil consultatif de l'École Polytechnique (COCEP) voit le jour. Son objectif principal est de «maintenir des liens étroits et assidus avec le milieu professionnel de l'industrie». Le Conseil, composé d'ingénieurs, d'administrateurs et de scientifiques, comprend dix comités qui collaborent avec chacun des dix départements, et un comité assigné à la recherche. Les membres ont jusqu'à maintenant contribué à la réforme des programmes d'enseignement; ils ont aussi facilité les démarches en vue d'obtenir des fonds pour la poursuite des activités de recherche de pointe. Une autre initiative qui favorise le rapprochement avec l'industrie est la mise en place, en 1986, d'un programme de professeurs associés, ingénieurs prêtés par leur compagnie ou retraités, qui assurent bénévolement des journées de cours ou d'encadrement d'étudiants. Ces mesures ont été signalées par le Conseil des sciences du Canada dans une étude. En effet, le Conseil reconnaissait que l'École Polytechnique constituait «le plus bel exemple d'université à vocation technologique au Canada[36]».

Au cours de l'année 1986-1987 est créé le Groupe de recherche en mathématiques de l'ingénierie assistée par ordinateur (GRMIAO). L'équipe travaille à la conception de logiciels permettant un enchaînement naturel des diverses étapes de résolution de problèmes de conception assistée par ordinateur. Lorsque le CNRC fonde, en 1985, l'Institut de recherche en biotechnologie de

Montréal (IRB), l'École s'empresse de s'y joindre. L'Institut favorise l'éclosion d'entreprises de biotechnologie au Canada en poursuivant les activités de recherche appliquée avec les universités canadiennes et quelques entreprises concernées. En fait, un professeur de Polytechnique, Bernard Coupal, en est le directeur de 1986 à 1989, et l'actuel principal de l'École, Roland Doré, en est l'un des gouverneurs depuis sa fondation.

La nouvelle mission du Laboratoire de caractérisation des matériaux (LCM)[2], créé en 1978 par le département de métallurgie, constitue une autre preuve tangible de collaboration avec le milieu industriel et universitaire. Ce laboratoire est transformé pour devenir le Centre de caractérisation microscopique des matériaux (CM)[2], corporation indépendante sans but lucratif fondée par la société Soquelec ltée et l'École Polytechnique. Les grands objectifs du (CM)[2] peuvent se résumer comme suit:

— procéder à la caractérisation des matériaux en vue d'obtenir une meilleure compréhension de leurs propriétés et de leur comportement;

— contribuer au développement de nouveaux matériaux et à l'amélioration des procédés de fabrication;

— résoudre les problèmes industriels, notamment l'analyse de défaillance, l'élaboration et la qualité des produits;

— participer à l'enseignement et à la formation de spécialistes;

— rendre accessibles au plus grand nombre possible de chercheurs universitaires et industriels les appareils coûteux et la compétence de son personnel[37].

Le (CM)[2] doit assurer son autofinancement par des activités réalisées pour ses 23 membres fondateurs, corporatifs et universitaires. Ses équipements coûteux ont été acquis grâce au financement conjoint du CRSNG, du MESST, de la société Soquelec, de l'entente Canada-Québec sur le développement scientifique et technologique, de l'École Polytechnique et de ses membres fondateurs. Les résultats obtenus par l'équipe de Michel Rigaud, titulaire de la chaire sur les céramiques, première chaire accordée par le CRSNG à l'École, ont motivé cet organisme à octroyer une subvention de 1 365 000 $. De plus, huit entreprises ont versé 1 480 000 $ et l'École 591 000 $ dans le but de créer une chaire industrielle.

Le projet CASTOR, devenu en 1988 CASTORPLUS, est conçu pour mettre au point des systèmes de conception assistée par ordinateur consacrés aux aménagements hydrauliques. Grâce à une subvention de 600 000 $ étalée sur deux ans, consentie par le CRSNG, ce projet peut maintenant bénéficier de ressources en génie logiciel et en systèmes-experts en s'adjoignant un huitième partenaire, soit le Centre de recherche en informatique de Mont-réal (CRIM) qui offre une contribution de 600 000 $.

En 1988 également, la compagnie Bombardier crée un précé-dent, qui pourrait produire un effet d'entraînement auprès d'au-tres établissements, en instaurant la première chaire industrielle à Polytechnique, soit la Chaire Armand-Bombardier, gratifiée d'une subvention de 500 000 $. Lors de l'inauguration de la chaire, le président de l'entreprise, Laurent Beaudoin, en présence d'une centaine de chefs d'industrie, déclare: «Hier encore aucune entre-prise n'avait les reins assez solides pour soutenir l'École autant qu'elle l'aurait souhaité. Aujourd'hui Bombardier a la taille et la force voulues et répond: présent[38]» . Le titulaire de la chaire, Ion-Parachivoiu du département de Génie mécanique, et son équipe effectuent des recherches en aéronautique en collaboration avec Canadair.

On sait qu'il existe une pénurie de diplômés québécois en génie aérospatial. Afin de remédier à cette lacune, le 30 mars 1990, trois universités, McGill, Concordia et l'École Polytechnique signent un protocole d'entente avec douze grandes entreprises de Montréal travaillant dans le domaine aérospatial. Il semble bien que ce geste constitue la suite logique de l'instauration de la Chaire Armand-Bombardier. L'École lance alors une nouvelle maîtrise professionnelle en génie aérospatial.

Enfin, en collaboration avec l'Université McGill, l'École fonde le Centre canadien de recherche en automatisation et robotique minières (CCARM); de la fusion de deux groupes de recherche naît le Centre de recherche appliquée sur les polymères (CRASP); un accord de participation est signé avec le Centre de recherche sur les transports (CRT), et le Groupe d'étude et de recherche en analyse de décision (GERAD). Nous publions en annexe la liste des quelque vingt centres de recherche en activité à l'École.

L'éclosion de tous ces programmes de recherche tout comme la formation d'équipes de recherche ne sont plus le fruit du hasard. Les structures mises en place au cours des années 70 et 80 permettent bien sûr de coordonner et de soutenir la recherche; les dirigeants de l'École peuvent maintenant planifier à plus ou moins long terme le développement de cette activité désormais vitale. Dès 1984, un plan quinquennal est adopté, conçu pour améliorer la performance de l'École en ce qui a trait à la recherche et à l'enseignement supérieur. Reconnaissant que l'École accuse encore un retard sur plusieurs autres établissements universitaires en ces domaines, on décide de modifier le plan quinquennal 1984-1989, tout en continuant sur sa lancée. Il ne faut donc pas s'étonner si la majeure partie des développements que nous venons de rapporter sont clairement définis dans le Plan triennal 1987-1990 *Viser haut et juste*. Conscients de la position relativement nouvelle de l'École dans le champ des institutions d'enseignement supérieur depuis les années 70, les dirigeants visent maintenant des sommets que leurs prédécesseurs n'auraient jamais pu envisager. En effet, Polytechnique «entend ainsi devenir la meilleure école de formation en ingénierie au Canada[39]».

Afin d'atteindre cet objectif primordial, l'École formule sa politique de développement en ces termes:

— «Consolider l'enseignement au premier cycle», en ajustant la population étudiante au niveau du baccalauréat pour qu'elle ne dépasse pas 75 % de la population étudiante totale, afin d'atteindre une proportion de 25 % aux cycles supérieurs, alors que cette proportion n'était que de 18,2 % en 1986, et aussi en mettant l'accent sur la qualité du programme du 1er cycle.

— «Poursuivre le développement des études de deuxième et de troisième cycle, et de la recherche», en réduisant la durée normale des études aux cycles supérieurs, mesure préconisée par le Conseil des universités; on pourra ainsi augmenter le nombre de diplômés à la maîtrise et au doctorat. D'autres mesures sont prévues: un meilleur encadrement des étudiants aux cycles supérieurs, une augmentation des subventions du CRSNG au rythme de 1,5 % par an par rapport à la moyenne nationale, une croissance de 10 % par an des subventions de toutes sortes, enfin une augmentation de 10 % par an des publications scientifiques.

— «Accroître les activités de formation continue destinées aux ingénieurs». On prévoit de moduler les programmes de certificat selon les besoins du milieu, d'augmenter de 20 % par an les effectifs au baccalauréat du soir et d'offrir des cours le jour durant l'été, enfin d'accroître de 10 % par an la clientèle des cours intensifs.

— «Renforcer les liens avec le milieu», en s'appliquant à mieux faire connaître l'École, à intensifier sa collaboration avec l'industrie, et à resserrer les liens avec ses diplômés.

L'une des mesures adoptées par le Plan triennal est la refonte des programmes des 1er et 2e cycles, achevée en 1988. Deux programmes coopératifs, qui comportent une alternance entre études et stages dans l'industrie, sont institués, soit le génie des mines et le génie géologique conjointement avec l'Université McGill. Quant à la proportion prévue du nombre d'étudiants au premier cycle par rapport à celui des grades supérieurs, l'objectif est atteint en 1989-1990, année ou l'on compte 3300 étudiants au niveau du baccalauréat et 1060 aux cycles supérieurs.

Le plan préconise une augmentation des subventions pour dépenses courantes du CRSNG de 1,5 % par année par rapport à la moyenne nationale; or, à ce chapitre, malgré des progrès marqués depuis 1970, l'École n'a pas encore atteint son objectif, sa moyenne se chiffrant en 1989-1990 à 90 % de la moyenne nationale. Par contre, si on compare les subventions accordées uniquement en ingénierie, sa moyenne se situe au niveau national. D'un autre côté, depuis la fin des années 70, Polytechnique affiche d'excellents résultats dans l'obtention de subventions stratégiques dont l'objectif est «de promouvoir et d'accélérer la recherche orientée dans des domaines choisis d'importance nationale: technologie de pointe, ressources naturelles, qualité de l'environnement, nouvelles orientations[40]».

En corollaire, si l'on considère objectivement les progrès accomplis en recherche depuis 1970, il faut conclure que, en l'espace de vingt ans — période bien courte dans la vie d'une institution universitaire —, l'École a accédé à une vocation pleinement universitaire, qui comporte une orientation marquée en recherche. L'histoire de Polytechnique a montré que cette institution a acquis, non sans difficultés, une réputation enviable dans le domaine de l'enseignement; c'est donc assez tardivement que Polytechnique a développé la recherche institutionnelle pour accéder au rang d'université moderne. Des conditions à la fois économiques, sociales et institutionnelles ont fait en sorte que ce n'est qu'au début des années 70 que ce processus s'est véritablement mis en branle. Néanmoins, une fois ces conditions en place, le développement de la recherche a connu une impulsion spectaculaire.

Notes

1. GINGRAS, Y., *Les Physiciens canadiens: généalogie d'un groupe social*, thèse de doctorat, Université de Montréal, 1984, p. 5-6.

2. *Procès-verbal de la Corporation de l'EPM*, 21 mai 1970, AEPM.

3. Les notes sur l'itinéraire de carrière de Roger Blais ont été recueillies dans le CV de ce dernier.

4. *Entrevue avec Roger Blais*, 6 mars 1986.

5. *Poly-Prospectives*, EPM, 1969.

6. Les conclusions de ce colloque sont publiées dans un numéro spécial de la revue *L'Ingénieur*, *L'Ingénieur*, vol. LVII, mai 1971.

7. *L'Orientation et le Développement de l'École Polytechnique en 1970-1980*, EPM, 1971, p. 84.

8. *Ibid.*, p. 84.

9. *Forum*, 4 octobre 1974, p. 22.

10. *Lettre du directeur, Roger Langlois*, 16 octobre 1974, AEPM.

11. *Lettre d'un professeur au directeur Roger Langlois*, 13 novembre 1974, AEPM.

12. BLAIS, R., «La Réorganisation de la recherche à l'École Polytechnique», *in L'Ingénieur*, vol. LIX, janvier 1973, p. 21-25.

13. *Ibid.*, p. 21.

14. Cette liste se trouve uniquement dans *La Recherche à l'École Polytechnique de Montréal 1974-1976*, EPM, 1976, p. 235.

15. *Rapport annuel École Polytechnique 1984-1985*, EPM, 1985, p. 65.

16. *Rapport de la recherche 1980-1982*, EPM, 1983, p. 157.

17. *Procès-verbal de la Corporation de l'EPM*, 21 mai 1970, AEPM.

18. *La Recherche à l'École Polytechnique de Montréal 1974-1976*, EPM, 1977, p. 219, et *Rapport de la recherche 1980-1982*, EPM, 1983, p. 162.

19. *Procès-verbal de la Corporation de l'EPM.*, 1er décembre 1970, AEPM.

20. *Extrait du Procès-verbal n° 762 du C.A. de l'EPM*, 2 avril 1971, AEPM.

21. *Extrait du Procès-verbal n° 801 du C.A. de l'EPM*, 7 juillet 1971, AEPM.

22. Brochure/procès-verbal décrivant les activités du CDT en 1983.

23. Les directeurs du CDT ont été successivement: Henk van Deudekom, Marc St-Jacques, Robert Hay, Maurice Poupard, Jean Corneille et Denis Beaudry (ce dernier actuellement en poste a été associé au CDT depuis sa création).

24. EPM et Gaz Métro, *Communiqué de presse*, 26 octobre 1983.

25. *Ibid.*

26. Aujourd'hui appelé PAPRICAN- Pulp and Paper Research Institute of Canada.

27. *École Polytechnique de Montréal Rapport annuel 1984-1985*, EPM, 1985, p. 6.

28. *CDT Rapport d'activités 1986*, EPM, 1986, p. 3.

29. *CDT, Rapport d'activités 1988-1989*, EPM, 1989, p. 12.

30. *Rapport de la recherche 1980-1982*, EPM, 1983, p. 172.

31. *Ibid.*

32. «Entrevue avec Roland Roux, directeur du CIIM - Comment savoir si vos idées ont des chances de succès?», *in Le Monde actuel*, n° 1, oct-nov 1985, p. 8.

33. *Objectifs proposés pour le développement des études supérieures*, EPM, 1985.

34. *Ibid.*, p. 17.

35. *Interview avec W. PASKIEVICI*, Montréal, 23 août 1985.

36. EMAOS, P. et FARLEY, M., *Les Services universitaires de valorisation industrielle de la recherche*, Conseil des Sciences du Canada, Ottawa, 1986, p. 50.

37. *Centre de caractérisation microscopique des matériaux*, EPM, 1989, p. 6.

38. *Poly en bref*, vol. II, n° 2, 6 octobre 1988.

39. *Viser haut et juste*, Plan triennal de développement 1987-1990, EPM, 1987, p. 6.

40. *Programmes de subventions stratégiques - Concours de 1991*, CRSNG, Ottawa, février 1991, p. 1.

10

Renouveau pédagogique et développement de l'administration

Au cours des vingt dernières années, l'École Polytechnique a connu un tel développement qu'elle est devenue aujourd'hui, du moins au point de vue quantitatif, le plus grand établissement de sciences appliquées au Canada pour ce qui est des trois cycles d'enseignement. Plusieurs facteurs ont contribué à cette rapide transformation. Si l'institutionnalisation de la recherche a permis un essor fulgurant de cette activité peu importante avant les années 70, la création d'un service de l'enseignement va contribuer puissamment à amorcer un renouveau pédagogique dont l'élément le plus important est certes la refonte des programmes en ingénierie. Parallèlement, l'augmentation marquée des effectifs étudiants, l'intérêt nouveau des milieux industriels pour l'École et son entrée sur la scène internationale améliorent la position de Polytechnique dans le champ des institutions d'enseignement supérieur au Canada.

Toutes ces réalisations ne sont pas le fruit d'un hasard, mais plutôt le résultat d'une planification soignée et des efforts soutenus de l'ensemble du personnel de l'École malgré de nombreuses difficultés, principalement sur le plan financier. Par ailleurs, en dépit de la crise du pétrole, de l'inflation et des restrictions budgétaires, il apparaît que dans l'ensemble le contexte socio-économique qu'a connu le Québec au cours des deux dernières décennies a largement contribué à cette expansion.

La refonte des programmes d'études

Il est à propos de rappeler le droit fondamental des étudiants à recevoir un enseignement de haute qualité, surtout au niveau universitaire, afin d'être prêts à affronter les défis qui les attendent sur le marché du travail. Or, cette mission incombe au corps professoral qui, pour l'accomplir pleinement, a besoin de tous les moyens dont dispose une institution universitaire, notamment un service de l'enseignement apte à fournir l'appui indispensable à un tel objectif. Dans ces conditions, il peut paraître étonnant que l'École ait attendu si longtemps pour se doter de cet organisme. Même si à la fin de la décennie 1950 la population étudiante se chiffre à près de 1000 étudiants, la direction choisit de temporiser. Pour établir un service de l'enseignement on attendra jusqu'en 1970, au moment où le nombre d'étudiants atteignait 1620 au 1er cycle et 166 aux grades supérieurs. Entre-temps ce rôle essentiel était assumé par le directeur, qui, en raison de ses nombreuses responsabilités, devait charger son adjoint d'en diriger le fonctionnement. Quoi qu'il en soit, en 1969, la Corporation confie à un bureau de conseillers en gestion la tâche d'étudier les structures administratives de l'École. Ces derniers recommandent la formation de trois services, soit enseignement, recherche et administration, relevant directement du directeur de l'École.

Compte tenu du nombre de spécialités et de l'augmentation de la clientèle étudiante, la décision est prise le 1er octobre 1970 d'établir le Service de l'enseignement qui regroupe les services aux étudiants, le Centre de calcul, la coordination des programmes, la coordination du cours général, l'extension de l'enseignement et le bureau du registraire. Le directeur adjoint, Jacques Laurence, diplômé de Polytechnique et du MIT, se voit confier la tâche de diriger ce service et aussi de présider le Comité des grades supérieurs et le Conseil des études. En juin 1971, Rémi Tougas lui succède et assume la direction pendant une période de dix ans.

Cette période se caractérise par la refonte des programmes d'études en ingénierie, le développement de la pédagogie, l'accré-

Des étudiants en plein travail au laboratoire, dans les années 70.
(Bureau du président de la Corporation)

ditation des programmes du 1er cycle, l'accroissement des clientèles étudiantes, l'accent sur l'éducation permanente et le rayonnement extérieur, tandis que se poursuivent d'intenses activités de recherche. Pour des raisons d'efficacité imposées d'ailleurs par des contraintes budgétaires, il faut optimaliser le fonctionnement du Service de l'enseignement et aussi faire face à de nouveaux besoins administratifs. L'informatisation de la gestion scolaire, amorcée avec les moyens du bord en 1966, doit être parachevée afin d'être en mesure de procurer de meilleurs services aux étudiants et aux professeurs. Mais le plus important reste sans contredit la refonte des programmes d'études dont la dernière révision en profondeur remonte en 1958.

Le document publié en 1971 et intitulé *L'Orientation et le Développement de l'École Polytechnique en 1970-1980*[1] nous donne un aperçu assez juste des transformations qu'entend apporter l'École à son programme d'études. Le premier objectif est l'«amélioration soutenue de notre enseignement du premier cycle, en mettant l'accent sur une meilleure formation générale et une bonne formation professionnelle, ainsi que sur le développement de la créativité et de l'éveil du sens des réalités économiques et sociologiques chez les futurs ingénieurs[2]».

On prévoit également de développer les études supérieures dans les dix spécialités existantes. On veut en particulier augmenter les effectifs aux grades supérieurs afin d'atteindre en 1975 une proportion de 18 % comparativement à 12 % en 1970. Cinq nouveaux programmes seront créés au niveau de la maîtrise, soit le génie de l'environnement, le génie des systèmes, le génie biomédical, le génie informatique et les mathématiques appliquées. L'École se donne également comme objectif «l'addition de 57 nouveaux professeurs de cours spécialisés d'ici 1975[3]». On tient également à développer les «méthodes actives d'enseignement et de moyens audio-visuels, afin d'améliorer la pédagogie et de susciter une participation plus active de l'étudiant à sa formation[4]».

C'est dans ce contexte que s'amorce, en 1973, la refonte des programmes d'études du 1er cycle, qui s'étalera sur une période de trois ans. Compte tenu de l'importance de l'opération, tous les éléments en sont discutés avec minutie en ce qui concerne les étudiants, les départements, le Conseil des études et le Conseil académique. Il ne faut pas s'imaginer que les délibérations se sont toujours déroulées dans un climat harmonieux; au contraire, surtout au Conseil des études, s'engagent de longues et vives discussions. Quoi qu'il en soit, tous ces échanges aboutissent en août 1976 à une publication de Rémi Tougas intitulée: *Livre blanc sur les programmes d'études et l'enseignement à l'École Polytechnique de Montréal*, qui tout en ralliant les vues diverses, respecte les objectifs visés.

En plus des éléments déjà mentionnés, la révision des programmes doit tenir compte des rapports de l'Opération sciences appliquées du ministère de l'Éducation du Québec (MEQ), des recommandations du Conseil des universités du Québec, des normes d'accréditation du Conseil canadien des ingénieurs, de l'approbation de la Commission des études de l'Université de Montréal, de l'essor considérable de la recherche et de la croissance des populations étudiantes. Ces programmes renouvelés poursuivent comme objectif la formation de généralistes dans chaque discipline du génie. L'étudiant est ainsi appelé à aborder les domaines de la conception, de la réalisation et de la gestion où sa profession exige qu'il intervienne. Par ailleurs, le caractère pluridisciplinaire du secteur de l'ingénierie confère à cette formation une composante de spécialisation, étant donné que l'étudiant doit se diriger dans un champ d'action précis. Ainsi les nouveaux programmes comportent:

Les directeurs de l'École de 1953 à 1991. Debout, de gauche à droite:
Julien Dubuc (1966-1970), Roger Langlois (1970-1982), Roland Doré (1982-1989),
Louis Courville (directeur par intérim du 1er juin 1989 au 23 janvier 1990),
André Bazergui (1990-   ); assis: Henri Gaudefroy (1953-1966). (Services
des relations publiques de l'École Polytechnique de Montréal)

— un bloc de cours communs à toutes les spécialités, unique
et obligatoire, regroupant tous les cours essentiels à la formation
du futur ingénieur, indépendamment de sa spécialité;
— un tronc de cours de spécialités essentiels à la formation du
futur ingénieur;
— un certain nombre de cours de sciences sociales, humaines
et administratives se conformant aux normes canadiennes d'accréditation.

Après avoir suivi les cours du tronc commun, soit environ
40 % de sa scolarité totale, l'étudiant doit entreprendre son tronc
de cours de spécialité aboutissant à la mention éventuellement
inscrite à son diplôme. Le nouveau tronc commun introduit rapidement l'étudiant au domaine de l'ingénierie en lui offrant, tôt
dans sa formation, des cours de «design général» et de «matériaux». Pour chacune des spécialités, des blocs de cours à option,
appelés «orientations» et comportant normalement douze crédits,
permettent de regrouper par thèmes des ensembles cohérents de
cours susceptibles de répondre aux besoins de la société, aux

exigences du marché du travail et aux aspirations des étudiants. Les nouveaux programmes offrent initialement des orientations complémentaires dans les domaines de l'énergie, de la gestion de projets, de la protection de l'environnement et de l'informatique appliquée. On a aussi déterminé que la formation en sciences humaines, sociales et administratives fera désormais partie intégrante des programmes d'ingénierie; à cette fin on projette de créer une banque de cours d'au moins dix-huit crédits dans ces domaines.

Au niveau des grades supérieurs, on effectue une refonte complète des programmes de maîtrise et de doctorat, de même que des régimes scolaires correspondants. Les programmes de maîtrise en ingénierie sont consolidés en parallèle avec des maîtrises dites de recherche, et un nombre de nouveaux programmes d'études des 2e et 3e cycles sont élaborés.

L'accréditation des programmes du 1er cycle par le Bureau canadien d'accréditation (BCA) du Conseil canadien des ingénieurs revêt, il va sans dire, un aspect d'une importance primordiale pour une institution des sciences appliquées; en effet, elle permet à ses diplômés d'être admis à la pratique du génie partout au Canada sans avoir à subir un examen scientifique. Ainsi, des comités visiteurs sont chargés d'examiner les programmes canadiens du 1er cycle en ingénierie selon des procédures acceptées par les associations et ordres d'ingénieurs provinciaux en vue de leur accréditation.

Or en 1972 le BCA[5], récemment établi, fait sa première visite à l'École. Il s'agit d'une première et, compte tenu des neuf programmes qui sont examinés, on peut facilement s'imaginer l'ampleur de la tâche qui consiste à préparer les dossiers à l'intention de chaque comité visiteur, tout comme l'atmosphère fébrile qui règne à Polytechnique à ce moment. Mais tous, étudiants, professeurs et administrateurs conjuguent leurs efforts pour mener à bien l'opération. Tous les programmes sont accrédités; cependant, dans le cas du génie industriel il est convenu d'affecter des ressources supplémentaires au département. La seconde visite du BCA en 1977 se passe tout aussi bien. Le 3 juillet 1978, le Bureau informe l'École que ses neuf programmes du 1er cycle sont renouvelés pour la période normale de cinq ans, soulignant toutefois qu'il faudra augmenter la teneur des programmes en humanités, sciences sociales et gestion; programmes que le directeur des études avait instaurés en 1976.

On sait que, dès 1954, l'École commence à offrir à la clientèle francophone des cours du soir dans l'édifice de la rue Saint-Denis.

Au cours de la décennie 1970, l'éducation permanente fait l'objet de modifications d'importance. Comme la plupart des cours sont transformés de manière à comporter des crédits universitaires, il va de soi que ce changement constitue un nouvel attrait pour les étudiants. De plus, les matières d'enseignement deviennent par le fait même éligibles aux subventions du ministère de l'Éducation, aspect non négligeable dans un contexte de contraintes financières. Ainsi, grâce à un accord intervenu entre l'Université de Montréal, HEC et Polytechnique, tout étudiant ayant achevé un programme de certificat équivalant à trente crédits reçoit désormais un diplôme de certificat. Celui qui réussit à obtenir trois certificats dans l'une ou l'autre des trois institutions peut maintenant recevoir un diplôme de baccalauréat ès sciences ou ès arts. Afin de donner une idée de l'évolution de l'éducation permanente, rappelons quelques statistiques[6]: en 1954-1955 les cours dispensés le soir se chiffraient à neuf, alors qu'on en dénombre 111 en 1977-1978; pour les mêmes années les inscriptions étaient respectivement de 355 et de 1976. En raison de cette forte évolution, l'École crée en 1977 le Conseil de l'éducation permanente, structure comparable à celles du Conseil des études et du Conseil des grades supérieurs.

Afin d'assurer un enseignement universitaire de qualité, la plupart des cours du soir sont dispensés par des professeurs de carrière et les programmes d'études sont approuvés par les conseils respectifs et régis soit par des directeurs de département soit par des professeurs titulaires. Comme l'exprimait, en 1978, le directeur de l'éducation permanente, Lucien Gendron, «l'orientation future de l'éducation permanente peut se définir selon deux axes principaux: maintenir en évolution constante ses activités actuelles et répondre plus adéquatement aux besoins technologiques de la société». Pour mieux servir la clientèle étudiante assujettie à des difficultés d'horaire, le professeur Gendron met l'accent sur «le développement des cours, d'ateliers et de colloques spéciaux, qui (pourraient) être tenus en un, deux ou trois jours[7]». Les technologies et les orientations alors privilégiées sont l'informatique appliquée, la gestion de projets, la protection de l'environnement, la conservation de l'énergie, la sécurité et la santé au travail, la productivité et le coût de revient, l'innovation technologique. Comme nous allons le voir plus loin, ces plans de développement seront réalisés au cours des années 80.

Ces développements dans le secteur de l'enseignement sont le reflet d'une période où l'École a connu une forte expansion dans tous les domaines. Il ne fait aucun doute que le développement de la recherche qui se poursuit parallèlement contribue largement à revaloriser l'enseignement, compte tenu principalement du rapport direct entre le volume des subventions accordées à la recherche et le nombre des étudiants des grades supérieurs. Comme on le sait, c'est à ce moment que l'on détecte pour ainsi dire une mutation chez le professeur qui, de professeur-consultant, devient professeur-chercheur. Bref, l'École exécute un virage, à la fois dans l'enseignement et dans la recherche, vers un statut de véritable université moderne.

Les années 80: le virage technologique

Le 1er juin 1981, en remplacement de Rémi Tougas, Maurice Poupard est nommé à la direction des études, poste qu'il occupe jusqu'en 1989; Louis Courville lui succède. Cette période est marquée par des événements qui reflètent assez fidèlement le contexte des années 80, soit la récession économique et le virage technologique qu'on propose avec éclat comme devant être la panacée à la crise. Il est un peu paradoxal de constater qu'en définitive la récession a certaines répercussions favorables sur l'École. Les dirigeants se tournent par exemple du côté des milieux industriels pour lancer de grands projets. Par ailleurs, le haut taux de chômage chez les jeunes les incite à poursuivre leurs études, et de préférence dans des disciplines où les chances d'emploi sont plus prometteuses, de sorte que l'École connaît une augmentation de la population étudiante rapportant des ressources financières qui compensent dans une certaine mesure la diminution des subventions gouvernementales. Par contre, cet accroissement du nombre d'étudiants provoque un manque sérieux d'espace auquel l'École devra remédier en 1989.

Le virage technologique permet d'effectuer une autre révision en profondeur des programmes d'études, de modifier certaines structures — par exemple les grades supérieurs ont été placés sous la Direction de la recherche — et d'innover dans le domaine de l'éducation permanente en offrant des cours intensifs. Bref, l'École peut traverser la récession, au prix il va sans dire d'énormes sacrifices de la part du personnel, surtout des professeurs qui voient leur charge d'enseignement augmenter considérablement, mais sans pour autant trop ralentir le rythme de la décennie précédente.

Compte tenu du contexte, une autre révision des programmes d'études s'impose en vue d'actualiser les enseignements à la lumière de la technologie moderne, et de faire suite à la demande du Conseil canadien d'accréditation d'inclure dans les programmes de formation des éléments d'enseignement complémentaires. C'est ainsi qu'en 1983 débute la refonte des programmes du 1er cycle. Auparavant le département de Génie industriel, avec la collaboration du Centre d'innovation industrielle (Montréal) (CIIM) avait mis sur pied une orientation complémentaire comprenant douze crédits en innovation industrielle au 1er cycle. De plus, l'enseignement de la conception assistée par ordinateur (CAD) est introduit dans les programmes du 1er cycle par le biais de deux cours pilotes et la transformation de plusieurs autres cours de spécialités. Un centre de conception assistée par ordinateur est mis sur pied[8].

Par ailleurs, les compressions budgétaires du ministère de l'Éducation placent l'École dans un sérieux dilemme: d'une part, l'évolution rapide de la technologie presse l'institution de développer de nouvelles disciplines, de moderniser son équipement, d'autre part, il lui faut effectuer de fortes réductions de personnel. Face à ces éléments contradictoires, il est impérieux de déterminer les domaines où les ressources supplémentaires pourront être injectées sans gêner le développement normal des activités. Afin de permettre un choix judicieux, les critères suivants sont établis: il est nécessaire d'assurer la présence d'un noyau suffisamment fort de chercheurs qui s'intéressent au domaine retenu et capables d'assurer son évolution; il importe que plusieurs départements puissent y trouver leur intérêt et qu'un département en particulier en fasse son domaine privilégié de développement; il faut pouvoir compter sur des appuis extérieurs, notamment sur un financement adéquat des organismes susceptibles d'offrir des subventions et du milieu de l'industrie; le domaine choisi doit comporter des possibilités de collaboration avec d'autres institutions universitaires[9].

Compte tenu de ces critères, l'École arrête son choix sur deux grandes voies privilégiées de développement: le génie informatique et le génie des matériaux. Le génie informatique est alors caractérisé comme «la discipline du génie qui vise la conception, le développement et l'implantation de systèmes informatiques en tenant compte des facteurs de fonction, de performance, de coût, de dimension, de puissance, de fiabilité, de maintenance et d'impact social[10]». En raison du vaste champ d'activités qu'il comporte, le génie informatique peut s'appliquer à toutes les spécialités enseignées à l'École. Le département de Génie électrique est appelé à mettre sur pied un baccalauréat en génie informatique qui accueille ses premiers étudiants en septembre 1986.

Le génie des matériaux comprend les méthodes d'élaboration de nouveaux matériaux, la caractérisation de ces matériaux et leur utilisation. De cette façon, cette branche du génie touche non seulement les matériaux de construction mais aussi les plastiques renforcés, les fibres de verre, les fibres de carbone, les polymères, les céramiques et les matériaux électroniques. C'est le propre de la technologie moderne de mettre en commun les connaissances acquises pour pouvoir développer de nouveaux systèmes industriels, alors qu'il y a quelques années les personnes de spécialité différente travaillaient surtout dans l'isolement.

Au niveau des études supérieures, plusieurs programmes de maîtrise professionnelle[11] sont créés de concert avec de grandes entreprises et d'autres universités. Lavalin, Canadair, Pratt and Whitney, General Electric, MITEL et Hydro-Québec collaborent ainsi avec Polytechnique[12]. Un programme à vocation professionnelle en électrochimie, comprenant 30 crédits, est mis au point pour le 2e cycle avec la participation de l'Université de Montréal et l'UQAM. Enfin, en 1985, le Conseil des universités donne son accord à la mise en place d'un programme au niveau du doctorat en génie biomédical. L'instauration d'une coopération plus étroite avec l'industrie n'est pas inspirée uniquement par un souci financier, mais surtout par la volonté de répondre à des besoins précis du milieu industriel, alors qu'auparavant on développait surtout des programmes à partir des besoins conçus par l'École.

En 1985, les structures de la direction des études sont modifiées, et les études supérieures passent à la direction de la recherche. Aux fins d'économie, l'École avait fusionné en 1981 l'administration des grades supérieurs avec l'Éducation permanente. L'accent qu'on a mis sur le développement des 2e et 3e cycles n'est pas fortuit mais dicté par les impératifs du marché du travail, qui exige de plus en plus de l'ingénieur à la fois une formation générale et une spécialité, ce qui est impossible à atteindre au niveau du baccalauréat; ainsi les étudiants sentent davantage le besoin d'aller au moins jusqu'à la maîtrise; en 1989, 15 % des étudiants sont inscrits à ce niveau.

L'essor de l'éducation permanente amorcé au cours des années 70 se poursuit pendant la décennie suivante. À la suite d'une enquête menée pour le compte de l'Ordre des ingénieurs du Québec auprès des diplômés de l'École et de la communauté industrielle de Montréal, le Centre des cours intensifs est créé, en 1981, afin de favoriser le perfectionnement des diplômés en génie et des personnes possédant une formation scientifique univer-

Au tournant des années 70, une nouvelle avenue s'ouvre aux femmes.
(Bureau du président de la Corporation)

sitaire. En effet, l'Ordre des ingénieurs du Québec a reconnu que les cours intensifs étaient la façon la plus efficace de recycler et de perfectionner les ingénieurs dans l'exercice de leur profession. Le programme de cours intensifs ne répond cependant pas à tous les besoins de l'industrie. En vue de combler ce vide, en 1986 l'École met sur pied un programme de cours d'enseignement continu, appelé «cours sur mesure», conçu pour satisfaire les besoins spécifiques d'une entreprise ou d'une association professionnelle. Cette initiative ne manque pas de soulever l'enthousiasme du secteur industriel de la région de Montréal et la demande d'inscription à ces cours augmente constamment.

En dépit des progrès accomplis dans le domaine de l'éducation permanente, l'École est tout à fait consciente qu'elle est loin d'avoir atteint le maximum de son potentiel pour satisfaire les besoins pressants de notre société engagée d'une façon irréversible dans la technologie. Ainsi, conçus pour remédier à cette lacune, plusieurs projets sont à l'étude, tels que la formation par correspondance, la télé-éducation, les cours médiatisés, etc.

Le phénomène le plus marquant de la décennie 1980 est certainement l'accroissement rapide de la clientèle féminine: le pourcentage des étudiantes passe de 7,3 % en 1980-1981 à 17,4 % en 1988-1989, preuve indéniable de l'intérêt grandissant des femmes pour le domaine des sciences. Il va sans dire qu'on était fort inquiet à l'École de l'impact que pourrait avoir la tragédie du 6 décembre 1989 sur les demandes d'inscription de la part des femmes à l'automne 1990. Or, le pourcentage de ces dernières atteint 23 %, ce qui semble indiquer clairement que l'accroissement du nombre des femmes à Polytechnique suit une marche inexorable.

L'augmentation de la clientèle étudiante n'est pas due uniquement à la crise économique, mais aussi à la publicité amorcée dès avant 1980 dans les cégeps, dans la presse écrite, à la radio et à la télévision. Enfin, la conjoncture du début des années 80 où l'on fait état de la pénurie d'ingénieurs contribue à susciter des vocations. Par contre, cet accroissement de la population étudiante crée une situation difficile, parce qu'en raison des coupures budgétaires l'École se voit obligée d'effectuer une réduction de personnel, de sorte que la charge professorale et administrative augmente à une allure démesurée. Même si les revenus sont fonction du nombre d'étudiants, à cause des règles complexes de financement du ministère de l'Éducation, il faut attendre au moins un an et demi avant de récupérer le manque à gagner; c'est pendant cette période creuse que le rendement du personnel a dû augmenter de 40 % à 50 %. De plus, l'augmentation du nombre des étudiants suscite un autre problème: celui du manque d'espace.

L'École ne peut continuer à absorber une forte augmentation de la clientèle étudiante. D'abord les dirigeants souhaiteraient attirer les meilleurs étudiants en évitant d'accepter les candidats voués à l'échec; ils doivent également prendre en considération la capacité d'accueil éventuelle du marché du travail; finalement, ils tiennent à favoriser de façon marquée le développement des études supérieures afin de former un plus grand nombre de spécialistes pour l'industrie dont la société québécoise a de plus en plus besoin. Ils décident donc de limiter à 1100 les nouvelles inscriptions en 1re année du 1er cycle, pour la période 1983-1986, et de réviser ce nombre pour la période 1986-1988 en tenant compte des ressources humaines, physiques et financières, ainsi que des inscriptions aux cycles supérieurs.

Par ailleurs, les revenus provenant des inscriptions ne peuvent suffire à compenser la diminution des subventions du gouverne-

La campagne de souscription lors du centenaire de Polytechnique (1973).
Les coprésidents de la campagne sont: Raymond Primeau, v.-p.
de la Banque provinciale du Canada (à gauche) et Camille Dagenais,
président de SNC (à droite). Au centre, Bernard Lavigueur, président
de la Corporation de Polytechnique, remerciant Léo Lavoie,
président de la Banque provinciale du Canada.
(Bureau du président de la Corporation)

ment dans la mesure où l'École est vraiment déterminée à développer les secteurs de pointe; pour ce faire une interaction accrue avec les universités et l'industrie devient une nécessité. Comme on le sait, la collaboration entre les universités du Québec est un phénomène assez récent; on s'est enfin rendu compte que les ressources sont insuffisantes pour que les mêmes programmes soient offerts dans plusieurs institutions. Aujourd'hui il serait impensable d'élaborer un nouveau programme sans que les personnes responsables s'interrogent, se rencontrent et se concertent. Ainsi, grâce à cet ensemble de ressources communes, il devient possible de mettre sur pied des programmes fort intéressants, comme la maîtrise en aéronautique avec la collaboration des universités McGill et Concordia.

L'inauguration des fêtes du centenaire (janvier 1973). À l'arrière plan:
le Chœur de Polytechnique. De gauche à droite: Roger Langlois, directeur
de Polytechnique, Bernard Lavigueur, président de la Corporation, Jean
Drapeau, maire de Montréal, Robert Bourassa, premier ministre du Québec.
(Bureau du président de la Corporation)

Le Conseil des universités s'est penché sur la question de la
collaboration et la mise sur pied de programmes de sciences
appliquées et a entrepris une étude sectorielle du génie au Québec; son rapport préliminaire[13] de 1985 mentionne que les programmes de génie minier, métallurgique et géologique feront
l'objet de recommandations particulières qui obligeront les universités concernées à se concerter relativement à ces trois disciplines. À la suite de ces recommandations, Polytechnique et McGill
mettent en place un programme conjoint en génie minier, en septembre 1988; en outre, Polytechnique transforme son programme
de génie métallurgique en un programme de génie des matériaux
— plastiques, céramiques. Enfin, une étude est actuellement en
cours pour que soit rationalisé l'enseignement de la géologie et du
génie géologique.

Des diplômés toujours actifs
dans le développement de l'École

L'esprit de corps et le sentiment d'appartenance à leur *alma mater*, qui ont toujours caractérisé les diplômés, ne disparaissent pas au cours des dernières décennies. L'une des manifestations les plus importantes en est la création de la Chaire Augustin-Frigon. Subventionnée par la Fondation des diplômés, elle est créée officiellement le 11 mars 1974 par une résolution du C.A. de l'École. En hommage à l'une des figures les plus marquantes de l'histoire de l'École[14], la Chaire Augustin-Frigon vise à combler les lacunes d'une formation trop spécialisée et à permettre aux ingénieurs et futurs ingénieurs de réfléchir sur les questions relatives aux interactions entre la science, la technologie et la société. Cette Chaire appuie financièrement trois catégories d'activités, colloques, journées d'étude et conférences. Depuis sa création, on a tenu seize colloques portant sur des sujets aussi divers que «La prévision technologique et l'industrie du Québec: opportunités et défis», «L'innovation technologique et les services de santé», «Les microprocesseurs: évolution, impact, application», «Le génie urbain: nouvelle dimension», «Industrie de l'Énergie: le temps des choix». Dix-huit conférences ont été présentées dans différents domaines comme ceux du génie génétique, de la télématique, de la révolution technologique à l'échelle mondiale et de l'hypothèse environnementaliste de l'origine de l'homme.

À l'occasion du centenaire de l'École on se rappelle qu'une souscription, ayant comme objectif un million de dollars, avait été lancée auprès des anciens dans le but de fournir à la Fondation des diplômés de Polytechnique les moyens de contribuer plus largement au rayonnement de l'École. La Fondation, bien qu'établie depuis 1948, est incorporée en 1973. L'année suivante l'objectif est dépassé et la Fondation récolte 1 200 000 $ dont seuls les revenus sont utilisés. En effet, la Fondation octroie jusqu'à dix bourses à des étudiants de maîtrise et de doctorat. Camille Dagenais et Raymond Primeau, Bernard Lavigueur et Émeric Léonard ont sans doute été les chevilles ouvrières de la réussite de cette souscription.

En 1988 on crée la «Fondation de Polytechnique», dont le rôle est «d'être l'instrument de levées de fonds auprès des diplômés de l'École Polytechnique, des entreprises et des particuliers qui ont à cœur le rayonnement de l'École; de gérer les fonds recueillis; et d'en assurer la distribution en fonction des objectifs respectifs des fonds[15]».

Trois fonds indépendants sont créés:

— «Le fonds de bourses des diplômés de Polytechnique» a pour objectif de pourvoir à l'octroi de bourses au niveau de la maîtrise et du doctorat ainsi que de prêts aux étudiants; le capital demeure inaliénable.

— «Le fonds d'immobilisation» est conçu pour assurer et favoriser l'expansion matérielle des installations.

— «Le fonds de dotation» est constitué des sommes d'argent qui pourront être données ou léguées par certains donateurs désireux d'astreindre leurs donations à certaines conditions, ou encore des sommes d'argent que le conseil d'administration déciderait d'affecter à des fins particulières.

Mais, pendant que se déroulait cet heureux épisode où l'enseignement et la recherche progressaient à toute allure, quel était le comportement de l'administration, le service dit «silencieux»? Quel appui apportait-elle aux composantes de l'École qui, avec les étudiants, constituent la raison d'être d'une institution universitaire?

Une administration en pleine mutation

L'administration d'une institution universitaire est complexe, d'abord en raison du personnel hétérogène qui la compose: le corps professoral constitué de scientifiques, le personnel cadre, les techniciens, le personnel de bureau et le personnel de métier, ayant leurs particularités respectives; le fait que chaque groupe appartienne soit à une association soit à un syndicat implique l'administration de différentes conventions collectives et la conduite de négociations souvent longues et difficiles. Ensuite, sur le plan de la gestion financière, les revenus étant fonction du nombre d'étudiants et assujettis à des règles de financement elles-mêmes susceptibles de changer selon les possibilités du gouvernement, il s'ensuit que la planification à longue portée est au bas mot fragile pour ne pas dire aléatoire; par exemple, une augmentation de la population étudiante pour une année donnée ne fera sentir ses effets qu'un an et demi plus tard.

C'est ainsi que l'École, comme d'ailleurs d'autres établissements universitaires, vivra des périodes extrêmement précaires, se voyant même menacée d'être mise en tutelle par le ministère de l'Éducation. Par contre, à la suite d'une forte augmentation du nombre d'étudiants et aussi de mesures prises par l'École, cette situation financière déficitaire se changera subitement en un surplus budgétaire; à peine deux ans plus tard, en raison de restrictions budgétaires imposées par le MEQ, la vapeur sera de nouveau renversée et l'École fera face à un nouveau déficit.

On comprendra facilement que ces contingences obligent les décideurs à prévoir un développement à portée relativement courte qui ne favorise pas une croissance harmonieuse basée sur une planification rationnelle. De toute façon nous verrons les différentes mesures qui seront prises au cours de la période à l'étude pour contrer les difficultés financières. Nous tenterons aussi de mettre en lumière le fonctionnement des structures administratives de l'École, ainsi que les activités marquantes telles que l'agrandissement de l'immeuble et son réaménagement.

Le Conseil d'administration de la Corporation est responsable en dernier ressort de l'administration générale de l'École. Au décès du président, Paul-E. Riverin, le 7 juillet 1969, il faut attendre jusqu'au 3 décembre pour assister à l'entrée en fonction de son successeur, Bernard Lavigueur. À la réunion du conseil d'administration le 28 juillet 1969, les membres décident de former un comité consultatif. Le mandat de ce comité est alors d'effectuer des consultations auprès de la Corporation, du Conseil académique, de l'Association des professeurs (APEP), de l'Université de Montréal et de l'Association des étudiants[16].

Les membres du Conseil académique voient cependant d'un œil critique la nomination d'un principal à **temps partiel**, compte tenu de l'ampleur toujours croissante des tâches administratives. De plus, l'APEP transmet au ministre de l'Éducation un télégramme contestant la forme de consultation proposée et demande d'être représentée au comité consultatif. La Corporation s'en tient toutefois à sa première décision d'avoir un principal à temps partiel, mais décide d'engager un bureau de conseillers en administration dans le but de proposer une réorganisation administrative de l'École afin d'alléger la tâche trop lourde du directeur[17].

Les membres de la Corporation dressent par ordre de priorité une liste de quatre noms parmi douze personnes considérées comme éligibles au poste de principal. Le directeur est chargé de soumettre dans les plus brefs délais au comité consultatif un mémoire contenant la liste des quatre candidats ainsi qu'un sommaire de la fonction envisagée par le principal; ainsi, le comité peut procéder à ses consultations et faire rapport au ministre de l'Éducation. Le 3 décembre, Bernard Lavigueur est nommé, à temps partiel, principal de l'École Polytechnique pour une période de cinq ans[18].

Avec le recul, nous pouvons dire que les membres de la Corporation simplifiaient trop la fonction du principal et président qu'ils résumaient comme suit: présider les réunions du Conseil, représenter l'École à l'extérieur et conseiller le directeur sur les questions importantes; ils semblaient préconiser pour le titulaire un emploi du temps bien en deçà de la réalité, soit environ 10 % de son temps. On peut affirmer que Bernard Lavigueur, même avec sa vaste expérience de la gestion d'entreprise, a consacré énormément plus de temps à sa tâche que ce que prévoyaient les membres de la Corporation à la fin de l'année 1969; son successeur, Roland Bouthillette, consacrera au bas mot 80 % de son temps à la cause de l'École. C'est pourquoi son successeur, Roland Doré, sera nommé principal à plein temps à la fin des années 80.

Le 21 mai 1970, Julien Dubuc donne sa démission comme directeur de l'École. Pour la nomination de son successeur, on adopte une procédure similaire à celle que l'on avait suivie pour choisir le principal. Le 12 août 1970, Roger Langlois est nommé directeur de l'École Polytechnique[19]. Il présidera au destin de l'École pendant une période de développement accéléré dans tous les domaines. Fin négociateur, il ne sera pas étranger à l'amélioration des relations avec l'Université de Montréal. Roland Doré assure sa succession en 1982. Quant au principal, Roland Bouthillette, nommé en juin 1984, ayant été un des pionniers du génie-conseil au Québec, il possède une grande expérience en gestion dont il saura faire profiter l'École; c'est Roland Doré qui lui succédera en 1989.

La gestion d'une crise financière

La réorganisation des structures administratives aboutissent à la formation de trois grands services: ceux de l'enseignement, de la recherche et de l'administration, dont les directeurs relèvent du directeur de l'École. Les services des finances, du personnel, des terrains et bâtiments, et, plus tard, du Centre de calcul sont groupés sous la direction des Services administratifs. En 1985, on crée le Service des affaires professorales et Services auxiliaires qui englobent le Centre de calcul, la bibliothèque et la Coopération internationale sous la direction de Gabriel Garneau.

En 1972, Armand Ross succède à Jacques Décary à titre de directeur administratif. À cette époque la situation financière de l'École est assez précaire. En effet, depuis 1969 Polytechnique a subi une série presque ininterrompue de déficits qui se prolongent jusqu'en 1975, causés en grande partie par des faits imprévisibles: contraintes budgétaires imposées par le MEQ; décroissance des populations étudiantes, due à la période de transition qu'ont imposée la mise sur pied des cégeps et la durée du cours d'ingénieur passée graduellement de cinq à quatre ans. Le développement de l'École, surtout dans le domaine de la recherche, constitue un élément additionnel à l'augmentation des dépenses.

Quoi qu'il en soit, le Conseil des universités, peu soucieux des causes de la précarité de la situation financière de l'École, adopte des mesures draconiennes laissant même présager la menace d'une mise en tutelle de Polytechnique[20]. Dans son avis sur les subventions de 1973-1974, le Conseil déclare «que l'École Polytechnique comptait sur une aide extérieure pour affronter ses difficultés financières... [et] que l'École devrait entreprendre sans complaisance la réévaluation interne de ses activités avant de recourir à une assistance gouvernementale spéciale[21]». Enfin, on recommande que l'École soumette au ministère de l'Éducation avant le 17 octobre un plan de deux ans prévoyant pour le 31 mai 1976 le rétablissement de son équilibre budgétaire.

Par ailleurs, le nouveau directeur administratif n'a pas perdu de temps. Il recommande, avant même le rapport du Conseil des universités, d'entreprendre une étude en profondeur de l'allocation des ressources à l'École afin d'adopter des mesures pour équilibrer le budget. Ainsi, en avril 1974, un groupe de travail, composé des directeurs des départements de génie industriel, Marcel Prévost, et de génie mécanique, Maurice Poupard, et présidé par le directeur administratif, André Viau, lequel agit comme conseiller en matière de finances, se met résolument à la tâche qui devait se terminer en novembre 1974. Toutefois, trois paramètres essentiels limitent dans une certaine mesure la liberté d'action du groupe: assurer le maintien de l'excellence dans l'enseignement, compte tenu des exigences requises pour la formation de l'ingénieur dans le contexte social et économique de l'époque, assurer à l'École les moyens de continuer à promouvoir la recherche, et respecter les engagements de l'École envers les étudiants et le personnel. En outre, la formule de financement pénalise l'École parce qu'elle ne tient pas compte des exigences d'un établissement pourvu de nombreux laboratoires, où les programmes sont axés uniquement sur les sciences appliquées, programmes qui coûtent forcément plus cher que ceux des facultés des arts, par exemple.

L'étude révèle des anomalies dans la répartition des ressources entre les départements. En outre, les progrès en recherche s'accomplissent au prix de grands sacrifices monétaires évalués à 28 % du budget total, alors qu'auparavant on n'y consacrait qu'un faible pourcentage, la différence n'étant pas comblée par la formule de financement du MEQ. On constate aussi que le cloisonnement entre les départements, voire entre les sections d'un même département, nuit à l'utilisation optimale des ressources. Par ailleurs, les membres du groupe de travail concluent que «le déficit n'est pas causé par le mauvais fonctionnement d'une activité, d'un programme ou d'un département en particulier; par contre, certains programmes sont beaucoup plus développés que d'autres, entraînant ainsi des coûts additionnels[22]».

Le rapport comprend 36 recommandations touchant les activités d'enseignement et de recherche susceptibles de permettre des économies. Ainsi les départements sont appelés à comprimer leurs dépenses. De plus, il faut malheureusement remettre à plus tard le développement de la bibliothèque et des Services pédagogiques. Les directeurs de départements et de services collaborent pleinement au programme d'austérité préconisé par le Comité d'étude. À sa réunion du 6 mars 1975, la Corporation reçoit officiellement le Plan d'équilibre budgétaire et exprime sa vive satisfaction du travail accompli par le Comité d'étude. Un peu plus tard, le Conseil des universités «note avec une grande satisfaction l'effort considérable fait par l'École Polytechnique pour en arriver à l'équilibre budgétaire». En moins de deux années, la situation financière est passée d'un état déplorable à un état enviable. D'un déficit de 1 578 000 $, on passe à un surplus budgétaire de plus d'un million de dollars[23].

Il va de soi que, sans la forte augmentation de la population étudiante, les économies réalisées grâce au Plan d'équilibre budgétaire n'auraient pu produire à elles seules ces résultats inespérés; par contre, l'étude, non seulement a contribué à l'équilibre budgétaire, mais a réussi à sensibiliser les gestionnaires à la nécessité d'exercer un contrôle rigoureux des fonds mis à leur disposition.

Ainsi, en 1977, l'École est en mesure de mettre en œuvre un Plan d'utilisation du surplus accumulé au 31 mai 1977 pour un montant de 1 800 000 $ sans compter une réserve de 300 000 $. Le plan comporte 28 projets distincts: rénovation de l'édifice principal, remplacement d'appareils très coûteux, appui à la recherche, bibliothèque, perfectionnement du personnel, etc. Par ailleurs, les responsables doivent suivre de près le développement de leurs projets respectifs, de sorte que l'on puisse faire face à l'éventualité d'une situation financière plus difficile.

L'euphorie concernant les finances de l'École est d'ailleurs de courte durée. En effet, dès octobre 1978, on apprend que le Conseil des ministres a décidé de restreindre la croissance des dépenses universitaires en modifiant les formules de financement des universités. Ce changement des règles du jeu signifie que, si les dépenses en 1979-1980 restent aussi élevées que celles de l'année en cours, l'École subira un déficit de 700 000 $; il faut donc comprimer les dépenses pour les années suivantes. À cette fin, un comité de rééquilibre budgétaire (CREB) est chargé d'élaborer le plan de redressement du budget. Inutile de dire que les directeurs de départements et de services sont surpris de la rapidité avec laquelle on est passé de l'aisance à la gêne; quoi qu'il en soit le CREB obtient leur collaboration, et le Comité réussit à déterminer des restrictions de 300 000 $ pour 1979-1980 mais ne se sent pas habilité à y ajouter un montant additionnel de 300 000 $ pour les années subséquentes. On forme alors le CREB II en joignant les membres du CREB au Comité de coordination composé des directeurs des trois grands services et présidé par le directeur de l'École.

En avril, les membres de la Corporation sont saisis des recommandations du CREB II concernant la taille maximale des sections d'enseignement au 1er cycle, soit 180 étudiants. Quant au nombre minimal d'étudiants pour chaque cours des cycles supérieurs, il est fixé à quatre. Enfin, d'importantes compressions de l'effectif du corps professoral sont envisagées; ces compressions consistent à fermer plusieurs postes déjà autorisés mais non encore remplis, tandis que certains professeurs en période de probation ne seront pas réengagés[24]. Les services aussi sont naturellement affectés, en particulier les terrains et bâtiments. Du Conseil académique ainsi que des étudiants monte alors un tollé de protestations au sujet des grands groupes; le Conseil académique demande même un moratoire sur toute décision. De toute façon, vu que la situation financière vers la fin mai se révèle plus favorable que prévu, l'École applique uniquement les décisions qui permettent d'atteindre l'équilibre budgétaire à court terme sans effectuer, pour le moment, les réformes qui présentent de sérieuses objections.

Nous faisons grâce au lecteur de la situation budgétaire en dents de scie qui prévaut pendant les années 80. Par ailleurs, il serait sans doute intéressant de présenter une esquisse de l'état des finances des universités du Québec et de voir où se situe l'École dans cette jungle pécuniaire. Ainsi, dans un document préparé par la Conférence des recteurs et des principaux des

Début des travaux d'excavation relativement à la construction de l'édifice central de l'École Potytechnique (août 1972). De gauche à droite: Roger Langlois, directeur de l'École, Bernard Lavigueur, président et principal, Armand J. Ross, directeur administratif, un étudiant, Guy Dionne, coordonnateur des travaux de construction, Roland Bureau, surintendant des immeubles. (Bureau du président de la Corporation)

universités au Québec (CREPUQ), on affirme que, depuis 1978, les universités ont subi «des compressions budgétaires d'une telle sévérité qu'en 1984-1985, leurs subventions par étudiant ne valaient plus, compte tenu de l'inflation et de la croissance des effectifs étudiants, que 70 % de celles de 1978-1979[25]». Selon ce document, le déficit accumulé des universités devrait se chiffrer à plus de 80 millions de dollars en 1985-1986. Pendant les dix dernières années «les universités n'ont reçu de l'État que 37 % du montant nécessaire à l'admission des [30 000] nouveaux étudiants[26]».

Pourtant l'École Polytechnique réussit à voguer assez allègrement à travers une situation financière qui grève si lourdement le réseau universitaire québécois. En effet, depuis 1975 elle connaît chaque année un surplus budgétaire jusqu'en 1982 où elle accuse un léger déficit qui se transforme en surplus l'année suivante. Un déficit d'exploitation de 900 000 $ apparaît en 1984-1985, et d'environ 400 000 $ en 1985-1986, que l'École absorbe au moyen d'un surplus accumulé de 3 500 000 $. Les deux années suivantes sont aussi marquées par des déficits d'exploitation auxquels vient s'ajouter un montant d'un million de dollars pour achats d'équipements. Par contre, en 1988-1989 et en 1989-1990, on enregistre deux surplus, de sorte que l'École peut atteindre un équilibre budgétaire qui demeure cependant toujours fragile.

Il va sans dire que cette situation privilégiée de l'École n'est pas le produit de formules magiques, mais d'un accroissement marqué de la population étudiante, des mesures administratives déjà signalées et d'un rapprochement significatif avec l'industrie, sans compter les sacrifices qu'a dû s'imposer le personnel pendant les années de vaches maigres. Il faut aussi admettre que la vocation unique de Polytechnique ainsi que son envergure moyenne favorisent considérablement une administration cohérente.

Cependant, même si les finances de l'École nous paraissent fort saines, il n'y a pas lieu de tomber dans l'euphorie, parce qu'elle devra continuer à rajeunir son corps professoral et à augmenter ses effectifs de professeurs-chercheurs pour réaliser son objectif, soit le développement intense des études supérieures qui exigent un solide encadrement. En outre, si l'on a bien en main le budget de fonctionnement, il est loin d'en aller de même pour le budget d'investissement, domaine où il est impossible de «presser le citron». Par exemple, les appareils de laboratoires du 1er cycle deviennent de plus en plus désuets, surtout à cause de l'introduction toujours croissante d'éléments électroniques; or les fonds manquent pour effectuer des remplacements urgents. L'École n'a pas un cent en poche pour l'achat d'appareils de recherche. Il y a aussi le problème de l'espace qui exerce une contrainte sur le développement de l'École, mais qui sera globalement résolu en 1989. Cette question nous incite d'ailleurs à faire un bref retour en arrière sur l'évolution qu'a subie l'immeuble érigé en 1958 sur le campus de l'Université de Montréal.

L'agrandissement de l'immeuble

Dans les années 50, on avait construit un édifice qui devait en apparence répondre aux besoins de plusieurs générations à venir. Mais à peine dix ans plus tard s'amorce un projet d'agrandissement et ce, même si les admissions d'étudiants accusent une baisse avec l'arrivée des cégeps. On opte pour une construction dans la cour intérieure de l'École sur une hauteur de cinq étages de préférence à un bâtiment érigé sur le terrain de stationnement à l'ouest de l'École, projet favorisé par l'Université parce qu'elle en serait devenue copropriétaire, mais auquel s'oppose la Ville de Montréal pour des raisons d'esthétique. Le 6 décembre 1971, Guy Dionne, coordonnateur du projet d'agrandissement, présente au C.A. le calendrier des diverses phases de la construction et du réaménagement d'une partie de l'édifice existant. Les travaux confiés à B.G.L. Construction ltée débutent le 13 novembre 1974 et se terminent le 17 février 1977. La nouvelle aile, entièrement climatisée, comprend 190 000 pieds carrés de surface au coût de près de 10 millions de dollars. L'inauguration du nouvel immeuble a lieu le 24 octobre 1977.

L'École peut maintenant respirer grâce à sa nouvelle construction dont les effets bénéfiques sont fort appréciés: l'amélioration sensible des circulations horizontales et verticales, ces dernières étant facilitées par des escaliers roulants; la décongestion des salles de cours et des projets, ainsi que des bureaux déjà existants; l'amélioration non négligeable de la vie quotidienne des étudiants grâce à l'implantation de services autogérés comme l'audio-visuel, la coopérative, le magasin scolaire et la cafétéria.

La bibliothèque, qui avait été très négligée, devient la mieux aménagée de toutes les facultés de génie au Canada. Quant au Centre de calcul qui en était réduit à déborder dans le couloir, il attire maintenant l'attention des visiteurs dans son enceinte vitrée. Le foyer attenant au Centre de calcul constitue le centre nerveux où étudiants, professeurs, cadres, secrétaires, hommes de métier et ouvriers se croisent en tout temps. L'École possède enfin un amphithéâtre adéquat, avec un hall d'accès permettant des rencontres et certaines activités sociales, doté de salles amovibles et d'installations électroniques dernier cri; on peut désormais simultanément tenir un colloque, donner une conférence, et même dispenser un cours. En outre, l'agrandissement a permis la jonction du département de Génie minéral et du département de Géologie de l'Université de Montréal.

On connaît l'importance des ateliers dans une faculté de génie, parce qu'ils servent à mettre au point des prototypes conçus par les chercheurs, à familiariser les étudiants avec les différentes machines, appareils et outils qu'ils sont susceptibles de rencontrer un jour dans les usines, et aussi à effectuer des travaux pour l'entretien des bâtiments et de l'ameublement. Or, avant la construction, les hommes de métier étaient appelés à travailler dans des recoins, équipés de machines-outils désuètes, ne pouvant ainsi répondre que difficilement aux diverses tâches

L'École Polytechnique de Montréal en 1991, après l'«opération 50 000 pieds carrés». (Service des relations publiques de l'École Polytechnique de Montréal)

requises; les nouveaux locaux aménagés sur une base moderne résolvent le problème[27].

Après l'inauguration du nouvel immeuble, des négociations s'engagent afin que soient obtenus les fonds requis pour le réaménagement de l'édifice principal. Les espaces libérés grâce à la construction doivent être rénovés pour permettre une expansion des départements et des services concernés. L'École obtient un budget de 4 millions de dollars pour le réaménagement, montant qui ne peut être dépassé d'un centime, mais qui se chiffrera finalement à 4 800 000 $; les travaux sont terminés en été 1980 sous la surveillance de Guy Dionne, surintendant des terrains et bâtiments[28].

Les travaux n'avaient pas encore pris fin que déjà le directeur de l'École fait rapport à la Corporation des difficultés que rencontre le comité des espaces: «parmi les tâches auxquelles s'affaire ce comité, il y a celle de trouver un emplacement pour loger les quarante terminaux qui serviront à l'enseignement de l'informatique en septembre prochain[29]». Puis avec les années 80 survient la ruée des étudiants vers Polytechnique, dont le nombre franchit le cap des 5000. L'École se voit obligée de louer des locaux d'une superficie de 4000 m² à la Plaza Côte-des-Neiges pour aménager 13 classes, loger des centres de recherche tout comme le service de l'Éducation permanente, tandis que les bureaux de la coopération internationale et de l'Association des diplômés de Polytechnique (ADP) s'installent à l'angle Reine-Marie et Côte-des-Neiges et qu'une succursale de Coop-Poly ouvre ses portes rue Jean-Talon.

Cette situation engendre de graves inconvénients. On a qu'à penser aux problèmes et au coût qui résultent du déplacement deux fois par jour d'environ 1000 étudiants. Même si le MEQ reconnaît d'emblée qu'il faut construire sur la montagne, ses ressources ne lui permettent pas d'en assumer totalement les frais. Il est donc convenu avec le MEQ que l'École participera au financement du projet au moyen d'une souscription, la première campagne de toute son histoire, dont l'objectif est fixé à 2 millions de dollars. C'est ainsi que l'«Opération 50 000 pi²» est lancée le 15 octobre 1985 pour se terminer en décembre de la même année. Les résultats de la campagne dépassent largement les attentes des organisateurs.

Au coût de 9 millions de dollars, la construction de deux étages du côté nord et d'un étage est-ouest au-dessus de l'édifice principal, comprenant 5000 m², débute à l'automne 1987 et est achevée en septembre 1989. L'agrandissement suffit à rapatrier la fonction d'enseignement au complet, mais les services devront être logés à l'extérieur. Afin de diminuer l'impact visuel de l'ajout d'étages au bâtiment, on utilise un matériau d'aluminium naturel visuellement et structuralement léger.

Enfin, depuis 1985, l'École est engagée dans une opération d'envergure dont le coût est évalué à environ un million de dollars. Il s'agit d'une nouvelle conception des systèmes d'informatique basée sur un logiciel de IVᵉ génération favorisant une décentralisation de la gestion. À ce sujet, le directeur administratif, André Viau, qui a dirigé le service des finances pendant une vingtaine d'années, nous a décrit l'évolution dans ce secteur. En 1954, apparaît sur le comptoir dans les bureaux de la finance une boîte de reçus actionnée par une manivelle. Vingt ans plus tard, cet appareil fait figure d'outil de l'âge de pierre comparé au système FASTER interactif. Le bouleversement en télécommunication a permis d'informatiser le contrôle budgétaire ainsi que les comptes des étudiants, et de développer un système qui permet une interrogation rapide des comptes comptables et des postes budgétaires. Puis la conversion du système FASTER au système CICS, fruit d'un travail laborieux, est réalisé par le personnel du Centre de calcul.

Les relations de travail

La gestion du personnel constitue un aspect essentiel de l'administration de tout établissement, fonction normalement assumée par un service du personnel. Or l'École a attendu jusqu'en 1971 pour se doter d'un tel service, alors que ses effectifs se chiffraient à plus de 450 personnes et que depuis 1966 s'étaient formées deux associations — indépendantes des syndicats — d'employés, les appariteurs et les techniciens de laboratoires, et les employés des services d'entretien et d'ateliers. Auparavant l'administration du personnel était assurée par des cadres, créant une situation peu favorable à la continuité et à la cohésion. Le premier chef du personnel[30] relevait directement du directeur de l'École jusqu'à l'arrivée du directeur administratif en 1972. L'École n'échappe pas à la vague syndicale des années 70. Le corps professoral ayant formé une association, «le 30 mars 1972, par l'intermédiaire de son président, Claude Dubeau, [il présente] au président et au directeur de l'École un projet de convention collective devant lier l'Association des professeurs de l'École Polytechnique (APEP) et la Corporation de l'École[31]».

Les premiers contrats collectifs des différents groupes d'employés sont signés aux dates suivantes: le 24 mars 1972, l'Association du personnel des laboratoires (APLEP), affiliée à la CEQ; le 12 janvier 1973, les employés de la centrale thermique (SCOMM), affiliés aux Teamsters; le 17 octobre 1973, le Syndicat des employés de bureau (SEBEP), affilié à la FTQ; le 17 septembre 1974, le Syndicat du personnel d'entretien et de métiers (SPEMEP), affilié à la FTQ.

Par ailleurs, le protocole d'entente entre la Corporation et les cadres fait l'objet de discussions parfois ardues; la sécurité d'emploi, les congés payés, et surtout la reconnaissance officielle de l'association par l'École constituent les points les plus en litige. En fait, la plupart des membres de la Corporation s'opposent fortement à discuter de conditions de travail avec les cadres, parce qu'à leurs yeux ce geste équivaut à traiter ces derniers comme syndiqués. Au cours de l'été 1976, les cadres forment une association; ils présentent ensuite un projet de protocole. Les négociations se poursuivent pendant une année et, à la réunion du 18 octobre 1977, la Corporation approuve «le projet de convention avec l'Association des cadres de l'École Polytechnique (ACEP) et [autorise] le président et le directeur de l'École à signer cette convention pour et au nom de la Corporation de l'École[32]».

Dans une institution universitaire, le personnel de soutien accomplit un rôle plutôt obscur, parce que la tâche des techniciens, des secrétaires, des hommes de métier et des ouvriers est d'appuyer l'enseignement et la recherche qui, en définitive, sont la raison d'être de l'institution. Il convient donc de rendre hommage à tout ce personnel pour son dévouement et son attachement à l'École. Nous avons vu que le Service des finances a déployé beaucoup d'efforts pour se maintenir au diapason du développement des méthodes techniques dans son domaine et pouvoir ainsi répondre aux nouveaux besoins créés par la recrudescence des activités à l'École. Quant au Service du personnel, inexistant avant 1971, après un départ difficile, il a su lui aussi répondre à l'appel et bien s'acquitter de ses tâches sans cesse grandissantes. Le Service de l'équipement, chargé principalement de l'entretien des terrains et bâtiments, n'a certes pas ménagé ses efforts pour rendre l'École accueillante; la contribution du directeur, Guy Dionne, à l'agrandissement et au réaménagement de l'École mérite d'être soulignée. Quant aux activités du Centre de calcul, il convient de relater son développement pour mieux cerner son apport à la gestion d'une institution en pleine croissance.

Le développement du Centre de calcul

La gestation du Centre de calcul a été lente et parfois soumise à des difficultés qui auraient pu le faire avorter. Nous avons relaté au chapitre 8 les débuts modestes de ce service pendant les années 60.

C'est en 1972 que des changements substantiels se produisent. Le laboratoire de calcul électronique est alors transformé en un véritable centre de calcul sous la direction de Bernard Lanctôt. Après que la Corporation a convenu «que l'informatique est un outil essentiel de formation pour tous les étudiants, qu'il constitue une composante primordiale des activités de recherche scientifique et que les ressources affectées à l'informatique sont actuellement insuffisantes pour satisfaire aux besoins d'enseignement, de recherche et de gestion[33]», le budget du Centre de calcul est fixé à 450 000 $ pour l'année 1972-1973.

Avec l'acquisition du nouvel ordinateur IBM-50 commencent les premières expériences d'utilisation de terminaux[34]. En 1973, au moyen d'un terminal 3270, le Centre de calcul met au point le système de gestion du personnel auquel viendra s'ajouter un grand nombre d'applications administratives. Toujours dans le contexte d'un développement dans tous les domaines, l'École se procure en 1976 un ordinateur IBM 360/75. On voit alors les chercheurs de l'École qui utilisaient les services informatiques de l'Université de Montréal devenir graduellement les usagers du centre. En septembre 1976, Louis Granger assume la direction du Centre de calcul, qui relèvera désormais du directeur administratif; il succède ainsi à Bernard Lanctôt, qui pendant seize ans en avait été le pilier principal.

Le remplacement de l'ordinateur 360/75 en 1980 par deux appareils IBM 4341 marque l'aube de l'utilisation de l'ordinateur en mode interactif, et de logiciels d'une meilleure performance intégrant la mémoire virtuelle. En fait, en l'espace de cinq ans le nombre de terminaux passe de 40 à 300. En outre, le Centre est relié au Centre de calcul de l'Université de Montréal, permettant à la clientèle et aux employés des deux institutions l'accès aux deux centres. Ainsi se réalise la complémentarité dont la Corporation faisait état en 1971 afin de justifier auprès de l'Université de Montréal le maintien d'un centre de calcul à l'École.

À l'affût des développements électroniques, en 1983, l'École fait l'acquisition de 75 micro-ordinateurs en vue de l'implantation de la bureautique. Cette technologie comprend le traitement de texte autonome, l'accès aux banques de données administratives centralisées, le courrier électronique et des services personnalisés. Plus tard, six salles sont aménagées avec micro-ordinateurs et écrans graphiques non seulement pour l'enseignement de l'informatique mais aussi pour des cours d'ingénierie.

En même temps que se poursuit l'opération bureautique, la direction de l'École prend la décision d'implanter la conception assistée par ordinateur (CAO), étant donné qu'«un nombre croissant d'industries de domaines très variés s'y intéressent et plusieurs se dotent de cet outil afin d'augmenter la puissance conceptuelle de leurs équipes d'ingénieurs[35]». À cette fin la société IBM verse 1 700 000 $ pour permettre à l'École d'acquérir deux configurations complètes IBM 4341. C'est ainsi qu'en 1984 on peut aménager une salle avec micro-ordinateurs IBM PC en vue de l'enseignement du cours «Introduction» à la CAO.

À la suite de l'agrandissement de l'immeuble principal, la compagnie Philip aide à financer sept salles comprenant de 23 à

32 micro-ordinateurs; cependant, il faut déjà prévoir le remplacement du parc de ces appareils à un coût d'environ 2 millions de dollars. En 1987, les deux ordinateurs, ne pouvant plus suffire à la tâche, sont remplacés par un IBM 3090-180E. De plus, le Centre de calcul est relié à plusieurs réseaux interuniversitaires nationaux et internationaux. Depuis 1989, grâce au Réseau interordinateur scientifique du Québec (RISQ), dont l'infrastructure a été installée par le CRIM, les professeurs peuvent faire exécuter des travaux sur tout ordinateur relié au réseau.

Notons que l'utilisation actuelle des ressources centralisées du Centre de calcul par les trois grands services se répartit comme suit: recherche: 45 %; enseignement: 25 %; administration: 25 %; autres: 5 %. Soixante-sept personnes assurent les services sur une base de 24 heures par jour. Ainsi, l'embryon que formait en 1960 le laboratoire de calcul électronique avec son ordinateur Bendix G-15, en dépit des difficultés de parcours, n'a cessé de progresser pour atteindre une dimension respectable.

Notes

1. *L'Orientation et le Développement de l'École Polytechnique en 1970-1980*, EPM, 1971.

2. *Ibid.*, p. iii.

3. *Ibid.*, p. iv.

4. *Ibid.*

5. Le BCA est maintenant désigné sous le vocable BCAPI, Bureau canadien d'accréditation des programmes en ingénierie.

6. GENDRON, L., «La Petite Histoire de l'Éducation permanente à l'École - Le Passé», *Polytech*, vol. 3, n° 3, novembre 1978.

7. GENDRON, L., «La Petite Histoire de l'Éducation permanente à l'École - L'Avenir», *Polytech*, vol. 3, n° 4, décembre 1978.

8. Un don de la compagnie IBM permet à l'École de se procurer des appareils informatiques.

9. *Préparer aujourd'hui les ingénieurs pour la société de demain - Le projet de l'École Polytechnique de Montréal*, EPM, octobre 1984, p. 5-6.

10. *Ibid.*, p. 5.

11. La maîtrise en génie est orientée vers la recherche et requiert un mémoire

de l'étudiant. La maîtrise professionnelle inclut des cours et un projet; elle comporte un nombre plus faible de crédits que la maîtrise en génie.

12. *Interview du directeur des études, Maurice Poupard*, le 6 septembre 1985.

13. Avis n° 85.9 en date du 20 décembre 1985 du Conseil des Universités au ministre de l'Enseignement supérieur et de la Science sur le développement dans le secteur de l'ingénierie.

14. *Procès-verbal de la Corporation de l'EPM*, 11 mars 1974, AEPM.

15. *Fondation de Polytechnique*, (brochure) EPM, 1988, p. 1-2.

16. *Procès-verbal de la Corporation de l'EPM*, 30 juillet 1969.

17. *Procès-verbal de la Corporation de l'EPM*, 16 septembre 1969.

18. *Procès-verbal de la Corporation de l'EPM*, 2 décembre 1969.

19. *Procès-verbal de la Corporation de l'EPM*, 2 septembre 1970.

20. *Rapport annuel du CUQ (1973-1974)*, CUQ, 1974, p. 212.

21. *Ibid.*

22. *Rapport du Comité d'étude sur l'équilibre budgétaire*, EPM, 1974, p. 52.

23. *Procès-verbal de la Corporation de l'EPM*, 28 juin 1976.

24. *Procès-verbal de la Corporation de l'EPM*, 9 avril 1979.

25. *Les Universités au Québec: un bref tour d'horizon*, CREPUQ, 1986, p. 3.

26. *Ibid.*

27. Les plans de l'École comprenaient deux étages additionnels que le MEQ a refusés, alléguant sans doute le manque de fonds; c'était une économie à bien courte vue, puisqu'il a fallu effectuer la construction de ces deux étages moins de dix ans plus tard à un coût nettement plus élevé.

28. Le premier titulaire à la surintendance des terrains et bâtiment fut Roland Bureau auquel succéda Guy Dionne. Aujourd'hui, l'organisme est appelé service de l'équipement, et François Clossey en est le directeur.

29. *Procès-verbal de la Corporation de l'EPM*, 13 mars 1980.

30. Le titre du détenteur du poste est devenu plus tard «directeur». Les titulaires ont été successivement Guy Trottier, Roger Latourelle, Guy Lalonde et Yvon Lacoste.

31. *Procès-verbal de la Corporation de l'EPM*, 27 mai 1972.

32. *Procès-verbal de la Corporation de l'EPM*, 18 octobre 1977.

33. *Procès-verbal de la Corporation de l'EPM*, 6 décembre 1971.

34. Notes manuscrites du directeur du Centre de calcul, Louis Granger, 1985.

35. *Avis n° 123*, Bureau du directeur de l'École, 8 décembre 1982.

11

Les relations extérieures

A
u cours de ses cent premières années d'existence, l'École a entretenu très peu de relations avec le monde extérieur. À vrai dire, la plupart de ses activités dans ce domaine se résumaient à des rapports avec l'Université de Montréal, rapports qui ne furent pas toujours heureux. La Corporation tenait à tout prix à maintenir son autonomie qu'elle avait péniblement acquise, et, il va de soi, à éviter l'intégration. Cependant, lors de son centenaire, l'École risque ses premiers pas sur la scène internationale avec l'implantation de l'École Polytechnique de Thiès; elle connaît ensuite une envolée qui de nos jours la conduit à être présente dans seize pays et sur cinq continents.

Polytechnique et l'Université de Montréal: entre l'autonomie et l'affiliation

L'École jouit d'une autonomie administrative tout en demeurant une institution affiliée à l'Université de Montréal en matière pédagogique. Les relations entre l'Université et l'École Polytechnique émanent de la loi régissant les corporations[1]. La charte de l'École stipule, entre autres dispositions, que «la corporation a pour objet de donner l'enseignement et de promouvoir la recherche dans tous les domaines scientifiques où s'exerce l'activité de l'ingénieur[2]». La Corporation peut légiférer en matière de conditions d'engagement, de fonctions et d'attributions de son personnel, y compris des membres du corps professoral, d'établissement de frais de scolarité et autres rémunérations payables par les étudiants, de programmes d'études, enfin de «tout ce qui peut faciliter l'exécution de la présente loi[3]».

Conformément à l'article II de la charte, l'École est assujettie à certaines restrictions dans la formulation de ses règlements qui doivent être conformes au contrat d'affiliation à l'Université de Montréal, ainsi qu'«aux modifications et additions qui pourront y être apportées de temps à autres et recevoir, au surplus, l'approbation du lieutenant-gouverneur en conseil[4]».

Depuis les années 50, l'état des relations entre les deux institutions a varié selon les personnalités en place et, il va sans dire, selon la nature des points en litige. C'est la question de l'intégration de l'École à l'Université de Montréal qui a le plus souvent été au cœur même des relations entre les deux institutions. En 1969, par exemple, un rapport, émis par la commission conjointe du Conseil et de l'Assemblée universitaire[5] (Commission Deschênes), a l'effet d'une bombe chez les administrateurs de l'École. Se basant sur la Commission Parent qui recommandait d'intégrer à l'Université de Montréal «à titre de facultés ou écoles constituantes, l'École Polytechnique, l'École des Hautes Études Commerciales [...][6]», il recommande «que l'Université entreprenne résolument des pourparlers avec l'École Polytechnique et l'École des Hautes Études Commerciales afin que soit réglé, avant l'expiration de leur contrat actuel d'affiliation le 31 mai 1970, le problème de leur intégration à l'Université de Montréal[7]». Le mandat de la Commission comprend entre autres objectifs celui «d'étudier les relations qui doivent exister entre ces différentes composantes de l'Université tant sur le plan académique qu'administratif et qui leur permettraient de participer activement et entièrement à son développement[8]».

Soucieux de faire respecter l'autonomie de l'École, les dirigeants réagissent au rapport de la Commission Deschênes par le biais d'un document établissant clairement leur position relativement au problème épineux de l'intégration[9]. On fait d'abord valoir que la Commission Parent, étant chargée pour le compte du gouvernement d'examiner le système d'éducation du Québec dans son ensemble, n'était pas tenue de justifier d'une façon détaillée chacune de ses recommandations qui devaient être forcément d'ordre général; de plus, considérant qu'aucun des membres de la Commission Deschênes n'avait reçu une formation dans le domaine des sciences physiques, pures ou appliquées, elle n'était certes pas habilitée à apporter la réponse définitive au problème de l'enseignement du génie et de la recherche en sciences appliquées sur le campus de l'Université de Montréal.

On mentionne par contre que Polytechnique s'attendait à ce que la Commission Deschênes, elle, fasse une étude en règle d'un problème aussi majeur que celui de l'intégration de l'École et des HEC. On s'étonne donc que «la Commission, qui est formée de l'élite traditionnelle canadienne-française — deux avocats, deux médecins, un professeur de lettres, un pharmacien et un biologiste —, décide en deux pages de considérations générales de l'avenir de deux disciplines dont les diplômés constituent le cœur de l'industrie et du commerce au Québec[10]». L'École accepte difficilement que les commissaires n'aient même pas jugé bon d'accorder un sous-titre à un sujet comportant de sérieuses répercussions[11].

Sur un ton ironique, les auteurs du document sur la position de l'École soulignent que les commissaires ont défendu leur thèse de l'intégration avec des arguments peu convaincants, comme celui d'affirmer que «98,4 % des étudiants de l'École Polytechnique étaient incapables de nommer un seul des vice-recteurs de l'Université...», ce à quoi les auteurs de la réponse de l'École ajoutent: «tout comme si la Commission s'attendait à ce que les étudiants en sciences sociales connaissent le nom du Principal de l'École, il aurait été plus normal que la Commission se scandalise du fait que presque la moitié des étudiants en sciences sociales et en droit ne pouvaient, eux non plus, nommer un seul des vice-recteurs[12]». Les auteurs n'hésitent pas non plus à utiliser les raisons avancées par l'Université de Montréal pour contrer son intégration à l'Université du Québec dont il est alors question à cette époque[13].

Enfin, le rapport de l'École rejette d'une façon assez lapidaire les arguments apportés par la Commission, aspects administratifs, double emploi de cours et de professeurs, élaboration des programmes, décloisonnement, relations avec le monde des affaires, etc., et souligne pour le compte de l'École les lacunes notées par la Commission au sujet de l'Université. Les auteurs du rapport de l'École concluent comme suit:

> Nous rejetons la recommandation n° 37 de la Commission conjointe, mais désirons sincèrement collaborer avec l'Université dans tous les domaines d'intérêt commun et de services à la société. Rien dans le présent contrat d'école affiliée n'empêche la collaboration la plus totale entre nos institutions. Nous croyons avoir consacré suffi-

samment d'un temps précieux à l'étude de cette question de l'intégration pour la classer de façon définitive pour une période de cinq
ans. Au lieu de nous répandre en discussions stériles, nous désirons
ardemment nous livrer à notre mission propre et nous espérons
qu'en ceci la pleine collaboration de l'Université de Montréal nous
sera acquise[14].

En fait, l'Université de Montréal croit sage de ne pas donner
suite à la recommandation 37 du rapport de la Commission Deschênes. L'autonomie de l'École est préservée, non sans que
l'esprit de corps des dirigeants ait été une fois de plus mis à contribution.

Les négociations concernant l'achat du terrain où se situe
l'École aujourd'hui est un autre exemple des relations tendues qui
existent entre l'Université de Montréal et Polytechnique. En juillet
1968, le gouvernement du Québec formule une nouvelle politique
concernant l'émission d'obligations, rendant les universités responsables en cette matière; mais, le cas échéant, la Corporation
doit être propriétaire des bâtiments et du terrain, ou encore posséder un bail emphytéotique d'une durée supérieure à celle de
l'emprunt. Or l'École n'est pas propriétaire du terrain; à l'instigation de l'Université de Montréal, un projet de bail avait été
préparé vers 1960, accordant la location du terrain pour une durée
de 99 ans, y compris un renouvellement éventuel de 75 ans, mais
n'avait jamais été homologué.

La Corporation se trouve donc dans la situation plutôt
cocasse, mais lourde de conséquences, d'avoir à acquérir le terrain sur lequel l'École a été bâtie dix ans plus tôt. En août 1968, le
président de la Corporation, Paul Riverin, accompagné du directeur Julien Dubuc, rencontre le recteur de l'Université, Roger
Gaudry, pour discuter de la question. Les émissaires de l'École
demandent d'acheter le terrain aux mêmes conditions que celles
qui ont été accordées aux HEC, soit pour le montant symbolique
de 1,00 $. Le recteur, reconnaissant l'urgence de régler cette
question afin de permettre à l'École d'aller sur le marché des
obligations, se montre favorable à cette requête. Dans une lettre[15],
le président confirme sa démarche et manifeste le désir d'acquérir
une extension du terrain en vue de l'agrandissement éventuel de
l'École. Cependant, le 24 septembre 1968, les négociations prennent une tournure bien différente. En effet, l'Université avise
l'École qu'il n'est pas question de la vente du terrain, mais bien
d'un bail emphytéotique d'une durée maximum de 40 ans, et que
cette décision lui sera confirmée par écrit dans les plus brefs
délais. Au cours d'une réunion de la Corporation à laquelle assiste

un représentant de l'Université, une vive discussion s'engage sur le sujet. L'un des membres de la Corporation s'étonne de ne pas obtenir les avantages accordés aux HEC, ni même un bail de longue durée comme celui que préconisait l'Université dix ans plus tôt. Le représentant de l'Université répond «que ce traitement à l'égard des HEC était apparu à l'époque comme une mesure propre à inciter cette école à venir s'établir sur le campus. L'installation physique de l'École Polytechnique sur la montagne étant chose faite, la situation est fort différente[16]».

Après des tergiversations et différentes rencontres, l'Université est maintenant disposée à vendre le terrain pour la somme de 1,00 $; toutefois, à ce geste positif viennent se greffer des conditions: accepter de soumettre au comité d'architecture de l'Université de Montréal tout projet de modification du bâtiment, et d'intégrer les parcs de stationnement à ceux de l'Université de Montréal qui en assurerait l'administration. Les membres de la Corporation décident d'exclure des négociations la question du stationnement qui ferait l'objet d'un contrat distinct[17]. L'Université reconnaît alors «à l'École Polytechnique le droit au contrôle administratif de ses espaces de stationnement[18]».

Le renouvellement du contrat d'affiliation suscite de vifs échanges entre les représentants des deux institutions. Par exemple, on note qu'en 1969, par vote majoritaire, l'Assemblée universitaire recommande au Conseil de l'Université de reconduire le contrat pour une année, même si le directeur de l'École s'est abstenu de voter, n'ayant eu que quelques jours pour en prendre connaissance. Par contre, après de longues discussions, un nouveau contrat d'affiliation, comprenant un protocole relatif aux études supérieures et à la recherche, est conclu le 27 juin 1974 pour une période de trois ans et est reconduit annuellement par la suite sans grandes difficultés. Entre autres dispositions, on reconnaît «à chaque institution sa vocation propre» et «l'École comme foyer principal d'enseignement et de recherche en sciences de l'ingénieur[19]». Dans le but de surveiller l'application du contrat et de favoriser le plus haut degré de collaboration entre les deux institutions, on prévoit la mise sur pied d'un comité de liaison, composé d'un vice-recteur et du directeur de l'École.

Ainsi le protocole relatif aux études supérieures règle enfin les graves problèmes qui ont fait surface dans ce domaine en 1972. En effet, à cette époque, l'Université de Montréal désire appliquer aux deux écoles affiliées les objectifs de la nouvelle faculté des études supérieures (FES) regroupant tous les aspects des études supérieures de ses propres facultés et écoles constituantes, soit l'admission, la coordination des programmes, l'engagement des professeurs, la nomination des jurys de thèse; à cette fin elle avait soumis un protocole d'entente entre la FES et les grandes écoles affiliées.

Le 27 mars 1972, le directeur de l'École fait rapport à la Corporation des résultats de ses consultations sur cette question auprès des directeurs de département, du Conseil académique, des professeurs et des étudiants. Toutes les personnes consultées désavouent ce projet de protocole, qui, de l'avis des membres de la Corporation, va à l'encontre des dispositions de la charte, voire du contrat d'affiliation. Il est donc résolu de présenter à l'Université un contre-projet de protocole qui reconnaît «l'autorité de l'Université dans l'établissement des normes académiques mais en laisse l'application et l'administration à l'École en conformité avec notre contrat d'affiliation et notre charte[20]». On fait état de certains principes à respecter: compte tenu de sa charte, l'École ne peut pas être considérée comme une faculté de l'Université; les 2e et 3e cycles, faisant partie intégrante de l'École, doivent forcément rester sous sa juridiction. L'École est disposée à discuter, à transiger et à négocier avec l'Université, mais pas avec sa Faculté des études supérieures; l'École Polytechnique désire institutionnaliser une plus grande participation de l'Université à ses activités aux niveaux des cycles supérieurs.

Même si l'École n'hésite pas à collaborer avec l'Université dans tous les domaines, elle ne manque pas pour autant d'afficher son autonomie dans la mesure permise par sa charte et son contrat d'affiliation. Par exemple, en décembre 1970, le président du Conseil des universités du Québec (CUQ) demande à l'École, comme d'ailleurs à tous les établissements universitaires québécois, de présenter un mémoire sur l'orientation et le développement de l'École Polytechnique en 1970-1980. Or, le recteur désire que ce mémoire soit soumis au Conseil de l'Université avant d'être transmis à Québec. L'Université met sur pied un comité, dont fait partie un représentant de l'École, Roger Blais, dans le but d'harmoniser les présentations des mémoires individuels. Mais, comme l'Université n'est pas en mesure de présenter son mémoire pour la date fixée, la Corporation décide de transmettre le mémoire préparé par Roger Blais, passant outre au désir du recteur.

Quelques mois plus tard, l'École fait parvenir au CUQ un mémoire d'appoint sur ses «Grandes Orientations» à la stupéfaction des membres du Conseil de l'Université; son représentant ne manque pas de signaler cette incartade de la Corporation, demandant «qu'à l'avenir tout soit mis en place pour que des mémoires du même genre soient préparés conjointement[21]». Les membres de la Corporation réitèrent leur volonté de coopérer avec l'Université dans toute la mesure du possible, mais «ceci n'exclut pas que l'École puisse conserver son identité propre en soumettant des mémoires en son nom[22]». L'École adopte une position analogue en 1972 lorsqu'elle décide d'acquérir un ordinateur axé sur ses besoins, en dépit des protestations de l'Université qui tenait absolument à fournir les services informatiques à tout le campus au moyen d'un puissant ordinateur qu'elle est alors sur le point de mettre en place.

Sans entrer dans les détails, il convient de mentionner que les Services aux étudiants (SAE) ont connu occasionnellement des frictions. L'ouverture du centre de l'éducation physique et des sports de l'Université de Montréal (CEPSUM), en 1976, oblige tous les étudiants du campus à verser des cotisations à l'Université qui a investi des sommes considérables malgré une aide gouvernementale. Or l'Université de Montréal n'est pas très disposée à faire participer les étudiants à la gestion de ces services. Par contre, les membres de la Corporation se montrent fermes sur cette question; il est résolu de percevoir des étudiants une cotisation d'un montant de 51,50 $ par trimestre pour les SAE de l'Université, mais sous réserve que cette dernière s'engage à mettre en œuvre certaines mesures, entre autres «une structure administrative précisant des modes de participation, suffisante au jugement de l'École, des étudiants à la gestion des services aux étudiants [...] une concertation continuelle tripartite U. de M. - Poly - HEC sur la question des services étudiants[23]».

Il va sans dire que l'AEP se montre fort solidaire, parfois d'une façon un peu bruyante, des exigences de l'École concernant les SAE. De toute façon, en février 1977, étant donné que l'Université a approuvé les modifications proposées par l'École et que l'AEP est disposée à adhérer d'une façon officielle ou officieuse aux structures de participation à la gestion des SAE, la Corporation autorise le directeur à percevoir la cotisation des étudiants de Polytechnique.

Pour bien comprendre la nature des relations entre l'École et l'Université, il est essentiel de considérer l'évolution des deux institutions. D'une part, l'École, depuis sa fondation en 1873, a tellement combattu pendant nombre d'années pour sa survivance qu'elle a acquis un esprit de corps et reste sensible à toute affaire susceptible d'entraver une autonomie chèrement acquise. D'autre part, l'Université de Montréal s'est développée en créant ou assimilant plusieurs types de formation, tout en privilégiant une direction centrale forte. Il ne faut donc pas s'étonner si ces tendances opposées ont entraîné certains conflits quand les intérêts de chaque établissement étaient irréconciliables. De toute façon, ce qui importe vraiment, c'est que les ressources dans le domaine des connaissances des deux institutions soient mises à la disposition des professeurs dans un esprit de complémentarité plutôt que de concurrence, et c'est précisément ce qui se produit de plus en plus. L'École et l'Université ont aussi travaillé en étroite collaboration pour la mise sur pied du Groupe des couches minces du département de Génie physique et du département de Physique ainsi que pour la création de programmes de 2e cycle en électrochimie appliquée, en ergonomie et en gestion des projets d'ingénierie et d'architecture. En dernier ressort, comme on le sait, l'excellence d'une institution est fonction de la qualité de ses professeurs et de ses étudiants; il importe donc de leur donner accès à toutes les ressources disponibles. On peut affirmer sans réserve que cette politique est appliquée avec efficacité et que depuis bon nombre d'années les relations entre les deux institutions sont très harmonieuses.

L'École Polytechnique de Thiès et la coopération internationale

L'École Polytechnique n'a tenté à vrai dire aucune expérience sur le plan international avant d'atteindre l'aube du centenaire de sa formation. Même à cette époque, on constate que les autorités de l'École hésitent encore à se lancer dans un projet, qui, comme nous le verrons, sera un franc succès. Il faut bien comprendre que, avant les années 70, l'École n'avait ni les ressources ni la renommée nécessaires pour s'engager dans une entreprise débordant largement son milieu. Fidèle à sa mission traditionnelle d'une école professionnelle, elle se souciait uniquement de former de bons ingénieurs pour le Québec, sans trop se préoccuper de son rayonnement à l'extérieur. De toute façon, il est clair que, pendant un bon nombre d'années au XXe siècle, la coopération internationale n'a pas constitué en général le leitmotiv des universités canadiennes.

Même si au cours des années 60 Polytechnique a entretenu certains échanges avec la France, on peut affirmer sans se tromper que l'implantation d'une école polytechnique à Thiès au Sénégal constitue le véritable coup d'envoi dans le domaine de la coopé-

Visite, le 9 janvier 1973, du consul général du Sénégal à Montréal, de l'ambassadeur du Canada au Sénégal et d'un représentant de l'ACDI en vue du projet d'implantation de l'École Polytechnique de Thiès, au Sénégal. De gauche à droite: Jean Corneille, directeur général du projet; Roger Langlois, directeur de l'École Polytechnique de Montréal; Raoul Grenier, ambassadeur du Canada au Sénégal; Bernard Lavigueur, président du Conseil d'administration de la Corporation de l'École Polytechnique de Montréal et Rémi Tougas, directeur des services de l'enseignement de l'École Polytechnique de Montréal. (Bureau du président de la Corporation)

ration internationale. Dans la foulée des fêtes de son centenaire, Polytechnique dévoile un projet d'envergure: le parrainage de l'École Polytechnique de Thiès (EPT). C'est le départ de sa vocation internationale.

Il s'écoule sept ans entre la proposition du président du Sénégal, Léopold Sedar Senghor, au gouvernement canadien d'implanter une école de formation de cadres administratifs et la réalisation du projet en 1973. Cependant, en raison de ses besoins pressants d'encadrement technique, le gouvernement sénégalais opte par la suite pour une institution de formation d'ingénieurs en génie civil et en génie mécanique. L'EPT se donne comme mission de «dispenser l'enseignement et de promouvoir la recherche dans tous les domaines scientifiques où s'exerce l'activité de l'ingénieur[24]».

L'École Polytechnique de Thiès. (*L'Ingénieur*, vol. LXIX, septembre 1983)

En juillet 1972, le professeur Jean Corneille, représentant de Polytechnique, après une visite au Sénégal sous les auspices de l'Agence canadienne de développement international (ACDI), fait un rapport à la Corporation. Il explique qu'il s'agit d'établir «une école d'ingénieurs à Thiès, avec l'aide de l'ACDI qui assume elle-même la responsabilité de l'implantation physique des bâtiments [...] mais qui aurait besoin de l'appui d'un établissement universitaire qui accepterait la responsabilité de l'élaboration des programmes de cours et du contrôle des devis pédagogiques et administratifs[25]». Quoique favorable à une telle collaboration, la Corporation exprime ses craintes concernant la contribution éventuelle des ressources humaines et financières.

Par la suite, le directeur des services de l'enseignement, Rémi Tougas et le professeur Jean Corneille élaborent un projet d'entente entre Polytechnique et l'ACDI. En octobre 1972, les membres de la Corporation, tout en préconisant beaucoup de prudence, décident de continuer le dialogue avec l'ACDI, puisqu'ils y voient une occasion d'augmenter la renommée de l'École sur le plan international. C'est ainsi que, le 2 avril 1973, «l'EPM et l'ACDI [signent] officiellement une entente selon laquelle l'EPM [s'engage] à mettre à la disposition du Sénégal l'ensemble de ses connaissances et expériences pour l'organisation de l'EPT[26]». L'École peut d'ores et déjà appliquer en partie la devise de son centenaire: «Une communauté où l'homme est à la recherche de la vérité, **où la science est mise à la disposition de l'homme.**»

Les artisans du projet auront à affronter un calendrier surchargé. En neuf mois ils effectueront les tâches suivantes: «l'établissement des programmes d'études, l'élaboration des procédures de gestion scolaire, le recrutement du personnel, l'achat d'équipement, les codifications des divers bâtiments de l'ensemble scolaire, les plans de sénégalisation du personnel à moyen et à long terme et l'organisation matérielle de l'EPT[27]».

Les planificateurs avaient prévu trois phases pour ce projet d'envergure: de 1966 à 1973, l'implantation que nous venons de décrire, de 1973 à 1978, la consolidation, et de 1978 à 1984 la sénégalisation et la régionalisation. À la date prévue, le 5 novembre 1973, l'ouverture des cours pour les 83 premiers étudiants marque le début de la phase II. Les programmes d'études, calqués initialement sur ceux de Polytechnique, sont progressivement modifiés afin d'être mieux adaptés aux réalités sénégalaises. Il est à noter que, conformément au désir du président du Sénégal, «l'École doit former des ingénieurs de conception et de réalisation du type nord-américain [...]. Ainsi, les enseignements sont dispensés par des professeurs canadiens de formation nord-américaine à des étudiants sénégalais de formation française[28]».

Parce que le cours, étant de nature nord-américaine, constitue un changement assez radical pour les étudiants, le taux d'échec de ces derniers est très élevé. Ainsi, la première promotion en 1978 est de 26 diplômés, soit seulement 30 % des étudiants inscrits depuis le début. Par contre, on remarque qu'au cours des années le taux de réussite s'améliore constamment.

En juillet 1978, avec la première promotion d'ingénieurs, 14 en génie civil et 12 en génie mécanique, prend fin la phase II. Au cours de cette période, les critères de sélection ont été ajustés, le programme d'études a été modifié pour s'adapter au contexte économique du Sénégal, et la construction de laboratoires, de la bibliothèque et des résidences additionnelles a été parachevée. Les coopérants canadiens, dont le nombre a doublé en cinq ans, passant de 22 à 41, ont appris à s'adapter au milieu, non seulement climatique mais aussi social et politique. Plusieurs professeurs de Polytechnique qui ont enseigné à l'EPT ont vécu une expérience exceptionnelle. Comme le professeur Jean Lavoie le souligne à l'époque: «Il faut apprendre à se hâter lentement.» Il est superflu de mentionner l'obligation pour des étrangers d'être compréhensifs dans leurs relations avec des populations qui ont vécu l'expérience du colonialisme. Ainsi, dans ce contexte, un groupe de professeurs et de techniciens lance un projet de recherche portant sur l'utilisation de pompes mécaniques et éoliennes dans le but d'alimenter en eau les villages pour la culture maraîchère et aussi de fournir une source d'énergie pour l'éclairage et le pompage.

On avait planifié de sénégaliser et de régionaliser l'EPT au cours de la phase III. Dans ce domaine les progrès sont assez lents au départ mais s'accélèrent par la suite. En 1983, on compte trois professeurs sénégalais et neuf étudiants étrangers; en 1984, l'institution ouvre ses portes à vingt étudiants en provenance de six pays limitrophes. Sur un effectif de vingt-trois professeurs, le corps professoral comprend six Sénégalais. C'est la difficulté pour l'EPT d'offrir à ses boursiers un statut de professeur qui constitue un obstacle important à la sénégalisation de l'institution. L'EPT étant la première école de formation d'ingénieurs de conception au Sénégal, le statut de professeur existant à l'Université de Dakar n'est pas entièrement satisfaisant pour une école d'ingénierie[29]. L'EPT s'avance lentement sur la voie de la sénégalisation; il est à espérer qu'elle deviendra une institution entièrement sénégalaise.

Au cours de cette phase, l'EPT change de statut pour devenir une institution comparable aux collèges militaires canadiens. Le directeur des études relève désormais du commandant de l'EPT auprès duquel il agit, en quelque sorte, comme conseiller pédagogique et les élèves ingénieurs deviennent des militaires durant leurs études[30].

Nous ne prétendons pas pouvoir, en quelques pages, rendre justice à un projet d'une aussi grande envergure que celui de l'EPT. Par exemple, comment décrire adéquatement la contribution de Polytechnique? Parmi les grands artisans, il nous vient naturellement à l'esprit les noms de Rémi Tougas, Jean Corneille, Julien Dubuc, Roger Labonté, et à l'EPT ceux des directeurs des études et des services de l'enseignement, Claude Dubeau, Maurice Poupard, François Brière, René Jutras, André Leclerc, Nicole Couture, Raymond Mayer, Marcel Giroux, Philippe Manseau, Marcel Thiphane, Robert Vinet, Babacar Macadou Ndiaye, mais combien d'autres ont contribué avec ardeur à cette œuvre admirable, sans compter l'appui de la direction de l'École. À ce sujet, le principal et président de l'École, Bernard Lavigueur, à l'occasion du 10ᵉ anniversaire de l'EPT exprime peut-être le mieux l'apport de tout ces artisans. Dans la revue *L'Ingénieur,* il écrit:

L'espace manque pour énumérer tous les artisans du projet, mais qu'il me soit permis de remercier tous ceux qui, par leur dynamisme, leur ardeur et leur foi en sa réalisation, ont permis au projet de l'École Polytechnique de Thiès de voir le jour et d'évoluer dans le sens qu'on lui connaît[31].

Le vice-président, Afrique-francophone, de l'ACDI donne lui aussi son appréciation du projet. En parlant de la contribution du Canada, il évalue à 65 millions de dollars les sommes consacrées à l'EPT en incluant la phase IV. Il termine son message en ces mots:

Le projet École Polytechnique de Thiès est indéniablement une réussite dont l'ACDI et ses partenaires se félicitent. Plusieurs personnes en effet, sénégalaises comme canadiennes, le considèrent comme le joyau de la coopération canadienne au Sénégal[32].

Nous avons déjà mentionné que l'établissement de l'EPT a constitué pour l'École une ouverture sur la scène internationale. Par la suite, d'autres ententes institutionnelles confirment la volonté de l'École de coopérer au développement technologique des pays du tiers monde. En fait, les activités dans ce domaine ont pris tellement d'ampleur que l'École forme en 1981 un service dont le mandat général est de planifier, d'organiser et de coordonner toutes les activités de coopération internationale. Rémi Tougas est la personne toute désignée pour assumer la direction de ce service, ayant été depuis sa nomination au poste de directeur des études le principal artisan de la coopération internationale.

Le projet de l'Institut Technique Supérieur (ITS) à la faculté des sciences appliquées de l'Université du Burundi, à Bujumbura, mis en application en 1983, se poursuit toujours en 1989-1990. La formation d'ingénieurs d'exécution, selon la terminologie burundaise, constitue l'objectif du projet, reconnu comme hautement prioritaire par le Burundi, qui y investit un montant de 4 millions de dollars tandis que la contribution de l'ACDI se chiffre à 4 100 000 $. En ce qui concerne Polytechnique, les responsabilités dans ce projet se situent sur les plans suivants: enseignement (programme d'études, professeurs et techniciens, équipements), formation des homologues, gestion et évaluation[33]. Lorsque l'ITS atteindra son régime de croisière, il sera en mesure de former annuellement de vingt-cinq à trente techniciens supérieurs.

Un autre projet de coopération institutionnelle, mettant à contribution l'École Mohammadia d'Ingénieurs (EMI), la plus importante institution de génie du Maroc, l'École des Hautes Études Commerciales (HEC) et Polytechnique, a pour objectif d'établir une spécialisation «décision et contrôle». On a prévu une durée de trois ans pour la mise en application de ce projet (de 1983 à 1986).

L'ACDI accorde des bourses d'études et de stages dans les institutions universitaires canadiennes dans le but de favoriser la formation des ressources humaines des pays en voie de développement. Polytechnique assure l'encadrement et l'administration générale des boursiers et stagiaires de l'ACDI, dont le nombre oscille entre 12 et 115 au cours des années. En 1984-1985, on compte à Polytechnique 64 stagiaires, pour lesquels l'ACDI débourse directement ou indirectement la somme de 1 075 000 $.

Depuis 1976, l'École participe à la formation du corps professoral de l'École Supérieure de Mécanique Industrielle (ESMI), filiale de l'Université du Bénin qui a été créée en 1970. Dans le cadre d'une entente interuniversitaire, Polytechnique a admis des diplômés de l'ESMI au niveau du 1er cycle, et par la suite à la maîtrise et au doctorat, et a fourni un encadrement pédagogique et administratif à ces futurs professeurs de l'ESMI. En 1985, le grade de Ph.D. a été décerné à trois diplômés qui feront bientôt partie du corps professoral de leur institution.

L'École a aussi conclu en 1979 une entente appuyée par le ministère des Affaires intergouvernementales du Québec, avec l'Escola Federal de Engenharia de Itajuba (EFEI), une école d'ingénieurs fondée en 1913 et jouissant d'une grande réputation au Brésil. L'entente prévoit l'admission d'étudiants dans des programmes de cycles supérieurs, l'envoi de professeurs de l'École pour de courtes périodes, l'échange de renseignements sur les plans de la didactique, de l'organisation pédagogique et de la gestion scolaire, l'accueil des stagiaires, et, enfin, la préparation de publications conjointes et de cours intensifs. Trois disciplines constituent le domaine d'intérêt commun: le génie électrique, le génie mécanique et le génie industriel.

Un projet concernant l'accueil de dix professeurs mexicains de l'Instituto Politecnico Nacional (IPN) de Mexico, dans le domaine du génie nucléaire, a été financé par l'Énergie atomique du Canada, l'ACDI et par le ministère des Affaires intergouvernementales du Québec. Cette entente a donné le signal d'une collaboration entre les deux institutions dans les domaines de technologie de pointe.

Les échanges entre les universités et les grandes écoles françaises se sont également précisées et accrues au cours des années. Mais c'est surtout depuis 1972, avec l'introduction de la formule dite des «projets intégrés», que les programmes de coopération ont pris leur véritable essor et ont contribué d'une façon sensible à l'évolution de la recherche dans certaines disciplines à l'École. L'année 1978 a marqué le sommet des activités dans ces programmes: 14 projets intégrés, comportant quelque 55 missions de durée variable et l'octroi de 21 bourses d'études et de stages, ont été retenus pour Polytechnique. On remarque cependant que, à compter de 1980, en raison de la conjoncture, il s'est produit une décroissance des programmes de coopération universitaire franco-québécoise. Même si cette importante composante des relations entre la France et le Québec est à repenser, Polytechnique continuera de participer activement à ces échanges inter-universitaires.

Les ententes que l'École a conclues avec les différentes institutions de par le monde constituent autant de fenêtres ouvertes sur la communauté universitaire internationale; elles représentent également des voies de communication bénéfiques avec des établissements engagés dans les mêmes secteurs d'activités. Parmi ces établissements en Europe, on en compte treize en France, deux en Bulgarie, un en Belgique, un en Pologne et un autre en Italie; en Amérique Latine et aux Antilles, deux au Venezuela, un au Mexique, un au Chili, un au Brésil et un autre en Haïti; en Afrique, deux au Maroc, un au Togo, un au Burundi et un autre en Côte-d'Ivoire; en Asie, un à Xian en Chine.

À l'École Nationale d'Ingénieurs de Tunis, l'École Polytechnique a contribué durant trois ans (1986-1989) à l'organisation de programmes d'études en génie des transports, en géotechnique et en mécanique des sols, de même qu'à la mise sur pied d'un centre de production de documents pédagogiques audiovisuels. Ce programme de coopération financé par le Canada comprenait des missions d'enseignement, des stages de perfectionnement au Canada et l'achat d'équipements spécialisés.

Par ailleurs, l'École a lancé deux projets en Algérie, l'un à l'Institut National de Formation en Information (en 1987), et l'autre à l'École Nationale Polytechnique (en 1988). Ces deux projets de coopération, appuyés financièrement par l'ACDI, visent principalement le renforcement de programmes de recherche et la formation d'un personnel spécialisé dans divers domaines prioritaires pour l'Algérie. Il faut de plus souligner l'important «Programme d'assistance en enseignement technique» à Douala et à Yaoundé, au Cameroun, pour lequel l'École Polytechnique agit en tant que maître d'œuvre à la tête d'un consortium composé de l'Université d'Ottawa, de l'Université du Québec à Rimouski et de l'Association des collèges communautaires du Canada. Ce consortium travaille en association avec la firme montréalaise Lavalin-Formation. Ce projet, qui a démarré en 1988, comporte un volet à caractère pédagogique (formation d'enseignants) et un volet à caractère administratif (organisation et gestion de certaines activités reliées à l'éducation). L'ACDI dépensera 9 500 000 $ sur quatre ans pour la réalisation de ce grand projet dont on prévoit déjà la continuation après 1992.

Nous croyons pouvoir conclure en disant que l'École Polytechnique a connu un véritable essor depuis 1973 dans le domaine de la coopération internationale. En effet, en 1989, le service conçu à cette fin assurait l'administration et la coordination de cinq projets dans le cadre de la coopération France-Québec. Ce service assumait également la coordination d'une trentaine d'ententes de coopération universitaire avec des établissements situés en Europe, en Afrique, en Amérique Latine, aux Antilles, en Amérique du Nord et en Asie. Finalement, il administrait six projets financés par l'ACDI, soit environ 5 millions de dollars dans cinq pays différents.

Notes

1.   *Statuts de la Province de Québec*, 3-4 Élisabeth II, chapitre 127, (1955), p. 615-622.

2.   *Ibid.*

3.   *Ibid.*

4.   *Ibid.* Ce contrat d'affiliation n'est signé qu'en 1952. Bien que l'École soit affiliée à l'Université de Montréal depuis la création de cette dernière en 1919, des désaccords entre les deux parties retardent la signature d'une entente.

5.   *Rapport de la commission conjointe*, PUM, 1969, 333 p.

6.   *Ibid*, p. 83.

7.   *Ibid.*

8.   *Ibid.*, p. 20.

9.   LAVIGUEUR, J.B. *et al.*, *Position de l'École Polytechnique au sujet de l'intégration à l'Université de Montréal*, EPM, 1970, 68 p. Le comité de rédaction était composé de Bernard Lavigueur, principal, de Julien Dubuc, directeur, de Jacques Laurence, directeur adjoint, de Roger Blais, professeur et membre de l'Assemblée universitaire, de Marcel Hébert, professeur et membre de l'Assemblée universitaire et de Claude Guernier, professeur.

10. *Ibid.*, p. 6.

11. *Rapport de la commission conjointe, op. cit.*, p. 82.

12. LAVIGUEUR, J.B. *et al., Position..., op. cit.*, p. 6.

13. «Il est clair que, loin de vouloir vivre uniquement du passé, *l'École Polytechnique* s'est résolument engagée dans la voie de l'avenir. Cet élan, faut-il le dire, se verrait brimé si elle devait troquer son indépendance contre l'intégration à un grand tout *universitaire* et de se voir ainsi fondue dans l'anonymat, plusieurs énergies risqueraient de perdre le dynamisme qui a fait leur force et leur originalité. *L'École Polytechnique* a atteint depuis longtemps sa majorité et si, de toute évidence, elle est disposée à collaborer, elle n'est pas prête, dans notre opinion, à accepter une mise en tutelle.» LAVIGUEUR, J.B., *et al., Position ..., op. cit.*, p. 11-12.

14. *Ibid.*, p. 3.

15. *Procès-verbal de la Corporation de l'EPM,* 17 octobre 1968.

16. *Ibid.*

17. Les réticences de la Corporation s'expliquent par le fait que l'Université projetait la construction d'un garage étagé; la répartition des coûts entre tous les usagers du stationnement aurait entraîné des déboursements additionnels pour le personnel et les étudiants de l'École sans qu'il en soit retiré aucun avantage supplémentaire.

18. *Procès-verbal de la Corporation de l'EPM,* 26 juin 1969.

19. *Contrat d'affiliation entre l'Université de Montréal et l'École Polytechnique de Montréal,* 27 juin 1974, p. 1-2, AEPM.

20. *Procès-verbal de la Corporation de l'EPM,* 27 mars 1972.

21. *Procès-verbal de la Corporation de l'EPM,* 7 février 1972.

22. *Ibid.*

23. *Procès-verbal de la Corporation de l'EPM,* 28 juin 1976.

24. DUBUC, J. et TOUGAS, R., «Les Trois Phases de l'École Polytechnique de Thiès», *in L'Ingénieur,* septembre 1983, p. 8.

25. *Procès-verbal de la Corporation de l'EPM,* 7 août 1972.

26. DUBUC, J. et TOUGAS, R., *op. cit,* p. 8.

27. *Ibid.*

28. LECLERC, A. et MANSEAU, P., «Les Programmes d'études et de recherche à l'École Polytechnique de Thiès», *in L'Ingénieur,* septembre 1983, p. 19.

29. *La Coopération en marche - École Polytechnique de Thiès,* album historique marquant le douzième anniversaire de l'EPT, EPM, 1985, p. 29.

30. *Ibid,* p. 13.

31. LAVIGUEUR B., «Un mot du Principal de l'École Polytechnique de Montréal», *in L'Ingénieur,* septembre 1983, p. 7.

32. *Ibid.*

33. «Accords de coopération», *Universités,* vol. V (1), mars 1984, p. 17.

Épilogue
Le 6 décembre 1989 et après...

De pays en pays doit-il siffler des balles
La frayeur et la faim renaître tour à tour?
Il est une cité sans haine et sans rafales
Que le peuple étudiant érige dans l'Amour.
Chaque maison est comme une cellule
Où s'accomplit la jeune humanité
Dans les regards et dans les rues circulent
Un air de compassion et de fraternité.

Marc Gélinas

Ce jour-là, les étudiants se préparent fiévreusement à affronter les examens trimestriels. Un groupe, s'acheminant vers la fin des études du 1er cycle, rêve d'une maîtrise, d'un doctorat éventuel ou d'un premier emploi, et voit déjà poindre à l'horizon une carrière brillante. D'autres, moins avancés dans leurs études, mais encouragés par un premier succès, envisagent l'avenir avec confiance. Et bientôt ce sera la détente bien méritée des vacances.

17 h 15... Un sinistre coup de théâtre... tous ces merveilleux rêves s'effondrent... un déséquilibré, armé d'une carabine semi-automatique, munitions en bandoulière, apparaît sur la scène de l'École. Quand il fait irruption dans une salle de classe, on croit d'abord qu'il s'agit d'une mauvaise farce d'un étudiant. Mais non, c'est un personnage à la Rambo, un forcené qui oblige les garçons à évacuer la salle en les gardant en joue. Puis, il se tourne vers les étudiantes et leur crie: «Vous êtes une gang de féministes... J'haïs

les féministes», avant de diriger son feu meurtrier sur ces filles terrifiées, sans défense. En l'espace de quelques minutes, et à trois étages différents, douze étudiantes en génie, une autre en sciences médicales et une employée de l'École sont abattues, victimes d'une misogynie sans précédent; à ce nombre fatidique viennent s'ajouter les blessés et blessées qui ont heureusement survécu. Le tueur, Marc Lépine, 25 ans, se suicide, c'est la fin du carnage. Fait significatif: on trouve sur son cadavre une «liste rouge» de quinze femmes bien connues au Québec.

L'histoire de Polytechnique ne se prête certes pas à une analyse en profondeur d'un tel drame; de toute façon nous n'en avons pas la compétence. Par contre, nous croyons que quelques réflexions pourraient aider les générations futures à comprendre, du moins en surface, la tragédie du 6 décembre 1989.

Il serait trop commode de croire qu'il s'agit d'un crime isolé perpétré par un déséquilibré mental, un crime qui ne devrait pas nous empêcher de continuer allègrement notre routine journalière sans ressentir le moindre remords. Il faut bien admettre que c'est la société québécoise qui a formé Marc Lépine, c'est donc toute la collectivité qui doit se mettre en question. Serait-il possible que des hommes, ici, au Québec, nourrissent une haine latente à l'égard des femmes parce que, depuis quelques années, celles-ci se solidarisent entre elles dans le but d'occuper la place qui leur revient naturellement, qui leur revient de droit? Pourquoi Lépine a-t-il choisi Polytechnique pour s'attaquer aux femmes alors qu'on trouve dans beaucoup de facultés des étudiantes en nombre majoritaire? Il faut présumer que la présence des femmes dans une faculté de génie constituait pour lui une provocation intolérable: pendant près d'un siècle les sciences appliquées avaient été la chasse gardée de l'élément masculin.

Quoi qu'il en soit, la tragédie du 6 décembre restera à jamais gravée dans la mémoire des parents qui ont subi la cruelle épreuve de la perte d'une enfant, dans celle de la population étudiante, non seulement de Polytechnique, mais des autres institutions au-delà même des frontières du Québec, dans celle de l'entière communauté de l'École, enfin dans celle de toute la société québécoise, comme le mentionnait une manchette du journal *La Presse*: «LE QUÉBEC EST EN DEUIL».

Pour clore ce malheureux épisode de l'*Histoire de l'École Polytechnique*, nous reproduisons un extrait du témoignage prononcé par le président Roland Doré aux funérailles célébrées en l'église Notre-Dame le 11 décembre:

Le Créateur leur avait donné des qualités et des dons particuliers. Elles avaient choisi de les mettre à contribution dans des professions dont la raison d'être est de servir l'humanité.

Il était bien légitime que ce drame fût marqué par des gestes tangibles qui, loin d'en effacer la portée, en perpétueront la mémoire:

— Un monument sera érigé à Polytechnique à la mémoire des quatorze femmes disparues.

— Les ingénieurs canadiens ont créé une fondation et lancé une campagne de souscription en vue de recueillir 1 million de dollars qui seront redistribués en bourses et en prix pour attirer les femmes vers les études en génie. Mme Claudette Mackay-Lassonde a été nommée présidente de la «Fondation commémorative du génie canadien 1989». Le président de l'École, Roland Doré, membre du conseil d'administration de la fondation, va diriger le secteur universitaire de la campagne.

— Les étudiants en génie des universités McGill et Concordia se sont adressés à leurs confrères en génie du Canada dans le but de créer un fonds pour pouvoir octroyer deux bourses annuelles à des étudiantes de Polytechnique.

— Une pétition portant 11 000 signatures ayant pour objet la restriction de l'accès aux armes à feu a été remise au maire de Montréal.

Perspectives d'avenir

L'expansion assez spectaculaire qu'a connue l'École au cours des deux dernières décennies l'a hissée au rang des plus importantes institutions de sciences appliquées au Canada. Ses dirigeants entendent bien maintenir et même améliorer la position de leur institution. «Nous deviendrons le MIT du Canada[1]», lance sans ambages Roland Doré au milieu des années 80. D'abord, argumente-t-il, l'École est devenue, du moins en nombre, la plus importante institution universitaire en génie au Canada, dépassant Toronto et Waterloo, tant au premier cycle qu'aux études supérieures; or, les efforts déployés par l'École dans ce domaine au cours des dernières années ont donné des résultats fort encourageants: par exemple, en 1984-1985 on comptait 114 étudiants au doctorat, en 1989-1990, leur nombre est de 250.

On sait que c'est essentiellement la qualité de son corps professoral et de ses étudiants qui fait la force d'un établissement universitaire. Or, compte tenu de sa renommée, l'École va pouvoir se permettre d'être de plus en plus sélective en insistant sur la qualité des personnes. Cette réputation aura sans aucun doute comme effet d'attirer les meilleurs étudiants, non seulement du Québec mais aussi des autres provinces, qui souhaitent acquérir une formation en langue française; à cette fin des programmes d'immersion d'une durée de deux à trois mois seront mis sur pied avec la collaboration de l'Université de Montréal.

Quoi qu'il en soit, ces aspirations fort louables ne pourront se concrétiser qu'à certaines conditions tout à fait indépendantes des décideurs de l'École, même s'ils peuvent les orienter dans une certaine mesure, et qui constituent un levier essentiel pour la réalisation de leurs projets. En effet, le contexte économique éventuel, la volonté des gouvernements de fournir résolument un appui financier adéquat et une étroite collaboration de l'industrie constituent, à notre avis, les conditions *sine qua non* de la croissance constante de l'École.

Quant à l'avenir économique du Québec, bien malin l'expert qui pourrait le définir aujourd'hui d'une façon précise surtout dans un contexte où le libre-échange avec les États-Unis vient d'être implanté. Par ailleurs, il est encourageant de constater que le Québec est engagé résolument dans le secteur secondaire, qu'il accomplit des progrès technologiques non négligeables et qu'en outre on voit poindre à l'horizon la possibilité de grands travaux hydro-électriques.

Par contre, on peut dire que la boule de cristal projette des rayons beaucoup plus lumineux lorsqu'on l'interroge sur l'appui financier éventuel des gouvernements et sur l'étroite collaboration de l'industrie, éléments sur lesquels Polytechnique devrait pouvoir compter dans l'avenir. Un regard sur les réalisations du Japon, de l'Allemagne et des États-Unis suffit pour nous convaincre que la technologie constitue la clef de voûte de l'édifice économique du futur. Le pays qui négligera d'établir le développement technologique comme la priorité absolue est voué à l'échec; ce n'est donc pas une question de libre choix, mais de nécessité absolue. Or, les grandes écoles de génie ne sont-elles pas les foyers par excellence de l'épanouissement de la technologie? D'un autre côté, l'industrie ne pourra affronter la compétition qu'avec le personnel hautement qualifié que peuvent lui offrir les universités; les connaissances qu'acquièrent les jeunes à l'université constituent une ressource des plus précieuses pour l'avenir du pays.

D'ailleurs, il ne fait aucun doute que le Québec devra déployer des efforts considérables s'il veut assurer son développement économique. L'ancien président du Conseil de la science et de la technologie, Maurice L'Abbé, présentait au ministre de l'Enseignement supérieur et de la Science un rapport plutôt sombre des progrès accomplis dans le virage économique au Québec[2]. Cette situation est la conséquence des dépenses et des ressources humaines consacrées à la recherche-développement qui sont trop faibles en comparaison avec l'Ontario.

En fait, on constate que le signal d'alarme sonnant l'éveil à la technologie se fait entendre de plus en plus au Québec. En effet, au «Sommet économique de Montréal» qui a tenu ses assises en juin 1986 sous l'habile direction de la Commission d'initiatives et de développement économique de Montréal (CIDEM), la haute technologie constituait l'un des quatre grands thèmes de discussion. Les participants ont pressé le gouvernement fédéral de reconnaître Montréal comme centre canadien de l'industrie aérospatiale et centre pétrochimique majeur. Ils ont également reconnu l'établissement d'un centre d'enseignement de technologie de pointe et la nécessité d'instaurer un conseil de la haute technologie à Montréal, d'implanter des incubateurs d'entreprises et un centre de microélectronique[3]; cette dernière proposition a été brillamment défendue par Roger Blais (Polytechnique) qui a su démontrer que «Montréal serait la mieux placée pour faire un succès d'un tel projet, aucune autre région du Canada ne possédant autant de ressources humaines et autant d'expertise industrielle et universitaire dans ce domaine[4]».

On constate que d'autres pays industrialisés sont fort préoccupés par la formation des ingénieurs, et par la recherche et le développement. S'il semble acquis que la technologie constitue la pierre angulaire de l'édifice économique de l'avenir, il est certes à propos de se poser des questions sur la formation requise pour ces femmes et ces hommes qui devront en assurer le développement. Les ingénieurs ont construit des routes, des ponts, des barrages et ont prospecté des régions pour y chercher du pétrole, des minerais; aujourd'hui ils sondent les profondeurs des mers et l'immensité du cosmos. Mais demain ils seront appelés à «transplanter un cerveau humain dans un logiciel d'ordinateurs». «Dorénavant, la survivance [économique] ne sera plus assurée par l'or jaune ou l'or noir; elle le sera par l'or gris, par cet amas de connaissances contenu dans les cerveaux de notre jeunesse[5]». Bref, l'ingénieur de l'avenir devra être une sorte de surhomme. Les institutions universitaires ont donc du pain sur la planche pour préparer ces vedettes de demain à assumer un rôle aussi exigeant.

Dans un article sur l'ingénieur de demain, Roland Doré, alors directeur de l'École, définit clairement les éléments fondamentaux de la formation que devra acquérir l'ingénieur de demain, formation qui lui permettra non seulement de faire avancer la technologie à un rythme accéléré mais en même temps d'être «le gardien de la qualité de la vie et de l'environnement[6]». Il préconise une formation beaucoup plus polyvalente et plus générale au 1er cycle afin de faciliter les réorientations de carrière qui se présenteront inévitablement, et la spécialisation au 2e cycle suivie d'une instruction continue grâce à l'éducation permanente.

Dans un reportage du journal *La Presse*, on faisait état qu'en «R&D les universités québécoises rattrapent les canadiennes [...]. Le secteur privé finance maintenant 20 % des travaux de Poly, c'est très élevé, même par rapport aux USA. C'est plus que le 10 ou 15 % du budget de l'Université de Waterloo [...] pourtant reconnue comme le leader de la recherche scientifique au Canada[7]». Par contre, on prévoit une pénurie de chercheurs pour la prochaine décennie, comme le déclarait John Dinsmore, président de Forum[8]. Un autre aspect à considérer c'est que, compte tenu des ressources actuelles, il sera de plus en plus difficile de satisfaire aux besoins qu'une technologie dynamique est susceptible de créer. En 1985, le directeur de l'enseignement supérieur et de la recherche de l'École, Wladimir Paskievici, déclarait à ce propos:

> À force de répondre favorablement aux nouveaux programmes gouvernementaux ainsi qu'à de nombreuses demandes qui proviennent des milieux industriels, nous avons donné l'impression que les chercheurs de l'École sont susceptibles de se lancer dans de nouvelles demandes et de mener à bien tous les projets un peu audacieux et originaux qui leur sont soumis. Malheureusement le point de saturation est proche. À moins que l'on ne nous donne davantage de ressources[9].

Il nous apparaît évident, que Polytechnique ne pourra pas continuer sur sa lancée à moins de fortes injections financières lui permettant de renforcer les effectifs de son corps professoral, non seulement pour combler le départ progressif de ses chercheurs vétérans, mais en vue de faire face aux défis qui l'attendent. Il s'agit pour nos politiciens de prendre des décisions douloureuses sur le plan politique. D'une part, les mesures sociales revêtent un caractère d'importance pour le bien-être de la société, d'autre part, des investissements dans la «matière grise» permettent d'entrer en compétition avec les pays orientés vers la technologie. À ce propos le dernier budget du Québec a ouvert une porte en accordant des crédits d'impôt appréciables à l'égard des dépenses de formation admissible effectuées par une corporation. Cette mesure est de nature à favoriser l'École pour son programme de l'éducation permanente.

S'il est indéniable que l'École Polytechnique a connu un essor impressionnant au cours des deux dernières décennies, nous devons revenir à notre question: sera-t-elle en mesure de maintenir cet élan? À ce sujet, la mise en œuvre du plan triennal 1987-1990 a fait ressortir certaines lacunes que le comité consultatif pour la nomination du directeur de l'École a soulignées. Sous la rubrique «Enseignement», on fait état de la surpopulation des groupes-cours, principalement en première année, ainsi que de la forte proportion de chargés de cours. On reproche à l'École de mettre l'accent sur une « formation en sciences appliquées plutôt qu'en ingénierie avec peu d'activités axées sur la pratique de la profession d'ingénieur[10]», on s'inquiète de la capacité de l'École de pouvoir attirer les meilleurs étudiants, de «soutenir un éventail complet de programmes de 1er cycle» et de mettre sur pied des programmes répondant aux aspirations des nouveau cégépiens.

En recherche, le comité préconise de concentrer les efforts sur les activités entreprises et d'éviter un développement tous azimuts. La recherche devrait être principalement orientée en ingénierie ou en recherche appliquée au détriment de la recherche scientifique pure. Enfin, le comité dresse une liste de défis que l'École devra relever au cours des prochaines années; nous en mentionnons deux qui nous apparaissent les plus importants:

— Le sous-financement du réseau universitaire par le gouvernement depuis plusieurs années a entraîné une situation déplorable. À l'École, des obligations croissantes ont contraint le corps professoral et les autres catégories de personnel à fournir des efforts qui ont miné leur moral à un point tel que, faut-il le dire, certains d'entre eux « décrochent». Le gouvernement et l'industrie devraient se concerter dans le but de fournir les ressources adéquates.

— «Il faut remettre en question l'uniformité des programmes et exploiter des formules telles que: choix plus sélectif des étudiants [...] programme de type "honours", programmes accélérés ou flexibles, valorisation de l'excellence, stimulation sélective des meilleurs étudiants, diversification des voies de formation[11]».

Il va sans dire que les problèmes soulevés par le comité n'avaient pas échappé à la vigilance de la direction. Ainsi, l'actuel directeur de l'École, André Bazergui, nous a fait part d'un document qui élabore un plan d'orientation pour la décennie 1990[12]. Ce document englobe les principales activités de l'École, met en lumière les problèmes actuels et présente un train de mesures en vue d'apporter les correctifs pour pouvoir «progresser dans l'harmonie[13]».

Les décideurs de l'École se sont fixé un objectif ambitieux, celui de devenir la meilleure école de génie au Canada; mais pour en arriver à établir des comparaisons valables, il faut pouvoir définir la valeur d'un établissement universitaire pour ce qui est de la qualité et de la quantité. À cette fin, on a publié une étude[14] qui comporte les éléments essentiels d'une juste comparaison. L'objectif de cette étude est défini en ces termes:

> En choisissant ces indicateurs, l'École Polytechnique veut mesurer la qualité de ce qu'elle produit, c'est-à-dire la qualité du résultat des activités d'enseignement, de recherche et de rayonnement. Les données obtenues en regard de chacun des indicateurs permettront, dans une certaine limite, d'établir une comparaison avec d'autres établissements de formation en génie au Québec, au Canada et dans le monde. Ces données permettront également de fixer de nouveaux objectifs. Les indicateurs ont été choisis parce qu'ils avaient l'avantage d'être quantifiés[15].

En corollaire, Polytechnique aura à surmonter bien des difficultés pour pouvoir réaliser son objectif. À notre avis, le manque de ressources financières demeure le problème le plus critique, surtout en cette période de récession qui, espérons-le, sera de courte durée. L'engagement de plusieurs professeurs, la valorisation de la participation du personnel de soutien, le renouvellement d'équipement des laboratoires constituent des défis difficiles à relever. Par contre, nous croyons que l'École connaît un élan irréversible. L'histoire de l'École nous a montré que ses dirigeants ont fait face à des situations beaucoup plus dramatiques; aujourd'hui, ils n'ont plus à lutter pour sa survie, mais pour lui assurer une place prépondérante dans le champ des institutions d'enseignement supérieur au Canada.

Notes

1. *Entrevue avec le directeur, Roland Doré,* le 19 octobre 1985.

2. *La Presse,* 15 mai 1986.

3. *La Presse,* 20 juin 1986.

4. *La Presse,* 19 juin 1986.

5. «Ingénieur: les aventuriers de l'avenir», *L'Express,* 24 janvier 1986.

6. DORÉ, R., «L'Ingénieur de l'an 2000», *in L'Ingénieur,* n° 369, septembre/octobre 1985, p. 29.

7. *La Presse,* 1er septembre 1988.

8. *Ibid.*

9. «La Recherche à Polytechnique — Au service du développement intellectuel et économique», *in L'Ingénieur,* vol. 1, octobre 1985, p. 5.

10. «Les grands problèmes de l'École Polytechnique», *in L'Ingénieur,* vol. III, n° 3, juin 1990, p. 8 et 24.

11. *Ibid.*

12. *Esquisse d'un plan d'orientation,* 12 juin 1990. (Document confidentiel).

13. *Ibid.,* p. 1.

14. *Évaluation de la qualité des activités de l'École Polytechnique de Montréal,* EPM, 1990.

15. *Ibid.,* p. 1.

Annexes

Inscriptions et diplômés au premier cycle de 1874 à 1990

année scolaire	insc.	dipl	année scolaire	insc.	dipl.
1874-75	12	nil	1914-15	119	23
1875-76	11	nil	1915-16	111	18
1876-77	22	5	1916-17	118	10
1877-78	13*	1	1917-18	98	11
1878-79	–	1	1918-19	110	6
1879-80	–	3	1919-20	112	11
1880-81	13*	4	1920-21	112	15
1881-82	11*	4	1921-22	112	12
1882-83	25	2	1922-23	122	23
1883-84	40	3	1923-24	107	21
1884-85	39	7	1924-25	126***	14
1885-86	30	6	1925-26	137	12
1886-87	26	5	1926-27	149	22
1887-88	20	9	1927-28	196	15
1888-89	23	2	1928-29	193	22
1889-90	–	6	1930-31	290	18
1890-91	19	3	1931-32	271	24
1891-92	16	5	1932-33	253	30
1892-93	18	1	1933-34	220	29
1893-94	15	2	1934-35	210	28
1894-95	18	3	1935-36	224	34
1895-96	21	2	1936-37	271	40
1896-97	19	4	1937-38	279	34
1897-98	21	1	1938-39	291	27
1898-99	25	5	1939-40	296	30
1899-00	35	2	1940-41	322	33
1900-01	42	6	1941-42	330	44
1901-02	51	5	1942-43	318	35
1902-03	61	8	1943-44	330	44
1903-04	72	9	1944-45	383	46
1904-05	104	7	1945-46	456	47
1905-06	122	11	1946-47	465	58
1906-07**	136	19	1947-48	465	68
1907-08	172	24	1948-49	459	65
1908-09	158	23	1949-50	473	76
1909-10	150	30	1950-51	497	93
1910-11	121	30	1951-52	555	78
1911-12	115	21	1952-53	586	79
1912-13	143	15	1953-54	646	65
1913-14	127	13	1954-55	687	106

année scolaire	insc.	dipl	année scolaire	insc.	dipl.
1955-56	730	97	1972-73	1473	406
1956-57	829	117	1973-74	1563	324
1957-58	932	128	1974-75	1760	313
1958-59	1113	122	1975-76	1973	313
1959-60	1268	168	1976-77	2194	348
1960-61	1361	228	1977-78	2415	374
1961-62	1421	271	1978-79	2471	427
1962-63	1424	259	1979-80	2544	452
1963-64	1439	272	1980-81	2371	389
1964-65	1383	190	1981-82	2528	389
1965-66	1403	220	1982-83	3008	463
1966-67	1547	225	1983-84	3336	434
1967-68	1742	209	1984-85	3579	470
1968-69	1791	206	1985-86	3682	630
1969-70	1620	269	1986-87	3501	635
1970-71	1569	310	1987-88	3501	635
1971-72	1615	413	1988-89	-	636
			1989-90	-	599

*   Ne comprend pas l'année préparatoire.
**   Ne comprend pas les étudiants et diplômés en architecture formés par Polytechnique entre 1906 et 1922.
*** À partir de 1924, l'année préparatoire devient la première année d'un cours de cinq ans.

Sources: Répertoire, Asssociation des Diplômés de Polytechnique, 1984.

Rapports au ministre de l'Instruction publique de la province de Québec de 1873 à 1875.

Rapports au surintendant de l'Instruction publique de 1876 à 1933.

Bulletin annuel de l'Académie commerciale catholique de Montréal de 1873 à 1878.

Palmarès de l'Académie commerciale catholique de Montréal de 1879 à 1887

Procès-verbaux du Conseil académique jusqu'à 1971.

Rapport biennal de Poly 1982-84.

Rapports annuels de Poly.

ANNEXE 2

Inscrits et diplômés de la section
d'architecture de 1906 à 1922

année scolaire	inscrits	diplômés
1906-07	10	nil
1907-08	22	nil
1908-09	25	nil
1909-10	30	nil
1910-11	29	5
1911-12	21	8
1912-13	24	5
1913-14	28	6
1914-15	27	4
1915-16	29	nil
1916-17	24	7
1917-18	17	10
1918-19	17	1
1919-20	16	4
1920-21	16	6
1921-22	13	4

Sources: *Rapports du surintendant de l'Instruction publique* de 1906 à 1922.

MASSUE, H., *Contribution de Polytechnique au Génie canadien*, Montréal, *RTC*, numéro spécial, novembre 1949, p. 104.

Inscrits et diplômés aux deuxième et troisième cycles de 1955 à 1989*

année scolaire	maîtrise		doctorat		totaux	
	insc.	*dipl.*	*insc.*	*dipl.*	*insc.*	*dipl.*
1955-56	11	3	4	nil	15	3
1956-57	15	1	7	1	22	2
1957-58	19	3	8	2	27	5
1958-59	25	3	5	1	30	4
1959-60	25	4	4	nil	29	4
1960-61	28	4	5	1	33	5
1961-62	31	7	5	1	36	8
1962-63	46	6	5	1	51	7
1963-64	44	12	6	nil	50	12
1964-65	39	10	7	nil	46	10
1965-66	60	19	7	1	67	20
1966-67	76	24	7	1	83	25
1967-68	81	32	22	2	103	34
1968-69	113	37	27	1	140	38
1969-70	126	62	40	1	166	63
1970-71	161	51	44	5	205	56
1971-72	240	42	57	6	297	48
1972-73	233	68	47	5	280	73
1973-74	274	65	47	6	321	71
1974-75	375	75	56	11	431	86
1975-76	438	61	54	4	492	65
1976-77	439	124	57	6	496	130
1977-78	405	96	65	5	470	101
1978-79	393	111	67	8	460	119
1979-80	532	100	72	6	605	106
1980-81	674	101	85	8	759	109
1981-82	729	126	93	6	822	132
1982-83	758	116	90	18	848	134
1983-84	793	116	101	14	894	130
1984-85	766	147	114	18	880	165
1985-86	750	155	160	24	910	179
1986-87	796	170	174	18	970	188
1987-88	736	144	218	23	954	167
1988-89	-	145	-	26	-	171

* À la fin des années 1940 quelques étudiants sont inscrits à la maîtrise et au doctorat. Toutefois, il nous a été impossible de retracer des statistiques sur leur nombre. Deux doctorats ont été décernés au cours des années 40, soit en 1941 et en 1947.

Sources: *Procès-verbaux du Conseil académique* jusqu'à 1971.
  Rapport biennal de Poly 1982-84.
  Rapport annuels de Poly.

ANNEXE 4

Finances de l'École: subventions provinciales
et recettes totales de 1873 à 1988

année scol.	subv. prov.	recet. tot.	année scol.	subv. prov.	recet. tot.
1873-74	6 000	6 125	1919-20	56 200	88 121
1874-75	3 000	6 815	1920-21	55 000	112 842
1875-76	3 000	5 184	1921-22	80 000	102 032
1876-77	3 000	7 351	1922-23	80 000	108 893
1877-78	3 000	5 359	1923-24	80 000	108 868
1878-79	3 000	5 010	1924-25	80 000	108 653
1879-80	3 000	4 477	1925-26	80 000	110 825
1880-81	3 000	5 906	1926-27	100 000	133 960
1881-82	2 500	4 799	1927-28	100 000	137 010
1882-83	4 475	4 813	1928-29	100 000	142 675
1883-84	5 940	7 384	1929-30	125 000	170 449
1884-85	6 500	8 535	1930-31	125 000	171 870
1885-86	6 200	7 945	1931-32	125 000	175 167
1886-87	16 416	17 585	1932-33	125 000	175 439
1888-89	5 700	7 156	1933-34	150 000	196 627
1889-90	8 200	9 362	1934-35	150 000	192 161
1890-91	–	–	1935-36	150 000	190 478
1891-92	6 700	8 192	1936-37	150 000	194 545
1892-93	8 700	10 192	1937-38	150 000	203 211
1893-94	9 700	13 238	1938-39	150 000	203 198
1894-95	10 000	16 330	1939-40	175 000	228 996
1895-96	10 000	19 382	1940-41	175 000	228 851
1896-97	9 500	20 408	1941-42	187 550	251 045
1897-98	10 000	21 507	1942-43	218 750	284 545
1898-99	10 000	22 952	1943-44	214 718	279 990
1899-00	10 000	16 043	1944-45	256 653	321 110
1900-01	10 000	17 431	1945-46	250 000	326 095
1900-02	13 000	31 719	1946-47	260 000	370 540
1902-03	13 000	55 148	1947-48	270 000	390 023
1903-04	13 000	42 987	1948-49	280 000	390 000
1904-05	13 000	35 153	1949-50	312 100	461 948
1905-06	13 000	30 645	1950-51	320 850	471 781
1906-07	13 000	–	1951-52	328 650	496 748
1907-08	16 000	–	1952-53	330 000	541 835
1908-09	20 000	79 899	1953-54	–	–
1909-10	20 000	62 505	1954-55	411 250	672 354
1910-11	20 000	95 545	1955-56	451 250	749 478
1912-13	31 500	130 267	1956-57	479 999	803 366
1913-14	31 500	98 747	1957-58	582 500	882 773
1914-15	41 500	91 884	1958-59	–	–
1915-16	31 500	100 715	1959-60	–	–
1916-17	55 000	187 874	1960-61	–	–
1917-18	56 200	84 915	1961-62	–	–
1918-19	56 200	82 417	1962-63	–	–

année scol.	subv. prov.	recet. tot.	année scol.	subv. prov.	recet. tot.
1963-64	1 129 700	2 448 344	1977-78	16 179 038	17 782 812
1964-65	1 601 223	2 461 122	1978-79	17 788 000	19 559 897
1965-66	2 139 919	3 598 264	1979-80	19 449 000	20 917 306
1966-67	2 123 927	3 741 911	1980-81	21 793 853	23 540 408
1967-68	4 134 194	5 767 222	1981-82	23 107 127	25 407 421
1968-69	–	–	1982-83	24 804 521	27 524 466
1969-70	5 087 278	6 729 114	1983-84	25 495 566	28 086 314
1970-71	5 258 860	7 003 928	1984-85	28 712 920	31 406 051
1971-72	5 840 982	7 777 500	1985-86	32 246 484	35 499 384
1972-73	6 475 200	8 365 820	1986-87	34 397 000	37 473 913
1973-74	7 156 000	9 462 778	1987-88	38 128 000	41 494 256
1974-75	8 239 526	11 280 495	1988-89	40 543 358	45 400 461
1975-76	11 753 730	15 164 858	1989-90	44 185 446	50 006 063
1976-77	14 452 842	17 628 037			

Sources: *Rapports au ministre de l'Instruction publique de la province de Québec* de 1873 à 1875.

Rapports au surintendant de l'Instruction publique de 1876 à 1933.

RTC, été 1954, vol. XL, p. 45.

Procès-verbaux du Conseil académique jusqu'à 1971.

Rapport biennal de Poly 1982-84.

Rapport annuels de Poly.

Annexe 5

Nombre d'enseignants de 1874 à 1991

année scol.	n.	année scol.	n.	année scol.	n.
1874-75	4	1913-14	25	1952-53	65
1875-76	4	1914-15	28	1953-54	68
1876-77	3	1915-16	28	1954-55	75
1877-78	7	1916-17	27	1955-56	77
1878-79	8	1917-18	30	1956-57	81
1879-80	8	1918-19	28	1957-58	89
1880-81	6	1919-20	26	1958-59	101
1881-82	7	1920-21	28	1959-60	105
1882-83	5	1921-22	27	1960-61	117
1883-84	7	1922-23	25	1961-62	127
1884-85	5	1923-24	25	1962-63	139
1885-86	7	1924-25	23	1963-64	147
1886-87	7	1925-26	33	1964-65	159
1887-88	8	1926-27	34	1965-66	162
1888-89	8	1927-28	34	1966-67	174
1889-90	7	1928-29	33	1967-68	202
1890-91	7	1929-30	33	1968-69	202
1891-92	7	1930-31	34	1969-70	251
1892-93	7	1931-32	36	1970-71	249
1893-94	7	1932-33	35	1971-72	257
1894-95	7	1933-34	36	1972-73	273
1895-96	7	1934-35	39	1973-74	254
1896-97	6	1935-36	39	1974-75	266
1897-98	6	1936-37	40	1975-76	264
1898-99	6	1937-38	43	1976-77	270
1899-00	7	1938-39	45	1977-78	270
1900-01	6	1939-40	46	1978-79	281
1900-02	6	1940-41	45	1979-80	291
1902-03	6	1941-42	44	1980-81	298
1903-04	6	1942-43	46	1981-82	284
1904-05	9	1943-44	65	1982-83	290
1905-06	9	1944-45	59	1983-84	311
1906-07	12	1945-46	57	1984-85	327
1907-08	12	1946-47	56	1985-86	337
1908-09	21	1947-48	68	1986-87	364
1909-10	24	1948-49	66	1987-88	360
1910-11	20	1949-50	66	1988-89	352
1911-12	20	1950-51	62	1989-90	370
1912-13	22	1951-52	63	1990-91	415

Sources: *Bulletin annuel de l'Académie commerciale catholique de Montréal* de 1873 à 1878.

Palmarès de l'Académie commerciale catholique de Montréal de 1879 à 1887.

Annuaires de Polytechnique.

MAURAULT, O., *L'École Polytechnique de Montréal, 1873-1948*, Montréal, *RTC*, 1948.

ANNEXE 6

Organigramme général

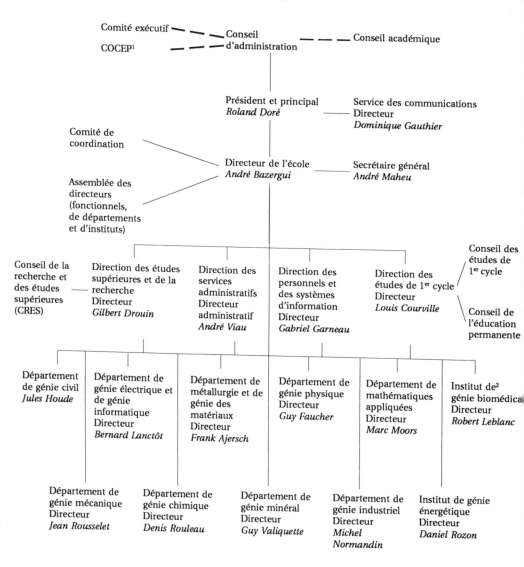

Comité exécutif — — —
COCEP[1]
Conseil d'administration
— — — Conseil académique

Président et principal
Roland Doré

Service des communications
Directeur
Dominique Gauthier

Comité de coordination

Assemblée des directeurs (fonctionnels, de départements et d'instituts)

Directeur de l'école
André Bazergui

Secrétaire général
André Maheu

Conseil de la recherche et des études supérieures (CRES)

Direction des études supérieures et de la recherche
Directeur
Gilbert Drouin

Direction des services administratifs
Directeur administratif
André Viau

Direction des personnels et des systèmes d'information
Directeur
Gabriel Garneau

Direction des études de 1er cycle
Directeur
Louis Courville

Conseil des études de 1er cycle

Conseil de l'éducation permanente

Département de génie civil
Jules Houde

Département de génie électrique et de génie informatique
Directeur
Bernard Lanctôt

Département de métallurgie et de génie des matériaux
Directeur
Frank Ajersch

Département de génie physique
Directeur
Guy Faucher

Département de mathématiques appliquées
Directeur
Marc Moors

Institut de[2] génie biomédical
Directeur
Robert Leblanc

Département de génie mécanique
Directeur
Jean Rousselet

Département de génie chimique
Directeur
Denis Rouleau

Département de génie minéral
Directeur
Guy Valiquette

Département de génie industriel
Directeur
Michel Normandin

Institut de génie énergétique
Directeur
Daniel Rozon

1. Conseil consultatif de l'École Polytechnique
2. Conjointement avec la Faculté de médecine de l'Université de Montréal
——————— Lien fonctionnel
— — Lien de fonction spécifique ou de consultation

Centres de recherches à Polytechnique

AÉRONAUTIQUE
Chaire J.-Armand Bombardier
Biotechnologies
Laboratoire BIOPRO (associé au Centre québécois de Valorisation de la biomasse, CQVB)

Les chercheurs du Laboratoire BIOPRO effectuent des travaux de biotraitement de résidus industriels, agricoles ou domestiques à l'aide des biotechnologies. Ils développent des bioprocédés et mettent au point des bioproduits issus de cultures de cellules animales, végétales ou bactériennes. Récemment, une équipe de BIOPRO a développé une technique qui permet la production de plastiques biodégradables (des bioplastiques). Cette percée intéresse particulièrement l'industrie de l'emballage: bouteilles, sacs, etc.

ÉNERGIE
Laboratoire Slowpoke

Utilisé par neuf universités ainsi que par des entreprises industrielles, le laboratoire SLOWPOKE sert à l'analyse d'échantillons par activation neutrotonique ce qui permet de déceler la présence de produits à l'état de trace. Les champs d'application sont pratiquement illimités mais concernent particulièrement l'étude des matériaux, la géochimie, la pollution environnementale.

Laboratoire de technologies gazières

L'objectif d'utilisation de nouvelles technologies gazières à des fins d'applications commerciales conduit l'équipe de chercheurs à améliorer la combustion submergée, à améliorer les performances de différents brûleurs, à mettre au point des techniques de chauffage économique par des émetteurs infra-rouge non-polluants, à examiner le rôle du gaz naturel appliqué à la dépollution de l'atmosphère ainsi qu'au traitement des effluents.

Laboratoire de thermohydraulique (Boucle thermique)

Grâce à une série d'appareils reliés en boucle, les chercheurs analysent et améliorent les transferts de chaleur à partir de variations de pression, de débit et de température. Ces travaux intéressent particulièrement les entreprises qui se servent d'appareils où ont lieu des échanges de chaleur: réacteur nucléaire, bouilleur, condenseur, sécheur, évaporateur, moteur à combustion interne. La boucle thermique est unique en son genre au Québec et dans les universités canadiennes.

Chaire industrielle en génie nucléaire

Financées par Hydro-Québec, les activités reliées à la chaire industrielle en génie nucléaire concernent particulièrement l'exploitation et la sûreté des centrales nucléaires.

Laboratoire d'applications industrielles des micro-ondes (LAIMO)

Ce laboratoire, financé par Hydro-Québec, est équipé d'appareils qui servent à caractériser les propriétés diélectriques et les procédés en vue de l'utilisation des micro-ondes comme sources d'énergie appliquées au chauffage, au séchage, à la cuisson, etc. Les équipements du LAIMO permettent la conception et la vérification des procédés à l'échelle quasi industrielle.

ENVIRONNEMENT

Centre d'écologie Valérie-Burger (CEVB). L'action des précipitations acides sur les sols, l'eau, la faune, la forêt, telle est l'une des préoccupations principales des chercheurs et des étudiants à la maîtrise et au doctorat du Centre d'écologie Valérie-Burger du lac Kempt et de la Manouane.

GÉNIE BIOMÉDICAL

L'Institut de génie biomédical (conjoint avec la Faculté de médecine de l'Université de Montréal)

Les principales spécialités de l'Institut de génie biomédical sont l'électrophysiologie cardiaque, l'imagerie médicale et la biomécanique (biomatériaux, réadaptation). L'Institut compte trois laboratoires de recherche à Polytechnique et six autres dans des centres hospitaliers hors du campus.

INFORMATIQUE APPLIQUÉE

Le Groupe de recherche en aménagements hydrauliques CASTORPLUS

L'équipe qui compose CASTORPLUS met au point des systèmes logiciels de conception assistée par ordinateur consacrés aux aménagements hydrauliques. Les chercheurs développent particulièrement les bases de données reliées à l'ingénierie et la carto-graphie numérique. CASTORPLUS compte sept partenaires industriels.

MATÉRIAUX
Le Centre de recherche appliquée sur les polymères (CRASP)

Les chercheurs du CRASP possèdent une expérience mondia-lement reconnue en caractérisation des polymères, fabrication, modélisation et CAO des procédés, de même qu'en analyse des matériaux et structures en plastiques et composites. Le CRASP dispose de laboratoires modernes de mise en œuvre, de caracté-risation moléculaire, rhéologique, mécanique et thermoméca-nique de ces matériaux. Le Centre regroupe les activités multi-disciplinaires de 11 professeurs, 4 chercheurs, 5 associés de recherche et une cinquantaine d'étudiants de maîtrise et de doctorat. Les services du Centre sont sollicités par les fournisseurs de matière première, les transformateurs et les utilisateurs, notamment ceux de l'industrie de l'emballage, du transport et de l'aéronautique.

Le Centre de caractérisation microscopique des matériaux $(CM)^2$

Le $(CM)^2$ est le plus grand centre de son genre au Canada. Il comprend 26 membres fondateurs industriels. Les appareils d'analyse sont dotés d'un pouvoir de résolution tel qu'ils permettent d'entreprendre une gamme très étendue de projets qui requièrent des techniques d'analyse microscopique ultra-fine: métaux, alliages, céramiques, soudage, mécanique des sols, biologie. Les applications touchent la plupart des secteurs indus-triels: télécommunications, aéronautique, pétrochimie, énergie, mines, etc.

Le Centre de recherche en calcul thermochimique (CRCT)

Prédire le comportement et les propriétés d'un mélange liquide ou d'un composite avant même d'en entreprendre la réalisation: voilà ce que parviennent à faire, à l'aide de méthodes et de calculs d'équilibre très complexes, les chercheurs du CRCT. Les domaines d'application les plus courants: métallurgie, céra-miques, géochimie, pétrochimie, corrosion, énergie. On les con-sulte de tous les points du monde.

Groupe de recherche en physique et technologie des couches minces (GCM) conjoint avec l'Université de Montréal

Les chercheurs du Groupe des couches minces collaborent avec des entreprises privées en vue de mettre au point des «puces» dans des conditions de pureté extrêmement rigoureuses grâce à une «salle blanche». De plus, ils ont établi un ensemble de techniques qui servent à l'analyse chimique et à la fabrication de couches minces: dépôt par plasma, implantation ionique, etc.

Chaire industrielle CRSNG sur les céramiques

Financées par le Conseil de recherches en sciences naturelles et en génie (CRSNG) et par 8 partenaires industriels, les activités de la chaire industrielle sur les céramiques ont pour principal objectif de développer des matériaux réfractaires susceptibles d'améliorer la qualité des aciers ainsi que les procédés de production des aciers.

Laboratoire d'électrochimie

L'équipe de recherche établit des procédés industriels de mise au point d'électrodes, produit des nouveaux matériaux électro-catalytiques et propose des alternatives à la technologie du zinc.

MATHÉMATIQUES APPLIQUÉES

Groupe de recherche en mathématiques de l'ingénierie assistée par ordinateur (GRMIAO)

Les chercheurs du Groupe GRMIAO travaillent à la conception de logiciels permettant un enchaînement naturel entre les diverses étapes de résolution de problèmes de conception assistée par ordinateur: modélisation, simulation, résolution numérique et visualisation de la solution.

MÉCANIQUE

Groupe d'analyse de composants mécaniques (GACM)

Les principales activités du GACM sont menées en étroite collaboration avec l'industrie: comportement des joints d'étanchéité, fatigue des métaux, mécanique de la rupture, analyse expérimentale des contraintes, etc.

MICRO-ÉLECTRONIQUE

Groupe et Laboratoire de recherche en micro-électronique (GRM)

Les équipes effectuent des travaux de recherche qui portent sur le design, les tests et la fabrication de microcircuits électroniques. Les principales applications concernent les communications électroniques et le traitement d'image. Une équipe met au point des logiciels de conception assistée par ordinateur qui permettent de dessiner des microcircuits. Une autre équipe met au point des méthodes qui permettent de vérifier le fonctionnement des microcircuits. Enfin une troisième équipe développe la technologie de fabrication des microcircuits à l'aide de matériaux rares: arséniure de gallium, phosphure d'indium. Les travaux du Groupe de recherche en micro-électronique font partie du Programme national de micro-électronique, l'une des priorités technologiques du Canada.

MINES

Institut de recherche en exploration minérale (IREM) conjoint avec l'Université McGill et l'Université de Montréal

L'objectif de l'IREM consiste à contribuer à l'essor économique du Québec par le développement de la recherche en exploration minérale. Les chercheurs mettent en application des technologies géophysiques en vue de localiser de nouveaux gisements miniers. Ils s'efforcent de détecter la présence de métaux dits de haute technologie très recherchés aujourd'hui (gallium, césium) notamment en aérospatiale et en aéronautique. Ils analysent comment exploiter au Nouveau-Québec (Ungava) le platine et les éléments du groupe du platine, comme le paladium.

Le Centre de recherche en automatisation et robotique minières (CCARM) conjoint avec l'Université McGill

Les travaux que l'on poursuit au CCARM tendent à améliorer les techniques d'exploitation et de productivité minières en introduisant des technologies d'automatisation et de robotique. L'équipe de Polytechnique a déjà mis au point un prototype de chargeur transporteur téléguidé qui a été bien accueilli par des entreprises d'exploitation minière.

NORD

Centre d'ingénierie nordique (CINEP)

Le comportement des sols en fonction de la fluctuation des basses températures. Ces connaissances indispensables sont recherchées tant par les pays en bordure du cercle polaire que par les entreprises soucieuses d'exploiter les ressources du Nord.

Assurée d'apporter une contribution de très haute qualité dans certains secteurs, l'École s'efforce de s'associer ou d'adhérer à des groupes de recherche de même niveau ou à des organismes qui ont pour mission de regrouper des experts. Ainsi l'École Polytechnique est-elle membre des centres suivants:

— Centre de recherche en informatique de Montréal (CRIM)
— Centre de recherche en transports (CRT)
— Groupe d'études et de recherche en analyse des décisions (GERAD)
— Centre international de recherche et formation en gestion des grands projets (CIGP)

Bibliographie

I. Archives

1. Archives de l'École Polytechnique de Montréal

Au moment où nous avons consulté les archives de Polytechnique, aucune classification des documents n'avait été faite. Depuis, Pierre Lavigne, archiviste de l'École, s'occupe de cette tâche qui facilitera le travail des chercheurs. Nous avons principalement consulté les dossiers des anciens professeurs, principaux et directeurs. Plusieurs documents et publications relatifs à l'enseignement du génie et à l'Association des anciens élèves ont été conservés par l'École et se retrouvent dans ce dépôt d'archives.
Procès-verbaux de la Corporation de l'École Polytechnique de Montréal.
Procès-verbaux du conseil académique.

2. Association des diplômés de l'École Polytechnique de Montréal
Procès-Verbaux du Conseil de l'AAEEPM.

3. Registrariat de l'École Polytechnique de Montréal
Dossiers des étudiants (1928-1960), Microfilms.

4. Archives de l'Université McGill
Graduates' Bulletin and List of Graduates in the Faculty of Applied Science, nº 7 (June 1912), McGill University.

Annual Callendars of McGill College and University, McGill University. 1913-1959.

Annual Reports of the Governors, Principal and Fellows of McGill University, McGill University. 1871-1920.

5. Archives de l'Université Laval

559/ *Faculté des sciences et de génie*, 1937-
656/ *Département des Mines et Métallurgie*, 1938-
655/ *Département de Génie électrique*, 1942-
652/ *Département de Génie chimique*, 1945-
659/ *Département de Génie civil*, 1950-
653/ *Département de Génie mécanique*, 1954-

6. Archives du Séminaire de Québec

7. Archives de la Commission des écoles catholiques de Montréal

ARCHAMBAULT, Dr JULES, *Notes biographiques sur Urgel-Eugène Archambault*, Montréal, 1962, 2 vol. (Ouvrage dactylographié).

Livres des délibérations de la C.E.C.M. et des Commissions scolaires annexées (1873-1887).

8. Ordre des ingénieurs du Québec (anciennement Corporation des ingénieurs professionnels du Québec)

Minutes of Meetings of the Council of the Corporation of Professional Engineers of Quebec (1920-1950)

Liste des membres de la Corporation des Ingénieurs Professionnels du Québec, Montréal, CIPQ, 1959.

II. Publications officielles

Rapports du surintendant de l'Instruction publique de la province de Québec (1855-1867, 1876-1930), Québec, Gouvernement du Québec.

Rapports du ministre de l'Instruction publique de la province de Québec (1867-1875), Québec, Gouvernement du Québec.

Rapport des commissaires de la Commission royale sur l'enseignement industriel et technique, Ottawa, Imprimeur du Roi, 1913, 4 vol.

TREMBLAY, A., *Contribution à l'étude des problèmes et des besoins de l'enseignement dans la province de Québec*. Annexe n° 4 à la Commission royale d'enquête sur les problèmes constitutionnels, 1955. 407 p.

«Mémoire de la Corporation de l'École Polytechnique de Montréal à la Commission Royale d'enquête sur les problèmes constitutionnels» reproduit dans *RTC*, vol. XLVI, été 1954, p. 19-45.

ÉCOLE POLYTECHNIQUE DE MONTRÉAL, *Mémoire à la Commission royale d'enquête sur l'enseignement,* vol. XXXVIII, Québec, ministère de l'Éducation, 1963, p. 225-316.

III. Publications de l'École Polytechnique de Montréal

Bulletin de l'Académie commerciale catholique de Montréal de 1873 à 1887.

Palmarès de l'Académie commerciale catholique de Montréal de 1873 à 1887.

Annuaire des cours de Polytechnique de 1900 à 1990. (Plusieurs années sont manquantes.)

Listes des diplômés de Polytechnique de 1930 à 1984. (Ces listes ne sont pas nécessairement publiées chaque année.)

La recherche à l'École Polytechnique de Montréal, 1974-1976, 1976.

L'Orientation et le Développement de l'École Polytechnique en 1970-1980, 1971.

Objectifs proposés pour le développement des études supérieures, 1985.

Poly-Prospectives, 1969.

Position de l'École Polytechnique au sujet de l'intégration de l'Université de Montréal, 1970.

Préparer aujourd'hui les ingénieurs pour la société de demain - Le projet de l'École Polytechnique de Montréal, octobre 1984.

Rapport biennal de Poly 1982-1984.

Rapports annuels de Poly de 1985 à 1988.

Rapports annuels du CDT de 1971 à 1990.

Rapport de la recherche 1976-1980.

Viser haut et juste, Plan triennal de développement 1987-1990, 1987.

La revue étudiante *Poly* 1954-1968.

La revue étudiante *Le Polyscope* 1967-1990.

IV. Revues professionnelles

Bulletin de l'École Polytechnique de Montréal 1913-1914. Ce bulletin a vu le jour grâce aux efforts concertés des diplômés de l'EPM et de ses professeurs. Il s'éteint en 1914 et renaît l'année suivante avec un nouveau nom: *Revue Trimestrielle Canadienne*.

Revue Trimestrielle Canadienne 1915-1960. Au cours des années 50, la Revue affiche deux noms: *Revue Trimestrielle Canadienne* et *L'Ingénieur*.

L'Ingénieur.

Transactions of The Society of Civils Engineers 1887-1917.

Engineering Journal 1918-1960.

Bulletin de la Corporation des ingénieurs professionnels du Québec 1944-1965. Dans les années 60, cette revue s'appellera *Plan*.

V. Annuaires biographiques

Annuaire 1913, Montréal, Association des anciens élèves de l'École Polytechnique de Montréal, 1913. AEPM.

Biographies canadiennes-françaises, Ottawa, J. A. Fortier (dir.), 1920.

Biographies canadiennes-françaises, Montréal, R. Ouimet (dir.), 1922.

Biographies canadiennes françaises, Montréal, R. Ouimet (dir.), 1923.

Biographies canadiennes-françaises, Montréal, publié par R. Ouimet, 1926.

Biographies canadiennes-françaises, Montréal, R. Ouimet (dir.), 1929.

Biographies canadiennes-françaises, Montréal, publié par R. Ouimet, 1931.

Biographies canadiennes-françaises, Montréal, R. Ouimet (dir.), 1942.

Biographies canadiennes-françaises, Montréal, Éditions biographiques canadiennes-françaises ltée, 1969.

Who's Who and Why in Canada, Toronto, International Press Ltd, 1917-1918.

Who's Who and Why in Canada, Toronto, International Press Ltd, 1921.

VI. Ouvrages

—, *Les Ingénieurs de Polytechnique et le progrès du Québec*, Montréal, Association des Diplômés de Polytechnique, 1945.

AKIN, W. E., *Technocraty and the American Dream*, Berkely, University of California Press, 1977.

ALLARD, C.-M., *Les Ficelles du pouvoir*, Montréal, Les éditions JCL, 1990.

ARMSTRONG, C. et NELLES, H.V., *Monopoly's Moment: The Organization and Regulation of Canadian Utilities, 1830-1930*, Philadelphie, 1986.

AUDET, L.-P., *Le Système scolaire de la province de Québec*, vol. I, II, III, IV, V, VI, Québec, Presses de l'Université Laval, 1951 à 1956.

AUDET, L.-P., *Le Système scolaire du Québec*, Montréal, Beauchemin, 1969.

AXELROD, P. et REID, J. G., *Youth University and Canadian Society*, Montréal, McGill-Queen's University Press, 1989.

BALL, N.R., *Vision, cœur et raison. L'ingénierie au Canada de 1867 à 1987*, Ottawa, Musée national des sciences et de la technologie/ Musées nationaux du Canada, 1987.

BALL, N.R. *et al.*, *Bâtir un pays*, Montréal, Boréal, 1988.

BÉLIVEAU ROBERT, N., *Appartenances religieuses et valeurs socio-économiques chez les ingénieurs canadiens-français*. Mémoire de maîtrise, Montréal, Université de Montréal, 1968.

BOLTANSKI, L., *Les Cadres: la formation d'un groupe social*, Paris, Minuit, 1982.

BOURDIEU, P., *Le Sens pratique*, Paris, Minuit, 1980.

BOURDIEU, P. et PASSERON, J.-C., *La Reproduction: éléments pour une théorie du système d'enseignement*, Paris, Minuit, 1970.

BOURDIEU, P., *La Distinction* , Paris, Minuit, 1979.

CAMERON, C., *Charles Baillargé: architect & engineer*, Montréal, McGill-Queen's University Press, 1989.

CHARLAND, J.-P., *Histoire de l'enseignement technique et professionnel*, Québec, IQRC, 1982.

CHARTRAND, L., DUCHESNE, R. et GINGRAS, Y., *Histoire des sciences au Québec*, Montréal, Boréal, 1987.

CHAUVEAU, P.-J.-O., *L'Instruction publique au Canada*, Montréal, 1876.

CHOUINARD, H.-J.-J.-B., *Fête nationale des Canadiens français de 1880*, Québec, A. Côté et Cie, 1881.

CLEMENT, W., *The Canadian Corporate Elite*, Toronto, McClelland and Stewart, 1975.

CLOUTIER, A., *Évolution des origines sociales des diplômés de la Faculté des sciences de l'Université Laval de 1947 à 1965*, Mémoire de maîtrise de la Faculté de l'éducation de l'Université Laval, 1968.

D'AOUST, C., *Les Ingénieurs et le Syndicalisme dans la province de Québec*, Mémoire de maîtrise, Montréal, Université de Montréal, 1965.

DALES, J. H., *Hydro-electricity and Industrial Development, Quebec 1898-1940*. Cambridge, Harvard University Press, 1957.

DE ST-MARTIN, M., *Les Fonctions sociales de l'enseignement scientifique*, Paris, Mouton, 1971.

DOFNY, M., *Les Ingénieurs canadiens-français et canadiens-anglais*, Rapport à la Commission d'enquête sur le bilinguisme et le biculturalisme, Ottawa, PO-Canada, 1966.

DOUCET DONIDA, M.-P., *La Sociabilité des ingénieurs*, Mémoire de maîtrise, Montréal, Université de Montréal, 1970.

DUMAIS, J., *Lavalin: une multinationale canadienne de l'ingénierie*, Mémoire de maîtrise, Montréal, UQAM, 1988.

DUROCHER, R., LINTEAU, P.-A. et ROBERT, J.-C., *Histoire du Québec contemporain*, vol. I, Montréal, Boréal Express, 1979.

DUROCHER, R., LINTEAU, P.-A., ROBERT, J.-C. et RICARD, F., *Histoire du Québec contemporain*, vol. II, Montréal, Boréal, 1986.

EID, N., *Le Clergé et le Pouvoir politique au Québec*, Montréal, Hurtubise, 1978.

FROST, S.B., *McGill University. For the Advancement of Learning, I. 1801-1895*, Montréal, McGill-Queen's University Press, 1980.

FROST, S.B., *McGill University. For the Advancement of Learning, II. 1895-1971*, Montréal, McGill-Queen's University Press, 1984.

GAGNON, R., *Les Ingénieurs canadiens-français entre 1871 et 1960: généalogie d'un groupe social*, Thèse de doctorat, Université de Montréal, 1989.

GALARNEAU, C., *Les Collèges classiques au Canada français*, Montréal, Fides, 1978.

GILLET, M., *We Walked Very Warily: A History of Women at McGill*, Montréal, Eden Press Women's Publication, 1981.

GINGRAS, Y., *Les Origines de la recherche scientifique au Canada*, Montréal, Boréal, 1991.

GOW, J. I., *Histoire de l'administration publique québécoise 1867-1970*, Montréal, P.U.M., 1986.

HAMELIN, J. et ROBY, Y., *Histoire économique du Québec 1851-1896*, Montréal, Fides, 1971, 1979.

HAMELIN, M., *Les Premières Années du parlementarisme québécois (1867-1875)*, Québec, Presses de l'Université Laval, 1974.

HEAP, R., *L'Église, l'État et l'éducation au Québec: 1875-1898*, Mémoire de maîtrise, Montréal, Université Mc Gill, 1978.

HOGUE, C., BOLDUC, A. et LAROUCHE, D., *Québec: un siècle d'électricité*, Montréal, Libre Expression, 1984.

KEEFER, T.C., *Philosophy of Railway*, Toronto, University of Toronto Press, 1972.

LABARRÈRE-PAULÉ, A., *Les Laïques et la Presse pédagogique au Canada français au XIXe siècle*, Québec, Presses de l'Université Laval, 1963.

LAYTON, E. T., *The Revolt of Engineers: Social Responsability and the American Engineering Profession*, Baltimore, John Hopkins University Press, 1986.

LINTEAU, P. A., *Maisonneuve ou comment des promoteurs fabriquent une ville*. Montréal, Boréal, 1981.

MAILHIOT, A., *Les Succès des Anciens de Polytechnique*, Montréal, EPM, 1931.

MAURAULT, O., *L'École Polytechnique de Montréal, 1873-1948*. Montréal, Revue Trimestrielle Canadienne, 1948.

MAURAULT, O., *L'École Polytechnique de Montréal 1873-1923*, Montréal, RTC, 1924.

MAYER, R., *Les Ingénieurs-entrepreneurs canadiens-français et canadiens-anglais de Montréal*, Mémoire de maîtrise, Montréal, Université de Montréal, 1968.

MERCIER, F., *Les Ingénieurs-conseils des bureaux d'études*, Mémoire de maîtrise, Montréal, Université de Montréal, 1968.

MÉDAILLÉ, C., *Croissance et Activités internationales du groupe SNC*, Mémoire de maîtrise, Montréal, UQAM, 1988.

MILLARD, J. RODNEY, *The Development of the Engineering Profession in Canada (1870-1920)*, Ph. D. Thesis, Toronto, University of Toronto, 1984.

MILLARD, J. RODNEY, *The Master Spirit of the Age: Canadian Engineers and the Politics of Professionalism*, Toronto, University of Toronto Press, 1988.

MURPHY, L., *Thomas Keefer*, Don Mills, Fitzhenzy & Whiteside, 1977.

NIOSI, J. et al., *La Montée de l'ingénierie canadienne*, Montréal, PUM, 1990.

OUELLET, D., *Adrien Pouliot*, Montréal, Boréal, 1986, p. 91-130.

RICKERD, P., *Valeurs professionnelles et sens d'identification culturelle chez les jeunes ingénieurs de Montréal*, Mémoire de maîtrise, Montréal, Université de Montréal, 1966.

ROUSSEAU-DUPUIS, M.-J., *Corporation et syndicat chez les professionnels: une analyse politique du cas des ingénieurs québécois*, Mémoire de maîtrise, Montréal, Université de Montréal, 1975.

ROY, C., *L'Université Laval et les Fêtes du Centenaire*, Québec, Comité exécutif d'organisation des Fêtes jubilaires, 1903, p. 103-105.

ROY, F., *Progrès, Harmonie, Liberté*, Montréal, Boréal, 1988.

RYAN, W. F., *The clergy and Economic Growth in Québec*, Québec, Presses de l'Université Laval, 1966.

SALES, A., *La Bourgeoisie industrielle au Québec*, Montréal, PUM, 1979.

SALOMON, J. J., *Science et Politique*, Paris, Seuil, 1970.

SARFATTI-LARSON, M., *The Rise of Professionalism: A sociological Analysis*, Berkeley, U. of California Press, 1977.

SHINN, T., *Savoir scientifique et Pouvoir social: L'École Polytechnique 1794-1914*, Paris, Presses de la fondation nationale des sciences politiques, 1980.

ST-AMAND, A., *Le Mouvement syndical chez les ingénieurs*, Mémoire de maîtrise, Montréal, Université de Montréal, 1965.

TOURIGNY, P., *Histoire comparée de la faculté de génie de l'Université McGill et de l'École Polytechnique de Montréal, 1920-1940*, Mémoire de maîtrise, U. de Montréal, 1980.

TOURIGNY, P., *Conditions d'émergence de la Corporation des ingénieurs professionnels du Québec*, Travail dactylographié, 1977, p. 27.

TREMBLAY, A., *Les Collèges classiques et les Écoles publiques: conflit ou coordination?*, Québec, Presses de l'Université Laval, 1954.

TULCHINSKY, G.J.J., *The River Barons*, Toronto, 1976.

VALLIERES, M., *Les Industries manufacturières du Québec 1900-1959*, Mémoire de maîtrise, Université Laval, 1973.

WEISS, J. H., *The Making of Technological Man: The Social Origins of French Engineering Education*, Cambridge, MIT Press, 1982.

WELTER, G., *Développement du Département de la résistance des matériaux durant les quinze dernières années*, Département de la résistance des matériaux, EPM, 1955.

YOUNG, C.R., *Early Engineering Education at Toronto 1851-1919*, Toronto, University of Toronto Press, 1958.

VII. Articles

—, «Compte rendu des Fêtes du 75e anniversaire de l'EPM 1873-1948», *in RTC*, vol. XXXIV, automne 1948, p. 243-375.

—, «Engineering Education in Canada» *in The Engineering Journal*, janvier 1963, p. 42-66.

—, «Engineering Education in Canada» *in The Engineering Journal*, septembre 1962, p. 60-99.

—, «Abus du titre d'ingénieur» *in RTC*, vol. III, 1917-1918, p. 101 et 103.

AUDET, L.-P., «La fondation de l'École Polytechnique de Montréal», *in Cahier des dix*, n° 29, 1964, p. 149-191.

BÉIQUE, P. A., «Physionomie de la première École Polytechnique», *in Revue Trimestrielle Canadienne*, vol. XXII, 1936, p. 12-19.

BÉLANGER, R., «La Difficile Montée des ingénieurs francophones» *in L'Action nationale*, vol. LXXIII, n° 3, nov. 1983, p. 217-227.

BLAIS, R.A., «La Réorganisation de la recherche à l'École Polytechnique», *in L'Ingénieur*, vol. LIX, janvier 1973, p. 21-25.

BOURDIEU, P. et BOLTANSKI, L., «Le Titre et le Poste: rapports entre le système de production et le système de reproduction», *in Actes de la recherche en sciences sociales*, 1975, n° 2, p. 95-107.

BOURDIEU, P., «Épreuves scolaires et consécration sociale: les classes préparatoires aux grandes écoles», *in Actes de la recherche en sciences sociales*, n° 39, 1981, p. 3-70.

BOURDIEU, P., «Les Trois États du capital culturel», *in Actes de la recherche en sciences sociales*, n° 30, 1979, p. 3-6.

BOURDIEU, P., «Agrégation et ségrégation: Le champ des grandes écoles et le champ du pouvoir», *in Actes de la recherche en sciences sociales*, n° 69, septembre 1987, p. 2-50.

BOURQUE, G. et LAURIN-FRENETTE, N., «Classes sociales et Idéologies nationalistes au Québec (1760-1970)», *in Socialisme québécois*, 20 (avril-mai-juin 1970), p 13-55.

CALDWELL, G., «Les industriels francophones: Victoriaville au début du siècle», *in Recherches Sociographiques*, vol. XXIV, n° 1, 1983, p. 9-31.

CIMON, H., «Historique de l'organisation professionnelle des ingénieurs au Canada», *in RTC*, vol. XXXVIII, printemps 1952, p. 5.

CIRCÉ, A., «Aperçus sur le développement et l'orientation de l'enseignement à Polytechnique», *in RTC*, XXV, n° 98, p. 17-32.

COUSINEAU, A., «L'urbanisation de Montréal», *in Les Ingénieurs de Polytechnique et le Progrès du Québec*, Montréal, Association des diplômés de Polytechnique, 1945, p. 57-59.

DESROCHES, J.-M. et GAGNON, R., «Georges Welter et l'émergence de la recherche à l'École Polytechnique de Montréal 1939-1970», *in Recherches Sociographiques*, vol. XXIV, n° 1, 1983, p. 39-54.

DEVLIN, E., «Augustin Frigon, un pionnier de l'entrée des ingénieurs francophones au sein des grandes entreprises», *in Plan*, numéro spécial, avril 1987, p. 36-37.

DRAPEAU, J., «La Mission de l'ingénieur canadien-français», *in L'Ingénieur*, printemps 1956, p. 9-13.

DUBUC, J. et TOUGAS, R., «Les Trois Phases de l'École Polytechnique de Thiès», *in L'Ingénieur*, septembre 1983, p. 8-13.

DULIEUX, É., «Regard en arrière (1907-1914)», *in RTC*, vol. XXXV, hiver 1949-1950, p. 354-359.

FAUCHER, V. et LAMONTAGNE, M., «L'Histoire du développement industriel du Québec», *in* RIOUX, M. et MARTIN, Y. (dir.), *La Société canadienne-française*, Montréal, Hurtubise, 1971, p. 265-277.

FLAHAULT, J., «L'enseignement secondaire», *in RTC*, vol. XV, 1929, p. 170-177 et 427-434.

FOURNIER, M., «Édouard Montpetit et l'université moderne — ou l'échec d'une génération», *in L'Entrée dans la modernité*, Montréal, Éd. Saint-Martin, 1986, p. 43-73.

FRIGON, A., «L'ingénieur civil», *in RTC*, vol. XIV, décembre 1928, p. 341-355.

FRIGON, A., «Le Canadien français et l'Industrie», *in RTC*, vol. XIX, mars 1933, p. 1-11.

GAGNON, R., «Les discours sur l'enseignement pratique au Canada français 1850-1900», *in* FOURNIER, M., GINGRAS, Y. et KEEL, O., *Sciences et Médecine au Québec*, Québec, IQRC, 1987, p. 19-39.

GAGNON., R., «Capital culturel et Identité sociale: les fonctions sociales du discours sur l'encombrement des professions libérales au XIXe siècle», *in Sociologie et Sociétés*, vol. XXI, n° 2, octobre 1989, p. 129-146.

GINGRAS, Y. et GAGNON, R., «Engineering Education and Research in Montreal: Social Constraints and Opportunities», *in Minerva*, vol. XXVI, n° 1, 1988, p. 53-65.

LABARRÈRE-PAULÉ, A., «L'instituteur laïque canadien-français au XIXe siècle», *in* LAJEUNESSE, M., *L'Éducation au Québec aux 19e-20e siècles*, Trois-Rivières, Boréal, 1971, p. 65-66.

LINTEAU, P. -A., «Quelques réflexions autour de la bourgeoisie québécoise, 1850-1914», *in Revue d'histoire de l'Amérique française (RHAF)*, vol. XXX, n° 1, juin 1976, p. 55-66.

MAHEUX, A., «P.-J.-O. Chauveau, promoteur des sciences», *in Mémoires et comptes rendus de la société royale du Canada*, vol. 1, 1963, p. 102.

MAILHIOT, A. , «Le génie civil», *in L'œuvre des tracts*, Tract n° 167, 1936, p. 1-8.

MARCEAU, E., «La Formation de l'ingénieur», *in RTC*, vol. I, février 1916, p. 289-298.

MASSUE, H., «Contribution de Polytechnique au génie canadien», numéro spécial, *RTC*, novembre 1949.

MASSUE, H. «Premier supplément à l'étude de la contribution de Polytechnique au génie canadien», numéro spécial, *RTC*, janvier 1952.

MAURAULT, O., «Adhémar Mailhiot», *RTC*, vol. XXIV, mars 1938, p. 114.

MAURAULT, O., «L'École Polytechnique de Montréal 1948-1958», *in L'Ingénieur*, vol. XLIV, automne 1958, p. 20-27.

MONTPETIT, É., «Ernest Marceau», *in RTC*, vol. IV, août 1919, p. 119-124.

NIOSI, J., DUMAIS J. et MÉDAILLÉ, C., «La montée des sociétés canadiennes d'ingénierie (1945-1985)», *in Interface*, vol. IX, n° 1, 1988, p. 12-17.

NIOSI, J., «La Laurentide (1887-1928): pionnière du papier journal au Canada», *in RHAF*, 29, n° 3, 1975, p. 375-415.

NIOSI, J., «La Nouvelle Bourgeoisie canadienne-française», *in Les Cahiers du socialisme*, n° 1, 1978.

PARENT, R., «Les Multinationales québécoises de l'ingénierie», *in Recherches Sociographiques*, vol. XXIV, n° 1, 1983, p. 75-94.

PERRIER, H., «Hommage à Augustin Frigon», *in RTC*, vol. XXVIII, automne 1952, p. 227-238.

PFISTER, C., «Journal intime de Charles Pfister», *in RTC*, vol. XVII, décembre 1931, p. 348-377.

RABKIN, Y. et EISEMON, T. O., «Spécificités nationales de la science et de la technologie: une étude de deux universités montréalaises», *in Recherches Sociographiques*, vol. XX, n° 1, 1979, p. 87-101.

RABKIN, Y. et LEVY-LLOYD, A., «Technology and Two Cultures: One Hundred Years of Engineering Education in Montreal», *in Minerva*, vol. XXII, 1984, p. 67-95.

RIBEILL, G., «Des ingénieurs civils en quête d'un titre: le cas de l'École des Ponts et Chaussées (1851-1934)», *in* GRELON, A., *Les Ingénieurs de la crise*, Paris, École des Hautes Études en Sciences Sociales, 1986, p. 197-209.

SURVEYER, A., «L'Ingénieur et le Développement du Canada», *in* RTC, vol. II, février 1917, p. 403-425.

TRUDELLE, H., «Arthur Surveyer fut un ingénieur cultivé et un entrepreneur exceptionnel», *in Plan*, numéro spécial, vol. XXIV, n° 3, avril 1987, p. 32-33.

VILLENEUVE, J.- A., «Les Ingénieurs électriciens et l'École Polytechnique», *in RTC*, vol. XXV, n° 98, 1939, p. 167-183.

Index

Table

recherche technologique et industrielle — Une deuxième phase dans l'institutionnalisation de la recherche — L'importance des relations entre l'École et les milieux industriels

Typographie et mise en pages: les Éditions du Boréal

Achevé d'imprimer sur les presses
des Éditions Marquis à Montamgny
en octobre 1991